涉企刑事裁判要旨总梳理

A COMPREHENSIVE COMB ON
THE JUDICIAL GIST OF
ENTERPRISE CRIME

程晓璐/编著

法律出版社
LAW PRESS · CHINA
北京

图书在版编目(CIP)数据

涉企刑事裁判要旨总梳理/程晓璐编著. --北京:法律出版社,2022
ISBN 978-7-5197-6382-4

Ⅰ.①涉… Ⅱ.①程… Ⅲ.①妨害对公司、企业的管理秩序罪-刑事犯罪-审判-研究-中国 Ⅳ.①D924.334

中国版本图书馆CIP数据核字(2022)第015805号

涉企刑事裁判要旨总梳理
SHEQI XINGSHI CAIPAN YAOZHI ZONGSHULI

程晓璐 编著

策划编辑 冯雨春
责任编辑 冯雨春 谢瑞忠
装帧设计 汪奇峰

出版发行 法律出版社
编辑统筹 法律应用出版分社
责任校对 朱海波
责任印制 刘晓伟
经 销 新华书店

开本 710毫米×1000毫米 1/16
印张 53.5 字数 899千
版本 2022年3月第1版
印次 2022年3月第1次印刷
印刷 保定市中画美凯印刷有限公司

地址:北京市丰台区莲花池西里7号(100073)
网址:www.lawpress.com.cn
投稿邮箱:info@lawpress.com.cn
举报盗版邮箱:jbwq@lawpress.com.cn

销售电话:010-83938349
客服电话:010-83938350
咨询电话:010-63939796

书号:ISBN 978-7-5197-6382-4
定价:198.00元

凡购买本社图书,如有印装错误,我社负责退换。电话:010-83938349

作者简介

程晓璐

北京德恒律师事务所高级合伙人，德恒全国刑事专业委员会副主任兼秘书长，中国人民大学法学博士，中国人民大学律师业务研究所研究员，北京市律协刑事诉讼专业委员会副秘书长。曾长期供职于北京市检察机关，获北京市优秀公诉人称号。转型律师以来，办理了一系列在全国范围内重大、复杂的经济犯罪、职务犯罪、涉黑犯罪及涉企类刑民交叉案件，并致力于企业刑事合规研究，为多家大型国企、外企和民营企业提供过专项法律服务。接受方圆律政、《民主与法制》杂志社、《中国法律年鉴》、中国文化信息协会等人物专访，受邀为中国人民大学、中国政法大学、中央财经大学等多次讲授刑事司法实务课程。先后受聘为中国人民大学刑事辩护实务课程校外导师、无讼研究院“精细化辩护系列专栏”授课导师、《中小企业合规管理体系有效性评价》起草专家组成员等。

曾在人大报刊复印资料《诉讼法学与司法制度》、《国家检察官学院学报》、《人民检察》、《中国刑事法杂志》等刊物上发表文章二十余篇。参编《暂缓起诉制度研究》《〈人民检察院刑事诉讼规则(试行)〉之析评》《优秀公诉人的路径与炼成》等著作5本。曾担任多个最高检及北京市检察院重点调研课题主笔人，研究成果获全国检察理论应用文章一等奖。

参编人员合影及介绍

从左到右依次是：

王平　吴迪　齐佳奇　田薇　程晓琳　程晓璐　金燕　杜静颐　葛宇翔　令铎

程晓璐律师团队成员均毕业于全国知名院校法律专业，均为硕士研究生以上学历，部分成员曾经为检察官、法官、高校教师，大型国有控股公司法务，部分成员具有海外留学经历，拥有美国公司法和商法硕士学位。程晓璐律师团队曾办理一系列涉企犯罪及刑民交叉案件，并曾在法律读库、刑事法判解、刑辩十人谈、德恒律师事务所、法治早餐、无讼等微信公众号，以及《河北法学》《民主与法制》等刊物上发表原创业务文章一百余篇。

序

让刑法更好地保护企业和企业家

刑法是惩罚犯罪的。惩罚经济犯罪实质上就是保护依法经营的企业和企业家。然而，刑事立法的不足和刑事司法的失误都可能误伤企业和企业家。通过辩护防止企业和企业家被刑事司法所误伤是律师的重要职能。程晓璐律师团队在长期涉企辩护经验的基础上，通过研究和梳理涉企犯罪的裁判要旨形成了一本简便而专业的指导性案例适用手册，即《涉企刑事裁判要旨总梳理》，不仅为律师同行乃至司法官提供了检索和参照适用指导性案例的捷径，而且为国家刑事立法的发展和完善奠定了坚实的司法实务基础。

企业都是以营利为目的的，而实现这个目的，一要靠合规经营，二要靠国家提供安全和自由的法治保障。保障企业和企业家的人身和财产安全以及创新和发展的自由，正是刑法的核心价值。在这个意义上说，安全和自由是企业和企业家最根本的利益。刑法核心价值和企业根本利益的实现都有赖于健全的刑法和刑事司法程序。我国刑法和刑事司法程序的发展和完善固然有丰富的国际立法例和经验以及理论成果可资借鉴，但是，正如每个青年人的成长都要靠自己的觉悟一样，中国特色的刑事法律发展道路和成长过程是无法超越历史阶段的。因此，在这个道路上或者过程中，法律人立足司法实务，创新法学理论，是刑事立法和刑事司法发展的内生性动力。

刑法是保护企业和企业家最有力的法律，也可能是伤害企业和企业家最严重的法律。面对侵犯经济秩序犯罪的日益严重，刑法配置的惩罚措施也日益严厉，这是一种自然的法律发展趋势。如果我们尊重和保护企业和企业家权利的意识薄弱、制度不健全，这种不断强化的惩罚措施就可能加大其伤害企业和企业家的风险，尤其是面对经济犯罪这种复杂犯罪，保护企业和企业家的刑法甚至可能脱变为伤害企业和企业家的刑法。这不仅是一个刑事立法问题，而且是一个刑事司法乃至法治文化问题。

目前看来，21 世纪的刑法面对的变局主要是社会的信息化、全球化和风险加剧使刑法核心价值的实现面临严重的挑战。信息社会的发展不仅使数据等信息成为无形财产，而且其占有、流动和使用的形式发生了根本改变。网络犯罪的治理成为信息社会里刑法的焦点问题。经济的全球化和犯罪的国际化使强调国家主权的传统刑法显得苍白无力，除了强调国际合作和刑法域外效力外，各国刑法和国际刑法的趋同以及刑法的跨国有效性发展使刑法的规制权从国家层面向国际层面转移。风险社会的发展使经济犯罪、有组织犯罪、恐怖犯罪、网络犯罪等复杂犯罪成为危害最为严重和恶劣的犯罪，应对这些复杂犯罪，依靠传统的、面向过去犯罪行为的镇压性刑法是不够的，必须转向依靠面向未来犯罪行为的预防性刑法，刑事合规就成为一种必然的选择。

有效辩护和有效追诉一样重要。它们的直接目标和工作过程是不同的，但是它们的法治意义和专业知识是相同的。因此，构建和维护律师与检察官之间的平等且竞争的关系，加强他们之间的学术交流，形成真正的法律人共同体，是我国刑事法治发展的必然趋势。程晓璐博士主持编写的《涉企刑事裁判要旨总梳理》既是这个趋势的反映，也是这个趋势的助力。

最高人民检察院检察理论研究所所长　谢鹏程

2022 年 3 月

前 言

1月26日，最高人民法院统一法律适用工作领导小组第一次会议暨裁判要旨梳理提炼部署会召开，会议审议并原则通过《关于深入推进最高人民法院统一法律适用工作分工方案》和《最高人民法院裁判要旨梳理提炼工作方案》，这意味着裁判要旨的提炼和梳理工作已进入最高法顶层设计和安排部署中。实际上，近年来，为提升司法公信力，维护司法公正，确保法律统一正确实施，最高法频频出台一系列关于类案检索、加强案例指导等方面的意见，从指导审判业务工作的角度对统一法律适用、裁量权行使进行了规范。

2018年12月，最高人民法院发布《关于进一步全面落实司法责任制的实施意见》（法发【2018】23号）中明确要求“健全完善法律统一适用机制。各级人民法院应当在完善类案参考、裁判指引等工作机制基础上，建立类案及关联案件强制检索机制，确保类案裁判标准统一、法律适用统一。存在法律适用争议或者‘类案不同判’可能的案件，承办法官应当制作关联案件和类案检索报告，并在合议庭评议或者专业法官会议讨论时说明”。

2020年7月31日，最高人民法院发布《关于统一法律适用加强类案检索的指导意见（试行）》，其中明确指出：“类案检索范围一般包括：最高人民法院发布的指导性案例；最高人民法院发布的典型案例及裁判生效的案件；本省（自治区、直辖市）高级人民法院发布的参考性案例及裁判生效的案件；上一级人民法院及本院裁判生效的案件……公诉机关、案件当事人及其辩护人、诉讼代理人等提交指导性案例作为控（诉）辩理由的，人民法院应当在裁判文书说理中回应是否参照并说明理由；提交其他类案作为控（诉）辩理由的，人民法院可以通过释明等方式予以回应。”

2020年9月23日，最高法发布《关于完善统一法律适用标准工作机制的意见》，其中明确提到“规范类案检索结果运用。法官在类案检索时，检索到的类案为指导性案例的，应当参照作出裁判，但与新的法律、行政法规、司法解释相冲突或者为新的指导性案例所取代的除外；检索到其他类案的，可以作为裁判的参考；检索到的类案存在法律适用标准不统一的，可以综合法院层级、裁判时间、是否经审判委员会讨论决定等因素，依照法律适用分歧解决机制予以解决”。

2021 年 12 月 1 日，最高法发布《最高人民法院统一法律适用工作实施办法》并正式施行。该办法第六条进一步明确了最高人民法院案件需要强制类案检索的情形和范围，要求最高人民法院在审理案件时，除《类案检索指导意见》规定应当进行类案检索的案件外，对于《最高人民法院关于完善人民法院司法责任制的若干意见》和《最高人民法院关于进一步完善“四类案件”监督管理工作机制的指导意见》规定的“四类案件”（①重大、疑难、复杂、敏感的；②涉及群体性纠纷或者引发社会广泛关注，可能影响社会稳定的；③与本院或者上级人民法院的类案裁判可能发生冲突的；④有关单位或者个人反映法官有违法审判行为的）外，最高人民检察院抗诉的案件以及审理过程中公诉机关、当事人及其辩护人、诉讼代理人提交指导性案例或者最高人民法院生效类案裁判支持其主张的案件等也应当进行类案检索，以强化对“四类案件”的监督管理。

上述最高法频频出台的一系列意见都表明，类案检索、裁判梳理不仅仅是对司法裁判人员的要求，也在提示辩护律师、诉讼代理人善于通过类案检索，找到与在审案件在基本事实、争议焦点、法律适用方面具有相似性的案件，分析异同，举一反三，从而为有效辩护或代理奠定基础。

因此，对于司法实务工作者而言，办案如果还只是将目光往返于事实与规范之间，只盯着《刑法》、两高司法解释、意见批复、会议纪要等，已经无法满足司法实践的需要，类案检索成为新时代办好案件的必备专业技能。

那么，为什么专门针对涉企类刑事案件进行裁判要旨的梳理？

2022 年 1 月 26 日，最高法周强院长在统一法律适用工作领导小组第一次会议暨裁判要旨梳理提炼部署会上强调，要建立健全法律适用问题发现机制，优先研究解决反映集中、具有典型性的问题，及时统一裁判规则和标准。

本书将涉企类刑事案件的裁判要旨作为研究和梳理的方向，是因为企业和企业家作为推动国家经济发展和社会创新的主力军，虽然有着众多的发展机遇，同时也面临一系列的法律风险，近些年我国市场经济取得快速发展，但是市场机制的运作基础和环境还不够完善，合法经营和诚信交易的市场秩序尚未完全形成，经济领域的犯罪不断出现，特别是金融危机以来，涉企经济犯罪案件层出不穷，成为当今社会反映集中、普遍关注的问题，因为这很大程度决定着企业和企业家的生死存亡。然而，经济活动的多样性和涉企类经济犯罪案件的隐蔽性决定涉企刑事案件的复杂性，客观上使得对罪与非罪、此罪与彼罪的界定时常存在争议，认定有时十分困难。

也正是由于涉企类经济犯罪往往疑难、复杂，罪与非罪存在模糊地带，很多企业从业人员由于缺乏合规意识，一不小心触犯刑事风险的高压线，从而身陷囹圄，即便事后被作出不起诉或无罪，也是元气大伤，不复从前。特别是2021年3月正式生效的《刑法修正案（十一）》涉及修改48个条文，其中可能涉及企业犯罪的就有27个条文，在这次立法中所占的权重很大。可以说，立法者在有效防范企业经营的刑事风险，保障市场经济长远发展，促进中国经济的行稳致远等方面下足了功夫，作为企业从业人员必须引起高度重视。

关于本书的篇章体例是按照涉企常见罪名侵犯法益的类别，分为妨害对公司管理秩序篇、破坏金融监管秩序篇、对外融资常见犯罪篇、危害税收征管篇、侵犯知识产权篇、扰乱市场秩序篇、侵犯财产篇、破坏环境资源保护篇、商业贿赂篇、单位犯罪篇共十篇，涉及25个涉企常见犯罪的裁判要旨以及区分单位犯罪和个人犯罪裁判要旨，共26章。每一个章又包括导言、相关法律司法解释规定、有罪裁判要旨、无罪裁判要旨四部分，在部分个罪的裁判要旨梳理中增加司法争鸣部分，将实践中存在明显分歧认识的学界实务界的观点及说理部分呈现出来，便于读者更加全面了解，从而做出自己的判断。

在涉企常见罪名的有罪裁判要旨方面，本书选取了最高人民法院和最高人民检察院指导案例、刑事审判参考案例、最高法典型案例中关于某一罪名的有罪认定案例，这些案例本身都是经过最高检、最高法筛选过的案例，我们精选并整理、提炼出其中与企业合规运行有关的有罪裁判要旨249条，每一个有罪裁判要旨下列明基本案情、裁判结果、裁判理由。我们经过梳理我们发现，其实每一个涉企犯罪的有罪裁判要旨，就是企业经营过程中的刑事风险点。

同时，在涉企常见罪名的无罪裁判要旨方面，我们是从中国裁判文书网、北大法宝、威科先行等前搜集的数千份判决书中，从中检索筛选出有代表性的二百多个无罪案例，当然也有个别罪名尚未检索到无罪判决。我们选取的无罪案例通常都是已经作出二审或再审生效判决，具有终局性，我们从中总结、提炼出242条无罪裁判要旨并附相应裁判理由。虽然这些无罪案例绝大多数并非两高指导性案例或刑事审判参考案例，但同样可以作为法院裁判的参考。

也许有人会问，当所有的法律法规、司法文件、裁判文书都可以在公开的大数据库中进行查询，为什么还想要编一本关于涉企常见罪名的裁判要旨的书？这有两个方面的原因：

一是源于团队日常办案养成的习惯。我要求团队每接办一个案件，类案检索都是必经步骤，如果再遇上复杂的涉企犯罪案件存在非与非罪、此罪彼罪的争议时，甚至会让团队成员对指控的罪名进行有罪裁判和无罪裁判的全面检索、梳理、归纳，这是一个不小的工作量，非常耗时、费力，但每次都收获颇丰，久而久之就积攒了很多罪名的裁判要旨。

二是提高办案成效的必要性。每一个涉企经济犯罪的背后，都是不同的应用场景，对应着各类成文或不成文的规则，如果没有法律专业人士提炼、分类、整合，很难就复杂的涉企犯罪案情作出快速反应。整理成书，便于查阅对照，开拓办案思路，合理评估在办案件的可能走向，从而帮助做出预判，提高工作成效。

我在去年办理一四川企业家涉嫌合同诈骗案中，在发表辩护意见环节，辩护人结合最高法出台的《关于统一法律适用加强类案检索的指导意见》等规定，针对合同诈骗指控方面控辩双方存在的六大争议焦点，从团队已经整理的合同诈骗无罪裁判要旨中选出和本案具有可比性的9个具有参照价值的无罪判决案件的裁判要旨，结合本案实际情况，充分阐明为何不构成合同诈骗罪，具有极强的说服性，并最终被法院采纳。

本书的目标读者适合公、检、法从业人员、刑事律师以及企业法务人员等。这些具有研究和参考价值的案例裁判要旨经过整合，既可以成为便于司法实务人员翻阅查看的工具书，帮助提高司法实务人员统一法律适用标准的意识和能力；也可作为对企业日常经营过程中可能遇到刑事风险点的提示，成为对企业及其从业人员合规经营具有警示意义的案例库。

总之，完善统一法律适用标准是新时代公正司法的内在要求，加强类案检索则是规范裁判权行使，减少类案不同判现象，回应当事人期待，实现社会公平正义的必要路径。编撰一本 67 万字《涉企刑事裁判要旨总梳理》的工具书，对我们来说的确是全新的尝试。在日常繁忙办案之余，我带领团队成员多次开会讨论研究，和法律出版社应用分社冯雨春社长、谢瑞忠编辑多次交流沟通，从题目到内容、格式、体例，耗时半年，反复斟酌，六易书稿。

这本书能够顺利完成和出版，还须真诚表达我的很多感谢。

感谢最高人民检察院检察理论研究所谢鹏程所长的亲笔赐序和鼓励，他的序言高屋建瓴带给我更深层次的启发和思考，也极大提升了本书的价值和意义。感谢我的导师陈卫东教授，感谢北京大学车浩教授以及德恒律师事务所全球合伙人、国内知名刑辩大律师李贵方主任的倾情推荐，他们的肯定对于我来说是莫大的鼓舞。

感谢冯雨春社长、谢瑞忠编辑专业、细致、严谨的工作和辛勤付出，感谢图书策划人杨大康老师给出很好的建议，感谢团队成员金燕、王平、令铎、吴迪、葛宇翔、程晓琳、杜静颐、齐佳奇、田薇的齐心协力，感谢实习生中国政法大学研究生梅阳同学的协助整理工作，感谢家人的支持和鼓励，才能最终完成这本工具书的创作。

尽管如此，本书在逻辑编排、要旨提炼、案例筛选方面，难免会有疏漏之处，请各位法律同仁不吝指正。

程晓璐

2022 年 3 月于北京

目　录
CONTENTS

第一篇

妨害对公司管理秩序篇

第一章

违规披露、不披露重要信息罪裁判要旨

导　言

违规披露、不披露重要信息罪，是指依法负有信息披露义务的公司、企业向股东和社会公众提供虚假的或者隐瞒重要事实的财务会计报告，或者对依法应当披露的其他重要信息不按照规定披露，严重损害股东或者其他人利益，或者有其他严重情节的行为。

针对此类行为，有文章指出，在 2013 年至 2018 年间，证监会对信息披露违法案件作出行政处罚决定分别为 28 宗、25 宗、13 宗、54 宗、60 宗、56 宗；仅 2018 年，证监会各派出机构累计对信息披露违法类案件作出行政处罚 81 件①。但是，刑法在此类案件中所起的规制作用有限，具体原因包括：普遍的“以罚代刑”、刑事处罚“避重就轻”、众多主体共同违规“肆无忌惮”②。由此导致资本市场违法犯罪的乱象并未得到有效抑制。

随着我国经济改革不断深入，维护金融安全、稳定成为了现阶段的宏观背景，而对资本市场违法犯罪行为“零容忍”和打击“关键少数”等字眼，顺理成章地成为了金融违法犯罪治理的关键词。正是基于此，《刑法修正案（十一）》对金融相关的多个罪名进行修订，其中就包括“违规披露、不披露重要信息罪”。

从修订结果来看，本罪名通过提高增加刑档、提高量刑上限的方式，使

① 田宏杰：《行刑共治下的违规披露、不披露重要信息罪：立法变迁与司法适用》，载《中国刑事法杂志》2021 年第 2 期。

② 田宏杰：《行刑共治下的违规披露、不披露重要信息罪：立法变迁与司法适用》，载《中国刑事法杂志》2021 年第 2 期。

得自由刑上限由修订前的3年，调升至10年；同时，取消了罚金刑“天花板”，亦即违法行为所面临的罚金刑不再受“二十万元”标准的限制；更重要的是，修订后的本罪名明确了股东及实际控制人的刑事责任。这一系列内容的修订，客观上加重了行为人所面临的法律后果，与此同时，也彰显了党和政府治理金融乱象的严肃态度和坚定决心，而这也在一定程度上预示着将来会有更多的行为受到刑事处罚。面对上述情况，笔者认为有必要对本罪名的相关法律法规及既有判例进行梳理，为未来可能产生的相关辩护工作提供参考。

笔者在“两高”公布的指导案例，最高人民法院公布的典型案例、公报案例，以及《刑事审判参考》中，对相关案例进行了检索，并通过中国裁判文书网对无罪案件和有参考价值的有罪案件进行了检索。截至2021年6月30日，笔者共查询到违规披露、不披露重要信息罪案件共8件，其中最高人民检察院指导案例1件，刑事审判参考案例1件，无罪案例1件，其他对于本罪名辩护有借鉴意义的案例2件。总结出有罪裁判要旨6个，无罪裁判要旨2个。

一、相关法律法规

（一）相关法律规定

《中华人民共和国刑法》［该罪名系《刑法修正案（十一）》修订，2021年3月1日施行］

修订前的第一百六十一条	修订后的第一百六十一条
第一百六十一条 【违规披露、不披露重要信息罪】依法负有信息披露义务的公司、企业向股东和社会公众提供虚假的或者隐瞒重要事实的财务会计报告，或者对依法应当披露的其他重要信息不按照规定披露，严重损害股东或者其他人利益，或者有其他严重情节的，对其直接负责的主管人员和其他直接责任人员，处	**第一百六十一条** 【违规披露、不披露重要信息罪】依法负有信息披露义务的公司、企业向股东和社会公众提供虚假的或者隐瞒重要事实的财务会计报告，或者对依法应当披露的其他重要信息不按照规定披露，严重损害股东或者其他人利益，或者有其他严重情节的，对其直接负责的主管人员和其他直接责任人员，处**五年**以下有期徒刑或者拘役，并处或者单处**罚金；情节特别严重的，处五年以上十年以下有期徒刑，并处罚金**。 **前款规定的公司、企业的控股股东、实际控制人实施或者组织、指使实施前款行为的，或者隐瞒相关事项导致前款规定的情形发生的，依照前款的规定处罚。**

续表

修订前的第一百六十一条	修订后的第一百六十一条
三年以下有期徒刑或者拘役，并处或者单处**二万元以上二十万元以下罚金**。	犯前款罪的控股股东、实际控制人是单位的，对单位判处罚金，并对其直接负责的主管人员和其他直接责任人员，依照第一款的规定处罚。

（二）相关司法解释

《关于公安机关管辖的刑事案件立案追诉标准的规定（二）》（公通字〔2010〕23号，2010年5月7日施行）

第六条　【违规披露、不披露重要信息案（刑法第一百六十一条）】依法负有信息披露义务的公司、企业向股东和社会公众提供虚假的或者隐瞒重要事实的财务会计报告，或者对依法应当披露的其他重要信息不按照规定披露，涉嫌下列情形之一的，应予立案追诉：

（一）造成股东、债权人或者其他人直接经济损失数额累计在五十万元以上的；

（二）虚增或者虚减资产达到当期披露的资产总额百分之三十以上的；

（三）虚增或者虚减利润达到当期披露的利润总额百分之三十以上的；

（四）未按照规定披露的重大诉讼、仲裁、担保、关联交易或者其他重大事项所涉及的数额或者连续十二个月的累计数额占净资产百分之五十以上的；

（五）致使公司发行的股票、公司债券或者国务院依法认定的其他证券被终止上市交易或者多次被暂停上市交易的；

（六）致使不符合发行条件的公司、企业骗取发行核准并且上市交易的；

（七）在公司财务会计报告中将亏损披露为盈利，或者将盈利披露为亏损的；

（八）多次提供虚假的或者隐瞒重要事实的财务会计报告，或者多次对依法应当披露的其他重要信息不按照规定披露的；

（九）其他严重损害股东、债权人或者其他人利益，或者有其他严重情节的情形。

（三）常见信息披露义务来源相关规定

《中华人民共和国公司法》（2018年10月26日施行）

第一百二十三条　上市公司设董事会秘书，负责公司股东大会和董事会会议的筹备、文件保管以及公司股东资料的管理，办理信息披露事务等事宜。

《中华人民共和国证券法》（2020年3月1日施行）

第七十八条 发行人及法律、行政法规和国务院证券监督管理机构规定的其他信息披露义务人，应当及时依法履行信息披露义务。

信息披露义务人披露的信息，应当真实、准确、完整，简明清晰，通俗易懂，不得有虚假记载、误导性陈述或者重大遗漏。

证券同时在境内境外公开发行、交易的，其信息披露义务人在境外披露的信息，应当在境内同时披露。

《中华人民共和国保险法》（2015年4月24日施行）

第一百零八条 保险公司应当按照国务院保险监督管理机构的规定，建立对关联交易的管理和信息披露制度。

《中华人民共和国银行业监督管理法》（2007年1月1日施行）

第四十六条 银行业金融机构有下列情形之一，由国务院银行业监督管理机构责令改正，并处二十万元以上五十万元以下罚款；情节特别严重或者逾期不改正的，可以责令停业整顿或者吊销其经营许可证；构成犯罪的，依法追究刑事责任：……（四）未按照规定进行信息披露的；

《中华人民共和国证券投资基金法》（2015年4月24日施行）

第十九条 公开募集基金的基金管理人应当履行下列职责：……（八）办理与基金财产管理业务活动有关的信息披露事项；

《中华人民共和国外资银行管理条例》（2019年9月30日施行）

第三十六条 外资银行营业性机构应当遵守国家统一的会计制度和国务院银行业监督管理机构有关信息披露的规定。

《证券公司监督管理条例》（2014年7月29日施行）

第二十一条 证券公司设董事会秘书，负责股东会和董事会会议的筹备、文件的保管以及股东资料的管理，按照规定或者根据国务院证券监督管理机构、股东等有关单位或者个人的要求，依法提供有关资料，办理信息报送或者信息披露事项。董事会秘书为证券公司高级管理人员。

《期货交易管理条例》（2017年3月1日施行）

第二十一条 期货公司应当建立、健全并严格执行业务管理规则、风险管理制度，遵守信息披露制度，保障客户保证金的存管安全，按照期货交易所的规定，向期货交易所报告大户名单、交易情况。

《非上市公众公司监督管理办法》（2019 年 12 月 20 日施行）

第三条　公众公司应当按照法律、行政法规、本办法和公司章程的规定，做到股权明晰，合法规范经营，公司治理机制健全，履行信息披露义务。

《上市公司信息披露管理办法》（2021 年 5 月 1 日施行）

第四条

在内幕信息依法披露前，任何知情人不得公开或者泄露该信息，不得利用该信息进行内幕交易。

第五条

信息披露文件主要包括招股说明书、募集说明书、上市公告书、定期报告和临时报告等。

第六条

上市公司及其他信息披露义务人依法披露信息，应当将公告文稿和相关备查文件报送证券交易所登记，并在中国证券监督管理委员会（以下简称中国证监会）指定的媒体发布。

信息披露义务人在公司网站及其他媒体发布信息的时间不得先于指定媒体，不得以新闻发布或者答记者问等任何形式代替应当履行的报告、公告义务，不得以定期报告形式代替应当履行的临时报告义务。

……

第三十条　发生可能对上市公司证券及其衍生品种交易价格产生较大影响的重大事件，投资者尚未得知时，上市公司应当立即披露，说明事件的起因、目前的状态和可能产生的影响。

前款所称重大事件包括：

（一）公司的经营方针和经营范围的重大变化；

（二）公司的重大投资行为和重大的购置财产的决定；

（三）公司订立重要合同，可能对公司的资产、负债、权益和经营成果产生重要影响；

（四）公司发生重大债务和未能清偿到期重大债务的违约情况，或者发生大额赔偿责任；

（五）公司发生重大亏损或者重大损失；

（六）公司生产经营的外部条件发生的重大变化；

（七）公司的董事、1/3以上监事或者经理发生变动；董事长或者经理无法履行职责；

（八）持有公司5%以上股份的股东或者实际控制人，其持有股份或者控制公司的情况发生较大变化；

（九）公司减资、合并、分立、解散及申请破产的决定；或者依法进入破产程序、被责令关闭；

（十）涉及公司的重大诉讼、仲裁，股东大会、董事会决议被依法撤销或者宣告无效；

（十一）公司涉嫌违法违规被有权机关调查，或者受到刑事处罚、重大行政处罚；公司董事、监事、高级管理人员涉嫌违法违纪被有权机关调查或者采取强制措施；

（十二）新公布的法律、法规、规章、行业政策可能对公司产生重大影响；

（十三）董事会就发行新股或者其他再融资方案、股权激励方案形成相关决议；

（十四）法院裁决禁止控股股东转让其所持股份；任一股东所持公司5%以上股份被质押、冻结、司法拍卖、托管、设定信托或者被依法限制表决权；

（十五）主要资产被查封、扣押、冻结或者被抵押、质押；

（十六）主要或者全部业务陷入停顿；

（十七）对外提供重大担保；

（十八）获得大额政府补贴等可能对公司资产、负债、权益或者经营成果产生重大影响的额外收益；

（十九）变更会计政策、会计估计；

（二十）因前期已披露的信息存在差错、未按规定披露或者虚假记载，被有关机关责令改正或者经董事会决定进行更正；

（二十一）中国证监会规定的其他情形。

第三十一条 上市公司应当在最先发生的以下任一时点，及时履行重大事件的信息披露义务：

（一）董事会或者监事会就该重大事件形成决议时；

（二）有关各方就该重大事件签署意向书或者协议时；

（三）董事、监事或者高级管理人员知悉该重大事件发生并报告时。

在前款规定的时点之前出现下列情形之一的，上市公司应当及时披露相关事项的现状、可能影响事件进展的风险因素：

（一）该重大事件难以保密；

（二）该重大事件已经泄露或者市场出现传闻；

（三）公司证券及其衍生品种出现异常交易情况。

第三十二条　上市公司披露重大事件后，已披露的重大事件出现可能对上市公司证券及其衍生品种交易价格产生较大影响的进展或者变化的，应当及时披露进展或者变化情况、可能产生的影响。

第三十三条　上市公司控股子公司发生本办法第三十条规定的重大事件，可能对上市公司证券及其衍生品种交易价格产生较大影响的，上市公司应当履行信息披露义务。

上市公司参股公司发生可能对上市公司证券及其衍生品种交易价格产生较大影响的事件的，上市公司应当履行信息披露义务。

第三十四条　涉及上市公司的收购、合并、分立、发行股份、回购股份等行为导致上市公司股本总额、股东、实际控制人等发生重大变化的，信息披露义务人应当依法履行报告、公告义务，披露权益变动情况。

第三十五条　上市公司应当关注本公司证券及其衍生品种的异常交易情况及媒体关于本公司的报道。

证券及其衍生品种发生异常交易或者在媒体中出现的消息可能对公司证券及其衍生品种的交易产生重大影响时，上市公司应当及时向相关各方了解真实情况，必要时应当以书面方式问询。

上市公司控股股东、实际控制人及其一致行动人应当及时、准确地告知上市公司是否存在拟发生的股权转让、资产重组或者其他重大事件，并配合上市公司做好信息披露工作。

第三十六条　公司证券及其衍生品种交易被中国证监会或者证券交易所认定为异常交易的，上市公司应当及时了解造成证券及其衍生品种交易异常波动的影响因素，并及时披露。

第三十八条　上市公司董事、监事、高级管理人员应当勤勉尽责，关注信息披露文件的编制情况，保证定期报告、临时报告在规定期限内披露，配合上市公司及其他信息披露义务人履行信息披露义务。

……

第四十一条 上市公司通过业绩说明会、分析师会议、路演、接受投资者调研等形式就公司的经营情况、财务状况及其他事件与任何机构和个人进行沟通的，不得提供内幕信息。

……

第五十八条 上市公司董事、监事、高级管理人员应当对公司信息披露的真实性、准确性、完整性、及时性、公平性负责，但有充分证据表明其已经履行勤勉尽责义务的除外。

上市公司董事长、经理、董事会秘书，应当对公司临时报告信息披露的真实性、准确性、完整性、及时性、公平性承担主要责任。

上市公司董事长、经理、财务负责人应对公司财务报告的真实性、准确性、完整性、及时性、公平性承担主要责任。

第五十九条 信息披露义务人及其董事、监事、高级管理人员，上市公司的股东、实际控制人、收购人及其董事、监事、高级管理人员违反本办法的，中国证监会可以采取以下监管措施：

（一）责令改正；

（二）监管谈话；

（三）出具警示函；

（四）将其违法违规、不履行公开承诺等情况记入诚信档案并公布；

（五）认定为不适当人选；

（六）依法可以采取的其他监管措施。

……

第六十条 上市公司未按本办法规定制定上市公司信息披露事务管理制度的，中国证监会责令改正。拒不改正的，中国证监会给予警告、罚款。

第六十八条 涉嫌利用新闻报道以及其他传播方式对上市公司进行敲诈勒索的，中国证监会责令改正，向有关部门发出监管建议函，由有关部门依法追究法律责任。

第六十九条 上市公司及其他信息披露义务人违反本办法的规定，情节严重的，中国证监会可以对有关责任人员采取证券市场禁入的措施。

第七十条 违反本办法，涉嫌犯罪的，依法移送司法机关，追究刑事责任。

（四）"其他重要信息"的"重要性"认定标准

笔者检索到的案例中，行为人违规披露或不披露的相应信息基本属于财务信息，这对于判断"其他重要信息"的内涵或外延意义有限。同时，相应法律法规亦未对于"其他重要信息"提供相应定义。虽然，各交易所对于信息披露提供了相应指引或备忘，例如"《深圳证券交易所上市公司信息披露指引第3号——重大资产重组》"，但该等信息是否属于刑法意义上的"其他重要信息"仍需进一步明确判断标准。

有文章通过借鉴美国、英国、德国、日本等域外经验，提供了两种判断思路：一是以股价敏感性为主的"重大性"标准，二是以投资者决策为主的"重大性"标准①。在笔者看来，这两种判断标准"殊途同归"，因为"投资者对投资的判断是基于信息对证券价格的影响。很显然，对证券价格有重大影响的信息总是会影响投资者决策，反过来，对投资者决策有重要意义的信息也总会影响证券价格"。应当注意的是，尚无案例显示该等标准为司法实践所采纳，但至少能够为律师辩护提供相应的素材。

二、有罪裁判要旨

裁判要旨一：刑法规定违规披露、不披露重要信息罪只处罚单位直接负责的主管人员和其他直接责任人员，不处罚单位。公安机关以本罪将单位移送起诉的，检察机关应当对单位直接负责的主管人员及其他直接责任人员提起公诉，对单位依法作出不起诉决定。对单位需要给予行政处罚的，检察机关应当提出检察意见，移送证券监督管理部门依法处理

裁判要旨二：行为人连续3年多次虚构银行承兑汇票贴现等交易事实，并根据虚假的交易事实进行记账，制作虚假的财务报表，虚增资产或者虚构利润均达到当期披露的资产总额或利润总额的30%以上，构成违规披露、不披露重要信息罪

案件名称：博元投资股份有限公司、余某妮等人违规披露、不披露重要信息案

案例来源：最高人民检察院第十七批指导案例（检例第66号）

---

① 吴建忠：《论证券交易所对上市公司信息披露的监管》，华东政法大学博士生论文，2013年5月15日，第111至126页。

审理法院： 广东省珠海市中级人民法院

案号：（2016）粤04刑初131号

裁判结果：

余某妮犯违规披露、不披露重要信息罪，判处有期徒刑1年7个月，并处罚金人民币10万元；伍某清犯违规披露、不披露重要信息罪，判处有期徒刑8个月，缓刑1年，并处罚金人民币5万元。（其他人略。）

基本案情：

博元公司原系上海证券交易所上市公司。华信泰公司为博元公司控股股东。在博元公司并购重组过程中，有关人员作出了业绩承诺，在业绩不达标时需向博元公司支付股改业绩承诺款。2011年4月，余某妮、陈某、伍某清、张某萍、罗某元等人采取循环转账等方式虚构华信泰公司已代全体股改义务人支付股改业绩承诺款3.84亿余元的事实，在博源公司临时报告、半年报中进行披露。为掩盖以上虚假事实，余某妮、伍某清、张某萍、罗某元采取将1000万元资金循环转账等方式，虚构用股改业绩承诺款购买37张面额共计3.47亿元银行承兑汇票的事实，在博源公司2011年的年报中进行披露。2012年至2014年，余某妮、张某萍多次虚构银行承兑汇票贴现等交易事实，并根据虚假的交易事实进行记账，制作虚假的财务报表，虚增资产或者虚构利润均达到当期披露的资产总额或利润总额的30%以上，并在博元公司当年半年报、年报中披露。此外，博元公司还违规不披露博元公司实际控制人及其关联公司等信息。

指导意义：

上市公司依法负有信息披露义务，违反相关义务的，刑法规定了相应的处罚。由于上市公司所涉利益群体的多元性，为避免中小股东利益遭受双重损害，刑法规定对违规披露、不披露重要信息罪只追究直接负责的主管人员和其他直接责任人员的刑事责任，不追究单位的刑事责任。刑法第162条妨害清算罪、第162条之二虚假破产罪、第185条之一违法运用资金罪等也属于此种情形。对于此类犯罪案件，检察机关应当注意审查公安机关移送起诉的内容，区分刑事责任边界，准确把握追诉的对象和范围。

对公安机关将单位一并移送起诉的案件，如果刑法没有规定对单位判处刑罚，检察机关应当对构成犯罪的直接负责的主管人员和其他直接责任人员依法提起公诉，对单位应当不起诉。鉴于刑事诉讼法没有规定与之对应的不起诉情形，检察机关可以根据《刑事诉讼法》规定的最相近的不起诉情形，对单位作出不起诉决定。

不追究单位的刑事责任并不表示单位不需要承担任何法律责任。检察机关不追究单位刑事责任，容易引起当事人、社会公众产生单位对违规披露、不披露重要信息没有任何法律责任的误解。由于违规披露、不披露重要信息行为，还可能产生上市公司强制退市等后果，这种误解还会进一步引起当事人、社会公众对证券监督管理部门、证券交易所采取措施的质疑，影响证券市场秩序。检察机关在审查起诉时，应当充分考虑办案效果，根据《证券法》等法律规定认真审查是否需要对单位给予行政处罚；需要给予行政处罚的，应当及时向证券监督管理部门提出检察意见，并进行充分的释法说理，消除当事人、社会公众因检察机关不追究可能产生的单位无任何责任的误解，避免对证券市场秩序造成负面影响。

裁判要旨三：对上市公司依法应当披露的担保信息未按规定披露，担保金额已经超过公司净资产，其中连续12个月的担保累计金额占净资产的比例远远超过50%的，构成违规不披露重要信息罪

案件名称：于某青违规不披露重要信息案

案例来源：《刑事审判参考》总第90集第824号

裁判结果：

判决被告人于某青犯违规不披露重要信息罪，判处拘役3个月，缓刑6个月，并处罚金人民币20万元。

基本案情：

江苏琼花，实际控制人为被告人于某青。2006年11月至2008年11月间，时任江苏琼花法定代表人、董事长的于某青使用江苏琼花公章，以江苏琼花的名义，为明显不具有清偿能力的控股股东琼花集团等关联方提供24笔担保，担保金额共计人民币（以下币种同）16,035万元，占江苏琼花2008年12月31日经审计的净资产的101.29%。其中，2007年11月1日至2008年10月31日连续12个月的担保累计金额为12,005万元，占江苏琼花2008年12月31日经审计的净资产的75.83%。江苏琼花对上述担保事项未按规定履行临时公告披露义务，也未在2006年年报、2007年年报、2008年半年报中进行披露。截至2009年12月31日，琼花集团、于某青均通过以股抵债或

者用减持股票款方式向债权人清偿了全部债务，江苏琼花的担保责任已经解除。2009 年 6 月 24 日，于某青主动到公安机关投案，如实供述了全部犯罪事实。2010 年 3 月 18 日公安机关对该案立案侦查。

裁判理由：

于某青作为上市公司的法定代表人和董事长，对上市公司依法应当披露的担保信息未按规定披露，担保金额达 1.6 亿余元，担保金额已经超过公司净资产，其中连续 12 个月的担保累计金额占净资产的比例远远超过 50%，而且连续 3 年对应当披露的重要信息不按照规定披露。虽然本案违规不披露重要信息的行为具体给股东和社会公众造成多大的经济损失不好认定，但根据上述情节，认定其构成违规不披露重要信息罪没有任何问题。

值得注意的是，违规披露、不披露重要信息罪虽然是单位犯罪，但与一般的单位犯罪不同，本罪实行单罚制，仅对“直接负责的主管人员和其他直接责任人员”进行刑事处罚。立法上之所以采用单罚制，主要是基于本罪的犯罪主体公司、企业在部分案件中也是违规披露、不披露重要信息行为的被害人，在此情况下，如果再对公司、企业判处罚金，势必加重公司、企业的负担，更不利于保护股东或者其他投资者的合法权益。

上市公司直接负责的主管人员违规向不具有清偿能力的控股股东提供担保，未造成实际损失的，不构成背信损害上市公司利益罪。

综上，法院根据于某青的犯罪情节、认罪悔罪表现，并结合自首情节，对公诉机关指控的背信损害上市公司利益罪不予支持，对于某青以违规不披露重要信息罪定罪处罚，定罪准确，量刑适当。

裁判要旨四：通过提供虚假的工程、财务数据并依据该数据编制财务报表，并对外披露，虚增主营业收入占同期披露主营收入的 50% 以上，构成违规披露、不披露重要信息罪

裁判要旨五：法院通过判决，确认了因行政处罚已缴纳的罚款金额，可与罚金金额相折抵

案件名称：任某某、林某 2 等违规披露不披露重要信息一审刑事判决书

审理法院：上海市第三中级人民法院

案号：（2020）沪 03 刑初 4 号

裁判结果：

被告人任某某犯违规披露重要信息罪，判处有期徒刑 1 年，缓刑 1 年，并处罚金人民币 20 万元（已折抵）……二、被告人林某 2 犯违规披露重要信息罪，判处有期徒刑 6 个月，缓刑 1 年，并处罚金人民币 10 万元（已折抵）。

基本案情：

2015 年 10 月，上海中毅达为虚增业绩，由时任公司副董事长、总经理任某某决定将上述项目中已由其他企业完工的约 80% 工程收入违规计入公司三季报，具体由公司副总经理、财务总监林某 2、公司财务经理秦某某、厦门中毅达副总经理盛某实施。盛某安排厦门中毅达提供虚假的工程、财务数据，秦某某依据上述数据编制上海中毅达三季度财务报表，交林某 2 签字确认。2015 年 10 月 28 日，上海中毅达将该三季度财务报表对外披露。经鉴定，上海中毅达共虚增主营收入人民币 72,670,000.00 元（以下币种均为人民币），占同期披露主营收入总额的 50.24%；虚增利润 10,638,888.00 元，占同期披露利润总额的 81.35%；虚增净利润 7,979,166.00 元，将亏损披露为盈利。

裁判理由：

本院认为，上海中毅达作为依法负有信息披露义务的公司，向股东和社会公众提供虚假的财务会计报告，具有严重情节；被告人任某某作为直接负责的主管人员，被告人林某 2、盛某、秦某某作为其他直接责任人员，其行为均已构成违规披露重要信息罪，应予依法惩处。根据相关法律规定，违法行为构成犯罪，法院判处罚金时，行政机关已经给予行政处罚的，应当折抵相应罚金，被告人任某某、林某 2 在本案前均已缴纳过行政罚款，应折抵罚金。四名被告人均自愿认罪，且均已缴纳了罚款或罚金，依法可从宽处理。关于任某某、林某 2 及秦某某的辩护人提出的有关量刑的辩护意见，经查，上海中毅达的三季度报表中虚增利润 1063 万余元，占同期披露利润总额的 81.35%，虚增净利润 797 万余元，将亏损披露为盈利，属于法律规定的其他严重情节，任某某、林某 2 和秦某某作为主管人员或直接责任人员，或决定或直接参与对外提供虚假财务会计报告，损害了股东和社会公众的知情权，一定程度上也影响到证券市场的稳定，不属于犯罪情节轻微，对被告人不能免予刑事处罚。

裁判要旨六：被告人虽然没有明确指示要求虚增利润，但作为分管领导，在平时关注财务数据的情况下，应当知晓公司在短时间内不可能通过正常贸易以弥补盈利缺口，却仍在经营分析会议上暗示“该做的贸易要做，该开的票要开”，最终使得年度财务数据扭亏为盈。在被告人主持召开的董事会决议上，年度报告表决通过并随后向社会公众披露。被告人在整个违规披露重要信息过程中起决策、主导作用，应认定为单位犯罪中的直接负责的主管人员，而不能认定为其他直接责任人员

案件名称：郑某某、陆某2等违规披露不披露重要信息案

审理法院：上海市第三中级人民法院

案号：（2020）沪03刑初57号

裁判结果：

1. 被告人郑某某犯违规披露重要信息罪，判处有期徒刑1年2个月，缓刑1年2个月，并处罚金人民币20万元（已折抵罚金人民币10万元）；2. 被告人陆某2犯违规披露重要信息罪，判处有期徒刑8个月，缓刑1年，并处罚金人民币10万元（已折抵）。

基本案情：

上海普天系上海证券交易所上市公司，依法负有信息披露义务。2014年间，被告人郑某某（时任上海普天副董事长、总经理）为实现上海普天年度报告盈利，授意被告人陆某2（时任上海普天总会计师）、沈某华（时任能源公司总经理）等人，采用与其他公司开展无实物交割、资金闭环的虚假贸易，并违规延期结转成本费用的方式，虚增主营业务收入和利润。

2015年3月，被告人郑某某作为公司董事及高级管理人员、陆某2和王某2作为公司高级管理人员，明知财务报告虚假，仍对2014年年度报告书面确认。被告人郑某某作为公司负责人、陆某2作为财务负责人、高某某作为会计主管人员在虚假财务报告上签字确认。同年3月20日，上海普天将上述虚假财务报告在2014年年度报告中对外披露。经鉴定，上海普天共计虚增主营业务收入人民币12,295.28万元（以下币种均为人民币），虚增利润1810.35万元，虚增利润占当期披露利润总额的133.61%，将亏损披露为盈利。

裁判理由：

关于被告人郑某某和沈某华的地位作用以及能否认定为其他直接责任人员。《上海普天董监高信息表》、职位聘任通知、岗位职责说明等书证，证人关某某、陆某1等的证言，与各被告人的供述相互印证，证实2014年期间郑某某作为上海普天的副董事长、总经理，系董事会成员，统筹负责公司的经营业务，其在明知2014年年度报告无法实现盈利的情况下，仍与陆某2、沈某华沟通，要求能源公司继续增加指标以实现盈利，其虽没有直接明确指示陆某2、沈某华去虚增利润，但作为能源公司的分管领导，平时关注财务数据，经常听取陆某2关于财务报表的汇报，应当知晓能源公司在短时间内不可能通过正常贸易以弥补盈利缺口，其还在多次经营分析会议上要求在案相关被告人等“该做的贸易要做，该开的票要开”，亦暗示通过虚假贸易虚增利润。据此，郑某某主观上为了2014年年度报告能实现盈利，一定程度上调动了负责采购、销售、法务和财务等各环节的在案其余被告人推进虚假贸易的开展，以至于2014年度财务数据扭亏为盈，并在郑某某主持召开的董事会决议上表决通过2014年年度报告后向社会公众披露，其在整个违规披露重要信息过程中起决策、主导作用，不能认定为其他直接责任人员，郑某某辩护人的相关辩护意见，本院不予采纳。

三、无罪裁判要旨

无罪裁判要旨一：上市公司因虚假披露（或不披露）重要信息对股民造成损害而签订民事调解协议，但其中未体现直接负责主管人员意志的，该民事调解协议作为实际损失认定依据，系不确实、不充分

无罪裁判要旨二：股票自停牌日下跌，但短期内上涨超过（或回升至）停牌日价格的，不宜认定为造成“严重损害股东或者其他人利益”的后果

案件名称：顾某军等人虚报注册资本等再审刑事判决书

审理法院：最高人民法院

案号：（2018）最高法刑再4号

基本案情：

科龙电器由于2000年、2001年连续亏损，被深圳证券交易所（以下简称深交所）以“ST”标示，如果2002年继续亏损，将会退市。在顺德格林柯尔收购科龙电器法人股，成为科龙电器第一大股东之后，原审被告人顾某

军为了夸大科龙电器的业绩，在2002年至2004年间，安排原审被告人姜某军、严某松、张某、晏某茹、刘某等人采取年底封存库存产品、开具虚假销售出库单或者发票、第二年予以大规模退货退款等方式虚增利润，并将该利润编入科龙电器财务会计报告向社会公布。

2006年6月15日，中国证券监督管理委员会（以下简称证监会）以科龙电器“未按照有关规定披露信息，或者所披露的信息有虚假记载、误导性陈述或者有重大遗漏”等为由，对科龙电器及顾某军等人作出行政处罚决定，并于同年10月16日作出维持原行政处罚决定的行政复议决定。2007年4月3日，国务院作出行政复议裁决，维持证监会作出的上述行政处罚决定和行政复议决定。

本案侦查期间，侦查机关曾委托会计师事务所对科龙电器实施上述行为“严重损害股东或者其他人利益”的危害后果进行鉴定，但所出具的司法（会计）鉴定意见存在鉴定人不具备司法鉴定人执业资格、鉴定机构选择不符合法律规定等问题。侦查机关还收集了陈某1、陈某2、张某某、陈某3等四名股民的证言，但存在相同侦查人员在相同时间和地点对不同证人取证、连续询问时间超过24小时等问题。

裁判理由：

根据再审查明的上述事实及证据，针对原审被告人顾某军等人及其辩护人关于违规披露、不披露重要信息罪的辩解、辩护意见和最高人民检察院出庭检察员的意见，本院综合评判如下：

1. 科龙电器在2002年至2004年间实施了虚增利润并将其编入财务会计报告予以披露的行为

在案证据证实，原审被告人顾某军等人在无真实贸易背景的情况下，将产品封存于仓库，未使产品发生实际转移，却开具大量销售出库单或者发票，次年在账面上制作无正当理由的大规模退货记录，并将由此形成的不实销售收入计为当期收入，制造公司利润增长的假象。随后，在顾某军等人的安排下，科龙电器将2002年至2004年间的虚假销售记录及相关财会资料编入财务会计报告，经董事会讨论通过后在媒体上予以发布，违反了信息披露制度的真实性要求。

2. 原审认定科龙电器提供虚假财务会计报告的行为严重损害股东或者其他人利益的事实不清，证据不足

2006年6月29日，全国人民代表大会常务委员会通过《刑法修正案（六）》，对《刑法》第161条进行了修改，其后，相关司法解释将该条规定的“提供虚假财会报告罪”修改为“违规披露、不披露重要信息罪”。原审适用《刑法修正案（六）》之前的《刑法》第161条的规定对原审被告人顾某军等人定罪处罚，应当适用提供虚假财会报告罪的罪名，却适用了违规披露、不披露重要信息罪的罪名，确属不当。根据刑法关于提供虚假财会报告罪的规定，必须有证据证实提供虚假财务会计报告的行为造成了“严重损害股东或者其他人利益”的危害后果，才能追究相关人员的刑事责任。参照最高人民检察院、公安部2001年《关于经济犯罪案件追诉标准的规定》，“严重损害股东或者其他人利益”是指“造成股东或者其他人直接经济损失数额在五十万元以上的”，或者“致使股票被取消上市资格或者交易被迫停牌的”情形。但是，在案证据不足以证实本案已达到上述标准。

（1）在案证据不足以证实本案存在“造成股东或者其他人直接经济损失数额在五十万元以上”的情形。首先，虽然侦查机关收集了陈某1等四名股民的证言，以证实科龙电器提供虚假财务会计报告的行为给他们造成约300万元的经济损失，但因取证程序违法，原第一审未予采信。原第二审在既未开庭审理也未说明理由的情况下，采信其中三名股民的证言，确属不当。其次，本案发生后，青岛海信集团有限公司于2006年年底收购了顺德格林柯尔持有的科龙电器26.4%股权，并将科龙电器改名为海信科龙电器股份有限公司。再审期间，检察机关提交了广州市中级人民法院2009年6月11日作出的一百余份民事调解书，以间接证明科龙电器提供虚假财务会计报告的行为给股民造成了经济损失，但认为仍未达到确实、充分的程度。本院经审查认为，上述民事调解书均系在本案原判生效之后作出，只体现了海信科龙电器股份有限公司的意愿，未能体现原审被告人顾某军等人的真实意愿，且不一定能够客观反映股民的实际损失，因而不足以证实本案存在“造成股东或者其他人直接经济损失数额在五十万元以上”的情形。

（2）本案不存在“致使股票被取消上市资格或者交易被迫停牌的”情形。在案证据证实，2005年5月9日，科龙电器董事会为发布被证监会立案调查的公告，向深交所提出了拟于次日上午停牌一小时的申请。经深交所同意，科龙电器股票在同月10日上午停牌一个小时，后即恢复交易。可见，此次停牌系科龙电器主动申请，不属于交易被迫停牌的情形，也没有造成股票被取消上市资格的后果。

（3）原审以股价连续三天下跌为由认定已造成“严重损害股东或者其他人利益”的后果，缺乏事实和法律依据。原审认为，2005 年 5 月 10 日停牌 1 小时后，自恢复交易时起，科龙电器股价连续三天下跌并跌至历史最低点，据此认定科龙电器提供虚假财务会计报告的行为严重损害了股东的利益。本院经再审查明，根据深交所 2005 年 5 月的股市交易数据，科龙电器股价自停牌当日起确实出现了连续三天下跌的情况，但跌幅与三天前相比并无明显差异，而且从第 4 天起即开始回升，至第 8 天时已涨超停牌日。

综上，原审被告人顾某军等人及其辩护人关于科龙电器没有虚假销售和虚增利润、披露的财务会计报告没有虚假等辩解、辩护意见与事实不符，本院不予采纳，但关于原审认定科龙电器提供虚假财务会计报告行为严重损害股东或者其他人利益证据不足的辩解、辩护意见成立，本院予以采纳。

第二章

背信损害上市公司利益罪裁判要旨

导　言

背信损害上市公司利益罪，是《刑法修正案（六）》新增的罪名，作为《刑法》第169条新增条文之一，其规定在第三章破坏社会主义市场经济秩序罪，妨害对公司、企业的管理秩序罪一节。侵犯的法益是国家对上市公司的管理制度以及上市公司及股东的合法权益。

本罪的主体为**特殊主体**，包含两种类型，一是上市公司的董事、监事、高级管理人员，二是上市公司的控股股东或者实际控制人。《刑法》169条之一第1款中，有上市公司的董事、监事、高级管理人员“操纵”上市公司“从事”的表述，“操纵”体现实施本罪的主观方面为直接故意，“从事”是指在上市公司董监高的背后操纵下，由上市公司实施非法行为。这一点与职务侵占罪、挪用资金罪有比较明显的区分，后两者都是由公司、企业或者其他单位的人员直接实施。

截至2021年6月30日，编者在威科先行网站上检索到无罪案例，并综合最高人民法院、最高人民检察院指导案例和公报案例、《刑事审判参考》、《人民司法·案例》等中的案例，归纳出有罪裁判要旨5条，无罪裁判要旨2条。《刑法》第169条之一中规定了该罪名的5项具体行为以及“兜底”条款，本章中裁判要旨二、四均属于《刑法》第169条之一第1款1“无偿向其他单位或者个人提供资金、商品、服务或者其他资产的”的情形；裁判要旨五属于《刑法》第169条之一第1款2“以明显不公平的条件，提供或者接受资金、商品、服务或者其他资产的”的情形；无罪裁判要旨一，就《刑法》第169条之一第1款6的兜底条款的适用进行解释，应当采用相当性解释，即限制在其他通过与关联公司不正当交易“掏空”上市公司的行为，而非适用于所有损害公司利益的行为。

关于“违背对公司的忠实义务”，《公司法》第148条有列举违背忠实义务的7种具体行为和一个兜底条款，本罪所禁止的背信行为属于公司法兜底条款的规定。这些行为如此明显、严重“违背对公司的忠实义务”、损害公司利益，以致于在公司法中并不需要列举出来。《刑法》禁止这些行为，正是因为上市公司董监高不断出现利用职务便利实施利益输送，严重损害上市公司利益的背信现象而必须予以制止。

本罪属于结果犯，必须“致使上市公司利益遭受重大损失”，达到《最高人民检察院、公安部关于公安机关管辖的刑事案件立案追诉标准的规定（二）》第18条规定的情形，才予以立案追诉。比如，无罪裁判要旨二对应的于某青案，虽然于某青有操纵上市公司向明显不具有清偿能力的关联企业提供担保的行为，但是在公安机关立案前向债权人清偿了全部债务，并未给公司造成直接经济损失，因此他的行为不构成背信损害上市公司利益罪。

由于上市公司高管的一系列违法行为，可能会给上市公司带来巨大影响，建议公司通过组织法律培训、教育活动、日常宣传等方式，有针对性地提升企业高管的合规意识；寻求专业人员量身定制行之有效的合规体系，建立企业风险防控部门，强化内部管理机制，尽早发现潜在法律风险或诉讼，降低企业高管实施背信损害上市公司行为的可能性；对涉及公司重大利益的项目，应严格依照法律法规、公司章程实施，确有必要的，提交董事会表决后再实施；正是由于本罪为结果犯，存在可以实施事后补救措施的机会，行为人的背信行为“致使上市公司利益遭受重大损失”，如若行为人及时止损，将上市公司的损失降到最低，其涉及的刑事风险也会大大降低。

一、相关法律、司法解释

《中华人民共和国刑法》

第一百六十九条之一

上市公司的董事、监事、高级管理人员违背对公司的忠实义务，利用职务便利，**操纵**上市公司**从事**下列行为之一，致使上市公司利益遭受重大损失的，处三年以下有期徒刑或者拘役，并处或者单处罚金；致使上市公司利益遭受特别重大损失的，处三年以上七年以下有期徒刑，并处罚金：

（一）无偿向其他单位或者个人提供资金、商品、服务或者其他资产的；

（二）以明显不公平的条件，提供或者接受资金、商品、服务或者其他资产的；

（三）向明显不具有清偿能力的单位或者个人提供资金、商品、服务或者其他资产的；

（四）为明显不具有清偿能力的单位或者个人提供担保，或者无正当理由为其他单位或者个人提供担保的；

（五）无正当理由放弃债权、承担债务的；

（六）采用其他方式损害上市公司利益的。

上市公司的控股股东或者实际控制人，指使上市公司董事、监事、高级管理人员实施前款行为的，依照前款的规定处罚。

犯前款罪的上市公司的控股股东或者实际控制人是单位的，对单位判处罚金，并对其直接负责的主管人员和其他直接责任人员，依照第一款的规定处罚。

《最高人民检察院、公安部关于公安机关管辖的刑事案件立案追诉标准的规定（二）》（以下简称《标准二》，公通字〔2010〕23号，2010年5月7日施行）

本法规被《最高人民检察院、公安部关于印发〈关于修改侵犯商业秘密刑事案件立案追诉标准的决定〉的通知》（2020年9月17日发布；2020年9月17日实施）修订

第十八条

上市公司的董事、监事、高级管理人员违背对公司的忠实义务，利用职务便利，操纵上市公司从事损害上市公司利益的行为，以及上市公司的控股股东或者实际控制人，指使上市公司董事、监事、高级管理人员实施损害上市公司利益的行为，涉嫌下列情形之一的，应予立案追诉：

（一）无偿向其他单位或者个人提供资金、商品、服务或者其他资产，致使上市公司直接经济损失数额在一百五十万元以上的；

（二）以明显不公平的条件，提供或者接受资金、商品、服务或者其他资产，致使上市公司直接经济损失数额在一百五十万元以上的；

（三）向明显不具有清偿能力的单位或者个人提供资金、商品、服务或

者其他资产，致使上市公司直接经济损失数额在一百五十万元以上的；

（四）为明显不具有清偿能力的单位或者个人提供担保，或者无正当理由为其他单位或者个人提供担保，致使上市公司直接经济损失数额在一百五十万元以上的；

（五）无正当理由放弃债权、承担债务，致使上市公司直接经济损失数额在一百五十万元以上的；

（六）致使公司发行的股票、公司债券或者国务院依法认定的其他证券被终止上市交易或者多次被暂停上市交易的；

（七）其他致使上市公司利益遭受重大损失的情形。

最高检、公安部有关部门负责人就《最高人民检察院、公安部关于经济犯罪案件追诉标准的补充规定》有关问题答记者问（2008年5月12日发布）

（2）对于背信损害上市公司利益案，考虑到该罪侵犯的主要是上市公司的财产性利益，所以主要从上市公司利益遭受损失的数额以及因背信行为导致股票、债券被终止或者多次被暂停上市交易等方面规定追诉标准。出于保护上市公司利益的角度，在损失数额上规定了150万元的绝对数额标准。因背信损害上市公司利益行为致使公司发行的股票、公司债券或者国务院依法认定的其他证券被终止上市交易或者多次被暂停上市交易的，也规定为应予追诉的情形。

《中华人民共和国公司法》（2018年10月26日修正并施行）

第一百四十七条　董事、监事、高级管理人员应当遵守法律、行政法规和公司章程，对公司负有**忠实义务**和勤勉义务。

董事、监事、高级管理人员不得利用职权收受贿赂或者其他非法收入，不得侵占公司的财产。

第一百四十八条　董事、高级管理人员不得有下列行为：

（一）挪用公司资金；

（二）将公司资金以其个人名义或者以其他个人名义开立账户存储；

（三）违反公司章程的规定，未经股东会、股东大会或者董事会同意，将公司资金借贷给他人或者以公司财产为他人提供担保；

（四）违反公司章程的规定或者未经股东会、股东大会同意，与本公司订立合同或者进行交易；

（五）未经股东会或者股东大会同意，利用职务便利为自己或者他人谋取属于公司的商业机会，自营或者为他人经营与所任职公司同类的业务；

（六）接受他人与公司交易的佣金归为己有；

（七）擅自披露公司秘密；

（八）违反对公司忠实义务的其他行为。

董事、高级管理人员违反前款规定所得的收入应当归公司所有。

二、有罪裁判要旨

裁判要旨一：上市公司的董事长、实际控制人，违背对公司的忠实义务，利用职务便利，将上市公司资金用于个人营利活动，致使上市公司遭受重大损失的，构成背信损害上市公司利益罪

案件名称：鲜某背信损害上市公司利益、操纵证券市场案

审理法院：上海市第一中级人民法院、上海市高级人民法院

案号：（2018）沪01刑初13号、（2019）沪刑终110号

来源：人民法院报案例

裁判结果：

鉴于鲜某在二审期间自愿认罪认罚，并在家属帮助下缴纳了全部罚金及退缴了部分违法所得等情，其具有认罪、悔罪表现。辩护人关于对鲜某从轻处罚的辩护意见，上海市人民检察院建议本院对鲜某从轻处罚的意见，均予以采纳。上海市高级人民法院判决，上诉人鲜某犯背信损害上市公司利益罪判处有期徒刑1年8个月，并处罚金人民币180万元。

基本案情：

2013年7月至2015年2月，被告人鲜某利用担任上市公司多伦公司及其子公司汉通公司的法定代表人及实际控制人的职务便利，为粉饰公司业绩，采用伪造汉通公司开发的荆门楚天城项目分包商林某某签名、制作虚假的资金支付申请与审批表等方式，以支付工程款和往来款名义，将汉通公司资金划转至该公司实际控制的林某某个人账户、荆门楚天城项目部账户，再通过上述账户划转至鲜某实际控制的多个公司、个人账户内，转出资金循环累计达人民币1.2亿余元。其中，2360万元被鲜某用于理财、买卖股票等，至案发尚未归还，且部分资金已被结转至开发成本账户。

裁判理由：

被告人鲜某作为上市公司A公司的董事长、实际控制人，违背对公司的忠实义务，利用职务便利，将上市公司资金用于个人营利活动，致使上市公司遭受重大损失，其行为已构成背信损害上市公司利益罪。

裁判要旨二：上市公司董事长，违背对公司的忠实义务，利用职务上的便利，操纵上市公司无偿将本单位资金提供给其他单位使用，致使上市公司利益遭受重大损失，其行为构成背信损害上市公司利益罪

裁判要旨三：挪用资金罪与背信损害上市公司利益罪竞合时如何处理？首先，依据从旧兼从轻原则，在一个行为同时符合新旧《刑法》规定的时候，应该适用处罚较轻的新《刑法》条文。其次，二者属于特别法与一般法的法条竞合关系，仅在个案中应按照特别法优于一般法的规定处理

案件名称：张某背信损害上市公司利益罪案

审理法院：上海市浦东新区人民法院

案号：（2007）浦刑初字第1521号

来源：《人民司法：案例》2008年第20期

裁判结果：

判处被告人张某有期徒刑2年，罚金人民币2000元。

基本案情：

2003年7月、8月间，在上海科技大股东斯威特集团实际控制人严某群的要求下，被告人张某在未经公司董事会同意，并在未告知财务经理胡某资金最终去向的情况下，指使胡某先后两次将上海科技账外账户中的人民币1亿元和6800万元划至上海科技下属公司南京宽频账户，出纳将其中1亿元划至上海科技下属控股子公司南京图博，后经严某群签字确认将该人民币1亿元划至斯威特集团指定的公司南京凯克。严某指使斯威特集团出纳将该1亿元用于投资设立新楚视界。另6800万元会同南京宽频的人民币200万元按严某要求划至严实际控制的南京罗佛。斯威特集团得款后，严某群用于收购小天鹅公司的股权。8月29日，南京宽频收回的7000万元被划至南京和远账户，该账户将7000万元连同南京口岸划入的2000万元合计人民币9000万元电汇至上海证券有限责任公司临平路证券营业部，以广州安迪实业投资有限公司名义开设账户进行股票买卖。

裁判理由：

被告人张某身为上海科技董事长，违背对公司的忠实义务，利用职务上的便利，操纵上市公司无偿将本单位资金提供给其他单位使用，致使上市公司利益遭受重大损失，其行为已构成背信损害上市公司利益罪。被告人张某到案后交代态度较好，有一定的悔罪表现，斯威特集团已将占用的上海科技的资金全数归还，上海科技的利益损失得到弥补，酌情从轻处罚。

案例评析：

1. **如何把握背信损害上市公司利益罪的构成要件**。该罪是《刑法修正案（六）》新增设的罪名，**可以从以下四个方面认定：**

第一，犯罪主体是特殊主体。只有上市公司的董事、监事、控股股东或实际控制人能够构成本罪。本案中的被告人张某系上海科技董事长，该职务是由股东大会选举产生的，被告人主体身份符合此罪。

第二，侵犯的客体是公司董事、监事等高级管理职务的廉洁性和上市公司的经济利益。行为人违背对公司的忠实义务是构成本罪的本质特征。公司高层管理人员依法对公司有忠诚义务，上海科技也明确将此点纳入本公司章程中。本案中的被告人张某个人决定将本公司资金挪用给斯威特集团使用的行为即违背了对公司的忠实义务。

第三，客观方面表现为行为人利用职务便利，实施了操纵上市公司进行不正当关联交易，侵害上市公司利益的行为。无偿向其他单位或个人提供资金、商品、服务或者其他资产的行为列属其中。张某作为上海科技的董事长，与大股东斯威特集团的实际控制人利用对上市公司的影响力，在无任何交易基础的情况下，无偿将上市公司资金划拨到关联公司斯威特集团供其使用，直接侵害了上海科技对公司财产的占有、处分和收益权。

第四，须有损害后果的实际发生。重大损失的具体标准，尚待司法解释予以明确规定，具体标准我们认为可以参照挪用资金罪的成罪标准。至立案侦查时，斯威特集团占用上海科技的1.7亿元资金未归还已达3年之久，致使上海科技无法正常占有、处分和获得收益，正当利益遭受重大利益损失，可以认为达到该罪的损害后果。综上，法庭认定被告人张某的行为应构成背信损害上市公司利益罪。

背信损害上市公司利益罪的处刑有两档，分别针对致使上市公司利益遭受重大损失和特别重大损失。目前没有明确标准，因此在量刑方面刑法谦抑性精神，对当事人从轻处罚，对于张某的犯罪行为仅在3年以下处罚。结合张某任职期间对上海科技发展的贡献，将资金借给其他单位使用过程中未谋取个人利益，上海科技也多次要求对张某从轻处罚，适用缓刑，愿意落实对张的帮教措施等情况，最终判处张某有期徒刑2年，缓刑2年，罚金人民币2000元。

2. **本案是否构成挪用资金罪**。罪刑法定原则要求法不溯及既往。由于本案发生在背信损害上市公司利益罪的刑法修正案出台之前，所以**只有在依照原有刑法也能够追溯被告人挪用资金罪的情况下才能按照从旧兼从轻的原则，认定背信损害上市公司利益罪的罪名**。公诉机关在指控时认定被告人张某的行为属于挪用资金罪。控方认为，“归个人使用”的理解，可参照全国人大常委会《关于中华人民共和国刑法第三百八十四条第一款的解释》的相关规定。其中，全国人大常委会讨论了《刑法》第384条第1款规定的国家工作人员利用职务上的便利，挪用公款“归个人使用”的含义问题，解释如下：（1）将公款供本人、亲友或者其他自然人使用的；（2）以个人名义将公款供其他单位使用的；（3）个人决定以单位名义供其他单位使用，谋取个人利益的。为进一步明确第（2）款中“以个人名义”的含义，《全国法院审理经济犯罪案件工作座谈会纪要》规定：对于行为人逃避财务监管，或者与使用人约定以个人名义进行，或者借款、还款都以个人名义进行，将公款给其他单位使用的，应当认定为“以个人名义”。

本案中，张某挪用资金的行为从形式上看没有表现出明显的“以个人名义”的特征，但实质上张某个人决定、没有向公司财务人员讲明资金具体用途，隐瞒真相的行为，逃避了本公司的财务监管，可以认定为“以个人名义”，张某的行为构成挪用资金罪。

而辩方认为，挪用资金罪的本质特征是公款私用，本案中是单位之间的民间借贷，资金往来且有审批手续，张某的行为不符合挪用公款罪对“个人名义”含义问题所作的司法解释，本案中公款私用的特征不明显，张某的行为不能以挪用资金罪定罪。按《刑法修正案（六）》的规定，张某的行为构成背信损害上市公司利益罪，但是由于张某的行为发生在《刑法修正案（六）》施行之前，刑法尚未将此种行为规定为犯罪，张某的行为不能认定为背信损害上市公司利益罪。

合议庭最终采纳了控方观点，认定被告人张某的行为属于“以个人名义”将公款供其他单位使用，可认定为挪用单位款项归个人使用、符合挪用资金罪的犯罪构成。首先，虽然从形式上看，张某将上海科技的资金借给斯威特集团使用，资金支出内部手续齐备，不符合挪用资金罪所要求的“以个人名义”进行和“归个人使用”的特征。但从实质上把握，张某对于这两笔资金的支出没有召开董事会告知有关人员，对于资金实际用途是给斯威特集团使用的情况也没有向财务经理胡某讲明而予以隐瞒，钱款的支出由张某个人决定，张某随意支配公司资金，将上海科技的资金通过下属子公司层层流转，最终转入大股东账户，由于张某隐瞒真相的行为，导致本公司的财务制度形同虚设，不能起到相应的监督、制约作用，逃避了财务的监管，实际上就是被告人张某以个人名义将本单位资金借给其他单位使用的行为，符合挪用资金罪的法律特征。

其次，挪用资金罪侵害的客体是单位对财产的占有权、使用权和收益权。“归个人使用”最本质的特征是就是使公款进入流通领域，从而使用人借以谋利。本案被告人张某私自指使财务人员将单位资金以借款形式转移到其他单位账户，然后投资建立公司、或进行股票交易，均侵犯了公司对资产的占有权、使用权和收益权，符合挪用资金罪的犯罪构成要件。

3. **挪用资金罪与背信损害上市公司利益罪竞合时如何处理**。首先，依据从旧兼从轻原则，在一个行为同时符合新旧刑法规定的时候，应该适用处罚较轻的新刑法条文。张某的挪用行为发生在《刑法修正案（六)》之前，且背信损害上市公司利益罪处刑相对挪用资金罪较轻，故按照从旧兼从轻原则对于张某的犯罪行为应以背信损害上市公司利益罪定罪。其次，仔细比较两罪的犯罪构成，背信损害上市公司利益罪所规定的第 1 款行为，即公司高管人员无偿向关联企业挪用单位资金的行为系挪用资金罪的具体规定，包容于挪用资金罪的犯罪构成，二者属于特别法与一般法的法条竞合关系，仅在本案中应按照特别法优于一般法的规定处理。从本案犯罪性质来看，张某作为上市公司的董事长，无论是从主体身份还是犯罪的行为表现客观方面等均更为符合背信损害上市公司利益罪，对张某按照此罪定罪处罚更准确。

裁判要旨四：上市公司董事违背对公司的忠实义务，利用职务上的便利，操纵上市公司无偿向其他单位和个人提供资金且没有追回，致使上市公司利益遭受特别重大损失

案件名称：王某信背信损害上市公司利益案

审理法院：陕西省高级人民法院

案号：（2010）陕刑二终字第20号

来源：陕西省高级人民法院参阅案例　第1辑

裁判结果：

被告人王某信犯背信损害上市公司利益罪，判处有期徒刑4年，并处罚金100万元。陕西省高级人民法院裁定驳回上诉，维持原判。

基本案情：

人达农业和杨凌沙苑是人达集团的子公司，王某信既是人达农业和杨凌沙苑的法定代表人或实际控制，也是人达集团的法定代表人。**秦丰农业是由种业集团控股**的在上海证券交易所A股挂牌**上市的股份有限公司**。2005年10月，陕西省国资委选定人达农业对种业集团和秦丰农业进行重组，2005年12月，**王某信被选举为秦丰农业的董事长**，2006年2月，**人达农业以其自有的一万余亩林地使用权注资种业集团，成为种业集团控股股东，王某信亦被选举为种业集团的董事长，实际控制了种业集团和秦丰农业**。2006年3月13日，秦丰农业的下属子公司陕西秦丰向日葵种业有限公司（以下简称秦丰向日葵）和杨凌沙苑签订了虚假的《国产油葵g101种子预约生产合同》，约定秦丰向日葵委托杨凌沙苑繁殖国产油葵g101种子，秦丰向日葵向杨凌沙苑支付"育种款"。合同签订后，从2006年3月至2007年9月，**王某信指使财务人员从秦丰农业下属子公司秦丰向日葵、陕西秦丰农化有限责任公司、西安秦丰大酒店有限责任公司、杨凌秦丰农资营销有限公司以支付"育种款"为由，向杨凌沙苑**账户转移资金9,270,582.44元，除案发时杨凌沙苑账内剩余的492,370.11元、为秦丰农业支付赞助费、工程费等费用共计751,280.10元，代种业集团支付审计费、职工工资2,016,522.10元外，王某信指使财务人员将其余6,010,410.11元无偿提供给人达集团、人达农业、杨凌沙苑等公司和个人使用。案发后，占用款项均未追回。

裁判理由：

西安中院认为：被告人王某信身为上市公司秦丰农业的董事长，利用职务便利，将上市公司资金无偿交给人达农业、人达集团、杨凌沙苑使用，还给个人用于交纳房贷、物业费等，所用款项用途均与秦丰农业无关且未归还，致使上市公司利益遭受特别重大损失，其行为已构成背信损害上市公司利益罪，依法应予惩处。陕西省高级人民法院认为：上诉人王某信身为上市公司董事长，违背对公司的忠实义务，利用职务上的便利，操纵上市公司无偿向其他单位和个人提供资金且没有追回，致使上市公司利益遭受特别重大损失，其行为已构成背信损害上市公司利益罪，应依法予以惩处。

案例评析：

本案是《中华人民共和国刑法修正案（六）》施行后，陕西省法院审理的首起背信损害上市公司利益案，属于新类型案件，该案的裁判对本罪的法律适用具有指导意义。

审理此类案件，**应重点把握以下几个特征：**（1）“违背忠实义务”即“背信”是本罪的本质特征。违背忠实义务就是指行为人故意违反《公司法》第148条、第149条规定的不得利用职权收受贿赂或者其他非法收入、不得侵占公司财产和不得运用关联关系损害公司利益等忠实于公司的义务。（2）“利用职务便利，操纵上市公司”是本罪的手段特征。所谓职务，是指对上市公司的控制权或者影响力，具体就是对公司事务的决策、管理、监督权。操纵上市公司是指行为人采取指令、决议等形式，将其个人侵害公司利益的意图和行为强加于上市公司，以公司名义实现其侵害公司利益的行为。（3）进行不正当的关联交易是本罪的行为特征。由于我国法律并不禁止上市公司与其有关联关系的公司、企业间的正当交易，判断关联交易是否正当，要考察在交易的决定过程中，行为人是否滥用了其控制权和影响力，双方是否按照等价有偿的市场竞争原则进行交易，是否符合正常的或者公认的市场交易条件，综合做出准确判定。在无偿向其他单位或者个人提供资金的场合，如果董事、监事、高级管理人是以单位名义实施的，则可以认定为此罪；如果是个人决定实施的，则可能构成挪用资金罪。（4）行为人的背信行为导致上市公司的利益遭受重大损失是构成本罪的结果条件。本罪作为结果犯，要求行为人实施的不正当关联交易行为给上市公司造成150万元以上的直接经济损失或者致使公司发行的股票、公司债券被终止上市交易或者多次被暂停上市交易的严重后果时，才构成犯罪。（5）本罪的主体为特殊主体，即上市公司的董事、监事、高级管理人员以及对上市公司具有控制权和影响力的控股股东、实际控制人等。

本案被告人王某信作为上市公司秦丰农业董事长，违背对公司的忠实义务，利用职务上的便利，以给上市公司资金寻找安全账户为由，通过签订虚假育种合同骗取公司董事会同意，进而以支付“育种款”为由，指使秦丰农业财务人员将下属子公司巨额资金转入其实际控制的杨凌沙苑公司账户，而后又指使财务人员将资金无偿提供给其任董事长的人达集团、人达农业等公司及个人使用，以保护上市公司利益之名行掏空公司资产之实，导致巨额资金无法追回。因其背信操纵上市公司无偿向其他单位和个人提供资金的行为给上市公司秦丰农业公司的利益造成特别重大损失，其行为符合背信损害上市公司利益罪的构成要件。原一、二审判决对其以背信损害上市公司利益罪定罪处罚的裁判是正确的。

裁判要旨五：明知供货公司提供的产品价格远高于市场价格仍接受供货，属于以明显不公平条件接受他人商品，违背了对公司的忠实义务，致使公司利益遭受重大损失，行为已构成背信损害上市公司利益罪

案件名称：刘某背信损害上市公司利益案

案号：（2017）皖0208刑初10号（注：经检索，未检索到该案二审判决）

审理法院：芜湖市三山区人民法院

裁判结果：

被告人刘某犯背信损害上市公司利益罪，判处有期徒刑10个月，并处罚金人民币10万元。

基本案情：

2006年，刘某1经营的正菱公司在曹某的介绍下，以代储代销形式向新集公司销售PDC钻头及配件。2007年12月，新集公司在上海证券交易所上市。2008年3月，新集公司欲采取公开招标形式采购PDC钻头及配件，刘某1所经营的正菱公司已更改为威钻公司，因不符合供应商资格而被新集公司停止供应PDC钻头等矿用配件业务。同年4月，曹某任淮南市代市长，其妻刘某1告知上述被停止供应业务一事。2008年5月27日，在曹某的授意下，刘某1以威钻公司名义向新集公司出具了一份《关于申请产品供货的报告》，以达到向新集公司继续供货的目的。2008年6月23日，新集公司企管部和供应部联合盖章，向被告人刘某请示，建议以“议价”价格采购威钻公司的PDC钻头，并将议价价格列明，向被告人刘某请示，刘某在请示报告上签字同意。最终刘某1的威钻公司以议价形式，且用明显高于市场价格的售价，从2009年开始向新集公司供应PDC钻头及配件直至2012年。期间，在2011

年，刘某1出资注册成立正巨公司。2012年2月，正巨公司合并了威钻公司。经审计，自2009年至2012年，新集公司以上述明显不公平的条件，接受威钻公司、正巨公司销售的钻头，造成公司直接经济损失1844.64万元。

裁判理由：

被告人刘某作为新集公司这家上市公司的高级管理人员，明知刘某1经营的公司向新集公司提供的产品价格远高于市场价格，仍同意其通过议价的方式向公司供货，属于以明知不公平条件接受他人商品，违背了对公司的忠实义务，致使新集公司利益遭受重大损失，其行为已构成背信损害上市公司利益罪。公诉机关指控的事实和罪名成立，本院予以支持。

三、无罪裁判要旨

无罪裁判要旨一：根据《刑法》的体系解释和目的解释的方法，《刑法修正案（六）》第169条之一列举的前5项均系公司高级管理人员通过与关联公司不正当交易“掏空”上市公司的行为，第6项兜底条款的解释应当采用相当性解释，即限制在其他通过与关联公司不正当交易“掏空”上市公司的行为，而非所有损害公司利益的行为

案件名称：余某妮等违规披露、不披露重要信息、背信损害上市公司利益案

审理法院：珠海市中级人民法院

案号：（2016）粤04刑初131号（注：经检索，未检索到该案二审判决）

来源：最高人民检察院发布第十七批指导性案例

基本案情：

博元公司的原股东勋达公司、许某对上市公司负有股改业绩承诺，需向上市公司支付业绩承诺款5.26亿元。李某甲、余某妮夫妇实际控制的华信公司、大成公司等8人通过司法拍卖取得了勋达公司、许某所持博元公司股份，承继了支付业绩承诺款的义务，但经广东证监局多次催促仍有3.845亿元的承诺款未支付。李某甲、余某妮为了完成股改业绩承诺款的支付，达到限售流通股尽快解禁的目的，通过在下属子公司之间循环转账的方式，制造已由子公司代收了业绩承诺款的假象并在博元公司年报、半年报等报告中披露。由于业绩承诺款实际上并未支付，由此导致博元公司财务报表上的数据严重失实。此后，为了进一步掩盖这一行为，又发生了买进虚假的银行承兑汇票

并进行相关交易的行为，由此导致公司披露的财务报表进一步失实。

裁判理由：

本案中，李某甲伙同被告人余某妮等人为达到实现股票上市流通的目的，掩盖没有完成3.84亿元股改业绩承诺款缴纳的事实，以博元公司实际控制人、高级管理人员的身份，指使财务人员伪造财务报表，实际操纵公司，致使公司被证监部门稽查并被终止上市，客观上损害了博元公司利益，致使博元公司遭受重大损失。就各被告人行为的定性问题，《刑法修正案（六）》增加第169条之一规定“上市公司的董事、监事、高级管理人员违背对公司的忠实义务，利用职务便利，操纵上市公司从事下列行为之一，致使上市公司利益遭受重大损失的，处……”采用列举式的方式描述了该罪的罪状，同时在第6项中采用兜底方式规定了“采用其他方式损害上市公司利益的”行为。根据刑法的体系解释和目的解释的方法，该条款列举的前5项均系公司高级管理人员通过与关联公司不正当交易“掏空”上市公司的行为，第6项兜底条款的解释应当采用相当性解释，即限制在其他通过与关联公司不正当交易“掏空”上市公司的行为，而非所有损害公司利益的行为。故各被告人的行为不构成背信损害上市公司利益罪。同时，如上所述，本案实质就一个行为，也不应定性为两个罪名。各辩护人所提本案背信损害上市公司利益罪不成立的辩护意见成立，予以采纳。公诉机关指控各被告人犯背信损害上市公司利益罪不成立，不予支持。

无罪裁判要旨二：构成背信损害上市公司利益罪必须以“致使上市公司利益遭受重大损失”为条件

案件名称：于某青隐瞒上市公司为他人提供担保的重要信息构成违规不披露重要信息罪案

审理法院：江苏省扬州市邗江区人民法院

案号：（2012）扬邗刑初字第0005号（注：经检索，未检索到该案二审判决）

来源：《刑事审判参考》总第90集　第824号案例

裁判理由：

公诉机关起诉指控的背信损害上市公司利益罪因构成该罪必须以“致使上市公司利益遭受重大损失”为条件，被告人于某青虽有操纵上市公司向明显不具有清偿能力的关联企业提供担保的行为，但鉴于其违规担保的风险在公安机关立案前已全部化解，未给上市公司琼花造成实际损失，因此被告人于某青的行为不构成背信损害上市公司利益罪。公诉机关指控被告人于某青犯背信损害上市公司利益罪不能成立，法院不予支持。辩护人提出被告人于某青的行为未给琼花的利益造成重大损失，因此不构成背信损害上市公司利益罪的辩护意见，应予采纳。

案例评析：

上市公司直接负责的主管人员违规向不具有清偿能力的控股股东提供担保，未造成实际损失的，不构成背信损害上市公司利益罪背信损害上市公司利益罪，是《刑法修正案（六）》规定的新罪名。根据《刑法》第169条之一的规定，成立背信损害上市公司利益罪，必须是上市公司的董事、监事、高级管理人员违背对公司的忠实义务，客观上实施了利用职务便利，操纵上市公司，致使上市公司利益遭受重大损失的行为。

1. **从主体要件分析**。构成本罪的主体必须是上市公司的董事、监事、高级管理人员、控股股东或者实际控制人。本案被告人于某青是上市公司琼花的法定代表人、董事长，其主体身份适格。

2. **从客体要件分析**。本罪侵犯的客体是公司董事、监事、高级管理人员职务的廉洁性和上市公司的经济利益。其中，行为人违背对公司的忠实义务是构成本罪最基本的特征之一。对于公司的董事、监事、高级管理人员而言，这里的“**忠实义务**”具体体现在：对公司事务应当忠诚尽力、忠实于公司：当其自身利益与公司利益相冲突时，应当以公司利益为重，不得将自身利益于公司利益之上；必须为公司利益善意处理公司事务、处置其所掌握的公司资产，不得受关联企业支配“掏空”公司资产、损害公司利益。于某青未将公司利益始终放在第一位，且未为公司利益善意处置其所掌握的公司资产，应当认定其违背对公司的忠实义务。

3. **从客观要件分析**。具体又包括行为要件特征和结果要件特征。

（1）**行为要件特征**。根据《刑法》第169条之一的规定，成立背信损害上市公司利益罪要求行为人必须实施了操纵上市公司的行为。刑法第169条之一明文列举了5项具体行为，其中，第4项为“为明显不具有清偿能力的单位或者个人提供担保，或者无正当理由为其他单位或者个人提供担保”。本案中，被告人于某青利用其担任琼花法定代表人的职务便利，为明显不具有清偿能力的控股股东等关联企业提供担保，符合背信损害上市公司利益罪的行为要件特征。

（2）**结果要件特征**。根据刑法规定，成立背信损害上市公司利益罪必须以“致使上市公司利益遭受重大损失”为要件。如果行为在客观上未给上市公司造成重大损失的，就不符合背信损害上市公司利益罪的客观要件特征。参照《标准二》第 18 条的规定，“致使上市公司利益遭受重大损失”一般是指致使上市公司直接经济损失数额在 150 万元以上或者致使公司发行的股票、公司债券或者国务院认定的其他证券被终止上市交易或者多次被暂停上市交易。从本案情况看，被告人于某青的背信行为，不存在致使公司发行的股票、公司债券或者国务院认定的其他证券被终止上市交易或者多次被暂停上市交易的情况。于某青虽然操纵上市公司向明显不具有清偿能力的关联企业提供担保，但是在公安机关立案前，琼花集团、于某青均通过以股抵债或者用减持股票款方式向债权人清偿了全部债务，积极解除了琼花的担保责任，从而未给琼花造成直接经济损失。因此，于某青的行为不符合背信损害上市公司利益罪的结果要件特征，不构成背信损害上市公司利益罪。

第三章

隐匿、故意销毁会计凭证、会计账簿、财务会计报告罪裁判要旨

导言

本罪的客观方面，表现为隐匿或故意销毁依法应当保存的会计凭证；其中“隐匿”，指个人或者单位在有关机关监督检查其会计工作，调查了解有关犯罪证据，要求其提供会计凭证，拒不提供的行为。根据《会计法》第35条规定：“各单位必须依照有关法律、行政法规的规定，接受有关监督检查部门依法实施的监督检查，如实提供会计凭证、会计账簿、财务会计报告和其他会计资料以及有关情况，不得拒绝、隐匿、谎报。”其中“故意销毁”是指个人或单位将应当建档妥善保管的会计凭证毁灭、销毁的行为。《会计法》第23条规定：“各单位对会计凭证、会计账簿、财务会计报告和其他会计资料应当建立档案，妥善保管。会计档案的保管期限和销毁办法，由国务院财政部门会同有关部门制定。”**主观方面**，表现为故意。**本罪属于情节犯**，只有行为人的有严重的隐匿、故意销毁会计凭证的情节才能构成本罪。

此外，除需要注意最高人民检察院、公安部《关于公安机关管辖的刑事案件立案追诉标准的规定（二)》第8条规定的立案标准外，还应结合《会计法》第35条和第44条的规定，隐匿会计凭证、会计账簿、财务报告罪属于行政犯，刑法规定的该罪中的“隐匿”宜参照有关行政法来理解。评价某一行为是否构成隐匿会计凭证、会计账簿、财务报告罪，首先需要判断行为人所实施的隐匿行为是否为了逃避有关监督检查部门依法实施的监督检查。

由此可见，如果行为人在并没有接受监督检查部门检查或者没有接到通知的情况下，仅仅将财会凭证更换保存地方，而且在司法机关、行政机关等要求出示进行检查时，积极予以配合，毫无保留地全部提供。这种情况不应该认定为是隐匿会计凭证、会计账簿、财务报告罪。从目前可以检索到的无罪判决中可以对上述观点进行验证。

笔者通过从最高人民法院公报、人民法院案例选、人民法院报以及已出版书籍中检索，共梳理出7个有罪裁判要旨，从裁判文书网、北大法宝、威科先行，总共检索到5个不构成隐匿、故意销毁会计凭证、会计账簿、财务会计报告罪的案例。其中，关于故意销毁“小金库”账目、白条是否构成故意销毁会计凭证罪，有罪裁判要旨四与无罪裁判要旨六做出了不同的认定，笔者赞同前者观点，因为“小金库”账目、白条的内容均真实反映了“小金库”资金收支的具体情况，属于应当依法保存的会计凭证，是查处违法犯罪活动的重要证据材料，所以故意销毁“小金库”账目、白条构成故意销毁会计凭证罪。

一、相关法律、司法解释

《中华人民共和国刑法》

第一百六十二条之一　“隐匿或者故意销毁依法应当保存的会计凭证、会计账簿、财务会计报告，情节严重的，处五年以下有期徒刑或者拘役，并处或者单处二万元以上二十万元以下罚金。

单位犯前款罪的，对单位判处罚金，并对其直接负责的主管人员和其他直接责任人员，依照前款的规定处罚。”

最高人民检察院公安部关于公安机关管辖的刑事案件立案追诉标准的规定（二）（公通字〔2010〕23号　2010.05.07施行）

第八条　隐匿或者故意销毁依法应当保存的会计凭证、会计账簿、财务会计报告，涉嫌下列情形之一的，应予立案追诉：

（一）隐匿、故意销毁的会计凭证、会计账簿、财务会计报告涉及金额在五十万元以上的；

（二）依法应当向司法机关、行政机关、有关主管部门等提供而隐匿、故意销毁或者拒不交出会计凭证、会计账簿、财务会计报告的；

（三）其他情节严重的情形。

《中华人民共和国会计法》（自2000年7月1日起施行　2017.11.04修正生效）

第三十五条　各单位必须依照有关法律、行政法规的规定，接受有关监督检查部门依法实施的监督检查，如实提供会计凭证、会计账簿、财务会计报告和其他会计资料以及有关情况，不得拒绝、隐匿、谎报。

第四十四条　隐匿或者故意销毁依法应当保存的会计凭证、会计账簿、财务会计报告，构成犯罪的，依法追究刑事责任。

有前款行为，尚不构成犯罪的，由县级以上人民政府财政部门予以通报，可以对单位并处五千元以上十万元以下的罚款；对其直接负责的主管人员和其他直接责任人员，可以处三千元以上五万元以下的罚款；属于国家工作人员的，还应当由其所在单位或者有关单位依法给予撤职直至开除的行政处分；其中的会计人员，五年内不得从事会计工作。

《会计档案管理办法》（自2016年1月1日起施行）

第五条　单位应当加强会计档案管理工作，建立和完善会计档案的收集、整理、保管、利用和鉴定销毁等管理制度，采取可靠的安全防护技术和措施，保证会计档案的真实、完整、可用、安全。

附表一《企业和其他组织会计档案保管期限表》中规定，企业的会计凭证类和会计账簿类会计档案的保管期限是30年。

二、有罪裁判要旨

裁判要旨一：被告单位为本单位私利，经单位决策机构集体研究同意后，烧毁依法应当保存的会计资料，构成销毁会计资料罪

案件名称：江山市造纸厂、杨某法销毁会计资料案

审理法院：江山市人民法院

来源：最高人民法院公报　2002年第4期（总第78期）

裁判结果：

一、被告单位江山造纸厂犯销毁会计资料罪，判处罚金10万元。

二、被告人杨某法犯销毁会计资料罪，判处有期徒刑1年，缓刑1年，并处罚金5万元。

基本案情：

2000年3、4月，时任被告单位江山造纸厂厂长的被告人杨某法，召集该厂经营副厂长、财务科长、副科长、出纳和该厂劳动服务公司的出纳到其办公室，指使上述人员共同对该厂劳动服务公司上年度（1999年3月至当日止）的财务支出流水账、凭证等会计资料进行审核，确认无异议后，将余额结转到新账簿上，由在场人签名。之后，杨某法决定沿用该厂以往的做法，将审核过的会计资料让人拿到锅炉房予以烧毁。2001年4月5日，被告人杨某法仍沿用前次做法，将审核过的该厂财务和该厂劳动服务公司上年度的财务流水账、凭证等会计资料，指使他人拿到锅炉房予以烧毁。被告单位江山造纸厂的劳动服务公司两次被烧毁的会计资料，涉及收入金额共计567,952.52元。

裁判理由：

1998年8月21日，财政部、国家档案局发布的《会计档案管理办法》第4条规定："各单位必须加强对会计档案管理工作的领导，建立会计档案的立卷、归档、保管、查阅和销毁等管理制度，保证会计档案妥善保管、有序存放、方便查阅，严防毁损、散失和泄密。"该办法的附表1《企业和其他组织会计档案保管期限表》中规定，企业的会计凭证类和会计账簿类会计档案的保管期限是15年。1999年10月31日第九届全国人民代表大会常务委员会第十二次会议修订的《中华人民共和国会计法》第23条规定："各单位对会计凭证、会计账簿、财务会计报告和其他会计资料应当建立档案，妥善保管。会计档案的保管期限和销毁办法，由国务院财政部门会同有关部门制定。"

1999年12月25日，第九届全国人大常委会第十三次会议通过并于同日公布了《中华人民共和国刑法修正案》，本罪是修正后的刑法新增的罪名。此罪主体既可以是具有刑事责任能力的自然人，也可以是单位法人；犯罪的主观方面是直接故意，并且具有逃避国家依法对单位财务进行监督的目的；

侵害的客体是国家对公司、企业财务的管理秩序，犯罪对象是依法应当保存的会计凭证、会计账簿或财务会计报告，犯罪客观方面表现为对依法应当保存的会计凭证、会计账簿或财务会计报告实施隐匿或者故意销毁的行为。

会计凭证、会计账簿是会计法规定依法应当保存的会计资料，任何单位与个人均不得隐匿或者故意销毁。被告单位江山造纸厂为本厂私利，经该厂决策机构集体研究同意后，用锅炉烧毁了依法应当保存的上述会计资料，其行为与法律的规定公开相悖，可视为情节严重。依照《刑法》第 162 条之一的规定，江山造纸厂的行为构成销毁会计资料罪。依照《刑法》第 162 条之一第 2 款和《刑法》第 30 条关于“公司、企业、事业单位、机关、团体实施的危害社会的行为，法律规定为单位犯罪的，应当负刑事责任”的规定，江山造纸厂应当承担刑事责任。被告人杨某法身为江山造纸厂的厂长、法定代表人，召集有关人员审核并指使他人烧毁会计资料，对江山造纸厂实施的销毁会计资料犯罪行为负有直接责任，是《刑法》第 162 条之一第 2 款规定的“直接负责的主管人员”，也应当依照《刑法》第 162 条之一第 1 款的规定承担销毁会计资料的刑事责任。公诉机关指控的犯罪成立。

裁判要旨二：账外资金的会计资料与其他应当依法保存的会计资料一样属于会计凭证，应当保存。行为人销毁账外资金的会计资料，情节严重，其行为应当构成故意销毁会计凭证、会计账簿罪

案件名称：兰某宁故意销毁会计凭证、会计账簿，贪污、受贿案

审理法院：广州铁路运输中级法院

来源：人民法院案例选，第 87 辑（2014. 1）

裁判结果：

被告人兰某宁犯故意销毁会计凭证、会计账簿罪，判处有期徒刑 1 年，并处罚金人民币 2 万元；犯贪污罪，判处有期徒刑 2 年。

基本案情：

被告人兰某宁在任中铁二十五局集团柳州公司副总经理兼黄织项目部经

理期间，安排有关人员以虚假的工程或劳务计价，通过施工作业队套取工程款，套取的工程款由黄织项目部综合部副部长周剑明负责管理。2007 年 7 月，兰某宁任中铁二十五局集团柳州公司总经理，当年 9 月被告人兰某宁将周剑明保管的账外资金的有关报销凭证、单据、记账本等要走并烧毁。经查，被烧毁的凭证、单据、账册涉及金额人民币达 524 万余元。

裁判理由：

被告人兰某宁任黄织项目部经理期间以虚假计价方式从项目部套取工程款，设立的账外资金，系项目部公款，且用于了项目部的生产经营业务支出。根据相关法律规定，各单位必须依法设置会计账簿，并保证其真实、完整。必须根据实际发生的经济业务事项进行会计核算，填制会计凭证，登记会计账簿，编制财务会计报告。会计资料应当建立档案，妥善保管。法律上这样要求的目的在于准确反映单位的经营状况，以备核查，并依法予以监督。账外资金的会计资料与其他应当依法保存的会计资料一样，记载了项目部一定时期的部分经营活动情况，都是应当保存的。销毁这些会计资料，就是销毁项目部这部分经营活动情况的真实、完整的书面记载，从而规避有关部门对此依法进行的监督检查。

案例评析：

该案例涉及账外资金的相关会计资料是否为会计凭证的问题。我国《会计法》和《会计档案管理办法》对会计资料、档案管理作了系统的规定。会计资料，包括会计凭证、会计账簿和财务会计报告等会计核算专业材料，是记录和反映单位经济业务的重要史料和证据，是机关、社会团体和公司、企业、事业单位等会计主体在会计核算等会计活动过程中形成的反映经济业务活动的史料，是对经济业务事项的客观记录和描述。根据《会计法》第 9 条规定，各单位必须根据实际发生的经济业务事项进行会计核算，填制会计凭证，登记会计账簿，编制财务会计报告。根据我国《会计法》第 44 条规定，隐匿或者故意销毁依法应当保存的会计凭证、会计账簿、财务会计报告，构成犯罪的，应依法追究刑事责任。根据《中华人民共和国刑法》第 162 条之一第 1 款规定，隐匿或者故意销毁依法应当保存的会计凭证、会计账簿、财务会计报告，情节严重的，处 5 年以下有期徒刑或者拘役，并处或者单处 2 万元以上 20 万元以下罚金。何谓“情节严重”？根据《最高人民检察院、公安部关于经济犯罪案件追诉标准的规定》第 7 条规定，“隐匿、故意销毁会计凭证、会计账簿、财务会计报告，涉嫌下列情形之一的，应予追诉：1. 隐匿、故意销毁的会计资料涉及金额在 50 万元以上的……”本案中，被告人兰某宁销毁账外资金的会计资料涉及的金额已达到 524 万余元，属于情节严重，其行为应当构成故意销毁会计凭证、会计账簿罪。

裁判要旨三： 行为人在实施贪污、受贿等犯罪之后，为掩盖其犯罪行为而实施隐匿、故意销毁会计凭证、会计账簿、财务会计报告行为的，应当判处贪污、受贿等犯罪和故意销毁会计凭证、会计账簿罪数罪并罚

案件名称： 梁某理故意销毁会计凭证、会计账簿案

审理法院： 南宁市中级人民法院

来源：《人民法院报》2018 年 4 月 12 日第 3 版

裁判结果：

以受贿罪判处被告人梁某理有期徒刑 10 年零 6 个月，并处罚金 50 万元；以贪污罪判处其有期徒刑 8 年，并处罚金 20 万元；以挪用公款罪判处其有期徒刑 6 年；以非法经营同类营业罪判处其有期徒刑 3 年，并处罚金 10 万元；以故意销毁会计凭证、会计账簿罪判处其有期徒刑 2 年零 6 个月，并处罚金 5 万元。决定执行有期徒刑 20 年，并处罚金 85 万元。同案审理的被告人朱某宾、林某英李某成、被告单位柳钢集团资产财务部也分别被以贪污罪、受贿罪、故意销毁会计凭证、会计账簿罪、对单位行贿罪、单位受贿罪判处相应刑罚。

基本案情：

被告人梁某理利用担任柳钢集团董事长、党委书记的职务便利，指使其儿媳宋某与商人李某在香港成立某集团有限公司，审批通过该公司和柳钢集团的焦煤进口合作，由该公司从美国订购焦煤转售给柳钢集团，并同意为该公司出具可转让信用证及免收合作保证金，2012 年至 2013 年间，该公司共完成 13 船转售焦煤业务，获取价差利润 1085 万余美元，按照事先约定梁某理通过宋某可获得其中一半利润 542 万余美元。李某还承诺在

其一半利润中给予15%的好处费给梁某理，经核算该部分钱款为56万余美元。

2011年11月至2012年1月间，为弥补违规持股的35名柳钢集团干部职工的分红损失，梁某理在审核柳钢集团各部门提交的工程奖励、年薪发放名单表时，指使朱某宾、林某英通过虚增奖励或年薪的方式，从柳钢集团套取公款共计563.5万元，并分发给包括朱某宾、林某英在内的35名人员。其中，朱某宾得款14.5万元，林某英得款21万元。

2009年8月，梁某理通过朱某宾擅自使用柳钢集团职工持股会资金，致使持股会到期无法缴纳税费，为此，2010年4月，梁某理未经领导班子同意，指使朱某宾等人从柳钢集团下属集体企业柳州某工贸有限公司挪用公款2000万元，以李某成借款为名转入李某成账户后用以缴纳税费。

2010年5月，在梁某理的指使下，朱某宾、林某英将职工持股会及所投资成立的关联公司未到保管期限的会计资料予以销毁，含会计凭证共27本、会计账簿40本。

裁判理由：

法院经审理认为，被告人梁某理利用职务上的便利，为他人谋取利益，索取或收受他人财物，数额特别巨大，其行为已构成受贿罪；梁某理伙同被告人朱某宾、林某英利用职务上的便利，以虚增资金等手段非法侵吞国有财产，数额特别巨大，其行为均已构成贪污罪；梁某理指使他人挪用公款归个人使用，超过三个月未还，情节严重，其行为已构成挪用公款罪；梁某理利用职务便利，通过其近亲属经营与所任职公司同类的营业，获取非法利益，数额特别巨大，其行为已构成非法经营同类营业罪；**梁某理伙同朱某宾、林某英等被告人为逃避审计调查而故意销毁会计凭证和账簿，情节严重，其行为均已构成故意销毁会计凭证、会计账簿罪**。鉴于梁某理有自首、坦白等情节，对梁某理犯贪污罪减轻处罚，对梁某理犯受贿罪、挪用公款罪、非法经营同类营业罪、故意销毁会计凭证、会计账簿罪从轻处罚。

裁判要旨四：“小金库”账目具有会计资料的性质，是单位依法应当保存的会计资料，“小金库”账目中的白条等非正式单据是属于依法应当保存

的会计凭证。行为人为逃避查处，故意销毁“小金库”中的白条等非正式单据，其行为构成故意销毁会计凭证罪

案件名称：郝某某、徐某某、李某某故意销毁会计凭证案

审理法院：北京市第二中级人民法院

案号：（2012）二中刑终字第285号

来源：通过法信检索，本案例源自《北京市第二中级人民法院经典案例分类精解·经济犯罪卷》

裁判结果：

郝某某犯故意销毁会计凭证罪，判处有期徒刑1年，罚金人民币2万元；被告人徐某某犯故意销毁会计凭证罪，判处有期徒刑1年，罚金人民币2万元；被告人李某某犯故意销毁会计凭证罪，判处有期徒刑1年，缓刑1年，罚金人民币2万元。

基本案情：

被告人郝某某、徐某某、李某某于2007年12月下旬，在明知“区纪委”对平谷区马昌营镇前芮营村财务状况进行调查、查找千亩速生杨苗木基地有关凭证的情况下，为逃避调查，在徐某某家中将千亩速生杨基地苗木销售票据等原始凭证烧毁。2006年11月，平谷区马昌营镇前芮营村村委会副主任郝某某、出纳张某某利用职务便利以王某某的名义虚报、冒领粮食直补款12,609元。2007年12月下旬的一天，被告人郝某某、徐某某、李某某在明知“区纪委”调查前芮营村党支部及成员的经济问题、查找千亩速生杨苗木基地有关凭证的情况下，为了逃避查处而将与凭证放在一起的12,609元予以私分。在张某某被区纪检委调查回村后，经郝某某提议三人又分别交给张1050元。后李某某、张某某将本人实得款用于个人消费。后三被告人及张某某均已将贪污款上交区纪检委。

案例评析：

小金库中的非法会计凭证能否成为隐匿、故意销毁会计凭证罪中的会计凭证?

首先，就小金库本身而言，其是非法存在的。根据财政部、审计署、中国人民银行《关于清理检查“小金库”的具体规定》，“小金库”是指违反

国家财经法规及其他有关规定，侵占、截留单位收入和应上缴收入，且未列入本单位财务部门账内或未纳入预算管理，私存私放的各项资金。可见，“小金库”中的资金都是单位实际发生的经济业务事项，也是本应纳入单位统一核算的款项，只是由于违法违规操作而被人为脱离了财务监管。而根据我国《会计法》的要求，各单位必须要统一核算单位财务，要保证会计账簿的真实性与完整性。那么，“小金库”的会计资料其实也是单位完整会计资料的一部分，也是属于依法应当保存的会计资料。

其次，从“小金库”账目角度来看，“小金库”的账目主要是原始凭证，也包括大量的白条等非正式单据。由于这些都属于单位的账外账，私自保管，擅自使用，一般不存在监督审计，所以在司法实践中，“小金库”的账目都是不规范、不健全的。虽然这些单据在形式上违规不合要求，但是它们都是对“小金库”资金收支情况最全面的第一手记录，都反映了单位真实的经济活动。由此，“小金库”的账目理应属于依法应当保存的会计资料。

再次，从本罪的立法目的来看，刑法修正案增设本罪的目的，不仅是为了维护国家会计档案管理制度，更是为了防止犯罪行为人在实施违法犯罪行为以后将有关财务资料隐匿或销毁，从而逃避查处。在司法实践中，隐匿、故意销毁会计凭证、会计账簿、财务会计报告的犯罪行为大量发生在“小金库”中。**因为“小金库”处于不被审计阳光照耀的阴暗角落里，它与违法犯罪行为共生共长，而“小金库”的会计资料虽然不规范，却真实地记载了“小金库”资金的收支情况，是查处违法犯罪活动的重要证据材料，行为人需要通过销毁“小金库”的会计资料，来达到其销毁证据线索、掩盖违法犯罪、规避监督检查的非法目的。所以，故意销毁“小金库”会计资料，也正是立法者增设本罪重点打击的行为之一**。由此可见，“小金库”会计凭证属于《刑法》第162条之一规定的依法应当保存的会计凭证。

最后，从国家对“小金库”的处理规定来看，也侧面证实了“小金库”的会计凭证属于依法应当保存的会计凭证。比如，财政部、审计署和中国人民银行《关于清理检查“小金库”意见的通知》，财政部《关于清查“小金库”若干政策问题的补充通知》都规定：企业和实行自收自支及差额预算管理的事业单位，自清自查出的“小金库”资金，均应列入本单位收入账内，单独计算交纳流转税和所得税；有行政性收费和罚没收入的单位，以及实行全额预算管理的事业单位，自清自查出的“小金库”资金，如数列入本单位财会部门收入账内，全额上交财政，或如数扣减财政拨款；清理检查出“小金库”资金已支用数中用于职工奖励、补贴、津贴和发放实物的部分，应如数计入个人所得额，按规定征收个人所得税。这些针对“小金库”的举措，不论是补交税款、扣减拨款，还是调整账目，都是为了将“小金库”的账目、资金纳入单位统一核算的范围。由此可见，“小金库”账目具有会计资料的性质，是单位依法应当保存的会计资料。

综上，隐匿、销毁“小金库”会计资料的行为属于《刑法》第162条之一规定的“隐匿、销毁应当依法保存会计凭证、会计账簿、财务会计报告的行为”。

那么，“小金库”账目中的白条等非正式单据又是否属于故意销毁会计凭证罪中的会计凭证呢?

据本案被告人供述，其销毁的材料里包含两本销售千亩速生杨树苗的收据、一沓小工工资发放表、恢复地貌费用票据、8位村干部的分红保险单及500元奖金发放表、房租的领款单、村干部去旅游的门票、白条等材料。

而**笔者认为，这些非正式单据是属于依法应当保存的会计凭证**。理由有：**第一**，白条等单据在小金库账目中属于常见现象。如上文所述，小金库由于脱离了正规的审计监管，所以其账目情况极其不规范，白条等非正式单据会大量存在。这是客观现象。**第二**，虽然这些白条不具备会计凭证的形式特征，但其内容却是真实反映了小金库资金收支的具体情况。**第三**，和销毁正规单据一样，犯罪行为人销毁小金库的白条也是为了毁灭线索和证据，也能达到掩盖违法犯罪的目的。根据目的解释说，故意销毁小金库中的白条等非正式单据，也应构成故意销毁会计凭证罪。

裁判要旨五：隐匿、故意销毁会计凭证、会计账簿、财务会计报告罪的犯罪主体包括所有有义务保存会计凭证、会计账簿、财务会计报告的自然人和单位。单位和单位直接责任人员在经济往来过程中，为逃避依法查处，故

意销毁依法应当保存的会计凭证，情节严重的，均构成故意销毁会计凭证罪

案件名称：王某等故意销毁会计凭证案

审理法院：河南省新乡市中级人民法院

案号：（2011）新刑一终字第79号

来源：通过法信检索，本案例源自《刑事裁判的指导规则与案例汇纂》（2014.9）

裁判结果：

1. 撤销新乡市卫滨区人民法院（2010）卫滨刑初字第162号刑事判决；2. 上诉单位新乡市汽车东站犯故意销毁会计凭证罪，判处罚金50,000元；3. 上诉人王某犯故意销毁会计凭证罪，判处有期徒刑1年零1个月，并处罚金20,000元。

基本案情：

2004年7月，被告人王某开始负责新乡市汽车东站“多经办”对外房屋租赁费等的收支管理工作。2005年，被告人王某被任命为该站“多经办”主任。2004年7月至2009年12月期间，为逃避依法查处，在该单位站长杨某某（另案处理）的指使下，被告人王某伙同他人多次故意销毁依法应当保存的白条、收支单据等会计凭证。

裁判理由：

上诉单位新乡市汽车东站和作为该单位直接责任人员的上诉人王某，在该单位房屋租赁等经济往来过程中，为逃避依法查处，故意销毁依法应当保存的会计凭证，情节严重，上诉单位新乡市汽车东站、上诉人王某的行为均已构成故意销毁会计凭证罪。

裁判要旨六：会计凭证应当建立档案，妥善保管，任何单位与个人均不得隐匿或故意销毁。在有关部门对公司进行审计期间实施故意烧毁收款收据行为的，具有社会危害性，构成故意销毁会计凭证罪

案件名称：王某屏故意销毁会计凭证案

来源：通过法信检索，本案例源自《刑事裁判的指导规则与案例汇

纂》（2014. 9）

裁判结果：

被告人王某屏犯故意销毁会计凭证罪，判处有期徒刑 1 年零 6 个月，并处罚金 2 万元。

基本案情：

奎屯市液化气公司自制的收款收据共四联，分别是存根联、记账联、灌气联、客户保存联，被告人王某屏烧毁的蓝色收款收据是灌气联。灌气联既没有按规定的方法使用，也没有按规定立卷、归档并保管于财务部门，而是长期堆放在保管员处。

裁判理由：

法院认为，故意销毁会计凭证罪，是指故意销毁依法应当保存的会计凭证、会计账簿、财务会计报告，情节严重的行为。本案庭审查明的事实表明，被告人王某屏故意烧毁奎屯市液化气公司蓝色收款收据是事实，被告人本人亦供认不讳，且有相关证据予以证实。首先，被告人主观上有逃避查处的故意，这一点不仅有被告本人的供述，而且有证人雷光祥的证言予以证实；其次，被告人在有关部门对公司进行审计期间实施了故意烧毁收款收据的行为。根据《会计法》和《会计档案管理办法》的规定，被告人王某屏烧毁的收款收据属于依法应当保存的会计凭证。会计凭证应当建立档案，妥善保管，任何单位与个人均不得隐匿或者故意销毁。被告人主观上有逃避查处的故意，客观上实施了故意销毁依法应当保存的会计凭证的行为，其行为与法律的规定相悖，具有社会危害性，且情节严重。

裁判要旨七：行为人作为公司工作人员，故意隐匿依法应当保存和提供的会计凭证、账簿，妨害公司、企业管理秩序的，其行为构成隐匿会计账簿罪

案件名称：付某利隐匿会计账簿案

审理法院：山西省太原市迎泽区人民法院

来源：通过法信检索，本案例源自山西法院网

裁判结果：

付某利被判处有期徒刑10个月，并处罚金10万元。

基本案情：

山西环球运动一百体育用品有限公司员工付某利，故意隐匿公司依法应当保存的会计资料，并在应当提供时拒不交出。2004年11月初，山西安成房地产经纪有限公司（后变更为山西安成中体商厦有限公司）与山西安成担保有限责任公司，在环球世运村大厦筹备环球运动商场项目，同时决定聘用自由职业者付某利负责该项目筹备期间的经营管理工作。2005年7月，山西安成中体商厦有限公司法定代表人李某注册成立了山西环球运动一百体育用品有限公司，付某利主要负责公司的招商、财务、人事招聘以及人员管理等工作。公司成立后，每年都要委托会计事务所对公司经营情况进行审计。2006年5月29日，公司出纳陈某发现抽屉里的账簿不见了，遂向公司领导报告，并报了警。事后，经调查得知，是付某利拿走了账簿。2007年4月28日，山西经贸会计事务所受山西环球运动一百体育用品有限公司委托，对该公司进行审计，但付某利仍将本应依法保存并提供的会计资料隐匿，拒不交出。

裁判理由：

法院认为，付某利作为公司工作人员，故意隐匿依法应当保存和提供的会计凭证、账簿，妨害了公司、企业的管理秩序，其行为已构成隐匿会计账簿罪。

三、无罪裁判要旨

无罪裁判要旨一：为了逃避有关监督检查部门依法实施的监督检查而实施的隐匿，才可能构成会计法意义上的“隐匿”。由于隐匿会计凭证、会计账簿、财务报告罪属于行政犯而非自然犯，《刑法》规定的该罪中的“隐匿”宜参照有关行政法规来理解。评价某一行为是否构成隐匿会计凭证、会计账簿、财务报告罪，首先需要判断行为人所实施的隐匿行为是否为了逃避有关监督检查部门依法实施的监督检查。如果没有逃避有关监督检查部门的主观故意，则不构成隐匿会计凭证、会计账簿、财务会计报告罪

案件名称：林某、金某隐匿会计凭证、会计账簿、财务会计报告案

审理法院：兰州市城关区人民法院

来源：《刑事审判参考》第111集1206号、北大法宝

裁判理由：

隐匿会计凭证、会计账簿、财务会计报告罪属于行政犯，应当以行为人是否为了逃避有关监督检查部门依法实施的监督检查作为是否构成犯罪的判断标准。本案中，被告人林某为了争夺兰州正林公司的控制权，要求被告人金某将公司会计资料等运往与兰州正林公司有关联关系的郑州正林公司等处，不存在司法机关、行政机关或者有关主管部门进行监督检查或要求提供会计账册的情况。林某作为兰州正林公司的法定出资人，有权委托金某处理公司事务，且转运会计资料的整个过程并未脱离兰州正林公司的控制。由于林某、金某没有逃避有关监督检查部门的主观故意，客观上没有实施隐匿的行为，故二被告人的行为不构成隐匿会计凭证、会计账簿、财务会计报告罪。

无罪裁判要旨二：“隐匿”的认定应以拒不提供为标准。隐匿行为具有随时可回转性，只要行为人在司法机关、行政机关、有关主管部门进行监督检查时予以配合、提供，则不会侵犯本罪所要保护的法益

案件名称：泽某扎西隐匿、故意销毁会计资料案

审理法院：四川省雅江县人民法院

案号：（2019）川3325刑初19号（经检索，未检索到该案二审判决）

裁判理由：

公诉机关指控被告人泽某扎西隐匿会计凭证罪，现有指控证据不能证实被告人泽某扎西有逃避监督检查部门的主观故意和客观上实施隐匿行为。在案证据不能形成完整的证据锁链，达不到确实、充分的证明标准，不能得出系被告人泽某扎西实施本案犯罪的唯一性、排他性结论。对公诉机关及辩护人提出的与审理查明的事实相符的意见，予以采纳，对与审理查明的事实不符的意见，不予采纳。综上，经审判委员会讨论决定，公诉机关指控被告人泽某扎西犯隐匿会计凭证罪的证据不足，指控的罪名不成立。

案例评析：

本案的争议焦点在于，被告人泽某扎西是否构成隐匿会计凭证罪。认定本案的关键在于，被告人泽某扎西是否具有实施隐匿会计凭证（原始资料）的主观故意和客观行为。首先需要判断行为人所实施的隐匿行为是否为了逃避有关监督检查部门依法实施的监督检查，"隐匿"的认定应以拒不提供为标准，隐匿行为具有随时可回转性，只要行为人在司法机关、行政机关、有关主管部门进行监督检查时予以配合、提供，则不会侵犯本罪所要保护的法益。

本案中被告人泽某扎西在省委巡视组对交通局监督检查时予以配合，主动打电话让其表弟泽某1将手中有的资料（保管的记账、工程资料）拿到巡视组来，当巡视组称原始资料缺失时，被告人称其搬家时原始凭证遗失。庭审查明，被告人泽某扎西管理河口镇城南城北油路工程是在2015年开工，期间被告人泽某扎西于2016年4月份搬过家，公诉机关出示的指控证据不能合理排除被告人泽某扎西供述其搬家时遗失原始资料的可能性，也就不能证实被告人泽某扎西持有原始资料而拒不交给巡视组。对该案被告人泽某扎西辩护人的辩护意见予以支持，被告人泽某扎西不构成隐匿会计凭证罪，应当对被告人泽某扎西作出无罪判决。其理由如下：（1）在案所有证据（公诉机关和辩护人当庭出示的证据）证实被告人泽某扎西在管理雅江县交通局四个自建项目中，原始资料不是他一人持有和保管。（2）所有工程验收合格时雅江县交通局凭被告人泽某扎西出具的拨款收据进行拨款，并没有要求被告人泽某扎西提供原始资料和保管好原始资料。（3）被告人泽某扎西管理河口镇城南城北油路工程于2015年开工，期间被告人泽某扎西于2016年4月份搬过家，不排除原始资料在其搬家时遗失，公诉机关无证据证实被告人泽某扎西手上持有原始资料而隐匿拒不交出。（4）省委巡视组在对雅江县交通局监督检查时，被告人泽某扎西予以配合，当着巡视组的面给其表弟泽某1打电话让其把所有原始资料拿到省委巡视组。（5）2017年巴塘县纪委与雅江纪委在交叉检查交通系统，找被告人泽某扎西谈话时予以配合，并将有关河口镇城南城北油路工程、呷拉镇湾地沟村通村通畅工程、瓦多乡白龙村通村通畅工程及河口镇至麻郎措乡安保工程项目的票据及原始资料交给巴塘纪委。(6) 公诉机关指控被告人泽某扎西隐匿会计凭证的目的不明确。(7) 公诉机关现有的指控证据不能证明被告人泽某扎西持有原始凭证而拒不交出来。

无罪裁判要旨三：被告人如何取得的账目事实不清，而只有证人证言证实且证言之间相互矛盾的，属事实不清证据不足

案件名称：张某隐匿、故意销毁会计凭证、会计账簿、财务会计报告案

审理法院：黑龙江省哈尔滨市南岗区人民法院

案号：（2018）黑 0103 刑初 664 号（注：经检索，未检索到该案二审判决）

裁判理由：

由于在案证据能够证实北京某科技有限公司相关账目均交由北京某某会计公司代为记账，但账目已交给张某及如何交给张某的，只有证人周某证言证实，而被告人张某始终否认取得账目，且证人王某 1 证实 2016 年 1 月至 9 月的财务报表系张某被羁押后，周某在某某公司为之打印的，与周某关于某公司的账目其公司电脑没有留存及账目已被张某取回的证言内容均相矛盾；现有证据无法认定张某实施了应当向司法机关提供而隐匿、拒不交出其公司会计凭证、会计账簿、财务会计报告的行为，公诉机关指控张某犯罪，事实不清，证据不足，指控的犯罪不能成立。被告人及辩护人关于不构成犯罪的辩解及辩护意见，本院予以采纳。

无罪裁判要旨四：尽管存在个别收支项目凭证不全的问题，但仅凭上述事实尚不足以认定上诉人在主观上存在隐匿、故意销毁会计凭证的故意且客观上实施了隐匿、故意销毁会计凭证的行为，因此不构成犯隐匿、故意销毁会计凭证罪

案件名称：昌信通用公司犯虚开增值税专用发票、用于骗取出口退税、抵扣税款发票罪戴某利、王某甲犯虚开增值税专用发票、用于骗取出口退税、抵扣税款发票罪、伪造公司、企业、事业单位、人民团体印章罪等一案

审理法院：山东省烟台市中级人民法院

案号：（2015）烟刑二终字第80号

裁判理由：

在案证据载明，昌信通用公司从成立之日起，向外销售下脚料等的收入就不入公司正式账而是记在账外，这部分收入存到上诉人戴某利在中国农业银行的个人卡上，该银行卡于2008年1月31日开户，2011年2月9日销户，一直由上诉人戴某利保管，相应的收入、支出凭证亦由其保管。上诉人戴某利归案后在侦查期间多次称会计凭证没有保存，无法提供，或者称记不清是否销毁，最终供述会计凭证放在公司放账目的仓库里。原审庭审中，上诉人戴某利的辩护人提交了由上诉人戴某利的亲属在公司仓库里查找到的2008年3月至2011年9月份的昌信通用公司废旧材料处理单、银行卡存款业务回单、电汇凭证、境内汇款申请书等会计凭证资料。

从现有证据看，上诉人戴某利在侦查阶段最终供述会计凭证放在公司放账目的仓库里，其亲属在原审期间从公司仓库里查找到了有关会计凭证并予以提交，尽管存在个别收支项目凭证不全的问题，但仅凭上述事实尚不足以认定上诉人戴某利在主观上存在隐匿、故意销毁会计凭证的故意，在客观上实施了隐匿、故意销毁会计凭证的行为。因此，原审认定上诉人戴某利犯隐匿、故意销毁会计凭证罪事实不清、证据不足，其行为不符合构成该罪的要件，应认定其不构成犯隐匿、故意销毁会计凭证罪。

无罪裁判要旨五：交接方式虽与公安机关达不成一致，但行为人主观上并没有不交其手中会计资料的故意

案件名称：许某琴隐匿、故意销毁会计凭证、会计账簿、财务会计报告案

审理法院：山西省运城市中级人民法院

案号：（2014）运中刑二终字第154号

裁判理由：

隐匿会计凭证罪是指隐匿依法应当保存的会计凭证、会计账簿、财物会计报告，情节严重的行为。本案中，上诉人（原审被告人）许某琴在公安侦

查其涉嫌职务侵占罪期间，同意交其手中的会计资料，但对交接方式和公安机关达不成一致，主观上并没有不交其手中会计资料的故意。且本案是为侦查职务侵占案、逃税案所立，现职务侵占案、逃税案已撤案，其行为不构成犯罪，对上诉人许某琴无罪的上诉理由予以支持。

无罪裁判要旨六：违反规定设立的“小金库”，其凭证、账簿记录的是违法的财务状况，可以作为行为人违法的证据使用。行为人所销毁的“白纸条”记载了本单位“小金库”违法支付给业务单位和个人工程回扣款及违规报销的费用支出，该“白纸条”不属于故意销毁会计凭证罪所规定的依法应当保存的会计凭证。行为人销毁的“小金库”“白纸条”不属于销毁会计凭证罪规定的依法应当保存的会计凭证的，其行为不构成销毁会计凭证罪

案件名称：仲某挪用公款、故意销毁会计凭证案

审理法院：江苏省扬州市广陵区人民法院、江苏省扬州市中级人民法院

案号：（2005）扬广刑初字第45号判决书、（2006）扬刑二终字第5号判决书。

来源：法信检索

基本案情：

被告人仲某于2002年11月至2003年6月，利用担任Y市公路管理处高等级建设养护中心、Y市交通产业投资有限公司高等级公路建设养护中心（以下简称建养中心）总经理的职务之便，擅自挪用建养中心和Y市公路管理处拌和场（以下简称拌和场）公款计548万元存入银行，向银行质押贷款，用于个人进行营利性活动。

被告人仲某于2001年至2004年，与陈某、徐某（均另案处理）共同策划，由陈某先后将从本单位“小金库”支付给业务单位和个人工程回扣款及违规报销的费用支出的原始凭证及大量的官方记录销毁，销毁的原始凭证金额达75万余元。

裁判理由：

“小金库”的资金本身就是违法的，其所销毁的“白纸条”不属于故

意销毁会计凭证罪所规定的依法应当保存的会计凭证，上诉人的行为不符合故意销毁会计凭证罪的犯罪构成，故原审认定上诉人犯故意销毁会计凭证罪不当，应予纠正。上诉人及其辩护人的此点辩护意见法院予以采纳。

案例评析：

在本案中，关于仲某销毁“小金库”“白纸条”的行为是否构成销毁会计凭证罪是本案的焦点，一审人民法院认定仲某的行为构成销毁会计凭证罪，二审人民法院撤销了一审人民法院的判决，认为仲某销毁“小金库”“白纸条”的行为不构成犯罪。

根据我国现行《刑法》第162条之一的规定，隐匿、故意销毁会计凭证、会计账簿、财务会计报告罪侵犯的客体是会计档案的管理制度。会计资料，包括会计凭证、会计账簿和财务会计报告等会计核算专业材料，是记录和反映单位经济业务的重要史料和证据，是机关、社会团体和公司、企业、事业单位等会计主体在会计核算等会计活动过程中形成的反映经济业务活动的史料，是对经济业务事项的客观记录和描述。本罪的犯罪对象是会计档案。按照《会计档案管理办法》第5条的规定，会计档案具体包括：（1）会计凭证类：原始凭证、记账凭证、汇总凭证，其他会计凭证。（2）会计账簿类：总账、明细账、日记账、固定资产卡片、辅助账簿，其他会计账簿。（3）财务报告类：月度、季度、年度财务报告，包括会计报表、附表、附注及文字说明，其他财务报告。（4）其他类：银行存款余额调节表，银行对账单，其他应当保存的会计核算专业资料，会计档案移交清册，会计档案保管清册，会计档案销毁清册。根据《企业会计准则》第57条的规定，企业会计报表主要包括资产负债表、损益表、财务状况变动表（或者现金流量表）以及其他附表。

检察机关指控仲某犯销毁会计凭证罪，被告人仲某及其辩护人辩称，被告人仲某销毁的“小金库”账上的“白纸条”及部分发票**并非法律规定应当保存的会计资料，因而不能认定被告人仲某构成销毁会计凭证罪**。一审人民法院经过审理认为，建养中心“小金库”是通过收款不入账和虚假发票从大账上报支的手段设立的，这些款项的支出用途等具体情况在大账上不能准确反映，会计所记载的流水账也没有资金的用途和明细，只有实际支出的原始凭证才能真实完整地反映。虽然“小金库”本身是违法的，但是这些款项的性质归根到底仍属公款，这部分公款仍应受到有效的监管，建养中心理应将该部分公款的有关原始凭证依法保存，该辩护意见不能成立。

对于“小金库”的定性。所谓“小金库”，根据财政部、审计署、中国人民银行《关于清理检查“小金库”的具体规定》：“凡违反国家财经法规及其他有关规定，侵占、截留国家和单位收入，未列入本单位财务部门账内或未纳入预算管理，私存私放的各项资金，均属‘小金库’。”

“小金库”主要有7种表现形式：（1）违规收费、罚款及摊派设立“小金库”；（2）用资产处置、出租收入设立“小金库”；（3）以会议费、劳务费、培训费和咨询费等名义套取资金设立“小金库”；（4）经营收入未纳入规定账户核算设立“小金库”；（5）虚列支出转出资金设立“小金库”；（6）以假发票等非法票据骗取资金设立“小金库”；（7）上下级单位之间相互转移资金设立“小金库”。“小金库”的支出主要用于滥发钱物、吃喝玩乐、送礼、购置特殊物品等。对于“小金库”的处罚，其他单位和个人违反财务管理的规定，私存私放财政资金或者其他公款设置“小金库”的，根据《财政违法行为的处罚处分条例》第17条的规定，单位和个人违反财务管理的规定，私存私放财政资金或者其他公款的，责令改正，调整有关会计账目，追回私存私放的资金，没收违法所得。对单位处3000元以上5万元以下的罚款；对直接负责的主管人员和其他直接责任人员处2000元以上2万元以下的罚款。属于国家公务员的，还应当给予记大过处分；情节严重的，给予降级或者撤职处分。

由此可知，“小金库”严重干扰了财经管理秩序，“小金库”的资金本身就是违反国家财经法规和其他规定的，违反规定设立的“小金库”，其凭证、账簿记录的是违法的财务状况。而对于违法的记录凭证、账簿等记录了行为人违法的财务状况，可以作为行为人违法的证据使用。被告人仲某所销毁的“白纸条”记载了本单位“小金库”违法支付给业务单位和个人工程回扣款及违规报销的费用支出，该“白纸条”不属于故意销毁会计凭证罪所规定的依法应当保存的会计凭证。被告人仲某的行为不符合故意销毁会计凭证罪的犯罪构成，不构成销毁会计账簿罪。

综上所述，仲某销毁的“小金库”“白纸条”不属于销毁会计凭证罪规定的依法应当保存的会计凭证，仲某的行为不构成销毁会计凭证罪，一审人民法院的定性不准，江苏省 Y 市中级人民法院的判决是正确的。

第二篇
破坏金融监管秩序篇

第四章

内幕交易、泄露内幕信息罪裁判要旨

导　言

本罪是指证券、期货交易内幕信息的知情人员或者非法获取证券、期货交易内幕信息的人员，在涉及证券的发行，证券、期货交易或者其他对证券、期货交易价格有重大影响的信息尚未公开前，买入或者卖出该证券，或者从事与该内幕信息有关的期货交易，或者泄露该信息，或者明示、暗示他人从事上述交易活动，情节严重的行为。

长期以来，中国资本市场内幕交易问题屡禁不止，一些游资或庄家也经常利用各种消息吸引散户，由于这些大部分是“利好消息”，所以大多数上市公司的态度也是半推半就。但本质上，内幕交易者都是特定人群，他们在消息公开前提前入局进行套利，等消息公开后逐步获利退出，还有的是通过提前获知利空消息，率先离场，避免损失。而这些行为严重影响了市场交易的公平，损害了广大投资者的利益。2020 年 3 月 1 日，新《证券法》开始实施后，内幕交易的处罚标准由原先的“没一罚五”提高到了“没一罚十”，此次修订也明确了内幕信息知情人、内幕信息的定义和范围，消除了定义模糊导致的执法难题。但内幕交易行为的行政处罚与刑事处罚之间界限仍是实践的难点。因此，通过对该罪名相关的公报案例、典型案例的裁判要旨进行梳理，以期对该罪名的准确认识提供一些参考。

笔者通过查阅最高人民法院官网、最高人民检察院官网、中国裁判文书网、《刑事审判参考》、《人民司法·案例》及最高人民法院、最高人民检察院、证券监督管理委员会联合发布的典型案例，梳理出有罪裁判要旨19个，无罪裁判要旨1个，行政违法处罚要旨2个。这些要旨可以帮助理解内幕交易、泄露内幕信息罪的样态，厘清争议焦点、难点，还可以帮助上市企业预防和减少此类犯罪的发生。

一、相关法律法规

《中华人民共和国刑法》

第一百八十条 【内幕交易、泄露内幕信息罪】证券、期货交易内幕信息的知情人员或者非法获取证券、期货交易内幕信息的人员，在涉及证券的发行，证券、期货交易或者其他对证券、期货交易价格有重大影响的信息尚未公开前，买入或者卖出该证券，或者从事与该内幕信息有关的期货交易，或者泄露该信息，或者明示、暗示他人从事上述交易活动，情节严重的，处五年以下有期徒刑或者拘役，并处或者单处违法所得一倍以上五倍以下罚金；情节特别严重的，处五年以上十年以下有期徒刑，并处违法所得一倍以上五倍以下罚金。

单位犯前款罪的，对单位判处罚金，并对其直接负责的主管人员和其他直接责任人员，处五年以下有期徒刑或者拘役。

内幕信息、知情人员的范围，依照法律、行政法规的规定确定。

《中华人民共和国证券法》（2019修订）

2014年《证券法》 内幕交易、泄露内幕信息的规定	2019年《证券法》 内幕交易、泄露内幕信息的规定
第七十三条 禁止证券交易内幕信息的知情人和非法获取内幕信息的人利用内幕信息从事证券交易活动。	**第五十条** 禁止证券交易内幕信息的知情人和非法获取内幕信息的人利用内幕信息从事证券交易活动。
第七十四条 证券交易内幕信息的知情人包括： （一）发行人的董事、监事、高级管理人员； （二）持有公司百分之五以上股份的股东及其董事、监事、高级管理人员，公司的实际控制人及其董事、监事、高级管理人员；	**第五十一条** 证券交易内幕信息的知情人包括： （一）发行人及其董事、监事、高级管理人员； （二）持有公司百分之五以上股份的股东及其董事、监事、高级管理人员，公司的实际控制人及其董事、监事、高级管理人员；

续表

2014年《证券法》 内幕交易、泄露内幕信息的规定	2019年《证券法》 内幕交易、泄露内幕信息的规定
（三）发行人控股的公司及其董事、监事、高级管理人员； （四）由于所任公司职务可以获取公司有关内幕信息的人员； （五）证券监督管理机构工作人员以及由于法定职责对证券的发行、交易进行管理的其他人员； （六）保荐人、承销的证券公司、证券交易所、证券登记结算机构、证券服务机构的有关人员； （七）国务院证券监督管理机构规定的其他人。	（三）发行人控股**或者实际控制的**公司及其董事、监事、高级管理人员； （四）由于所任公司职务**或者因与公司业务往来**可以获取公司有关内幕信息的人员； **（五）上市公司收购人或者重大资产交易方及其控股股东、实际控制人、董事、监事和高级管理人员；** **（六）因职务、工作可以获取内幕信息的证券交易场所、证券公司、证券登记结算机构、证券服务机构的有关人员；** **（七）因职责、工作可以获取内幕信息的证券监督管理机构工作人员；** **（八）因法定职责对证券的发行、交易或者对上市公司及其收购、重大资产交易进行管理可以获取内幕信息的有关主管部门、监管机构的工作人员；** （九）国务院证券监督管理机构规定的**可以获取内幕信息的其他人员**。
第七十五条　证券交易活动中，涉及公司的经营、财务或者对该公司证券的市场价格有重大影响的尚未公开的信息，为内幕信息。 下列信息皆属内幕信息： （一）本法第六十七条第二款所列重大事件； （二）公司分配股利或者增资的计划； （三）公司股权结构的重大变化； （四）公司债务担保的重大变更； （五）公司营业用主要资产的抵押、出售或者报废一次超过该资产的百分之三十；	**第五十二条**　证券交易活动中，涉及发行人的经营、财务或者对该发行人证券的市场价格有重大影响的尚未公开的信息，为内幕信息。 本法第八十条第二款、第八十一条第二款所列重大事件属于内幕信息。

续表

2014年《证券法》 内幕交易、泄露内幕信息的规定	2019年《证券法》 内幕交易、泄露内幕信息的规定
（六）公司的董事、监事、高级管理人员的行为可能依法承担重大损害赔偿责任； （七）上市公司收购的有关方案； （八）国务院证券监督管理机构认定的对证券交易价格有显著影响的其他重要信息。	
第六十七条 发生可能对上市公司股票交易价格产生较大影响的重大事件，投资者尚未得知时，上市公司应当立即将有关该重大事件的情况向国务院证券监督管理机构和证券交易所报送临时报告，并予公告，说明事件的起因、目前的状态和可能产生的法律后果。 下列情况为前款所称重大事件： （一）公司的经营方针和经营范围的重大变化； （二）公司的重大投资行为和重大的购置财产的决定； （三）公司订立重要合同，可能对公司的资产、负债、权益和经营成果产生重要影响； （四）公司发生重大债务和未能清偿到期重大债务的违约情况； （五）公司发生重大亏损或者重大损失； （六）公司生产经营的外部条件发生的重大变化； （七）公司的董事、三分之一以上监事或者经理发生变动； （八）持有公司百分之五以上股份的股东或者实际控制人，其持有股份或者控制公司的情况发生较大变化； （九）公司减资、合并、分立、解散及申请破产的决定；	**第八十条** 发生可能对上市公司、**股票在国务院批准的其他全国性证券交易场所交易的公司的**股票交易价格产生较大影响的重大事件，投资者尚未得知时，**公司**应当立即将有关该重大事件的情况向国务院证券监督管理机构和证券交易场所报送临时报告，并予公告，说明事件的起因、目前的状态和可能产生的法律后果。 前款所称重大事件包括： （一）公司的经营方针和经营范围的重大变化； （二）公司的重大投资行为，**公司在一年内购买、出售重大资产超过公司资产总额百分之三十，或者公司营业用主要资产的抵押、质押、出售或者报废一次超过该资产的百分之三十**； （三）公司订立重要合同、**提供重大担保或者从事关联交易**，可能对公司的资产、负债、权益和经营成果产生重要影响； （四）公司发生重大债务和未能清偿到期重大债务的违约情况； （五）公司发生重大亏损或者重大损失； （六）公司生产经营的外部条件发生的重大变化； （七）公司的董事、三分之一以上监事或者经理发生变动，**董事长或者经理无法履行职责**；

续表

2014年《证券法》 内幕交易、泄露内幕信息的规定	2019年《证券法》 内幕交易、泄露内幕信息的规定
（十）涉及公司的重大诉讼，股东大会、董事会决议被依法撤销或者宣告无效； （十一）公司涉嫌犯罪被司法机关立案调查，公司董事、监事、高级管理人员涉嫌犯罪被司法机关采取强制措施； （十二）国务院证券监督管理机构规定的其他事项。	（八）持有公司百分之五以上股份的股东或者实际控制人持有股份或者控制公司的情况发生较大变化，**公司的实际控制人及其控制的其他企业从事与公司相同或者相似业务的情况发生较大变化**； **（九）公司分配股利、增资的计划，公司股权结构的重要变化，公司减资、合并、分立、解散及申请破产的决定，或者依法进入破产程序、被责令关闭**； （十）涉及公司的重大诉讼、**仲裁**，股东大会、董事会决议被依法撤销或者宣告无效； （十一）公司涉嫌犯罪**被依法**立案调查，公司的**控股股东、实际控制人**、董事、监事、高级管理人员涉嫌犯罪**被依法**采取强制措施； （十二）国务院证券监督管理机构规定的其他事项。 **公司的控股股东或者实际控制人对重大事件的发生、进展产生较大影响的，应当及时将其知悉的有关情况书面告知公司，并配合公司履行信息披露义务。**
	第八十一条　发生可能对上市交易公司债券的交易价格产生较大影响的重大事件，投资者尚未得知时，公司应当立即将有关该重大事件的情况向国务院证券监督管理机构和证券交易场所报送临时报告，并予公告，说明事件的起因、目前的状态和可能产生的法律后果。 **前款所称重大事件包括：** **（一）公司股权结构或者生产经营状况发生重大变化；** **（二）公司债券信用评级发生变化；**

续表

2014年《证券法》 内幕交易、泄露内幕信息的规定	2019年《证券法》 内幕交易、泄露内幕信息的规定
	（三）公司重大资产抵押、质押、出售、转让、报废； **（四）公司发生未能清偿到期债务的情况；** **（五）公司新增借款或者对外提供担保超过上年末净资产的百分之二十；** **（六）公司放弃债权或者财产超过上年末净资产的百分之十；** **（七）公司发生超过上年末净资产百分之十的重大损失；** **（八）公司分配股利，作出减资、合并、分立、解散及申请破产的决定，或者依法进入破产程序、被责令关闭；** **（九）涉及公司的重大诉讼、仲裁；** **（十）公司涉嫌犯罪被依法立案调查，公司的控股股东、实际控制人、董事、监事、高级管理人员涉嫌犯罪被依法采取强制措施；** **（十一）国务院证券监督管理机构规定的其他事项。**

《期货交易管理条例》（2017修订）

第八十一条

（十一）内幕信息，是指可能对期货交易价格产生重大影响的尚未公开的信息，包括：国务院期货监督管理机构以及其他相关部门制定的对期货交易价格可能发生重大影响的政策，期货交易所作出的可能对期货交易价格发生重大影响的决定，期货交易所会员、客户的资金和交易动向以及国务院期货监督管理机构认定的对期货交易价格有显著影响的其他重要信息。

（十二）内幕信息的知情人员，是指由于其管理地位、监督地位或者职业地位，或者作为雇员、专业顾问履行职务，能够接触或者获得内幕信息的人员，包括：期货交易所的管理人员以及其他由于任职可获取内幕信息的从业人员，国务院期货监督管理机构和其他有关部门的工作人员以及国务院期货监督管理机构规定的其他人员。

最高人民法院、最高人民检察院《关于办理内幕交易、泄露内幕信息刑事案件具体应用法律若干问题的解释》（法释〔2012〕6号，2012年6月1日施行，本章中简称《内幕交易解释》）

第二条　具有下列行为的人员应当认定为刑法第一百八十条第一款规定的“非法获取证券、期货交易内幕信息的人员”：

（一）利用窃取、骗取、套取、窃听、利诱、刺探或者私下交易等手段获取内幕信息的；

（二）内幕信息知情人员的近亲属或者其他与内幕信息知情人员关系密切的人员，在内幕信息敏感期内，从事或者明示、暗示他人从事，或者泄露内幕信息导致他人从事与该内幕信息有关的证券、期货交易，相关交易行为明显异常，且无正当理由或者正当信息来源的；

（三）在内幕信息敏感期内，与内幕信息知情人员联络、接触，从事或者明示、暗示他人从事，或者泄露内幕信息导致他人从事与该内幕信息有关的证券、期货交易，相关交易行为明显异常，且无正当理由或者正当信息来源的。

第三条　本解释第二条第二项、第三项规定的“相关交易行为明显异常”，要综合以下情形，从时间吻合程度、交易背离程度和利益关联程度等方面予以认定：

（一）开户、销户、激活资金账户或者指定交易（托管）、撤销指定交易（转托管）的时间与该内幕信息形成、变化、公开时间基本一致的；

（二）资金变化与该内幕信息形成、变化、公开时间基本一致的；

（三）买入或者卖出与内幕信息有关的证券、期货合约时间与内幕信息的形成、变化和公开时间基本一致的；

（四）买入或者卖出与内幕信息有关的证券、期货合约时间与获悉内幕信息的时间基本一致的；

（五）买入或者卖出证券、期货合约行为明显与平时交易习惯不同的；

（六）买入或者卖出证券、期货合约行为，或者集中持有证券、期货合约行为与该证券、期货公开信息反映的基本面明显背离的；

（七）账户交易资金进出与该内幕信息知情人员或者非法获取人员有关联或者利害关系的；

（八）其他交易行为明显异常情形。

……

第五条 本解释所称“内幕信息敏感期”是指内幕信息自形成至公开的期间。

证券法第六十七条第二款所列“重大事件”的发生时间，第七十五条规定的“计划”、“方案”以及期货交易管理条例第八十五条第十一项规定的“政策”、“决定”等的形成时间，应当认定为内幕信息的形成之时。

影响内幕信息形成的动议、筹划、决策或者执行人员，其动议、筹划、决策或者执行初始时间，应当认定为内幕信息的形成之时。

内幕信息的公开，是指内幕信息在国务院证券、期货监督管理机构指定的报刊、网站等媒体披露。

……

第八条 二次以上实施内幕交易或者泄露内幕信息行为，未经行政处理或者刑事处理的，应当对相关交易数额依法累计计算。

第九条 同一案件中，成交额、占用保证金额、获利或者避免损失额分别构成情节严重、情节特别严重的，按照处罚较重的数额定罪处罚。

构成共同犯罪的，按照共同犯罪行为人的成交总额、占用保证金总额、获利或者避免损失总额定罪处罚，但判处各被告人罚金的总额应掌握在获利或者避免损失总额的一倍以上五倍以下。

第十条 刑法第一百八十条第一款规定的“违法所得”，是指通过内幕交易行为所获利益或者避免的损失。

内幕信息的泄露人员或者内幕交易的明示、暗示人员未实际从事内幕交易的，其罚金数额按照因泄露而获悉内幕信息人员或者被明示、暗示人员从事内幕交易的违法所得计算。

第十一条 单位实施刑法第一百八十条第一款规定的行为，具有本解释第六条规定情形之一的，按照刑法第一百八十条第二款的规定定罪处罚。

《最高人民法院、最高人民检察院、公安部、中国证券监督管理委员会关于整治非法证券活动有关问题的通知》（证监发〔2008〕1号 2008.01.02生效）

（四）关于非法证券活动性质的认定。非法证券活动是否涉嫌犯罪，由公安机关、司法机关认定。公安机关、司法机关认为需要有关行政主管机关进行性质认定的，行政主管机关应当出具认定意见。对因案情复杂、意见分歧，需要进行协调的，协调小组应当根据办案部门的要求，组织有关单位进行研究解决。

二、司法争鸣

关于内幕交易行政违法与刑事犯罪的界定，始终是司法实践争议的焦点。上海财经大学法学院副教授、博士生导师李睿对2007年至2017年10年间我国证券市上发生的内幕交易行政和刑事案件进行了统计分析①，针对246份行政处罚决定书与137份刑事判决书，得出了“规范层面界限不明”“实践层面处罚随机”的结论。这无疑与内幕交易罪的法定犯性质以及我国对于行政违法与刑事犯罪界分不明有关。

关于行政违法与刑事犯罪的关系，理论界存在不同的认识。② 通说为“质量的差异理论”，即刑事不法与行政不法的差异不仅体现在行为的量上，同时也体现在行为的质上。相较于行政不法行为，刑事不法行为在质上显然具有更深的可责性，而且在量上具有更高的损害性与社会危险性。然而，具体到内幕交易罪，则犯罪与行政违法行为并不存在质的差异性，其差异仅仅在于量，即行为的社会危害性或社会危害性的大小。学界将“情节严重”作为内幕交易罪与非罪的界分标准，2012年《内幕交易解释》第6条、第7条规定了“情节严重”与“情节特别严重”的具体情形。但实践中许多内幕交易案件的交易金额或违法所得达到了“情节严重”的标准，仅受行政处罚，没有进入刑事追诉程序。几乎只有达到情节特别严重的才会受到刑事处罚，事实上虚置了“情节严重”这一档入罪标准。同时，还存在内幕交易内容基本相同、涉及金额相似之时，案件结果出现罪与非罪的认定上的巨大差异。例如，在内幕交易内容、获利金额、客观情节等基本相似的案件中，即使都达到了情节特别严重的标准，往往只有涉及国家工作人员的案件才更倾向于认定为刑事犯罪，其他不涉及国有资产、国家工作人员的案件仅被认定为行政违法。因非法定因素造成的类似“同案不同判”的随机处罚的结果，是对规范层面入罪门槛的虚置，给司法实践造成诸多困境。

---

① 李睿：《内幕交易行政处罚与刑事制裁的实践阐释》，《上海法学研究》2019年第3卷。

② 陈颖，薛静怡：《内幕交易罪的司法认定与立法完善》，《中国检察官》2020年第8期下。

笔者举出如下述两个案例：

案例一： 被告人刘某春、陈某玲通过内幕交易非法获利人民币 7,499,479.22 元，属于情节特别严重。判决被告人刘某春为国家工作人员，犯内幕交易罪，判处有期徒刑 5 年，并处罚金人民币 750 万元。被告人陈某玲犯内幕交易罪，免予刑事处罚。

案件名称： 刘某春、陈某玲内幕交易案

案例来源：《最高人民法院公报》2013 年 01 期

案件详情见下文有罪裁判要旨一

案例二： 远某谷实际控制人徐某某内幕交易本公司股票，违法所得 500 多万元，属于情节特别严重，被处以没一罚三的行政处罚。

案件名称： 徐某锁内幕交易、短线交易行政处罚

案例来源： 中国证监会行政处罚决定书〔2017〕7 号

基本案情：

2014 年徐某锁在新加坡期间了解到国际图书馆市场的龙头企业 BGG 公司。2014 年 8 月 28 日，徐某锁、公司董秘及投资经理与 BGG 公司股东方面进行初步接洽，讨论关于 BGG 公司估值和投资架构。2014 年 9 月 11 日，双方签署保密协议。2014 年 10 月 23 日，双方再次会谈，远某谷提出了初步的收购意向，包括估值方法和投资架构，并初步确定 1 亿欧元的收购价格。2015 年 1 月 22 日，双方再次进行谈判，一致同意按照 BGG 公司税息折旧及摊销前利润（EBITDA）的 10 倍的估值方法和分 4 期收购的投资架构，由远某谷起草投资意向书。2015 年 3 月 18 日，双方确认投资意向，并就投资意向书中未确认的条款达成一致意见。2015 年 3 月 25 日，双方正式签署投资意向书，约定远某谷分 4 笔收购 BGG 公司 100% 股权，出资金额不少于 95,500,000 欧元。2015 年 3 月 26 日，远某谷发布筹划重大事项的公告，公司股票自当日起停牌。2015 年 5 月 14 日，远某谷发布终止筹划本次重大资产重组事项的公告，公司股票自当日起复牌交易。徐某锁控制并使用“廖某松”账户。其一，“廖某松”账户交易用 MAC 地址与远某谷提供给徐某锁使用的办公电脑，以及徐某锁家中电脑的 MAC 地址部分重合；账户交易用 IP 地址与远某谷对外出口的 IP 地址部分重合。其二，“廖某松”账户与“徐某洋”（徐某锁之子）证券账户存在大量使用相同 IP、MAC 地址下单的情况，

与“陈某珠”（徐某锁之妻）证券账户同样存在使用相同IP地址和MAC地址下单的情况。其三，“廖某松”账户仅有的两笔手机委托下单，均由徐某锁138××××1841手机号完成。其四，2012年11月28日至2014年10月17日期间，“廖某松”账户下单的IP地址归属地基本为新加坡，与此期间徐某锁在美国、新加坡情况吻合；2015年6月“廖某松”账户下单的IP地址归属地与此期间徐某锁的出差行程相吻合。其五，“廖某松”账户的资金全部直接来源于徐某洋，最终来源于徐某锁，资金去向为徐某锁、陈某珠、徐某洋及李某文（陈某珠堂哥的儿媳妇）。其六，廖某松与徐某锁存在亲戚关系，“廖某松”证券账户开户时所留的电话号码为陈某珠的手机号码，所留地址为远某谷地址。

2015年2月2日，徐某锁控制“廖某松”账户买入“远某谷”250,000股，该笔交易下单IP地址为远望谷的对外出口IP地址，下单电脑对应的MAC地址在远某谷提供的公司电脑MAC地址列表中。2015年6月4日，该账户将上述股票全部卖出，扣除相关税费后，“廖某松”账户涉案期间内幕交易“远望谷”实际获利5,424,463.93元。

处罚理由：

远某谷拟出资至少95,500,000欧元分4笔购买BGG公司100%股权是《证券法》第67条第2款第2项规定的重大事件，依照《证券法》第75条第2款第1项的规定属于内幕信息，该内幕信息不晚于2014年9月11日形成，公开于2015年5月14日。远某谷实际控制人徐某锁为本次重大资产重组的主要决策者、推动者，全程参与收购事项，属于内幕信息知情人，其知悉内幕信息的时间不晚于2014年9月11日。徐某锁在内幕信息公开前控制使用“廖某松”账户买入250,000股“远某谷”的行为，违反了《证券法》第76条第1款的规定，构成《证券法》第202条所述内幕交易行为，违法所得为5,424,463.93元。其一，本案所涉内幕信息属于利好信息。其二，“廖某松”账户开户时间早于远某谷上市交易的时间与本案的认定无关。当事人辩称的徐某锁办公室、家中电脑并非仅限其一人使用，以及“廖某松”账户的两笔由徐某锁138××××1841手机号下单系廖某松亲自操作的说法，均无客观的证据证明；针对“廖某松”账户部分交易下单的IP地址归属地与徐玉锁行程吻合的情况，当事人也未能做出合理的解释。经查，“廖某松”账户2007年4月24日至2012年7月12日累计转入31,750,500元，2007年徐某洋未满18岁，当事人未提供证据证明1990年出生的徐某洋具备相应的资金实力。综上，基于“廖某松”账户开户资料、资金流向、下单用MAC地址和IP地址与徐某锁的关联程度、手机委托下单记录、资金来源等一系列客观证据，足以认定徐某锁控制并使用了“廖某松”账户。其三，当事人辩称2015年2月2日11点左右徐某锁不在远某谷，“廖某松”账户买入远某谷股票的行为系廖某松操作的说法，相关证人证言系与当事人有利害关系的人员在调查日后提供，且当事人提供的订单、发票不能排除徐某锁2015年2月2日在远某谷办公场所下单交易的可能性，故不予采信。其四，本案对违法所得的计算符合我会一贯的执法标准。

为了解决内幕交易行政违法与刑事犯罪的界分困境，可以尝试借鉴相关国家的经验，采用行政处罚与刑事制裁程序同步并行机制，在《行政处罚法》与刑法中做好行政处罚与刑罚的制度衔接。对同一证券违法行为人的同一违法行为，倘若证监会执法部门先发现线索，则先进行立案调查，如果涉嫌犯罪需要追究刑事责任时即刻移送公安机关，但不终止已经启动的调查程序，继续调查并做出行政处罚决定；假如证监会认为不构成犯罪，做出行政处罚决定后也一律移送公安机关，由后者再判断是否追究刑事责任；若公安机关、检察院、法院先发现违法线索，在追究行为刑事责任过程中，认为需要限制违法行为人的相关能力时，则应当及时移送证监会做出相关的资格罚。无论证监会还是法院，在做出相关的制裁决定后，都应当及时通报相关机构，以便折抵相关处罚。

三、有罪裁判要旨

裁判要旨一：国家工作人员因履行工作职责而获取对证券交易价格具有重大影响的、尚未公开的信息的，属于内幕信息的知情人员，在内幕信息敏感期内，知情人员与关系密切人共同从事证券交易活动，情节严重的，应当以内幕交易罪定罪处罚

案件名称：刘某春、陈某玲内幕交易案

案例来源：《最高人民法院公报》2013年01期

裁判结果：

被告人刘某春犯内幕交易罪，判处有期徒刑5年，并处罚金人民币750万元。被告人陈某玲犯内幕交易罪，免予刑事处罚。被告人刘某春、陈某玲

违法所得人民币7,499,479.22元予以追缴，上缴国库。

基本案情：

2009年1月，某四所为做强该所下属企业某集团，欲通过一家上市公司进行资产重组“借壳”上市，以配合某市政府“再造十家百亿企业集团工程”的实施。时任该市经委主任的被告人刘某春受该市政府的指派，负责牵线联系某四所与某县政府洽谈由某四所重组某陶瓷公司事宜。2月上旬，刘某春介绍某四所与某县政府有关领导见面商谈、陪同实地考察，双方均表达了合作意向。2月中下旬，刘某春又约双方联系人到其办公室，指导双方磋商出台合作方案。3月6日，由某四所草拟的《合作框架》形成初稿，条款包括某县政府将所持的某陶瓷公司股权转让给某四所使其成为该公司第一大股东、实际控制人等内容。后洽谈双方对合作框架多次进行磋商、修改期间，双方将合作谈判进展情况告知刘某春，刘某春即向该市政府分管领导作了汇报。4月19日，某四所将双方最终商定的《合作框架意向书》送至该市经委，刘某春在该意向书上作为鉴证方签名并加盖该市经委公章后，出席洽谈双方签署《合作框架意向书》的签字仪式。4月20日，某陶瓷股票在股市开盘后出现涨停。同日，某陶瓷公司发布《关于公司重大事项停牌公告》，宣布公司控股股东正在筹划重大资产重组事项，某陶瓷股票自4月21日起停牌。自4月21日至5月21日期间，某陶瓷公司例行发布《重大资产重组事项进展公告》《复牌公告》等一系列公告。5月22日，某陶瓷股票复牌交易后价格上扬，在该股票的交易日内连续10个涨停。

某陶瓷公司于2003年1月在上海证券交易所上市。在某四所重组前，某县国有资产经营（控股）有限公司持有的某陶瓷公司国有股占该公司总股本的31.33%，是该公司第一大股东、实际控制人。

2009年2、3月，被告人刘某春在牵线联系某陶瓷公司资产重组期间，将重组信息透露给在某证券有限责任公司工作的配偶被告人陈某玲。在刘某春的授意下，被告人陈某玲分别于4月1日、7日、8日，在某证券有限责任公司其办公室以电脑网上委托交易的方式，通过家庭实际控制的刘某海、费某珠股票交易账户，买入某陶瓷股票共计45,800股，支付人民币共计318,271.60元；4月13日，又通过家庭实际控制的刘某美股票交易账户，买入某陶瓷股票10,100股，支付人民币72,975元。

4月初，被告人刘某春决定向他人借款并授意被告人陈某玲以借款资金购买某陶瓷股票。4 月 13 日、14 日，刘某春向蒋某春借得款项共计 300 万元。陈某玲分别于 4 月 13 日、14 日、15 日，通过刘某海和临时借用的刘某兵的股票交易账户，买入某陶瓷股票共计 419,500 股，支付人民币共计 2,999,718.21 元。4 月 15 日，刘某春向薛某借得款项 100 万元。同日，陈某玲通过费某珠股票交易账户，买入某陶瓷股票共计 138,622 股，支付人民币 1,000,218.39 元。

5 月初，被告人刘某春授意被告人陈某玲、刘某海将上述股票交易账户的所有某陶瓷股票在复牌后尽快卖出。自 5 月 22 日某陶瓷股票复牌至 6 月 24 日期间，刘某海、刘某兵以及陈某玲通过电脑网上委托和电话委托等交易方式，将刘某海、刘某兵、费某珠、刘某美股票交易账户中的 614,022 股某陶瓷股票全部卖出，收入金额人民币共计 11,890,662.42 元。

综上，被告人刘某春、陈某玲自 2009 年 4 月 1 日至 4 月 15 日期间，买入某陶瓷股票共计 614,022 股，支付人民币共计 4,391,183.20 元；自 2009 年 5 月 22 日至 6 月 24 日期间，将某陶瓷股票全部卖出，收入金额人民币共计 11,890,662.42 元，非法获利人民币共计 7,499,479.22 元。

2010 年 3 月 17 日、4 月 22 日，中国证监会先后作出《关于刘某春等人涉嫌内幕交易、泄露内幕信息案有关问题的认定函》《关于刘某春等人涉嫌内幕交易案有关事项的补充认定函》，认定：2009 年 3 月 6 日，某四所与某县政府商洽重组某陶瓷公司，并形成合作框架初稿等事项，在公开披露前属于《证券法》第 75 条规定的内幕信息；被告人刘某春属于《证券法》第 74 条规定的证券交易内幕信息的知情人；内幕信息的价格敏感期为 2009 年 3 月 6 日至 4 月 20 日。

案发后，被告人刘某春、陈某玲退出全部违法所得。侦查机关扣押涉案电脑主机一台，冻结涉案股票账户和资金账户。

裁判理由：

（一）上市公司重大资产重组洽谈这一事件是否属于“内幕信息”

某省某市中级人民法院一审认为：根据《证券法》第 75 条的规定，内幕信息是指证券交易活动中，涉及公司的经营、财务或者对该公司证券的市场价格有重大影响的尚未公开的信息，包括：持有公司百分之五以上股份的股东或者实际控制人，其持有股份或者控制公司的情况发生较大变化；公司股权结构的重大变化；国务院证券监督管理机构认定的对证券交易价格有显著影响的其他重要信息。

本案中，从参与主体和内容看，被告人刘某春牵线的某陶瓷公司资产重组，涉及相对控股31.33%的股东转让股权，属于持有公司5%以上股份的股东，其持有股份、控制公司的情况发生较大变化的法定重大事件；由某四所受让股权，拟成为第一大股东，属于公司股权结构的重大变化。上述事项均是法定的内幕信息。从时间上看，2009年3月6日的《合作框架》是内幕信息的第一次书面化，虽双方对洽谈重组方案有几易其稿、不断完善的过程，但所涉某四所受让国有股、成为公司第一大股东和实际控制人等内容始终被保留，即某四所重组某陶瓷公司“借壳”上市的总思路从一开始即已确定。从知情范围看，自2009年3月6日形成《合作框架》初稿，到4月20日某陶瓷公司发布停牌公告、向社会公开披露重大资产重组事项前，该内幕信息的知悉人控制在很小的范围内，具有秘密性，完全符合内幕信息尚未公开的法定要求。从影响力看，因某陶瓷公司于停牌期间发布一系列公告信息，在2009年5月22日复牌交易后，某陶瓷股票连续10个涨停，充分说明资产重组事项对股票市场价格的重大影响。因此，中国证监会作出关于2009年3月6日，某四所与某县政府商谈由某四所重组某陶瓷公司，并形成合作框架，以上事项在公开披露前属于内幕信息，价格敏感期为2009年3月6日至4月20日的认定意见，有充分的事实依据和法律依据。刘某春关于其购买某陶瓷股票时内幕信息尚未形成的辩解及其辩护人关于刘某春知悉的信息不属“内幕信息”的辩护意见均不能成立。

（二）被告人刘某春作为国家工作人员，因履行工作职责参与上市公司的重组洽谈，是否属于内幕信息的知情人员

某省某市中级人民法院一审认为：根据《刑法》第180条的规定，内幕信息的知情人员范围，依照法律、行政法规的规定确定。根据《证券法》第74条的规定，证券交易内幕信息的知情人包括相关公司人员、证券监管人员以及国务院证券监督管理机构规定的其他人。

本案中，被告人刘某春代表某市经委，作为某四所与某县政府洽谈某四所对某陶瓷公司资产重组事项的某市政府部门联系人，参与了重组过程，在此期间，洽谈双方均多次告知刘某春合作谈判的进展情况，刘某春也多次向某市政府分管领导进行汇报。刘某春是因其担任的行政机关职务、履行其工作职责而获悉了内幕信息。刘某春在价格敏感期内外借巨资买入巨额某陶瓷股票谋取巨额利益的行为，也充分证明其是内幕信息知情人。作为国务院证券监督管理机构的中国证监会作出刘某春属于《证券法》第 74 条规定的证券交易内幕信息知情人的认定，有充分的事实依据和法律依据，应予采信。

（三）在内幕信息敏感期内，被告人陈某玲从事证券交易获利的行为，是否构成共同犯罪

某省某市中级人民法院一审认为：被告人刘某春和被告人陈某玲是夫妻关系，刘某春知悉某四所重组某陶瓷公司的内幕信息后泄露给陈某玲。在刘某春的授意下，陈某玲通过家庭实际控制的多个股票交易账户，将刘某春所借巨资，以及卖出其他股票所得资金全部买入某陶瓷股票，获得非法利益。上述事实充分说明陈某玲主观上知道某陶瓷公司资产重组的信息，其客观上实施具体操作股票交易、帮助实现犯罪目的的行为，构成共同犯罪。陈某玲的辩护人关于陈某玲的行为不构成共同犯罪的辩护意见不能成立。

（四）中国证监会的认定函及上海证券交易所法律部的函件可否作为证据采信

某省某市中级人民法院一审认为：中国证监会是国务院证券监督管理机构，依法行使监督管理全国证券期货市场、维护证券期货市场秩序的行政职能。《证券法》赋予中国证监会对内幕信息、知情人员等的认定权。最高人民法院、最高人民检察院、公安部、中国证监会《关于整治非法证券活动有关问题的通知》规定，对非法证券活动是否涉嫌犯罪，由公安机关、司法机关认定；公安机关、司法机关认为需要有关行政主管机关进行性质认定的，行政主管机关应当出具认定意见。故中国证监会在法定职权范围内，对本案内幕信息、知情人员、价格敏感期起止日期以及利用内幕信息进行股票交易等出具的认定意见，是根据法律授权作出的专业认定，符合客观事实和法律规定，具有证明力。

至于上海证券交易所法律部受侦查机关的委托，经该所有关部门对涉案股票账户实际交易记录的相关数据进行核算后作出的专业统计，既与两被告人的供述、相关证人证言相一致，又与书证涉案账户股票交易的明细情况互相印证，亦具有证明力。因该回函所证明的案件事实已经查清，函件经办人员无必要再到庭作证。故两被告人的辩护人关于中国证监会、上海证券交易所法律部出具的函件不应作为本案的证据采用的辩护意见不能成立，被告人刘某春的辩护人要求出具上述函件的经办人员出庭接受质询的申请，不予采纳。

（五）对被告人刘某春和陈某玲关于买入某陶瓷股票之时没有意识到自己的行为是内幕交易犯罪的辩解

法院认为，行为时是否意识到犯罪，反映行为人主观恶性程度，可在量刑时酌情考量。但行为人对其行为的法律性质和法律后果存在认识上的错误，不影响司法机关对其行为的性质认定和责任追究。

裁判要旨二：内幕信息敏感期，是指自内幕信息开始形成之时起至内幕信息公开时止的这段时间，该期间的确定直接关系内幕交易的认定

裁判要旨三：内幕信息知情人员建议他人买卖与内幕信息有关的证券，无论建议人是否获利，均构成内幕交易罪

案件名称：李某红等内幕交易、泄露内幕信息案

案例来源：《刑事审判参考》总第83集第735号案例

裁判结果：

1. 被告人李某红犯内幕交易、泄露内幕信息罪，判处有期徒刑6年6个月，并处罚金2000万元。

2. 被告人郑某龄犯内幕交易、泄露内幕信息罪，判处有期徒刑7年，并处罚金2530万元。

3. 被告人谭某中犯内幕交易、泄露内幕信息罪，判处有期徒刑5年，并处罚金70万元。

基本案情：

被告人李某红，女，原系中共某市委副书记、市人民政府市长。因涉嫌犯内幕交易、泄露内幕信息罪、受贿罪于2010年9月29日被逮捕。

被告人郑某龄，男，原系某公用事业集团有限公司总经理助理。因涉嫌犯内幕交易、泄露内幕信息罪于2010年7月6日被逮捕。

被告人谭某中，男，原系某公用事业集团股份有限公司董事长。因涉嫌犯泄露内幕信息罪于2010年7月6日被逮捕。

某省某市人民检察院以被告人李某红、郑某龄、谭某中等人犯内幕交易、泄露内幕信息罪，掩饰、隐瞒犯罪所得罪，受贿罪，向某省某市中级人民法院提起公诉。

某省某市中级人民法院经公开审理查明：

（一）被告人李某红、谭某中内幕交易、泄露内幕信息，被告人林某雁、林某安内幕交易，被告人李某明洗钱的事实

2006年年底，某公用科技股份有限公司（以下简称科技公司）的控股股东某公用事业集团有限公司（后更名为某公用事业集团股份有限公司，以下简称集团公司）筹备集团公司整体上市。谭某中将集团公司整体资产注入科技公司的构思告诉郑某龄，共同研究资产重组的可行性。2007年6月11日，谭某中向市委书记汇报了拟将集团公司优质资产注入科技公司实现集团公司整体上市的计划。书记表示同意，并要求李某红具体负责此事。后谭某中即要求郑某龄准备好有关集团公司重组科技公司并整体上市的材料，并于6月26日向李某红全面汇报了公司整体上市的情况。2007年7月3日，李某红、谭某中、郑某龄等人向中国证监会汇报了科技公司重大资产重组的初步方案。2007年6月，谭某中、李某红分别向林某安、林某雁泄露上述内幕信息。此后，林某雁筹集资金人民币677万元（其中236.5万元属李某红夫妇所有），于2007年6月29日至7月3日期间，累计买入科技股票89.68万股，并于2007年9月18日至10月15日期间陆续卖出，账面收益19,832,350.52元。为应付中国证监会调查，掩盖林某雁等内幕交易的犯罪事实，李某明与林某安、林某雁等人商量规避调查事宜。2009年12月，中国证监会找到李某明调查林某雁等人买卖科技股票的情况，李某明得知林某雁买卖公用科技股票获利1000余万元。2010年4月初，李某明向林某雁提出转款1000万元至郭某祺的存款账户，用于收购某某公司20%的股权。随后，林某安排林某成于2010年4月6日、7日、9日三次转款共1000万元至郭某祺的存款账户。

（二）被告人郑某龄内幕交易、泄露内幕信息，被告人郑某枝、陈某云内幕交易，被告人费某晖洗钱的事实

郑某龄利用担任集团公司总裁助理的职务便利，知悉集团公司正筹备将集团公司优质资产注入科技公司以实现集团公司整体上市的内幕信息。2007年6月11日，郑某龄向郑某枝泄露了该内幕信息，并借用他的证券账户购买科技股票。随后，郑某枝又将该内幕信息告知陈某云（郑某枝妻子），并让她筹集资金以购买科技股票。6月12日至20日，陈某云从其姐陈某珍账户转出75万元，郑某龄从其岳母刘某贤账户转出95万元，分别转入郑某枝在某证券公司中山营业部的证券资金账户。6月14日至21日，该账户由郑某龄负责操作，买入科技公司股票累计19.08万股，买入资金1,695,654元。

2007年9月10日，郑某枝按照郑某龄的授意卖出科技公司股票，账面收益4,197,584.2元。2007年6月26日、27日，费某晖（郑某龄妻弟）先后在某证券股份有限公司某市某证券营业部激活和新开设证券账户各一个。6月27日至29日，郑某龄的妻子费某生将其所持股票卖出后，从其资金账户分三笔共转出88万元至费某晖的建设银行账户。在上述时间内，郑某龄使用手机操作费某晖名下的证券资金账户购买科技公司股票累计12.25万股，投入资金累计878,845.63元。2007年9月10日，郑某龄指使郑某枝使用该手机以电话委托方式将上述科技公司股票全部抛售，账面收益2,908,045.88元。2007年9月，费某晖则在郑某龄的授意下，谎称其委托郑某枝理财，由郑某枝操作其证券账户资金买卖科技公司股票。2008年6月23日，费某晖将其证券账户买卖科技公司股票的收益提现，将其中154万元存入其母亲刘某贤的账户，用于申购基金。

（三）被告人郑某龄泄露内幕信息，被告人周某星内幕交易的事实

2007年6月20日，郑某龄在周某星的办公室向周泄露了科技公司重大资产重组的内幕信息。2007年6月27日至7月2日，周某星操作其妻黄某及母亲麦某玲在某证券公司某营业部设立的证券账户，投入资金共6,708,329.73元，买入科技公司股票累计88.44万股，并于2007年10月8日至10日将该股票全部卖出，账面收益18,097,489.15元。

（四）被告人李某红受贿的事实（略）

裁判理由：

（一）内幕信息敏感期应自内幕信息形成之时起至内幕信息公开时止内幕信息敏感期，是指自内幕信息开始形成之时起至内幕信息公开时止，该期间的确定直接关系内幕交易的认定

实践中，对于内幕信息的形成时间，法律法规没有明确的规定，控辩双方对此争议较大。内幕信息形成时间直接关系内幕交易性质的认定及内幕交易数额、获利数额的计算，因此，从哪个时间点上认定内幕信息已经形成，对于内幕交易罪的认定至关重要。正确认定内幕信息形成时间，关键是要准确理解和把握内幕信息的本质特征。根据《证券法》的相关规定，内幕信息主要有两大特征：一是重要性；二是秘密性。重要性是指该信息本身对一般投资人的投资判断具有重大影响，足以使特定公司的证券、期货交易价格发生变动。秘密性是指该信息尚未公开，尚未被证券期货市场的投资者所知悉。

在司法实践中，一般是将《证券法》第75条规定的“重大事件”“计划”“方案”等正式形成的时间认定为内幕信息形成之时。然而，对于影响内幕信息形成的决策者、筹划者、推动者或执行者，其决意、筹划、推动或者执行行为往往影响内幕信息的形成，足以影响证券期货交易价格。因此，上述人员决意、决策、动议或执行之时应认定为内幕信息形成之时。就本案而言，谭某中于2007年6月11日向市委书记汇报了科技公司资产重组的方案，书记明确表示支持科技公司资产重组的方案，这表明科技公司资产重组的方案在6月11日已基本确定。事实上，科技公司股票从该信息形成后直至公告停牌前、复牌后，市场价格不断持续上涨，因此2007年6月11日应当认定为内幕信息形成之时。2007年7月4日，科技公司发出公告，称公司近期讨论重大事项，该内幕信息公开。因此，2007年7月4日应当认定为内幕信息敏感期的公开时。

（二）内幕信息知情人员建议他人买卖与内幕信息有关的证券，无论建议人是否获利，均构成内幕交易罪

《中华人民共和国刑法修正案（七）》在《刑法》第180条中增设“明示、暗示他人从事上述交易活动”的规定，解决了实践中对建议他人买卖证券行为是否构成犯罪理解上的分歧。从该规定分析，内幕交易、泄露内幕信息的行为方式有买卖证券、泄露该信息和明示、暗示他人从事交易，是三种并列的行为方式，对建议他人买卖与内幕信息有关的证券行为是构成泄露内幕信息罪，还是构成内幕交易罪存在不同观点。一种观点认为，内幕信息知情人员的建议行为是泄露内幕信息的具体方式之一，是一种采用暗示的方式泄露内幕信息的行为，因此，应当认定构成泄露内幕信息罪。另一种观点认为，内幕信息知情人员的建议行为不是泄露内幕信息的行为，而是内幕交易行为，应当认定构成内幕交易罪。

我们同意后一种观点，理由如下：首先，泄露内幕信息的行为所指向的对象是内幕信息本身，即使是行为人在泄露时对内幕信息进行了加工、增加、缩减，其内容也必须与原信息基本一致，而建议他人买卖证券的行为，已不再是仅仅向他人提供内幕信息本身，因此不构成泄露内幕信息罪。其次，根据刑法关于共同犯罪的规定，内幕信息的知情人员建议他人买卖证券，极有可能是内幕交易实施者的犯意提起者、教唆者，建议者和交易者属于内幕交易的共同犯罪，均构成内幕交易罪。

根据修正后的《刑法》第 180 条，建议他人买卖证券行为的构成要件有：一是主体是内幕信息的知情人员或者非法获取内幕信息的人员；二是在他人交易前为他人提供交易建议，如提供交易时间交易数额等；三是这些交易建议是基于知情内幕信息而作出的；四是他人根据交易建议实施了内幕交易。由此而论，无论建议人有否实际获利，或者建议人有否自己进行内幕交易，其建议行为均构成内幕交易罪。

就本案而言，谭某中建议林某安购买涉案股票和交易具体数额、具体运作方法等谭某中的行为符合刑法关于共同犯罪的规定，其与林某安构成内幕交易共同犯罪，即构成内幕交易罪。

裁判要旨四：“内幕信息”必须是对证券、期货交易价格或者交易量具有重大影响的信息。如果根据一般人的预判认为信息对证券、期货的交易价格或者交易量具有重大影响，但实际并未产生影响的，不影响内幕信息的认定；如果根据社会上正常的人的预判，信息根本不可能影响有关证券、期货的交易价格或者交易量，则不管信息是否具有相对真实性，都不能认定为内幕信息

裁判要旨五：对是基于专业知识的研判还是基于对内幕信息的确信而从事有关证券、期货交易的认定，要准确分析促使行为人作出交易决定的关键因素

裁判要旨六：中国证监会应司法机关需要就内幕信息有关问题所作的认定，经审查具有客观性、合法性的，可以作为定案根据

案件名称：肖某庆受贿、内幕交易案

案例来源：《刑事审判参考》总第 85 集第 756 号案例

裁判结果：

被告人肖某庆犯受贿罪判处死刑缓期 2 年执行，剥夺政治权利终身，并处没收个人全部财产；犯内幕交易罪，判处有期徒刑 8 年，并处罚金人民币 1.5 亿元；决定执行死刑，缓期 2 年执行，剥夺政治权利终身，并处没收个人全部财产；违法所得予以追缴，上缴国库。

基本案情：

（一）受贿事实（略）

（二）内幕交易事实

2004 年被告人肖某庆担任中国证监会上市公司监管部副主任期间，得知某股份有限公司拟对下属上市子公司进行整合试点探索整体上市。2006 年，肖某庆通过担任某股份有限公司下属上市公司财务顾问的机会，获悉公司即将启动第二批下属上市公司的股改和重组工作的信息。2006 年 9 月原中国证监会工作人员肖某庆刺探某证券股份有限公司（以下简称某证券）拟借壳某股份有限公司下属上市公司北京某某股份有限公司（以下简称北京某某）上市信息的准确性。肖某庆从某证券财务总监胡某明处获取某证券正在与某股份有限公司就借壳事宜进行谈判的信息后于 9 月 21 日至 29 日指使肖某英、邹某庆利用其控制的马某勇、欧阳某梅、苏某英、肖某英、刘某等多个账户买入北京某某股票 4,306,002 股交易成本人民币（以下币种均为人民币）3,529,054,512 元。后来某股份有限公司与某证券就让壳重组达成协议，北京某某股票由此更名为“国某证券”。2007 年 10 月国某证券股票复牌后，肖某庆指使邹某庆将所控制的刘某股票账户上的国某证券股票售出，指使肖某英将所控制的其他股票账户上的国某证券股票于 2008 年 5 月 16 日全部清仓。经司法会计鉴定，肖某庆等人从中获利共计 103,901,338.92 元。案发后，肖某庆亲属退回赃款 72,513,058.9 元。

裁判理由：

（一）因获取让壳重组信息而指使他人购买让壳公司股票，后借壳公司改变的，不影响内幕信息的认定

本案在审理过程中，对肖某庆从某证券财务总监胡某明处获取的信息能否认定为内幕信息存在不同意见。一种观点认为，内幕信息必须是真实的，肖某庆通过刺探手段获取的是某证券借壳北京某某上市的信息，但后来某证券并未借壳成功，最终借壳北京某某的是国某证券，因此肖某庆获取的信息是虚假的，不应当认定为内幕信息。另一种观点认为，肖某庆获取的某证券与某股份有限公司就借壳北京某某谈判的信息是真实的，且对北京某某股票的交易量和交易价格具有重大影响，该信息符合《证券法》第 75 条、《刑法》第 180 条规定的内幕信息的构成特征。我们赞同后一种观点，具体理由如下：

1. 内幕信息以真实性为构成特征但对真实性的认定应当坚持二元标准

（1）对于最终公开的内幕信息，应当以相对真实为认定标准。所谓“相对真实”，是指相对于国务院证券监管机构指定的报刊、媒体首次公开的信息是真实的，[①] 只要信息与指定报刊、媒体首次公开的信息基本一致，就应当认定信息具有真实性。至于指定报刊、媒体公开的信息是否准确或者是否失实在所不问。这是基于广大股民对指定报刊、媒体信赖的考虑，信息只要经指定报刊、媒体公开往往会对相关证券、期货的市场交易价格、交易量带来重大影响。即便该种信息不准确，甚至失实，但在尚未公开前，也应当被禁止用来从事证券、期货交易，因为利用这种相对真实的信息所带来的社会危害未必小于客观真实的信息。当然，如果信息连相对真实性都不具有，则交易人员、泄露信息人员不能构成内幕交易、泄露内幕信息罪，故意泄露人员可能构成编造并传播证券、期货交易虚假信息罪或者操纵证券、期货市场罪。如果根据社会上正常的人的预判，信息根本不可能影响有关证券、期货的交易价格或者交易量，则不管信息是否具有相对真实性，都不能认定为内幕信息，因为《证券法》第75条、《刑法》第180条规定的“内幕信息”必须是对证券、期货交易价格或者交易量具有重大影响的信息。如果根据一般人的预判，信息对证券、期货的交易价格或者交易量具有重大影响，但实际并未产生影响的，不影响内幕信息的认定，这种情形下可能是因为偶然介入的因素导致一般人预判的影响未实现。

（2）对于因谈判失败或者公司高管人员故意违规不予披露等因素而最终未在指定报刊、媒体公开的内幕信息，应当以客观真实为认定标准。在该情形下，无法通过指定的报刊、媒体是否公开这一标准认定信息是否真实，应当以信息内容是否真正发生为认定标准。如果信息内容真实发生，就应当认定信息是真实的。如本案某证券与某股份有限公司就借壳北京某某上市的信息内容与客观事实相符，即便该信息未在指定报刊、媒体公开，也不影响该信息的真实性。

2. 借壳公司的改变是否影响内幕信息真实性的认定

本案被告人肖某庆通过职务行为获悉某股份有限公司启动下属公司让壳

① 之所以在这里强调首次公开，是因为指定的报刊、媒体也会根据上市公司提供的情况不断勘正信息内容，这些内容实质可能属于另一内幕信息。

的计划，这一信息比较确定，而且最终转化为现实。肖某庆通过刺探获取某证券正在与某股份有限公司谈判借壳重组事项的信息，并获取某股份有限公司所启动的下属公司为北京某某这一关键信息。该信息经庭审质证，与客观事实相符，因此肖某庆所获取的信息具有真实性。这一真实信息如果公开，对北京某某股票的价格和交易量具有重大影响。根据《证券法》第 75 条对内幕信息的定义和《刑法》第 180 条关于内幕交易、泄露内幕信息罪罪状的描述，肖某庆获取的信息符合内幕信息的构成特征，应当认定为内幕信息。利用该信息从事与该信息有关的股票交易，情节严重的，应当认定构成内幕交易罪。

无论后来某证券是否向北京某某借壳成功，也无论后来肖某庆的股票交易是利好还是利空，只要肖某庆获取某证券与某股份有限公司谈判有关借壳北京某某上市的信息，并从事北京某某股票的交易，就完全齐备内幕交易罪的构成要件。至于某证券与北京某某重组失败，国某证券向北京某某借壳成功，则属于另一内幕信息。不可否认，国某证券成功借壳北京某某上市的消息公开后，北京某某股票的交易价格和交易量均大幅上涨，肖某庆获利 103,901,338.92 元与这一利好信息有关。因此，在该情形下，根据成交额量刑要比根据获利额量刑要更为准确。如果根据获利额确定被告人的量刑，则要适度考虑其他利好因素的介入对获利额的影响，对被告人在一定幅度内可酌情从轻处罚。

（二）对是基于专业知识的研判还是基于对内幕信息的确信而从事有关证券、期货交易的认定，要准确分析促使行为人作出交易决定的关键因素

在具体案件中，基于对内幕信息的确信而从事有关证券、期货交易的行为人往往会辩解其是基于专业知识的研判而作出交易决定的。对于这一辩解的真伪，要结合具体案情，准确分析促使行为人作出交易决定的因素中有无内幕信息的影响。

本案被告人肖某庆辩解，其系利用自己的知识、智慧，根据股权改制的整体趋势作出判断而购买北京某某股票的。经查，肖某庆通过刺探所获取的信息，足以表明北京某某让壳重组已势在必行，一般人获取这种信息也可判断出购买北京某某股票将会获得非常优厚的市场回报。肖某庆指使他人重仓、全仓持有北京某某股票，看似孤注一掷的博弈行为，但实质上，促使其作出交易决定的是其对北京某某让壳重组的确信，而这恰恰是内幕信息的主要内容。股改是全方位、整体推进的，肖某庆却将全部资金投入北京某某，这一资金流向与其平时交易习惯明显背离。肖某庆在2004年便得知某股份有限公司探索整体上市的思路，却集中在2006年9月底全仓持有北京某某股票，这一交易时间点与内幕信息的形成以及其获取内幕信息的时间点高度吻合。可见，肖某庆的上述行为足以表明其交易行为明显异常，也足以说明促使其作出交易决定的真正因素是其对获取的内幕信息的确信，而非其根据专业知识对股改政策作出的判断。

此外，对于既利用了专业知识判断，又利用了获取的内幕信息而从事有关的证券、期货交易的行为如何定性，具体把握的原则如下：

1. 对于具有专业知识的人员，即使是利用专业知识掌握了内幕信息的内容，只要其进行专业知识判断时依据其利用职务或工作便利获取的信息，也应当认定为内幕信息的知情人员。

2. 对于具有专业知识的人员，如果其通过非法手段获取了内幕信息，同时在此过程中也通过其专业知识加强了其判断，或者是先通过专业知识预判出重组对象，后通过获取内幕信息加强了对其预判的确信，原则上只要其从事与内幕信息有关的证券、期货交易，情节严重的，就应当追究内幕交易的刑事责任。

（三）中国证监会应司法机关需要就内幕信息有关问题所作的认定，经审查具有客观性、合法性的，可以作为定案根据

对于行政执法机关根据行政法规合法收集的证据材料，是否可以直接作为刑事诉讼中的证据，曾有争议。2011年最高人民法院、最高人民检察院、公安部、中国证监会联合印发的《关于办理证券期货违法犯罪案件工作若干问题的意见》第4条规定："……证券监管机构可以根据司法机关办案需要，依法就案件涉及的证券期货专业问题向司法机关出具认定意见。"修改后的刑事诉讼法第52条也明确规定："行政机关在行政执法和查办案件过程中收集的物证、书证、视听资料、电子数据等证据材料，在刑事诉讼中可以作为证据使用。"据此，我们认为，对于在行政执法中收集的实物性证据，因其具有客观性、稳定性，可以直接在刑事诉讼中使用。对于行政机关依据上述实物证据作出的检验报告、认定结论等，经司法机关审查，具有客观性、真实性和合法性的，可以作为定案的证据。

本案中，公安部向中国证监会发出《关于商请对肖某庆涉嫌北京某某股票内幕交易案有关事项进行认定的函》，发函中认定某证券与某股份有限公司就借壳北京某某进行谈判属于内幕信息，该内幕信息的价格敏感期为2006年8月17日至2006年11月25日，胡某明属于内幕信息的知情人员，肖某庆属于非法获取内幕信息的人员。中国证监会就上述发函出具了回函意见，同意公安部发函中的认定意见。中国证监会出具的回函意见实际是对公安机关收集的书证、电子数据、证人证言、行政相对人（刑事诉讼中的被告人）陈述等证据作出的综合性、专业性的意见材料，可以作为刑事诉讼中的证据使用。

值得注意的是，中国证监会出具的认定意见在内容上虽然具有鉴定意见的性质，但因主体不具有鉴定资质，所以在具体证据类别上不能归类为鉴定意见。目前，实践中比较倾向的观点是将中国证监会出具的认定意见作为一种准书证予以使用。

裁判要旨七：对于利用专业知识判断出重组对象的人员是否认定为内幕信息的知情人员，关键要看该类人员在利用专业知识判断时是否依据了通过职务行为获取的信息。因履行工作职责而获取内幕信息，属于内幕信息的知情人员

案件名称：杜某库、刘某华内幕交易，刘某华泄露内幕信息案

案例来源：《刑事审判参考》总第85集第757号案例

裁判结果：

被告人杜某库犯内幕交易罪，判处有期徒刑6年，并处罚金425万元；以被告人刘某华犯内幕交易、泄露内幕信息罪，判处有期徒刑3年，并处罚金425万元；侦查机关扣押的杜某库、刘某华违法所得4,210,043.84元予以没收，上缴国库。

基本案情：

2009年1月，某科技集团第某四研究所（以下简称某四所）为配合某市政府“再造十家百亿企业集团工程”项目的实施，促进民品产业化发展，做大做强其下属企业某睿集团有限公司（以下简称某睿集团），欲通过该地区一家上市公司进行资产重组实现借壳上市。2009年2月初，某四所经该市政府的协调，并经时任该市经济委员会主任刘某牵线，与该市某县政府就投资合作及收购某陶瓷公司的国有股份等事宜进行商谈。双方经商洽和实地考察，

均表达了合作的意向。2009 年 3 月 6 日，某四所草拟了《合作框架（初稿)》，明确了某县政府将所持的某陶瓷公司部分股权转让给某四所，使该所成为某陶瓷公司第一大股东、实际控制人等内容。2009 年 4 月 19 日某四所与某县政府签署了《合作框架意向书》。2009 年 4 月 20 日某县政府开会商讨某陶瓷公司重组停牌事宜，同日某陶瓷公司发布《关于公司重大事项停牌公告》，宣布公司控股股东正筹划重大资产重组事项，公司股票自 4 月 21 日起停牌。2009 年 4 月 21 日至 5 月 21 日期间，某陶瓷公司例行发布了《重大资产重组事项进展公告》《复牌公告》等一系列公告。2009 年 5 月 22 日，某陶瓷股票复牌交易后，股票价格连续 10 个交易日涨停。

被告人杜某库作为某科技集团公司（以下简称科技公司）总会计师，负责分管集团内部的资本运作。2009 年 3 月 23 日，杜某库与科技公司财务部主任张某洲陪同国务院驻科技公司监事会领导到下属的某四所等单位考察。当晚，在杜某库住宿的酒店房间内，某四所所长罗某、某四所副总经济师鲍某平向杜、张两人汇报了某四所拟发展民品项目，准备收购该地区股份制企业借壳上市，请求科技公司给予支持等内容，并详细透露了拟借壳公司的概况：公司总股本为 8000 余万股左右；公司股权结构较好，第一大（国有）股东占总股本的 30% 左右；地方政府支持。2009 年 3 月 29 日，杜某库回到北京后，根据罗某、鲍某平汇报的借壳公司的概况，在互联网上检索出该地区唯一符合上述条件的只有某陶瓷公司。2009 年 3 月 31 日，杜某库陪同科技公司领导来参加某四所搬迁仪式期间，该市政府领导就某四所收购重组事宜出面协调，使其进一步确信某四所拟借壳的公司为某陶瓷公司。2009 年 4 月 1 日，杜某库回北京后，即将科技公司下属单位欲重组某陶瓷公司的信息告知其妻刘某华，双方均同意购买某陶瓷股票。次日，杜某库通过其个人股票交易账户买入 21,000 股某陶瓷股票，支付资金人民币 142,986.61 元。由于杜某库顾虑其参与某四所收购、重组某陶瓷公司工作的身份，担心自已的名字出现在某陶瓷公司的股东名单中，遂于 4 月 3 日、13 日、17 日分 4 笔将上述某陶瓷股票全部抛出，账面收益 7514.39 元。此后，杜某库逐步将个人股票交易账户中的资金分别转人其所操控的王某、杜某等亲属的股票交易账户中。2009 年 4 月 7 日，经刘某华要求，杜某库再转出 20 万元至亲属李某的股票交易账户中。2009 年 4 月 2 日至 4 月 20 日期间，杜某库单独操作买人某陶瓷股票共计 223,000 股，支付资金共计 1,542,185.52 元，卖出后非法获利

2,470,351.38 元；杜某库、刘某华共同操作买入某陶瓷股票 137,100 股，支付资金共计 966,946.91 元，卖出后非法获利 1,739,692.46 元。

2009 年 4 月初，刘某华还将从杜某库处获悉某陶瓷公司可能重组的信息泄露给赵某梅。赵又将信息泄露给刘某祥，刘某斌（均另案处理）。赵某梅、刘某祥、刘某斌先后买入某陶瓷股票共计 784,641 股，在某陶瓷股票复牌后抛出，非法获利 12,019,744.91 元。

案发后，被告人杜某库，刘某华已退缴全部违法所得。侦查机关扣押涉案电脑 2 台等物，冻结涉案股票交易和资金账户。

裁判理由：

（一）杜某库获取的某四所拟收购、重组某陶瓷公司的信息属于内幕信息

根据《证券法》第 67 条、第 75 条的规定，内幕信息是指证券交易活动中，涉及公司的经营、财务或者对该公司证券的市场价格有重大影响的尚未公开的信息，包括持有公司 5% 以上股份的股东或者实际控制人，其持有股份或者控制公司的情况发生较大变化；公司股权结构的重大变化等重大事件信息。本案被告人杜某库从某四所罗某等人处获取并告知刘某华的信息，属于《证券法》第 67 条、第 75 条规定的内幕信息。具体理由如下：首先，某陶瓷公司资产重组涉及控股 31.33% 的股东转让股权，属于持有公司百分之五以上股份的股东持有股份、控制公司的情况发生变化的重大事件；某四所受让股权，拟成为第一大股东，属于公司股权结构的重大变化。其次，2009 年 2 月初，某四所多方促进收购、重组某陶瓷公司股份，2009 年 3 月 6 日某四所草拟了《合作框架》，意味着某四所拟收购、重组某陶瓷公司借壳上市的工作基本确定。2009 年 4 月 20 日某陶瓷公司发布《关于公司重大事项停牌公告》，宣布公司控股股东正筹划重大资产重组事项，意味着收购、重组信息的公开。2009 年 2 月初至 4 月 19 日为该内幕信息的敏感期，杜某库获取信息的时间是 2009 年 3 月 23 日，在内幕信息敏感期内。最后，自 2009 年 3 月 6 日双方形成《合作框架》初稿，到 4 月 20 日某陶瓷公司发布停牌公告、向社会公开披露重大资产重组事项前，某四所收购、重组某陶瓷公司的信息始终控制在很小的人员范围内，相关部门对该信息采取了相应的保密措施。此外，某四所收购、重组某陶瓷公司的信息对股价和交易量具有重大影响。某陶瓷公司发布重组公告后，某陶瓷股票价格在 2009 年 5 月 22 日复牌交易后连续10个交易日涨停，这一事实充分表明某四所收购、重组某陶瓷公司的信息对某陶瓷股票价格具有重大影响。综上所述，杜某库获取的某四所拟收购、重组某陶瓷公司事项在公开披露前应当认定为内幕信息。

（二）对于利用专业知识判断出重组对象的人员是否认定为内幕信息的知情人员，关键要看该类人员在利用专业知识判断时是否依据了通过职务行为获取的信息

对于具有专业知识的人员，不论其是否是利用专业知识掌握了内幕信息的内容，原则上只要其判断时依据了因其职务或工作获取的信息，就应当认定为内幕信息的知情人员。否则，就给证券、期货领域中具有证券、期货专业的人员开辟了一条绿色通道。这样的认定也符合当前打击证券、期货违法犯罪的政策精神。本案被告人杜某库作为科技公司总会计师，负责分管公司内部的资本运作。2009年3月23日晚，杜某库从某四所所长、某四所副总经济师处获悉某四所拟收购、借壳公司的概况。虽然杜某库是在3月29日回北京后通过互联网检索或根据专业知识判断出重组对象，但其如果没有依据职务所获悉的借壳公司的概况就不可能得出重组对象。更何况杜某库当时对通过检索或专业知识所形成的判断并未形成确信，而促使其真正形成确信的是在3月31日某四所仪式期间获知市政府领导就某四所收购重组事宜出面协调一事，因此杜某库实质上属于利用职务活动获知内幕信息，应当认定为内幕信息的知情人员。

刘某华不是内幕信息的知情人员，也不属于通过窃取，骗取、刺探等非法手段获取信息的人员但其作为内幕信息知情人吊的配偶，从知情人员处获取信息，且在内幕信息尚未公开前，从事和泄露内幕信息导致他人从事与该内幕信息有关的证券交易，违反了股票交易应当遵循的公开公平和诚实、信用原则破坏了国家对证券交易的管理制度，侵犯了投资者的合法权益。因此内幕信息知情人员的近亲属或是与内幕信息的知情人员关系密切的人，即便是被动获悉内幕信息，也应当依法认定为非法获取内幕信息的人员。2012年3月29日最高人民法院、最高人民检察院联合发布的《关于办理内幕交易泄露内幕信息刑事案件具体应用法律若干问题的解释》（以下简称《内幕交易解释》）第2条第2项对此类人员认定为非法获取内幕信息的人员的条件已作了专门明确。

（三）杜某库、刘某华合谋买卖某陶瓷股票的行为构成内幕交易罪的共犯

杜某库获取某四所收购重组某陶瓷公司的信息后，将该信息透露给刘某华，二被告人协商后同意购买某陶瓷股票并大量调集资金通过他们实际控制的多个股票交易账户从事某陶瓷股票交易。杜某库因顾虑自己的身份还批售部分以自己股票交易账户购买的某陶瓷股票，并将其顾虑告知刘某华，这一事实足以反映杜某库、刘某华均已意识到某四所收购、重组某陶瓷公司的信息某陶瓷股票价格具有重大影响，且其获取信息和买入某陶瓷股票的时间均在内幕信息公开前，且有明显的因果关系，可见二被告人主观上具有利用该内幕信息非法获利的明确故意。二被告人分工协作，相互配合应认定内幕交易罪的共犯。杜某库在内幕交易共同犯罪中起主要作用，是主犯。刘某华起次要作用，是从犯。

本案中，杜某库与刘某华是夫妻关系，是利益共同体，杜某库与刘某华合谋操作买入某陶瓷股票的共同犯罪行为，当然包含杜将内幕信息泄露给刘的行为，杜某库的泄露内幕信息行为被内幕交易行为所吸收，不另外单独构成泄露内幕信息罪。刘某华将信息泄露给他人是刘某华的个人行为，现有证据不能证实杜某库对此有授意，也不能证实杜对此主观上明知，杜某库对刘某华的该部分行为不承担共犯责任。因此，公诉机关指控杜某库犯内幕交易、泄露内幕信息罪的罪名不当，某市中级人民法院予以纠正，认定杜某库与刘某华构成内幕交易罪的共犯是正确的。

值得一提的是，在《内幕交易解释》出台前，对未参与分红的泄露内幕信息人员，其情节严重、情节特别严重的标准能否参照因泄露而获取内幕信息人员的成交额、获利或者避免损失数额认定，实践中尚未统一看法。本案在《内幕交易解释》出台之前就已审结，法院未根据具体情节轻重就本案被告人刘某华泄露内幕信息的行为单独判处刑罚，而是采用选择性罪名的表述方式，对内幕交易、泄露内幕信息罪统一作了判处。《内幕交易解释》出台后，要根据泄露内幕信息情节的轻重，对泄露内幕信息罪单独作出准确评价，以确保对内幕交易、泄露内幕信息行为人在量刑上的平衡。

裁判要旨八：内幕信息知情人员的近亲属或者与其关系密切的人被动获悉内幕信息的，应当认定为“非法获取证券交易内幕信息的人员”

裁判要旨九：“交易行为明显异常”要综合时间吻合程度、交易背离程度和利益关联程度等方面来把握

案件名称：赵某梅、刘某斌内幕交易案

案例来源：《刑事审判参考》总第85集第758号案例

裁判结果：

被告人赵某梅犯内幕交易罪，判处有期徒刑5年，并处罚金945万元；被告人刘某斌犯内幕交易罪，判处有期徒刑3年，缓刑5年，并处罚金530万元；侦查机关扣押的赵某梅、刘某斌违法所得9,412,632.02元予以没收，上缴国库。

基本案情：

2009年4月初，被告人赵某梅通过刘某华（另案处理，系杜某库内幕交易案件中被告人杜某库的妻子，杜某库系某陶瓷公司重组内幕信息的知情人员）获取某陶瓷公司可能要重组的信息后，将该信息告知其丈夫被告人刘某斌，且在该信息尚未公开前，从事与该信息有关的股票交易。其中，赵某梅与刘某斌合谋，使用其家庭控制的赵某梅、刘某斌、刘某的股票账户，先后买入某陶瓷股票共计365,134股，抛售后非法获利人民币（以下币种均为人民币）5,299,682.51元；赵某梅还使用其操控的赵某林的股票账户，先后买入某陶瓷股票共计285,000股，抛售后非法获利4,112,949.51元。

2010年10月15日，中国证监会出具的《关于杜某库等人涉嫌内幕交易、泄露内幕信息案有关问题的认定函》认定，某四所与某县政府商谈确定由某四所重组某陶瓷公司的事项，在尚未公开前属于内幕信息，内幕信息的敏感期为2009年3月6日至4月20日。

裁判理由：

（一）内幕信息知情人员的近亲属或者与其关系密切的人被动获悉内幕信息的应当认定为“非法获取证券交易内幕信息的人员”

本案是杜某库内幕交易，刘某华内幕交易、泄露内幕信息案的关联案件。二被告人应当认定为非法获取内幕信息的人员。

如果明知是内幕信息的知情人员泄露的内幕信息或者是非法获取的内幕信息，还从事与该内幕信息有关的证券、期货交易，实际意味着利用了内幕信息知情人员和非法获取内幕信息人员的违法结果，行为在整体性质上应当属于禁止情形。内幕信息知情人员的近亲属或者与其关系密切的人具有获取

内幕信息的便利途径，如果对该类人员被动获悉内幕信息后从事与内幕信息有关的证券、期货交易的行为不予禁止，那么将会激发大量内幕交易犯罪案件的发生。因此，应当从政策导向上明确禁止该类人员被动获悉内幕信息后从事内幕交易的行为，情节严重的，应当追究刑事责任。

本案被告人刘某斌与杜某库的妻子刘某华是同胞姐弟，赵某梅又与刘某斌是夫妻关系，可见，二被告人均系与内幕信息的知情人员杜某库关系密切的人员。二被告人因杜某库的妻子泄露而获悉内幕信息，意味着利用了内幕信息知情人员和非法获取内幕信息人员的违法结果，应当认定为非法获取内幕信息的知情人员。2012 年 6 月 1 日起施行的《内幕交易解释》第 2 条规定："具有下列行为的人员应当认定为《刑法》第一百八十条第一款规定的'非法获取证券、期货交易内幕信息的人员'……（二）内幕信息知情人员的近亲属或者其他与内幕信息知情人员关系密切的人员，在内幕信息敏感期内，从事或者明示、暗示他人从事，或者泄露内幕信息导致他人从事与该内幕信息有关的证券、期货交易，相关交易行为明显异常，且无正当理由或者正当信息来源的……"根据《内幕交易解释》的规定，内幕信息知情人员的近亲属或者其他与内幕信息知情人员关系密切的人，不管其是主动获取还是被动获悉内幕信息，均应当认定为非法获取内幕信息的人员。上述特定身份以外的人被动获悉内幕信息，不能适用这一规定。这主要是考虑到我国证券、期货市场尚处于起步发展阶段，当前打击的重点人群是内幕信息知情人员的近亲属或者其他与其关系密切的人员，上述人员之外的人群被动获悉内幕信息后从事内幕交易的现象尚不普遍。因此，《内幕交易解释》基于政策考虑和当前形势的研判，仅明确了内幕信息知情人员的近亲属或者其他与其关系密切的人员被动获悉内幕信息后从事内幕交易的刑事责任。

（二）"交易行为明显异常"要综合时间吻合程度、交易背离程度和利益关联程度等方面把握

本案定性的另一个关键点在于交易行为明显异常的认定。我们认为，本案二被告人从 2009 年 4 月 3 日至 17 日陆续多次使用其控制的自己或亲属的股票账户密集买入某陶瓷股票，又于 6 月 9 日起开始陆续抛售该股票，应当认定其交易行为明显异常。具体理由如下：

1. 从时间吻合程度分析。杜某库在 2009 年 3 月 31 日明确得知某四所欲通过某陶瓷公司进行资产重组实现借壳上市，4 月 1 日将该信息告知其妻刘某华。当日，刘某华又将此信息泄露给本案二被告人赵某梅、刘某斌。二被告人于4月3日开始大量买入某陶瓷股票，该股5月22日复牌交易后连续10个交易日封于涨停，6月9日二被告人开始陆续抛售该股可见，二被告人的交易时间与内幕信息的形成，公开等时间高度一致。

2. 从交易背离程度分析。二被告人均供述以前从未关注某陶瓷这一小盘股票，后因为知道杜某库、刘某华的消息来源比较准确，就不计成本地陆续买入该股。这种“不计成本”主要表现在：（1）将之前所持的“ST上石化”“辽宁时代”“长城电脑”“巨化股份”“三佳科技”“太钢不锈”等股票全部抛出；（2）全仓买入某陶瓷股票，未留任何补仓资金；（3）赵某梅向他人借款120余万元追加买入某陶瓷股票。二被告人上述一系列不计成本的交易行为与其正常的交易习惯明显背离。

3. 从利益关联程度分析。账户资金进出与二被告人有紧密关联和利害关系。买入卖出某陶瓷股票的账户除了赵某梅、刘某斌的以外，还有刘某（赵某梅与刘某斌之女）、李某滨、王某珍等人的账户，但这些账户分别由二被告人控制。上述股票账户的户主都不懂炒股，也不炒股，对账户内股票具体的买人和卖出、盈亏等情况并不掌握，账户开户后也从未自己使用过。可见，本案内幕交易的账户与二被告人非法获利有直接利益关联，内幕交易后的非法获利实际由二被告人占有。

综合上述三个方面，应当认定二被告人的行为属于交易行为明显异常。

裁判要旨十：与内幕信息知情人员具有某种经济利益合作的大学同学属于与内幕信息知情人员关系密切的人。即使是从内幕信息知情人员处被动获悉内幕信息，这类人也应当认定为“非法获取内幕信息的人员”

裁判要旨十一：未获取股票预期价格信息的前提下，对利好型内幕信息公开后继续持股未卖，且公开当日股票价格未出现涨停的，内幕交易的违法所得应当以复牌日收盘价计算

案件名称：王某芳泄露内幕信息、徐某全内幕交易案

案例来源：《刑事审判参考》总第95集第920号案例

裁判结果：

被告人王某芳犯泄露内幕信息罪，判处有期徒刑3年，并处罚金人民币10万元；以被告人徐某犯内幕交易罪，判处有期徒刑4年，并处罚金人民币

300 万元。

基本案情：

被告人王某芳，男，原系申银某国证券研究所有限公司企业客户中心负责人。2012 年 10 月 23 日因涉嫌犯泄露内幕信息罪被逮捕。

被告人徐某全，男，系胜某纺织品有限公司法定代表人、董事长。2012 年 10 月 23 日因涉嫌犯内幕交易罪被逮捕。

某市人民检察院第一分院以被告人王某芳犯泄露内幕信息罪、被告人徐某全犯内幕交易罪，向某市第一中级人民法院提起公诉。

被告人王某芳及其辩护人基于以下理由请求法庭对王某芳减轻处罚并适用缓刑：王某芳泄露的内幕信息事实上对股价没有产生实质影响，且没有实际获取利益；王某芳主观恶性较小，且具有自首情节。

被告人徐某全及其辩护人基于以下理由请求法庭对徐某全减轻处罚并适用缓刑：徐某全决定买入“某某电池”股票主要是基于其独立判断，并非完全受内幕信息影响；徐某全的获利数额宜以复牌日最低价计算，账面违法所得应当认定为人民币（以下币种同）90 万余元，检察机关指控徐某全违法所得 150 万余元明显偏多；徐某全具有自首、退赔违法所得等情节。

某市第一中级人民法院经公开审理查明：

2011 年，上海申银某国证券研究所有限公司（以下简称申某证券公司）配合深圳市某某电池科技股份有限公司（深圳证券交易所上市公司，以下简称某某电池公司）筹划某某电池公司重大资产重组及融资项目。2012 年 1 月 15 日，申某证券公司亦为此成立“龙腾项目”工作组，时任申某证券公司企业客户中心负责人的王某芳任负责人。

2012 年 2 月 3 日下午，被告人王某芳在与被告人徐某全的电话联系过程中向徐透露了“某某电池”股票即将因重大资产重组而停牌的信息。徐某全获悉该信息后，干同月 6 日至 8 日，亏损抛售其控制的陈某、唐某花、徐某全、徐某喜证券账户内股票，筹资并在上述证券账户内连续买入“某某电池”股票 62 万余股，成交金额 1328 万余元。

同年 2 月 10 日，“某某电池”股票临时停牌。2 月 18 日，某某电池公司发布《关于重大资产重组停牌公告》。2 月 20 日，“某某电池”股票正式停牌。3 月 26 日，某某电池公司发布《关于终止筹划重大资产重组事项暨公司证券复牌公告》，并于同日复牌。截止当日收盘，徐双全所购“某某电池”

股票以收盘价计算账面盈利150万余元。

同年5月，王某芳、徐某全在接受证券监管机构调查时均供认曾在交易敏感期内通过电话联系。同时，徐某全还供认使用上述证券账户交易的事实。同年9月17日到案后，王某芳、徐某全陆续供述了全部犯罪事实。案发后，徐某全已退缴全部违法所得。

裁判理由：

（一）与内幕信息知情人员具有某种经济利益合作的大学同学属于与内幕信息知情人员关系密切的人。即使是从内幕信息知情人员处被动获悉内幕信息，这类人也应当认定为“非法获取内幕信息的人员”

根据《刑法》第180条第1款的规定，内幕交易、泄露内幕信息罪的犯罪主体包括证券、期货交易内幕信息的知情人员和非法获取证券、期货交易内幕信息的人员。2012年最高人民法院、最高人民检察院联合制发的《内幕交易解释》第2条进一步明确规定，非法获取证券、期货交易内幕信息的人员包括三类人员，即非法手段型获取内幕信息的人员、特定身份型获取内幕信息的人员和积极联系型获取内幕信息的人员。

非法手段型获取内幕信息的人员和积极联系型获取内幕信息的人员，都是主动获取内幕信息。而特定身份型获取内幕信息的人员，既可以是主动获取也可以是被动获取内幕信息。本案被告人徐某全明显不属于非法手段型获取内幕信息的人员，也不属于积极联系型获取内幕信息的人员，因此，其能否认定为非法获取内幕信息的人员，取决于其是否属于特定身份型获取内幕信息的人员。

特定身份型获取内幕信息的人员，是指内幕信息知情人员的近亲属或者其他与内幕信息知情人员关系密切的人员，在内幕信息敏感期内，从事或者明示、暗示他人从事，或者泄露内幕信息导致他人从事与该内幕信息有关的证券、期货交易，相关交易行为明显异常，且无正当理由或者正当信息来源的人员。即获取信息的手段行为未必是非法的，但其作为特定身份的人员不应获取内幕信息。内幕信息知情人员的近亲属或者其他与内幕信息知情人员关系密切的人员，其获取内幕信息具有天然的便利条件。因此，为加大对内幕信息的保护力度，对这类人员也应当明确内幕信息的保密义务。

此外，为加大内幕信息知情人员的近亲属以及其他与其关系密切的人员的保密义务，根据《内幕交易解释》第2条第2项之规定，内幕信息知情人员的近亲属以及其他与其关系密切的人员，无论是主动获取还是被动获取内幕信息，均属于非法获取内幕信息的人员。

本案中，徐某全与王某芳系大学同学，关系较好，且二人在投资方面联系甚多，徐某全常向王某芳咨询投资项目。在王的推荐下，二人还有部分共同投资项目。可见，徐某全属于与王某芳关系密切的人员。王某芳属于某某电池公司重大资产重组事项的内幕信息知情人员，在内幕信息敏感期内，王某芳向徐某全泄露了“某某电池”股票即将因重大资产重组而停牌的消息。当时徐某全给王某芳打电话的目的，是想和王某芳讨论是否继续投资某某电池公司的孙公司亿能电子公司的问题，在谈及某某电池公司时王某芳主动将某某电池即将进行资产重组这一内幕信息告知徐某全。而且，徐某全在2010年的时候就得知某某电池有重组、整体上市的说法，在此次获知某某电池因资产重组而停牌的内幕信息后，既认为这是利好消息，也认识到王某芳作为证券从业人员向其泄露某某电池内幕信息属于违法行为。虽然徐某全系被动获取内幕信息，但作为与王某芳关系密切的人员，在获取了不应当获取的内幕信息后，理应严格遵守保密义务，然而，其却从事了与该内幕信息有关的股票交易。因此，徐某全毫无疑问属于特定身份型非法获取内幕信息的人员。

（二）交易行为是否异常，应当综合时间吻合程度、交易背离程度和利益关联程度等方面进行认定

根据《内幕交易解释》第3条的规定，相关交易行为是否明显异常，需要从时间吻合程度、交易背离程度和利益关联程度等方面进行综合认定。一是时间吻合程度，即从行为时间与内幕信息形成、变化、公开的时间吻合程度把握。所要比对的时间主要有三类：行为人开户、销户、激活资金账户或者指定交易（托管）、撤销指定交易（转托管）时间；资金变化时间；相关证券、期货合约买入或者卖出时间。二是交易背离程度，即从交易行为与正常交易的背离程度把握。正常交易主要体现在两点：基于平时交易习惯而采取的交易行为；基于证券、期货公开信息而理应采取的交易行为。三是利益关联程度，即从账户交易资金进出与该内幕信息知情人员或者非法获取人员有无关联或者利害关系把握。为保障被告人的抗辩权，防止内幕交易、泄露内幕信息罪的适用对象被不当扩大，《内幕交易解释》第4条规定了4项内幕交易、泄漏内幕信息犯罪的阻却事由：一是持有或者通过协议、其他安排与他人共同持有上市公司百分之五以上股份的自然人、法人或者其他组织收购该上市公司股份的。《证券法》第76条第2款已明确将该类行为作为替止从事内幕交易的除外情形；二是按照事先订立的书面合同、指令、计划从事相关证券、期货交易的；三是依据已被他人披露的信息而交易的；四是交易具有其他正当理由或者正当信息来源的。

本案中，徐某全自2012年2月3日（周五）下午从王某芳处获悉“某某电池”股票即将因资产重组而停牌的内幕信息后，即于同年2月6日（周一）至8日，利用控制其妻子陈某、母亲唐某花、弟弟徐某喜以及其本人证券账户进行交易，徐某全所控制的4个证券账户买入的股票与涉案内幕信息股票完全相同；抛售其他股票及集中买入“某某电池”股票的时间与获取内幕信息时间高度吻合；以-36.72%的综合亏损率抛售其他股票而基本全仓买入涉内幕信息股票的这一不计成本交易行为，与其平时交易习惯明显背离；涉内幕信息交易的4个证券账户系其实际掌控，购买股票资金除徐某喜账户资金系徐某喜所有外均为徐双全所有，出售股票的款项除徐某喜账户资金继续留在账户内外，其他资金均由徐某全实际使用和控制，且徐某喜为徐某全的同胞弟弟。可见，涉内幕交易的4个证券账户的资金进出与徐某全有直接利益关联。徐某全的行为，看似孤注一掷的博弈行为，实质上促使其作出决定的真正因素是其对“某某电池”股票即将因资产重组而停牌这一内幕信息的确信，无论是从时间吻合程度还是从交易背离程度、利益关联程度等方面，足以认定其交易行为明显异常。

本案中，徐某全对某某电池孙公司亿能电子公司有投资，一定程度上知悉某某电池公司情况，曾经就是否买入“某某电池”股票确实也有过想法，但一直没有买入，因此不可否定其大量集中买入“某某电池”股票存在专业判断的可能。但是，从徐某全大量集中买入“某某电池”股票的时间吻合程度、交易背离程度及利益关联程度等方面来看，促使其作出决定的直正因素是其对“某某电池”股票即将因资产重组而停牌这一内幕信息的确信。因此，徐某全以其买入“某某电池”股票系独立判断结果的辩解，明显与客观事实不符。

（三）在未获取股票预期价格信息的前提下，对利好型内幕信息公开后继续持股未卖，且公开当日股票价格未出现涨停的，内幕交易的违法所得应当以复牌日收盘价计算

证券、期货交易是一种高风险的投资行业，行为人获取内幕信息后买入证券、期货可能获取暴利，卖出证券、期货可能避免损失。鉴于此，《内幕交易解释》第10条规定："内幕交易的违法所得，是指通过内幕交易行为所获利益或者避免的损失"。考虑到实际情况纷繁多变，《内幕交易解释》未对违法所得的认定确立一个总的原则。我们认为，根据内幕信息对内幕交易的影响，可以将内幕信息分为利好型内幕信息和利空型内幕信息。以股票买卖为例，内幕信息知情人员进行内幕交易，其必然是在掌握利好信息时买入股票以谋取股票上涨的利益，也必然是在掌握利空信息时卖出股票以避免股票下跌的损失。

实践中，获取利好型内幕信息的人员一般是在内幕信息公告后停止涨停时卖出相关股票，除非其从内幕信息知情人员处获取了预期价位。因此，在未获取股票预期价格信息的前提下，对利好型内幕信息公开后继续持股未卖，且公开当日股票价格未出现涨停的，如何认定违法所得值得研究。我们认为，对行为人的违法所得应当区分以下情形进行区别认定：

第一，对于利好型内幕信息公开后相关股票被全部抛售的，因相关股票交易均与利用内幕交易存在因果关系，故一般应当以行为人抛售股票后的实际获利认定为违法所得。

第二，对于利好型内幕信息公开后，仅卖出部分股票的，对于已卖出的股票按照实际所得计算违法所得；对于未卖出的股票，应当按照内幕信息公开当日的账面所得计算违法所得。

本案中，徐某全2012年2月3日从王某芳处获悉"某某电池"股票即将因资产重组而停牌的内幕信息，于2月20日某某电池公司发布《关于重大资产重组停牌公告》并正式停牌前连续买入"某某电池"股票62万余股，3月26日某某电池公司发布《关于终止筹划重大资产重组事项暨公司证券复牌公告》并于同日复牌。显然，徐某全从王某芳处获悉的某某电池公司资产重组信息属于利好型内幕信息，但在复牌日宣告重组失败，"某某电池"股票未出现涨停，现有证据无法证实徐某全获知了相关目标价信息。在此情况下，徐某全在复牌后没有马上抛售"某某电池"股票，而是选择继续持股，并于3个月后陆续抛售所有涉案股票，共获利730万余元。根据"某某电池"股票价格化情况，徐某全涉及利用内幕交易的股票在复牌日仍然有获利，日之后该股票价格呈上涨趋势，应当将徐某全继续持股归于其对市场的判断而作出的选择，而复牌日的获利因与利用内幕交易存在因果关系，故徐某全的违法所得应当将复牌之日2012年3月26日的账面获利认定为违法所得，而不能将实际获利的730万余元全部认定为违法所得。

第三，对于利用利好型内幕信息，如果按照账面获利数额认定违法所得，那么是以收盘价、最低价或者最高价，抑或以最低价和最高价的平均价计算？目前，由于没有相关明确规定，存在不同意见。

我们倾向于原则应当以收盘价计算账面获利。理由是：在证券市场中，收盘价是最重要的一个数据，是赚钱或者赔钱的基准，是市场参与者们共同认可的价格。最高价是大多数人认为最佳卖出的时机，最低价是大多数人认为最佳买进的时机。最高价和最低价是价格的两个极端，以最高价计算偏高，以最低价计算偏低，故以收盘价计算较为合理。

本案中，徐某全利用内幕交易买入“某某电池”股票62万余股，平均股约21.35元。2012年3月26日，某某电池公司复牌当日最低价每股22.80元，最高价每股23.94元，收盘价每股23.77元。徐某全在利好型内幕信息公开后未卖出相关股票，选择在复牌后继续持股，主要是基于其对市场和该股票发展走向的判断，故对其应当以复牌日收盘价计算账面获利即150万余元，而不能以复牌当日最低价计算账面获利（90万余元）。

裁判要旨十二：行为人主动向基层组织或者证券监管部门如实反映自身涉案情况，已实现自首制度中主动投案的立法价值，并自愿等候有关部门处理的，可以认定为自动投案；行为人关于购买涉案证券是基于自身专业知识判断的辩解，属于对其行为性质的辩解，不影响对其“如实供述自己罪行”的认定，不影响对自首情节的认定

案件名称：杨某山内幕交易案

案例来源：《刑事审判参考》总第100集第1019号案例

裁判结果：

被告人杨某山犯内幕交易罪，判处有期徒刑3年，并处罚金人民币5万元。

基本案情：

某市第一中级人民法院经公开审理查明：

2010年5月起，被告人杨某山担任某泽电力独立董事。2011年3月至4月间，杨某山从某泽电力相关负责人处获悉该公司重大资产重组的内幕信息后，于同年4月15日抛售其妻尚某萍证券账户内的股票，共筹集资金人民币

1600余万元，并以第三人李某的名义在中国建银投资证券有限责任公司某路证券营业部开设证券账户。4月18日，杨某山指使尚某萍将1500万元转入李某账户。同月19日、28日，杨某山在李某账户内共买入某泽电力股票268万余股，成交金额合计1499万余元。2011年6月7日，某泽电力股票停牌。同年10月28日，某泽电力公告重大资产重组信息并复牌。杨某山与尚某萍商议后，由尚操作，于复牌当日以集合竞价方式低价抛售上述全部某泽电力股票，亏损82万余元。

杨某山在证券监管机构调查期间主动向证券监管机构如实供述主要犯罪事实，在被侦查人员传唤到案后如实供述了上述犯罪事实。

裁判理由：

本案的定性没有争议，争议的焦点在于，依照《刑法》及上述司法解释的规定，能否认定被告人杨某山的行为构成自首。对这一问题的论述，又可以从以下两个方面着手：杨某山被侦查人员上门传唤到案是否属于“自动投案”；杨某山关于其购买涉案股票主要是基于专业判断的辩解是否影响对其“如实供述自己罪行”的认定。

（一）内幕交易犯罪案件中的“自动投案”

凡是证券监管部门移送的内幕交易犯罪案件，在将案件移送之前，证券稽查部门往往已启动了立案稽查程序。本案中，被告人杨某山获悉证券监管部门调查相关股票异动情况后，主动向证券监管部门反映自己购买股票的情况，并向证券监管部门提供了自己的联系方式及家庭住址，以便有关部门作进一步调查取证。证券监管部门经过数月的调查后，向公安机关移送案件材料，随后侦查人员到杨某山家中传唤其到案接受调查。杨某山主动找证券监管部门反映情况，且其在家中被公安机关传唤到案如实供述主要犯罪事实的行为是否属于自首，直接影响到对杨某山的量刑。我们认为，杨某山主动找所在单位领导或者有关部门反映自身情况后，能够随传随到，并在自己的住址等候司法机关处理，依法应当认定为自动投案。

（二）内幕交易犯罪案件中的“主要罪行”

在内幕交易犯罪案件中，行为人只要如实供述了其获悉内幕信息、从事了相关股票交易的事实，就基本可以认定其如实供述了主要罪行。至于行为人对犯罪性质的辩解，具体而言，对相关信息是否为内幕信息、其从事相关证券交易时是否处于价格敏感期等内容的辩解，不影响对其如实供述主要罪行的认定。

在行为人如实供述犯罪事实的前提下，作出其是主要基于专业判断而买卖相关股票的辩解不影响对其如实供述罪行的认定。内幕交易犯罪相关司法解释明确规定了对获悉内幕信息和购买股票行为之间因果联系的认定规则，行为人对这种因果联系的辩解，在本质上属于一种性质辩解，而并非事实辩解。故即使行为人作出其购买股票主要是基于专业判断的辩解，只要其如实供述犯罪事实，也不影响对其如实供述罪行的认定。

值得注意的是，如果行为人编造事实，否认自己购买股票，否认自己获悉相关信息的，则不应认定为自首。自动投案后，又编造事实为自己开脱罪责，不能认定为如实供述主要罪行。

综上，本案中，被告人杨某山主动找到证券监管部门反映自己涉案情况，预留了自己的联系方式和住所地址，并在上述地址等候有关部门处理、后经公安机关上门传唤到案，依法可以视为主动投案。杨某山在证券稽查阶段，说明自己系相关上市公司独立董事等身份，也交代了其知晓涉案上市公司资产重组的信息，并主动交代了其通过第三人账户购买涉案股票1499万余元的事实。后在公安机关侦查阶段，到案后亦如实供述了主要犯罪事实，故依法可以认定杨某山具有自首情节。杨某山关于其购买股票主要是基于自身专业知识判断的辩解，属于对其行为性质的辩解，不影响对自首情节的认定。

裁判要旨十三：影响内幕信息形成的动议、策划、决策或执行人员，其动议、策划、决策或者执行初始时间，应当认定为内幕信息的形成之时

裁判要旨十四：相关交易行为是否明显异常，要从交易时间吻合程度、交易背离程度和利益关联程度等方面综合把握

裁判要旨十五：在证监会行政稽查期间未如实交代泄露内幕信息的事实，在侦查期间作为内幕交易案件的证人被询问时投案，应当认定为自动投案

案件名称：林某忠、陈某洪内幕交易、泄露内幕信息案

案例来源：《人民司法·案例》2018年第23期

裁判结果：

林某忠犯内幕信息罪，判处有期徒刑6年，并处罚金250万元；陈某洪犯泄露内幕信息罪，判处有期徒刑1年，并处罚金135万元。

基本案情：

某省某市中级人民法院经公开审理查明：厦门某润公司系深圳证券交易所主板上市公司，股票名称为某润投资。本案所涉内幕信息为该公司于2013年3月26日在深圳证券交易所公布的晨某稀土公司借壳某润公司投资上市的重大资产重组事项。该内幕信息价格敏感期为2013年1月19日至3月25日某润投资公告停牌日。厦门某能公司作为组织推动上述重组工作的第三方，该公司业务董事、被告人陈某洪系内幕信息知情人。林某忠在该内幕信息敏感期内与陈某洪频繁联系、多次接触，陈某洪分别于2013年2月15日、3月4日和3月16日向林某忠泄露上述内幕信息所涉重组事项的进展情况。2013年2月18日至3月25日期间，林某忠利用其控制的林某华、冯某珍、钟某平等13个自然人证券账户，多次交易银润投资股票，获利金额合计1,347,525.26元。2014年2月28日，林某忠被公安人员拘传到案，陈某洪在高能公司所在地接受公安人员询问时投案。

裁判理由：

（一）关于本案内幕信息形成之时的认定

根据《内幕交易解释》第5条第1款的规定，内幕信息敏感期是指内幕信息自形成至公开的期间。司法实践中的一般做法是，将《证券法》第67条第2款所列重大事件发生时间，第75条规定的计划、方案，以及《期货交易管理条例》第85条第11项规定的政策、决定等形成时间，认定为内幕信息的形成之时。然而，随着证券、期货的飞速发展，上述认定模式越来越难以适应打击证券、期货市场犯罪的需要。涉及公司财务、经营等重大事件，以及计划、方案等发生或者形成，决定了其对证券、期货交易价格的重大影响具有确定性，但内幕信息的发生或形成不同程度地存在动议、策划、决策、执行等发展阶段，在其处于不确定的发展阶段时仍然可能会对证券、期货交易价格产生显著影响。实践中，一些能够影响内幕信息形成的动议、策划、决策或者执行人员，在此期间泄露内部信息或者内幕交易，如果按照传统方法，此部分行为将无法认定。然而，上述行为的社会危害性和所体现出行为人的主观恶性比传统内幕交易、泄露内部信息行为有过之而无不及。**因此，对于能够影响内幕信息形成的动议、策划、决策或者执行人员，应当区别于普通的内幕信息知情人员**。基于此，《内幕交易解释》第5条第3款明确规定，影响内幕信息形成的动议、筹划、决策或执行人员，其动议、策划、决策或者执行初始时间，应当认定为内幕信息的形成之时。①

本案中，晨某稀土公司通过某能公司居间介绍、运作，拟借壳某润公司重组上市，该事项对某润投资股票的市场价格影响重大，根据《刑法》第180条第3款、《证券法》第75条的规定，该事项应认定属于内幕信息。陈某洪作为某能公司的业务董事，其在2012年4月根据公司委派在晨某稀土公司借壳上市的过程中充当收购方的财务顾问，为晨某稀土公司寻找壳资源，系影响内幕信息形成的动议、筹划、决策或执行人员。在案证据证实，2013年初，晨某稀土公司在谋求借壳ST某元上市可能失败时，某能公司即着手寻找借壳某润投资公司，上述动议可查明的最早时间为2013年1月19日，故该时间应认定为内幕信息的形成之日。中国证监会《关于林某忠等人涉嫌内幕交易案有关问题的认定函》（证监函［2014］158号）亦认定2013年1月19日为本案内幕信息敏感期的起始之日，该认定意见依法应予采信。

（二）关于本案相关交易行为明显异常的认定

根据《内幕交易解释》第3条规定，相关交易行为明显异常要从时间吻合程度、交易背离程度和利益关联程度等方面予以认定。**时间吻合程度**，即从行为人开户、相关交易、资金变化等时间与内幕信息形成、变化、公开的时间吻合程度上把握；**交易背离程度**，即从交易行为与正常交易的背离程度上把握，正常交易主要体现为基于平时交易实践而采取的交易行为，基于证券、期货公开信息反映的基本面而理应采取的交易行为；**利益关联程度**，即从账户交易资金进出与该内幕信息的知情人员或者非法获取人员有无关联或者利害关系把握。

本案中，首先，**从时间吻合程度看**。林某忠涉案证券交易行为的时间、资金规模变化与内幕信息的形成、变化、公开过程及其从陈某洪处了解、确认内幕信息的时间点高度吻合。**其次，从交易行为与正常交易的背离程度看**。林某忠所控制的林某华、冯某珍等人的账户，停牌前净买入量大，交易品种单一，在购买某润投资前以低于前期买入价卖出大量持有的ST星美等股票，并以约定购回方式进行融资，融资所得资金用于继续购买某润投资。上述交易特征均有别于其历史交易习惯。**最后，从利益关联程度看**。涉案内幕交易

① 苗有水、刘晓虎：《〈关于办理内幕交易、泄露内幕信息刑事案件具体应用法律若干问题的解释〉的理解与适用》，载《刑事审判与参考》第85集，法律出版社2012年版，第135页。

的13个自然人的证券账户均为林某忠所控制。涉嫌内幕交易的13个账户交易资金进出与林某忠均存在直接的利益关联。综上分析，无论从时间吻合程度、交易背离程度还是利益关联程度等方面，都应当认定为林某忠交易行为明显异常。

实践中，行为人往往辩称其交易行为属于独立判断，其行为是正常的交易行为。本案中，林某忠及其辩护人辩称，林某忠作为一个专业股票分析师、资深炒股人员及大学证券投资课程教师，长期关注并从事重组题材股票交易，多次准确判断一些公司的股票停牌重组。其根据某润投资的盈利情况等公开信息，足以判断出某润投资是优质的壳资源，日后必然重组。笔者认为，林某忠作为一个长期从事证券研究和股票交易的专业人员，不排除其能根据某润投资的基本面及公开信息判断出该公司是优质的壳资源以及日后具有较大的重组可能性。实践中，决定或影响股票交易行为的因素具有多样性，往往是多因一果，专业技术判断与获得内幕信息可以同时影响或促成股票交易。鉴于近年来证券、期货市场犯罪的专业化、隐蔽化的特点，为从严打击证券、期货犯罪，“对内幕信息的影响力不应作程度限制，不要求内幕信息对行为人交易决定的影响是唯一的，只要行为人获取的内幕信息对促使其交易决定有一定影响，即帮助其在一定程度上确信从事相关交易必定获得丰厚回报，就应当认定行为人是利用内幕信息从事内幕交易”。①

据此，在认定某一股票交易行为是否构成内幕交易时，关键在于行为人是否获得相关内幕信息并进行了股票交易，而不在于行为人之前对该股票是否看好或证券交易水平的高低。本案中，有充分证据证明林某忠所获取的重组内幕信息，对其交易某润投资股票产生了决定作用，其之前通过自己的专业技术判断某润投资可能重组并不影响内幕交易罪的成立。

（三）关于陈某洪自动投案的认定

认定自动投案，主观上要具备主动性和自愿性，客观上要符合自动投案的时机条件。我们认为，陈某洪符合自动投案的上述主、客观条件，应认定为自动投案。具体理由为：

1. 具备自动投案的主动性和自愿性。本案中，陈某洪在其工作单位接到

---

① 刘晓虎：《肖时庆受贿、内幕交易案》，载《刑事审判参考》第85集，法律出版社2012年版，第6页。

侦查人员的询问通知后，即表示投案，并自愿和侦查人员一起到达某市公安局办案中心，配合警方开展相关侦查工作。在此过程中，陈某洪作为证人，其人身处于自由状态，并无外力强制，具有是否投案的选择自由，在此情况下选择投案，足以证明其主观上具有投案的主动性和自愿性。

2. 符合自动投案的客观时机条件。自动投案除了要求行为人主观上具有主动性、自愿性之外，还须具备以下情形之一的客观时机条件：一是投案时，犯罪事实尚未被司法机关发觉；或者犯罪事实已被发觉，但司法机关未意识到行为人是该犯罪的嫌疑人。二是犯罪事实或者行为人本人已被司法机关发觉，但其还未受到讯问或者未被采取强制措施。

在案侦查机关出具的犯罪嫌疑人陈某洪到案经过，以及询问通知书、证人诉讼权利义务告知书、询问笔录等证据证实，2014 年 2 月 28 日，陈某洪系作为证人，在侦查人员向其询问林某忠涉嫌内幕交易犯罪等情况时投案，并未被讯问或者被采取强制措施。故陈某洪的投案行为符合“犯罪事实或者行为人本人已被司法机关发觉，但其还未受到讯问或者未被采取强制措施”的客观时机条件。值得提出的是，一审未认定陈某洪自动投案的理由为“陈某洪在证监会行政稽查期间未如实交代其泄露内幕信息的犯罪事实”。笔者认为，证监会行政稽查程序并非司法程序，也不同于纪检监察机关的调查活动，不能将其在行政稽查程序中未如实交代，作为否认其自动投案的理由。

3. 实现了自首制度的立法价值。本案通过证监会的前期稽查，虽已调取了林某忠在内幕信息敏感期内“相关交易行为明显异常”的证据，但根据《刑法》第 180 条及《内幕交易解释》第 2 条之规定，认定林某忠属于非法获取内幕信息的人员，司法机关仍须进一步认定其相关明显异常交易有无正当理由或者正当信息来源，林某忠也可以就此提出抗辩。本案中，林某忠一直辩称其交易行为系根据自己的专业技术判断，否认陈某洪向其泄露内幕信息。陈某洪主动投案，如实供述了向林某忠泄露内幕信息的犯罪事实，此不仅有利于认定陈某洪泄露内幕信息的行为，而且也利于对林某忠内幕交易行为的认定，大大减轻了司法机关调查、取证的负担，必定节约司法成本，从而实现自首制度的立法价值。

裁判要旨十六： 被告人作为证券交易内幕信息知情人员，利用证券交易内幕信息从事内幕交易，证券交易成交额特别巨大，应当认定为“情节特别严重”

案件名称： 周某伟内幕交易案

案例来源： 最高法2020年9月发布的依法惩处证券、期货犯罪典型案例

终审法院： 湖北省高级人民法院

裁判结果：

周某伟犯内幕交易罪，判处有期徒刑5年，并处罚金人民币50万元。

基本案情：

被告人周某伟，男，汉族，1973年7月14日出生，原系上海证券交易所上市公司监管一部副总监。

2012年12月至2013年7月，被告人周某伟利用其担任上海证券交易所上市公司监管一部总监助理的职务便利，使用自己的工作账号和密码进入上海证券交易所《上市公司信息披露电子化系统》，浏览并获取上市公司提交审核的有关业绩增长、分红、重大合同等利好信息后，用办公室外网电脑，登录其实际控制的证券账户并买入相关股票15只，买入总金额共计852万余元，卖出总金额871万余元，非法获利17万余元。

典型意义：

内幕交易违反证券市场公开、公平、公正的证券交易原则，严重扰乱证券市场秩序，损害广大投资者合法利益。根据《证券法》的规定，证券交易内幕信息的知情人员和非法获取内幕信息的人员，在内幕信息公开前，不得买卖该公司的证券，或者泄露该信息，或者建议他人买卖该证券。本案被告人周某伟作为证券交易内幕信息知情人员，利用证券交易内幕信息从事内幕交易，证券交易成交额特别巨大，应当认定为“情节特别严重”。本案的正确处理，体现了从严惩处的精神，对证券交易所等证券监管人员从事内幕交易违法犯罪具有重要的警示作用。

裁判要旨十七： 被告人作为非法获取证券交易内幕信息的人员，并从事与该内幕信息有关的交易，违法所得额巨大，应当认定为内幕交易罪“情节特别严重”

案件名称：顾某安内幕交易案

案例来源：最高法 2020 年 9 月发布的依法惩处证券、期货犯罪典型案例

终审法院：上海市高级人民法院

裁判结果：

被告人顾某安犯内幕交易罪判处有期徒刑 5 年，并处罚金人民币 130 万元。

基本案情：

被告人顾某安，男，汉族，1973 年 2 月 22 日出生，原系江苏某软件科技有限公司总经理。

2015 年 12 月 28 日至 29 日，北京某聪国际资讯有限公司（以下简称某聪网）的法定代表人郭某与上海钢某电子商务股份有限公司（以下简称上海钢某）董事长朱某红就上海钢某收购北京某行锐景科技有限公司（以下简称某行锐景）有关“中关村在线”网站优质资产进行商议并达成初步意向，后又进行了多次磋商。2016 年 2 月 25 日，上海钢某发布重大事项停牌公告。同年 4 月 27 日，上海钢某发布公告，拟通过发行股份及支付现金方式购买某行锐景 100% 股权。郭某作为上述内幕信息的知情人员，于 2015 年底至 2016 年 1 月初，将“上海钢某拟收购某聪网优质资产”等内幕信息泄露给被告人顾某安。2016 年 1 月至 2 月，顾某安通过潘某梅证券账户买入上海钢某股票 18 余万股，成交金额 766 万余元，股票卖出后非法获利 126 万余元。

典型意义：

本案是非法获取证券交易内幕信息的人员从事内幕交易的典型案例。最高人民法院、最高人民检察《关于办理内幕交易、泄露内幕交易刑事案件具体应用法律若干问题的解释》明确了“非法获取证券交易内幕信息的人员”的范围，并明确了内幕交易“情节严重”“情节特别严重”的认定标准。本案中，顾某安作为非法获取证券交易内幕信息的人员，从内幕信息知情人员处非法获取内幕信息后，从事与该内幕信息有关的证券交易。根据上述司法解释的规定，本案证券交易成交额和违法所得数额均已达到“情节特别严重”的认定标准。本案的正确处理，充分体现了从严惩处的精神，警示广大股民从中汲取教训，千万不要打探内幕信息、从事内幕交易。

裁判要旨十八：在内幕信息敏感期内，被告人积极联系、接触内幕信息

知情人员，非法获取内幕信息，从事内幕交易，并泄露内幕信息导致他人从事内幕交易，应认定为内幕交易、泄露内幕信息罪

案件名称：陈某啸内幕交易、泄露内幕信息案

案例来源：最高法2020年9月发布的依法惩处证券、期货犯罪典型案例

终审法院：安徽省高级人民法院

裁判结果：

被告人陈某啸犯内幕交易、泄露内幕信息罪，判处有期徒刑7年，并处罚金1.5亿元。

基本案情：

被告人陈某啸，男，汉族，1971年5月6日出生，原系安徽某瑞税务师事务所有限责任公司负责人。

2013年11月至2014年9月，江苏某电器集团股份有限公司（以下简称某电器）进行重组事宜。2014年4月1日某电器股票停牌，同年9月10日某电器公告重大资产重组信息并复牌。薛某年（时任某智汇投资管理有限责任公司负责人，另案处理）系某电器重组内幕信息的知情人员。2013年11月中旬至2014年3月31日，被告人陈某啸多次联络、接触薛某年，并使用本人证券账户共买入某电器股票1022万余股，成交金额6919万余元。2014年9月19日和24日，陈某啸将某电器股票全部抛售，非法获利1.03亿余元。在前述某电器重组内幕信息敏感期内，陈某啸还将该信息泄露给同事明某、石某，明某买入东源电器股票2900股，在股票停牌之前卖出，亏损2983.26元；石某买入东源电器247,100股，成交金额167万余元，在股票复牌后卖出，非法获利276万余元。

2014年7月至2015年2月，安徽某东水泥股份有限公司（以下简称某东股份）进行重组事宜。薛某年为某东股份重组内幕信息的知情人员。2014年9月20日，被告人陈某啸在合肥某酒店宴请薛某年等人时，获知某东股份和浙江某家居合作的内幕信息，并于2014年9月22日、25日、26日买入某东股份239万余股，成交金额2673万余元。2014年9月29日，某东股份股票停牌。2015年2月6日某东股份复牌，陈某啸于复牌当日通过大宗交易方式将某东股份股票全部卖出，亏损4万余元。在某东股份重组的内幕信息敏感期内，陈某啸将该信息泄露给明某、石某，明某买入某东股份8万余股，成交金额99万余元，在股票复牌后卖出，非法获利208万余元；石某买入巢东股份11万股，成

交金额 121 万余元，在股票复牌后卖出，非法获利 214 万余元。

典型意义：

本案是内幕交易、泄露内幕信息的典型案例。根据最高人民法院、最高人民检察《关于办理内幕交易、泄露内幕交易刑事案件具体应用法律若干问题的解释》的规定，非法获取证券、期货内幕信息的人员包括三类：一是利用窃取、骗取、套取、窃听、利诱、刺探或者私下交易等手段获取内幕信息的；二是内幕信息知情人员的近亲属或者其他与内幕信息知情人员关系密切的人员获取内幕信息的；三是在内幕信息敏感期内，与内幕信息知情人员联络、接触并获取内幕信息的。本案中，被告人陈海啸为了牟取非法利益，积极联系、接触证券交易内幕信息知情人，非法获取内幕信息，从事内幕交易，并泄露内幕信息导致他人从事内幕交易，情节特别严重，应依法严惩。

裁判要旨十九：通过准确把握内幕交易犯罪的证据特点和证据运用规则，全面准确认定案件事实，证明结论唯一，可以追究法律责任

案件名称：王某、王某玉等人内幕交易、泄露内幕信息案

案例来源：最高人民检察院、证监会联合发布证券违法犯罪典型案例（2020 年 11 月 6 日发布）

基本案情：

2014 年间，某基金公司总经理王某，向上市公司青某公司推荐华某公司的超声波制浆技术，并具体参与了青某公司收购该超声波制浆技术及非公开发行股票的全过程。其中，2014 年 8 月 6 日至 7 日，王某参与了项目的考察洽谈活动，并于同月 28 日与青某公司、华某公司签订了《三方合作框架协议书》，约定了某基金公司、青某公司、华某公司的合作内容。2014 年 10 月 14 日，青某公司公告停牌筹划重大事项。2015 年 1 月 29 日，青某公司发布签订收购超声波制浆专利技术框架协议的公告。2015 年 2 月 12 日，青某公司复牌并公告非公开发行股票预案。中国证监会依法认定，上述公告内容系内幕信息，内幕信息敏感期为 2014 年 8 月 7 日至 2015 年 2 月 12 日。在内幕信息敏感期内，被告人王某分别与其朋友尚某、妹妹王某玉、妹夫陈某、战友王某仪联络、接触。上述人员及王某仪的妻子王某红在青某公司内幕信息敏感期内大量买入该公司股票共计 1019 万余股，成交金额 2936 万余元，并分别于青某公司因重大事项停牌前、发布收购超声波制浆技术及非公开发行股

票信息公告复牌后将所持有的青某公司股票全部卖出，非法获利共计1229万余元。

典型意义：

1. **依法惩治内幕交易违法犯罪，促使内幕信息知情人严格依法履职**。证券期货从业人员及上市公司高管、员工应当恪守职业道德，严格依照证券期货法律法规的规定，对可能影响市场行情的敏感信息履行保密义务，不得主动、被动向第三人透露相关内幕信息，不得直接或变相利用掌握的相关内幕信息谋取利益，自觉维护证券从业市场生态。

2. **准确把握内幕交易犯罪的证据特点和证据运用规则，全面准确认定案件事实**。犯罪嫌疑人、被告人不供认犯罪事实，依靠间接证据同样可以证明犯罪事实。在指控证明过程中，要根据内幕交易行为的特征，围绕内幕信息知情人员与内幕交易行为人之间的密切关系、联络行为，相关交易行为与内幕信息敏感期的时间吻合程度，交易背离程度、利益关联程度等证明要求，有针对性地引导侦查取证，全面收集交易数据、行程轨迹、通讯记录、资金往来、社会关系等相关证据，按照证据特点和证据运用规则，对各类证据进行综合分析判断，构建证明体系。犯罪嫌疑人、被告人不供述犯罪事实，其他在案证据能够形成证明链条，排除其他可能性，证明结论唯一的，可以认定犯罪事实，依法追究刑事责任。

3. **贯彻落实宽严相济刑事政策，当宽则宽、该严则严**。在办理共同犯罪案件时，对于主动认罪悔罪、退赃退赔的犯罪嫌疑人、被告人，应当依法从宽处理；对于拒不供认犯罪事实的犯罪嫌疑人、被告人，应当依法从严惩处。检察机关在办案当中要注重做好对犯罪嫌疑人、被告人的释法说理工作，通过讲法律、讲政策、讲危害讲后果，促使其认识犯罪行为的社会危害性，主动认认罚、退缴违法所得，尽可能挽回犯罪造成的损失。

四、无罪裁判要旨

裁判要旨一：交易行为确属反常，但无法查明“内幕信息”来源的，不能认定行为人属于非法获取内幕信息的人员，应认定为证据不足，不能构成内幕交易罪

案件名称：侯某丽、兰某内幕交易、泄露内幕信息案

审理法院：河北省石家庄市人民法院

案号：（2017）冀 01 刑初 102 号

裁判理由：

关于起诉书指控被告人侯某丽从兰某处刺探获知龙某化工内幕交易信息的事实，自证监会调查开始，被告人侯某丽、兰某对此均予以否认，仅有证人刘某 1 证称兰某对其说过侯某丽购买龙某化工股票的信息是兰某告知侯某丽的。一方面，刘某 1 的证言属于孤证；另一方面，刘某 1 在被证监会调查时曾说其本人向侯某丽透露过龙某化工公司重组的事很顺利，后其又向证监会否认该情节，侦查机关也未能将该证言予以转化，故刘某 1 证称兰某向侯某丽透露内幕消息的证言证明力存疑。

法院认为，现有证据不能认定侯某丽从兰某处刺探获知龙某化工内幕交易信息。对于被告人侯某丽所辩从网上得知龙某化工可能重组的消息，对此，在卷证据《东方财富网股吧——龙某化工吧网页》显示，龙某化工公司有关“重组、收购”信息，在 2014 年 8 月底至 11 月 20 日停牌公告期间，曾多次在该股吧有显示和讨论。法院认为，现有证据不能排除被告人侯某丽从网络得知龙某化工可能发生“重组、收购”信息的辩解。对于起诉书指控侯某丽在龙某化工股票停牌前，利用亲属朋友突击开立证券账户，大量买入龙某化工股票的事实，相关证据证明该事实属实，侯某丽辩解称系为了躲避三角债务。本院认为，侯某丽的该交易行为确属反常，但综合全案证据，认定被告人侯某丽属于非法获取内幕信息的人员应查明“内幕信息”来源，现侯某丽从何处得到的“内幕信息”不明，认定其属于非法获取内幕信息的人员，并构成内幕交易罪的证据不足。

五、行政违法处罚要旨

处罚要旨一：充分发挥“行刑”衔接机制优势：公安机关终止侦查的决定，是对犯罪嫌疑人是否符合刑事追诉标准作出的独立判断，不影响行政执法机关依法履行行政处罚程序

案件名称：周某和内幕交易案

案例来源：最高人民检察院、证监会联合发布证券违法犯罪典型案例（2020 年 11 月 6 日发布）

基本案情：

江某股份有限公司（以下简称江某公司，系上市公司）自 2010 年起寻求卖壳，唯某有限公司（以下简称唯某公司）自 2013 年计划借壳上市。

2014 年 3 月，唯某公司股东合伙人吕某委托保荐代表人任某升协助找壳，任某升委托张某业协助。2014 年 4 月 10 日，经张某业促成，江某公司委托的保荐代表人叶某与张某业等人会面。2014 年 4 月 15 日，任某升受吕某所托，结合张某业所告知的“JQSY”壳资源相关情况草拟《重组简要方案概述》，起草过程中涉及的问题均由张某业沟通转达。2014 年 4 月 29 日，任某升将《重组简要方案概述》发送给吕某。2014 年 5 月 14 日，重组双方达成初步一致意见。2014 年 6 月 12 日，江某公司发布重大资产重组停牌公告。重组事项信息公开前为内幕信息，张某业作为中间介绍人参与筹划，不晚于 2014 年 4 月 29 日知悉内幕信息。周某和曾为张某业老师，二人长期交往密切，且有资金往来。内幕信息敏感期内，周某和与张某业频繁通讯联系，并从张某业处得知江某公司有重组预期。周某和控制其本人、学生、朋友的证券账户，突击转入资金集中买入“江某公司”，获利 12, 640, 120. 03 元。

处理结果：

本案听证过程中，当事人周某和主张，张某业未向其泄露内幕信息，其买入“江某公司”不具备内幕交易的特征；公安机关以证据不足为由对周某和涉嫌内幕交易罪案件终止侦查，行政机关不应再作行政处罚；证监会将公安机关调取的证据作为行政处罚的证据不具有合法性。

证监会复核认为：涉案期间内，周某和与内幕信息知情人张某业频繁联系，并获知江某公司有重组预期，且据此买入“江某公司”，证据确凿，其交易理由不足以排除其交易的异常性；证监会认定周某和构成内幕交易行为于法有据，其是否被追究刑事责任不影响证监会依法对其作出行政处罚；公安机关调取的资料和制作的讯问笔录系证监会依法取得，所载内容与案件事实密切相关，可以作为本案证据。

2016 年 8 月，证监会作出行政处罚决定，认定周某和的上述行为违反了 2005 年《证券法》第 73 条和第 76 条第 1 款的规定，构成《证券法》第 202 条所述内幕交易行为。证监会决定，没收周某和违法所得 12, 640, 120. 03 元，并处以 12, 640, 120. 03 元罚款。

周某和不服上述处罚决定并提起诉讼，一审法院和二审法院均判决驳回起诉。2019 年 6 月周某和向北京市人民检察院申请抗诉，同年 9 月北京市人民检察院作出《不支持监督申请决定书》，认为证监会处罚决定及人民法院相关判决认定事实清楚、适用法律正确、办案程序合法，决定不支持周某和的监督申请。

典型意义：

1. **充分发挥行刑衔接机制优势，依法审查刑事回转案件证据，传递“零容忍”信号。**本案系行刑回转案件，证监会在行政调查过程中发现周某和，张某业涉嫌内幕交易犯罪，通过行刑衔接程序将案件移送公安机关，后司法机关依法对本案开展刑事侦查，最终对周某和以“证据不足”决定终止侦查程序，并移交证监会处理。由于行政执法与刑事司法在证明标准、法律适用等方面存在区别，公安机关终止侦查的决定，是对犯罪嫌疑人是否符合刑事追诉标准作出的独立判断，不影响行政执法机关依法履行行政处罚程序。证监会接受公安机关移送的案件后，对公安机关调取的资料和制作的讯问笔录进行了充分审查，并根据在案证据情况及2005年《证券法》有关规定，依法对周某和作出处罚。本案调查、移送、回转、处罚的全过程，充分体现了行刑衔接机制在法往追责方面的优势，向市场传递了严厉打击资本市场违法违规行为的信号，警示市场参与者戒绝侥幸心理，依法依规参与市场活动。

2. **综合分析在案客观证据，依法查处内幕交易行为，维护资本市场的公开、公平、公正。**内幕交易具有“隐蔽性”的突出特点，对内幕交易行为人是否获知内幕信息这一主观状态，往往缺乏直接证据，需要结合行为人的外在行为进行认定。本案中，周某和拒不承认获知内幕信息，证监会通过对其交易行为异常特征及其与张某业联络接触情况等客观证据进行综合分析，依法认定其构成内幕交易，对违法者形成有力震慑，司法机关亦予以认可。内幕交易是资本市场的“顽疾”，严重破坏市场公平交易原则，侵害投资者合法权益。在新《证券法》显著提高包括内幕交易在内的证券违法违规成本的背景下，证监会将持续加大对内幕交易等违法行为的打击力度，切实维护资本市场秩序，有效提振中小投资者信心。

处罚要旨二：违法主体应全面分析后综合认定为单位或者个人；违法所得是违法主体通过实施违法行为直接或者间接产生并获得的任何财产或者财产性收益

案件名称：吉某信托公司内幕交易案

案例来源：最高人民检察院、证监会联合发布证券违法犯罪典型案例（2020年11月6日发布）

基本案情：

人造板生产是森某股份有限公司（以下简称森某公司，系上市公司）的重要业务，原材料来自控股股东森某集团下属单位的采伐剩余物。因国家林业局规定2015年4月起禁伐天然林，森某集团和森某公司拟将林业相关业务从森某公司置出。2015年5月、6月，森某集团的董事长柏某新安排人员研究森某公司的人造板业务整合路径，拟装入森某集团下属的人造板集团。2015年12月7日，森某公司公告董事会审议通过重大资产重组预案，拟以人造板业务资产、负债、子公司股权向人造板集团增资，并获得人造板集团约40.08%股权。森某公司以人造板业务等向森某集团的人造板集团出资、参股事项信息公开前为内幕信息。内幕信息不晚于2015年6月底形成，公开于2015年12月7日。柏某新全面负责人造板业务整合事宜，是内幕信息知情人。吉某信托公司董事长高某波与柏某新较为熟悉，两人在涉案账户交易森某公司股票前后电话联系频繁。高某波通过电话下达交易指令，吉某信托公司控制使用涉案账户在内幕信息敏感期内大量买入森某公司股票并在复牌后全部卖出，交易行为明显异常，盈利43,733,230.05元。

处理意见：

本案听证过程中，当事人吉某信托公司主张，根据国家政策、森某公司官方网站信息、股吧讨论以及森某公司股价走势等，涉案内幕信息已经公开；相关交易行为是高某波个人行为，不应认定为单位违法；吉某信托公司仅收取固定信托报酬，不享有涉案账户的收益，没有违法所得，不应被没收任何收入和处以罚款等。高某波主张，买入森某公司股票是基于市场上的公开信息以及专业判断，买入时其已提交辞职申请，没有为吉某信托公司内幕交易的主观动机等。

证监会复核认为：林业局公布的国家政策性信息，森某公司官方网站公布的日常经营性、战略规划性信息，以及股吧等平台的讨论信息，并不是关于涉案资产重组的具体信息，也不是在证监会指定媒体发布并置备于官方网站、证券交易所的依法披露的信息，不能据此判断内幕信息已经公开；高某波在违法行为期间实际履行吉某信托公司董事长职责，其交易决策系职务行为；吉某信托公司是否仅收取固定报酬以及是否享有账户收益，不改变吉某信托公司异常交易森某公司股票的事实。

2017年12月，证监会作出行政处罚决定，认定吉某信托公司的上述行为违反了2005年《证券法》第73条和第76条第1款的规定，构成2005年《证券法》第202条所述内幕交易行为。证监会决定，没收吉某信托公司违法所得43,733,230.05元，并处以43,733,230.05元罚款；对高某波给予警告，并处以20万元罚款。

2018年2月，吉某信托公司、高某波向证监会申请行政复议，请求撤销相关行政处罚决定；同年3月，证监会复议决定维持原行政处罚决定。

典型意义：

1. **准确把握内幕信息公开要件，严厉打击内幕交易违法行为**。2005年《证券法》和新《证券法》均明确“非公开性”是内幕信息应当具备的要素，亦明确重大信息应通过法定途径发布。本案当事人辩称的国家政策性信息、公司新闻、股吧平台讨论信息，只是据以猜测、分析、推断的模糊信息，并非本案认定的内幕信息，亦非由上市公司在证监会指定的媒体发布，不能据此认为内幕信息已经公开。重大信息依法公开，是保证广大社会公众知悉相关信息，保障投资者公平知情权的重要基础。证监会依法认定内幕信息公开时点，从严惩治内募交易注法行为，能够切实维护证券市场“三公”原则。

2. **全面分析认定内幕交易违法主体，精准追究行为人违法责任**。在内幕交易案件违法主体的认定中，不能仅凭违法行为的决策者、实施人违反单位制度、超越权限等因素即认定个人违法、单位免责，而是应当综合考虑相关投资决策能否代表单位意志，相关工作人员实施的行为是否属于职务行为，违法行为的实施是否利用了单位的平台、团队、资金等资源，违法行为所获利益是否归属于单位等多方面因素，准确认定违法主体为单位或是个人。

3. **依法认定违法所得，合理确定罚没款数额，实现过罚相当、不枉不纵**。资本市场交易模式和收益分配方式复杂多样，委托理财等模式的交易类违法案件中，当事人可能仅收取固定报酬，或只享有账户一定比例收益。当事人通常以未获取全部收益为由，主张以本人获利认定违法所得。上述主张缺乏法律依据，当事人通过实施违法行为直接或者间接产生、获得的任何财产或者财产性收益，均应当认定为违法所得，最终分配方式不影响其违法性。本案中，证监会依法认定吉某信托公司内幕交易全部获利为违法所得，通过强有力的监管执法警示包括机构在内的市场参与者，提高法律意识，尊崇法律规范，律己慎行，恪守底线。

第五章

利用未公开信息交易罪裁判要旨

导 言

2007年以来，我国证监会开启了一系列打击“老鼠仓”的活动，并推动立法。后全国人大常委会于2009年2月通过《刑法修正案（七）》，并将该违法现象正式纳入《刑法》规制范畴，罪名也最终确定为“利用未公开信息交易罪”。可以看出，利用未公开信息交易罪的设置，目的是针对性治理当时频繁发生的“老鼠仓”现象。

关于“老鼠仓”，一般认为“老鼠仓”是指基金管理公司、证券、期货、保险公司等资产管理机构的从业人员，在用客户资金买入证券或者其衍生品等金融产品前，以自己的名义，或者假借他人名义，或者告知其亲朋好友，先行买入证券等金融产品，然后利用客户资金拉升到高位后自己率先卖出获利，使个人以相对极低的成本牟取暴利的行为。[①] 据此来判断，老鼠仓获利的关键是先于基金财产交易，即所谓的“抢先交易”（front running）。[②] 老鼠仓最显著的特点就是“抢先交易”和“损公肥私”，这也是国外将其作为背信运用受托财产予以打击的逻辑基础。

回归我国《刑法》设置的“利用未公开信息交易罪”，其是指金融机构、监管部门以及行业协会的从业或工作人员，利用因职务便利获取的内幕信息以外的其他未公开的信息，违反规定，从事与该信息相关的证券、期货交易

---

① 黄太云：《〈刑法修正案（七）〉解读》，载《人民检察》2009年第6期。

② 彭冰：《重新定性“老鼠仓”——运动式证券监管反思》，载《清华法学》2018年第6期。

活动，或者明示、暗示他人从事相关交易活动，情节严重的行为。

截至2021年6月30日，笔者共查询到最高人民检察院指导案例2例、公报案例1例、最高人民法院典型案例1例，以及《刑事审判参考》案例1例，并归纳出有罪裁判要旨5条和典型案例的典型意义1条，但尚未查询到无罪案例。

结合既有案例来看，此类案件多为证券公司或基金管理公司从业人员单独或伙同他人实施，而且在进入刑事程序后脱罪的难度较大，特别是在“明示、暗示他人从事相关交易活动”的模型中。结合《关于办理利用未公开信息交易刑事案件适用法律若干问题的解释》第4条规定来看，在认定“明示、暗示他人从事相关交易活动”时需要综合6个方面进行判断。该6个方面中的前4个方面均为客观方面，剩余的2个方面，即“交易活动符合交易习惯、专业判断等正当理由”和“明示、暗示他人从事相关交易活动没有合理解释”，具有主观性，司法机关在“理由是否正当”和“解释是否合理”的认定上具有一定的自主权。这就导致在罪名认定时，司法机关或受证券专业知识的限制，一定程度上会突破“举证责任”和“疑罪从无”的要求，进而增加辩护工作的困难程度。此外，本罪名的罪状表述中虽然没有适用“情节特别严重”一词，但其量刑事实上是分两档，“情节严重”的法定最高刑是5年，“情节特别严重”的法定最高刑是10年。这是由于最高人民法院通过“马乐利用未公开信息交易罪案”，确认此罪名对于《刑法》第180条第1款的法定刑的援引是全部援引，且该规则在《关于办理利用未公开信息交易刑事案件适用法律若干问题的解释》中得到确认，详见下文。

一、相关法律法规

《刑法》

第一百八十条第四款 证券交易所、期货交易所、证券公司、期货经纪公司、基金管理公司、商业银行、保险公司等金融机构的从业人员以及有关监管部门或者行业协会的工作人员，利用因职务便利获取的内幕信息以外的其他未公开的信息，违反规定，从事与该信息相关的证券、期货交易活动，或者明示、暗示他人从事相关交易活动，情节严重的，依照第一款的规定处罚。

“依照前一款的规定处罚”，是指依照内幕交易罪和泄露内幕信息罪的法定刑进行处罚，即“情节严重的，处五年以下有期徒刑或者拘役，并处或者单处违法所得一倍以上五倍以下罚金；情节特别严重的，处五年以上十年以下有期徒刑，并处违法所得一倍以上五倍以下罚金。”

需要注意的是，此罪罪状描述中的“情节严重的，依照第一款的规定处罚”，应当理解为“是对第一款法定刑的全部援引”，亦即“区分不同情形分别依照第一款规定的‘情节严重’和‘情节特别严重’两个量刑档次处罚”。此规则在2019年7月1日之前，系通过“马乐利用未公开信息交易案”确立，而在该日期之后，则通过“两高”《关于办理利用未公开信息交易刑事案件适用法律若干问题的解释》第七条第一款予以明确。

《中华人民共和国证券法》（主席令第三十七号，2020.03.01施行）

利用未公开信息交易罪的罪状表述中明确，行为人所利用的信息，是“内幕信息以外的其他未公开的信息”，这就需要我们先对“内幕信息”这一概念进行界定，之后再进一步判断“内幕信息”之外的其他未公开信息。

《证券法》第52条规定：“证券交易活动中，涉及发行人的经营、财务或者对该发行人证券的市场价格有重大影响的尚未公开的信息，为内幕信息。本法第八十条第二款、第八十一条第二款所列重大事件属于内幕信息。”

该法第80条第2款规定，“（一）公司的经营方针和经营范围的重大变化；（二）公司的重大投资行为，公司在一年内购买、出售重大资产超过公司资产总额百分之三十，或者公司营业用主要资产的抵押、质押、出售或者报废一次超过该资产的百分之三十；（三）公司订立重要合同、提供重大担保或者从事关联交易，可能对公司的资产、负债、权益和经营成果产生重要影响；（四）公司发生重大债务和未能清偿到期重大债务的违约情况；（五）公司发生重大亏损或者重大损失；（六）公司生产经营的外部条件发生的重大变化；（七）公司的董事、三分之一以上监事或者经理发生变动，董事长或者经理无法履行职责；（八）持有公司百分之五以上股份的股东或者实际控制人持有股份或者控制公司的情况发生较大变化，公司的实际控制人及其控制的其他企业从事与公司相同或者相似业务的情况发生较大变化；（九）公司分配股利、增资的计划，公司股权结构的重要变化，公司减资、合并、分立、解散及申请破产的决定，或者依法进入破产程序、被责令关闭；（十）涉及公司的重大诉讼、仲裁，股东大会、董事会决议被依法撤销或者宣告无效；（十一）公司涉嫌犯罪被依法立案调查，公司的控股股东、实际控制人、董事、监事、高级管理人员涉嫌犯罪被依法采取强制措施；（十二）国务院证券监督管理机构规定的其他事项。”

第81条第2款规定，“（一）公司股权结构或者生产经营状况发生重大变化；（二）公司债券信用评级发生变化；（三）公司重大资产抵押、质押、出售、转让、报废；（四）公司发生未能清偿到期债务的情况；（五）公司新增借款或者对外提供担保超过上年末净资产的百分之二十；（六）公司放弃债权或者财产超过上年末净资产的百分之十；（七）公司发生超过上年末净资产百分之十的重大损失；（八）公司分配股利，作出减资、合并、分立、解散及申请破产的决定，或者依法进入破产程序、被责令关闭；（九）涉及公司的重大诉讼、仲裁；（十）公司涉嫌犯罪被依法立案调查，公司的控股股东、实际控制人、董事、监事、高级管理人员涉嫌犯罪被依法采取强制措施；（十一）国务院证券监督管理机构规定的其他事项。”

《期货交易管理条例》（2017年修订）

《期货交易管理条例》第81条第11项规定，“内幕信息，是指可能对期货交易价格产生重大影响的尚未公开的信息，包括：国务院期货监督管理机构以及其他相关部门制定的对期货交易价格可能发生重大影响的政策，期货交易所作出的可能对期货交易价格发生重大影响的决定，期货交易所会员、客户的资金和交易动向以及国务院期货监督管理机构认定的对期货交易价格有显著影响的其他重要信息。”

“两高”《关于办理利用未公开信息交易刑事案件适用法律若干问题的解释》（法释〔2019〕10号，2019年7月1日施行）

2019年6月27日，“两高”联合出台了《关于办理利用未公开信息交易刑事案件适用法律若干问题的解释》（简称“解释”），该解释于同年7月1日生效。此文件就“利用未公开信息交易罪”认定中相关问题作出了解释，具体如下：

第一，关于“内幕信息以外的其他未公开的信息”的认定。《解释》第一条和第二条规定，“‘内幕信息以外的其他未公开的信息’，包括下列信息：（一）证券、期货的投资决策、交易执行信息；（二）证券持仓数量及变化、资金数量及变化、交易动向信息；（三）其他可能影响证券、期货交易活动的信息”，“内幕信息以外的其他未公开的信息难以认定的，司法机关可以在有关行政主（监）管部门的认定意见的基础上，根据案件事实和法律规定作出认定。”

第二，关于“违反规定”的认定。《解释》第三条规定，“刑法第一百八十条第四款规定的‘违反规定’，是指违反法律、行政法规、部门规章、全国性行业规范有关证券、期货未公开信息保护的规定，以及行为人所在的金融机构有关信息保密、禁止交易、禁止利益输送等规定。”

第三，关于“明示、暗示他人从事相关交易活动”的认定。《解释》第四条规定，“刑法第一百八十条第四款规定的行为人‘明示、暗示他人从事相关交易活动’，应当综合以下方面进行认定：（一）行为人具有获取未公开信息的职务便利；（二）行为人获取未公开信息的初始时间与他人从事相关交易活动的初始时间具有关联性；（三）行为人与他人之间具有亲友关系、利益关联、交易终端关联等关联关系；（四）他人从事相关交易的证券、期货品种、交易时间与未公开信息所涉证券、期货品种、交易时间等方面基本一致；（五）他人从事的相关交易活动明显不具有符合交易习惯、专业判断等正当理由；（六）行为人对明示、暗示他人从事相关交易活动没有合理解释。”

第四，关于“情节严重”和“情节特别严重”的认定。《解释》第五条规定，“利用未公开信息交易，具有下列情形之一的，应当认定为刑法第一百八十条第四款规定的‘情节严重’：（一）违法所得数额在一百万元以上的；（二）二年内三次以上利用未公开信息交易的；（三）明示、暗示三人以上从事相关交易活动的。”

《解释》第6条规定，“利用未公开信息交易，违法所得数额在五十万元以上，或者证券交易成交额在五百万元以上，或者期货交易占用保证金数额在一百万元以上，具有下列情形之一的，应当认定为刑法第一百八十条第四款规定的‘情节严重’：（一）以出售或者变相出售未公开信息等方式，明示、暗示他人从事相关交易活动的；（二）因证券、期货犯罪行为受过刑事追究的；（三）二年内因证券、期货违法行为受过行政处罚的；（四）造成恶劣社会影响或者其他严重后果的。”

《解释》第7条规定，“刑法第一百八十条第四款规定的‘依照第一款的规定处罚’，包括该条第一款关于‘情节特别严重’的规定。利用未公开信息交易，违法所得数额在一千万元以上的，应当认定为‘情节特别严重’。

违法所得数额在五百万元以上，或者证券交易成交额在五千万元以上，或者期货交易占用保证金数额在一千万元以上，具有本解释第六条规定的四种情形之一的，应当认定为‘情节特别严重’。”

《解释》第八条规定，“二次以上利用未公开信息交易，依法应予行政处理或者刑事处理而未经处理的，相关交易数额或者违法所得数额累计计算。”

第五，关于《解释》所称“违法所得”的认定。《解释》第 9 条规定，“本解释所称‘违法所得’，是指行为人利用未公开信息从事与该信息相关的证券、期货交易活动所获利益或者避免的损失。行为人明示、暗示他人利用未公开信息从事相关交易活动，被明示、暗示人员从事相关交易活动所获利益或者避免的损失，应当认定为‘违法所得’。”

此外，《解释》第 10 条规定，“行为人未实际从事与未公开信息相关的证券、期货交易活动的，其罚金数额按照被明示、暗示人员从事相关交易活动的违法所得计算。”《解释》第 11 条规定，“符合本解释第五条、第六条规定的标准，行为人如实供述犯罪事实，认罪悔罪，并积极配合调查，退缴违法所得的，可以从轻处罚；其中犯罪情节轻微的，可以依法不起诉或者免予刑事处罚。符合刑事诉讼法规定的认罪认罚从宽适用范围和条件的，依照刑事诉讼法的规定处理。”

二、有罪裁判要旨

裁判要旨一：具有获取未公开信息职务便利条件的金融机构从业人员及其近亲属，从事相关证券交易行为明显异常的，若该行为与未公开信息相关交易高度趋同，即便上述人员拒不供述未公开信息传递过程等犯罪事实，在其他证据之间能够相互印证、形成证明利用未公开信息犯罪的完整证明体系，足以排除其他可能的，可以依法认定犯罪事实

案件名称：王某等人利用未公开信息交易案

案例来源：最高人民检察院第十七批指导性案例（检例第 65 号）

裁判结果：

判处被告人王某有期徒刑 6 年 6 个月，并处罚金人民币 900 万元；判处被告人宋某祥有期徒刑 4 年，并处罚金人民币 690 万元；判处被告人王某强有期徒刑 3 年 6 个月，并处罚金人民币 210 万元。

基本案情：

2008 年 11 月至 2014 年 5 月，被告人王某担任某基金公司交易管理部债券交易员。自 2008 年 7 月 7 日起，该 6609 账号开通了股票交易指令查询权限，王某有权查询证券买卖方向、投资类别、证券代码、交易价格、成交金额、下达人等股票交易相关未公开信息；自 2009 年 7 月 6 日起又陆续增加了包含委托流水、证券成交回报、证券资金流水、组合证券持仓、基金资产情况等未公开信息查询权限。2011 年 8 月 9 日，因新系统启用，某基金公司交易管理部申请关闭了所有债券交易员登录 6609 账号的权限。

2009 年 3 月 2 日至 2011 年 8 月 8 日期间，被告人王某多次登录 6609 账号获取某基金公司股票交易指令等未公开信息，王某强、宋某祥操作牛某、宋某祥、宋某珍的证券账户，同期或稍晚于某基金公司进行证券交易，与某基金公司交易指令高度趋同，证券交易金额共计 8.78 亿余元，非法获利共计 1773 万余元。其中，王某强交易金额 9661 万余元，非法获利 201 万余元；宋某祥交易金额 7.8 亿余元，非法获利 1572 万余元。

裁判理由：

公诉人发表公诉意见指出，虽然三名被告人均拒不供认犯罪事实，但在案其他证据能够相互印证，形成完整的证据链条，足以证明：王某具有获取某基金公司未公开信息的条件，王某强、宋某祥操作的证券账户在王某具有获取未公开信息条件期间的交易行为与某基金公司的股票交易指令高度趋同，且二人的交易行为与其在其他时间段的交易习惯存在重大差异，明显异常。对上述异常交易行为，二人均不能作出合理解释。王某作为基金公司的从业人员，在利用职务便利获取未公开信息后，由王某强、宋某祥操作他人账户从事与该信息相关的证券交易活动，情节特别严重，均应当以利用未公开信息交易罪追究刑事责任。

针对被告人及其辩护人辩护意见，公诉人结合在案证据进行答辩，进一步论证本案证据确实、充分，足以排除其他可能。首先，王某强、宋某祥与王某为亲子关系，关系十分密切，从王某强、宋某祥的年龄、从业经历、交易习惯来看，王某强、宋某祥不具备专业股票投资人的背景和经验，且始终无法对交易异常行为作出合理解释。其次，王某在证监会到某基金公司对其调查时，畏罪出逃，且离开后再没有回到某基金公司工作，亦未办理请假或离职手续。其辩称系因担心证监会工作人员到他家中调查才离开，逃跑行为及理由明显不符合常理。第三,《刑法》规定利用未公开信息罪的主体为特殊主体,虽然王某强、宋某祥本人不具有特殊主体身份,但其与具有特殊主体身份的王某系共同犯罪,主体适格。

法庭经审理认为,本案现有证据已形成完整锁链,能够排除合理怀疑,足以认定王某、王某强、宋某祥构成利用未公开信息交易罪,被告人及其辩护人提出的本案证据不足的意见不予采纳。

裁判要旨二:由行政机关出具的关于认定行为性质的函,经查证属实的,可以作为定案依据

案件名称:许某茂利用未公开信息交易罪案。

案例来源:最高法公报案例【2012 年 10 期】

审理法院:上海市静安区人民法院

案号:(2011)静刑初字第 362 号

裁判结果:

被告人许某茂犯利用未公开信息交易罪,判处有期徒刑 3 年,缓刑 3 年,并处罚金人民币 210 万元。

基本案情:

被告人许某茂自 2006 年 7 月 8 日起担任光大某基金管理有限公司红利股票型证券投资基金(以下简称红利基金)经理,2009 年 3 月 4 日起兼任均衡精选股票型证券投资基金(以下简称均衡基金)经理,对上述两个基金的资金进行股票投资拥有决定权,直至 2010 年 4 月 15 日离职。

2009 年 2 月 28 日至 2010 年 4 月 15 日期间,在红利基金、均衡基金进行买卖股票情况的信息尚未披露前,被告人许某茂利用职务便利,亲自或通过 MSN 通信、电话等方式指令张某,在“史某明”“王某庆”证券账户,先于或同期买入或卖出交易股票 68 只,金额达人民币 9500 余万元,非法获利达人民币 209 余万元。

裁判理由:

被告人许某茂在担任基金经理期间,违反国家规定,利用掌握的未公开的信息,从事与该信息相关的证券交易活动,先于或同步多次买入、卖出相同个股,情节严重,其行为已构成利用未公开信息交易罪,应依法予以惩处。

裁判要旨三：构成利用未公开信息交易罪，不以“先买先卖”同时具备为要件

裁判要旨四：行为是否影响涉案股票的价格及行为人是否实际获利，均非该行为是否构成利用未公开信息交易罪的决定因素

案件名称：李某利利用未公开信息交易罪案

案例来源：《刑事审判参考》总第96辑第941号案

裁判结果：

一审判决被告人李某利犯利用未公开信息交易罪，判处有期徒刑4年，并处罚金1800万元，违法所得10,715,742.36元予以追缴。二审维持原判。

基本案情：

2005年8月至2009年5月，被告人李某利担任基金公司投资决策委员会主席、投资总监，2007年8月开始兼任该公司蓝筹基金经理。在此期间，李某利参与基金公司所有基金的投资决策，并对蓝筹基金进行股票投资拥有决定权。

2009年4月7日，在基金公司旗下蓝筹基金、成长基金进行工商银行和建设银行股票买卖的信息尚未披露前，李某利指令五矿证券深圳华富路证券营业部总经理李某君，在名为“岳某建”“童某强”实为李某利等控制的证券账户内，先于或者同期于基金公司买人工商银行、建设银行股票，累计成交额人民币（以下币种同）52,263,797.34元，并于同年6月将上述股票全部卖出，股票交易累计获利8,992,399.86元，同时分得股票红利1,723,342.50元。

裁判理由：

（一）没有被告人或者操盘手的供述或证言，综合全案相关客观证据能够认定被告人实施了利用未公开信息交易犯罪行为的，可以认定有罪

本案中，二审法院认为，即使排除袁某梅2011年9月5日的证言，综合下列事实和证据亦足以认定涉案岳某建、童某强五矿金田营业部证券账户中的工商银行、建设银行股票系李某利指令李某君购买的：

1. 李某利因其职务便利而事先掌基金公司旗下基金购买工商银行、建设银行股票的未公开信息；2. 涉案证券账户资金来源于李某利夫妇及其亲属，李某利系账户实际控制人之一；3. 涉案证券账户在基金公司旗下基金购买工商银行和建设银行股票期间满仓购买相同股票；4. 李某君擅自决定为李某利

购买涉案股票既缺乏证据支持也与常理不合；5. 李某君的供述始终一贯，未发现对其逼供、诱供的证据，相应供述可以作为定案根据。

（二）构成利用未公开信息交易罪不以“先买先卖”同时具备为要件

辩护人所提的“先买先卖”是典型“老鼠仓”的特征，但在我国，利用未公开信息罪的外延要大于典型“老鼠仓”的范围。依照《刑法》规定，构成利用未公开信息交易罪并不以“先买先卖”同时具备为条件。只要行为人利用因职务便利获取的未公开信息，违反规定从事与该信息相关的证券、期货交易活动，达到“情节严重”的程度，就构成该罪。

本案中，在案证据证实，李某利的行为全部属于“先买”或者“同期购买”，部分属于“同期卖出”，符合利用未公开信息交易罪的构成要件。

（三）相关基金公司对涉案股票的买入行为是否影响涉案股票的价格及行为人是否实际获利，均非决定利用未公开信息交易犯罪是否构成的因素

首先，关于基金公司买人超级大盘股是否影响股价的问题。在案证据证实，成长基金于2009年4月9日买入建设银行股票金额达8800余万元，而蓝筹基金和成长基金于2009年4月7日、4月9日共计买人工商银行股票金额达3.06余亿元。如此巨额资金投入，工商银行、建设银行即使是超级大盘股，也不可能对其股价波动没有任何作用。而从本案实际情况看，基金公司旗下基金以及涉案岳某建、童某强证券账户买卖工商银行、建设银行股票，也都是买入时价低，卖出时价高，由此亦可见基金公司旗下基金买入行为发生后，工商银行和建设银行股价上升波动的事实。

其次，李某利作为基金公司投资决策人员，其工作就是依据自身的分析和判断，通过相应程序决策投资可能使公司基金和基金份额持有人利益增值的股票。基于李某利投资决策的工作性质及其实际决策投资涉案股票行为的事实，足以认定李某利当时具有看好购买工商银行和建设银行股票可能使持股人利益增值的基本判断，据此亦可认定李某利对两股票价格可能因公司基金大量投资买入而拉升持相当乐观的心态。

最后，从利用未公开信息交易罪侵犯的客体来看，基金公司从业人员利用未公开信息交易相关股票的行为，不仅可能对所任职基金公司的财产利益造成直接损害，更主要的是破坏了公开、公平、公正的证券市场原则，损害了处于信息弱势的散户的利益，违背了基金从业人员对基金公司的忠实义务，损害了有关基金和基金管理人的声誉以及投资者对有关基金及基金管理人的信赖和信心，进而对有关基金的长期运作和基金份额持有人利益造成损害，并对整个证券市场造成损害。

（四）利用未公开信息交易罪“违反规定”的认定

对于这一问题，首先应当明确的是，《刑法》第180条第4款的表述是“违反规定”，而不是“违反国家规定”，两者存在很大的区别，后者不仅包括法律、行政法规，还包括部门规章、地方性法规及行业规范。本案中，李某利违反了《证券投资基金法》第18条，《基金管理公司投资管理人员管理指导意见》第6条第2款、第8条。

综上，被告人李某利作为基金管理公司的从业人员，利用因职务便利获取的未公开信息，违反规定，从事与该信息相关的证券交易活动，情节严重，其行为构成利用未公开信息交易罪。

裁判要旨五：本案审理期间，权威部门并未出台本罪名“情节严重”和“情节特别严重”的认定标准，而审理法院根据本案犯罪事实和法律规定，认定被告人齐某、乔某平犯利用未公开信息交易罪，达到“情节特别严重”的程度，充分体现了从严惩处“老鼠仓”犯罪的精神，这无疑会在此后类似案件的审理中发挥“锚定作用”

案件名称：齐某、乔某平利用未公开信息交易罪案

案例来源：最高人民法院发布的人民法院依法惩处证券、期货犯罪典型案例之七

审理法院：上海市第二中级人民法院

案号：（2017）沪02刑初22号

裁判结果：

被告人齐某犯利用未公开信息交易罪，判处有期徒刑5年，并处罚金人民币11,648,504.78元；被告人乔某平犯利用未公开信息交易罪，判处有期徒刑3年，缓刑4年，并处罚金人民币4,973,509.19元。

基本案情：

2004年9月至2015年6月，被告人齐某在XX证券股份有限公司证券投资业务总部先后担任副总经理、总经理、首席投资官，负责XX证券自营子账户的管理和股票投资决策等工作。2009年2月至2015年4月，齐某利用其负责XX证券自营的11001和11002资金账户管理和股票投资决策的职务便

利，掌握了上述账户股票投资决策、股票名称、交易时点、交易价格、交易数量等未公开信息，伙同其丈夫被告人乔某平控制并操作“罗某某”“厉某1”“厉某2”“汪某某”等四人证券账户，先于、同期于或稍晚于齐某管理的XX证券上述自营资金账户买卖“永新股份”“三爱富”“金地集团”等相同股票197只，成交金额累计达人民币635,756,480.39元（以下币种均为人民币，其中：单向买入趋同交易金额计392,369,691.27元，单向卖出趋同交易金额计65,081,623.27元，双向趋同交易金额计178,305,165.85元），非法获利金额累计16,578,363.97元。

裁判理由：

本院认为，公诉机关指控被告人齐某、乔某平犯罪的事实正确，应予确认。齐某作为证券公司的从业人员，利用因职务便利获取的内幕信息以外的其他未公开的信息，违反规定，伙同乔某平从事与该信息相关的证券交易活动，两人的行为均已构成利用未公开信息交易罪，且情节特别严重，依法均应判处5年以上10年以下有期徒刑，并处违法所得1倍以上5倍以下罚金。

典型意义：

本案系证券公司工作人员利用未公开信息交易（俗称“老鼠仓”）的典型案例。近年来，在我国证券、期货交易活动中，某些金融机构从业人员利用职务便利获取金融机构股票投资等未公开信息，以自己名义，或假借他人名义，或者告知其亲属、朋友、关系户，先于、同期于或者稍晚于公司账户交易，然后用客户资金拉升到高位后自己率先卖出获得巨额非法利益，不仅对其任职单位的财产利益造成损害，而且严重破坏了公开、公平、公正的证券、期货市场原则，对资产管理和基金、证券、期货市场的健康发展产生负面影响，社会危害性日益凸显，应依法惩处。最高人民法院、最高人民检察院《关于办理利用未公开信息交易刑事案件适用法律若干问题的解释》明确了“情节严重”“情节特别严重”的认定标准。本案审理期间，上述司法解释尚未施行。原审法院根据本案犯罪事实和刑法规定，认定被告人齐某、乔某平犯利用未公开信息交易罪，情节特别严重，并依法作出判决，符合上述司法解释的规定，充分体现了从严惩处“老鼠仓”犯罪的精神。

第六章

操纵证券、期货市场罪裁判要旨

导　言

事实上，无论是从理论层面还是从实践层面出发，都很难对操纵证券或期货市场的行为给出一个“完美”的定义。而从《刑法》第182条的规定来看，操纵证券或期货市场罪是指，通过法律法规明确规定的6种价量操纵、信息操纵，或法律法规明确规定的其他方式，影响证券或期货交易价格的行为。这种行为不仅侵害了其他投资者利益，还易诱发资本市场投机心态，破坏政府对于资本市场的管理秩序，进而影响我国金融秩序的安全和稳定。

2020年12月26日，中华人民共和国第十三届全国人民代表大会常务委员会第二十四次会议通过了《中华人民共和国刑法修正案（十一）》（以下简称《修正案十一》）。该修正案针对证券犯罪进行了多处修订，旨在妥善衔接2019年修订的《证券法》，为注册制改革保驾护航，这其中便包括“操纵证券、期货市场罪”。概括来说，本次“操纵证券、期货市场罪”的修订集中在如下两个方面：

1. 新增3种交易操纵模式，具体为虚假申报交易操纵、蛊惑交易操纵和抢帽子交易操纵，分别对应修订后《刑法》第182条第1款第4、5、6项。

2. 将所有操纵行为模式与证券或期货价量关系的表述，由之前的“操纵”和“影响”并行的两种表述方式，统一为“影响”这种单一表示方式。

在笔者看来，第2项修订更加明确了该罪名的“抽象危险”性质，使其彻彻底底成为了“行为犯”。因为，统一使用“影响”二字就意味着，操纵行为和法益侵害危险之间的逻辑关系，由“（相当）因果关系”变为“关联关系”或“相关关系”，而该关联关系是客观存在的，特别是连续买卖操纵或复合操纵。毕竟每一个投资者每一笔交易，或者每一个价格敏感信息的公开都会对证券或期货价格产生影响。这便使得该罪名的“违法性”判断逻辑变为：当客观行为满足符合规定条件时，即能够认定其存在“抽象危险”。

事实上，《证券市场操纵行为认定指引（试行）》（以下简称《认定指引》）于2020年10月30日被废止，而且截至成文之日，并无新的替代规则发布。这意味着，该文件失效使得其中第14条第2款规定的“（操纵）行为是证券交易价格（交易量）异常……的重要原因”不再是“操纵”是否构成行政违规行为的评价要素。在刑法层面亦能够产生相应效果，并从侧面印证了上述结论。这种改变事实上减轻了公诉机关指控该罪名时的证明负担，间接降低了入罪门槛。与此同时，“两高”《关于办理操纵证券、期货市场刑事案件适用法律若干问题的解释》（以下简称《问题解释》）对于“情节严重”和“情节特别严重”，作出了部分“入罪标准”更低且“入罪条件”更为“丰富”的规定，很大程度上取代了最高人民检察院、公安部《最高人民检察院公安部关于公安机关管辖的刑事案件立案追诉标准的规定（二）》就本罪名确立的追诉标准，加之有关部门对资本市场违法犯罪的零容忍态度，使得未来或将有更多同类型的、先前仅作为行政处罚的行为，被纳入刑事追诉范畴。

面对如此趋势，笔者认为通过对相关法律法规的梳理，以及既有案例的检索分析，能够帮助辩护律师对各类操纵行为和认定有更加清晰、全面认识，进而为辩护提供参考。通过笔者在最高人民法院官网、最高人民检察院官网、中国裁判文书网、《刑事审判参考》等平台上的查阅，检索到裁判文书共25件，其中最高人民法院指导案例1件、最高人民法院公报案例1件、刑事审判参考案例2件、最高人民法院典型案例2件，法院认为不宜公开的案件共4件，尚未检索到无罪判决。

一、相关法律法规

《中华人民共和国刑法修正案（十一）》（2021年3月1日施行）

修订前《刑法》第182条	修订后《刑法》第182条
第一百八十二条 【操纵证券、期货市场罪】有下列情形之一，操纵证券、期货市场，情节严重的，处五年以下有期徒刑或者拘役，并处或者单处罚金；情节特别严重的，处五年以上十年以下有期徒刑，并处罚金： （一）单独或者合谋，集中资金优势、持股或者持仓优势或者利用信息优势联合或者连续买卖，**操纵证券、期货交易价格或者证券、期货交易量的**； （二）与他人串通，以事先约定的时间、价格和方式相互进行证券、期货交易，**影响证券、期货交易价格或者证券、期货交易量的**； （三）在自己实际控制的账户之间进行证券交易，或者以自己为交易对象，自买自卖期货合约，**影响证券、期货交易价格或者证券、期货交易量的**； （四）以其他方法操纵证券、期货市场的。 单位犯前款罪的，对单位判处罚金，并对其直接负责的主管人员和其他直接责任人员，依照前款的规定处罚。	**第一百八十二条** 【操纵证券、期货市场罪】有下列情形之一，操纵证券、期货市场，**影响证券、期货交易价格或者证券、期货交易量**，情节严重的，处五年以下有期徒刑或者拘役，并处或者单处罚金；情节特别严重的，处五年以上十年以下有期徒刑，并处罚金： （一）单独或者合谋，集中资金优势、持股或者持仓优势或者利用信息优势联合或者连续买卖的； （二）与他人串通，以事先约定的时间、价格和方式相互进行证券、期货交易的； （三）在自己实际控制的账户之间进行证券交易，或者以自己为交易对象，自买自卖期货合约的； **（四）不以成交为目的，频繁或者大量申报买入、卖出证券、期货合约并撤销申报的；** **（五）利用虚假或者不确定的重大信息，诱导投资者进行证券、期货交易的；** **（六）对证券、证券发行人、期货交易标的公开作出评价、预测或者投资建议，同时进行反向证券交易或者相关期货交易的；** （七）以其他方法操纵证券、期货市场的。 单位犯前款罪的，对单位判处罚金，并对其直接负责的主管人员和其他直接责任人员，依照前款的规定处罚。

《中华人民共和国证券法》（2020 年 3 月 1 日施行）

2014 年《证券法》对操纵行为的规定	2019 年《证券法》对操纵行为的规定
第七十七条　禁止任何人以下列手段操纵证券市场： （一）单独或者通过合谋，集中资金优势、持股优势或者利用信息优势联合或者连续买卖，操纵证券交易价格或者证券交易量； （二）与他人串通，以事先约定的时间、价格和方式相互进行证券交易，影响证券交易价格或者证券交易量； （三）在自己实际控制的账户之间进行证券交易，影响证券交易价格或者证券交易量； （四）以其他手段操纵证券市场。 操纵证券市场行为给投资者造成损失的，行为人应当依法承担赔偿责任。	**第五十五条**　禁止任何人以下列手段操纵证券市场，影响或者意图影响证券交易价格或者证券交易量： （一）单独或者通过合谋，集中资金优势、持股优势或者利用信息优势联合或者连续买卖； （二）与他人串通，以事先约定的时间、价格和方式相互进行证券交易； （三）在自己实际控制的账户之间进行证券交易； **（四）不以成交为目的，频繁或者大量申报并撤销申报；** **（五）利用虚假或者不确定的重大信息，诱导投资者进行证券交易；** **（六）对证券、发行人公开作出评价、预测或者投资建议，并进行反向证券交易；** **（七）利用在其他相关市场的活动操纵证券市场；** （八）操纵证券市场的其他手段。 操纵证券市场行为给投资者造成损失的，应当依法承担赔偿责任。
2014 年《证券法》对法律责任的规定	2019 年《证券法》对法律责任的规定
第二百零三条　违反本法规定，操纵证券市场的，责令依法处理非法持有的证券，没收违法所得，并处以**违法所得一倍以上五倍以下的罚款**；没有违法所得或者违法所得**不足三十万元的，处以三十万元以上三百万元以下的罚款**。单位操纵证券市场的，还应当对直接负责的主管人员和其他直接责任人员给予警告，并处以**十万元以上六十万元**以下的罚款。	**第一百九十二条**　违反本法第五十五条的规定，操纵证券市场的，责令依法处理其非法持有的证券，没收违法所得，并处以**违法所得一倍以上十倍以下的罚款**；没有违法所得或者违法所得**不足一百万元的，处以一百万元以上一千万元以下的罚款**。单位操纵证券市场的，还应当对直接负责的主管人员和其他直接责任人员给予警告，并处以**五十万元以上五百万元**以下的罚款。

《期货交易管理条例》（2017 修订）

第三条　从事期货交易活动，应当遵循公开、公平、公正和诚实信用的原则。禁止欺诈、内幕交易和操纵期货交易价格等违法行为。

第三十九条 任何单位或者个人不得编造、传播有关期货交易的虚假信息，不得恶意串通、联手买卖或者以其他方式操纵期货交易价格。

第七十条 任何单位或者个人有下列行为之一，操纵期货交易价格的，责令改正，没收违法所得，并处违法所得1倍以上5倍以下的罚款；没有违法所得或者违法所得不满20万元的，处20万元以上100万元以下的罚款：

（一）单独或者合谋，集中资金优势、持仓优势或者利用信息优势联合或者连续买卖合约，操纵期货交易价格的；

（二）蓄意串通，按事先约定的时间、价格和方式相互进行期货交易，影响期货交易价格或者期货交易量的；

（三）以自己为交易对象，自买自卖，影响期货交易价格或者期货交易量的；

（四）为影响期货市场行情囤积现货的；

（五）国务院期货监督管理机构规定的其他操纵期货交易价格的行为。

单位有前款所列行为之一的，对直接负责的主管人员和其他直接责任人员给予警告，并处1万元以上10万元以下的罚款。

最高人民检察院、公安部《关于公安机关管辖的刑事案件立案追诉标准的规定（二）》（公通字〔2010〕23号，2010年5月7日施行）①

第三十九条 ［操纵证券、期货市场案（刑法第一百八十二条）］操纵证券、期货市场，涉嫌下列情形之一的，应予立案追诉：

（一）单独或者合谋，持有或者实际控制证券的流通股份数达到该证券的实际流通股份总量百分之三十以上，且在该证券连续二十个交易日内联合或者连续买卖股份数累计达到该证券同期总成交量百分之三十以上的；

（二）单独或者合谋，持有或者实际控制期货合约的数量超过期货交易所业务规则限定的持仓量百分之五十以上，且在该期货合约连续二十个交易日内联合或者连续买卖期货合约数累计达到该期货合约同期总成交量百分之三十以上的；

（三）与他人串通，以事先约定的时间、价格和方式相互进行证券或者

---

① 该篇法规被《最高人民检察院、公安部关于印发〈关于修改侵犯商业秘密刑事案件立案追诉标准的决定〉的通知》（2020年9月17日发布；2020年9月17日实施）修订。

期货合约交易，且在该证券或者期货合约连续二十个交易日内成交量累计达到该证券或者期货合约同期总成交量百分之二十以上的；

（四）在自己实际控制的账户之间进行证券交易，或者以自己为交易对象，自买自卖期货合约，且在该证券或者期货合约连续二十个交易日内成交量累计达到该证券或者期货合约同期总成交量百分之二十以上的；

（五）单独或者合谋，当日连续申报买入或者卖出同一证券、期货合约并在成交前撤回申报，撤回申报量占当日该种证券总申报量或者该种期货合约总申报量百分之五十以上的；

（六）上市公司及其董事、监事、高级管理人员、实际控制人、控股股东或者其他关联人单独或者合谋，利用信息优势，操纵该公司证券交易价格或者证券交易量的；

（七）证券公司、证券投资咨询机构、专业中介机构或者从业人员，违背有关从业禁止的规定，买卖或者持有相关证券，通过对证券或者其发行人、上市公司公开作出评价、预测或者投资建议，在该证券的交易中谋取利益，情节严重的；

（八）其他情节严重的情形。

“两高”《关于办理操纵证券、期货市场刑事案件适用法律若干问题的解释》（法释〔2019〕9号，2019年7月1日施行）

（一）关于其他操纵证券、期货市场方法的认定

《问题解释》第1条规定了6种“其他方法操纵证券、期货市场”的行为，除了《修正案十一》增加的虚假申报、蛊惑交易、抢帽子交易等操纵行为外，还有三种操心操纵行为，分别是第1条第3、4、6款，具体规定如下：

（三）通过策划、实施资产收购或者重组、投资新业务、股权转让、上市公司收购等虚假重大事项，误导投资者作出投资决策，影响证券交易价格或者证券交易量，并进行相关交易或者谋取相关利益的；

（四）通过控制发行人、上市公司信息的生成或者控制信息披露的内容、时点、节奏，误导投资者作出投资决策，影响证券交易价格或者证券交易量，并进行相关交易或者谋取相关利益的；

（六）通过囤积现货，影响特定期货品种市场行情，并进行相关期货交易的。

（二）关于情节严重、情节特别严重的认定

1.《问题解释》第2条和第3条分别规定了“情节严重”的标准，以及视为“情节严重”的情形，具体内容如下：

第二条 操纵证券、期货市场，具有下列情形之一的，应当认定为刑法第一百八十二条第一款规定的“**情节严重**”：**（一）** 持有或者实际控制证券的流通股份数量达到该证券的实际流通股份总量百分之十以上，实施刑法第一百八十二条第一款第一项操纵证券市场行为，连续十个交易日的累计成交量达到同期该证券总成交量百分之二十以上的；**（二）** 实施刑法第一百八十二条第一款第二项、第三项操纵证券市场行为，连续十个交易日的累计成交量达到同期该证券总成交量百分之二十以上的；**（三）** 实施本解释第一条第一项至第四项操纵证券市场行为，证券交易成交额在一千万元以上的；**（四）** 实施刑法第一百八十二条第一款第一项及本解释第一条第六项操纵期货市场行为，实际控制的账户合并持仓连续十个交易日的最高值超过期货交易所限仓标准的二倍，累计成交量达到同期该期货合约总成交量百分之二十以上，且期货交易占用保证金数额在五百万元以上的；**（五）** 实施刑法第一百八十二条第一款第二项、第三项及本解释第一条第一项、第二项操纵期货市场行为，实际控制的账户连续十个交易日的累计成交量达到同期该期货合约总成交量百分之二十以上，且期货交易占用保证金数额在五百万元以上的；**（六）** 实施本解释第一条第五项操纵证券、期货市场行为，当日累计撤回申报量达到同期该证券、期货合约总申报量百分之五十以上，且证券撤回申报额在一千万元以上、撤回申报的期货合约占用保证金数额在五百万元以上的；**（七）** 实施操纵证券、期货市场行为，违法所得数额在一百万元以上的。

第三条 操纵证券、期货市场，违法所得数额在五十万元以上，具有下列情形之一的，应当认定为刑法第一百八十二条第一款规定的“**情节严重**”：**（一）** 发行人、上市公司及其董事、监事、高级管理人员、控股股东或者实际控制人实施操纵证券、期货市场行为的；**（二）** 收购人、重大资产重组的交易对方及其董事、监事、高级管理人员、控股股东或者实际控制人实施操纵证券、期货市场行为的；**（三）** 行为人明知操纵证券、期货市场行为被有关部门调查，仍继续实施的；**（四）** 因操纵证券、期货市场行为受过刑事追究的；**（五）** 二年内因操纵证券、期货市场行为受过行政处罚的；**（六）** 在市场出现重大异常波动等特定时段操纵证券、期货市场的；**（七）** 造成恶劣社

会影响或者其他严重后果的。

2.《问题解释》第4条规定了“情节特别严重”的标准，以及视为“情节特别严重”的情形，具体如下：

第4条第1款规定：“具有下列情形之一的，应当认定为《刑法》第一百八十二条第一款规定的**“情节特别严重”**：（一）持有或者实际控制证券的流通股份数量达到该证券的实际流通股份总量百分之十以上，实施刑法第一百八十二条第一款第一项操纵证券市场行为，连续十个交易日的累计成交量达到同期该证券总成交量百分之五十以上的；（二）实施刑法第一百八十二条第一款第二项、第三项操纵证券市场行为，连续十个交易日的累计成交量达到同期该证券总成交量百分之五十以上的；（三）实施本解释第一条第一项至第四项操纵证券市场行为，证券交易成交额在五千万元以上的；（四）实施刑法第一百八十二条第一款第一项及本解释第一条第六项操纵期货市场行为，实际控制的账户合并持仓连续十个交易日的最高值超过期货交易所限仓标准的五倍，累计成交量达到同期该期货合约总成交量百分之五十以上，且期货交易占用保证金数额在二千五百万元以上的；（五）实施刑法第一百八十二条第一款第二项、第三项及本解释第一条第一项、第二项操纵期货市场行为，实际控制的账户连续十个交易日的累计成交量达到同期该期货合约总成交量百分之五十以上，且期货交易占用保证金数额在二千五百万元以上的；（六）实施操纵证券、期货市场行为，违法所得数额在一千万元以上的。”

第4条第2款规定：“实施操纵证券、期货市场行为，违法所得数额在五百万元以上，并具有本解释第三条规定的七种情形之一的，应当认定为**“情节特别严重”**。

（三）关于违法所得的认定

《问题解释》第9条第1款规定，“违法所得”是指“通过操纵证券、期货市场所获利益或者避免的损失”。应当注意的是，《认定指引》虽然失效，但对于“违法所得”的计算和认定或仍具有参考意义。

《认定指引》第50条和第51条分别规定，“违法所得的计算，应以操纵行为的发生为起点，以操纵行为终止、操纵影响消除、行政调查终结或其他适当时点为终点”“在计算违法所得的数额时，可参考下列公式或专家委员会认定的其他公式：违法所得＝终点日持有证券的市值＋累计卖出金额＋累计派现金额－累计买入金额－配股金额－交易费用，前款所称交易费用，是指已向国家交纳的税费、向证券公司交付的交易佣金、登记过户费、交易中其他合理的手续费等”。

（四）关于连续10个交易日的认定

《问题解释》第9条第2款规定，“连续十个交易日”是指“证券、期货市场开市交易的连续十个交易日，并非指行为人连续交易的十个交易日”。

（五）关于操纵新三板市场的“但书”

《问题解释》第10条规定：“对于在全国中小企业股份转让系统中实施操纵证券市场行为，社会危害性大，严重破坏公平公正的市场秩序的，比照本解释的规定执行，但本解释第二条第一项、第二项和第四条第一项、第二项除外。”

二、有罪裁判要旨

裁判要旨一：证券公司、证券咨询机构、专业中介机构及其工作人员违背从业禁止规定，买卖或者持有证券，并在对相关证券作出公开评价、预测或者投资建议后，通过预期的市场波动反向操作谋取利益，情节严重的，以操纵证券市场罪追究其刑事责任

案件名称：朱某明操纵证券市场案

案例来源：最高人民检察院第十批指导性案例检例第39号

裁判结果：

经审理，法庭认定公诉人提交的证据能够相互印证，予以确认。综合考虑全案犯罪事实、情节，对朱某明处以相应刑罚。2017年7月28日，上海市第一中级人民法院作出一审判决，以操纵证券市场罪判处被告人朱某明有期徒刑11个月，并处罚金人民币76万元，其违法所得予以没收。一审宣判后，被告人未上诉，判决已生效。

基本案情：

被告人朱某明，男，1982年7月出生，原系国开证券有限责任公司上海龙华西路证券营业部证券经纪人，上海电视台第一财经频道《谈股论金》节目特邀嘉宾。

2013年2月至2014年8月间，被告人朱某明在任经纪人期间，先后多次在《谈股论金》节目播出前，使用实际控制的3个证券账户买入多支股票，

于当日或次日在《谈股论金》节目播出中，以特邀嘉宾身份对其先期买入的股票进行公开评价、预测及推介，并于节目首播后 1 至 2 个交易日内抛售相关股票，人为地影响前述股票的交易量和交易价格，获取利益。经查，其买入股票交易金额共计人民币 2094.22 万余元，卖出股票交易金额共计人民币 2169.70 万余元，非法获利 75.48 万余元。

指导意义①：

证券公司、证券咨询机构、专业中介机构及其工作人员，违反规定买卖或者持有相关证券后，对该证券或者其发行人、上市公司作出公开评价、预测或者提出投资建议，通过期待的市场波动谋取利益的，构成“抢帽子”交易操纵行为。发布投资咨询意见的机构或者证券从业人员往往具有一定的社会知名度，他们借助影响力较大的传播平台发布诱导性信息，容易对普通投资者交易决策产生影响。其在发布信息后，又利用证券价格波动实施与投资者反向交易的行为获利，破坏了证券市场管理秩序，违反了证券市场公开、公平、公正原则，具有较大的社会危害性，情节严重的，构成操纵证券市场罪。

证券犯罪具有专业性、隐蔽性、间接性等特征，检察机关办理该类案件时，应当根据证券犯罪案件特点，引导公安机关从证券交易记录、资金流向等问题切入，全面收集涉及犯罪的书证、电子数据、证人证言等证据，并结合案件特点开展证据审查。对书证，要重点审查涉及证券交易记录的凭据，有关交易数量、交易额、成交价格、资金走向等证据。对电子数据，要重点审查收集程序是否合法，是否采取必要的保全措施，是否经过篡改，是否感染病毒等。对证人证言，要重点审查证人与犯罪嫌疑人的关系，证言能否与客观证据相印证等。

办案中，犯罪嫌疑人或被告人及其辩护人经常会提出涉案账户实际控制人及操作人非其本人的辩解。对此，检察机关可以通过行为人资金往来记录，

① 应当注意的是，此最高人民检察院指导案例确定“抢帽子交易”系证券市场的操纵类型之一，而该结论已在 2019 年 7 月 1 日生效的《问题解释》中成文化，并被后续的《刑法修正案（十一）》进一步吸收。不过，我们可以由此过程得出另一个结论：“行刑交叉”的案件中，尽管相应行政法、《刑法》或相应司法解释均未明确将某一行为类型作否定性评价，但当该行为类型与其他“成文化”的行为类型实质上相同或近似时，通过援引“兜底条款”将该行为作入罪化处理，具有很大的现实可能性。

MAC 地址（硬件设备地址）、IP 地址与互联网访问轨迹的重合度与连贯性，身份关系和资金关系的紧密度，涉案股票买卖与公开荐股在时间及资金比例上的高度关联性，相关证人证言在细节上是否吻合等入手，构建严密证据体系，确定被告人与涉案账户的实际控制关系。

非法证券活动涉嫌犯罪的案件，来源往往是证券监管部门向公安机关移送。审查案件过程中，人民检察院可以与证券监管部门加强联系和沟通。证券监管部门在行政执法和查办案件中收集的物证、书证、视听资料、电子数据等证据材料，在刑事诉讼中可以作为证据使用。检察机关通过办理证券犯罪案件，可以建议证券监管部门针对案件反映出的问题，加强资本市场监管和相关制度建设。

裁判要旨二：行为人通过将股票在其开立的多个账户间进行转移的“倒仓”或“对敲”等行为交易股票的，没有使股票所有权发生转移，而且造成该股票交易活跃的假象，影响了投资者对股市行情的判断和该股票的交易价格的，属于自买自卖行为

案件名称：上海华亚公司和丁某根等人操纵证券交易价格案

案例来源：最高人民法院公报案例第 69 号

判决结果：

判决被告单位上海华亚公司犯操纵证券交易价格罪，判处罚金人民币 2300 万元；丁某根犯操纵证券交易价格罪，判处有期徒刑 4 年，罚金人民币 50 万元；董某霖犯操纵证券交易价格罪，判处有期徒刑 2 年零 10 个月；何某一犯操纵证券交易价格罪，判处有期徒刑 2 年零 6 个月；李某犯操纵证券交易价格罪，判处有期徒刑 2 年零 6 个月；边某勇犯操纵证券交易价格罪，判处有期徒刑 2 年零 2 个月，罚金人民币 22 万元；庞某犯操纵证券交易价格罪，判处有期徒刑 2 年零 3 个月，缓刑 2 年零 6 个月，罚金人民币 10 万元；刘某犯窝藏罪，免予刑事处罚。

基本案情：

吕某某与朱某某（均另行处理）合谋操纵康达尔公司的流通股（简称 0048 股票），双方签定了合作协议，并按约定比例共同持有 0048 股票。

在吕某某的指使下，被告人丁某根等人，在北京、上海、浙江等 20 余个省、自治区、直辖市，以单位或个人名义开设股东账户 1500 余个；并通过证

券公司等机构，以委托理财、国债回购、借款等方式，向出资单位或个人融资人民币50余亿元，用于操纵0048股票。其间，吕某某利用多家公司，大量收购深圳康达尔（集团）股份有限公司法人股，并控制了该公司董事会。后吕某某将康达尔公司更名为中科创业限公司，并通过发布开发高科技产品、企业重组等“利好”消息的方式影响0048股票的交易价格。

在此过程中，丁某根、庞某根据吕某某的指令，在与朱某某商定后，直接或指令他人交易0048股票，集中资金优势、持股优势，联合、连续对0048股票进行不转移所有权的自买自卖等操纵活动。吕某某一方最高持有或控制0048股票达5600余万股，占0048股票流通股总量的55.36%，严重影响了0048股票交易价格和交易量。

被告人董某霖在担任上海华亚公司法定代表人期间，明知吕某某意图操纵0048股票，仍与总经理李某及杭州华亚公司法定代表人何某一商定，通过帮助吕某某融资为各自所在公司获取利益。董某霖直接或指使被告人何某一、李某等人共为吕某某融资人民币7.7亿余元。1999年5、6月间，被告人边某勇在明知吕某某意图操纵0048股票的情况下，协助吕某某注册成立了北京克沃科技有限公司，并担任该公司法定代表人。后边某勇以该公司或其他公司名义按照吕某某的指令融资人民币1.5亿余元，并按照丁某根、庞某的指令购买或转托管0048股票及马钢股份、中西药业等股票。

裁判理由：

被告人丁某根的辩护人所提由于股票的所有权发生了转移，所以本案中的“倒仓”“对敲”行为不属于《刑法》规定的“自买自卖”的辩护意见，经查，丁某根等人为操纵0048股票，在有关证券公司营业部分别开设了资金账户，并在资金账户下非法开立多个股东账户；在操纵0048股票的过程中，虽然发生了股票在不同股东账户间的转移，但这种转移或发生在上述非法开立的账户之间，或与丁某根等人的操纵行为有关，丁某根等人以这种方式进行交易，不但没有使0048股票所有权发生转移，而且造成该股票交易活跃的假象，影响了投资者对股市行情的判断和该股票的交易价格。丁某根等人的上述交易行为属于不转移证券所有权的自买自卖行为。

经查，丁某根在操纵0048股票的过程中，不仅联系融资、签署融资协议，而且按照吕某某、朱某某的指令向交易员下达交易指令，并在多个营业部作为被授权人的代理人，办理股票开户、交易和资金调拨等事项；在2000

年6月，其又更换资金调拨人逃避证监会的监管；丁某根为全面掌握控制0048股票价格的情况，还制作了持仓表、融资表、股票走势图等材料。丁某根自始自终都积极参与了操纵0048股票的犯罪活动，并非起到了次要作用，不能认定是本案的从犯。

裁判要旨三：行为人通过修改计算机数据的方法，人为地操纵股票价格，扰乱股市交易秩序的，在能够确认行为人主观上并非为破坏国家对计算机信息系统设立的安全保护制度的情况下，应当认定为“操纵证券交易价格罪”

案件名称：赵某操纵证券交易价格案

案例来源：刑事审判参考第48号2000年第2集·总第7集

裁判结果：

1. 被告人赵某犯操纵证券交易价格罪，判处有期徒刑3年，并处罚金人民币1万元；2. 被告人赵某赔偿被害单位三亚中亚信托投资公司上海新闸路证券交易营业部经济损失计人民币2,497,604.62元；3. 追缴被告人赵吉吉的违法所得人民币7277.01元，予以没收。

基本案情：

被告人赵某到被害单位三亚营业部的营业厅，通过操作专供客户查询信息所用的电脑终端，非法侵入三亚营业部的计算机信息系统，发现该系统中的委托报盘数据库未设置密码，即萌生了通过修改该数据库中的数据抬高上市股票价格，以便使自己在抛售股票时获利的念头。后赵某再次通过三亚营业部的电脑侵入该营业部的计算机信息系统，先复制下委托报盘数据库，再对该数据库进行模拟修改，以致“兴业房产”和“莲花味精”两种股票的价格被抬高。赵某及其朋友乘机抛售股票获利数万元，而三亚营业部因此遭受295万余元的经济损失。

裁判理由：

此罪侵犯的客体，是国家对证券的管理制度和投资者的合法权益。被告人赵某的整个行为，从现象上看是非法侵入了他人的计算机信息系统，修改了他人计算机信息系统中存储的数据，致使他人计算机信息系统的部分信息遭到破坏。这些表像，与《刑法》第286条第2款规定的犯罪行为相似。但是赵某并非以破坏国家对计算机信息系统设立的安全保护制度为目的的实施犯罪行为，其行为主观上是想在引起股票价格异常上涨时抛售股票获利，客观上引起了股市价格的异常波动，结果也确实使自己及朋友获得了利益，而给三亚营业部造成295万余元的损失。赵某的犯罪，虽然使用的手段牵连触犯了《刑法》第286条第2款的规定，但是侵犯的客体是《刑法》第182条所保护的国家对证券的管理制度和投资者的合法权益，因此构成的是操纵证券交易价格罪，不是破坏计算机信息系统罪。检察机关指控的罪名成立。

裁判要旨四：严重的抢先交易（或称“抢帽子”交易）与操纵证券市场罪明示规定的犯罪类型具有相同性质，根据操纵证券市场罪“以其他方法操纵证券、期货市场”这一“兜底条款”将抢先交易行为认定为犯罪，符合罪刑法定原则①

案件名称：汪某中操纵证券市场案

案例来源：刑事审判参考总第118集（2019年）

裁判结果：

汪某中操纵证券市场罪，判处有期徒刑7年，并处罚金1.25亿余元。

基本案情：

被告人汪某中在担任北京某公司负责人期间，先后利用其本人及他人的身份证开立了其实际控制的沪、深证券账户，并使用上述账户，在中信证券、国信证券等证券营业部开立了10余个资金账户用于证券交易。同时，汪某中在中国工商银行开立了10个银行账户，用于证券交易资金的存取和划转。汪某中采取先买入“工商银行”“中国联通”等38只股票，后利用某公司名义通过“新浪网”、“搜狐网”、《上海证券报》、《证券时报》等媒介对外推荐其先期买入的股票，并在股票交易时抢先卖出相关股票，人为影响上述股票的交易价格，获取个人非法利益。

根据中国证券监督管理委员会统计，在某公司推荐股票的内容发布后，相关38只股票交易量在整体上出现了较为明显的上涨：个股开盘价、当日均价明显提高；集合竞价成交量、开盘后1小时成交量成倍放大；全天成交量大幅增长；当日换手率明显上升；参与买入账户明显增多；新增买入账户成

① 同前注2一样，理解该裁判要旨，必须要基于当时的背景，即《刑法》第182条明确列举的三种操纵行为中并不包括“抢帽子”交易操纵，且“两高”尚未出台《关于办理操纵证券、期货市场刑事案件适用法律若干问题的解释》，导致该操纵行为是否构成犯罪并无明确法律依据。

倍增加。

汪某中采取上述方式操纵证券市场55次，累计买入成交额人民币52.6亿余元，累计卖出成交额人民币53.8亿余元，非法获利共计人民币1.25亿余元归个人所有。

裁判理由：

本案的争议焦点在于对被告人汪某中抢先交易的行为在刑法上如何评价。在法律没有明确规定的情况下，能否依据操纵证券市场罪第4项的“兜底条款”来定罪处罚？

一种观点认为，汪某中抢先交易的行为虽然破坏了市场正常的交易秩序，但无论是依据《证券法》第77条还是《刑法》第182条都不能得出该行为属于法律所规定的操纵证券市场行为方式之一的结论。在法律没有明文规定的情况下，汪某中的行为的违法性就难以界定。另一种观点认为，《刑法》第182条对操纵证券、期货市场罪明确规定了连续联合买卖、相互交易、自买自卖3种操纵资本市场犯罪行为模式并以“兜底条款”将“以其他方法操纵证券、期货市场”的行为类型归入操纵市场犯罪的刑事规制领域。严重的抢先交易与操纵证券市场罪明示规定的犯罪类型具有相同性质，根据操纵证券市场罪“以其他方法操纵证券、期货市场”这一“兜底条款”将汪某中抢先交易行为认定为犯罪，符合罪刑法定原则。判决赞同第2种观点，汪某中抢先交易行为已经构成操纵证券市场罪，理由如下：

1. 主体上的包含关系。抢先交易行为的主体是证券公司证券咨询机构、专业中介机构及其工作人员，是特殊主体；操纵证券市场罪的主体要件是普通主体，任何人、任何机构均可构成此罪，当然也包括证券公司证券咨询机构、专业中介机构及其工作人员。

2. 客体上的同一性。抢先交易行为与操纵证券市场罪明示的3种行为指向同一客体，即证券、期货市场的管理秩序和投资者对交易机会的把握及合法权益。

3. 主观故意的契合。抢先交易与操纵证券市场罪的主观方面都是出于操纵证券市场故意，即行为人主观上有通过对其先期买卖或持有的证券进行推荐，使其他市场参与者做出其期待的交易行为，对股票价格产生影响，操纵证券市场的故意。其明知自己的操纵市场的行为是违背公平、公正、公开的原则，妨害社会主义市场经济秩序，仍然追求、放任或决意为之。需要说明的是，在2006年《刑法修正案（六）》出台后，“获取不正当利益或者转嫁风险”不再是操纵证券市场罪的必备要件。

4. 行为模式异曲同工。行为方式的符合性，是判断是否构成操纵证券市场罪的最为关键因素。严重的抢先交易行为符合操纵证券市场罪范畴内的客观行为要件。具体而言，其具备以下两个特征：（1）必须同时具备符合先后顺序的“推荐”与“交易”行为。“推荐”是指证券从业机构或其工作人员利用自身的专业性、影响力获得投资者的信赖，通过各种公开媒介推荐股票。“交易”是指行为人在推荐股票前已经买入或者持有所推荐的股票，在推荐后，投资者跟进，出现预期市场波动的情况下，行为人又进行交易，以获取差价。（2）行为人的行为必须具有引起市场明显波动的较大可能性。只有行为引起或者足以引起市场明显波动，行为人才可能会获得不法收益，投资者才可能会收到较大损害，达到本罪所要求的“情节严重”的入刑标准。

裁判要旨五：交易股票行为存在频繁申报、撤单或者大额申报、撤单，累计撤回申报卖出量达到同期该股票总申报卖出量50%以上，撤回申报金额较大，且行为人同时利用实际控制账户进行与申报相反的交易行为，获利的意图明显，并获取了巨额利益的，能够认定为“不以成交为目的，频繁或者大量申报并撤销申报”

裁判要旨六：对操纵证券市场违法所得数额的认定，应以与涉案股票操纵行为实质关联的股票建仓时间以及出售时间等为范围来计算违法所得，且以实际获利金额进行认定更为妥当

裁判要旨七：操纵行为曾受行政处罚并不影响本案犯罪事实的认定，但在具体执行时应将已执行的违法所得及罚款数额予以折抵

案件名称：唐某某1等操纵证券、期货市场罪案

案例来源：2020年9月24日最高人民法院发布的7件典型案例之一

审理法院：上海市第一中级人民法院

案号：（2019）沪01刑初19号

裁判结果：

1. 判决被告人唐某某1犯操纵证券市场罪，判处有期徒刑3年6个月，并处罚金人民币2450万元；2. 被告人唐某某2犯操纵证券市场罪，判处有期徒刑1年8个月，并处罚金人民币150万元；3. 被告人唐某某3犯操纵证

券市场罪，判处有期徒刑1年，缓刑1年，并处罚金人民币10万元。

基本案情：

2012年5月至2013年1月间，被告人唐某某1实际控制“杨某1”“王某3”“朱某”“赵某”“闵某”“申某”“陈某”“伍某”“杨某2”等证券账户；被告人唐某某2实际控制“苏某”“张某1”等证券账户。其间，唐某某1伙同唐某某2、唐某某3，不以成交为目的，频繁申报、撤单或大额申报、撤单，影响股票交易价格与交易量，并进行与申报相反的交易。

被告人唐某某1、唐某某2控制账户组撤回申报买入“华资实业”股票量分别占当日该股票总申报买入量的57.02%、55.62%、61.10%，撤回申报金额分别为9000余万元、3.5亿余元、2.5亿余元。

被告人唐某某1控制账户组撤回申报买入“京投银泰”股票量分别占当日该股票总申报买入量的56.29%、52.47%，撤回申报金额分别为4亿余元、4.5亿余元。

被告人唐某某1控制账户组在“银基发展”股票交易中存在虚假申报撤单等行为；其中，2012年8月24日，唐某某1控制账户组撤回申报卖出“银基发展”股票量占当日该股票总申报卖出量的52.33%，撤回申报金额1.1亿余元。

前述交易中，被告人唐某某1、唐某某2控制账户组违法所得共计2581.21万余元。

裁判理由：

（一）关于指控操纵“银基发展”股票一节能否认定为操纵证券市场犯罪

法院认为，应认定该节事实构成操纵证券市场罪。主要理由是：（1）被告人唐某某1控制账户组存在虚假申报交易“银基发展”股票行为。指控时间段内，唐某某1控制账户组不以成交为目的，对“银基发展”股票频繁申报、撤单或者大额申报、撤单，且2012年8月24日当天，累计撤回申报卖出量达到同期该股票总申报卖出量50%以上，撤回申报金额在1000万元以上，误导投资者作出投资决策，影响该股票的交易价格与交易量。（2）指控时间段内，唐某某1控制账户组进行了与虚假申报相反的交易等行为，操纵“银基发展”股票获利的意图明显，且获取了巨额利益。

（二）关于“王某3”证券账户的实际控制人

法院认为，应认定系被告人唐某某1而非唐某某2实际控制“王某3”

证券账户。主要理由是：（1）唐某某 1、唐某某 2 的供述相互印证，证明“王某 3”账户系唐某某 1 控制使用，账户内资金归属于唐某某 1。（2）司法会计鉴定意见书及附件反映，“王某 3”证券账户的资金来源、去向为唐某某 1 实际控制的其他账户。“王某 3”证券账户资金主要源于“张某 2”中国民生银行南京中央门支行账户，资金去向主要为“王某 4”中国民生银行南京中央门支行账户。而在案证据反映，“张某 2”证券账户及银行卡、“王某 4”证券账户及银行卡均系唐某某 1 实际控制。（3）“王某 3”证券账户操作的 IP 地址与唐某某 1 的出行记录相吻合。

（三）关于违法所得数额认定

法院认为，对操纵证券市场违法所得数额的认定，应以与涉案股票操纵行为实质关联的股票建仓时间以及出售时间等为范围来计算违法所得，而非仅认定实施操纵行为当日的违法所得。同时，从本案来看，操纵证券市场违法所得数额以实际获利金额认定更为妥当，鉴于本案被告人实际获利金额略高于指控数额，本院不再增加认定。

（四）关于是否认定情节特别严重

法院认为，被告人唐某某 1 应对全案操纵证券市场事实承担刑事责任，涉及违法所得金额 2580 余万元；被告人唐某某 2 应对其参与的操纵证券市场事实承担刑事责任，涉及违法所得金额 1790 余万元；两人均系情节特别严重。鉴于唐某某 3 仅接受唐某某 1 指令多次参与涉案股票交易，故认定其操纵证券市场情节严重。

典型意义：

本案属于“恍骗交易操纵”（也称虚假申报操纵）的典型案例。“恍骗交易操纵”是指不以成交为目的，频繁申报、撤单或者大额申报、撤单，误导投资者作出投资决策，影响证券交易价格或者证券交易量，并进行与申报相反的交易或者谋取相关利益的行为。最高人民法院、最高人民检察院《关于办理操纵证券、期货市场刑事案件适用法律若干问题的解释》第一条明确了“恍骗交易操纵”属于“以其他方法操纵证券、期货市场”的情形，并明确了“情节严重”“情节特别严重”的认定标准。被告人利用控制账户组，共同实施“恍骗交易操纵”，违法所得数额巨大，应当认定为“情节特别严重”。本案的正确处理，充分体现了宽严相济的政策精神。

裁判要旨八：行为人利用实际账户大量适用高频程序化交易等情况，擅自使用未经检测的交易系统，绕过资金和持仓验证，降低整体交易时间延迟，限制或排除其他合规投资者最优交易机会，其行为严重破坏了股指期货市场公平交易秩序和原则，应当视为“以其他方法操纵证券、期货市场”

裁判要旨九：交易所作为涉案股指期货交易的专门机构，是出具分析报告的合法主体，当其出具的上述函件已经全面审查，所反映的案件事实均有相关证据予以证实，其出具的程序和形式符合法律规定，可以作为本案证据

案件名称：伊世顿公司、高某、金某献等操纵证券、期货市场罪案

案例来源：最高人民法院发布的7件典型案例之一（2020年9月24日）

审理法院：上海市第一中级人民法院

案号：（2016）沪01刑初78号

裁判结果：

判决被告单位伊世顿公司犯操纵期货市场罪，判处罚金人民币亿元，追缴违法所得人民币38,930万元；被告人金某献犯操纵期货市场罪、职务侵占罪判处有期徒刑五年，并处罚金人民币60万元；被告人高某犯操纵期货市场罪，判处有期徒刑3年，缓刑4年，并处罚金人民币1,000,000万元；判处被告人梁某中犯操纵期货市场罪，判处有期徒刑2年6个月，缓刑3年，并处罚金人民币80万元。

基本案情：

被告单位伊世顿公司于2012年9月成立，后通过被告人金某献在华鑫期货有限公司开设期货账户。2013年6月起至2015年7月间，伊世顿公司为逃避证券期货监管，通过被告人高某、金某献介绍，以租借或者收购方式，实际控制了19名自然人和7个法人期货账户，与伊世顿公司自有账户组成账户组，采用高频程序化交易方式从事股指期货合约交易。其间，伊世顿公司隐瞒实际控制伊世顿账户组、大量账户从事高频程序化交易等情况，规避中金所的监管措施，从而取得不正当交易优势；还伙同金某献等人，将自行研发的报单交易系统非法接入中金所交易系统，直接进行交易，从而非法取得额外交易速度优势。2015年6月1日至7月6日间，伊世顿公司及被告人高某、梁某中伙同金某献，利用以逃避期货公司资金和持仓验证等非法手段获取的交易速度优势，大量交易中证500股指期货主力合约、沪深300股指期货主力合约合计377.44万手，从中非法获利人民币3.893亿余元。

被告人金某献还利用职务便利侵占华鑫期货有限公司资金1348万余元。

裁判理由：

1. 关于被告单位伊世顿公司、被告人金某献的辩护人所提证监会和中金所出具的函件不具备法定证据形式，在内容上存在比较方式不客观和没有法律依据，故不能作为证据采用的问题

法院认为，证监会依法享有对期货市场监管的职责，作为主管部门有权对市场违法行为做出具体行政认定，故证监会出具认定函和补充说明函属于其法定职权。中金所作为涉案股指期货交易的专门机构，是出具分析报告的合法主体，亦属于其法定职权。经对证监会、中金所出具的上述函件进行全面审查，上述函件系依据伊世顿公司进行股指期货交易的全部基础数据出具，所反映的案件事实均有相关证据予以证实，出具的程序和形式符合法律规定。证监会和中金所应法庭要求委派工作人员就上述函件中的专业问题向法庭说明情况。据此，上述函件可以作为本案证据。

2. 关于被告单位伊世顿公司的辩护人所提起诉指控伊世顿公司非法获利3.893亿余元不准确，应该按照中金所分析报告认定的市场正常偏离度区分合法所得和违法所得，而不能采用司法鉴定意见的问题

法院认为，被告单位在涉案交易日内对IC、IF主力合约所实施的全部交易行为均是通过擅自安装的、绕过Z公司资金和持仓验证的RM交易系统完成的，均属操纵行为，故全部交易所得扣除合理费用后的盈利即为非法获利。据此，中金所分析报告所认定的公司非法获利数额合理、合法，应予采纳。关于辩护意见所涉偏离度，本院认为，偏离度系中金所用于分析公司交易行为性质时所采用的一种数据评判标准，并非计算非法获利数额的标准，故该辩护意见本院不予采纳。

综上所述，被告单位伊世顿公司违反《中金所交易细则》《中金所实际控制关系账户报备指引（试行）》相关规定，隐瞒了实际控制账户和大量账户使用高频程序化交易等情况，规避了中金所对风险控制的监管，从而恶意取得不正当交易优势；伊世顿公司违反《期货交易管理条例》《期货公司监督管理办法》《中金所交易细则》等基本制度，擅自使用未经检测的RM交易系统，绕过Z公司的资金和持仓验证，减少了相对于其他合规投资者必须耗费的验证时间，降低了自身整体交易时间延迟，从而非法取得其他合规投资者无法取得的额外交易速度优势；伊世顿公司在本身已使用高频程序化交易的基础上，利用上述不正当交易优势和额外交易速度优势抢占交易先机，限制或排除其他合规投资者最优交易机会，其行为严重破坏了股指期货市场公平交易秩序和原则，符合操纵期货市场的行为特征。

伊世顿公司的操纵行为系新型操纵行为，与《刑法》第182条第1款前3项所规定的典型操纵情形在危害性上具有相当性，其行为构成操纵期货市场罪。伊世顿公司所犯操纵期货市场罪的操纵手法隐蔽，操纵时间长，非法获利数额特别巨大，操纵后果十分严重，属于情节特别严重。

典型意义：

本案是新型操纵期货市场的典型案例，法律、司法解释对本案中操纵方法没有明确规定。本案中，被告单位伊世顿公司、被告人金某献等人违反有关规定，隐瞒实际控制伊世顿账户组、大量账户从事高频程序化交易等情况，规避中金所对风险控制的监管措施，将自行研发的报单交易系统非法接入中金所交易系统，利用以逃避期货公司资金和持仓验证等非法手段获取的交易速度优势，大量操纵股指期货交易，影响期货交易价格或者期货交易量，其行为符合操纵期货市场罪的构成要件。伊世顿公司的操纵行为严重破坏了股指期货市场的公平交易秩序和原则，与刑法规定的连续交易、自买自卖等操纵行为的本质相同，可以认定为“以其他方法操纵证券、期货市场的”情形。本案的正确处理，既符合刑法规定，也符合宽严相济的刑事政策，实现了法律效果和社会效果的统一。

裁判要旨十：以操纵股票交易价格和交易量为目的，控制上市公司信息发布的节奏和内容，甚至提供热点题材或“高送转”方案，掌握上市公司发布信息的节点和基本内容，其行为符合利用信息优势操纵证券市场罪的构成要件①

案件名称：徐翔等人操纵证券市场罪案

案例来源：http：//www. cb. com. cn/index/show/special/cv/cv13410322862 “再探徐翔案详情”

---

① 在当时的背景下，“两高”《关于办理操纵证券、期货市场刑事案件适用法律若干问题的解释》尚未出台，因而此案中的操纵模式被认定为“利用信息优势连续买卖”。在该解释出台后，此种操纵方式更加符合该解释第1条第4项所描述的行为模式，因而或应当被认定为是“以其他方法操纵证券、期货市场”。

审理法院：山东青岛市中级人民法院，案号不详

裁判结果：

徐翔犯操纵证券市场罪，判处有期徒刑5年6个月，并处罚金110亿元；王巍犯操纵证券市场罪，判处有期徒刑3年，并处罚金10亿元；竺勇犯操纵证券市场罪，判处有期徒刑2年，缓刑3年，并处罚金5000万元。

基本案情：

2010至2015年，徐翔单独或伙同王巍等人，与华丽家族、东方金钰等13家上市公司董事长或实际控制人（均另案处理）合谋，择机发布“高送转”、引入热点题材等利好消息的披露时机和内容，徐翔、王巍等人利用基于上述合谋形成信息优势，使用泽熙产品及其控制的证券账户，在二级市场进行涉案公司股票的连续买卖，拉升股价。上市公司股票价格拉升后，徐翔用泽熙产品及其控制的证券账户以大宗交易的方式接盘上述公司股东减持的股票。上述公司股东将上述大宗交易减持股票获利部分按照约定的比例与徐翔等人分成。徐翔等人收到分成款项后，销毁双方签署的协议；或双方在共同认购涉案公司非公开发行股票后，以上述方式拉抬股价，抛售股票获利，或实现股票增值。

期间，徐翔、王巍利用信息优势，使用泽熙产品及控制的账户，在二级市场连续买卖涉案公司股票抛售获利，共计买入3,713,995,357股，卖出3,829,955,016股（含送股），累计使用人民币424亿余元。徐翔等人实际非法获利共计约93.38亿元，持有东方金钰定向增发股票143,645,942股（截止到2015年8月18日）。

裁判理由：

据公开报道及笔者了解，此案多名辩护方律师曾提出如下3点辩护理由：

第一，从涉案时段的持仓量、交易量等数据而言，认为徐翔等人的行为并没有达到利用资金或持仓优势的追诉标准。

第二，辩护律师认为“高送转”、业绩利好及“重组收购”等相关利好信息多为自然而然发生的行为，在企业发展过程中董事会决定发布一些利好信息也是正常的，并且很多利好信息事后证明都是真实的，不存在虚假，并不是徐翔与企业控制人可以事先谋划得出。

第三，辩护律师还提出“操纵行为与涉案公司股价的偏离度及证券市场股价异常波动之间没有因果关系”的辩护观点。

对于上述观点，青岛市中院回应的要点内容如下：

1. 案涉操纵行为系连续买卖操纵（即利用资金、持仓优势）和信息操纵的复合操纵行为，且前者是信息操纵的一种手段，而《追诉标准》对于信息操纵是没有资金、持仓的比例或数量要求。因此，在信息操纵已然达到追诉标准的情况下，连续买卖操纵是否达到追诉标准，在所不问。

2. 以操纵股票交易价格和交易量为目的，控制上市公司信息发布的节奏和内容，甚至提供热点题材或“高送转”方案，掌握上市公司发布信息的节点和基本内容，其行为符合利用信息优势操纵证券市场罪的构成要件。利用上市公司的信息优势是案涉操纵行为的重要方式，至于信息的真实或虚假，利好或利空，以及对上市公司发布利好信息的具体时间和细节是否完全知晓，不影响犯罪构成。

3. 本案中的行政认定函证实，12 支案涉股票价格的涨幅严重偏离同期沪深指数和行业指数，涉案股票换手率远超此前同期换手率；案涉被控制账户在发布利好后抛售股票获利，期间涉案股票价格明显上涨；且司法审计报告显示被控制账户在二级市场连续买卖、接盘、抛售涉案股票交易数量极大（但未明确达到何种数量、金额或比例时可认定为极大）。参照证监会实施的行业内的相关规范性意见，上述指数和股票交易量是判断操纵行为是否构成的重要指标。这些指标的异常足以证实案涉操纵行为是案涉股票价格异常波动的“重要原因”。

第三篇
对外融资常见犯罪篇

第七章

非法吸收公众存款罪裁判要旨

导　言

非法吸收公众存款罪的成立要件包括非法性、公开性、利诱性和社会性等四个特性。其中“非法性”是指“未经有关部门依法批准”或“借用合法经营的形式吸收资金”;“公开性”是指通过各种途径向社会公众传播吸收资金信息的主动宣传，和明知吸收资金的信息向社会公众扩散而予以放任的消极宣传;“利诱性”是指集资人做出承诺，在未来的一定期限内，将会通过货币、实物、股权等方式还本付息或给付回报，也正是这一特点，让更多的投资者为获取高额的利益而甘愿冒风险;“社会性”是指面向社会不特定对象，根据立案追诉标准，个人非法吸收或变相吸收公众存款对象 30 人以上的，单位非法吸收或变相吸收公众存款对象 150 人以上的应当依法追究刑事责任，这也体现了行为对象要求具有规模的。

截至 2021 年 6 月 30 日，笔者通过检索最高人民法院公报、最高人民法院和最高人民检察院指导案例、刑事审判参考、最高人民法院典型案例，共检索到 1 个公报案例、1 个最高人民检察院指导案例、3 个刑事审判参考案例和 1 个最高人民法院典型案例，经梳理后共汇总 7 个有罪裁判要旨。截至 2021 年 6 月 30 日，笔者在中国裁判文书网和威科先行网站中共检索到 33 个无罪案例，经梳理后共汇总 14 个无罪裁判要旨。在有罪裁判要旨中，有关于集资诈骗罪和非法吸收公众存款罪的区分；有非法吸收公众存款罪中的“数额巨大”与“其他严重情节”之区分评价，以及“数额巨大”从轻处罚的适用问题。在无罪裁判要旨中，有关于民间借贷与非法吸收公众存款的区分;

有就行为是否具有“公开性”“社会性”“利诱性”的分析；有界分行为是个人犯罪还是单位犯罪，以及犯罪是否成立的认定等。

非法吸收或者变相吸收公众存款的数额，以行为人所吸收的资金全额计算。案发前后已归还的数额，可以作为量刑情节酌情考虑。主要用于正常的生产经营活动，能够及时清退所吸收资金，可以免于刑事处罚，情节显著轻微的，不作为犯罪处理。企业的行为如果涉嫌非法吸收公众存款，应当将尽可能归还资金或用于企业的正常经营活动中，避免出现挥霍浪费、转移财产、从事其他违法犯罪活动、拒绝返还资金等行为。

金融创新必须遵守金融管理法律规定，不得触犯《刑法》规定。涉互联网金融活动在未经有关部门依法批准的情况下，公开宣传并向不特定公众吸收资金，承诺一定期限内还本付息的，应当依法追究刑事责任。

网络借贷信息中介机构不得提供增信服务，不得直接或间接归集资金，包括设立资金池控制、支配资金或者为自己控制的公司融资。网络借贷信息中介机构利用互联网发布信息归集资金，单位或个人假借开展网络借贷信息中介业务之名，未经依法批准，归集不特定公众的资金设立资金池，控制、支配资金池中的资金，并承诺还本付息的，构成非法吸收公众存款罪。

一、相关法律法规

《刑法修正案（十一）》前	《刑法修正案（十一）》条文
第一百七十六条 【非法吸收公众存款罪】非法吸收公众存款或者变相吸收公众存款，扰乱金融秩序的，处三年以下有期徒刑或者拘役，并处或者单处~~二万元以上二十万元以下~~罚金；数额巨大或者有其他严重情节的，处三年以上十年以下有期徒刑，并处~~五万元以上五十万元以下~~罚金。 单位犯前款罪的，对单位判处罚金，并对其直接负责的主管人员和其他直接责任人员，依照前款的规定处罚。	**第一百七十六条** 【非法吸收公众存款罪】非法吸收公众存款或者变相吸收公众存款，扰乱金融秩序的，处三年以下有期徒刑或者拘役，并处或者单处罚金；数额巨大或者有其他严重情节的，处三年以上十年以下有期徒刑，并处罚金；**数额特别巨大或者有其他特别严重情节的，处十年以上有期徒刑，并处罚金。** 单位犯前款罪的，对单位判处罚金，并对其直接负责的主管人员和其他直接责任人员，依照前款的规定处罚。 **有前两款行为，在提起公诉前积极退赃退赔，减少损害结果发生的，可以从轻或者减轻处罚。**

解读：《刑法修正案（十一）》增强了对非法吸收公众存款犯罪的打击和处罚力度。表现在：

1. 将法定刑由原来的两档增至三挡，增加了“数额特别巨大或者有其他特别严重情节”；对应的有期徒刑期限为10－15年。

2. 将罚金刑的限额取消；近年来，非吸案件的涉案金额越来越大、受害者人数越来越多，修正案取消罚金的限额，也是提高了刑法的威慑力。

3. 新增的“在提起公诉前积极退赃退赔，减少损害结果发生的，可以从轻或者减轻处罚”条款，既是基于两高一部印发的《关于办理非法集资刑事案件若干问题的意见》第6条关于宽严相济刑事政策把握问题中“对于涉案人员积极配合调查、主动退赃退赔、真诚认罪悔罪的，可以依法从轻处罚”的规定，又在情节上有了“减轻处罚”的突破。

《最高人民法院关于审理非法集资刑事案件具体应用法律若干问题的解释》修改前	《最高人民法院关于审理非法集资刑事案件具体应用法律若干问题的解释》修改后
第一条　违反国家金融管理法律规定，向社会公众（包括单位和个人）吸收资金的行为，同时具备下列四个条件的，除刑法另有规定的以外，应当认定为刑法第一百七十六条规定的“非法吸收公众存款或者变相吸收公众存款”： （一）未经有关部门依法~~批准~~或者借用合法经营的形式吸收资金； （二）通过媒体、推介会、传单、手机~~短信~~等途径向社会公开宣传； （三）承诺在一定期限内以货币、实物、股权等方式还本付息或者给付回报； （四）向社会公众即社会不特定对象吸收资金。 未向社会公开宣传，在亲友或者单位内部针对特定对象吸收资金的，不属于非法吸收或者变相吸收公众存款。	**第一条**　违反国家金融管理法律规定，向社会公众（包括单位和个人）吸收资金的行为，同时具备下列四个条件的，除刑法另有规定的以外，应当认定为刑法第一百七十六条规定的“非法吸收公众存款或者变相吸收公众存款”： （一）未经有关部门依法**许可**或者借用合法经营的形式吸收资金； （二）通过**网络**、媒体、推介会、传单、手机**信息**等途径向社会公开宣传； （三）承诺在一定期限内以货币、实物、股权等方式还本付息或者给付回报； （四）向社会公众即社会不特定对象吸收资金。 未向社会公开宣传，在亲友或者单位内部针对特定对象吸收资金的，不属于非法吸收或者变相吸收公众存款。

续表

《最高人民法院关于审理非法集资刑事案件具体应用法律若干问题的解释》修改前	《最高人民法院关于审理非法集资刑事案件具体应用法律若干问题的解释》修改后
第二条 实施下列行为之一，符合本解释第一条第一款规定的条件的，应当依照刑法第一百七十六条的规定，以非法吸收公众存款罪定罪处罚： …… （八）以投资入股的方式非法吸收资金的； （九）以委托理财的方式非法吸收资金的； ~~（十）~~利用民间“会”、“社”等组织非法吸收资金的； ~~（十一）~~其他非法吸收资金的行为。	**第二条** 实施下列行为之一，符合本解释第一条第一款规定的条件的，应当依照刑法第一百七十六条的规定，以非法吸收公众存款罪定罪处罚： …… （八）以**网络借贷**、投资入股、**虚拟币交易等**方式非法吸收资金的； （九）以委托理财、**融资租赁等**方式非法吸收资金的； （十）**以提供“养老服务”、投资“养老项目”、销售“老年产品”等方式非法吸收资金的；** **（十一）**利用民间“会”“社”等组织非法吸收资金的； **（十二）**其他非法吸收资金的行为。
第三条 非法吸收或者变相吸收公众存款，具有下列情形之一的，应当依法追究刑事责任： （一）~~个人~~非法吸收或者变相吸收公众存款~~，数额在20万元以上的，单位非法吸收或者变相吸收公众存款，~~数额在100万元以上的； （二）~~个人~~非法吸收或者变相吸收公众存款~~对象30人以上的，单位非法吸收或者变相吸收公众存款~~对象150人以上的； （三）~~个人~~非法吸收或者变相吸收公众存款，给存款人造成直接经济损失数额~~在10万元以上的，单位非法吸收或者变相吸收公众存款，给存款人造成直接经济损失数~~额在50万元以上的~~；~~ ~~（四）造成恶劣社会影响或者其他严重后果的~~。	**第三条** 非法吸收或者变相吸收公众存款，具有下列情形之一的，应当依法追究刑事责任： （一）非法吸收或者变相吸收公众存款数额在100万元以上的； （二）非法吸收或者变相吸收公众存款对象150人以上的； （三）非法吸收或者变相吸收公众存款，给存款人造成直接经济损失数额在50万元以上的。 **非法吸收或者变相吸收公众存款数额在50万元以上或者给存款人造成直接经济损失数额在25万元以上，同时具有下列情节之一的，应当依法追究刑事责任：** **（一）曾因非法集资受过刑事追究的；** **（二）二年内曾因非法集资受过行政处罚的；**

续表

《最高人民法院关于审理非法集资刑事案件具体应用法律若干问题的解释》修改前	《最高人民法院关于审理非法集资刑事案件具体应用法律若干问题的解释》修改后
具有下列情形之一的，属于刑法第一百七十六条规定的"数额巨大或者有其他严重情节"： （一）个人非法吸收或者变相吸收公众存款，数额在100万元以上的，单位非法吸收或者变相吸收公众存款，数额在500万元以上的； （二）个人非法吸收或者变相吸收公众存款对象100人以上的，单位非法吸收或者变相吸收公众存款对象500人以上的； （三）个人非法吸收或者变相吸收公众存款，给存款人造成直接经济损失数额在50万元以上的，单位非法吸收或者变相吸收公众存款，给存款人造成直接经济损失数额在250万元以上的； （四）造成特别恶劣社会影响或者其他特别严重后果的。 非法吸收或者变相吸收公众存款的数额，以行为人所吸收的资金全额计算。案发前后已归还的数额，可以作为量刑情节酌情考虑。 非法吸收或者变相吸收公众存款，主要用于正常的生产经营活动，能够及时清退所吸收资金，可以免予刑事处罚；情节显著轻微的，不作为犯罪处理。	**（三）造成恶劣社会影响或者其他严重后果的**。
	第四条　非法吸收或者变相吸收公众存款，具有下列情形之一的，应当认定为刑法第一百七十六条规定的"数额巨大或者有其他严重情节"： （一）非法吸收或者变相吸收公众存款数额在500万元以上的； （二）非法吸收或者变相吸收公众存款对象500人以上的；

续表

《最高人民法院关于审理非法集资刑事案件具体应用法律若干问题的解释》修改前	《最高人民法院关于审理非法集资刑事案件具体应用法律若干问题的解释》修改后
	（三）非法吸收或者变相吸收公众存款，给存款人造成直接经济损失数额在250万元以上的。 **非法吸收或者变相吸收公众存款数额在250万元以上或者给存款人造成直接经济损失数额在150万元以上，同时具有本解释第三条第二款第三项情节的，应当认定为“其他严重情节”。**
	第五条　非法吸收或者变相吸收公众存款，具有下列情形之一的，应当认定为刑法第一百七十六条规定的“数额特别巨大或者有其他特别严重情节”： **（一）非法吸收或者变相吸收公众存款数额在5000万元以上的；** **（二）非法吸收或者变相吸收公众存款对象5000人以上的；** **（三）非法吸收或者变相吸收公众存款，给存款人造成直接经济损失数额在2500万元以上的。** **非法吸收或者变相吸收公众存款数额在2500万元以上或者给存款人造成直接经济损失数额在1500万元以上，同时具有本解释第三条第二款第三项情节的，应当认定为“其他特别严重情节”。**
	第六条　非法吸收或者变相吸收公众存款的数额，以行为人所吸收的资金全额计算。在提起公诉前积极退赃退赔，减少损害结果发生的，可以从轻或者减轻处罚；在提起公诉后退赃退赔的，可以作为量刑情节酌情考虑。

续表

《最高人民法院关于审理非法集资刑事案件具体应用法律若干问题的解释》修改前	《最高人民法院关于审理非法集资刑事案件具体应用法律若干问题的解释》修改后
	非法吸收或者变相吸收公众存款，主要用于正常的生产经营活动，能够在提起公诉前清退所吸收资金，可以免予刑事处罚；情节显著轻微危害不大的，不作为犯罪处理。 **对依法不需要追究刑事责任或者免予刑事处罚的，应当依法将案件移送有关行政机关。**
	第九条　犯非法吸收公众存款罪，判处三年以下有期徒刑或者拘役，并处或者单处罚金的，处五万元以上一百万元以下罚金；判处三年以上十年以下有期徒刑的，并处十万元以上五百万元以下罚金；判处十年以上有期徒刑的，并处五十万元以上罚金。
~~**第八条**~~　广告经营者、广告发布者违反国家规定，利用广告为非法集资活动相关的商品或者服务作虚假宣传，具有下列情形之一的，依照刑法第二百二十二条的规定，以虚假广告罪定罪处罚： （一）违法所得数额在10万元以上的； （二）造成严重危害后果或者恶劣社会影响的； （三）二年内利用广告作虚假宣传，受过行政处罚二次以上的； （四）其他情节严重的情形。 明知他人从事欺诈发行~~股票、债券~~，非法吸收公众存款，擅自发行股票、~~债券~~，集资诈骗或者组织、领导传销活动等集资犯罪活动，为其提供广告等宣传的，以相关犯罪的共犯论处。	**第十二条**　广告经营者、广告发布者违反国家规定，利用广告为非法集资活动相关的商品或者服务作虚假宣传，具有下列情形之一的，依照刑法第二百二十二条的规定，以虚假广告罪定罪处罚： （一）违法所得数额在10万元以上的； （二）造成严重危害后果或者恶劣社会影响的； （三）二年内利用广告作虚假宣传，受过行政处罚二次以上的； （四）其他情节严重的情形。 明知他人从事欺诈发行**证券**，非法吸收公众存款，擅自发行股票、**公司、企业债券**，集资诈骗或者组织、领导传销活动等集资犯罪活动，为其提供广告等宣传的，以相关犯罪的共犯论处。

续表

《最高人民法院关于审理非法集资刑事案件具体应用法律若干问题的解释》修改前	《最高人民法院关于审理非法集资刑事案件具体应用法律若干问题的解释》修改后
	第十三条　通过传销手段向社会公众非法吸收资金，构成非法吸收公众存款罪或者集资诈骗罪，同时又构成组织、领导传销活动罪的，依照处罚较重的规定定罪处罚。
	第十四条　单位实施非法吸收公众存款、集资诈骗犯罪的，依照本解释规定的相应自然人犯罪的定罪量刑标准，对单位判处罚金，并对其直接负责的主管人员和其他直接责任人员定罪处罚。
	第十五条　此前发布的司法解释与本解释不一致的，以本解释为准。

解读：《最高人民法院关于审理非法集资刑事案件具体应用法律若干问题的解释》（2022 修正）（《解释》（2022 修正））自 2022 年 3 月 1 日起施行，修改亮点主要有：

1. 不再区分自然人犯罪和单位犯罪处罚标准。适当提高了第一档入罪标准，提高非法吸收公众存款数额、对象人数和造成直接经济损失数额。在此基础上，按照第一档数额（数量）入罪标准的五倍和十倍分别确定第二档“数额巨大或者有其他严重情节”和第三档“数额特别巨大或者有其他特别严重情节”的认定标准。同时增加规定了“数额＋情节”的标准。

2. 进一步修改完善认定非法吸收公众存款罪的特征要件和非法吸收资金的行为方式，更加符合因科技进步和互联网发展带来的非法集资宣传方式的变化，以及适时应对实践中出现的网络借贷、虚拟币交易、融资租赁等非法吸收资金的新方式。

3. 明确了非法吸收公众存款罪第一档、第二档罚金数额标准以及第三档的罚金数额下限。

4. 明确规定了提起公诉前后已归还的数额可以作为量刑情节酌情考虑，并规定了可以免予刑事处罚及不作为犯罪处理的情形。

5. 明确了非法吸收公众存款罪与组织、领导传销活动罪竞合处罚原则。

二、有罪裁判要旨

笔者通过检索最高人民法院公报、最高人民法院和最高人民检察院指导案例、《刑事审判参考》、最高法典型案例，共检索到 1 个公报案例、1 个最高人民检察院指导案例、3 个刑事审判参考案例和 1 个最高人民法院典型案例，具体如下：

裁判要旨一：未经中国人民银行批准，向社会不特定对象吸收资金，虽然不以吸收公众存款的名义，但承诺在一定期限内还本付息的，属于变相吸收公众存款，构成犯罪的应依法追究刑事责任

裁判要旨二：区分合法的民间借贷和非法吸收公众存款行为：1999 年《最高人民法院关于如何确认公民与企业之间借贷行为效力问题的批复》中明确"民间借贷"只能是针对社会中少数个人或者特定对象之间的"借贷"行为，而对于"向社会不特定对象"吸收存款的行为当然不属于"民间借贷"

案件名称：惠某祥等非法吸收公众存款案——如何认定非法变相吸收公众存款

审理法院：最高人民法院刑二庭

案例来源：《刑事审判参考》第 488 号案例

裁判结果：

一、被告单位**某湖**塔园公司犯非法吸收公众存款罪，判处罚金 50 万元；

二、被告人惠某祥犯非法吸收公众存款罪，判处有期徒刑 5 年，并处罚金 40 万元，犯挪用资金罪，判处有期徒刑 7 年，决定执行有期徒刑 11 年，并处罚金 40 万元；

三、被告人陈某犯非法吸收公众存款罪，判处有期徒刑 3 年，缓刑 5 年，并处罚金 20 万元；

四、被告人冯某达犯非法吸收公众存款罪，判处有期徒刑 3 年，缓刑 5 年，并处罚金 10 万元……

基本案情：

1998 年 3 月，以吴某庆、惠某祥等人为代表的**康某**公司与 W 市民政局商定共同出资成立**某湖**塔园公司开发、销售塔位（用于殡葬），惠某祥代表**康**

某公司负责公司筹建。在此期间，**某湖**塔园公司即以内部认购的形式销售塔位，规定购买者除可把塔位自由更名外，还可享受两年期还本获利保证。1998年7月，吴某庆等人退出合作，惠某祥以**康某**公司名义继续合作，并于1998年7月7日正式注册成立**某湖**塔园公司，惠某祥担任副董事长、总经理。1999年2月，惠某祥向公司增资128万元后将法定代表人变更为自己。**被告人陈某自1998年3月公司筹备时即参与塔位营销，并担任公司营销部经理，后又被任命为某湖塔园公司西安办事处负责人。**

2000年年初，冯某、刘某军（均在逃）被**某湖**塔园公司聘任为市场总监，负责公司营销方案的制定和具体销售。二人经与陈某商议并报惠某祥批准，将塔位分为使用型和投资型两种，**承诺购买投资型的塔位2年后可以更名或退单**，并不定期提高塔位的销售价格，吸引众多群众购买。2001年年底，被告人冯某达主动找到**某湖**塔园公司签订了承包销售合同，约定由其在西安地区包干销售塔位，提取销售额28%～30%的销售费用。由于业绩突出，冯某达于2003年3月被任命为市场总监，冯某达明确将**塔位分成选位型和不选位型两种，并将不选位型塔位进行分期销售，制定出分期递增的价格，定期发布调价通知，给人以塔位不断增值的假象，并承诺购买不选位型的塔位两年后可按现价更名或退单，此方案经陈某和惠某祥决定后即实施。在冯某达任市场总监期间，西安地区购买不选位型塔位的共有1152人，购买金额共计2632万元。**2003年年底，冯某达离开公司，李某鹤（在逃）继任市场总监，其仍以冯某达的营销方案继续销售。**从1998年4月至2005年8月，某湖塔园公司招聘大量销售人员，印制“问题解答”“调价通知”等宣传材料，大肆宣传塔位的投资价值，违反国家公墓销售规定，采取上述手段在西安地区共计面向4334人销售投资型塔位，涉及未退金额7192万元，加上公司前期已兑付购买单3759份，原价金额2506万余元，两项合计9698万余元。**

此外，**某湖**塔园公司自1998年7月成立之初，资金严重短缺，惠某祥即决定面向内部职工及社会群众高息借款，从1998年12月至2006年7月，**某湖**塔园公司与内部职工及社会群众签订借款协议约定高息，借款共计1091万元。

综上，**某湖**塔园公司及惠某祥共计非法吸收公众存款1.07亿余元；陈某共计非法吸收公众存款9698万余元；冯某达共计非法吸收公众存款2632万余元。

裁判理由：

1. **未经中国人民银行批准，向社会不特定对象吸收资金，虽然不以吸收公众存款的名义，但承诺在一定期限内还本付息的，属于变相吸收公众存款，构成犯罪的应依法追究刑事责任**。

非法吸收公众存款罪最早见于1995年6月30日全国人大常委会通过的《关于惩治破坏金融秩序犯罪的决定》，其中第7条明确将非法吸收或变相吸收公众存款的行为纳入了刑事处罚的范围，1997年刑法典修改时，沿用了该罪名。近年来，由于受国家实行宏观调控和中央银行适度从紧货币政策的影响，经济运行中社会资金的供需矛盾突出。在各种因素的影响下，以高息为诱饵，打着各种旗号进行非法吸收公众存款的犯罪活动发案范围愈来愈广，并向多领域和职业化发展，严重侵犯了国家金融管理秩序，具有极大的社会危害性：**首先**，由于这类行为一般是通过采取提高利率的方式或手段，将大量的社会闲散资金集中到单位或个人手中，从而造成大量社会资金失控，不利于国家集中有限的资金进行必要的宏观调控；**其次**，行为人任意提高利率，形成在吸收存款上的不正当竞争，破坏利率的统一，影响币值稳定，严重扰乱国家金融秩序；**最后**，吸存人的经济实力不足，承担风险的能力弱，根本无法保证存款人资金的安全和利益，一旦经营失败，往往形成巨额资金亏空，导致广大“储户”财产损失，引发大量群体性事件，极大地影响了社会稳定，因此，非法吸收公众存款犯罪是当前司法机关严厉打击的金融犯罪。

所谓非法吸收公众存款罪，按照《刑法》第176条的规定，是指违反国家金融管理法规，吸收公众存款或者变相吸收公众存款，扰乱金融秩序的行为。对于非法吸收公众存款和变相吸收公众存款，根据1998年7月13日国务院发布的《非法金融机构和非法金融业务活动取缔办法》第4条的规定，**非法吸收公众存款是指**未经中国人民银行批准，向社会不特定对象吸收资金，出具凭证，承诺在一定期限内还本付息的活动；**变相吸收公众存款**，是指未经中国人民银行批准，不以吸收公众存款的名义，向社会不特定对象吸收资金，但承诺履行的义务与吸收公众存款性质相同的行为。

从上述定义可以看出，**非法吸收公众存款与变相吸收公众存款的共同特征在于：一是“非法性”**。所谓“非法”，是指任何向公众集资或吸收存款的行为，都必须经过中国人民银行批准，凡未经中国人民银行批准从事存款业务，缺少法定的特别授权，即为非法。具体包括两种情形：（1）行为人不具备吸收公众存款的主体资格而吸收公众存款，即非金融机构或个人向公众吸收资金，如个人或单位私设银行、钱庄、储蓄所等，非法办理存款业务，吸收公众存款；（2）行为人虽然具备吸收公众存款的资格，但其吸收公众存款的方法是非法的，即某些金融机构虽然具有吸收公众存款业务经营权，但采取非法方式进行吸收存款的行为。如有些商业银行和信用合作社，为了争揽客户，违反国家关于利率的规定，以擅自提高利率或在存款时先支付利息等手段吸收公众存款。**二是行为人必须是面向社会不特定对象吸收资金，即行为人开展非法吸收存款业务是面向不特定多数人的，而不是限于特定对象。**向社会不特定对象吸收存款的形式通常有两种情形：（1）公开张贴告示、通知等招揽存款；（2）发动亲友到处游说，广泛动员他人存款。而对于在企业内部的入股、集资行为，由于其对象为特定少数个人或单位内部成员，不属"公众"，一般不以本罪论处。

由上可见，变相吸收公众存款的行为与非法吸收公众存款的行为在非法性特征和对象特征以及承诺的义务等方面均是相同的，所不同的是非法吸收公众存款是以直接的名义吸收存款，表现在其出具存款凭证，并承诺在一定期限内还本付息；而**变相吸收公众存款则不以直接吸收存款的名义出现，而以成立资金互助会或以投资、集资入股等名义**，但承诺履行的义务与吸收公众存款性质相同。这里的**承诺的义务与吸收公众存款的性质相同**，即都是**承诺在一定期限内还本付息，从而达到吸收公众存款的目的**。实践中，行为人以变相方式吸收存款的具体手段层出不穷、花样繁多。如有的单位未经批准成立资金互助组织吸收公众资金；有些企业以投资、集资等名义吸收公众资金，但并不按规定分配利润、派发股息，而是以一定利息支付；有的以代为饲养宠物，代为养植花木果树，营业房分零出售、代为出租等为名，许以高额回报以吸收资金；有的则以商品销售的方式吸收资金，以承诺返租、回购、转让等方式给予回报。这些行为以合法形式掩盖非法集资目的，犯罪分子往往与受害者签订合同，伪装成正常的生产经营活动，其实质仍然是变相抬高国家所规定的存款利率，情节严重者，必定扰乱整个社会的金融秩序，一旦行为人不能兑现承诺，必将引发社会群体性事件，影响社会稳定。

本案中，从形式上看，被告单位**某湖**塔园公司销售塔位是经过有关部门批准的，但批准的这种销售只是指正常销售塔位的行为，即一般购得塔位自用的行为，而在实际销售塔位的过程中，为了解决经营资金的紧张，**某湖塔园公司将塔位分为使用型和投资型以及选位型和不选位型**，其中对于投资型和不选位型塔位，突出宣传购买这两种塔位有保值增值的投资功能，采用随意调高不同期塔位价格，并向公众发布，将公司前期退单情况予以宣传等方式（实际公司亦按承诺退单两千余万元），造成购买塔位可升值的假象，吸引公众购买，并且公司承诺逐年返利或到期按增值价格退单、兑付，**可见某湖塔园公司销售该类型的塔位目的就是为了尽快吸收资金**，而不是进行有关部门批准的正常使用销售，**因为正常的塔位销售不会发生销售后的塔位可以随意退单和升值兑付的情形**。**某湖**塔园公司向购买投资型和不选位型塔位的客户承诺履行的义务与吸收公众存款的性质相同，即都是承诺在一定期限内还本付息，从而达到吸收公众存款的目的，符合国务院《非法金融机构和非法金融业务活动取缔办法》规定的变相吸收公众存款的特征，构成变相吸收公众存款。**某湖**塔园公司未经金融主管机关批准，采取上述手段在西安地区向共 4334 人销售所谓投资型和不选位型塔位，非法吸收资金共计 9698 万余元，数额巨大，严重扰乱金融秩序和社会秩序，其行为已构成非法吸收公众存款罪，依法应予惩处，法院据此作出的判决是正确的。

2. 如何区分合法的民间借贷和非法吸收公众存款行为?

在司法实践中，对于非法吸收公众存款罪争议最大的是如何将本罪行为与合法的民间借贷相区别。引发该问题争议的是 1999 年《最高人民法院关于如何确认公民与企业之间借贷行为效力问题的批复》（以下简称《批复》）中的规定，在该《批复》中指出，“公民与非金融企业之间的借贷属于民间借贷，只要双方当事人意思表示真实即可有效”。而非法吸收公众存款和变相吸收公众存款的行为从本质上看，即向社会不特定对象筹集资金并承诺在一定期间还本付息，这当然也属于一种“借贷”，而且该《批复》对于民间借贷行为并未限定范围，那么如何理解《批复》的规定对合法民间借贷与非法吸收公众存款进行区分呢？我们认为，刑法是规定犯罪及其刑事责任的法律规范，即刑法规定的是犯罪行为，而其他法律规定的都是一般违法行为。非法吸收公众存款罪，尽管也表现为一定民间借贷的特征，但因为其借贷的范围具有不特定的公众性且扰乱了国家金融秩序，所以具有民间借贷不会造成的严重社会危害性，这是两者的根本区别。如果民间借贷的对象范围满足前文所讲的两个条件即“非法性”和“广延性”，即未经有权机关批准和向社会不特定对象吸收资金，且借款利率高于法定利率，扰乱了国家金融秩序，则就超出了民间借贷的范畴，演化为非法吸收公众存款。而对于像“只向少数个人或者特定对象如仅限于本单位人员等吸收存款”的行为当然不是本罪中的非法吸收公众存款的行为，因为这种“民间借贷”不可能对国家金融秩序造成破坏。所以，《批复》中所讲的**“民间借贷”只能是针对社会中少数个人或者特定对象之间的“借贷”行为，而对于“向社会不特定对象”吸收存款的行为当然不属于“民间借贷”。唯有如此，才能将非法吸收公众存款与合法的民间借贷区别开来**。

本案中，被告单位**某湖**塔园公司自1998年7月成立之初，惠某祥即决定面向内部职工及社会群众高息借款，从1998年12月至2006年7月，**某湖**塔园公司不但与内部职工而且与许多社会群众签订借款协议约定高息，借款共计1091万元，远远超出了非法吸收公众存款罪的立案标准，不再属于民间借贷范畴，对该行为应当以非法吸收公众存款罪定罪处罚。

裁判要旨三：单位或个人假借开展网络借贷信息中介业务之名，未经依法批准，吸收不特定公众的资金设立资金池，并控制、支配资金池中的资金，承诺还本付息的，构成非法吸收公众存款罪

案件名称：杨某国等人非法吸收公众存款

案例来源：最高人民检察院第十七批指导性案例，检例第64号

裁判结果：

以非法吸收公众存款罪，分别判处被告人杨某国有期徒刑9年6个月，并处罚金人民币50万元；判处被告人刘某蕾有期徒刑4年6个月，并处罚金人民币100,000元；判处被告人吴某有期徒刑3年，缓刑5年，并处罚金人民币100,000元；判处被告人张某婷有期徒刑3年，缓刑5年，并处罚金人民币100,000元。在案扣押冻结款项分别按损失比例发还；在案查封、扣押的房产、车辆、股权等变价后分别按损失比例发还。不足部分责令继续退赔。

基本案情：

望某集团于2013年2月28日成立，法定代表人、董事长为被告人杨某国。自2013年9月起，望某集团开始在线下进行非法吸收公众存款活动。2014年，杨某国利用其实际控制的公司又先后成立以下简称望某财富、望某普惠，通过线下和线上两个渠道开展非法吸收公众存款活动。其中，望某普

惠主要负责发展信贷客户（借款人），望某财富负责发展不特定社会公众成为理财客户（出借人），根据理财产品的不同期限约定7%－15%不等的年化利率募集资金。在线下渠道，望某集团在全国多个省、市开设门店，采用发放宣传单、举办年会、发布广告等方式进行宣传，理财客户或者通过与杨某国签订债权转让协议，或者通过匹配望某集团虚构的信贷客户借款需求进行投资，将投资款转账至杨某国个人名下42个银行账户，被望某集团用于还本付息、生产经营等活动。在线上渠道，望某集团及其关联公司以网络借贷信息中介活动的名义进行宣传，理财客户根据望某集团的要求在第三方支付平台上开设虚拟账户并绑定银行账户。理财客户选定投资项目后将投资款从银行账户转入第三方支付平台的虚拟账户进行投资活动，望某集团、杨某国及望某集团实际控制的担保公司为理财客户的债权提供担保。望某集团对理财客户虚拟账户内的资金进行调配，划拨出借资金和还本付息资金到相应理财客户和信贷客户账户，并将剩余资金直接转至杨某国在第三方支付平台上开设的托管账户，再转账至杨某国开设的个人银行账户，与线下资金混同，由望某集团支配使用。因资金链断裂，望某集团无法按期兑付本息。截止到2016年4月20日，望某集团通过线上、线下两个渠道非法吸收公众存款共计64亿余元，未兑付资金共计26亿余元，涉及集资参与人13,400余人。其中，通过线上渠道吸收公众存款11亿余元。

裁判理由：

法庭经审理认为，望某集团以提供网络借贷信息中介服务为名，实际从事直接或间接归集资金、甚至自融或变相自融行为，本质是吸收公众存款。判断金融业务的非法性，应当以现行刑事法律和金融管理法律规定为依据，不存在被告人开展P2P业务时没有禁止性法律规定的问题。望某集团的行为已经扰乱金融秩序，破坏国家金融管理制度，应受刑事处罚。

指导意义：

1. **向不特定社会公众吸收存款是商业银行专属金融业务，任何单位和个人未经批准不得实施**。根据《商业银行法》第11条规定，未经国务院银行业监督管理机构批准，任何单位和个人不得从事吸收公众存款等商业银行业务，这是判断吸收公众存款行为合法与非法的基本法律依据。任何单位或个人，包括非银行金融机构，未经国务院银行业监督管理机构批准，面向社会吸收公众存款或者变相吸收公众存款均属非法。国务院《非法金融机构和非法金融业务活动取缔办法》进一步明确规定，未经依法批准，非法吸收公众存款、变相吸收公众存款、以任何名义向社会不特定对象进行的非法集资都属于非法金融活动，必须予以取缔。为了解决传统金融机构覆盖不了、满足不好的社会资金需求，缓解个体经营者、小微企业经营当中的小额资金困难，国务院金融监管机构于2016年发布了《网络借贷信息中介机构业务活动管理暂行办法》等“一个办法、三个指引”，允许单位或个人在规定的借款余额范围内通过网络借贷信息中介机构进行小额借贷，并且对单一组织、单一个人在单一平台、多个平台的借款余额上限作了明确限定。检察机关在办案中要准确把握法律法规、金融管理规定确定的界限、标准和原则精神，准确区分融资借款活动的性质，对于违反规定达到追诉标准的，依法追究刑事责任。

2. **金融创新必须遵守金融管理法律规定，不得触犯《刑法》规定**。金融是现代经济的核心和血脉，金融活动引发的风险具有较强的传导性、扩张性、潜在性和不确定性。为了发挥金融服务经济社会发展的作用，有效防控金融风险，国家制定了完善的法律法规，对商业银行、保险、证券等金融业务进行严格的规制和监管。金融也需要发展和创新，但金融创新必须有效地防控可能产生的风险，必须遵守金融管理法律法规，尤其是依法须经许可才能从事的金融业务，不允许未经许可而以创新的名义擅自开展。检察机关办理涉金融案件，要深入分析、清楚认识各类新金融现象，准确把握金融的本质，透过复杂多样的表现形式，准确区分是真的金融创新还是披着创新外衣的伪创新，是合法金融活动还是以金融创新为名实施金融违法犯罪活动，为防范化解金融风险提供及时、有力的司法保障。

3. **网络借贷中介机构非法控制、支配资金，构成非法吸收公众存款**。网络借贷信息中介机构依法只能从事信息中介业务，为借款人与出借人实现直接借贷提供信息搜集、信息公布、资信评估、信息交互、借贷撮合等服务。信息中介机构不得提供增信服务，不得直接或间接归集资金，包括设立资金池控制、支配资金或者为自己控制的公司融资。网络借贷信息中介机构利用互联网发布信息归集资金，不仅超出了信息中介业务范围，同时也触犯了《刑法》第176条的规定。检察机关在办案中要通过对网络借贷平台的股权结构、实际控制关系、资金来源、资金流向、中间环节和最终投向的分析，综合全流程信息，分析判断是规范的信息中介，还是假借信息中介名义从事信用中介活动，是否存在违法设立资金池、自融、变相自融等违法归集、控制、支配、使用资金的行为，准确认定行为性质。

裁判要旨四：行为人客观上没有使用诈骗的方法进行非法集资，主观目的不是非法占有他人财物、而是以非法营利为目的，其行为性质的认定，应从犯罪构成的具体要件出发，实事求是地予以认定，而不能唯结果论

案件名称：高某非法吸收公众存款案——利用经济互助会非法集资的行为如何定性

案例来源：《刑事审判参考》总第8集，第56号案例

裁判结果：

最高人民法院经复核认为：被告人高某以营利为目的，以"经济互助会"为名，非法融资，数额巨大，严重扰乱了国家金融秩序，造成了严重危害后果，其行为已构成非法吸收公众存款罪，应依法惩处。二审裁定认定的事实清楚，证据确实、充分，审判程序合法。但适用法律不当。依照《刑法》第12条第1款、第64条、全国人民代表大会常务委员会《关于惩治破坏金融秩序犯罪的决定》第7条第1款的规定，于2000年3月8日判决如下：

1. 撤销安徽省六安地区中级人民法院刑事判决和安徽省高级人民法院刑事裁定；

2. 被告人高某犯非法吸收公众存款罪，判处有期徒刑10年，并处罚金45万元；

3. 对被告人高某非法吸收公众存款的犯罪所得予以追缴，返还给被害人。

基本案情：

1995年3月至1996年11月间，被告人高某以高额"尾息"（即利息）为诱饵，利用"经济互助会"的形式，采取"会书"承诺的方法，先后"邀会"41组，其中5万元1组，3万元2组，2万元5组，1万元22组，5千元2组，2千元5组，1千元3组，5百元1组。"邀会"金额3394.345万元，加上邀徐某有等6人会款9.94万元，共非法集资总金额为3404.285万元，放出会款总金额为3222.6万元，扣除"放会"款，高某共非法占有他人"上会"款181.685万元。此外，1993年6月至1996年12月期间，被告人高某接受他人同类型的"邀会"，共"上会"600组，"上会"总金额

5840.3803 万元，得会总金额 5703.8285 万元；1996 年 3 月至 1997 年 1 月期间，高某以周转会款为名，以高息为诱饵，骗取王某等 9 人现款 53.8 万元，后称无力偿还，以会账充抵 46.09 万元，另有 7.71 万元至今不能归还。

裁判理由：

（一）被告人高某的行为构成非法吸收公众存款罪

根据《刑法》第 176 条的规定，非法吸收公众存款罪是指违反国家规定，非法吸收公众存款或者变相吸收公众存款，扰乱金融秩序的行为。根据《刑法》第 192 条的规定，集资诈骗罪是指以非法占有为目的，使用诈骗的方法非法集资，数额较大的行为。**集资诈骗罪和非法吸收公众存款罪**都以非法集资为外在的表现形式，**但二者同时又存在着根本的区别：**

第一，犯罪的目的不同。前者的犯罪目的是非法占有所募集的资金；而后者的目的则是企图通过吸收公众存款的方式，进行赢利，在主观上并不具有非法占有公众存款的目的。这是两罪最本质的区别。第二，犯罪行为的客观表现虽有非法集资的共同外在表现形式，但具体实施方法也有根本不同。前者的行为人必须使用诈骗的方法；而后者则不以行为人是否使用了诈骗方法作为构成犯罪的要件之一，尤其是在吸收存款或募集资金的目的行为上并没有遮掩赢利的意图。第三，侵犯的客体不同。前者侵犯的是复杂客体，不仅侵犯了国家的金融秩序，而且侵犯了出资人的财产所有权；后者侵犯的是单一客体，即国家的金融管理秩序，当然在有些情况下，非法吸收公众存款的行为人由于经营不善造成亏损，无法兑现其在吸收公众存款时的承诺，甚至给投资人、存款人造成了重大经济损失，但是，这种损失与行为人目的就是侵犯公私财物的所有权是不同的。

本案被告人高某作为“经济互助会”会首，以高额“尾息”为诱饵，采取“会书”承诺的方法，利用“经济互助会”非法集资 3404 万余元，“放会”款 3226 万余元，“炸会”后，尚欠其他会民会款 177 万余元无法归还。其中，部分会款被被告人高某用于购买房屋、家具、电器等使用、挥霍。从表面上看，被告人高某实施了非法占有他人财物的行为，通过非法集资的方式非法占有了他人的钱款，但是，被告人高某行为的目的并非是为了非法占有他人财物，侵犯其所有权，因此，其行为的实质是非法吸收公众存款，而非集资诈骗。理由如下：

首先，被告人高某的行为不是以非法占有为目的，而是以非法营利为目

的。如何认定行为人的行为是以非法占有为目的？参照最高人民法院《关于审理诈骗案件具体应用法律的若干问题的解释》第3条第4款的规定，行为人具有下列情形之一的，就应当认定其行为属于以非法占有为目的，使用诈骗方法非法集资：（1）携带集资款逃跑的；（2）挥霍集资款，致使集资款无法返还的；（3）使用集资款进行违法犯罪活动，致使集资款无法返还的；（4）具有其他欺诈行为，拒不返还集资款，或者致使集资款无法返还的。本案中，被告人高某不具有上述情形。被告人高某在“炸会”后尚有177万余元集资款无法返还的主要原因是高某利用“邀来”的会款去“上会”，其他会首尚欠其会款136万余元，形成了连环的非法债权债务关系，并非是其主观上有非法占有他人会款拒不返还的目的。从被告人高某收到“邀会”款后，将其中的绝大部分款项用于“放会”“上会”这一事实来看，应当认定被告人高某“邀会”的目的在于通过用邀来的会款去上他人同类型的“邀会”营利。一、二审法院只是注重了高某“邀会”和利用“邀会”所得会款购买房屋、家具、电器等实际占有、使用会款的事实，而忽视了其将“邀会”款“上会”的行为。我们不能简单地以客观上不能归还来认定行为人主观上的“非法占有目的”，高某“上会”的行为正说明其像其他会民一样希冀通过“经济互助会”这种形式取得高额尾息、获取利益，而非非法占有集资款。

其次，被告人高某在非法集资的过程中没有使用诈骗的方法。虽然是否使用诈骗方法不是集资诈骗罪和非法吸收公众存款罪的根本区别，但未使用诈骗方法的非法吸收公众存款行为却可以肯定不是集资诈骗行为。从安徽省六安市苏埠镇的“经济互助会”的运作方式来看，“邀会”“上会”可以获取高额尾息，也正因为如此，“经济互助会”吸引了大量的人参加。据《中国青年报》1998年11月18日载：苏埠镇9万人口，90%以上的人都卷入会潮，包括党政干部、在校师生，有的会民为图高额尾息，不惜借款、贷款“上会”。由于参加“经济互助会”的会首和会民对于“经济互助会”的运作方式都心知肚明，因此，被告人高某并没有虚构事实、隐瞒真相。

再次，从定罪理论上讲，作为定罪的事实根据，只能是行为人是否构成犯罪和构成何罪的案件事实。高某行为性质的认定，应从犯罪构成的具体要件出发，实事求是地予以认定，而不能唯结果论。本案参加“邀会”的人数众多，损失会款巨大，严重破坏了当地的金融秩序，并引发了许多其他后果，先后有多名会民自杀或致残，案件在审理过程中也有许多会员上访闹事，要求严惩高某并保护他们的利益。但是，出现这种严重后果不仅仅是高某自身的原因，会民为谋取不正当利益非法“上会”，当地政府及有关部门监管不力也是重要原因。本案造成的严重后果不能成为影响案件定性的事实因素，而只能作为量刑情节予以考虑。决定高某行为性质的是其主观上的非法营利目的和客观上非法集资并严重扰乱金融秩序的行为。

最后，被告人高某的行为符合非法吸收公众存款罪的客观特征。非法吸收公众存款罪的客观方面表现为非法向社会公众公开吸收存款或者变相吸收公众存款的行为。“非法吸收公众存款”，是指完全仿照银行吸收存款的办法，以确定的存款期限、利率，面向社会公众吸收存款。“变相吸收公众存款”，是指行为人为回避以“存款”的形式吸收公众资金引起的麻烦，避免受到追究，在未经中国人民银行或者国务院批准的情况下，擅自开办所谓的“基金”或者“基金会”，如“职工互助基金会”“个体劳动者基金会”“老龄基金会”等，再以此名义“合法”地吸收公众资金以开展所谓活动。本案中高某作为会首，以“经济互助会”的形式非法集资的行为正是“变相吸收公众存款”的典型方式。

（二）对被告人高某的行为应适用全国人大常委会《关于惩治破坏金融秩序犯罪的决定》定罪处刑

本案被告人高某“邀会”“放会”的时间是1995年3月至1996年11月底。其间，1995年6月30日全国人大常委会通过了《关于惩治破坏金融秩序犯罪的决定》（以下简称《决定》），本案审理过程中，1997年通过了修订的《刑法》，对《决定》规定的金融犯罪作了吸收和完善。由于二者对犯非法吸收公众存款罪规定的法定最高刑和法定最低刑都完全相同，根据《刑法》第12条所确定的从旧兼从轻原则，本案应适用《决定》对被告人高某定罪量刑。

综上，根据被告人高某“邀会”“放会”犯罪的时间、犯罪事实、性质以及造成的危害后果等情节，最高人民法院适用《决定》第7条以非法吸收公众存款罪对本案予以改判，无疑是正确的。

裁判要旨五：

1. 不能认为凡具有《刑法》分则规定的“情节严重”者，均不属于《刑法》第72条规定“犯罪情节较轻”，而当然地将其排除在缓刑适用范围

之外

2. 区分非法吸收公众存款罪中的“数额巨大”与“其他严重情节”，对于纯粹因“数额巨大”而提档处罚的，可在符合条件时考虑缓刑适用；对于具有“其他严重情节”的，则基于对司法裁判的社会可接受性等社会效果的考虑，纵然在3年有期徒刑的起点刑量刑，一般也不宜对其适用缓刑

3. 在刑罚裁量上，不能为《刑法》分则规定的形式要件所囿，而应侧重考量集资目的及清退资金两个关键要素，在量刑幅度上适当灵活把握。已基本具备“主要用于生产经营所需”和“积极清退所吸资金”两个关键条件的，可予以从轻处罚

案件名称：毛某东等非法吸收公众存款案——非法吸收公众存款罪从轻处罚的适用

案例来源：《刑事审判参考》（总第109集）第1188号案例

裁判结果：

以非法吸收公众存款罪，分别判处被告人**毛某东**有期徒刑3年，缓刑5年，并处罚金人民币5万元；判处被告人**毛某清**有期徒刑5年，缓刑5年，并处罚金人民币5万元；判处被告人**汪某珠**有期徒刑3年，缓刑4年，并处罚金人民币3万元。

基本案情：

江山市安泰公司成立于2001年，法定代表人为被告人毛某清，2009年变更为被告人毛某东，毛某东占95.1%股份，被告人汪某珠占4.9%股份。安泰公同经营范围主要为房地产开发销售。

2010年7月，安泰公司以人民币1.6亿元拍得原江山啤酒厂地块项目开发权，其中1.3亿元为银行贷款以及向社会不特定对象借款。为运作项目筹集资金以及支付前期借款本息，毛某东、毛某清、汪某珠以安泰公司发展需要资金为由，以个人名义、安泰公司担保或三人互相担保等方式出具借条，许以月利率2~5分的利息，向社会不特定对象借款，所借款项均先存入三人各自银行账户。运作项目需要资金时，从毛某东的银行账户转至安泰公司银行账户，若其账户资金不足，则由毛某清、汪某珠账户转账给毛某东。

毛某东、毛某清、汪某珠共向吴某某、王某某等148名社会不特定对象非法吸收存款达人民币27,856.3万元，支付利息人民币3984.27万元，归还本金人民币4130.9万元，至案发，尚有本金人民币23,725.4万元无法归还

（经公司破产清算后，1178.936 万元无法归还）。

毛某东等人将借得的资金部分用于购买土地、工程建设、公司运营以及日常开支，部分用于归还前期借款本息，还有部分借贷给余某、邵某、周某等人。

案例评析：

1. 缓刑适用条件中的“犯罪情节较轻”与具体罪状中的“情节轻重”含义之厘清

《刑法修正案（八）》对缓刑适用条件作了修正，将原来的实质要件“根据犯罪情节和悔罪表现，确实不致再危害社会”细化为“犯罪情节较轻”“有悔罪表现”“没有再犯罪的危险”以及“不会对所居住社区产生重大不良影响”。可见，“犯罪情节较轻”成了缓刑适用的首要要件，在司法实务中需要重点考虑。

“犯罪情节较轻”之“犯罪情节”，侧重于反映犯罪的整体社会危害性，是对犯罪主体、犯罪主观方面、犯罪客体和犯罪对象以及犯罪客观方面的全面考察和综合评价，其中不乏体现法官自由裁量权的酌定性。而《刑法》分则具体罪状中的犯罪情节，一般表述为情节一般、情节严重、情节特别严重三个层次，它们是决定刑罚档次的犯罪因素，刑法理论上又叫基本构成和加重构成。从刑法文本及司法解释规定来看，刑法分则具体罪状中的各类情节，主要体现为对犯罪客观方面的评价，一般不关涉犯罪主体、犯罪客体等其他犯罪构成要素，尤其是在数额犯中。为最大程度上限缩刑罚弹性，防范司法擅断，刑法分则中的犯罪情节一般都经由司法解释作出较为明确的规定，具有法定性和确定性，法官自由裁量的空间相对较小。

由上可见，缓刑适用要件中的“犯罪情节”与具体罪状中的“犯罪情节”两者旨趣不同，含义有别，在逻辑上不具有同一性和当然的对应性。司法实务中应避免望文生义，将两者混为一谈。易言之，**不能认为凡具有刑法分则规定的“情节严重”者，即不属于《刑法》第 72 条规定“犯罪情节较轻”，而当然地将其排除在缓刑适用范围之外**。若此，则可能得出凡具有严重情节依法定刑得处 3 年有期徒刑者，一律不能适用缓刑的不当结论。

2. 非法吸收公众存款罪中的“数额巨大”与“其他严重情节”之区分评价

我国《刑法》第 176 条规定，非法吸收公众存款数额巨大或者有其他严重情节的，处3年以上10年以下有期徒刑，并处5万元以上50万元以下罚金。而所谓“数额巨大或者有其他严重情节”，依照《最高人民法院关于审理非法集资刑事案件具体应用法律若干问题的解释》（以下简称《解释》）第3条第2款的规定，中前3种情形对应“数额巨大”的认定侧重于犯罪数额和犯罪对象的数量；第4种情形对应“其他严重情节”，侧重于犯罪危害后果。所谓“特别恶劣的社会影响”或“其他特别严重后果”，从司法实务来看，主要是指犯罪导致被害人自杀，造成群体性上访，严重影响社会稳定、民愤极大，强烈要求从严处置等情形。

《刑法》第176条虽将“数额巨大”与“其他严重情节”两者并列，共同作为非法吸收公众存款罪提档处罚的情节，但该两者却具有一定区别：一是在社会危害性方面存在区别。“数额巨大”与基本犯之间，仅有量的区别而无质的差异；而“其他严重情节”与基本犯之间，其社会危害性完全不能相提并论，具有质的差别。二是在法益侵害方面具有单一与多元的区别。纯粹的“数额巨大”与基本犯之间，侵犯的法益仍仅为单一的国家金融秩序；而具有“其他严重情节者，其实际侵犯的法益已扩展至公民的生命权、社会管理秩序等。三是在犯罪后果的可救济方面也存有明显区别。“数额巨大”的，仍可通过退赃等经济手段，在相当程度上修复其犯罪危害；而具有“其他严重情节”，因人身伤亡等不具有可恢复性，纵然行为人悔罪心切，一般也难以起到实际弥补效果。

区分非法吸收公众存款罪中的“数额巨大”与“其他严重情节”，意在说明两者在缓刑适用的可能性方面应予区别对待：对于纯粹因“数额巨大”而提档处罚的，可在符合条件时考虑缓刑适用；对于具有“其他严重情节”的，则基于对司法裁判的社会可接受性等社会效果的考虑，纵然在3年有期徒刑的起点刑量刑，一般也不宜对其适用缓刑。

3. 非法吸收公众存款罪“数额巨大”从轻处罚的适用

本案中，三被告人非法吸收的资金达2亿余元，是“数额巨大”起点（100万元）的数百倍，非法吸收公众存款罪没有规定“数额特别巨大”情形，但本案相对一般案件而言应属“数额特别巨大”。一、二审法院却仅在加重处罚的起点刑（3年有期徒刑）量刑，是否有悖罪刑相适应原则？

我们认为，就一般数额犯而言，犯罪数额本身是决定其犯罪情节轻重的主要因素，在犯罪总额远远大于法定起点刑数额且无法定从轻处罚情节的情况下，仍在起点刑量刑，确实难以体现罚当其罪，有违量刑规范化的基本要求。但就非法吸收公众存款罪而言，《解释》第3条第4款明确规定，**“非法吸收或者变相吸收公众存款，主要用于生产经营活动，能够及时清退所吸收资金，可以免予刑事处罚；情节显著轻微的，不作为犯罪处理”**。在《（关于理非法集资刑事案作具体应用法律若干问题的解释的理解与适用》一文中，也有这样的表述：“起草过程中有意见认为，应对免予刑事处罚的情形加以数额限制，对于‘数额巨大’的，不得免予刑事处罚。经研究，非法吸收公众存款刑事案件有其特殊性：一是犯罪数额往往很大如设定数额限制本款规定在实践中将可能毫无意义；二是非法吸存犯罪的危害性主要体现在不能归还所吸收资金及由此引发的社会稳定问题，故未采纳。”因此，可以明确，《解释》规定的免予刑事处罚和出罪规定，是包括犯罪数额巨大的情形的。

从司法实践来看，非法吸收公众存款罪的行为人与“受害人”之间，由于其发生关系的基础多是民间借贷等民事行为，如果案发后能解决经济问题，一般足以平息矛盾。因此，《解释》所规定的从轻处罚和出罪原则，符合我国金融体系的现状，有利于激励民间融资的正常进行，合理地平衡刑事处罚与经济发展的关系。

《解释》的前述规定，为司法实务中审理该类案件提供了更为明晰的方向和更加宽阔的思路，即在刑罚裁量上，不能为《刑法》分则规定的形式要件所囿，而应侧重考量集资目的及清退资金两个关键要素，在量刑幅度上适当灵活把握。根据“举重以明轻”的原理，既然具备上述条件，司法解释规定可以免予刑事处罚或者作无罪处理，那么更可以对被告人予以从轻处罚。对照分析，本案并没有完全清退所吸收资金，故难以适用免予刑事处罚或作无罪处理，但本案实际上已基本具备“主要用于生产经营所需”和“积极清退所吸资金”两个关键条件，可以适用《解释》规定的从轻处罚原则：

1. **从借款动因及款项用途视角考察，主要是用于生产经营所需**。本案被告人之所以在开发房地产中要向民间集资，其原因有三：一是受国家政策调控的影响。安泰公司在支付土地出让金1.6亿元及契税2000万元后，原本已在江山农行用该地块抵押贷款11亿元，但由于国家政策的调控，对县以下房地产开发公司一律不发放土地抵押贷款，导致银行贷款落空，为了完成工程开发不得不进行民间借款，且仅此一项就增加了五六千万元的利息成本。二是地质结构拖延工期。在实施工程施工后，安泰公司发现原江山啤酒厂地块地下存在许多岩洞，致基础工程进度十分缓慢，又因为该地块在市中心晚上不能施工，地下工程比原预计多花了近一年的时间，由此又增加了六七千万元的利息负担。三是国家限购政策的出台。安泰公司经过近一年半的时间，于2012年3月左右完成基础工程建设，开始建房，此时可以预售房屋，但由于限购政策的出台以及房地产市场的疲软，购房率低，公司房屋销售不足，资金难以回笼。从所借款项使用情况来看，大部分资金均直接用于生产经营所需。虽有部分资金外借，主要是由于地质岩洞拖延工期近一年，所筹资金闲置，但又要支付利息，为了减少损失而出借，根本上仍出于生产经营之考虑。

2. **从退赃角度考察，非法吸收的资金基本退清**。案发后，本案三被告人积极退赃，主动将自己的全部财产5000万元用于退赔。一审法院认为，三被告案发后尚有本金人民币23,725.4万元无法归还。实际上，该数字为安泰公司破产清算前的数字，后经破产清算清偿率为61%，按此比例计算，应当只有本金9252.9万元未还。在该基础上，尚应扣除清算前已支付的3984万元及清算过程中支付的利息4089.7万元。因此，可以认定的被告人无法归还金额实际只有1178.936万元，以其非法吸收的金额27,856.3万元计算，归还本金的比例已经达到了95.77%。另外，由于被告人所借款项的借据每年一换，其中有部分是上一年的利息计入了本金，1178.936万元当中还包含一部分利息。因此，大部分前期参与的债权人几乎都已经收回了自己的本金，尚有损失的仅是后期进入的极小部分债权人，但归还本金的比例也至少在80%以上。

3. **从社会效果角度考察，本案的裁判结果可为社会接受**。本案并未出现人员伤亡等恶性事件，参与集资人在公司破产分配后情绪稳定，没有出现大规模的缠访闹访事件。本案不存在不宜适用缓刑的“其他严重情节”。

综上，一、二审法院认定三被告人均构成非法吸收公众存款罪并从轻处罚，分别判处缓刑，能够罚当其罪，也符合刑法谦抑精神，是适当的。

裁判要旨六：

1. 集资行为非法性的认定。“e租宝”的A2P模式属于广义的P2P模式范畴，应当根据同样的标准认定、评价；“e租宝”平台运营中所实施的行为涵盖了网络借贷平台全部不可为的行为，不是合法的网络借贷行为；被告单

位利用网络借贷的幌子从事非法吸收公众存款的行为没有任何合法依据

2. 被告人罪责的分层认定。根据行为人主观心理态度分别评价各自罪行，对具有非法占有目的的行为人以集资诈骗罪定罪处罚，对其他的行为人以非法吸收公众存款罪定罪处罚

案件名称：安徽钰诚控股集团、钰诚国际控股集团有限公司和丁某、丁某1等集资诈骗、非法吸收公众存款、走私贵重金属、非法持有枪支、偷越国境案——“e租宝”非法集资案

审理法院：北京市高级人民法院

案例来源：《刑事审判参考》总第118集

裁判结果：

被告人王某焕、谢某、齐某岩、杨某致、杨某辉、姚某燕、杨某、丁某强、李某倩、张某彪、宗某、刘某田、王某、路某、张某、高某俊犯非法吸收公众存款罪，对被告人张某、王某焕等24人分别以集资诈骗罪、非法吸收公众存款罪判处有期徒刑15年至3年不等刑罚，并处剥夺政治权利及罚金。

基本案情：

被告单位安徽**钰诚**控股集团于2014年6月至2015年4月间，被告单位**钰诚**控股集团于2015年5月至12月间，在没有银行业金融机构资质的前提下，利用“e租宝”平台、“芝麻金融”平台发布虚假的融资租赁债权项目及个人债权项目，包装成“e租年享”“年安丰裕”等年化收益9%至14.6%的理财产品进行销售，以承诺还本付息等为诱饵，通过电视台、网络、散发传单等途径向社会公开宣传，先后吸收115万余人资金共计762亿余元，其中重复投资金额为164亿余元。二被告单位集资后，除部分集资款用于返还集资本息，以及支付员工工资、房租、广告宣传费用、收购线下销售公司和担保公司等运营成本外，其余大部分集资款在丁某的授意下肆意挥霍、随意赠予他人，以及用于走私等边法犯罪活动，造成集资款损失共计380亿余元。

裁判理由：

根据《刑法》第176条、第192条的规定，非法吸收公众存款或者变相吸收公众存款，扰乱金融秩序的，构成非法吸收公众存款罪；以非法占用为目的，使用诈骗方法非法集资。数额较大的，构成集资诈骗罪。具体到本案，虽然最终认定了上述两个罪名，**但两个罪名的主要区别在于被告人是否具有非法占有目的**。而在客观要件方面，本案中所有被告单位和被告人是基本相

同的。即，**认定本案是否符合非法吸收公众存款罪的客观要件，是认定两个罪名共同的前提**。

根据《最高人民法院关于审理非法集资刑事案件具体应用法律若干问题的解释》中的规定，认定非法吸收公众存款罪的客观行为应当同时具备四个条件：一是非法性，二是公开性，三是利诱性，四是社会性。本案中，被告单位通过网络、电视、报纸等多种媒体向社会公众宣传“e 租宝”产品，并利用线下销售公司推销、销售产品，其行为具有公开性；在与投资人签订的债权转让合同中保证“随时赎回”“按日、按月计息”，并作出债权转让合同有担保公司、保理公司、融资租赁公司承担连带保证责任的三重保障，变相承诺保本付息，其行为具有利诱性；宣传“e 租宝”产品“一元起投”，且无论线上还是线下的宣传销售，对于投资人或投资数额均没有任何限制，行为具有社会性。**其行为符合上述公开性、利诱性和社会性三个要件较易认定，也不是控辩争议的焦点，本案的难点在于非法性的认定**。

二被告单位及被告人丁某、丁某 1 等人当庭辩称，销售“e 租宝”理财产品的安信惠鑫公司具有金融服务牌照，可以从事类银行业务，且“e 租宝”的 A2P 模式是对网络金融借贷 P2P 模式的新发展，得到中央层面的扶持，故该行为不应当认定为具有非法性。**但经过审查，最终我们认定该行为具有非法性**，其分析过程如下：

1. **对 A2P 模式的解读**。A2P 模式是 P2P 网络借贷模式的衍生发展。根据金融业内已形成的一致性意见，P2P 网络借贷是指个体和个体之间通过互联网平台实现直接借贷的模式，其中的个体既包括企业也包括个人。A2P 模式是指将融资租赁项目与网络借贷结合，通过互联网金融平台把融资租赁业务中形成的债权转让给普通投资者，其商业本质与 P2P 是相同的，因为无论是通过平台直接实现借贷，还是通过受让债权实现借贷，都是通过平台最终形成融资方和投资方的借贷法律关系，因此，A2P 模式属于广义的 P2P 模式范畴，应当根据同样的标准认定、评价。

2. **对行为非法性的分析**。网络借贷平台实际就是中介机构，我国相关行政法规对网络借贷平台的地位、作用有明确的要求。根据银监会等部委联合发布的《关于促进互联网金融健康发展的指导意见》及《网络借贷信息中介机构业务活动管理暂行办法》的规定，P2P 网络借贷本身是合法的经营模式，网络借贷信息中介机构是提供借贷撮合服务的中介机构，网络平台不得利用平台为自身或具有关联关系的借款人融资、不得直接或间接接受或归集出借人的资金、不得向出借人提供担保或者承诺保本保息、不得将融资项目的期限进行拆分、不得在物理场所开展风险管理及监管规定明确的必要经营环节外的其他业务等。而“e租宝”平台运营中所实施的行为涵盖了全部上述不可为的行为，显然不是合法的网络借贷行为。

3. **对形式违法性的分析**。我国《商业银行法》第11条第2款规定，未经国务院银行业监督管理机构批准，任何单位和个人不得从事吸收公众存款等商业银行业务。被告单位未获得国家有关部门依法批准，却通过转让虚假债权、个人债权的名义在互联网平台以及线下大肆吸收公众资金，这种融资行为脱离了国家有关单位管控和法律规范的规制，增加了融资行为的风险性，直接违反了相关法律规定，因此具有形式违法性。至于被告人丁某辩解金融服务牌照经过审查，仅是营业执照上金融信息服务的经营范围，并非取得了金融业务许可牌照。因此，被告单位利用网络借贷的幌子从事非法吸收公众存款的行为没有任何合法依据。

4. **被告人罪责的分层认定**。根据行为人主观心理态度分别评价各自罪行，对具有非法占有目的的行为人以集资诈骗罪定罪处罚，对其他的行为人以非法吸收公众存款罪定罪处罚。

裁判要旨七：以非法占有为目的，使用高额回报“劳务费”等诈骗方法非法集资，数额较大的，构成集资诈骗罪。违反国家金融管理法律规定，向社会不特定对象吸收资金，扰乱金融秩序，数额较大的，构成非法吸收公众存款罪。其中是否具有非法占有的目的是区分集资诈骗罪和非法吸收公众存款罪的关键

案件名称：刘某珊等集资诈骗、非法吸收公众存款案

案例来源：最高人民法院2015年度公布弘扬“社会主义核心价值观”典型案例之诈骗犯罪典型案例三

审理法院：四川省遂宁市中级人民法院

案号：（2013）遂中刑初字第16号（注：经检索，未检索到该案二审判决）

裁判结果：

遂宁市中院一审判决：被告人刘某珊犯集资诈骗罪，判处无期徒刑，剥

夺政治权利终身，并处没收个人全部财产；被告人杨某洪、侯某亮等犯非法吸收公众存款罪，分别判处 2 到 8 年不等有期徒刑，并处罚金。四川省高院二审维持了遂宁中院的一审判决。

基本案情：

刘某珊是云南玉灵宝之堂珠宝有限公司的实际控制人。2011 年 3 月、5 月、7 月，刘某珊先后在泸州、南充、遂宁等地成立宝之堂分公司，组织杨某洪、相某吉等人，以开展玉器戴养业务为名，以高额回报“劳务费”为诱饵，以聘请部分人缘好有一定宣传号召能力的客户为“理财顾问”进行宣传等手段，并通过虚构翡翠戴养养生增值、公司资金雄厚、投资有保障无风险等假象，鼓动社会不特定人员，特别是中老年人积极缴纳资金。至案发共吸收资金人民币 6242.68 万元，扣除期间已返还“劳务费”和退合同款，尚欠集资款项人民币 5814.795 万元。刘某珊等人将绝大部分资金用于还贷款、放高利贷、公司员工高额提成、公司日常开支运转、寻宝被骗等，致使大部分资金无法追回，不能返还，且公司无正常投资性盈利收入。案发后，遂宁、南充、泸州等地有 2060 人分别向公安机关报案。公安机关先后追回赃款人民币 1371 万元。

典型意义：

本案即是较为典型的非法集资类刑事案件，涉案金额大，达到 6000 多万元；受害人数多，涉及遂宁、南充、泸州多地数千人；该案吸收的大部分资金难以追回，造成的经济损失特别巨大，达 4000 余万元。由于受骗参与非法集资的以 40 至 60 岁年龄段中老年人居多，许多人毕生的积蓄一夜化为乌有，生活陷入困顿，引发受害群众集体上访，对遂宁、南充、泸州等地社会稳定造成极大危害。司法机关依法对刘某珊等人的非法集资犯罪行为进行了严惩，为被害群众追回了部分损失。本案对于督促相关职能部门加大对非法集资的日常监管力度，加强对集资诈骗行为的社会舆论宣传引导，增强人民群众投资风险意识和辨别能力，保障人民群众的财产安全，维护金融管理秩序和保障社会稳定具有重要意义。

2010 年最高人民法院就发布了《关于审理非法集资刑事案件具体应用法律若干问题的解释》，其中较为明确地列举了构成非法吸收公众存款罪的 4 个条件和 11 种行为，列举了构成集资诈骗罪的 11 种行为和 8 种情形，在很大程度上能够帮助普通大众甄别非法集资行为。然而，社会法治意识淡漠、民众风险识别能力不足为非法集资违法犯罪活动提供了可乘之机。

加强法治宣传、执法监管和司法保障，以形成社会对非法集资等违法犯罪的围剿，是解决当前民间融资乱象的重要途径。希望通过对本案的镜鉴，有助于形成对非法集资的法治高压，和全社会参与的立体化防控体系建设。

三、无罪裁判要旨

无罪裁判要旨一：不具有法人资格的组织，不属于我国《刑法》规定的单位犯罪的主体

案件名称：韩某英韩某利非法吸收公众存款案

审理法院：河北省邯郸市中级人民法院

案号：（2015）邯市刑终字第191号

裁判理由：

武安市大正教育运输服务站的营业执照及组织机构代码证的记载，武安市大正教育运输服务站不具有法人资格，不属于我国《刑法》规定的单位犯罪的主体，故原判认定原审被告单位武安市大正教育运输服务站构成非法吸收公众存款罪，并处以罚金不当，应予纠正。判决原审被告单位武安市大正教育运输服务站无罪。

以相同理由裁判无罪的还有（2016）黔02刑终358号（2016）黔0222刑初237号、（2013）丰刑初字第430号

无罪裁判要旨二：借款的对象特定，且未向社会公开宣传，行为应属民间借贷，不构成非法吸收公众存款罪

案件名称：郭某甲周某甲合同诈骗非法吸收公众存款案

案号来源：（2015）长刑终字第00303号

审理法院：吉林省长春市中级人民法院

裁判理由：

被告人郭某甲、周某甲借款及通过亲友向他人借款的对象特定，且未向社会公开宣传，应属民间借贷，二上诉人的行为不构成非法吸收公众存款罪。吉林省九台市人民检察院起诉书中虽列明了被告单位吉林省鸿宇仓储粮食有限公司，但并未指控该被告单位有何犯罪事实、构成何种犯罪，且根据现有

证据无法证实吉林省鸿宇仓储粮食有限公司构成单位犯罪。判决如下：(1) 维持，被告单位吉林省鸿宇仓储粮食有限公司无罪。(2) 上诉人（原审被告人）郭某甲无罪。四、上诉人（原审被告人）周某甲无罪。**以相同理由裁判无罪的还有（2019）皖0223刑初68号**。

无罪裁判要旨三：以个人名义或借公司名义向不特定对象非法吸收资金，往来款项基本通过其个人账户或其指定账户收支，出借人的资金均是汇入自身实际控制的银行账户，完全没有体现单位意志，所吸纳的资金没有证据证明完全是为了公司利益且吸纳资金部分用途不明，应全部认定为个人犯罪，不属单位犯罪

案件名称：李某兴非法吸收公众存款罪、合同诈骗罪案

审理法院：江西省吉安市中级人民法院

案号：（2018）赣08刑终69号

裁判理由：

实际上只是上诉人李某兴为了方便借款的理由，该借款并没有体现公司意志，在具体非法吸收资金犯罪过程中，上诉人李某兴都是以其个人名义或借公司名义向不特定对象非法吸收资金，往来款项基本通过其个人账户或其指定账户收支，出借人的资金均是汇入其自己实际控制的银行账户进行操控，完全没有体现单位意志，所吸纳的资金没有证据证明完全是为了丰瑞公司的利益且吸纳资金部分用途不明，故本案应全部认定为上诉人李某兴个人犯罪，不属单位犯罪。

以相同理由裁判无罪的还有：（2016）桂03刑终114号、（2018）川04刑终98号。

无罪裁判要旨四：不具有“公开性”“社会性”“利诱性”的借款融资行为，不构成非法集资

案件名称：上海某有限公司吴某非法吸收公众存款案

审理法院：上海市第二中级人民法院、上海市黄浦区人民法院

案号：（2015）沪二中刑终字第68号、（2013）黄浦刑初字第1008号

来源：最高人民法院公布依法平等保护民营企业家人身财产安全十大典

型案例

裁判理由：

上海市黄浦区人民法院认为，对于控辩双方关于被告单位某公司、被告人吴某是否构成非法吸收公众存款罪的争议焦点。经查，2010 年 6 月至 2011 年 10 月期间，被告人吴某在经营某公司期间，分别多次以各种理由向涂某某等人借款共计 15,460 万元。首先，从宣传手段上看，吴某借款方式为或当面或通过电话一对一向借款人提出借款，并约定利息和期限，既不存在通过媒体、推介会、传单、手机短信等途径向社会公开宣传的情形，亦无证据显示其要求借款对象为其募集、吸收资金或明知他人将其吸收资金的信息向社会公众扩散而予以放任的情形。其次，从借款对象上看，吴某的借款对象绝大部分与其有特定的社会关系基础，范围相对固定、封闭，不具有开放性，并非随机选择或者随时可能变化的不特定对象。对于查明的出资中确有部分资金并非亲友自有而系转借而来的情况，但现有证据难以认定吴某系明知亲友向他人吸收资金而予以放任，此外，其个别亲友转借的对象亦是个别特定对象，而非社会公众。最后，吴某在向他人借款的过程中，存在并未约定利息或回报的情况，对部分借款还提供了房产、珠宝抵押，故吴某的上述行为并不符合非法吸收公众存款罪的特征。至于被告人吴某所提起诉书认定的部分还款金额有误的辩解，本院认为，并不影响非法吸收公众存款罪的认定与否。上海市第二中级人民法院裁定驳回抗诉，维持原判。

典型意义：

民间融资作为民营企业重要的融资渠道，在解决民营企业资金短缺困境的同时，也增加了民营企业经营和法律风险。司法实践中要严格把握民间融资与非法集资的界限，审慎对待由于民间融资引发的经济纠纷，防止刑事手段过度干预民营企业生产经营。本案通过审理依法认定被告人既未向社会公开宣传，借款对象亦非不特定人员，其借款融资行为不符合非法吸收公众存款罪的构成要件，依法应宣告无罪。当然，吴微微及微微爱珠宝公司的借款行为虽未构成犯罪，但依法要承担相应的民事责任。借款人陆续通过诉讼、协商等方式，确保其债权的实现。

无罪裁判要旨五：不具有“公开性”“社会性”，无证据证明扰乱了国家金融管理秩序，公诉机关指控吸收存款金额不准确时，不应认定为非法吸收

公众存款罪

案件名称：廖某犯非法吸收公众存款罪案

审理法院：湖南省怀化市中级人民法院、湖南省会同县人民法院

案号：（2018）湘12刑终200号、（2017）湘1225刑初25号

裁判理由：

首先，现有证据尚不能证明廖某本人或委托他人有通过媒体、推介会、传单、手机短信等途径向社会公开宣传需要资金的行为。

其次，应认定李某某、宋某某、闫某某、石某某、向某某、赵某为特定对象，宋某某1为非特定对象。

再者，本案并无证据证明廖某借款用于合法生产经营的行为扰乱了国家金融管理秩序。

以相同理由裁判无罪的还有：（2019）晋09刑终369号、（2014）秀刑再初字第1号、（2016）苏刑再10号

无罪裁判要旨六：被告人行为不具有“社会性”；刑法意义上的帮助他人吸收公众存款犯罪是由投资人直接交款至被帮助人

案件名称：谈某某非法吸收公众存款案

审理法院：江西省南昌市中级人民法院、江西省南昌市东湖区人民法院

案号：（2018）赣01刑终507号、（2017）赣0102刑初528号

裁判理由：

被告人谈某某的行为不具备非法吸收公众存款罪要求的“向社会公众即社会不特定对象吸收资金”要件；刑法意义上的帮助他人吸收公众存款犯罪是由投资人直接交款至被帮助人，本案中，被告人谈某某与被帮助人熊某2之间发生投资法律关系，不宜认定被告人谈某香帮助熊某2进行非法吸收公众存款犯罪。江西省南昌市东湖区人民法院判决被告人谈某某无罪。江西省南昌市中级人民法院裁定驳回抗诉，维持原判。

以相同理由裁判无罪的还有：（2019）陕0881刑初502号。

无罪裁判要旨七：事实不清、证据不足的情况有：

1. 无证据证明用于非法吸收公众存款的具体数额、如何流转、资金最终

去向。2. 无证据证明被告人明知其名下的银行卡提供给他人是用于了非法吸收公众存款资金的流转。3. 无证据证明被告人有从中获利的行为。4. 被告人在被告单位不知情的情况下以被告单位名义与A公司签订借款合同和A公司与借款人签订居间服务合同，A公司向每一个出借人借款后均将款项直接转给被告人。在案证据不能形成完整的证据锁链，达不到确实、充分的证明标准，不能得出被告单位公司实施本案犯罪的唯一性、排他性结论

案件名称：凌某非法吸收公众存款罪案

审理法院：陕西省高级人民法院、陕西省宝鸡市中级人民法院

案号：（2019）陕刑终195号、（2017）陕03刑初41号

裁判理由：

陕西省宝鸡市中级人民法院认为，本案中未调取被告人凌某交给马某某相关银行卡的开户原始单据，被告人凌某具体将几张银行卡交给马某某使用没有证据证明，该银行卡具体由谁保管、控制、使用没有证据证明。起诉书指控马某某使用被告人凌某名下的银行卡用于非法吸收公众存款的具体数额、如何流转、资金最终去向均没有证据证明。同时，本案中也没有证据证明凌某明知其名下的银行卡提供给马某某是用于非法吸收公众存款资金的流转。另，本案中没有证据证明，马某某将从陕西铁城投资管理有限公司宝鸡分公司非法吸收来的公众存款给被告人凌某转过款，也没有证据证明，在马某某控制的陕西铁成投资管理有限公司宝鸡分公司非法吸收公众存款过程中，凌某有从中获利的行为。故被告人凌某及其辩护人关于起诉书指控凌某犯非法吸收公众存款罪事实不清、证据不足的辩解及辩护意见成立，本院予以采纳。陕西省高级人民法院裁定准许陕西省人民检察院撤回抗诉。

以相同理由裁判无罪的还有：（2015）乐中刑初字第117号、（2019）川1902刑初406号

无罪裁判要旨八：受雇佣参与非法集资流程中部分环节，仅领取少量报酬的情形属于情节显著轻微，危害不大，不构成非法吸收公众存款罪

案件名称：宋某武苏某才梁某等非法吸收公众存款案

审理法院：四川省巴中市中级人民法院

案号：（2019）川19刑终73号

裁判理由：

原审认定上诉人何光荣、原审被告人宋延芳帮助何正模等人非法集资，犯非法吸收公众存款罪的证据不足，原公诉机关指控的罪名不能成立。原审被告人何加林受何正模安排，保管并收支梁某移交的文碧珍、李琼秀6张银行卡的行为为何正模等人非法集资起到了帮助作用，属于受雇佣参与非法集资流程中部分环节，仅领取少量报酬的情形，情节显著轻微、危害不大，可不认为是犯罪。

无罪裁判要旨九：被告人的行为均为履行单位指派的职责，而非个人行为，且没有非法吸收公众存款的主观故意，被告人亦未直接决定并参与实施犯罪行为，不宜认定为非法吸收公众存款罪

案件名称：孙某非法吸收公众存款案

审理法院：广西壮族自治区南宁市青秀区人民法院

案号：（2013）青刑初字第514号（经检索，未检索到该案二审判决）

裁判理由：

被告人孙某虽身为广东邦家公司财务人员，但其经手收取客户钱款、发放单位拨付予客户的顾问费、还本付息等行为，均是履行单位指派的职责。公诉机关提供的证据，不能证明孙某有非法吸收公众存款的主观故意，及直接决定并参与实施犯罪行为，故所指控的罪名不能成立。具体理由如下：

首先，证人蒋某证言与被告人孙某供述印证证实，孙某收取客户钱款的经营模式，是孙某任职单位决定、批准、组织实施的，孙某作为一名财务人员，未参与关于经营模式的讨论、决定，孙某履行职责收取客户钱款并将钱款交予总公司，是依照单位财务主管、大区总监审核后，再由蒋某批准执行，不是孙某个人行为，不是其个人吸收公众存款。可见，孙某主观上并没有单独或与蒋某等人吸收公众存款的共同故意。

其次，证人蒋某、韦某证言、各被害人陈述及被告人供述印证证明，向社会公开宣传、承诺高回报以吸收会员及与公司合作这一经营模式，由市场管理中心策划，蒋某批准，具体由市场管理中心付诸实施。市场部门业务人员与客户联系作宣传、承诺，与客户签订协议，确定吸收的存款数额，再交由财务人员收取钱款，业务人员还可依工作业绩获得提成。

根据《刑法》第176条及最高人民法院《关于审理非法集资刑事案件具

体应用法律若干问题的解释》第1条的规定，同时具备：（1）未经有关部门依法批准或借用合法经营形式吸收资金；（2）通过媒体、推介会、传单、手机短信等途径向社会公开宣传；（3）承诺在一定期限内以货币、实物、股权等方式还本付息或给付回报；（4）向社会公众即社会不特定对象吸收资金等4个条件，向社会公众吸收资金的，是非法吸收公众存款或变相非法吸收公众存款。本案中，被告人孙某个人没有决定、批准、纵容、指挥非法吸收公众存款犯罪的资格、职责、行为，不是直接负责的主管人员。孙某并未具体实施向他人宣传、承诺还本付息或给付回报，以致达成协议、确定存款数额的行为，甚至都未与客户单独接触。因此，孙某的行为不具备非法吸收公众存款罪的特征。

最后，被告人孙某收取由业务员与客户确定了的钱款，按单位确定的经营模式及单位与客户签订的协议办理发还顾问费、返利事宜，是受单位指派或奉命实施，其所经手的钱款，亦没有占为己有或参与分赃，其仅是按聘任合同领取固定工资。可见，孙某处理财务的行为，在整个涉及犯罪的事实中，是一种被动的行为，仅起一定的辅助作用，不宜认定为非法吸收公众存款罪的客观行为表现。

综上，公诉机关指控本案是被告人孙某个人行为，以自然人犯罪指控孙某犯非法吸收公众存款罪罪名不成立。

无罪裁判要旨十：现有证据无法认定被告人对外借款是用于单位，从而构成单位犯罪，应判决被告某单位无罪

案件名称：某公司、张某甲非法吸收公众存款案

审理法院：江苏省沭阳县人民法院

案号来源：（2013）沭刑初字第1253号（经检索，未检索到该案二审判决）

裁判理由：

经查，在庭审中，公诉机关未能提供被告单位“某有限公司”以单位名义非法吸收公众存款并将该款用于本单位的证据。同时实际借款经手人张某甲在庭审中虽然辩解该部分资金大部分用于被告单位“某有限公司”，但作为法定代表人的被告人张某甲却又提供不了该资金用于本单位的证据。被告单位“某有限公司”的另一名股东张某乙也否认该资金用于单位。而被告人

张某甲在侦查机关也曾供述上述借款被其用于本单位以外工程，故现有证据无法认定被告人张某甲上述对外借款是用于单位，从而构成单位犯罪，故对公诉机关的上述指控，本院不予采纳。

判决如下：

1. 被告人张某甲犯非法吸收公众存款罪，判处有期徒刑 3 年，缓刑 5 年，并处罚金人民币 15 万元。（缓刑考验期限，从判决确定之日起计算。所处罚金应在判决生效后一个月内缴纳完毕。）

2. 被告某单位无罪。

无罪裁判要旨十一：根据《最高人民法院关于审理单位犯罪案件具体应用法律有关问题的解释》第 2 条的规定，“个人为进行违法犯罪活动而设立的公司、企业、事业单位实施犯罪的，或者公司、企业、事业单位设立后，以实施犯罪为主要活动的，不以单位犯罪论处”，被告单位犯非法吸收公众存款罪不成立

案件名称：于某英张某山杨某苗非法吸收公众存款案

审理法院：河南省灵宝市人民法院

案号来源：（2014）灵刑初字第 149 号（经检索，未检索到该案二审判决）

裁判理由：

指控被告人于某英、张某山、杨某苗所在的被告单位三门峡亿通经济信息咨询有限公司灵宝分公司主要业务是非法吸收公众存款，根据《最高人民法院关于审理单位犯罪案件具体应用法律有关问题的解释》第 2 条的规定，个人为进行违法犯罪活动而设立的公司、企业、事业单位事实犯罪的，或者公司、企业、事业单位设立后，以实施犯罪为主要活动的，不以单位犯罪论处。故公诉机关指控被告单位犯非法吸收公众存款罪不成立。

故被告单位三门峡亿通经济信息咨询有限公司灵宝分公司无罪；

以相同理由裁判无罪的还有：（2016）青 0104 刑初 242 号、（2016）冀 0183 刑初第 157 号、（2018）冀 0425 刑初 36 号、（2018）冀 0435 刑初 37 号、（2018）湘 1028 刑初 34 号、（2019）湘 10 刑终 327 号、（2018）苏 0891 刑初 229 号、（2020）苏 08 刑终 61 号、（2017）冀 01 刑终 187 号、（2019）云 26 刑终 95 号、（2018）冀 1125 刑初 376 号。

无罪裁判要旨十二：被告人不存在非法吸收公众存款、扰乱金融秩序的主观故意；并且不符合非法吸收公众存款罪的客观要件的，不宜认定为非法吸收公众存款

案件名称：郑某郴非法吸收公众存款案

案号：（2017）粤1302刑初1474号（经检索，未检索到该案二审判决）

裁判理由：

被告人及辩护律师提出无罪的辩护意见，被告人及辩护律师提出无罪的辩护意见：

主观方面汇融公司提供“e速贷”平台，被告人作为借款人向平台借款完全是基于对平台的信任，不存在非法吸收公众存款，扰乱金融秩序的主观故意。被告人的行为不符合非法吸收公众存款罪的客观要件，被告人未违反取得有关部门依法批准的规定；被告人行为不具有“社会性”；被告人担任公司的股东和董事的身份不能改变被告人面向“e速贷”平台借款的性质；被告人向平台所借款项在案发前均已按时偿还，案发后，由于平台关闭，资产被冻结导致无法还款。被告人向“e速贷”平台借款后用于正常的生产经营活动；同样为公司股东和投资人的借款人未被追究刑事责任，将被告人同样的行为作为犯罪处理违背刑法基本原则。

本院认为，主观方面，指控被告人郑某郴明知的主观故意，证据不足。被告人通过购买股份成为公司股东和董事，并没有参与汇融公司的日常行政经营管理；融资是必须通过汇融公司的“e速贷”平台完成，最终也是由平台撮合出借人；同样为公司股东和投资人的借款人未被追究刑事责任。客观方面，本案被告人郑某郴不是直接向汇融公司的客户筹集资金，其只是在平台上有投入资金，同时又利用该平台发借款标的具有投资、借款双重身份的集资金参与人；而证明被告人郑某郴参与汇融公司和“e速贷”平台向社会不特定公众宣传和吸存的行为的证据不足；因此，其行为不符合非法吸收公众存款罪的构成要件。

无罪裁判要旨十三：公司的分支机构，违法吸收的存款完全归上级单位所有并支配，不应作为单位犯罪的主体被追究刑事责任

案件名称：善林上海信息科技有限公司五台分公司非法吸收公众存款案

审理法院：山西省五台县人民法院

案号来源：（2019）晋0922刑初1号（经检索，未检索到该案二审判决）

裁判理由：

被告单位善林五台分公司作为善林（上海）信息科技有限公司的分支机构，违法吸收的存款完全归上级单位所有并支配，不应作为单位犯罪的主体被追究刑事责任。五台县人民检察院针对被告单位构成犯罪的指控不能成立。判决如下：被告单位善林（上海）信息科技有限公司五台分公司无罪。

无罪裁判要旨十四：公司会计虽然按公司要求做了假账，但其做假账行为与公司非法吸收资金行为无直接关联，不属于单位犯罪的主管人员、直接责任人员

案件名称：乐山市红中车业有限公司、胡某云、王某君等非法吸收公众存款案

审理法院：四川省乐山市中级人民法院

案号：（2018）川11刑再2号

裁判理由：

宋某才受被告单位红中公司聘用从事会计工作，获取工资报酬。宋某才虽然按公司要求做了假账，但其做假账行为与红中公司非法吸收资金行为无直接关联，不属于单位犯罪的主管人员、直接责任人员，宋某才的行为不构成犯罪。

第八章

集资诈骗罪裁判要旨

导　言

根据《刑法》第 192 条的规定，集资诈骗罪是指以非法占有为目的，使用诈骗方法非法集资，数额较大的行为。本罪的构成，要求行为人主观上必须具有非法占有目的，客观上实施了通过诈骗方式进行的非法集资行为。对于集资诈骗罪的适用，例如哪些行为可作为集资诈骗罪进行定罪处罚、何种情形可以认定为具有非法占有目的以及集资诈骗罪的数额标准等方面，最高人民法院《关于审理非法集资刑事案件具体应用法律若干问题的解释》均作出了具体的规定。

截至 2021 年 6 月 30 日，根据在裁判文书网上检索到的无罪案例，并综合最高人民法院的指导性案例、最高人民法院公报、最高人民检察院指导性案例以及《刑事审判参考》关于本罪的无罪案例和有罪案例，编者归纳出以下 9 个有罪裁判要旨、6 个无罪裁判要旨。

集资诈骗罪，是我国《刑法》金融诈骗罪中首个规定的罪名，也是近年来比较高频出现于大众视野的罪名。由于集资诈骗犯罪活动本身所具有的公开性、不特定性等特征，往往涉及人数众多，使得集资诈骗案件天然具有高度的社会关注度，像下文裁判要旨中的吴英集资诈骗案、“e 租宝”集资诈骗案等案件就是其中的典型案例。

根据 Alpha 数据库 2002 年至 2021 年案例查询情况，自 2008 年开始，集资诈骗罪案件数量逐年上升，集资诈骗罪成为企业日常经营中可能会涉及的罪名。民间集资是企业进行融资活动的常用方式之一，但是这种集资具有极大的风险，因为企业的集资行为大都未经有关部门依法批准，如果同时向社会大众公开宣传，以利益相诱，并且具有非法占有的目的，依据相关司法解释具体体现为隐匿财产、携款潜逃、挥霍集资款、以集资款进行违法犯罪活动等行为，那么满足了集资诈骗罪的犯罪构成要件，涉嫌构成集资诈骗罪。

一、相关法律法规

集资诈骗罪现有条款是《刑法修正案（九）》所修订，它删除了集资诈骗罪原先的死刑规定。自 2021 年 3 月 1 日起施行的《刑法修正案（十一）》对集资诈骗罪的刑期进行了如下修订。另外，自 2022 年 3 月 1 日起施行的《最高人民法院关于修改〈最高人民法院关于审理非法集资刑事案件具体应用法律若干问题的解释〉的决定》也对 2011 年 1 月 4 日起施行的《最高人民法院关于审理非法集资刑事案件具体应用法律若干问题的解释》进行了相应修订。

《中华人民共和国刑法》

第一百九十二条　以非法占有为目的，使用诈骗方法非法集资，数额较大的，处三年以上七年以下有期徒刑，并处罚金；数额巨大或者有其他严重情节的，处七年以上有期徒刑或者无期徒刑，并处罚金或者没收财产。

单位犯前款罪的，对单位判处罚金，并对其直接负责的主管人员和其他直接责任人员，依照前款的规定处罚。

刑法第十一次修订前后内容对比如下：

刑法修订前	刑法修订后
以非法占有为目的，使用诈骗方法非法集资，数额较大的，处五年以下有期徒刑或者拘役，并处二万元以上二十万元以下罚金；数额巨大或者有其他严重情节的，处五年以上十年以下有期徒刑，并处五万元以上五十万元以下罚金；数额特别巨大或者有其他特别严重情节的，处十年以上有期徒刑或者无期徒刑，并处五万元以上五十万元以下罚金或者没收财产。	以非法占有为目的，使用诈骗方法非法集资，数额较大的，处三年以上七年以下有期徒刑，并处罚金；数额巨大或者有其他严重情节的，处七年以上有期徒刑或者无期徒刑，并处罚金或者没收财产。 单位犯前款罪的，对单位判处罚金，并对其直接负责的主管人员和其他直接责任人员，依照前款的规定处罚。

《全国法院审理金融犯罪案件工作座谈会纪要》（法【2001】8号，2001年1月21日实施）

（三）关于金融诈骗罪

1. 金融诈骗罪中非法占有目的的认定

金融诈骗犯罪都是以非法占有为目的的犯罪。在司法实践中，认定是否具有非法占有为目的，应当坚持主客观相一致的原则，既要避免单纯根据损失结果客观归罪，也不能仅凭被告人自己的供述，而应当根据案件具体情况具体分析。根据司法实践，对于行为人通过诈骗的方法非法获取资金，造成数额较大资金不能归还，并具有下列情形之一的，可以认定为具有非法占有的目的：

（1）明知没有归还能力而大量骗取资金的；

（2）非法获取资金后逃跑的；

（3）肆意挥霍骗取资金的；

（4）使用骗取的资金进行违法犯罪活动的；

（5）抽逃、转移资金、隐匿财产，以逃避返还资金的；

（6）隐匿、销毁账目，或者搞假破产、假倒闭，以逃避返还资金的；

（7）其他非法占有资金、拒不返还的行为。但是，在处理具体案件的时候，对于有证据证明行为人不具有非法占有目的的，不能单纯以财产不能归还就按金融诈骗罪处罚。

……

3. 集资诈骗罪的认定和处理：集资诈骗罪和欺诈发行股票、债券罪、非法吸收公众存款罪在客观上均表现为向社会公众非法募集资金。区别的关键在于行为人是否具有非法占有的目的。对于以非法占有为目的而非法集资，或者在非法集资过程中产生了非法占有他人资金的故意，均构成集资诈骗罪。但是，在处理具体案件时要注意以下两点：一是不能仅凭较大数额的非法集资款不能返还的结果，推定行为人具有非法占有的目的；二是行为人将大部分资金用于投资或生产经营活动，而将少量资金用于个人消费或挥霍的，不应仅以此便认定具有非法占有的目的。

最高人民检察院、公安部《关于公安机关管辖的刑事案件立案追诉标准的规定（二）》（公通字［2010］23号，2010年5月7日实施）

第四十九条　以非法占有为目的，使用诈骗方法非法集资，涉嫌下列情形之一的，应予立案追诉：

（一）个人集资诈骗，数额在十万元以上的；

（二）单位集资诈骗，数额在五十万元以上的。

最高人民法院《关于审理非法集资刑事案件具体应用法律若干问题的解释》（法释【2010】18号，自2011年1月4日起施行）：

第二条　实施下列行为之一，符合本解释第一条第一款规定的条件的，应当依照刑法第一百七十六条的规定，以非法吸收公众存款罪定罪处罚：

（一）不具有房产销售的真实内容或者不以房产销售为主要目的，以返本销售、售后包租、约定回购、销售房产份额等方式非法吸收资金的；

（二）以转让林权并代为管护等方式非法吸收资金的；

（三）以代种植（养殖）、租种植（养殖）、联合种植（养殖）等方式非法吸收资金的；

（四）不具有销售商品、提供服务的真实内容或者不以销售商品、提供服务为主要目的，以商品回购、寄存代售等方式非法吸收资金的；

（五）不具有发行股票、债券的真实内容，以虚假转让股权、发售虚构债券等方式非法吸收资金的；

（六）不具有募集基金的真实内容，以假借境外基金、发售虚构基金等方式非法吸收资金的；

（七）不具有销售保险的真实内容，以假冒保险公司、伪造保险单据等方式非法吸收资金的；

（八）以投资入股的方式非法吸收资金的；

（九）以委托理财的方式非法吸收资金的；

（十）利用民间“会”、“社”等组织非法吸收资金的；

（十一）其他非法吸收资金的行为。

第四条　以非法占有为目的，使用诈骗方法实施本解释第二条规定所列行为的，应当依照刑法第一百九十二条的规定，以集资诈骗罪定罪处罚。

使用诈骗方法非法集资，具有下列情形之一的，可以认定为“以非法占有为目的”：

（一）集资后不用于生产经营活动或者用于生产经营活动与筹集资金规模明显不成比例，致使集资款不能返还的；

（二）肆意挥霍集资款，致使集资款不能返还的；

（三）携带集资款逃匿的；

（四）将集资款用于违法犯罪活动的；

（五）抽逃、转移资金、隐匿财产，逃避返还资金的；

（六）隐匿、销毁账目，或者搞假破产、假倒闭，逃避返还资金的；

（七）拒不交代资金去向，逃避返还资金的；

（八）其他可以认定非法占有目的的情形。

集资诈骗罪中的非法占有目的，应当区分情形进行具体认定。行为人部分非法集资行为具有非法占有目的的，对该部分非法集资行为所涉集资款以集资诈骗罪定罪处罚；非法集资共同犯罪中部分行为人具有非法占有目的，其他行为人没有非法占有集资款的共同故意和行为的，对具有非法占有目的的行为人以集资诈骗罪定罪处罚。

第五条 个人进行集资诈骗，数额在10万元以上的，应当认定为“数额较大”；数额在30万元以上的，应当认定为“数额巨大”；数额在100万元以上的，应当认定为“数额特别巨大”。

单位进行集资诈骗，数额在50万元以上的，应当认定为“数额较大”；数额在150万元以上的，应当认定为“数额巨大”；数额在500万元以上的，应当认定为“数额特别巨大”。

第六条 未经国家有关主管部门批准，向社会不特定对象发行、以转让股权等方式变相发行股票或者公司、企业债券，或者向特定对象发行、变相发行股票或者公司、企业债券累计超过200人的，应当认定为刑法第一百七十九条规定的“擅自发行股票、公司、企业债券”。构成犯罪的，以擅自发行股票、公司、企业债券罪定罪处罚。

第七条 违反国家规定，未经依法核准擅自发行基金份额募集基金，情节严重的，依照刑法第二百二十五条的规定，以非法经营罪定罪处罚。

第八条 广告经营者、广告发布者违反国家规定，利用广告为非法集资活动相关的商品或者服务作虚假宣传，具有下列情形之一的，依照刑法第二百二十二条的规定，以虚假广告罪定罪处罚：

（一）违法所得数额在10万元以上的；

（二）造成严重危害后果或者恶劣社会影响的；

（三）二年内利用广告作虚假宣传，受过行政处罚二次以上的；

（四）其他情节严重的情形。

明知他人从事欺诈发行股票、债券，非法吸收公众存款，擅自发行股票、债券，集资诈骗或者组织、领导传销活动等集资犯罪活动，为其提供广告等宣传的，以相关犯罪的共犯论处。

第九条　此前发布的司法解释与本解释不一致的，以本解释为准。

《最高人民法院关于修改〈最高人民法院关于审理非法集资刑事案件具体应用法律若干问题的解释〉的决定》（法释〔2022〕5号，自2022年3月1日起施行）

七、将原第四条改为第七条。

八、将原第五条改为第八条，修改为："集资诈骗数额在10万元以上的，应当认定为'数额较大'；数额在100万元以上的，应当认定为'数额巨大'。

"集资诈骗数额在50万元以上，同时具有本解释第三条第二款第三项情节的，应当认定为刑法第一百九十二条规定的'其他严重情节'。

"集资诈骗的数额以行为人实际骗取的数额计算，在案发前已归还的数额应予扣除。行为人为实施集资诈骗活动而支付的广告费、中介费、手续费、回扣，或者用于行贿、赠与等费用，不予扣除。行为人为实施集资诈骗活动而支付的利息，除本金未归还可予折抵本金以外，应当计入诈骗数额。"

九、增加一条，作为第九条：

"犯集资诈骗罪，判处三年以上七年以下有期徒刑的，并处十万元以上五百万元以下罚金；判处七年以上有期徒刑或者无期徒刑的，并处五十万元以上罚金或者没收财产。"

十、将原第六条改为第十条。

十一、将原第七条改为第十一条。

十二、将原第八条改为第十二条，并将原第八条第二款修改为："明知他人从事欺诈发行证券，非法吸收公众存款，擅自发行股票、公司、企业债券，集资诈骗或者组织、领导传销活动等集资犯罪活动，为其提供广告等宣传的，以相关犯罪的共犯论处。"

十三、增加一条，作为第十三条："通过传销手段向社会公众非法吸收资金，构成非法吸收公众存款罪或者集资诈骗罪，同时又构成组织、领导传销活动罪的，依照处罚较重的规定定罪处罚。"

十四、增加一条，作为第十四条："单位实施非法吸收公众存款、集资诈骗犯罪的，依照本解释规定的相应自然人犯罪的定罪量刑标准，对单位判处罚金，并对其直接负责的主管人员和其他直接责任人员定罪处罚。”

十五、将原第九条改为第十五条。

解读：《最高人民法院关于审理非法集资刑事案件具体应用法律若干问题的解释》（2022 修正）自 2022 年 3 月 1 日起施行，集资诈骗罪修改亮点主要有：

1. 《刑法修正案（十一）》将集资诈骗罪的法定刑从三档改为二档，提高了第一档法定最低刑，将第二档法定最高刑提高到无期徒刑。修改后《解释》对集资诈骗罪的定罪标准进行了适当的调整和修改。其一，不再区分自然人犯罪和单位犯罪处罚标准，体现对单位犯罪从严惩处的精神。其二，适当调整数额标准。为充分体现从严惩处集资诈骗犯罪的立法精神，修改后《解释》保持原规定的入罪数额标准不变，同时将原第三档“数额特别巨大”（100 万元）作为修改后第二档“数额巨大”的标准，保持案件量刑相对平稳。其三，增加规定了“数额 + 情节”标准。修改后《解释》第八条第二款规定了“其他严重情节”的“数额 + 情节”的认定标准，将认定“其他严重情节”限定在第三条第二款第三项“造成恶劣社会影响或者其他严重后果的”情形。

2. 刑法原条文规定了集资诈骗罪限额罚金，《刑法修正案（十一）》取消了限额罚金。根据立法修改精神和司法实践，为加大罚金刑力度，修改后《解释》明确了集资诈骗罪第一档罚金数额标准以及集资诈骗罪第二档的下限罚金数额。在提高罚金数额的同时，不限定集资诈骗罪第二档的上限罚金数额，以满足司法实践的需要。犯集资诈骗罪，判处三年以上七年以下有期徒刑的，并处十万元以上五百万元以下罚金；判处七年以上有期徒刑或者无期徒刑的，并处五十万元以上罚金或者没收财产。

3. 鉴于实践中存在诈骗型传销和经营型传销的情形，通过传销手段向社会公众非法吸收资金，可能构成非法吸收公众存款罪或者集资诈骗罪。据此，修改后《解释》第十三条规定，通过传销手段向社会公众非法吸收资金，构成非法吸收公众存款罪或者集资诈骗罪，同时又构成组织、领导传销活动罪的，依照处罚较重的规定定罪处罚。

4. 为加大对单位非法集资犯罪的惩治力度，修改后《解释》第十四条规定单位犯集资诈骗罪的，适用本解释自然人犯罪的定罪量刑标准，对单位判处罚金，并对其直接负责的主管人员和其他直接责任人员定罪处罚。

5. 对于《刑法修正案（十一）》施行前发生的行为，修改后《解释》施行后尚未处理或者正在处理的案件，应当根据修改后《解释》确定的定罪量刑标准，按照从旧兼从轻的原则确定适用的刑法。需要注意的是，对于《刑法修正案（十一）》施行前发生的行为，被告人具有积极退赃退赔情节的，按照有利于被告人的原则，应当依照《刑法修正案（十一）》的规定适用。

二、有罪裁判要旨

裁判要旨一：网络借贷信息中介机构或其控制人，利用网络借贷平台发布虚假信息，非法建立资金池募集资金，所得资金大部分未用于生产经营活动，主要用于借新还旧和个人挥霍，无法归还所募资金数额巨大，应认定为具有非法占有目的，以集资诈骗罪追究刑事责任

案件名称：周某集资诈骗案

案例来源：最高人民检察院第十批指导性案例之二，检例第 40 号

裁判结果：

一审判处被告人有期徒刑 15 年，并处罚金 50 万元；二审、再审浙江省高级人民法院均维持原判

基本案情：

2011 年 2 月，被告人周某注册成立 A 投资公司并担任法定代表人。后周某委托他人制作“A 投资”网站并上线运营，借款人（发标人）在网站平台注册、缴纳会费后，可发布各种招标信息，吸引投资。投资人在平台注册成为会员后即可投标，并通过银行汇款、支付宝、财付通等方式将投资款汇至周某公布在网站上的 8 个其个人账户或第三方支付平台账户。借款人直接从周某处取得所融资金。项目完成后，借款人返还资金，周某将收益给予投标人。

运行前期，周某通过网络平台为 13 个借款人提供总金额约 170 万余元的融资服务，但因部分借款人未能还清借款造成亏损。此后，周某除用本人真实身份信息注册 2 个会员名外，自 2011 年 5 月至 2013 年 12 月陆续虚构 34 个借款人，并利用上述虚假身份大量发布抵押标、宝石标等，以支付投资人约 20% 的年化收益率及额外奖励等为诱饵，向社会不特定公众募集资金。所集资金未进入公司账户，全部由周某掌控和支配，主要用于归还前期投资人的

本金及支付收益、购买房产、高档车辆及首饰等。这些资产绝大部分登记在周某名下或供周某个人使用。2011 年 5 月至案发，周某通过 A 投资网站先后向全国 1586 名不特定对象非法集资共计 10.3 亿余元，除支付本息及回报 6.91 亿余元，尚有 3.56 亿余元无法归还。案发后，侦查机关从周某控制的银行账户内扣押现金 1.80 亿余元，实际无法归还的金额约 1.75 亿余元。

裁判理由：

一审法庭经审理，认为公诉人出示的证据能够相互印证，予以确认。对周某及其辩护人提出的不构成集资诈骗罪及本案属于单位犯罪的辩解、辩护意见，不予采纳。二审经审理查明，原判认定被告人周某集资诈骗的事实，有 1000 余人的陈述，李某等证人的证言和书证等证据证实。被告人周某对上述事实均供认在案，所供与前述证据反映的情况相符。关于抗诉、上诉理由及辩护意见，经查：（1）在案证据证实，周某在没有明确投资项目的情况下，采用虚构事实，隐瞒真相的方法，向不特定多数人非法募集资金，所募资金极少用于经营，在明知收益无法支持其承诺的高息及回报情况下，仍继续发布大量虚假投资项目非法集资，并将大量集资款用于个人挥霍及随意处置，导致巨额集资款无法归还，其具有集资诈骗的主观故意及客观行为，原审以集资诈骗罪定性准确。相关上诉、辩护理由于法无据，不予采信。（2）A投资公司为一人公司，公司增资后即抽逃出资，公司没有经营任何实体，所有资金进出均由周某控制。公司不具备法人意志和财产独立性，是周某实施犯罪的工具，依据相关法律的规定，周某的行为不构成单位犯罪。（3）《刑法修正案（九）》已明确废除《刑法》第 199 条关于集资诈骗罪相关量刑的规定，根据从旧兼从轻原则，二审法院不可能再继续适用前述法条，且一审法院判处周某有期徒刑十五年属在法律规定的量刑幅度以内。故检察院相关抗诉意见不能成立，不予采纳。原判认定的事实清楚，证据确实、充分。二审法院认为，被告人周某以非法占有为目的，虚构事实、隐瞒真相，向不特定社会公众非法集资，且数额特别巨大，其行为已构成集资诈骗罪，裁定维持原判。周某及其父提出申诉，浙江省高级人民法院受理申诉并经审查后，认为原判事实清楚，证据确实充分，定性准确，量刑适当，于 2017 年 12 月 22 日驳回申诉，维持原裁判。

裁判要旨二：“e 租宝”的 A2P 模式属于广义的 P2P 模式范畴，应当根据同样的标准认定、评价。“e 租宝”平台运营中所实施的行为涵盖了网络借贷平台全部不可为的行为，不是合法的网络借贷行为，被告单位利用网络借贷的幌子从事非法吸收公众存款的行为没有任何合法依据

裁判要旨三：不能根据客观行为具有欺骗性或者无法归还资金直接得出被告具有非法占有目的，要坚持主客观相一致的原则，结合集资款的实际用途具体考察行为人的主观故意。被告集资后用于生产经营活动与募集资金规模明显不成比例、肆意挥霍集资款或将集资款用于违法犯罪活动的，可认定为具有非法占有的目的

裁判要旨四：被告人罪责的分层认定。根据行为人主观心理态度分别评价各自罪行，对具有非法占有目的的行为人以集资诈骗罪定罪处罚，对其他的行为人以非法吸收公众存款罪定罪处罚

案件名称：安徽 B 控股集团、B 国际控股集团和丁某等人集资诈骗等案

案例来源：《刑事审判参考》2019 年总第 118 集

裁判结果：

一审判处两被告单位犯集资诈骗罪，分别判处罚金 18 亿、1 亿；判处各被告人犯集资诈骗罪和非法吸收公众存款罪，分别判处无期徒刑到 3 年不等刑罚，并处剥夺政治权利及罚金；二审北京市高级人民法院维持原判。

基本案情：

被告单位安徽 B 控股集团成立于 2013 年 5 月，被告单位 B 国际控股集团成立于 2015 年 5 月，实际控制人均为被告人丁某。2014 年 6 月，丁某收购 C 公司，对该公司的互联网平台进行升级改造后，更名为“e 租宝”平台上线运营；2015 年 2 月丁某收购 D 公司，将该公司的芝麻金融平台上线运营。此后，丁某决定由其控制的 E 公司为两平台提供融资租赁债权及个人债权项目；C 公司、F 公司及下属数百家销售公司分别负责“e 租宝”平台的线上、线下运营；D 公司、G 公司分别负责芝麻金融平台的线上、线下运营，另使用某某融资担保有限公司、某某商业保理有限公司等多家公司名义，在平台上宣传为投资提供担保、保理。上述公司均没有独立的人事、财政权，由二被告单位实际控制、管理，对外以 B 集团名义宣传。

被告单位安徽 B 控股集团于 2014 年 6 月至 2015 年 4 月间，被告单位 B 国际控股集团于 2015 年 5 月至 12 月间，在没有银行业金融机构资质的前提下，利用“e 租宝”平台、“芝麻金融”平台发布虚假的融资租赁债权项目

及个人债权项目，包装成年化收益9%至14.6%的理财产品进行销售，以承诺还本付息等为诱饵，通过电视台、网络、散发传单等途径向社会公开宣传，先后吸收115万余人资金共计762亿余元，其中重复投资金额为164亿余元。二被告单位集资后，除部分集资款用于返还集资本息，以及支付员工工资、房租、广告宣传费用、收购线下销售公司和担保公司等运营成本外，其余大部分集资款在丁某的授意下肆意挥霍、随意赠予他人，以及用于走私等违法犯罪活动，造成集资款损失共计380亿余元。

裁判理由：

（一）集资行为非法性的认定

经过审查，最终法院认定“e租宝”网络金融平台经营行为具有非法性，其分析如下。

1. 对A2P模式的解读。A2P模式是P2P网络借贷模式的衍生发展。根据金融业内已形成的一致性意见，P2P网络借贷是指个体和个体之间通过互联网平台实现直接借贷的模式，其中的个体既包括企业也包括个人。A2P模式是指将融资租赁项目与网络借贷结合，通过互联网金融平台把融资租赁业务中形成的债权转让给普通投资者，其商业本质与P2P是相同的，因为无论是通过平台直接实现借贷，还是通过受让债权实现借贷，都是通过平台最终形成融资方和投资方的借贷法律关系，因此，A2P模式属于广义的P2P模式范畴，应当根据同样的标准认定、评价。

2. 对行为非法性的分析。网络借贷平台实际就是中介机构，我国相关行政法规对网络借贷平台的地位、作用有明确的要求。根据银监会等部委联合发布的《关于促进互联网金融健康发展的指导意见》及《网络借贷信息中介机构业务活动管理暂行办法》的规定，P2P网络借贷本身是合法的经营模式，网络借贷信息中介机构是提供借贷撮合服务的中介机构，网络平台不得利用平台为自身或具有关联关系的借款人融资、不得直接或间接接受或归集出借人的资金、不得向出借人提供担保或者承诺保本保息、不得将融资项目的期限进行拆分、不得在物理场所开展风险管理及监管规定明确的必要经营环节外的其他业务等。而“e租宝”平台运营中所实施的行为涵盖了全部上述不可为的行为，显然不是合法的网络借贷行为。

3. 对形式违法性的分析。我国《商业银行法》第11条第2款规定，未经国务院银行业监督管理机构批准，任何单位和个人不得从事吸收公众存款等商业银行业务。被告单位未获得国家有关部门依法批准，却通过转让虚假债权、个人债权的名义在互联网平台以及线下大肆吸收公众资金，这种融资行为脱离了国家有关单位管控和法律规范的规制，增加了融资行为的风险性，直接违反了相关法律规定，因此具有形式违法性。至于被告人丁某辩解金融服务牌照经过审查，仅是营业执照上金融信息服务的经营范围，并非取得了金融业务许可牌照。因此，被告单位利用网络借贷的幌子从事非法吸收公众存款的行为没有任何合法依据。

（二）非法占有目的的认定

要坚持主客观相一致的原则，结合集资款的实际用途具体考察行为人的主观故意，既避免单纯根据损失结果客观归罪，也不能听信被告人一面之词。

我们在判断非法占有目的时，必须在诈骗手段的基础上重点分析集资款用途。被告单位在集资后用于生产经营活动与募集资金规模明显不成比例、肆意挥霍集资款、将集资款用于违法犯罪活动，造成集资款不能返还的客观结果，符合司法解释关于非法占有目的的若干界定。

（三）被告人罪责的分层认定

除将体现、代表单位意志的被告人丁某等人认定为集资诈骗罪外，对于明知虚假债权项目和资金无序使用的项目主管人员和财务主管人员，我们也作出集资诈骗的认定。同时，对于在B集团中属高级管理人员，且明知“e租宝”平台运营模式，明知单位实施了向社会不特定多数人变相吸收公众存款的行为，仍根据各自职务职责，在债权项目、备用金支付、品牌宣传、产品销售、业务督导、人员招聘、人事薪酬、法务公关、技术保障等方面工作分别起到组织、管理、实施、帮助作用的，根据主客观相一致原则，以非法吸收公众存款罪认定。这种认定方式也符合《最高人民法院关于审理非法集资刑事案件具体应用法律若干问题的解释》第4条第3款关于“非法集资共同犯罪中部分行为人具有非法占有目的，其他行为人没有非法占有集资款的共同故意和行为的，对具有非法占有目的的行为人以集资诈骗罪定罪处罚”的规定。

裁判要旨五： 被告人未经有关部门批准，通过发放宣传册、买断广告位集中推出集团广告等公开宣传手段，以高息为诱饵，从被害人处非法集资，具备司法解释规定的“非法性”“公开宣传性”“利诱性”“社会性”四大特

征的，属于非法集资行为

裁判要旨六：被告人在早期高息集资已形成巨额外债的情况下，明知必然无法归还，仍使用欺骗手段继续非法集资，并将集资款部分用于购买房产、车辆和个人挥霍，可以认定其主观上具有非法占有目的

案件名称：吴某集资诈骗案

案例来源：《刑事审判参考》2019 年总第 118 集

裁判结果：

发回重审判处被告人犯集资诈骗罪，判处死刑缓期 2 年执行，剥夺政治权利终身，并处没收个人全部财产（最高人民法院未核准死刑、发回浙江省高级人民法院重审）

基本案情：

2003 年至 2005 年，被告人吴某先后开办了某美容美体沙龙、某俱乐部、某理发休闲屋等，同时以合伙或投资名义，从俞某素、唐某琴、夏某琴、竺某飞、赵某夫、徐某兰（另案处理）等人处高息集资，欠下巨额债务。为了还债，吴某继续非法集资。2005 年 5 月至 2007 年 1 月，吴某以给付高额利息（每万元每天 40 ~ 50 元）为诱饵，采取隐瞒先期资金来源真相、虚假宣传经营状况、虚构投资项目等手段，先后从林某平、杨某陵、杨某昂、杨某江（均另案处理）及毛某娣、任某勇、叶某生、龚某平、周某红、蒋某幸、龚某峰等人处非法集资人民币 77, 339. 5 万元（以下均为人民币），用于偿付集资款本息、购买房产、汽车及个人挥霍等。至案发时，除已归还本息 38, 913 万元，实际诈骗金额为 38, 426. 5 万元。

裁判理由：

（一）关于非法集资行为的认定

根据 2010 年《最高人民法院关于审理非法集资刑事案件具体应用法律若干问题的解释》（以下简称《解释》）的规定，本案中，被告人吴某未经有关部门批准，通过发放宣传册、买断东义路广告位集中推出集团广告等公开宣传手段，以高息为诱饵，从林某等人处非法集资 7 亿余元，具备上述《解释》规定的“非法性”“公开宣传性”“利诱性”“社会性”四大特征，属于非法集资行为。

2014 年《最高人民法院、最高人民检察院、公安部关于办理非法集资刑事案件适用法律若干问题的意见》也进一步明确规定，在向亲友或者单位内

部人员吸收资金的过程中，明知亲友或者单位内部人员向不特定对象吸收资金而予以放任的，属于向“社会公众”吸收资金。可见，本案中，法院认定被告人吴某属于向“社会公众”吸收资金符合法律的本意。

（二）关于集资诈骗罪的认定

非法集资涵盖集资诈骗罪与非法吸收公众存款罪，两个罪名的区别在于客观上是否使用了诈骗方法集资，主观上是否具有非法占有目的。本案中，被告人吴某隐瞒其资金均来源于高息集资并负有巨额债务的真相，通过短时间内注册成立多家公司、签订大量购房合同等方式进行虚假宣传，并虚构投资商铺、炒铜期货等投资项目向他人集资，客观上具有虚构事实、隐瞒真相的行为。

本案中，被告人吴某在早期高息集资已形成巨额外债的情况下，明知必然无法归还，仍使用欺骗手段继续从林某等人处非法集资，并将集资款部分用于偿还欠款和利息，部分用于购买房产、车辆和个人挥霍，还对部分集资款进行随意处置和捐赠，根据2001年《全国法院审理金融犯罪案件工作座谈会纪要》（以下简称《纪要》）的规定，可以认定其主观上具有非法占有目的。

综上，被告人吴某主观上具有非法占有目的，客观上使用诈骗方法进行非法集资，法院依法认定其构成集资诈骗罪。

（三）关于单位犯罪的认定

根据有关规定，构成单位犯罪需具备四个条件：一是以单位名义实施；二是违法所得归单位所有；三是单位并非为实施违法犯罪活动而设立或设立后以实施犯罪为主要活动；四是法律规定为单位犯罪。本案证据证实，被告人吴某大量集资均以其个人名义进行，大量资金进入的是其个人账户，用途也由其一人随意决定；吴某用非法集资来的资金注册众多公司的目的是为虚假宣传，营造集团繁荣的假象，以骗得更多的社会资金，且大部分公司成立后都未实际经营或亏损经营，集团及所属各公司实际上是吴某非法集资的工具。因此，本案系吴某个人犯罪，而非单位犯罪。

（四）关于死刑的适用

“保留死刑，严格控制死刑”是我国的基本死刑政策。本案发生和审判均在2015年《刑法修正案（九）》施行之前，根据当时《刑法》第199条之规定，犯集资诈骗罪，数额特别巨大并且给国家和人民利益造成特别重大损失的，处无期徒刑或者死刑，并处没收财产。被告人吴某非法集资7亿余元，除去已归还的本息，实际骗取3亿余元，属于“数额特别巨大”，给国家和人民利益造成了特别重大损失，且其行为严重破坏国家的金融管理秩序，危害特别严重，依法应予严惩。考虑到吴某归案后如实供述所犯罪行，并主动供述其贿赂多名公务人员的事实，其中已查证属实并追究刑事责任的3人，对吴某判处死刑，可不立即执行，最终判处其死刑，缓期2年执行，体现了我国“保留死刑，严格控制死刑”的刑事政策。

裁判要旨七：在认定行为人是否具有非法占有目的时，应当坚持主客观相统一的认定标准，根据案件具体情况全面分析行为人无法偿还集资款的原因，若行为人没有进行实体经营或实体经营的比例极小，根本无法通过正常经营偿还前期非法募集的本金及约定利息，将募集的款项隐匿、挥霍的，应当认定行为人具有非法占有的目的

案件名称：许某成、许某卿、马某梅集资诈骗案

案例来源：《最高人民法院公报》2009年第10期（总第156期）

裁判结果：

一审判处各被告人犯集资诈骗罪，判处死刑缓期2年执行至15年有期徒刑，分别判处剥夺政治权利终身，没收个人全部财产或者罚金（江苏省高级人民法院复核核准）

基本案情：

2003年11月，许某成伙同案外人马某萍（挂名股东）设立北京H公司。2004年1月，许某成伙同许某卿成立南京H公司。两公司设立后，以实施集资诈骗犯罪为主要活动。许某成任北京H公司、南京H公司法定代表人，负责全面工作。许某卿任南京H公司总经理，代表南京H公司与本案被害人签订合同。马某梅任北京H公司财务总监，具体管理许某成收取的包括南京H公司在内各地上缴的集资款，并按许某成指示划拨兑付款及各项费用支出。自2002年始，许某成违反中国人民银行有关规定，未依照法定程序经有关部门批准，推行“星炬计划”非法集资，与客户签订合同，承诺客户每窝蚂蚁投资人民币460元，1年后返还人民币640元或540元，年回报率为39.13%或17.39%。

2004年1月至2005年3月间，许某成、许某卿、马某梅以南京H公司

名义，在明知无法归还本息的情况下，以高额回报为诱饵，虚构集资用途非法集资，向不特定公众宣称集资款用于开发、研制蚂蚁产品，事实上，许某成虽与相关单位开展过一些开发、研制蚂蚁产品的合作，但投入的资金量占其募集资金的比例非常小。北京H公司基本没有经营活动，南京H公司主要活动为募集客户资金及返还到期本金及利润，开发研制及销售蚂蚁产品、为养殖蚂蚁投入的资金量非常小。被告人在集资过程中虚构事实，夸大公司实力，向不特定公众发布宣传资料，用收到的后期投资款兑现前期投资款，共骗取社会不特定对象829人投资款合计人民币33,278,700元，集资款均打入三被告人的个人账户，由三被告人占有、支配，除用于支付客户投资款、利息外，还用于个人生活消费、以个人的名义购置房产、汽车等。后三被告无力支付客户投资款、利息。

裁判理由：

本案一审的争议焦点是：1. 本案是否为单位犯罪。2. 被告人许某成、许某卿、马某梅是否采取了诈骗的方法非法集资。3. 三被告人是否具有非法占有集资款的主观故意。4. 本案是否属于共同犯罪。南京市中级人民法院认为：

（一）关于第一个争议焦点

法院认为，虽然本案被害人确实是与几个涉案公司而非与被告人许某成、许某卿、马某梅签订合同，在名义上涉案行为是以单位名义实施的，但实际上，集资诈骗所得未归单位所有，集资款项均打入三被告人的个人账户，由三被告人占有、支配。最高人民法院《关于审理单位犯罪案件具体应用法律有关问题的解释》第2条规定：“个人为进行违法犯罪活动而设立的公司、企业、事业单位实施犯罪的，或者公司、企业、事业单位设立后，以实施犯罪为主要活动的，不以单位犯罪论处。”本案中，许某成为进行非法集资活动而设立北京H公司、南京H公司，且前述公司设立后以实施集资诈骗为主要活动，本案实际上是利用公司的外壳实施的自然人犯罪，不应认定为单位犯罪。

（二）关于第二个争议焦点

根据本案查明事实，被告人许某成、许某卿、马某梅未经有关部门批准，通过与客户签订特种药蚁销售合同、委托养殖合同、回收合同等三种系列合同，承诺在一定期限内给出资人还本付息方式，向社会不特定对象筹集资金，该筹集资金的行为属于非法集资。三被告人在非法集资过程中，明知无法归还本息，仍以高额回报为诱饵，虚构集资用途，在募集资金过程中虚构其实施的“星炬计划”被国务院扶贫办中国老区扶贫工作委员会、中国科技扶贫工作委员会在全国推广；虚构南京H公司、北京H公司实力雄厚，其行为属于通过虚构和夸大公司实力等手段欺骗不特定公众投资。综上，可以认定三被告人采取了诈骗的方法非法集资。

（三）关于第三个争议焦点

对于认定集资诈骗罪中的“以非法占有为目的”，应当坚持主客观相统一的认定标准，既要避免单纯根据损失结果客观归罪，也不能仅凭被告人自己的供述，应当结合案情具体分析。本案中被告人许某成、许某卿、马某梅骗取巨额集资款后，款项均打入三被告人的个人账户，由三被告人占有、支配，并未将资金用于合同约定用途。三被告人进行实体经营的比例极小，根本无法通过正常经营偿还前期非法募集的本金及约定利息，甚至还将募集的款项进行挥霍，应当认定其主观上具有非法占有的目的。

（四）关于第四个争议焦点

三被告人都清楚南京H公司募集集资款的基本状况及集资款用途、流向，对于相关蚂蚁产品开发研制尚未成熟，产量、产品远远无法兑现高额利息的情况，都应明知。在此情况下，三被告人仍在南京推行“星炬计划”，各负其责，分工合作，共同造成了南京H公司非法集资巨额款项无力兑现的事实，应认定为共同犯罪。

江苏省高级人民法院复核认为：被告人许某成伙同他人以非法占有为目的，采取虚构事实，以高回报率为诱饵的方法非法集资，骗取他人财物，数额特别巨大并且给人民利益造成特别重大损失，其行为构成集资诈骗罪。许某成作为北京H公司、南京H公司法定代表人，负责全面工作，策划、指挥集资诈骗活动，在共同犯罪中系主犯，一审判决许某成犯集资诈骗罪，判处死刑，缓期2年执行，剥夺政治权利终身，没收个人全部财产准确，予以核准。

裁判要旨八：对于非法传销和变相传销活动，应根据传销企业和个人所实施的具体犯罪行为来确定罪名和罪责。对于非法传销过程中，携传销款潜逃的行为，应以诈骗罪或者合同诈骗罪定罪量刑

案件名称： 袁某、欧某湘、李某集资诈骗案

案例来源：《刑事审判参考》2002 年总第 25 集第 167 号

裁判结果：

二审上海市第二中级人民法院判处各被告人犯诈骗罪和非法经营罪，分别判处有期徒刑 11 年至 1 年 6 个月，并处罚金 1 万零 5000。

基本案情：

上海市闸北区人民检察院起诉指控被告人袁某、欧某湘、李某犯集资诈骗罪，一审上海市闸北区人民法院判处三被告人犯诈骗罪，分别判处有期徒刑 11 年、5 年、7 年。

后三被告人上诉，二审上海市第二中级人民法院经审理查明：1999 年 6 月间，袁某与齐某均（另案处理）以江苏 I 公司的名义，雇佣欧某湘、李某和龚某平、麻某昭等人，租借上海市恒丰路 31 号金峰大厦的部分办公室，由袁某、欧某湘与齐某均共同策划、制定了“保利得发售计划”。该计划以购买产品取得会员资格，然后以购买者所购的份额多少（每份额为人民币 380 元）将会员分为 5 类，许诺根据不同类别的会员在全国新增发售总量的基础上，以公司利润高额回报消费者，并以发展会员的方式形成销售锁链。嗣后，齐某均和袁某以江苏 I 公司名义，从上海某设备有限公司、福建某有限公司、山东某生物工程有限公司购入保健品和家用净水设备等产品，以上述方式向他人进行销售。至同年 8 月上旬，累计销售 1 万多份，总计经营额为 380 余万元人民币。在销售过程中，欧某湘以组织培训班的方式，向他人宣传“保利得发售计划”，李某负责发货、收取货款并推销产品。同年 8 月中旬，经袁某与齐某均共谋，由麻某昭具体实施携带营业款人民币 180 余万元潜逃至江苏省南京市，袁某与齐某均向欧某湘、李某等其他雇员宣称公司经营不善，需要搬迁。在南京市，袁某与齐某均分得巨额赃款，欧某湘、李某与其他公司成员按照事前约定和经营提成比例分别领取工资及路费，并被遣散。

二审法院认为袁某的行为构成诈骗罪，判处有期徒刑 11 年；欧某湘、李某的行为构成非法经营罪，分别判处有期徒刑 2 年 6 个月、1 年 6 个月。

裁判理由：

1. 对于非法传销和变相传销活动，应根据传销企业和个人所实施的具体犯罪行为来确定罪名和罪责。

为了严厉打击非法传销和变相传销活动，最高人民法院 2001 年 3 月 29

日《关于情节严重的传销或者变相传销行为如何定性问题的批复》明确规定，对于1998年4月18日国务院《关于禁止传销经营活动的通知》发布以后，仍然从事传销或者变相传销活动，扰乱市场秩序，情节严重的行为，应当依照《刑法》第225条第4项的规定，以非法经营罪定罪处罚。实施上述犯罪，同时构成《刑法》规定的其他犯罪的，依照处罚较重的规定定罪处罚。据此，对于非法传销和变相传销活动，应根据传销企业和个人所实施的具体行为和危害后果来确定具体的罪名和罪责。对于违反我国有关法律规定，以传销和变相传销方式进行的经营活动，严重扰乱市场经济秩序的，应以非法经营罪定罪处罚；对于以传销为幌子，骗取他人钱财的，以诈骗罪或者合同诈骗罪处理。如果非法经营罪与诈骗罪、合同诈骗罪等罪名发生牵连或者竞合，应依照其中刑法规定处罚较重的罪定罪处罚。

2. 对于非法传销过程中，携传销款潜逃的行为，应以诈骗罪或者合同诈骗罪定罪量刑。

法院认为，传销或者非法传销活动虽然具有价格欺诈等特征，但与非法集资行为存在区别：一是非法集资行为人往往是承诺以定期利息、红利等形式返还巨额利益相引诱；而传销的利益主要是靠传销人自己层层发展下线来获取，没有下线就没有利益。二是非法集资一般没有或者很少有货物经营行为；而传销行为存在货物买卖行为，基本上是上线低价买进再高价卖给下线。三是非法集资的结果往往是几个主要责任人骗取大量非法资金，受害人数众多；而传销中往往是最低层、最后发展的下线、加盟者遭受损失，上线和先加入者一般不会有损失。因此，对于非法传销过程中携传销款潜逃的行为，由于有买卖货物的行为，是在非法经营活动中进行诈骗活动，没有侵犯金融管理秩序，主要侵犯的是传销参与者的财产权和市场经济秩序，因此应以诈骗罪或者合同诈骗罪定罪处罚。

本案中，被告人袁某、欧某湘、李某以定期还利、高额折让为名诱骗受害者，非法传销某螺旋藻片、某消毒洗手液、某活水机等产品的行为，属于非法经营性质，三被告人构成非法经营罪的共犯。非法传销过程中，袁某临时起意携款潜逃，其行为性质发生转化，构成诈骗罪，因所犯诈骗罪的法定刑重于非法经营罪，故对袁应以诈骗罪论处。欧某湘、李某未实施携款潜逃的行为，也未与袁某共谋非法占有他人财物，不构成诈骗罪的共犯。

裁判要旨九：以向客户承诺高额回报和为客户承担交易风险为诱饵，采取举办讲座、培训班，进行虚假广告宣传，制造虚假交易等多种欺骗手段，非法吸纳社会公众资金的，属于非法集资行为。骗取客户资金后进行挥霍或者将资金非法转至境外意图出逃的，则显示其具有非法占有的目的，属于集资诈骗

案件名称：曹某飞、龚某颖、高某宇等集资诈骗等案

案例来源：《刑事审判参考》2019 年总第 118 集

裁判结果：

一审以集资诈骗罪判处三被告人死刑至无期徒刑，剥夺政治权利终身，没收个人全部财产。（二审北京市高级人民法院维持原判，最高人民法院核准死刑）

基本案情：

被告人曹某飞化名倪某，以非法占有为目的，分别于 1997 年 6 月、12 月，在未经国家有关部门批准经营期货的情况下，以非法合作形式成立了山东 J 期货经纪有限公司北京营业部（以下简称北京营业部），非法收购了 K 期货经纪有限公司（以下简称 K）；1997 年 9 月，又成立了北京某石油化工有限公司。曹某飞利用上述三公司，以向客户承诺高额回报和为客户承担交易风险为诱饵，采取举办讲座、培训班，进行虚假广告宣传，擅自翻印合同书，设立假盘房，制造虚假交易等多种欺骗手段，非法吸纳巨额社会公众资金，共骗取 4100 余人的钱款共计人民币 5 亿余元。其中，用吸纳客户的资金支付客户所谓利润共计人民币 1.7 亿余元，其余 3.2 亿余元资金除用于公司支出、为出逃办理各种假证件及大肆挥霍外，还将客户大量资金通过来某（另案处理）等人转往境外，导致巨额资金流失，造成特别重大损失。此间，被告人龚某颖在曹某飞的指使下，积极参与了集资诈骗活动，在上述三公司中为曹某飞主管财务，私刻山东 J 期货经纪有限公司的财务章、合同章，向客户支付所谓利润，制造正常交易的假象；将吸纳的大量现金多次交予来某等人运至境外或用以购买私人住宅、轿车或送予亲友等大肆挥霍；为出逃积极联系办理各种假证件、销毁公司账目等。被告人高某宇被山东 J 期货经纪有限公司派至北京营业部任负责人，在曹某飞以每月 20 万元人民币的高薪引诱下，向其提供了山东 J 期货经纪有限公司财务章、合同章的印模，后又受曹某飞指使在山东设立假盘房；协助曹某飞收购 K；积极参与了曹某飞利用

上述三公司进行的集资诈骗活动。

被告人曹某飞、龚某颖、高某宇于1998年8月1日，携带部分赃款欲潜逃出境。同年9月3日在云南省石林县被抓获归案。

裁判理由：

（一）集资诈骗罪的认定

1. 非法占有为目的的认定

认定是否具有非法占有为目的，应坚持主客观相一致的原则，避免单纯根据损失结果客观归罪，也不能仅凭被告人自己的供述，而应该坚持从客观到主观，根据案件事实具体情况具体分析。本案中，被告人曹某飞等人明知并不具备期货全权代理人资格，其所设立的期货经营机构亦属非法机构，为获取非法利益，在没有利润收入的情况下，一方面，以允诺高额回报、保点数、亏损还原等为诱饵，大量吸纳社会公众巨额资金；另一方面，又采取设置假盘房，在并未将客户入金打入境内期货市场的情况下，搞虚假“对冲”，一再诱使并骗得更多客户入金后，即大肆挥霍客户入金，还将骗得部分客户入金非法转至境外并意图出逃。曹某飞等人在作案过程中还一再置国家监管机关令其终止利用非法设立的机构，以非法期货交易及搞虚假的商业经营活动等手段，吸纳社会公众巨额资金的禁令于不顾，反而愈加大肆进行集资诈骗活动，显见曹某飞等三名被告人均具有非法占有客户资金的主观故意。

2. 非法集资行为的认定

非法集资是指法人、其他组织或者个人，未经有关机关批准，向社会公众募集资金的行为。本罪侵犯的客体是国家的金融管理制度和公司财产的所有权。客观方面表现为使用诈骗的方法非法集资，数额较大的行为。根据相关司法解释规定，“诈骗方法”是指行为人采取虚构集资用途，以虚假的证明文件和高回报率为诱饵，骗取集资款的手段。个人进行集资诈骗数额在20万元以上的，属于“数额巨大”；个人进行集资诈骗数额在100万元以上的，属于“数额特别巨大”。

本案中，曹某飞等人以向客户承诺高额回报和为客户承担交易风险为诱饵，采取举办讲座、培训班，进行虚假广告宣传，擅自翻印合同书，设立假盘房，制造虚假交易等多种欺骗手段，非法吸纳巨额社会公众资金，共骗取4100余人的钱款共计5亿余元。该数额是根据《中庆会计师事务所审计报告》所认定，其中曹某飞以支付高额广告费的形式向客户允诺高额回报率的行为，实质上是变相非法集资的行为。

（二）集资诈骗罪中主从犯的认定及死刑适用

共同犯罪是指二人以上共同故意犯罪。在共同犯罪中，组织、领导犯罪集团进行犯罪活动的或者在共同犯罪中起主要作用的，是主犯。在本案中，曹某飞为主要纠集人，其纠集他人进行集资诈骗犯罪活动，在共同犯罪中起决定性作用，应当认定为主犯。龚某颖在曹某飞的纠集下，为获取非法利益，明知曹某飞采用非法集资的手段骗取客户巨额资金，仍始终与曹某飞等人共同实施了集资诈骗犯罪，亦应认定为主犯。高某宇身为期货经纪公司从业人员，为获取非法利益，在明知曹某飞意图截流并非法占有客户资金的情况下，仍根据其的要求，与曹某飞等人进行集资诈骗犯罪活动，亦应认定为主犯。

在共同犯罪中，曹某飞起决定性作用，系本案主犯，其犯罪数额高达5亿余元，属于数额特别巨大，其集资诈骗对象多达4100余人，绝大部分钱款已被转移境外或挥霍而无法追回，犯罪情节特别严重，给国家和人民利益造成特别重大损失，且曹某飞为实施集资诈骗犯罪又实施行贿行为，在犯罪过程中办理假护照、假身份证明意图逃往境外，可见其主观恶性深。同时，曹某飞等人的集资诈骗行为给社会公共秩序及社会公众造成了巨大影响。在案件审理期间，在北京重点地区发生的受骗客户聚集事件多达45余次，严重影响了社会正常秩序，造成了恶劣的社会影响。综上所述，曹某飞属于罪行极其严重的犯罪分子，且没有任何法定、酌定从宽处罚情节，判处死刑符合当时的法律规定和刑事政策。2001年5月15日，最高人民法院以（2001）刑复字第1号刑事裁定核准曹某飞死刑。

三、无罪裁判要旨

无罪裁判要旨一：被告单位集资目的主要是为了缓解资金短缺，用于生产经营，现有证据不能证明被告单位具有非法占有目的，被告单位和三被告人的行为不构成集资诈骗罪；被告人受被告单位聘用从事会计工作，获取工资报酬，其做假账行为与被告单位非法吸收资金行为无直接关联，不属于单位犯罪的主管人员、直接责任人员，被告人的行为不构成犯罪

案件名称：乐山市L车业有限公司、胡某云等集资诈骗案

审理法院：四川省乐山市中级人民法院

案号：（2016）川11刑初22号，（2018）川11刑再2号

裁判理由：

四川省乐山市人民检察院指控被告单位乐山市 L 车业有限公司（以下简称 L 公司）、被告人胡某云、王某君、宋某才犯集资诈骗罪。针对控辩双方的争议焦点，本院评判如下：

1. 公诉机关指控被告单位 L 公司犯集资诈骗罪的罪名不成立，被告单位 L 公司的行为构成非法吸收公众存款罪。

公诉机关指控 L 公司将借款主要用于偿还公司借款和支付利息等非经营活动事项，具有非法占有的目的，其行为构成集资诈骗罪。经查，本案的民间借款均进入公司账户，统一用于支付出借人的本金、利息、购车款、工程款、员工工资等公司支出。相关证据证实，L 公司集资目的主要是为了缓解资金的短缺，用于生产经营，与集资诈骗中吸收资金的目的是为了非法占有明显不同。现有证据不能证明被告单位具有“非法占有的目的”，被告单位和三被告人的行为不构成集资诈骗罪。

L 公司明知吸收资金的信息向社会公众扩散而予以放任，致多达 477 名集资参与人参与集资。L 公司在未经国家有关部门批准的情况下，通过开会动员、口头及电话等形式向集资参与人宣传集资等方式，以 L 公司为借款主体，向社会不特定对象吸收资金，扰乱了金融秩序，数额特别巨大，其行为构成非法吸收公众存款罪。

2. 被告人胡某云、王某君的行为构成非法吸收公众存款罪。胡某云是被告单位 L 公司的法定代表人，是单位犯罪的主管人员；王某君是 L 公司的股东，参与吸收资金，是单位犯罪的直接责任人员，二人的行为构成非法吸收公众存款罪。

3. 被告人宋某才的行为不构成犯罪。

宋某才受被告单位 L 公司聘用从事会计工作，获取工资报酬。宋某才虽然按公司要求做了假账，但其做假账行为与 L 公司非法吸收资金行为无直接关联，不属于单位犯罪的主管人员、直接责任人员，宋某才的行为不构成犯罪。法院再审认为：原审被告单位乐山市 L 车业有限公司、原审被告人胡某云、原审被告人王某君的行为已构成非法吸收公众存款罪。原审判决定罪正确、量刑适当，应予维持。但由于部分集资参与人领取的利息超过本金的基本事实没有查实，故原审判决追缴部分集资人员违法所得，系判决不当，应予撤销。对于本案未退还集资参与人的本金 27, 863, 314 元，被告单位 L 公司应继续退赔集资参与人。

无罪裁判要旨二：被告人在被告单位从事财务工作，在案证据不足以证实被告人是该公司的直接责任人员，认定被告人行为构成非法吸收公众存款罪的事实不清，证据不足，判决被告人无罪

案件名称：曾某玲、郑某英等集资诈骗等案

审理法院：河南省漯河市中级人民法院

案号：(2019) 豫11刑终21号

裁判理由：

漯河市源汇区人民检察院指控原审被告单位M制衣有限公司、原审被告人曾某玲、郑某英等人犯集资诈骗罪等罪。一审法院判决被告单位M制衣有限公司犯非法吸收公众存款等罪，被告人曾某玲犯非法吸收公众存款等罪，被告人郑某英犯非法吸收公众存款罪，分别被判处罚金160万元、有期徒刑16年、5年。经二审法院审理查明，上诉人（原审被告人）郑某英受其母亲被告人曾某玲的安排于2014年6月至2015年1月在M制衣公司担任出纳工作。本院认为，原审被告单位M制衣有限公司违反国家有关规定，非法吸收公众存款，扰乱金融秩序，数额巨大，上诉人（原审被告人）曾某玲作为该公司直接负责的主管人员，其行为均已构成非法吸收公众存款罪。被告人郑某英在M制衣有限公司从事财务工作，在案证据不足以证实郑某英是该公司的直接责任人员，原判认定郑某英的行为构成非法吸收公众存款罪的事实不清，证据不足，依法予以纠正。

无罪裁判要旨三：公诉机关出示的证据不能证明被告人将集资款非法占为己有，也不能证明被告单位剩余资产无法归还欠款，指控被告人构成集资诈骗罪的证据不足；相关协议体现的是被告人个人意志而非被告单位意志，同时没有证据证明集资款归被告单位支配，被告单位未从非法集资中获得利益。公诉机关指控被告单位犯非法吸收公众存款罪的证据不足，罪名不能成立

案件名称：河北N房地产开发有限公司、赵某江集资诈骗案

审理法院：河北省沧州市中级人民法院、河北省高级人民法院

案号：（2016）冀09刑初39号，（2018）冀09刑初27号，（2018）冀刑终493号

裁判理由：

一审法院院认为，被告人辛某春、赵某江与许某1经协议，以三人合伙的形式，用河北N房地产有限公司的名义，共同开发吴桥县百祥园小区建设项目。被告人辛某春、赵某江在共同开发项目过程中，为缓解资金紧张，以不可能获得国家有关部门批准的楼盘为诱饵，以预售楼的名义向公众吸收资金2295.6004万元，数额巨大，扰乱了金融秩序，其行为均已构成非法吸收公众存款罪。公诉机关指控被告人赵某江、辛某春犯非法吸收公众存款罪的罪名成立。

被告人辛某春是河北N房地产有限公司法定代表人，但辛某春与赵凤江、许某1签订的共同开发吴桥百祥园小区建设项目的合伙协议，是以辛某春个人名义签订，协议中虽约定以河北N房地产有限公司对外经营，但实际是盗用公司名义，体现的是辛某春个人意志，不是河北N房地产有限公司的意志。同时没有证据证明赵某江非法吸收的集资款归河北N房地产有限公司支配，河北N房地产有限公司未从非法集资中获得利益。公诉机关指控被告单位河北N房地产有限公司犯非法吸收公众存款罪的证据不足，罪名不能成立。

被告人赵某江另自2013年开始，以建设项目需要资金周转为由，以高息为诱饵向社会公众非法集资5337.939万元，数额巨大，其中4756.9005万元集资款未归还，扰乱了金融秩序，其行为亦构成非法吸收公众存款罪。公诉机关指控以上事实构成集资诈骗罪，经查，沧州骅源会计师事务所有限责任公司沧源会审报字［2017］035号审计报告记载：百祥园小区开发过程中总收入共计34,203.16605万元，总支出32,995.160491万元。其中借款收入21,996.73035万元，还本付息21,368.094678万元。公诉机关出示的证据不能证明被告人赵某江将以上借款非法占为己有，也不能证明N房地产有限公司吴桥分公司剩余资产无法归还欠款，指控被告人赵某江构成集资诈骗罪的证据不足，不能成立。

二审法院认为，上诉人赵某江、原审被告人辛某春在共同开发房产项目中，以高额利息、享受优惠等为诱饵，违法向社会不特定人吸收资金，其行为均已构成非法吸收公众存款罪，应依法惩处。原判决认定事实清楚，证据

确实、充分，适用法律正确，量刑适当。审判程序合法。裁定驳回上诉人赵某江的上诉，全案维持原判。

无罪裁判要旨四：各被告人在共同犯罪中，仅有非法吸收公众存款的共同犯罪故意，没有非法占有集资款的共同故意和行为，其行为性质涉嫌非法吸收公众存款；被告人非法吸收公众存款行为尚未达到追究刑事责任的数额和人数，依法可不予追究其刑事责任

案件名称：尚某彬、王某军、王某培等集资诈骗案

审理法院：陕西省高级人民法院

案号：（2017）陕刑终315号，2017－12－28

裁判理由：

宝鸡市人民检察院指控被告人尚某彬、王某军、王某培等18人犯集资诈骗罪。本院认为，上诉人尚某彬违反国家金融管理法律规定，以非法占有为目的，伙同他人，使用诈骗方法非法集资，其行为已构成集资诈骗罪；上诉人王某军等人受尚某彬及他人纠集，违反国家金融管理法律规定，非法向社会公众吸收资金，在共同非法集资犯罪中，因其均没有非法占有集资款的犯罪目的，其行为均构成非法吸收公众存款罪；上诉人段某等人明知尚某彬等人进行非法集资犯罪活动，仍为其犯罪活动提供帮助，唯其仅得工资收入，没有提取分成，无非法占有集资款的犯罪目的，其行为亦均构成非法吸收公众存款罪；**原审被告人王某培受他人纠集参与非法集资活动，其行为性质涉嫌非法吸收公众存款，唯其本人非法吸收公众存款行为尚未达到追究刑事责任的数额和人数，依法可不追究其刑事责任**。在共同集资诈骗犯罪中，上诉人尚某彬经与在逃的章某平预谋商议和分工，虚构生产假象，纠集和组织业务员向社会公众进行虚假宣传，并以高额利息为诱饵，向社会公众吸收巨额集资款，主要用于归还个人债务和个人消费，并未用于生产经营活动，并致使集资款不能返还，显然具有非法占有的目的，显系集资诈骗罪，且起主要作用，系主犯，应依法严惩；上诉人王某军等人作为非法集资犯罪的业务员，在共同非法吸收公众存款犯罪中，直接面对社会公众进行虚假宣传和高息承诺，签订合同，延揽集资款，收取提成款，虽然行为积极主动，但相较于尚某彬和在逃的章某平，均起次要作用，系从犯；上诉人段某等人作为汇通公司的办公人员，在共同非法吸收公众存款犯罪中，从事收款

开票，提现付款等帮助行为，起次要作用，系从犯，均应分别对所参与的犯罪行为应承担相应的罪责。上诉人王某军、段某在集资后期，经尚某彬决定和委派，均从事管理业务员的职责，是罪责较重的从犯。二审宣告被告人王某培无罪。

无罪裁判要旨五：无证据证实被告人采用向社会公开宣传的方式向不特定的人进行集资，无证据证实被告人向他人借款时虚构事实，无证据证实被告人有非法占有的目的，则应认定被告人无罪

案件名称：庞某集资诈骗等案

审理法院：四川省巴中市中级人民法院

案号：（2017）川19刑终37号

裁判理由：

四川省南江县人民检察院指控原审被告人庞某犯合同诈骗罪、集资诈骗罪。关于集资诈骗罪，本院认为庞某是否具有非法占有目的，使用诈骗方法非法集资，主要从以下方面来分析判断：

1. 庞某实施非法集资的行为，是否向社会公开宣传，是否向不特定的对象集资

经查，根据庞某供述、各债权人陈述，庞某在资金缺乏的情况下，均是庞某主动向熟识的各债权人提出，两者之间并未通过其他人介绍、联系，各借款人在借款前均认识庞某，在案无证据证实庞某采用向社会公开宣传的方式向不特定的人进行集资。

2. 庞某向他人借款时是否虚构事实

根据庞某供述、各债权人陈述以及在案书证、证人证言，可证实庞某借款的原因是代理O酒和投资巴中市P酒业有限责任公司的酒厂，经查，庞某的借款时间确实是在其代理O酒、投资P酒厂的期间内，故借款的事由并未虚构。

3. 庞某借款是否具有非法占有的主观目的

经查，现有证据证实庞某对巴中市P酒业有限责任公司的酒厂进行了投入，酒厂也进行了生产，经侦查机关委托，四川中意资产评估事务所认为酒厂的投资无施工依据、购买依据、合法的土地使用手续，故无法对投资金额进行评估。而根据生产许可证办理情况、各借款人以酒抵债及巴州

区人民法院查封库存白酒200吨等情况看，侦查机关对巴中市P酒业有限责任公司的酒厂的投入情况未收集到客观真实的证据。故现有在案证据不能确定庞某投入生产经营活动或者用于生产经营活动所需资金与所筹集资金规模的比例，不能锁定资金去向，也无其他证据证实庞某在此期间有肆意挥霍，携款潜逃、资金用于违法犯罪活动、逃避返还资金的情形，从而实现非法占有。

综上所述，本院认为，原判认定庞某构成集资诈骗罪的证据不足，判决上诉人（原审被告人）庞某无罪。

无罪裁判要旨六：被告人是参与集资诈骗还是参与投资的事实存疑，则公诉机关指控被告人犯集资诈骗罪的证据不足

案件名称：杨某集资诈骗案

审理法院：四川省南充市顺庆区人民法院

案号：（2016）川1302刑初296号（经检索，未查到二审裁判）

裁判理由：

南充市顺庆区人民检察院指控被告人杨某犯集资诈骗罪。结合本案事实、证据以及控辩双方质证意见，合议庭作如下评判：

1. 根据被告人杨某、徐某1、万某1供述中相印证的部份，能够认定被告人杨某和何某1、陈某3一起去过江西安义紫园山庄。

2. 而关于起诉指控“2013年3月，被告人杨某与万某1（已判刑）、徐某1（已判刑）、何某1、陈某3、万某2（三人均在逃）等人共谋成立一家公司寻找一个基地并以扩大基地建设为名以高额利息为诱饵向不特定群众进行集资活动”的证据不充分，真实性存疑。

3. 关于起诉书指控“2013年8月1日被告人杨某被徐某1任命为公司行政总监与财务总监，负责公司行政管理与公司财务部建立，具体落实幕后策划、对外宣传及包装方案制作等”证据不充分。

4. 关于起诉指控“被告人杨某、何某1按比例参与重庆公司非法吸存资金的分赃”不能成立。

5. 本案无确实充分的证据证明被告人杨某参与过紫陶公司南充分公司的集资诈骗活动以及参与分赃。

6. 经查，被告人杨某提供了紫陶广州分公司分别向他与何某1各自借款

20 万的借款协议，徐某 1 供述他向杨某、何某 1 借款 10 万元，能够印证徐某 1 与杨某、何某 1 存在债权债务关系。

综上，合议庭认为，被告人杨某是参与集资诈骗还是参与投资存疑，公诉机关指控被告人杨某犯集资诈骗罪的证据不足，不能认定被告人杨某有罪，故判决杨某无罪。

第九章

贷款诈骗罪裁判要旨

导　言

根据《刑法》第193条的规定，贷款诈骗罪是指以非法占有为目的，诈骗银行或者金融机构的贷款，数额较大的行为。需要强调的是，本罪的主体为一般主体，达到刑事责任年龄、具有刑事责任能力的自然人均可构成本罪，但是单位不能成为本罪的主体。本罪的行为方式包括：编造引进资金、项目等虚假理由，使用虚假的经济合同，使用虚假的证明文件，使用虚假的产权证明作担保或者超出抵押物价值重复担保，或以其他方法诈骗贷款。

截至2021年6月30日，根据在裁判文书网上检索到的无罪案例，并综合最高人民法院的指导性案例、最高人民法院公报、最高人民检察院指导性案例以及《刑事审判参考》关于本罪的无罪案例和有罪案例，编者归纳出以下4个有罪裁判要旨、11个无罪裁判要旨。

贷款诈骗罪，是我国《刑法》金融诈骗罪中规定的罪名，也是企业日常经营中可能会涉及的一个罪名。根据Alpha数据库2003年至2021年案例查询情况，集资诈骗罪的案件数量自2008年开始逐年上升，2013年显著上升。充足的资金，是企业成立和正常经营的前提条件。在企业资金不足尤其是资金缺口较大时，银行或者其他金融机构的贷款成为企业解决资金问题的重要途径。在贷款过程中，如果企业以非法占有为目的，采取了编造引进资金、项目等虚假理由，使用虚假的经济合同，使用虚假的证明文件，使用虚假的产权证明作担保或者超出抵押物价值重复担保等虚构事实、隐瞒真相的手段骗取银行或者金融机构的贷款，企业相关责任人员就会涉嫌贷款诈骗罪，企业本身则会涉嫌其他犯罪。

应当将贷款诈骗罪与贷款民事欺诈行为进行区分，区分关键是行为人是否具有非法占有金融机构贷款的目的。“以非法占有为目的”的把握，应当综合案中贷款的使用、不能归还贷款的原因以及被告人对偿还贷款的主观态度等事实来分析。行为人虽然虚构了部分证明文件，但其证明文件系按照相关部门的规定格式提供，其申报项目真实存在，发放贷款的部门在其申报前对其项目进行了实地考察，且对其项目予以认可的，不构成贷款诈骗罪。

一、相关法律法规

《中华人民共和国刑法》

第一百九十三条 有下列情形之一，以非法占有为目的，诈骗银行或者其他金融机构的贷款，数额较大的，处五年以下有期徒刑或者拘役，并处二万元以上二十万元以下罚金；数额巨大或者有其他严重情节的，处五年以上十年以下有期徒刑，并处五万元以上五十万元以下罚金；数额特别巨大或者有其他特别严重情节的，处十年以上有期徒刑或者无期徒刑，并处五万元以上五十万元以下罚金或者没收财产：

（一）编造引进资金、项目等虚假理由的；

（二）使用虚假的经济合同的；

（三）使用虚假的证明文件的；

（四）使用虚假的产权证明作担保或者超出抵押物价值重复担保的；

（五）以其他方法诈骗贷款的。

《全国法院审理金融犯罪案件工作座谈会纪要》（法【2001】8号，2001年1月21日实施）

（三）关于金融诈骗罪

1. 金融诈骗罪中非法占有目的的认定

金融诈骗犯罪都是以非法占有为目的的犯罪。在司法实践中，认定是否具有非法占有为目的，应当坚持主客观相一致的原则，既要避免单纯根据损失结果客观归罪，也不能仅凭被告人自己的供述，而应当根据案件具体情况具体分析。根据司法实践，对于行为人通过诈骗的方法非法获取资金，造成数额较大资金不能归还，并具有下列情形之一的，可以认定为具有非法占有的目的：

（1）明知没有归还能力而大量骗取资金的；

（2）非法获取资金后逃跑的；

（3）肆意挥霍骗取资金的；

（4）使用骗取的资金进行违法犯罪活动的；

（5）抽逃、转移资金、隐匿财产，以逃避返还资金的；

（6）隐匿、销毁账目，或者搞假破产、假倒闭，以逃避返还资金的；

（7）其他非法占有资金、拒不返还的行为。但是，在处理具体案件的时候，对于有证据证明行为人不具有非法占有目的的，不能单纯以财产不能归还就按金融诈骗罪处罚。

2. 贷款诈骗罪的认定和处理。贷款诈骗犯罪是目前案发较多的金融诈骗犯罪之一。审理贷款诈骗犯罪案件，应当注意以下两个问题：

一是单位不能构成贷款诈骗罪。根据刑法第三十条和第一百九十三条的规定，单位不构成贷款诈骗罪。对于单位实施的贷款诈骗行为，不能以贷款诈骗罪定罪处罚，也不能以贷款诈骗罪追究直接负责的主管人员和其他直接责任人员的刑事责任。但是，在司法实践中，对于单位十分明显地以非法占有为目的，利用签订、履行借款合同诈骗银行或其他金融机构贷款，符合刑法第二百二十四条规定的合同诈骗罪构成要件的，应当以合同诈骗罪定罪处罚。

二是要严格区分贷款诈骗与贷款纠纷的界限。对于合法取得贷款后，没有按规定的用途使用贷款，到期没有归还贷款的，不能以贷款诈骗罪定罪处罚；对于确有证据证明行为人不具有非法占有的目的，因不具备贷款的条件而采取了欺骗手段获取贷款，案发时有能力履行还贷义务，或者案发时不能归还贷款是因为意志以外的原因，如因经营不善、被骗、市场风险等，不应以贷款诈骗罪定罪处罚。

《最高人民检察院、公安部关于公安机关管辖的刑事案件立案追诉标准的规定（二）》（公通字［2010］23号，2010年5月7日实施）

第五十条　以非法占有为目的，诈骗银行或者其他金融机构的贷款，数额在二万元以上的，应予立案追诉。

二、有罪裁判要旨

裁判要旨一：《刑法》未将单位规定为贷款诈骗罪的主体，对单位实施的贷款诈骗行为，不能以贷款诈骗罪定罪处罚或者追究相关责任人员的刑事责任；单位与自然人共同实施贷款诈骗行为，可以参照有关司法解释的精神，根据全面评价的法律适用原则，结合主犯的犯罪性质来加以具体确定，以合同诈骗罪定罪处罚

案件名称： 马某方等贷款诈骗、违法发放贷款、挪用资金案

案例来源：《刑事审判参考》2004 年总第 39 集第 305 号

裁判结果：

一审判决被告人马某方犯合同诈骗罪，判处无期徒刑，剥夺政治权利终身，并处没收个人全部财产。被告人马某仙犯合同诈骗罪，判处有期徒刑 12 年，剥夺政剥治权利 3 年，并处罚金人民币 8 万元。被告人徐某犯合同诈骗罪，判处有期徒刑 10 年，剥夺政治权利 2 年，并处罚金人民币 5 万元（无关罪名、被告人略）。二审北京市高级人民法院驳回上诉，维持原判。

基本案情：

1997 年 9 月，马某方在明知 M 公司所属子公司 X 公司、D 公司不具备高额贷款和提供担保条件，无保证还贷能力情况下，为获取银行高额贷款，指使 M 公司财务负责人徐某采取变造、虚构 X 公司、D 公司营业执照、财务报表等贷款证明文件的手段，将 X 公司注册资金人民币 30 万变造为 330 万，将 D 公司注册资金美元 28 万变造为 128 万，法定代表人由马某方变造为张某，并将两公司财务报表做大，以 X 公司为借款人、D 公司为保证人，从中国民生银行北京 Z 支行骗取贷款人民币 500 万。其中 100 万元转至 M 公司，其余款项均用于 M 公司的债务及其他事务。

1997 年 11 月，马某方在明知 M 公司无高额贷款及担保能力情况下，为获取高额贷款，指使该公司财务负责人徐某使用马某仙提供的北京市 M 制衣厂、北京市 J 公司营业执照进行变造，将 M 制衣厂注册资金人民币 40 万变造为 1000 万，将 J 公司注册资金人民币 20 万变造为 1200 万，并对两单位的财务报表等贷款证明文件进行变造，以 M 制衣厂为借款人、J 公司为保证人，分两次从中国民生银行北京 Z 支行骗取贷款人民币共计 800 万元。其中 650 万余元转至 M 公司账上，150 万余元用于 M 公司的债务及其他事务支出。

1998 年 1 月，马某方伙同徐某、马某仙采取变造北京 H 公司、北京 Y 公司营业执照、财务报表等贷款证明文件的手段，将 H 公司的注册资金人民币 150 万变造为 600 万，法定代表人由马某方变造为马某仙，将 Y 公司注册资金人民币 50 万变造为 1000 万，以 H 公司为借款人、Y 公司为保证人，从中

国民生银行北京Z支行骗取贷款计人民币500万元，该贷款大部分被M公司使用。

综上，被告人马某方作为M公司负责人，分别指使徐某、马某仙，先后4次从中国民生银行北京Z支行骗取贷款共计人民币1800万元，均未用于贷款申请书所列项目，到期后未归还。

裁判理由：

1. 被告人马某方、徐某共同诈骗银行贷款的行为是在单位意志支配下为单位利益实施的，且犯罪所得为单位所用，故应认定为单位犯罪。

具体到本案，被告人马某方身为M公司的法定代表人兼总经理，为M公司的利益分别指使M公司财务负责人徐某，冒用多家公司的名义，采用伪造、使用虚假的贷款证明文件的手段与银行签订贷款合同，骗取银行贷款，从其身份和主观目的出发，其行为应视为能够代表单位意志的职务行为，且所骗贷款大部分均被其任职的M公司使用，所以二被告人共同实施的诈骗银行贷款的行为应认定为为了单位利益而实施的单位犯罪。

由于本案中公诉机关并未起诉M公司，致使法院不能直接判决M公司承担单位犯罪的刑事责任，但是这并不妨碍法院对本案作单位犯罪的认定，而且，对公诉机关指控的马某方、徐某二被告人，也应以单位犯罪中的有关“直接负责的主管人员和其他直接责任人员”来追究刑事责任。

2. 本案中单位与自然人共同诈骗银行贷款的行为，符合刑法对合同诈骗罪的规定，应以合同诈骗罪进行定罪处罚。

本案中，被告人马某方、徐某身为犯罪单位M公司直接负责的主管人员，被告人马某仙利用与马某方的亲属关系以个人身份参与，在马某方的授意、指使下，马某仙积极参加并与犯罪单位的相关负责人员徐某进行配合，才使得犯罪单位M公司诈骗银行贷款的行为顺利得逞，故足以认定马某仙个人与M公司构成共同犯罪。问题在于，刑法未将单位规定为贷款诈骗罪的主体，对单位实施的贷款诈骗行为，根据2001年《全国法院审理金融犯罪案件工作座谈会纪要》有关要求，不能以贷款诈骗罪定罪处罚，也不能以贷款诈骗罪追究直接负责的主管人员和其他直接责任人员的刑事责任。

对于单位以非法占有为目的，利用签订、履行借款合同诈骗银行或其他金融机构贷款，符合《刑法》第224条规定的合同诈骗罪的构成要件的，应以合同诈骗罪定罪处罚。这就意味着，从犯罪人马某仙的角度，本案应认定为贷款诈骗罪，从犯罪单位M公司的角度，则应以合同诈骗罪定罪处罚。所以，本案确实存在一个罪名的具体适用问题。

对此，我们认为，可以参照《最高人民法院关于审理贪污、职务侵占案件如何认定共同犯罪几个问题的解释》的有关精神，根据全面评价的法律适用原则，结合主犯的犯罪性质来加以具体确定。在本案实施贷款诈骗行为过程中，作为犯罪单位M公司的法定代表人兼总经理的马某方从犯罪起意到具体实施起到了策划、指使的主要作用，M公司属于共同犯罪中的主犯，作为犯罪单位，M公司只能构成合同诈骗罪。故此，尽管公诉机关未起诉犯罪单位M公司，但是法院依照单位与自然人共同犯罪触犯的罪名对相关涉案的三名被告人以合同诈骗罪定罪处罚，是正确的。

裁判要旨二：通过向银行贷款的方式骗取担保人财产的行为，表面上看是骗取银行贷款，实际上侵害的是担保人的财产权益，犯罪对象并非银行贷款而是担保合同一方当事人的财产，对此种行为应以合同诈骗罪论处

案件名称：秦某虚报注册资本、合同诈骗案

案例来源：《刑事审判参考》2005年（总第45集第352号）

裁判结果：

一审判决被告人秦某犯合同诈骗罪，判处无期徒刑，剥夺政治权利终身，没收个人全部财产。二审江苏省高级人民法院驳回上诉，维持原判。

基本案情：

被告人秦某虚假出资成立艺术品拍卖公司S公司后，在没有偿还能力的情况下，采用虚构借款理由、隐瞒公司真实情况及虚假抵押等手段，于1997年7月至11月间，先后两次骗得H总公司人民币470万元；于1995年10月至1998年11月间，多次向D航江苏公司骗取借款人民币1150万元及骗取D航江苏公司担保，向7家银行贷款共计人民币3700万元。后秦某采取以贷还借、以贷还贷、以借还贷的方式，先后归还D航江苏公司借款人民币500万元，实际占有650万元；归还银行贷款人民币1995万元，实际占有1705万元。综上，秦某以艺术品公司S公司的名义共计骗取D航江苏公司、H总公司人民币2825万元。

裁判理由：

司法实践中，经常遇到行为人向银行提供虚假证明文件，同时又骗取担

保人的信任，以申请贷款的方式获取银行资金后，自己没有偿还贷款能力，而由担保人代为偿还部分或者全部贷款的情况，对此究竟应当以何罪论处存在一定争议。本案审理过程中争议的焦点就是秦某通过银行贷款的方式骗取A航江苏公司承担担保责任人民币1705万元，究竟构成贷款诈骗罪还是合同诈骗罪。

我们认为，通过向银行贷款的方式骗取担保人财产的行为，表面上看是骗取银行贷款，实际上侵害的是担保人的财产权益，犯罪对象并非银行贷款而是担保合同一方当事人的财产，对此种行为应以合同诈骗罪论处。银行等金融机构为了确保所贷出的款项安全可靠，一般均要求借款人在申请贷款时提供必要的担保。担保人作为借款合同中的第三人，在借贷人不能偿还贷款本息时负责偿还贷款本息（一般担保）或承担与借款人共同偿还贷款的连带责任（连带担保）。行为人虚构事实骗取银行与担保人的信任，非法占有钱款后，银行可依据担保合同从担保人处获取担保，而担保人则是银行债务的实际承担者，受侵害的往往是担保人。即使担保人因某种客观原因如破产等情况导致无法偿还担保，银行的债权无法实现从而权益受到实际侵害，但只要担保人与银行之间所订立的担保合同具有法律效力，银行与担保人之间就成立债权、债务关系，法律关系的最终落脚点和行为侵害对象就应认定是担保人而非银行。当然，如果行为人提供虚假担保或者重复担保，骗取银行或者其他金融机构贷款的，则符合贷款诈骗罪的构成要件，理应以贷款诈骗罪论处。

联系本案，被告人秦某假借艺术品公司、S公司名义的所有经营都是依靠借款及向银行贷款，公司从未有盈利记录，其所还借、贷款，均系以借还贷或以贷还借，现尚有2000余万元借、贷款不能归还，且被告人除了用于其个人购买房屋、汽车等开销外，不能说明款项的实际去向，至案发也不能归还上述欠款，因此，被告人主观上具有非法占有的目的。在没有偿还能力的情况下，被告人隐瞒公司真实情况，采用虚假抵押等手段，向H公司借款、向D航江苏公司骗取借款及骗得D航江苏公司为其担保向银行贷款，均应认定构成合同诈骗罪。

裁判要旨三：企业网上银行转账授权书是网上电子银行收付、结算的唯一、排他重要依据，是特定主体双方记账的重要凭证，符合金融凭证中委托收款凭证的特征，具有金融凭证所具有的转账、支付等功能，因而应属于金融票证的范畴。伪造企业网上银行转账授权书骗取资金的行为，应以金融凭证诈骗罪定罪处罚

案件名称：张某海等人贷款诈骗、金融凭证诈骗案

案例来源：《刑事审判参考》2007年总第54集第424号

裁判结果：

一审判决张某海等五被告人犯贷款诈骗罪、张某海等三被告人犯金融凭证诈骗罪，判处20年至6年不等有期徒刑，并处16万元至2万元不等罚金。二审陕西省高级人民法院驳回上诉，维持原判。

基本案情：

（一）贷款诈骗罪

2004年6月，被告人张某海（陕西H公司法人）、贺某安（另案处理）、胡某华（陕西T公司会计）为了骗取贷款，通过被告人陈某1（无业）以付高息为诱饵，诱使西安D公司将200万元资金存入指定的西安市商业银行Y支行，后由被告人白某（西安市商业银行Z支行客户经理）将D公司开户资料及预留印鉴的印模抽出复印，交给张某海及贺某安伪造相关资料和印章，再由白某进行修改后，由张某海为被告人陈某2（陕西S公司法人）提供伪造的D公司介绍信、委托书、存款单等，由陈某2以D公司员工名义将D公司200万元存款证实书变更为定期存款，再由张某海、陈某1、陈某2等人冒充D公司法人、工作人员，胡某华以M公司会计名义，持假资料、印鉴，虚拟借款、质押协议，将D公司资金200万元做质押、以M公司名义在西安市商业银行Z支行贷款190万元，其中184万元分别转入胡某华、陈某1、陈某2等人控制的银行账户提现。张某海、胡某华、陈某1、白林、陈某2将赃款瓜分。

（二）金融凭证诈骗罪

2004年10月，被告人张某海与被告人陈某1商定，以帮朋友拉存款为名，引诱陕西R公司将资金存入工商银行西影路分理处账户，后张某海指使B公司办公室主任晏某到工商银行西影路分理处开立一般账户，而后让陈某1私刻一枚“工商银行西影路分理处”公章，张某海操纵制作了虚假的《中国工商银行网上银行企业客户账户查询、转账授权书》等资料，将上述资料交给刘某，刘某与工行电子结算中心市场部任经理的但某国共同完善以上资

料后，违规为张某海办理了“网上银行下挂账户手续”，将R公司设立在工行西影路分理处的账户下挂到B公司设立在工行互助路支行账户名下，使张某海可对R公司账户任意进行转账支配。当R公司资金500万元到账后，张某海便指使晏某同陈某1、刘某在银行人员的帮助下解锁，并将R公司账户500万元中的280万余元转入关联公司账户，部分提现。

裁判理由：

1. 西安市中级人民法院认为，五被告人以非法占有为目的，采取拉存企业款项、伪造存款企业资料、印鉴并改变企业存款方式，冒充存款企业虚构质押贷款的手段和方法骗取银行款项，其行为分别构成贷款诈骗罪。

2. 被告人张某海、陈某、胡某某伪造企业网上银行转账授权书骗取资金的行为，应构成金融凭证诈骗罪。

如何正确理解银行结算凭证的内涵和外延，是处理本案的关键。2000年8月的中国人民银行办公厅《关于单位定期存款开户证实书性质认定的批复》认为，支付结算是指单位、个人在社会经济活动中使用票据、信用卡和汇兑、托收承付、委托收款等结算方式进行货币给付及其资金清算的行为，中国人民银行为上述结算活动统一制定的书面凭证为结算凭证。2003年12月9日，中国人民银行办公厅《关于其他银行结算凭证有关问题的复函》再次明确：根据《支付结算办法》的有关规定，办理票据、信用卡和汇兑、托收承付、委托收款等转账结算业务所使用的凭证，均属银行结算凭证。此外，银行办理现金缴存或支取业务使用的有关凭证也属银行结算凭证。因此，只要是在金融活动中具有货币给付和资金清算作用，并表明银行与客户之间已受理或已办结相关支付结算业务的凭据，均应认定为银行结算凭证。

网上银行业务作为一种新型的金融服务，对其使用的凭证种类，中国人民银行和中国银行业监督管理委员会均没有明确的定性。我们认为，对网上银行的相关业务凭证是否属于金融凭证，可以根据其是否具有金融凭证的本质功能予以确定。就本案而言，所涉及的《中国工商银行网上银行企业客户账户查询、转账授权书》是用于网上电子银行进行收付、结算的唯一、排他的重要依据，是用于特定主体（金融机构、存款人）之间以特定的格式记载双方的特定权利、义务的书面文件，同时也是双方记账的重要凭证，符合上述金融凭证中的委托收款凭证的特征，属于新兴电子银行业务中出现的非传统型的银行会计凭证，具有金融凭证所具有的转账、支付等功能，因而应属于金融票证的范畴。

综上，本案被告人采取诱骗企业到银行存款，办理网上银行业务后，私刻存款企业印鉴、银行印鉴，伪造存款企业网上银行转账授权书，将存款企业下挂到 H 公司名下作为分支机构再利用网上银行骗取银行资金，且诈骗数额特别巨大，其行为已构成金融凭证诈骗罪。一、二审法院依照《刑法》第 194 条第 2 款之规定对伪造企业网上银行转账授权书骗取资金的行为，以金融凭证诈骗罪定罪处罚是正确的。

裁判要旨四：对于 1997 年《刑法》施行前单位实施的贷款诈骗行为，不能作为贷款诈骗罪处理，也不能以贷款诈骗罪追究单位直接负责的主管人员和其他直接责任人员的刑事责任；符合合同诈骗罪构成要件的，应当以合同诈骗罪定罪处罚

案件名称：陈某泉、邹某荣贷款诈骗案

案例来源：《刑事审判参考》2001 年总第 16 集第 103 号

裁判结果：

被告人陈某泉犯合同诈骗罪，判处有期徒刑 3 年，缓刑 3 年，并处罚金人民币 1000 元。邹某荣无罪。（未上诉、未抗诉）

基本案情：

兴化市人民法院经审理查明：1994 年至 1995 年上半年某日，被告人陈某泉为贷款事宜与邹某荣计议并伪造企业印章制作假担保证明。1995 年 10 月，陈某泉以其租赁承包经营的兴化市 S 公司与其个人经营的兴化市 R 精品行签订了标的物为摩托车的工矿产品购销合同，向中国建设银行兴化市支行申请办理承兑汇票。为规避银行检查，陈某泉将购销合同供方兴化市 R 精品行负责人写成宋某兰。1995 年 10 月，兴化建行与 S 公司签订了期限为 6 个月，金额为 20 万元的银行承兑协议。1995 年 11 月，兴化市 R 精品行持承兑汇票向中国农业银行兴化市支行申请贴现，得款人民币 18.2 万元。1996 年 5 月，兴化建行以特种转帐方式贷给 S 公司 20 万元，偿还承兑汇票款 20 万元。1996 年 3 月，S 公司以与广东省南海市 Q 铜铝型材厂签订的标的物为铝型材的工矿产品购销合同及用伪造的印章制作的担保书向兴化建行申请办理承兑汇票。1996 年 4 月，兴化建行与 S 公司签订了期限分别为 4 个月、6 个月，金额均为 20 万元的银行承兑协议。1996 年 4 月，S 公司持南海市 Q 铜铝型材

厂背书转让的承兑汇票向兴化建行申请贴现，得款37.4万元。1996年11月，兴化市建行与S公司又签订借款合同，陈某泉又以伪造的印章办理了保证合同，S公司用此次借款90万元偿还了陈某泉所欠贷款，其中包括1996年5月的贷款20万元和1996年4月的承兑汇票款20万元。

裁判理由：

被告人邹某荣伪造企业印章的事实存在，其行为亦为S公司诈骗银行贷款提供了条件，但因其行为时间不能具体确定，鉴于追诉时效的规定，不追究其刑事责任。被告人邹某荣除伪造印章外未实施借贷及使用、占有贷款的行为，不具有非法占有银行贷款的故意，认定其构成犯罪的事实依据不足。

本案中陈某泉经营的S公司向兴化市建行申请办理承兑汇票，主观上是为单位谋取利益，客观上是以单位名义实施，属于单位行为。那么，S公司以非法占有为目的，通过与银行签订合同骗取贷款的行为构成何罪、如何处理是本案争论焦点。

本案S公司利用签订、履行合同骗取贷款的行为构成合同诈骗罪。

1. 1995年6月30日全国人民代表大会常务委员会《关于惩治破坏金融秩序犯罪的决定》首次规定有贷款诈骗罪，1997年《刑法》对此罪名予以吸纳。但二者均将贷款诈骗罪的主体限定于自然人。然而在实际经济活动中，贷款诈骗行为常为单位所实施，并具有很大的社会危害性。但是，由于单位不符合贷款诈骗罪的主体资格，根据罪刑法定的原则，对于单位实施的贷款诈骗行为，无论数额大小，均不能作为贷款诈骗罪处理，也不能以贷款诈骗罪追究单位直接负责的主管人员和其他直接责任人员的刑事责任。

对此，2001年1月21日《全国法院审理金融犯罪案件工作座谈会纪要》（以下简称《纪要》）规定："……单位不能构成贷款诈骗罪……对于单位实施的贷款诈骗行为，不能以贷款诈骗罪定罪处罚，也不能以贷款诈骗罪追究直接负责的主管人员和其他直接责任人员的刑事责任。"但是，考虑到单位贷款诈骗虽不能以贷款诈骗罪定罪处罚，但此种行为亦属于利用合同实施，符合合同诈骗罪的特征，故《纪要》又规定："对于单位十分明显地以非法占有为目的，利用签订、履行借款合同诈骗银行或其他金融机构贷款，符合《刑法》第224条规定的合同诈骗罪构成要件的，应当以合同诈骗罪定罪处罚。"

2. 本案被告人陈某泉经营的S公司先以含有虚假内容的购销合同申请办

理银行承兑汇票20万元，用伪造的印章制作担保书申请办理银行承兑汇票40万元，用伪造的印章办理保证合同向银行贷款90万元，后又隐匿，销毁账册，以企业亏损为由拒绝还款，明显具有非法占有的故意，其诈骗行为符合1979年刑法规定的诈骗罪的特征。但是，S公司诈骗贷款的目的是通过与银行签订、履行合同而实现的，所以，S公司的行为也符合1997年《刑法》第224条规定的合同诈骗罪的特征。因S公司的行为发生于1994至1996年底，而人民法院审理本案是在2001年，这就产生是适用行为时《刑法》以诈骗罪定罪处罚，还是适用1997年《刑法》以合同诈骗罪定罪处罚的问题。本案人民检察院指控被告人陈某泉所经营的S公司诈骗银行贷款额为20万元，根据相关司法解释的规定，属于单位诈骗数额较大的范畴。根据1979年《刑法》第151条的规定，诈骗数额较大的，处5年以下有期徒刑或者拘役，而1997年《刑法》第224条规定，诈骗数额较大的，处3年以下有期徒刑或者拘役，并处或者单处罚金。两者相比，后者虽然增加了附加刑，但主刑轻于前者。所以，对本案应适用1997年《刑法》第224条，以合同诈骗罪追究S公司的刑事责任。

综上所述，兴化市人民法院改变公诉机关指控的罪名，以合同诈骗罪对本案被告人陈某泉定罪处刑是适当的。

三、无罪裁判要旨

无罪裁判要旨一：被告人将贷款用于企业经营活动，而并非用于个人经营活动及挥霍；贷款未能如期归还，确因被告人等人对公司经营管理不善所致，但公司始终表示将尽快归还贷款本息，且担保单位亦未拒绝承担担保责任的，不应认定为贷款诈骗罪。因此，利用含有虚假项目的财务报表进行申请贷款，能否认定为“以其他方法诈骗贷款”而构成贷款诈骗罪，关键在于结合案件的其他事实来证明行为人主观上是否具备“非法占有贷款的目的”

案件名称：郭某升被控贷款诈骗案

案例来源：《刑事审判参考》2001年总第14集第88号

裁判理由：

在司法实践中，认定是否构成贷款诈骗罪，不仅要看其是否具有前述行为之一，而且还要看行为人是否具有“非法占有目的”。

在本案中，被告人郭某升身为集体所有制和其他混合所有制企业、公司的法定代表人，在向银行申请贷款的过程中，提交的财务报表对部分数字的申报有推算和虚假成分，尽管不影响其代表该公司与银行签订的贷款人民币300万元的借款的效力，且此项贷款业务已由有关单位提供经银行确认为真实、有效的担保保证。但是其利用含有虚假项目的财务报表向银行申请贷款的行为，可以认定归属于贷款诈骗的“其他方法”的。但是该行为是否构成贷款诈骗罪，还必须进一步借助其他的行为事实来证明郭某升主观上是否具备“非法占有目的”。

综合本案中贷款的使用、不能归还贷款的原因以及郭某升对偿还贷款的主观态度等事实来分析，并不能证实郭某升在申请贷款的过程之中以及取得贷款之后具备“非法占有贷款的目的”。具体来说，郭某升最终将贷款人民币300万元分别以现金形式或者以所购房产用作贷款抵押等方式用于了企业经营活动，而并非用于其个人经营活动及挥霍；贷款未能如其归还，确因郭某升等人对公司、企业经营管理不善所致，但该公司始终表示将尽快归还贷款本息，且担保单位亦未拒绝承担担保责任。因此，利用含有虚假项目的财务报表进行申请贷款，能否认定为“以其他方法诈骗贷款”而构成贷款诈骗罪，关键在于结合案件的其他事实来证明行为人主观上是否具备“非法占有贷款的目的”。根据《纪要》的上述精神，分析本案中对郭某升行为的不同定性，检察院主张郭某升主观上具有“非法占有目的”并构成贷款诈骗罪，显然是未能正确区分贷款诈骗罪（刑事违法行为）与贷款诈欺（民事违法行为）在主观方面的界限，而法院认定郭某升因主观上不具备“非法占有目的”而不构成贷款诈骗罪，则准确地把握了两者主观方面的界限。

无罪裁判要旨二：判断行为人主观上具有非法占有贷款的目的，必须同时具备以下客观事实：其一，行为人是通过欺诈的手段来取得贷款的；其二，行为人到期没有归还贷款；其三，行为人贷款时即明知不具有归还能力或者贷款后实施了某种特定行为致使其不再具备归还能力。若借款人所实施的行为欠缺上述条件之一的，一般不能认定其主观上具有非法占有的目的

案件名称：吴某丽贷款诈骗案

案例来源：《刑事审判参考》2001年总第15集第95号

基本案情：

二审法院辽宁省高级人民法院经审理查明：上诉人吴某丽于1997年12

月8日，用盖州市M厂1404平方米厂房和机器设备作抵押，与盖州市城建信用社签订贷款250万元的借款合同。1997年12月24日，吴某丽以营口J铸造有限公司的名义，用盖州市M厂2214平方米厂房作抵押，与盖州市辰州城市信用社签订310万元的借款合同。上述贷款合同到期后，经两个信用社多次催要，吴某丽均没有偿还借款。1998年9月3日，吴某丽擅自将M厂的全部建筑物及厂区土地（包含上述两项贷款抵押物）作价人民币400万元，一次性转让给盖州市Y塑料制品厂厂长王某某，并对王某某隐瞒了M厂已有部分建筑抵押给信用社的事实。吴某丽从转让M厂中收到王某某分期给付的300万元现金，但未用于偿还贷款。1998年10月17日，吴某丽以盖州市M厂名义向营口市中级人民法院起诉盖州市Y塑料制品厂，要求认定其与王某某之间的转让合同无效。后该案经营口市中级人民法院一审，辽宁省高级人民法院二审审理，认定吴某丽与两家银行所签订的抵押合同因未到有关部门登记而无效，吴某丽与王某某之间所签订的转让合同合法有效，至此造成银行不能通过抵押的财产收回贷款。吴某丽所欠银行贷款的本金及利息在二审期间已由其弟全部代为还清。辽宁省高级人民法院认为原审认定被告人吴某丽犯贷款诈骗罪不能成立，判决撤销辽宁省营口市中级人民法院刑事判决中对吴某丽犯贷款诈骗罪的定罪量刑及数罪并罚部分。

裁判理由：

（一）是否具有非法占有目的是区分贷款诈骗与贷款欺诈的关键

如何区分贷款诈骗罪与贷款纠纷？我们认为，区分的标准主要应从借款人主观上是否具有非法占有目的上来分析。“非法占有的目的”属于行为人主观上的心理活动，往往通过其客观行为表现出来。从行为人具体实施的客观行为事实来判断，某些行为本身就足以证明行为人主观上具有非法占有的目的，但是，在某些情况下，某些行为本身并不能直接表明行为人主观上具有非法占有的目的，还必须借助相关的客观事实来加以分析认定。

判断行为人主观上具有非法占有贷款的目的，必须同时具备以下客观事实：其一，行为人是通过欺诈的手段来取得贷款的；其二，行为人到期没有归还贷款；其三，行为人贷款时即明知不具有归还能力或者贷款后实施了某种特定行为，如携款逃跑，肆意挥霍贷款，抽逃、转移资金、隐匿财产以逃避返还贷款，等等。只有在借款人同时具备上述三个条件时，才能认定借款人在主观上具有非法占有贷款的目的。若借款人所实施的行为欠缺上述条件之一的，一般不能认定其主观上具有非法占有的目的。

（二）认定被告人吴某丽具有非法占有目的的证据不足

从本案的事实来看，被告人吴某丽是否构成贷款诈骗罪，一是要分析吴某丽是否实施了《刑法》第193条列举的四种具体行为或者吴某丽所实施的行为能否归属于“以其他方法诈骗贷款”；二是要认定吴某丽在主观上是否具备“非法占有贷款的目的”。具体来说，吴某丽在多次贷款的过程中，并没有采取《刑法》第193条列举的四种具体行为方式来取得贷款。另一方面，吴某丽在贷款的过程中以及在得到贷款之后，并不具备“非法占有贷款的目的”。尽管她在贷款到期后，经两个信用社多次催要，不仅没有偿还借款，而且利用抵押合同的瑕疵又擅自将抵押物再次转让，得到转让收入后又不用来偿还贷款。但是，这些事实尚不能直接证明吴某丽主观上具有非法占有贷款的目的，至多只能表明吴某丽在主观上具有占有贷款的可能性。

在这种情况下，就需借助其他的客观事实来加以分析认定。从本案的事实来看，吴某丽并没有实施《纪要》中列举的第2至7项的行为，也不属于第1项“明知没有归还能力”的情形。相反，吴某丽试图通过诉讼手段欲将抵押物收回，最终因法院确认其与盖州市Y塑料制品厂的转让合同有效而未能如愿，以致吴某丽不能再用抵押物来偿还贷款。因此，上述客观事实反而能够证明吴某丽在主观上不具备将贷款占为己有的目的。辽宁省高级人民法院二审对吴某丽不定贷款诈骗罪是正确的。

无罪裁判要旨三：被告人伪造印章的行为已过追诉时效，不追究其刑事责任；除伪造印章外，被告人未实施借贷及使用、占有贷款的行为，不具有非法占有银行贷款的故意，认定其构成犯罪的事实依据不足

案件名称：陈某泉、邹某荣贷款诈骗案

案例来源：《刑事审判参考》2001年总第16集第103号

基本案情：详见前文有罪案例裁判要旨四

裁判理由：

被告人邹某荣伪造企业印章的事实存在，其行为亦为S公司诈骗银行贷款提供了条件，但因其行为时间不能具体确定，鉴于追诉时效的规定，不追究其刑事责任。被告人邹某某除伪造印章外未实施借贷及使用、占有贷款的行为，不具有非法占有银行贷款的故意，认定其构成犯罪的事实依据不足。

无罪裁判要旨四：以违法侵占物进行抵押贷款，逾期不还贷的行为不构成贷款诈骗罪

案件名称：潘某、王某职务侵占、贷款诈骗等案

案例来源：《刑事审判参考》2002年总第27集第192号

基本案情：

徐州市中级人民法院经公开审理查明：

1996年12月，徐州H公司和B公司共同出资人民币27万元，以B公司名义，从徐州市物资协作公司购买市政府超标车黑色公爵王轿车一辆。按照此前的双方协议，该车所有权归B公司，暂由H公司无偿使用，H公司将该车交由本公司职工即被告人潘某驾驶。1998年，H公司经理李某光决定辞退被告人潘某，并让其将公爵王轿车钥匙及驾照等手续交回公司，但潘某以H公司欠其工资及其他费用为由，拒不执行公司决定并私自将该车开走。此后，被告人潘某为了将车过户到自己的名下，利用被告人王某为H公司代理诉讼的便利，指使王某用盖有H公司印章的空白信笺写了“苏C16267公爵王轿车实属潘某购买，为H公司所租用”的虚假证明。两被告人又同去徐州市政府车队，潘某用此假证明，让王某以H公司的法律顾问出面证实该车系潘某所有，骗取了市政府行政处副处长韩某阁的信任，并在潘某的车辆过户申请表上盖了公章。1999年12月29日，徐州市公安局车管所将该车过户给被告人潘某。该车经评估价值为人民币27.3万元。

2000年1月26日，被告人潘某通过徐州市人民银行司机刘某某介绍，用非法侵占的公爵王轿车作抵押从铜山县三堡农村信用社（铜山县鑫诚农村信用合作社）取得贷款25万元，未能在合同期限内归还借款。

徐州市中级人民法院认为，指控被告人潘勇侵占本公司2.46万元和贷款诈骗罪的事实与罪名不能成立，不予支持。

裁判理由：

被告人潘某在贷款行为中提供了“真实的”抵押担保，虽隐瞒了抵押物的非法性质，但银行方并不会因之遭受实际的经济损失，根据刑法禁止重复评价的原则，不应也不宜在追究其职务侵占的刑事责任的同时，再行追究其贷款诈骗的刑事责任。

首先，作为抵押物的车辆虽系非法侵占所得，但这对于提供贷款的银行的担保物权的实现并不构成妨碍，银行完全可以通过拍卖、变卖抵押车辆等

形式实现其债权。作为抵押权人的贷款银行，对于抵押行为不存在任何过失，属于善意第三人。在我国民法中，车辆所有权采取的是登记公示主义，合同对方具有信赖该种登记为一定行为并受法律保护的权利，即使登记所表现出来的物权状态与真实的物权状态不相吻合，也不得影响物权行为的效力。在本案中，被告人潘某非法占有的公爵王轿车虽真正的所有权属于他公司，但因经车管所办理了过户登记，贷款银行完全有理由相信被告人潘某对该车辆具有真实、合法的所有权，其依据该信赖而设立的车上抵押权应当认定为合法有效。同时，因抵押权属于担保物权，是一种直接对物享有的权利，故银行可依据该抵押权对抗抵押物车辆的所有权人。当被告人潘某在贷款期限内不能偿还借款，贷款银行即抵押权人有权将抵押的车辆折价或者以拍卖、变卖方式优先受偿。而合法的占有、使用人 H 公司包括真正的所有权人 B 公司，均不得以潘某非法占有为由提起抗辩。H 公司只能以侵权之债要求潘某赔偿损失。

其次，被告人潘某将其非法占有的公爵王轿车用作贷款抵押的行为，应认定是一种对赃物的处置行为，属于职务侵占行为的延伸。我们认为，不管其主观上是否具有非法占有银行贷款不予归还的目的，因其贷款抵押行为的非法性直接源于职务侵占行为的非法性，也不宜对该种违法性进行二次评价。如果潘某为非法骗取银行贷款而侵占本单位公爵王轿车用作贷款抵押，则其侵占行为与骗取银行贷款行为之间，也构成牵连关系，只能以一重罪处罚。

无罪裁判要旨五：对于确有证据证明行为人不具有非法占有目的，但因不具备贷款的条件而采取了欺骗手段获取贷款，案发时有能力履行还贷义务，或者案发时不能归还贷款是因为意志以外的原因，如因经营不善、被骗、市场风险等，不应以贷款诈骗罪定罪处罚

案件名称：张某顺贷款诈骗案

案例来源：《刑事审判参考》2004 年总第 39 集第 306 号

裁判理由：

贷款民事欺诈行为与贷款诈骗犯罪主观上都意图欺骗金融机构，客观上均实施了一定程度的欺诈行为，二者区别的关键，是行为人是否具有非法占有金融机构贷款的目的。要认定行为人是否具有非法占有的目的，不能单纯以行为人使用欺诈手段实际获取了贷款或者贷款到期不能归还，就认定行为

人主观上具有非法占有贷款的目的，而应坚持主客观相一致的原则，具体情况具体分析，在对行为人贷款时的履约能力、取得贷款的手段、贷款的使用去向、贷款无法归还的原因等方面及相关客观事实进行综合分析的基础上，判断行为人是否具有非法占有贷款的目的，以准确界定是贷款欺诈行为还是贷款诈骗犯罪。

本案从法院审理查明的案件事实看，张某某确实是采用欺诈手段，使用虚假的产权证明作担保获取了银行贷款，且贷款后擅自改变贷款用途，并未将贷款用于偿付货款，而是用于购买固定资产和炒期货，但综合全案事实，并不能认定张某某主观上具有非法占有的目的。理由是：

从贷款时的履约能力看，一方面，张某某有花费200余万元购买并获得产权的港城信用社大楼，另一方面，有花费250万元购买并获得产权的D工程塑料有限公司。可见，张某某具有履约能力。虽然，张某某用同一座楼房抵押贷款4笔，但除起诉的这1笔外，其他3笔有两笔已归还，另1笔属正常贷款，也归还了近半数（本金）。

从贷款用途看，张某某无挥霍、恶意处分或者携款潜逃的行为，而是用于经营活动和购买工厂。对于行为人利用欺诈手段取得款物后用于经营活动，即使是高风险的经营活动，如炒股、炒期货、开发房地产等活动，造成资金客观上无法归还的，如果无其他证明行为人有非法占有目的的事实，也不能以金融诈骗犯罪处罚。

从还贷情况看，张某某是在积极寻找途径偿还贷款，而且其曾于1997年3月归还利息7.3万元，张某某并无拒不偿还贷款的行为。

综上，张某某主观上不具有非法占有银行贷款的目的，其行为并不构成贷款诈骗罪。因此，一、二审法院经过重审宣告张某某无罪是正确的。

无罪裁判要旨六：从客体上看，市财政局系市人民政府组成部门，不属于银行业金融机构，不能成为实施贷款诈骗犯罪行为的对象；其次，被告人虽然虚构了部分证明文件，但其证明文件系按照相关部门的规定格式提供，其申报项目真实存在，发放贷款的部门在其申报前对其项目进行了实地考察、勘测、评估，且对其项目予以认可，主观上无非法占有目的。因此，被告人不构成贷款诈骗罪

案件名称：胡某文贷款诈骗案

审理法院：四川省高级人民法院

案号：（2019）川刑再5号

裁判理由：

四川省西昌市人民检察院指控原审被告人胡某文犯贷款诈骗罪。本院认为，根据再审审理查明的事实、证据，胡某文的行为不构成贷款诈骗罪。

1. **主观上，胡某文不具有非法占有为目的**。认定行为人是否具有非法占有为目的，应当坚持主客观相一致原则，不能单纯以财产不能归还就认定其主观上有非法占有的目的。本案中，首先，胡某文拥有326亩荒山造林林木所有权证书和开发许可证书，该荒山多次经相关部门评估，其价值大大高于所贷款项，一直处于保值增值状态；其次，无证据证明胡某文在贷款后有逃跑、肆意挥霍，进行违法犯罪活动，抽逃、转移资金、隐匿财产，隐匿、销毁账目，或者搞假破产、假倒闭以及其它非法占有资金的行为；再次，胡某文未违反专款专用的约定，且前期在果园投入了大量资金，贷款全部用于了果园，不违反专款专用的约定；最后，胡某文向市清理财政借款领导小组办公室提交了报告，对未能及时还贷的原因进行了说明，并申请宽延还贷时间，胡某文是因客观原因不能归还，并非拒不归还贷款。

2. **从客体上看，西昌市财政局不能成为胡某文实施犯罪行为的对象**。案涉贷款系国家财政部以中国政府名义向世界银行贷款，用于安宁河流域农业、园艺、畜牧业的开发，减轻该流域边远地区农民的贫困，再由四川省、凉山彝族自治州和攀枝花市、西昌市三级政府层层承贷并担保偿还，最后转贷给最终用户。与胡某文签订转贷协议是西昌市财政局而非世界银行。

贷款诈骗罪的对象为银行或者其它金融机构，依照《中国人民银行法》第52条和《银行业监督管理法》第2条之规定，银行业、金融机构是指在中国人民共和国境内设立的商业银行、城市信用合作社、农村信用合同社等吸收公众存款的金融机构以及政策性银行。在中华人民共和国境内设立的金融资产管理公司、信托投资公司、财务公司、金融租赁公司以及经国务院银行业监督管理机构批准设立的其它金融机构，适用对银行业金融机构的规定，西昌市财政局系西昌市人民政府组成部门，不属于银行业金融机构，不能成为贷款诈骗的犯罪对象。

3. 从客观方面来看，胡某文虽然虚构了部分虚假证明文件，但其证明文件系按照相关部门的规定格式提供。其申报项目真实存在，发放贷款的部门在其申报前对其项目进行了实地考察、勘测、评估，且对其项目予以了认可。

综上，胡某文主观上无非法占有的目的，客观上未实施诈骗行为，不构成贷款诈骗罪，故改判原审被告人胡某文无罪。

无罪裁判要旨七：被告人向银行贷款过程中，由担保公司为其进行担保，所签订的担保合同有效，且担保公司亦在案发后进行了债务清偿，客观上没有给银行放贷形成放贷风险；无证据证实涉案调查报告中的虚假材料系由被告人提供，且本案不能排除担保公司知道被告人不会将款项用于购车的可能性应认定为构罪证据不足

案件名称：姚某、闵某钢、项某贷款诈骗案

审理法院：成都市双流区人民法院

案号来源：（2018）川0116刑初849号，2019－07－18（发回重审一审，经检索，未查到二审裁判）

裁判理由：

本院认为，公诉机关指控被告人姚某、闵某钢、项某犯贷款诈骗罪的事实，因证据不足，不能成立。本案中，现有证据不能证实三被告人具有非法占有银行贷款的目的。被告人闵某钢、姚某在以贷款购车为由向银行贷款过程中，由成都H融资担保有限公司为其进行担保，所签订的担保合同有效，且担保公司亦在案发后进行了债务清偿，客观上没有给银行放贷形成放贷风险，故不应以贷款诈骗罪定罪处罚。同时，现有证据亦不能证实三被告人具有非法占有成都H融资担保有限公司款项的目的。

现无证据证实涉案调查报告中的虚假材料系由被告人闵某钢、姚某、项某提供，且本案贷款系中国工商银行放款给四川省X汽车贸易有限公司后，该公司转给成都H融资担保有限公司的李某，经由李某转给项某，再经项某转给姚某，此过程不能排除成都H融资担保有限公司知道被告人姚某不会将款项用于购车的可能性。在案证据不能做到确实充分、排除合理怀疑，认定三名被告人的行为构成合同诈骗罪的证据亦不足，对三被告人辩护人的相应辩护意见予以采纳。故判决被告人姚某、闵某钢无罪、项某无罪。

无罪裁判要旨八：被告人主观上不具有非法占有目的，且客观上没有实

施虚构事实、隐瞒真相的行为，其合法取得贷款，能够在法院查封后办理抵押主要是因法院过错，隐瞒查封事实取得贷款尚不足直接认定贷款诈骗

案件名称：赵某秀贷款诈骗案

审理法院：贵州省高级人民法院

案号：（2017）黔刑再 4 号，2019－05－13（再审）

裁判理由：

根据再审查明的事实、证据，本院综合评判如下：

根据 1995 年全国人大常委会《关于惩治破坏金融秩序犯罪的决定》第 10 条之规定："以非法占有为目的，有编造引进资金、项目等虚假理由的；使用虚假的经济合同的；使用虚假的证明文件的；使用虚假的产权证明作担保的；以其他方法诈骗银行或者其他金融机构的贷款的，构成贷款诈骗罪，处以相应刑罚。"

原审判决无论是认定事实还是适用法律上均不能认定赵某秀实施的行为构成贷款诈骗罪。对于证实赵某秀贷款诈骗主观故意的直接证据不足、证实赵某秀产生贷款诈骗动机的证据不足、隐瞒查封事实取得贷款的行为尚不足直接认定为"贷款诈骗"行为、证明赵某秀具有其他贷款诈骗事实的证据不足等意见，合议庭已当庭确认。赵某秀的行为并不属于 2001 年 1 月 21 日《全国法院审理金融犯罪案件最高人民法院工作座谈会议纪要》（以下简称纪要）中认定为具有金融诈骗非法占有目的的 7 种情形之一，即赵某秀既没有伪造贷款证明材料、提供虚假担保、假冒他人名义贷款或通过行贿手段等违法取得贷款的行为，赵某秀也没有取得贷款后用于个人挥霍、进行违法使用贷款的活动、隐匿贷款去向、携款潜逃、恶意拖欠贷款拒不偿还等非法占有贷款的情形。

在案证据显示赵某秀在房屋被查封前就已经开始着手联系办理贷款事宜，赵某秀隐瞒的是房产被法院查封的事实，而不是其他事实。赵某秀在中心社使用合法房产原件作抵押，履行了法律规定和银行贷款流程手续。根据《纪要》中"要严格区分贷款诈骗与贷款纠纷的界限。对于合法取得贷款以后，没有按规定的用途使用贷款，到期没有归还贷款的，不能以贷款诈骗罪定罪处罚；对于确有证据证明行为人不具有非法占有的目的，因不具备贷款的条件而采取了欺骗手段获取贷款，案发时有能力履行还贷义务，或者案发时不能归还贷款是因为意志以外的原因，如因经营不善、被骗、市场风险等，不应以贷款诈骗罪定罪处罚”的规定，赵某秀改变贷款用途和不能到期归还全部贷款的行为，不属于犯罪行为。

综上，原裁判认定赵某秀犯贷款诈骗罪的事实不清、证据不足，适用法律错误，应当依法予以纠正。故判决原审被告人赵某秀无罪。

无罪裁判要旨九：有证据证明被告人对他人享有债权，双方商量以向银行贷款的方式偿还他人对被告人的债务，因他人尚未到案，无法查明该约定真实性，故认定被告人主观上具有非法占有目的证据不足，指控贷款诈骗罪不能成立

案件名称：张某贷款诈骗案

审理法院：辽宁省辽阳市中级人民法院

案号：（2017）辽10刑终133号，2017－12－20（发回重审二审）

裁判理由：

灯塔市人民检察院指控被告人张某犯贷款诈骗罪。

本院认为，原判认定上诉人张某犯贷款诈骗罪的证据不够确实充分。经查，证人吴某某、陈某2、程某某、陈某某的证言及张某的供述等证据证明刘某某与张某约定用贷款还张某的欠款，贷款由刘某某负责偿还，因刘某某现尚未到案，故无法查明该贷款偿还欠款约定的真实性。对上诉人及辩护人的上诉理由及辩护意见予以采纳。故判决上诉人张某无罪。

无罪裁判要旨十：被告人虽然以欺骗手段获取银行贷款，但其向银行提供了真实、足额的抵押，认定其行为给银行造成重大损失及具有其他严重情节的证据不足

案件名称：朱某忠贷款诈骗案

审理法院：广东省肇庆市中级人民法院

案号：（2016）粤12刑终186号（发回重审二审）

裁判理由：

原判认为，被告人朱某忠为取得贷款，使用私刻公章、仿冒股东签名和捺印等手段办理土地抵押借款手续，骗取银行贷款2500万元，其行为已构成骗取贷款罪。

本院认为，上诉人朱某忠虽然以欺骗手段获取银行贷款，但其向银行提供了真实、足额的抵押，认定其行为给银行造成重大损失及具有其他严重情节的证据不足。原判认定上诉人朱某忠犯骗取贷款罪的定性不当，故判决上诉人朱某忠无罪。

无罪裁判要旨十一：被告人在办理贷款过程中，虽使用了伪造的贷款承诺书获取了金融机构的贷款，但其按合同约定用于正常的经营活动，归还了部分贷款本金及利息；被告人虽在贷款期间及展期届满前未能还清贷款，但不能查证其具有非法占有贷款之目的，则不能认定贷款诈骗

案件名称：赵某贷款诈骗、合同诈骗案

审理法院：安徽省滁州市中级人民法院

案号：（2014）滁刑再字第00004号（再审）

裁判理由：

安徽省定远县人民检察院指控被告人赵某犯贷款诈骗罪、赵某申诉一案，本院再审认为：赵某在办理贷款过程中，虽使用了伪造的贷款承诺书获取了金融机构的贷款，但其按合同约定用于正常的经营活动，期间归还部分贷款本金及利息，赵某虽在贷款期间及展期届满前未能还清贷款，但不能查证赵某具有非法占有贷款之目的，检察机关亦不能举证证明赵某具有非法占有的故意。故赵某亦不构成贷款诈骗罪。

第十章

信用证诈骗罪裁判要旨

导　言

根据《刑法》第196条的规定，信用证诈骗罪是指通过使用伪造、变造的信用证或者附随的单据、文件，使用作废的信用证，骗取信用证以及其他方法进行信用证诈骗活动的行为。同时结合《刑法》第200条的规定，本罪的犯罪主体为一般主体，自然人和单位都可以构成。

截至2021年6月30日，编者在威科先行、法信网站上检索到无罪案例，并综合本罪在最高人民法院、最高人民检察院指导案例和公报案例、《刑事审判参考》、《人民司法·案例》等中的案例，归纳出有罪裁判要旨6条，无罪裁判要旨2条。

实践中，行为人经常采取虚构进口货物或者贸易的事实，使用伪造、变造信用证或者附随的单据、文件的方式，骗取银行开立信用证，利用信用证进行诈骗活动，但并非只要实施伪造、变造信用证或者附随的单据、文件的行为都构成信用证诈骗罪，如果行为人虽然使用虚假的附随单证向银行申请开立信用证，但是并不是为了实施诈骗行为，而是像本文无罪裁判要旨一所显示的是为了融资，银行在开证时也知情，开证贴现的款项没有肆意挥霍或用于违法犯罪活动，或者像本文无罪裁判要旨二是为了贷款，后已经归还的，这两种情形同时证明行为人不具有非法占有信用证款项的目的，则不构成信用证诈骗犯罪，因为在司法实践中，实施信用证诈骗行为和具有非法占有的主观目的，仍然是构成信用证诈骗罪的必备条件。

一、相关法律法规

《中华人民共和国刑法》

第一百九十五条　【信用证诈骗罪】有下列情形之一，进行信用证诈骗活动的，处五年以下有期徒刑或者拘役，并处二万元以上二十万元以下罚金；数额巨大或者有其他严重情节的，处五年以上十年以下有期徒刑，并处五万元以上五十万元以下罚金；数额特别巨大或者有其他特别严重情节的，处十年以上有期徒刑或者无期徒刑，并处五万元以上五十万元以下罚金或者没收财产：

（一）使用伪造、变造的信用证或者附随的单据、文件的；

（二）使用作废的信用证的；

（三）骗取信用证的；

（四）以其他方法进行信用证诈骗活动的。

第二百条　单位犯本节第一百九十四条、第一百九十五条规定之罪的，对单位判处罚金，并对其直接负责的主管人员和其他直接责任人员，处五年以下有期徒刑或者拘役，可以并处罚金；数额巨大或者有其他严重情节的，处五年以上十年以下有期徒刑，并处罚金；数额特别巨大或者有其他特别严重情节的，处十年以上有期徒刑或者无期徒刑，并处罚金。

《最高人民检察院公安部关于公安机关管辖的刑事案件立案追诉标准的规定（二）》（公通字［2010］23号，2010年5月7日实施）

第五十三条　进行信用证诈骗活动，涉嫌下列情形之一的，应予立案追诉：

（一）使用伪造、变造的信用证或者附随的单据、文件的；

（二）使用作废的信用证的；

（三）骗取信用证的；

（四）以其他方法进行信用证诈骗活动的。

二、有罪裁判要旨

裁判要旨一：以非法占有为目的，采用与他人签订虚假进口合同、利用伪造的信用证附随单据将信用证项下资金贴现的手段，骗取巨额资金的，构成信用证诈骗罪

裁判要旨二：被告人代表国企公司在签订、履行合同过程中严重不负责任被诈骗，致使国家利益遭受特别重大损失，符合签订、履行合同失职被骗罪的客观构成要件，依法构成签订履行合同、失职被骗罪

案件名称：高某、梁某钊信用证诈骗，签订、履行合同失职被骗案

案例来源：《刑事审判参考》总第35集第270号

裁判结果：

判决被告人高某犯信用证诈骗罪，判处无期徒刑，剥夺政治权利终身；被告人梁某钊犯签订、履行合同失职被骗罪，判处有期徒刑6年

基本案情：

北京市人民检察院第一分院以被告人高某犯信用证诈骗罪、被告人梁某钊犯签订、履行合同失职被骗罪，提起公诉。

公诉机关指控：1996年至1998年，被告人高某在担任国企公司进出口五部副经理期间，伙同P公司（已破产清盘）的朱某炎（另案处理），以P公司的名义与国企公司签订虚假内容的合同，诱使国企公司向中国建设银行北京分行等金融机构申请信用证后，又使用伪造的信用证附随单据，骗取信用证项下资金共计美元2565万余元（折合人民币21,259万余元），均用于P公司的经营活动，并全部损失。被告人梁某钊于1996—1998年担任国企公司进出口五部经理期间，在代表国企公司与P公司签订、履行合同过程中，由于严重不负责任，致使国企公司被骗美元2565万美元（折合人民币21,259万余元）。被告人高某的行为构成信用证诈骗罪，且数额特别巨大；被告人梁某钊的行为构成签订、履行合同失职被骗罪，且使国家利益遭受特别重大损失。

北京市第一中级人民法院公开审理查明：1998年间，被告人高某与香港C集团公司（以下称C公司）的朱某炎合谋后，由C公司与中国G公司（以下称G公司）签订虚假的进口合同，据此以C公司为受益人向中国建设银行北京分行申请开立22单信用证，开证金额1093万余美元（折合人民币9051万余元）、向中国银行北京分行申请开立2单信用证，开证金额94万余美元（折合人民币780万余元）、由中国H（集团）总公司（以下称H公司）代G公司向中国农业银行北京分行申请开立5单信用证，开证金额220万余美元（折合人民币1829万余元）、由H公司代G公司向香港上海汇丰银行有限公司北京分行申请开立2单信用证，开证金额95万余美元（折合人民币793万

余元）、向北京市商业银行申请开立4单信用证，开证金额175万余美元（折合人民币1454万余元）、由中国Y总公司（以下称Y公司）代G公司向工行北京分行申请开立2单信用证，开证金额76万余美元（折合人民币630万余元），共计开证金额1789万余美元，折合人民币14,537万余元；由C公司从香港提供虚假的信用证附随单据，将信用证项下资金贴现，用于C公司的经营活动，除向中国银行北京分行支付人民币358万余元外，其余全部损失，未能追回。

同年，被告人梁某钊担任国企公司进出口五部经理，在国企公司进出口五部与P公司签订进口合同，通过中国建设银行北京分行开立19单信用证，开证金额941万余美元（折合人民币7791万余元）；通过北京市商业银行开立4单信用证，开证金额175万余美元（折合人民币1454万余元）的过程中，严重不负责任，不认真审查合同真伪、进口是否落实，盲目签约，致使信用证项下资金1116万余美元（折合人民币9245万余元）被骗，至今无法追回，给国有财产造成重大损失。

裁判理由：

北京市第一中级人民法院认为：被告人高某系C公司直接负责的主管人员，以C公司非法占有为目的，采用与他人签订虚假的货物进口合同，利用伪造的信用证附随单据将信用证项下资金贴现的手段，骗取巨额资金，用于公司的经营活动，其行为已构成信用证诈骗罪，且犯罪数额特别巨大，造成国有资产巨额损失，属情节特别严重，依法应予严惩；被告人梁某钊系国有公司直接负责的主管人员，在签订、履行合同过程中，严重不负责任被诈骗，致使国家利益遭受特别重大损失，依法亦应惩处。

二审北京市高级人民法院认为，一审判决定罪及适用法律正确，量刑适当，审判程序合法，应予维持，裁定驳回上诉，维持原判。

签订、履行合同失职被骗罪作为从玩忽职守罪中分离出来的一个罪名，其客观构成应符合以下三个方面的要件：一是本体要件，严重不负责任，在签订、履行合同过程中不履行职责，即通常所谓的失职行为；二是后果要件，失职行为给国家利益造成重大损失之现实后果；三是中介要件，或者说是附加要件，造成重大损失后果之直接原因系合同对方的诈骗行为。其中，失职行为包括当为、能为、不为三个层面的蕴意，即具有法定或者职务上的避免国家利益遭受损失的义务，正常履行职务本可避免损失，仍不履行或者不正确履行义务；损失后果指的是现实的、具体的经济损失。可能的、间接的、潜在的或者非经济性的损失一般不能视为这里的损失后果。但不得将属由合同对方的诈骗行为直接造成的损失，或者直接的损失对象是第三方，但最终责任将落到该国有单位的损失理解为间接损失。诈骗行为需以构成犯罪为充足，不能将一般的民事欺诈行为理解为这里的诈骗行为，但无需以合同对方已经被人民法院判决构成诈骗犯罪作为认定本案当事人构成签订、履行合同失职被骗罪的前提，在程序上仅需认定对方当事人的行为已经涉嫌构成诈骗犯罪即可。

在本案中，首先，被告人梁某钊作为负责国企公司进出口五部全面工作的经理，代表国企公司与他公司签订、履行进口合同过程中，本应严格审查合同签订之真伪、监督合同是否依约履行，但由于其严重不负责任，对进口事项能否落实不加审查，多次与他单位盲目签订进口合同，向银行申请开具信用证；合同履行过程中对信用证附随单据真实与否不予审查，对进口事项是否落实不闻不问，任由损失频频发生，存在明显的失职行为。

其次，被告人梁某钊的失职行为，已经造成了国企公司 1116 万余美元（折合人民币 9245 万余元）的特别重大经济损失，且该损失业已无法追回。虽然合同对方系通过信用证实施的诈骗行为，直接的诈骗对象是开证银行，但因银行方不属主合同的双方当事人，且在议付过程中并无过错，国企公司负有偿还银行该部分被骗款项的民事责任，损失最终需由国企公司来承担。

最后，合同对方 P 公司非但实施了诈骗行为，且业已构成信用证诈骗犯罪，一、二审法院均对此予以了认定并作出了判决。判决虽未追究 P 公司的刑事责任，但必须注意到，判决是依照《刑法》第 200 条关于单位犯罪的规定，追究被告人高某信用证诈骗罪的刑事责任的。

综上，被告人梁某钊及其辩护人关于梁汉钊无失职行为、国企公司的损失非其失职所致的辩解、辩护意见不能成立，一、二审法院依法判决被告人梁某钊构成签订、履行合同失职被骗罪是正确的。

裁判要旨三：为非法占有国家资金，采取虚构进口货物的事实骗开信用证，属于利用信用证进行诈骗，且获取资金数额特别巨大，情节特别严重的，成立信用证诈骗罪

案件名称：天津某德经济集团牟某中、姚某、牟某、牟某 2、夏某伟信

用证诈骗案

案例来源：最高人民检察院公报案例2001年第1号（总第60号）

裁判结果：

被告单位天津开发区某德经济集团犯信用证诈骗罪，判处罚金人民币500万元。被告人牟某中犯信用证诈骗罪，判处无期徒刑，剥夺政治权利终身。被告人姚某犯信用证诈骗罪，判处有期徒刑3年，缓刑5年。被告人牟某犯信用证诈骗罪，判处有期徒刑3年。被告人牟某2犯信用证诈骗罪，判处有期徒刑2年，缓刑3年。被告人夏某伟犯信用证诈骗罪，免予刑事处分。

基本案情：

1995年2月，被告人牟某中为获取银行资金用于天津开发区某德经济集团返还债务和集团业务，提出组建临时突击融资小组，由被告人牟某中挂帅，组员有被告人姚某、牟某、牟某2等人。同年7月，被告人牟某中虚构进口货物的事实与湖北轻工签订总金额为1.5亿美元的外贸代理进口货物协议。同时，被告人牟某中委托何某作为天津开发区某德经济集团的代理，编造外贸进口合同，通过湖北轻工为天津开发区某德经济集团从湖北中行对外开立180天远期信用证；被告人牟某中授权被告人姚某、牟某配合何君进行诈骗活动，并指示被告人牟波联系交通银行贵阳分行为其提供具有担保内容的"见证意见书"，作为开证的担保文件。被告人夏某伟根据被告人牟某中的指示，在信用证诈骗活动中负责承办有关请示、批复，在被告人姚某、牟某等人制作的文件上多次加盖被告人牟某中的签名章。

与此同时，被告人牟某中通过香港D科技有限公司董事王某军，以香港D科技有限公司作为信用证受益人，为天津开发区某德经济集团在香港议付信用证，从而获取资金。1995年8月15日至1996年8月21日，天津开发区某德经济集团通过何某虚构进口货物合同、交通银行贵阳分行对合同的"见证意见书"，在湖北中行骗开信用证33份，总开证金额共计80,137,530美元。通过香港D科技有限公司以及澳大利亚X公司、美国S公司在香港的渣打、丰业、东亚、运通等银行议付信用证31份，获取总金额75,074,004.10美元，折合人民币62,339,456.04元。被告人牟某中直接和指使被告人姚某、牟某发指令给D科技有限公司，将贴现资金转入天津开发区某德经济集团的指定账号，用于返还集团债务及业务支出21,978,096.58美元，折合人民币182,484,135.90元、人民币4,158,121.19元。余款用于循环开立信用证、支付利息及手续费。造成实际损失：35,499,478.12 美元，折合人民币 294,752,166.83 元。

裁判理由：

武汉市中级人民法院经审理认为，被告单位天津开发区某德经济集团及其法定代表人牟某中为非法占有国家资金，与他人共谋，采取虚构进口货物的事实，骗开信用证，获取资金数额特别巨大的，情节特别严重；被告人姚某、牟某、牟某2、夏某伟明知无货物进口，却在被告人牟某中的指使下参与信用证诈骗，严重地破坏了国家金融管理秩序，其行为均已构成信用证诈骗罪。

一审判决后，被告人提出上诉。湖北省高级人民法院审理认为，原审判决认定事实清楚，定性准确，审判程序合法，裁定驳回上诉，维持原判。

裁判要旨四：采用虚构贸易、伪造相关单据的方式，骗取银行开立信用证，数额特别巨大的，构成信用证诈骗罪

案件名称：张某信用证诈骗、合同诈骗案

案例来源：上海法院发布2014年度金融刑事审判十大典型案例之案例七

裁判结果：

以信用证诈骗罪、合同诈骗罪两罪并罚判处被告人张某有期徒刑8年，并处罚金80万元。

基本案情：

1998年11月至1999年3月间，被告人张某以上海J公司名义，采用虚构贸易、指使公司员工伪造信用证附随单据和虚假财务报表等方式骗取银行开立信用证，先后骗取招商银行上海分行、民生银行上海分行、农业银行上海分行、苏州分行信用证项下资金共计3410余万元，造成实际损失3240余万元。1998年9月、1999年3月至4月，上海J公司以虚构的购买原料用途先后向农行漕河泾支行贷款980万元，后将钱款用于支付到期信用证及开证保证金等。2002年2月，上海J公司被吊销法人营业执照。

裁判理由：

上海市第一中级人民法院审理认为，原上海J公司采用骗取信用证、伪造信用证附随单据、文件并使用等方法，骗取信用证项下资金共计3410余万

元，造成实际损失3240余万元；在签订合同过程中，采用虚构事实的方法骗取银行贷款共计980万元，被告人张某作为原上海J公司直接负责的主管人员，其行为应以信用证诈骗罪、合同诈骗罪追究刑事责任，且均属数额特别巨大。

一审判决后，被告未提出上诉，公诉机关也未提出抗诉，判决已经发生法律效力。

裁判要旨五：以非法占有为目的，并以虚构进口贸易、骗取被害单位开立远期信用证后贴现的方式获取资金的，构成信用证诈骗罪

案件名称：栾某信用证诈骗、青岛H公司及于某、T公司及江某伪造金融票证案

案例来源：2017年上海检察机关金融检察十大典型案例之二

裁判结果：

栾某犯信用证诈骗罪判处有期徒刑10年，剥夺政治权利3年，并处罚金人民币10万元。

基本案情：

2015年5月起，被告人栾某因无力偿还个人借务，先后找到被告人于某、江某，商议以虚构进口贸易，循环开立远期信用证后贴现的方式套取资金。三人约定由于某负责寻找开证公司，江某负责信用证议付贴现，栾某负责提供开证保证金及到期还款。2015年9月15日，被告人于某找到被害单位M公司，谎称其任法定代表人的H公司需要进口一批非洲奥古曼圆木，与M公司签订《代理进口协议》，约定由M公司作为代理商，向H公司指定的卖方即被告人江某实际负责的T公司采购该批木材。同年10月20日，M公司依约与T公司签订《合同》。上述《代理进口协议》及《合同》约定，买卖合同金额为2,295,000美元（允许数量和金额10%上下浮动）；通过信用证方式付款；以及H公司先行支付合同价款20%的履约保证金后M公司向银行申请开立信用证。2015年10月至11月间，被告人栾某以自有资金及向江某等人借款的方式筹集保证金294万元，通过H公司支付给M公司。M公司收到该笔保证金后，于11月2日向中国建设银行上海闸北支行申请受益人为T公司的不可撤销90天远期信用证。该信用证要求具备海运提单、商业发票及受益人证明等跟单票证。2015年11月，被告人于某与栾某商议后伪造

海运提单，被告人江某指使T公司员工伪造了金额为2,275,217.37美元的商业发票及受益人证明等票据，并将上述伪造的跟单票证一并提交议付行上海浦东发展银行申请贴现。同月16日，上海浦东发展银行将美金2,275,217.37美元（折合人民币1450万余元）发放至T公司的离岸账户。被告人江某在支付信用证贴现手续费后，通过关联公司及他人将上述资金兑换成人民币。嗣后，栾某得款人民币940余万元，主要用于偿还个人债务；于某得款147万元，江某得款356万余元，均用于各自公司的经营等。2015年12月，被害单位M公司持提单向承运人提货时，发现提单系伪造。后经M公司催讨，被告人栾某、于某共还款人民币70万元。

裁判理由：

上诉人栾某因无力偿还个人债务，先后找到于某、江某，以虚构进口贸易、骗取被害单位开立远期信用证后贴现的方式获取资金。在此过程中，栾某既是犯意的发起者，也以支付开证保证金等方式参与了信用证诈骗行为，且事后分得大部分赃款。栾某明知其无力偿还，仍然采取上述方式套取资金，用于归还前欠债务，应认定其主观上的非法占有目的，其行为已构成信用证诈骗罪，且数额特别巨大。

二审法院上海市第一中级人民法院维持对栾某的一审判决。

裁判要旨六：以非法占有为目的，在代销业务中虚构事实，隐瞒真相，伪造信用证项下的附随单据，骗取该信用证项下的美元，数额特别巨大的，构成信用证诈骗罪

案件名称：葛某坤、陈某伪造信用证诈骗案

案例来源：人民法院案例选。总第45辑（2003年3月）

裁判结果：

被告人葛某坤犯信用证诈骗罪，判处有期徒刑8年；被告人陈某犯信用证诈骗罪，判处有期徒刑4年。

基本案情：

被告人葛某坤在担任南通H咨询有限公司（以下简称“H公司”）副总经理期间，曾于1994年12月与日本水产株式会社（以下简称“日水会社”）签订一份合同，约定H公司委托日水会社代销鲜活蔬菜、水产品。1995年6月底，日水会社鉴于日本市场洋葱行情看好，要求H公司组织洋

葱货源。因H公司资金不足，由被告人葛某坤与日水会社约定，以H公司向日水会社供应100吨鲅鱼的名义进行洋葱贸易。为此日水会社开出金额为40万美元的以H公司为受益人的跟单信用证一份，供H公司于同年7月20日向交通银行南通分行打包贷款25万美元以便组织货源。但H公司将所贷款项大部分用于归还本单位欠款，留90余万元人民币用于购买洋葱及支付其他费用后，组织五船洋葱共计250吨运往日本。此后，被告人葛某坤在日方告知其洋葱变质拒付货款的情况下，即萌发诈骗动机，指使被告人陈某私刻两枚印章，模仿日水会社"绫香正男"的签字，伪造了信用证项下的发货指令、装箱单、商业发票等附随单据，至交通银行南通分行申请议付了信用证项下的40万美元，折合人民币332万余元，归还了H公司向交通银行南通分行的贷款。

裁判理由：

被告及所在单位以非法占有为目的，在代销业务中虚构事实，隐瞒真相，伪造信用证项下的附随单据，骗取该信用证项下的美元，数额特别巨大，其行为均已构成信用证诈骗罪，且系单位犯罪。被告人作为该单位直接负责的主管人员和其他直接责任人员，均应承担相应的刑事责任。

三、无罪裁判要旨

无罪裁判要旨一：行为人为融资购买商铺，在没有真实贸易背景情况下使用虚假附随单证申请开立远期信用证，银行对此是明知的，且信用证贴现款大部分用于购买商铺，其没有非法占有银行资金的主观故意，则应认定行为人没有非法占有信用证款项的目的和诈骗行为，不成立信用证诈骗罪

案件名称：莫某、黄某等信用证诈骗案

审理法院：广东省高级人民法院

案号：（2002）粤高法刑二终字第89号

裁判理由：

二审广东省高级人民法院经审理认为，上诉人莫某的关联公司使用虚假的附随单证向罗湖支行申请开立不可撤销的跟单信用证的事实清楚，但其目的是为融资购买国贸商铺，银行在开证时也是知情的；莫某的关联公司将开证贴现的款项大部分用于购买商铺，没有肆意挥霍或用于违法犯罪活动；出现押汇和垫付后，莫某的关联公司用所购买的24个商铺抵押给银行，并将法

院判决物业集团赔偿其约8000万元的债权转让给罗湖支行，用于归还押汇与垫付款，上述事实充分说明莫某、黄某及其关联公司没有非法占有银行资金的犯罪目的和诈骗行为，其行为不符合信用证诈骗罪的构成要件。上诉人黄永刚作为受理关联公司申请开立信用证经办人，违反有关规定为关联公司审批信用证的行为银行领导是知情的，且信用证不是其所在罗湖支行开出，而是由深圳发展银行开出，其行为不符合非法出具金融票证罪的构成要件。原审判决认定莫某、黄某犯信用证诈骗罪，黄某刚犯非法出具金融票证罪的证据不足。莫某、黄某、黄某刚以及各自的辩护人要求无罪判决的理由成立，予以采纳。

无罪裁判要旨二：行为人虽然有伪造附随单据获取信用证的行为，但是实质上是以申请开立信用证的方式变相贷款，信用证项下资金实际已归还，未能归还的资金属于贷款性质，且于案发前陆续归还了大部分贷款，没有充分证据证实被告人主观上具有将信用证项下资金非法占有目的的，不构成犯罪

案件名称：王某信用证诈骗案

审理法院：湖北省高级人民法院

案号：（2007）鄂刑监一再终字第12号

裁判理由：

被告人王某虽有指使金某公司工作人员办理信用证的行为，金某公司经办人员也有伪造附随单据获取信用证的行为，但是并没有充分的证据证实王某主观上具有将信用证项下资金非法占有的目的。（1）金某公司实质上是以申请开立信用证的方式变相贷款。金某公司因流动资金困难准备向湖北中行借贷150万美元，而湖北中行当时实行的贷款方式是只要经审批同意贷款，就可以先对外开立信用证，到信用证到期要付款时，再签借贷合同（这是为了解决当时企业不能开立外汇账户，企业贷款后无处可存的难题），之后金某公司转而向湖北中行申请开立150万美元的信用证，符合湖北中行当时贷款的操作流程。（2）信用证项下资金实际已归还，金某公司未能归还的资金属于贷款性质。信用证到期后，金某公司就向湖北中行申请贷款150万美元，湖北中行同意贷款后即用贷款直接抵还了信用证项下资金，也就是说，信用证项下资金已在信用证到期后归还，同时这一事

实也印证了金某公司申请开立信用证的主要目的就是为了向湖北中行贷款。故金某公司未能归还的资金应当属于贷款性质，且银行可以通过民事诉讼追索债权。(3) 金某公司向湖北中行贷款后，于案发前陆续归还了大部分贷款，从侧面印证了金某公司和王某主观上非法占有信用证项下资金的目的并不明显。而且金某公司和王某也没有《全国法院审理金融犯罪案件工作座谈会纪要》中所列举的可以认定为具有非法占有目的的几类具体情形。综上，本案认定被告人王某以非法占有为目的骗取信用证项下资金的证据并不确实、充分，再审法院以证据不足为由对被告人王某宣告无罪是正确的。

第四篇

危害税收征管篇

第十一章

虚开增值税专用发票罪裁判要旨

导　言

本罪是指故意虚开增值税专用发票或用于骗取出口退税、抵扣税款的其他发票的行为。本罪行为对象为增值税专用发票和用于骗取出口退税、抵扣税款的其他发票。“增值税专用发票”，是增值税一般纳税人销售货物或提供应税劳务开具的发票，是购买方支付增值税额并可按照增值税有关规定据以抵扣增值税进项税额的凭证。“出口退税、抵扣税款的其他发票”，是指除增值税专用发票以外的，具有出口退税、抵扣税款功能的收付款凭证或完税凭证。虚开发票，即开具与其经营情况不相符合的发票，包括两种情况：(1) 在没有货物购销或没有提供或接受应税劳务的情况下，开具专用发票；(2) 虽然有货物购销或有提供或接受应税劳务，但却开具内容非真实的专用发票。虚开行为，包括为他人虚开、为自己虚开、让他人为自己虚开、介绍他人虚开专用发票四种。

截至2021年6月30日，笔者在中国裁判文书网和法信网共检索整理有罪裁判要旨9条、无罪裁判要旨18条。根据北京师范大学中国企业家犯罪预防研究中心制作的《企业家刑事风险分析报告：2014—2018》，本罪属于涉企高发型犯罪，发生频率位列第二，因此应特别注意防范相关风险。

根据相关法律规范和判例，虚开发票行为要构成本罪的，需要具有骗取国家应收税款的目的，出于增加资产规模、显示公司实力而虚开，或者为其他对于有实际生产经营活动的企业为虚增业绩、融资、贷款等非骗税目的且没有造成税款损失的虚开行为，不以虚开增值税专用发票罪论处。但若使用虚开发票冲减营业额偷逃税款的，属于偷税行为。

又根据（2017）渝0120刑初270号案（有罪裁判要旨八），本罪虽然能以虚开发票的票面金额作为入罪标准，但量刑时犯罪数额标准应以给国家造成应收税款损失为标准。同时，给国家造成的税收损失计算方式为“不应抵扣而抵扣的税款金额－已追缴的抵扣税款数额”，在此应首先明确何为“不应抵扣”的税款。增值税作为一种流转税，国家并不重复计征，无真实交易而虚开本身并不会产生应纳税额，因此虚开产生的销项税额不属于应纳税额，只有虚开发票的受票方以虚开的发票抵扣税款的，才应计为本罪犯罪金额的“不应抵扣而抵扣的税款”（二中刑初字第723号案，有罪裁判要旨九）。无实际生产经营的行为人既为他人虚开发票又让他人为自己虚开发票的按虚开数额较大的一项计算虚开的数额（《人民法院案例选》总第88辑，有罪裁判要旨七）。

为避免触犯本罪，企业应当认真落实增值税专用发票开具使用管理规定，合法取得并以自己名义开具与实际交易相符的增值税专用发票，注意资金流、发票流、货物流“三流一致”，若存在“先卖后买”、挂靠经营等“三流不一致”情况的，尽量通过签订与上家的货物买卖合同、取得货物的所有权，签订书面挂靠协议、形成明确挂靠关系等方式，形成完整的交易锁链，防止被认定为虚开增值税专用发票。企业对于第三人为交易相对方开具发票的要审慎对待，对合法性存疑的发票在核查后付款和申报抵扣税款。

一、相关法律法规

《中华人民共和国刑法》

第二百零五条 虚开增值税专用发票或者虚开用于骗取出口退税、抵扣税款的其他发票的，处三年以下有期徒刑或者拘役，并处二万元以上二十万元以下罚金；虚开的税款数额较大或者有其他严重情节的，处三年以上十年以下有期徒刑，并处五万元以上五十万元以下罚金；虚开的税款数额巨大或者有其他特别严重情节的，处十年以上有期徒刑或者无期徒刑，并处五万元以上五十万元以下罚金或者没收财产。

单位犯本条规定之罪的，对单位判处罚金，并对其直接负责的主管人员和其他直接责任人员，处三年以下有期徒刑或者拘役；虚开的税款数额较大或者有其他严重情节的，处三年以上十年以下有期徒刑；虚开的税款数额巨大或者有其他特别严重情节的，处十年以上有期徒刑或者无期徒刑。

虚开增值税专用发票或者虚开用于骗取出口退税、抵扣税款的其他发票，是指有为他人虚开、为自己虚开、让他人为自己虚开、介绍他人虚开行为之一的。

《关于适用〈全国人民代表大会常务委员会关于惩治虚开、伪造和非法出售增值税专用发票犯罪的决定〉的若干问题的解释》（法发［1996］30号，1996年10月17日印发）

第七条　盗窃增值税专用发票或者可以用于骗取出口退税、抵扣税款的其他发票225份以上，或者其他发票50份以上的；诈骗增值税专用发票或者可以用于骗取出口退税、抵扣税款的其他发票50份以上，或者其他发票100份以上的，依照刑法第一百五十一条的规定处罚。

盗窃增值税专用发票或者可以用于骗取出口退税、抵扣税款的其他发票250份以上，或者其他发票500份以上的；诈骗增值税专用发票或者可以用于骗取出口退税、抵扣税款的其他发票500份以上，或者其他发票1000份以上的，依照刑法第一百五十二条的规定处罚。

盗窃增值税专用发票或者其他发票情节特别严重的，依照《全国人民代表大会常务委员会关于严惩严重破坏经济的罪犯的决定》第一条第（一）项的规定处罚。

盗窃、诈骗增值税专用发票或者其他发票后，又实施《决定》规定的虚开、出售等犯罪的，按照其中的重罪定罪处罚，不实行数罪并罚。

《最高人民法院关于虚开增值税专用发票定罪量刑标准有关问题的通知》（法〔2018〕226号，2018年8月22日印发）

各省、自治区、直辖市高级人民法院，解放军军事法院，新疆维吾尔自治区高级人民法院生产建设兵团分院：

为正确适用刑法第二百零五条关于虚开增值税专用发票罪的有关规定，确保罪责刑相适应，现就有关问题通知如下：

一、自本通知下发之日起，人民法院在审判工作中不再参照执行《最高人民法院关于适用〈全国人民代表大会常务委员会关于惩治虚开、伪造和非法出售增值税专用发票犯罪的决定〉的若干问题的解释》（法发〔1996〕30号）第一条规定的虚开增值税专用发票罪的定罪量刑标准。

二、在新的司法解释颁行前，对虚开增值税专用发票刑事案件定罪量刑的数额标准，可以参照《最高人民法院关于审理骗取出口退税刑事案件具体应用法律若干问题的解释》（法释〔2002〕30号）第三条的规定执行，即虚开的税款数额在五万元以上的，以虚开增值税专用发票罪处三年以下有期徒刑或者拘役，并处二万元以上二十万元以下罚金；虚开的税款数额在五十万元以上的，认定为刑法第二百零五条规定的“数额较大”；虚开的税款数额在二百五十万元以上的，认定为刑法第二百零五条规定的“数额巨大”。

《最高人民法院关于审理骗取出口退税刑事案件具体应用法律若干问题的解释》（法释［2002］30号，2002年9月23日起施行）

第九条 实施骗取出口退税犯罪，同时构成虚开增值税专用发票罪等其他犯罪的，依照刑法处罚较重的规定定罪处罚

《最高人民法院关于对〈审计署关于咨询虚开增值税专用发票罪问题的函〉的复函》（法函［2001］66号，2001年10月17日）[①]

国家审计署：

你署审函［2001］75号《审计署关于咨询虚开增值税专用发票罪问题的函》收悉。经研究，现提出以下意见供参考：

地方税务机关实施“高开低征”或者“开大征小”等违规开具增值税专用发票的行为，不属于刑法第二百零五条规定的虚开增值税专用发票的犯罪行为，造成国家税款重大损失的，对有关主管部门的国家机关工作人员，应当根据刑法有关渎职罪的规定追究刑事责任。

此复

《最高人民法院研究室〈关于如何认定以“挂靠”有关公司名义实施经营活动并让有关公司为自己虚开增值税专用发票行为的性质〉征求意见的复函》（法研【2015】58号，2015年6月11日）

一、挂靠方以挂靠形式向受票方实际销售货物，被挂靠方向受票方开具增值税专用发票的，不属于刑法第二百零五条规定的“虚开增值税专用

---

① 此复函与2004年《最高人民检察院法律政策研究室关于税务机关工作人员通过企业以“高开低征”的方法代开增值税专用发票的行为如何适用法律问题的答复》相悖，最高人民检察院的答复认为构成虚开增值税专用发票罪，且《刑事审判参考》总第31集，第231号案例亦与最高人民检察院持同样观点。

发票”。

主要考虑：(1) 由挂靠方适用被挂靠方的经营资格进行经营活动，并向挂靠方支付挂靠费的经营方式在实践中客观存在，且带有一定普遍性。相关法律并未明确禁止以挂靠形式从事经营活动。

(2) 虚开增值税专用发票罪是行政犯，对相关入罪要件的判断，应当依据、参照相关行政法规、部门规章等，而根据《国家税务总局关于纳税人对外开具增值税专用发票有关问题的公告》(国家税务总局公告2014年第39号)，挂靠方以挂靠形式向受票方实际销售货物，被挂靠方向受票方开具增值税专用发票的，不属于虚开。

二、行为人利用他人的名义从事经营活动，并以他人名义开具增值税专用发票的，即便行为人与该他人之间不存在挂靠关系，但如行为人进行了实际的经营活动，主观上并无骗取抵扣税款的故意，客观上也未造成国家增值税款损失的，不宜认定为刑法第二百零五条条规定的“虚开增值税专用发票”；符合逃税罪等其他犯罪构成条件的，可以其他犯罪论处。

主要考虑：(1) 虚开增值税发票罪的危害实质在于通过虚开行为骗取抵扣税款，对于有实际交易存在的代开行为，如行为人主观上并无骗取的扣税款的故意，客观上未造成国家增值税款损失的，不宜以虚开增值税专用发票罪论处。虚开增值税专用发票罪的法定最高刑为无期徒刑，系严重犯罪，如将该罪理解为行为犯，只要虚开增值税专用发票，侵犯增值税专用发票管理秩序的，即构成犯罪并要判处重刑，也不符合罪刑责相适应原则。

(2) 1996年10月17日《关于适用〈全国人民代表大会常务委员会关于惩治虚开、伪造和非法出售增值税专用发票犯罪的决定〉的若干问题的解释》虽然未被废止，但该解释制定于1997年刑法施行前，根据我院《关于认真学习宣传贯彻修订的〈中华人民共和国刑法〉的通知》(法发【1997】3号)第五条“修订的刑法实施后，对已明令废止的全国人大常委会有关决定和补充规定，最高人民法院原作出的有关司法解释不再适用，但是如果修订的刑法有关条文实质内容没有变化的，人民法院在刑事审判工作中，在没有新的司法解释前，可参照执行。其他对于与修订的刑法规定相抵触的司法解释，不再适用”的规定，应当根据现行刑法第二百零五条关于虚开增值税专用发票罪的规定，合理选择该解释中可以继续参照适用的条文。其中，该解释中关于“进行了实际经营活动，但让他人为自己代开增值税专用发票”也属于虚开的规定，与虚开增值税专用发票罪的规定不符，不应继续适用；如继续适用该解释的上述规定，则对于挂靠代开案件也要以犯罪论处，显然有失妥当。

（3）《刑事审判参考》曾刊登“卢某某虚开抵扣税款发票案”。该案例提出，虚开可以用于抵扣税款的发票冲减营业额偷逃税款的行为。主观上明知所虚开的运输发票均不用于抵扣税款，客观上使用虚开发票冲减营业额的方法偷逃应纳税款，其行为不符合虚开用于抵扣税款发票罪的构成要件，属于偷税行为。2001 年福建高院请示的泉州市松苑绵涤实业有限公司等虚开增值税专用发票案，被告单位不以抵扣税款为目的，而是为了显示公司实力以达到在与外商谈判中处于有利地位的目的而虚开增值税发票。我院答复认为该公司的行为不构成犯罪。

最高人民法院刑二庭《宽严相济在经济犯罪和职务犯罪案件审判中的具体贯彻》（2010 年 4 月 7 日）

（一）关于从严惩处的案件范围。根据《意见》第 9 条规定，发生在经济领域、需依法从严惩处的主要是指下列严重犯罪：……**走私，逃税、骗税、虚开增值税专用发票等严重侵害国家经济利益的犯罪**……

最高人民检察院法律政策研究室关于税务机关工作人员通过企业以“高开低征”的方法代开增值税专用发票的行为如何适用法律问题的答复（高检研发［2004］6 号，2004 年 3 月 17 日）

江苏省人民检察院法律政策研究室：

你室《关于税务机关通过企业代开增值税专用发票以“高开低征”的方法吸引税源的行为是否构成犯罪的请示》（苏检研请字［2003］第 4 号）收悉。经研究，答复如下：

税务机关及其工作人员将不具备条件的小规模纳税人虚报为一般纳税人，并让其采用“高开低征”的方法为他人代开增值税专用发票的行为，属于虚开增值税专用发票。对于造成国家税款损失，构成犯罪的，应当依照刑法第二百零五条的规定追究刑事责任。

此复

《最高人民检察院关于充分发挥检察职能服务保障“六稳”“六保”的意见》（2020 年 7 月 22 日发布）

第六条　依法维护有利于对外开放的法治化营商环境。充分认识“稳外贸”“稳外资”“稳投资”对稳定宏观经济、扩大对外开放的重大意义，有效维护相关领域的市场秩序。一是围绕自贸试验区、海南自由贸易港、粤港澳大湾区建设等重大战略，依法惩治侵害外国投资者和外商投资企业合法权益，以及扰乱投资秩序、妨害项目推进的各类犯罪，保障外商投资法顺利施行，营造安全、透明的投资环境。二是聚焦当前对外贸易、外商投资领域的新形势，依法惩治利用外贸合同诈骗，虚开出口退税、抵扣税款发票，骗取出口退税以及对外贸易经营活动中的走私、逃汇骗汇等犯罪，促进稳住外贸基本盘，保障外贸产业链、供应链、资金流畅通运转。**三是依法慎重处理企业涉税案件。注意把握一般涉税违法行为与以骗取国家税款为目的的涉税犯罪的界限，对于有实际生产经营活动的企业为虚增业绩、融资、贷款等非骗税目的且没有造成税款损失的虚开增值税专用发票行为，不以虚开增值税专用发票罪定性处理，依法作出不起诉决定的，移送税务机关给予行政处罚**。

二、有罪裁判要旨

裁判要旨一：虚开可以用于抵扣税款的发票冲减营业额偷逃税款的行为属于偷税罪，不构成虚开用于抵扣税款发票罪

案件名称：芦某某虚开抵扣税款发票案

案例来源：《刑事审判参考》（总第17集），第107号案例

裁判结果：

被告人芦某某犯偷税罪，判处有期徒刑6年，并处罚金人民币100万元。

基本案情：

1997年7月至1998年12月，被告人芦某某在以A公司名义经营运输业务期间，为少缴应纳税款，先后从自己承租的5家运输企业接受虚开的表明营业支出的联运发票、浙江省宁波市公路集装箱运输专用发票及浙江省公路货运专用发票等运输发票共53张，价税合计人民币6,744,563.77元，并将上述发票全部入账，用于冲减其以A公司名义经营运输业务的营业额，实际偷逃营业税200,379.25元，城建税14,026.55元，企业所得税333,965.41元，合计偷逃税款548,371.21元，且偷逃税额占其应纳税额的30%以上。

为帮助其他联运企业偷逃税款，被告人芦某某将A公司联运发票的发票联共50张提供给5家运输企业，将B公司浙江省宁波市公路集装箱运输专用发票的发票联3张提供给C公司用于虚开，虚开的发票联金额总计为

4, 145, 265. 32 元，存根联或记账联金额为 54, 395 元。以上虚开的运输发票均已被以上接受发票的运输企业用以冲减营业额，实际偷逃营业税 122, 728. 84 元，城建税 8591. 01 元，企业所得税 204, 548. 07 元，合计偷税税款 335, 867. 92 元。

裁判理由：

本案中所有用票单位都是运输企业，均不是增值税一般纳税人，无申报抵扣税款资格。因此本案被告人为别人虚开或让别人为自己虚开的发票在运输企业入账后，均不可能被用于抵扣税款。被告人芦某某主观上明知所虚开的运输发票均不用于抵扣税款，客观上使用虚开发票冲减营业额的方法偷逃应纳税款，其行为符合偷税罪的构成要件，而不符合虚开用于抵扣税款发票罪的构成要件。

本案被告人卢某某为自己和他人虚开可以用于抵扣税款的运输发票，在客观上虽然造成了少缴应纳税款 88. 423913 万元的后果，但因卢某某在主观是为了少缴应纳税款，而不是为了抵扣税款，**在客观上因无申报抵扣税款的资格，既没有也不可能用于抵扣税款**，因此，不能对被告人卢某某以虚开抵扣税款发票罪定罪处罚，检察机关指控的罪名不能成立。

裁判要旨二：既为他人虚开销项增值税专用发票，又请他人为自己虚开进项增值税专用发票的，若行为人没有实际货物购销，因此没有使用虚开的进项增值税专用发票抵扣税款的，虚开的进项发票数额不计算为给国家造成的税款损失

案件名称：何某虚开增值税专用发票案

案例来源：《刑事审判参考》总第 19 集，第 116 号案例

裁判结果：

以虚开增值税专用发票罪判处何某死刑，剥夺政治权利终身。

基本案情：

1998 年 11 月至 2000 年 6 月，被告人何某通过某市国税局原局长余某甲、副局长余某乙（均另案处理）的介绍，取得具有一般纳税人资格的 A、B、C 三家公司的工商营业执照等相关法律手续。为牟取非法利益，伙同许某某（另案处理）以 A 公司、B 公司、C 公司的名义，为 17 个单位虚开增值税专用发票共 227 份，税额 1048. 984268 万元。受票单位用上述发票抵扣税款

936.226467 万元。何某收取开票“手续费”53.485309 万元。至本案侦查终结前，受票单位抵扣税款已被追回 370.466481 万元，尚有 565.759986 万元未被追回。

被告人何某在为他人虚开增值税专用发票的同时，为抵扣税款，掩盖开出销项发票的事实，还于 1999 年 11 月至 2000 年 7 月，先后虚开进项增值税专用发票 303 份，税额 4045.688603 万元。

裁判理由：

对于行为人既为他人虚开销项增值税专用发票，又让他人为自己虚开进项增值税专用发票，如何计算给国家利益造成的经济损失，存在认识上的分歧。

我们认为，既然进项税额是购货方在购进货物或接受应税劳务后，所支付或负担的增值税额，其抵扣税款时，税务机关依法应当将其支付或者负担的销项税额从中扣除。如果行为人有购销事实，但让他人为其开具的增值税发票上的税款数额超过实际发生的税款数额，抵扣税款时即可从中非法牟利；如果行为人没有从事购销活动，本身不需要向税务机关缴纳增值税，其让他人为自己虚开增值税专用发票，并以进项增值税专用发票向税务机关抵扣税款的纳税行为，仅为掩人耳目，国家税款在这一环节不会造成损失。何某虚开进项增值税专用发票用于抵扣税款的行为即属于此种情况。一、二审法院及最高法院对此均做了正确认定，但因其虚开进项增值税专用发票，危害了国家对增值税专用发票的监督管理制度和税收征管秩序，应当认定为其虚开增值税专用发票犯罪的“其他严重情节”。

与此相关的一个问题，本案被告人虚开进项增值税专用发票 4000 余万元，而虚开销项发票 1000 余万元。由于受票单位涉及各地很多单位，公诉机关仅就已查实的销项税额起诉，人民法院只能使用证据认定案件事实，包括被告人实施犯罪行为所造成的被抵扣税款不能追回的数额等危害后果。但如前所述，在何某虚开大量销项增值税专用发票，有可能被全部用于抵扣税款，但不能查实的情况下，司法机关依法不能认定；同样，也不可以将其以虚开进项增值税专用发票抵扣税款数额认定为给国家利益造成的损失。

已向国家缴纳的税款应从给国家利益造成的损失中扣除。

我们认为，本案被告人为骗领增值税专用发票所缴纳的增值税，当地税务机关确已收缴并上缴国库。由于何某为他人虚开销项增值税专用发票时并无实际货物销售，就何某本人来说，其也就不需要向税务机关纳税；其所以向税务机关缴纳了67万余元税款，只是为了骗领增值税专用发票必须付出的预付税款。作为整体的国家税收，一个地方税收因何某的犯罪行为而遭受到损失，一个地方的税收又因何某的同一犯罪行为而以税收的形式有一定收入，一出一进都应计入国家税收的账上，这是客观存在的实际情况。人民法院从执法公平、公正的原则出发，应将被告人已向国家缴纳但本不存在的纳税理由的税款从造成的经济损失中扣除。

裁判要旨三：税务机关为完成本单位的税收征缴任务和为本单位谋取不正当利益，利用代管监开的增值税专用发票高开低征的属于虚开增值税专用发票罪，而不是渎职犯罪

案件名称：吴某甲、郭某甲等虚开增值税专用发票案

案例来源：《刑事审判参考》（总第31集），第231号案例

裁判结果：

1. 被告单位某地税务分局犯虚开增值税专用发票罪，判处罚金30万元；

2. 被告人吴某甲（该地税务分局长）犯虚开增值税专用发票罪，判处有期徒刑12年，犯受贿罪，判处有期徒刑3年，决定执行有期徒刑14年

基本案情：

被告人吴某甲被任命为某地税务分局局长。被告人吴某甲、纪某某为给本单位谋取不正当利益，与被告人宋某某合谋，将宋任厂长的不符合申报条件的A厂虚报为一般纳税人。嗣后，税务分局利用A厂代管监开的增值税专用发票为辖区内其他小规模纳税人虚开增值税专用发票，按销货金额收取6%或3%的税款。宋某某在增值税专用发票上加盖本厂财务章，并协助支取税款。至2000年3月，税务分局以霍山县某厂名义，共为60余人虚开增值税专用发票税款数额1,355,332.55元，造成国家税款损失972,740.41元。税务分局和A厂在虚开增值税专用发票过程中，按所开销货金额收取1%的手续费。

裁判理由：

从主观方面看，被告税务分局具有放任受票人利用虚开的增值税专用发票抵扣税款或者骗取税款的故意。作为负责税收征管的税务机关，对于“高开低征”“开大征小”行为违反国家税收征管和发票管理制度，会导致受票

人利用与真实的应税劳务、货物交易不符的增值税专用发票偷逃、骗取国家税款，毫无疑问是明知的，但本案中的被告税务分局为了本地方、本部门的利益，借口完成税收征缴任务和谋取一定的“手续费”“管理费”，在征收少量税款的前提下，大肆虚开增值税专用发票，放任国家税款流失，已经具备虚开增值税专用发票罪的主观特征。

从客观方面讲，被告税务分局实施了虚开增值税专用发票的行为。具体到本案，被告税务分局主要实施了《为他人无货虚开增值税专用发票的行为和为他人开具数量或金额不实的增值税专用发票的行为，具备构成虚开增值税专用发票罪的客观特征。

另外，我们认为，税务机关“高开低征”“开大征小”的行为，不仅危害国家税收征管和发票管理制度，同时也侵犯国家税务机关职务行为的正当性。认为对本案中税务机关有关人员宜以徇私舞弊不征、少征税款罪定罪量刑的意见，就是考虑该种行为的渎职性质。**但这是一种行为同时触犯刑法规定的两个罪名的情形，应当择一法定刑较重的犯罪定罪处罚**。虚开增值税专用发票行为，相对于税务机关工作人员徇私舞弊不征、少征税款行为，是刑法规定的处罚较重的犯罪。同时，如前所述，本案属于单位犯罪，而刑法对徇私舞弊不征、少征税款罪并无单位犯罪的规定，因此，认为对本案应定性为徇私舞弊不征、少征税款罪的意见是不妥的。

裁判要旨四：走私犯罪行为完成后，为抵扣税款，以所走私的货物为内容，让他人为自己虚开增值税专用发票的，应数罪并罚

案件名称：王某甲、王某乙、陈某某走私普通货物、虚开增值税专用发票案

案例来源：《刑事审判参考》第43集，第336号案例

裁判结果：

王某甲犯走私普通货物罪，判处有期徒刑15年，剥夺政治权利3年；犯虚开增值税专用发票罪，判处有期徒刑15年，剥夺政治权利2年。决定执行有期徒刑20年，剥夺政治权利5年

基本案情：

1997年下半年，被告公司因走私设备没有取得海关代征增值税缴款书，无法向税务机关抵扣税款，被告人王某甲遂要陈某乙（已判刑）帮忙联系购

买增值税专用发票以抵扣税款。被告公司让他人为自己虚开增值税专用发票730份，虚开税款计人民币1.1818820616亿元。在被告公司将上述发票提交到湖南省国税局涉外分局用以抵扣税款的过程中，经湖南省国税局调查核实，上述730份增值税专用发票均系虚开，未予抵扣。

裁判理由：

走私犯罪行为完成后，行为人再以该走私货物让人虚开增值税专用发票以抵扣税款的行为，由于不具有同一犯罪目的，因而不构成牵连犯罪。

牵连犯罪，作为一种以实施某一犯罪为目的，但方法行为或者出现的结果行为又触犯了其他罪名的犯罪形态，其构成必须同时具备以下条件：**其一**，必须实施了两个以上的独立犯罪行为，即必须存在两个以上的危害行为，且每一行为都符合了某一犯罪的基本构成从而都已独立构成了犯罪。**其二**，实施的数行为之间在主观上必须是出于一个犯罪目的，即虽然存在两个以上的犯罪行为，但其目的则只有一个，即在为了实施某一犯罪的过程中，所采取的方法或者所出现的结果又触犯了其他罪名，构成了其他犯罪。**其三**，实施的数行为之间在客观上必须存在着牵连关系。数个行为之间是否存在牵连关系，应当坚持主观方面和客观方面的有机统一。只有在主观上是为了实施一个犯罪目的而实施的数个行为，在客观上存在着不可分离的、内在必然的手段与目的、原因与结果的关系时，才可以认定其间存在着牵连关系。**其四**，必须触犯不同的罪名，即数个行为分别具备数个不同性质犯罪的构成条件。以上四个条件，缺一即不可能构成牵连犯罪。

具体到本案中的走私移动电信设备等货物进口的行为，与该行为完成后再实施的虚开增值税专用发票的行为，两者虽然属于独立的犯罪行为，并且具备两个完全不同性质犯罪即走私普通货物罪与虚开增值税专用发票罪的构成条件，**但两者并不是为了一个犯罪目的**，前者是为了将移动电信设备等货物逃避海关监管进口，从而偷逃应缴税款的走私目的，后者则是为了抵扣税款的目的，且虚开增值税专用发票的行为发生在走私移动电信设备等货物的行为完成后，**后者既不是前者所必须采取的方法行为，两者之间从而并不存在手段与目的的关系，也不是前者所必然出现的结果行为，走私货物行为完成后根本不会由于为了走私货物这一犯罪目的而再出现虚开增值税专用发票行为这一结果行为，两者之间因而也不存在原因与结果的关系**。本案的走私移动电信设备等货物的行为与该行为完成之后再出于抵扣税款的目的实施的虚开增值税专用发票的行为之间，根本不存在牵连犯罪构成所必须具有的牵连关系，因此，对于被告人王某甲应当以走私普通货物罪和虚开增值税专用发票罪并罚。

裁判要旨五：介绍他人开具、让他人为自己开具无真实货物购销的增值税专用发票的行为均构成虚开增值税专用发票罪

案件名称：王某某、鞠某某虚开增值税专用发票案

案例来源：《刑事审判参考》（第111集），第1209号案例

裁判结果：

以虚开增值税专用发票罪，分别判处被告人王某某有期徒刑1年6个月，并处罚金人民币10万元；判处被告人鞠某某有期徒刑1年6个月，并处罚金人民币10万元

基本案情：

2015年7月至8月间，被告人鞠某某因经营的A公司缺少进项票。找到被告人王某某。让王某某为其虚开所需增值税专用发票。王某某从他人处虚开17张机打增值税专用发票，购买方为A公司，销售方为B公司，双方无发票记载的真实货物交易。17张增值税专用发票均为真票，其中8张已认证。每张增值税专用发票票面记载的货物（钢材）金额均为99,922.91元，税率17%，税额16,986.89元，共计288,777.13元。王某某后在某不锈钢市场内以3700元的价格将上述发票出售给鞠某某。2016年4月15日。鞠某某因所购增值税专用发票中部分票无法认证，与王某某发生纠纷。王某某报案，二人于当日被民警传唤到案。案发后，王某某退缴违法所得3700元。

裁判理由：

1. 二被告人的行为不存在虚开增值税专用发票罪与非法出售增值税专用发票罪、非法购买增值税专用发票罪的想象竞合关系。

在本案中，被告人王某某实施了介绍他人开具增值税专用发票和非法出售增值税专用发票两个行为，被告人鞠某某实施了让他人为自己开具增值税专用发票和非法购买增值税专用发票两个行为。显见，二被告人的行为不符合想象竞合犯的构成要件和特征，本案不存在虚开增值税专用发票罪和非法出售增值税专用发票罪、非法购买增值税专用发票罪的想象竞合关系。

2. 二被告人的行为属于虚开增值税专用发票罪与非法出售增值税专用发票

罪、非法购买增值税专用发票罪的牵连犯，依法应以虚开增值税专用发票罪论处

《刑法》总则没有明确规定牵连犯的处罚原则，通说认为，对牵连犯一般应当从一重处罚，但在《刑法》分则对牵连犯的处罚作出明确规定的情况下，应当直接依据《刑法》分则条文的规定处理。《刑法》第 208 条第 2 款规定，非法购买增值税专用发票或者购买伪造的增值税专用发票又虚开或者出售的，分别依照虚开增值税专用发票罪、出售伪造的增值税专用发票罪、非法出售增值税专用发票罪定罪。该款属于提示性规定，非法购买增值税专用发票是手段，虚开增值税专用发票是目的，最终是为实现抵扣税款，行为人非法购买增值税专用发票后又虚开的，应直接依照《刑法》第 208 条第 2 款的规定，以虚开增值税专用发票罪定罪处罚。

3. 二被告人的行为符合虚开增值税专用发票罪的犯罪构成

虽然刑法并未明确规定成立虚开增值税专用发票罪必须具有特定的目的，但从本罪设立的立法原意和司法实践中的掌握来看，行为人虚开增值税专用发票的目的应是抵扣税款或者挣取“交易费”“介绍费”。1995 年 10 月 30 日发布的《全国人民代表大会常务委员会关于惩治虚开、伪造和非法出售增值税专用发票犯罪的决定》（以下简称《决定》）开篇即明确了设立虚开增值税专用发票罪的立法意图即“为了惩治虚开、伪造和非法出售增值税专用发票和其他发票进行偷税、骗税等犯罪活动，保障国家税收”。2004 年全国部分法院经济犯罪案件审判工作座谈会对虚开增值税专用发票罪的认定进行研讨，认为对以下 3 种行为不应以该罪论处：（1）为虚增营业税、扩大销售收入或者制造虚假繁荣，相互对开或环开增值税专用发票的行为。（2）在货物销售过程中，一般纳税人为夸大销售业绩，虚增货物的销售环节，虚开进项增值税专用发票和销项增值税专用发票，但依法缴纳增值税并未造成国家税款损失的行为。（3）为夸大企业经济实力，通过虚开进项增值税专用发票虚增企业的固定资产，但并未利用增值税专用发票抵扣税款，国家税款亦未受到损失的行为。这也从另一方面肯定了行为人构成虚开增值税专用发票罪应当具有抵扣税款或者挣取“交易费”“介绍费”的特定目的。2015 年最高人民法院研究室在给公安部经济犯罪侦查局的《〈关于如何认定以“挂靠”有关公司名义实施经营活动并让有关公司为自己虚开增值税专用发票行为的性质〉征求意见的复函》中更是明确地指出：“虚开增值税发票罪的危害实质在于通过虚开行为骗取抵扣税款，对于有实际交易存在的代开行为，如行为人主

观上并无骗取抵扣税款的故意，客观上未造成国家增值税款损失的，不宜以虚开增值税专用发票罪论处。”

本案中，被告人鞠某某为了抵扣税款，在没有真实货物交易的情况下，让他人为自己虚开增值税专用发票。被告人王某某为了获取“交易费”，明知他人没有真实货物交易，而为他人虚开（或者说介绍他人虚开）增值税专用发票。二被告人均具有虚开增值税专用发票罪的主观故意，也实施了虚开增值税专用发票罪所要求的特定行为，完全符合该罪的犯罪构成要件，依法应当认定为虚开增值税专用发票罪。事实上，如果以非法出售增值税专用发票罪评价王某某的行为，则无法涵盖其介绍他人虚开增值税专用发票的行为；以非法购买增值税专用发票罪评价鞠某某的行为，则无法涵盖其让他人为自己虚开增值税专用发票的行为。

4. 虚开增值税专用发票罪与相关罪名的界限

关于虚开增值税专用发票罪与非法出售增值税专用发票罪、非法购买增值税专用发票罪、出售伪造的增值税专用发票罪、购买伪造的增值税专用发票罪等相关增值税专用发票犯罪之间如何区分的问题，我们认为，各罪名之间各有其适用的空间。具体而言：（1）非法出售真实的空白增值税专用发票的，认定为非法出售增值税专用发票罪。出售伪造的空白增值税专用发票的，认定为出售伪造的增值税专用发票罪。（2）非法购买真实的空白增值税专用发票的，认定为非法购买增值税专用发票罪。购买伪造的空白增值税专用发票的，认定为购买伪造的增值税专用发票罪。（3）非法购买真实的定额增值税专用发票的，认定为非法购买增值税专用发票罪。出售真实的定额增值税专用发票的，认定为非法出售增值税专用发票罪。（4）非法购买伪造的定额增值税专用发票的，认定为购买伪造的增值税专用发票罪。出售伪造的定额增值税专用发票的，认定为出售伪造的增值税专用发票罪。（5）为他人开、为自己开、让他人为自己开、介绍他人开增值税专用发票，符合司法解释规定的虚开行为的，认定为虚开增值税专用发票罪。需要注意的是，在犯罪过程中，一般会存在买卖的行为，但依照《刑法》第 208 条第 2 款规定，应直接以虚开增值税专用发票罪处罚。（6）伪造增值税专用发票的，认定为伪造增值税专用发票罪。（7）购买增值税专用发票，但无证据证明是为了虚开而购买的，认定为非法购买增值税专用发票罪；有证据证明为了虚开而购买的，则认定为虚开增值税专用发票罪。

综上，本案二被告人的行为应构成虚开增值税专用发票罪，而不是非法出售增值税专用发票罪、非法购买增值税专用发票罪。从《刑法》第205条至第208条的规定来看，第208条第1款规定非法购买增值税专用发票、购买伪造的增值税专用发票罪的法定刑最轻，结合《刑法》第208条第2款的规定，非法购买增值税专用发票罪仅限于危害发票管理的行为，一旦危害税收征管，就应当认定为处罚较重的虚开增值税专用发票罪，这也符合牵连犯从一重罪论处的处断原则。

虚开的“税款数额”是虚开增值税专用发票罪定罪量刑的主要依据。关于税款数额如何理解，实践中有认识分歧。增值税专用发票数额分为3部分：货物或应税劳务、服务金额，税额，价税合计额。我们认为，这里的“税款数额”应指税额，而不是金额或者价税合计额。从本质上来说，增值税是对货物或应税劳务、服务的最终销售按照不含税价征收的比例税款，认定虚开税额，应当以该部分虚开实际或者可能让国家税款流失的数额为限。增值税专用发票不同于普通发票，其可以用于抵扣税款。抵扣税款会直接造成国家税收损失，这也正是对增值税专用发票犯罪行为从重打击的原因。**所以，“虚开的税款数额”应是指增值税专用发票造成的国家税收的损失，也就是抵扣的税款额，即票面载明的税额**。

裁判要旨六：开票单位未到案的，可依证据认定受票单位构成虚开增值税专用发票罪

案件名称：某公司、庞某某、罗某某虚开增值税专用发票案

案例来源：《刑事审判参考》（第117集），第1284号案例

裁判结果：

1. 被告单位A公司犯虚开增值税专用发票罪，判处罚金人民币30万元；2. 被告人庞某某犯虚开增值税专用发票罪，判处有期徒刑3年，缓刑4年；3. 被告人罗某某犯虚开增值税专用发票罪，判处有期徒刑2年6个月，缓刑3年。

基本案情：

1. 被告单位A公司及其采购部主管被告人庞某某、总经理被告人罗某某于2012年3月至2012年5月间，在无真实货物交易的情况下，以支付开票费为对价，接受销货单位为B公司的河南增值税专用发票合计5份，价税合

计人民币 3,699,803.1 元。其中税款人民币 537,578.22 元已于同期向税务部门申报抵扣。

2. 被告单位 A 公司及其采购部主管被告人庞某某于 2013 年 8 月间，在无真实货物交易的情况下，以支付开票费为对价，接受销货单位为 C 公司的深圳增值税专用发票合计 11 份，价税合计人民币 1,285,515 元。其中税款人民币 186,784.18 元已于同期向税务部门申报抵扣。

裁判理由：

在司法实践中，虚开增值税专用发票罪常表现为“无货虚开”，即开票单位与受票单位之间没有真实的业务往来，无真实货物交易，受票单位出于抵扣进项税额，减轻企业税负的目的，通过支付一定数额的开票费，向开票单位购买增值税专用发票。证明“无货”是办理该类案件的关键所在。

由于货物交易存在于上下家单位之间，要证实无货，一般需要开票单位和受票单位的相关负责人都到案，双方供证一致，再以银行账户交易记录等证据证实资金走账和回流等情况佐证，确定无货”属实，方可认定。在真实的货物交易中，买卖双方一般不会有资金回流的情况，货款单向流入卖方。在交接货物时，通常需要填写送货单、入库单、货物清点记录等文书，并由买卖双方签字确认；而在“无货”的情况下，开票单位和受票单位为了掩盖罪行，往往会签订虚假的买卖合同，伪造送货单、入库单清点记录等文书材料，这需要我们进行认真审查、甄别，比如，有些文书材料没有交接人员的签名，只有上下家的单位公章，显然与正常的商品交易习惯不符，则可以从侧面印证“无货”的事实。

需要说明的是，有时开票单位与受票单位为了规避税务稽查，会以支付现金的方式交易开票费，“全程无痕”，致使资金的走账和回流无迹可查，给准确认定“无货”带来困难。此时，若仅有受票单位一方供认“无货”，无其他证据印证，在审查时应倍加慎重。

裁判要旨七：无实际生产经营的行为人既为他人虚开发票又让他人为自己虚开发票的按虚开数额较大的一项计算虚开发票数额

案件名称：孟某某虚开增值税专用发票案

案例来源：《人民法院案例选》（2014 年第 2 期）

裁判结果：

以虚开增值税专用发票罪改判被告人孟某某有期徒刑1年6个月，并处罚金2万元。

基本案情：

被告人孟某某在没有生产设备和厂房的情况下，于2010年1月15日注册成立兰考县某药业有限公司。2011年3月，孟某某让山东某公司为其虚开增值税专用发票4份，金额399,984.44元，税额51,997.96元；2011年12月，孟某某为安徽省某公司虚开增值税专用发票25份，金额307,051.25元，税额52,192.75元。总金额707,035.69元，总税额104,190.71元。

法院评论：

在虚开增值税专用发票犯罪中，无实际生产经营的行为人既为他人虚开销项发票，又让他人为自己虚开进项发票，应当按其中虚开数额较大的一项计算虚开的数额。本案中，被告人孟某某没有实际生产经营行为，在为他人虚开销项发票后，为抵扣税款，又让他人为自己虚开进项发票，一审法院将被告人孟某某虚开的销项税额和进项税额累计计算，税额在10万元以上，属犯罪数额较大，依法应当判处有期徒刑3年，并处罚金。二审法院认为，进项税额与销项税额不应当累计计算，而应当取数额较大的销项税额即为他人虚开的税额为其犯罪数额，不足10万元，依法应当判处3年以下有期徒刑或者拘役，并处罚金。

增值税是流转税的一种，在正常的生产经营中，生产者销售货物，要向他人开出销项增值税专用发票，并向国家缴纳货物价款的17%的税款。生产者凭借在购买原材料时他人为其开具的进项增值税专用发票所缴纳的税款，向税务机关申报抵扣。生产者实际缴纳的税款，只是货物增值部分17%的税款。无论货物经过多少环节，国家对货物征收增值税的数额，是货物最终价款的17%。每个环节缴纳和抵扣增值税的数额，要以货物在此环节增值的多少来决定。一般来说，为他人所开具的销项增值税专用发票的数额总是大于让他人为自己开具的进项增值税专用发票的数额，否则就不存在货物增值和纳税问题，也不可能向税务机关申报并抵扣。因此，在处理虚开增值税专用发票案件时，对于为他人虚开增值税专用发票，为了掩盖其犯罪事实，又让他人为自己虚开销项增值税专用发票的，往往只按较大的销项发票计算虚开的数额。但是在司法实践中，由于行为人为他人虚开的销项增值税专用发票非常分散，加上取证的困难，有时候并不能够查证每一笔虚开的销项税额，这就会出现行为人虚开的进项税额大于其为他人虚开的、已经查证的销项税额的情形。在这种情况下，由于具体销项税额难以查证，而事实上的销项数额应大于已经查证的进项税额，所以，为了正确反映案件的客观事实，应以行为人自己为自己、让他人为自己虚开的进项增值税专用发票税款的数额计算。

还有一种情况，行为人让他人为自己虚开进项增值税专用发票以后，因为种种原因没有来得及虚开销项增值税专用发票，对这种有证据证明虚开的销项确实小于他人为其虚开进项的情况，也应以较大的进项数额认定为虚开数额，因为在这种情况下仍然存在行为人为他人虚开销项增值税专用发票的危险性，刑法规定"让他人为自己虚开"是虚开增值税专用发票犯罪行为的一种。需要强调的是，对于在不具有真实交易情况下的虚开增值税专用发票行为，由于虚开行为人不存在向国家缴税的义务，因此，虚开的数额只以销项或进项中较大的数额计算即可，不应将虚开的销项和进项累计计算。因为销项和进项累计计算可能使认定虚开增值税款的数额超出货物价款的17%，这与作为一种流转税性质的增值税的实际情况不符。

因此，在虚开增值税专用发票犯罪中，无实际生产经营的行为人既为他人虚开销项发票，又让他人为自己虚开进项发票，不应将虚开的销项税额和进项税额累计计算，应当按其中虚开数额较大的一项计算虚开的犯罪数额。

裁判要旨八：对于犯罪数额的认定应当以造成国家应收税款的现实损失为标准

案件名称：孙某虚开值税专用发票、用于抵扣税款发票案

案例来源：《人民司法·案例》2019年第5期

案号：重庆市璧山区人民法院（2017）渝0120刑初270号

裁判结果：

被告人孙某犯虚开值税专用发票、用于抵扣税款发票罪，判处有期徒刑8年，并处罚金20万元。

基本案情：

（一）虚开用于抵扣税款发票的事实

2014年3至4月份，被告人孙某与李某（另案处理）共谋成立公司，通

过虚构公司收购中药材进行加工销售，为他人虚开增值税专用发票收取好处费的方式牟取非法利益。为逃避公安和税务的查处，二人商定借用陈某的名义，注册成立了A公司，登记的法定代表人是陈某，并办理了税务登记证，成为一般纳税人，公司经营范围为收购、加工、销售中药材产品。公司聘用熊某某担任会计，公司实际负责人为李某和孙某。

2014年8月至2015年9月，公司在无实际生产、无实际业务发生的情况下，被告人孙某与李某将公司作为中药材初级产品收购方，利用国家对农业生产者自产农产品免征增值税的税收政策，故意编造向对方第三人收购中药材业务的事实，共虚开重庆市收购业统一发票（2015年9月后为重庆增值税普通发票）326份，虚开金额3100万余元，向税务机关实际申报并认证抵扣税款405万余元。

（二）虚开增值税专用发票的事实

2014年8月至2015年9月，被告人孙某与李某在无实际货物交易的情况下，以A公司的名义分别向4家单位虚开增值税专用发票159份，票面金额15,806,347.17元，税额2,687,078.83元，价税合计18,493,425.71元。之后上述所开据的159份增值税专用发票均被4家单位在当地税务机关抵扣税款，共抵扣税款2,687,078.83元。案发后，4家单位均已将所抵扣税款全部退出。

法院评论：

本案争议焦点在于被告人孙某犯罪行为的定性和犯罪数额认定问题。依据《刑法》第205条的罪状设置，该罪名为选择性罪名，亦即虚开增值税专用发票罪、用于骗取出口退税罪以及虚开用于抵扣税款发票罪既可单独适用，也可并合适用。在解决本案的定性问题之前，随之而来的首先应当是行为人罪标准的明确。《刑法》第205条将该罪的人罪行为确立为“虚开”，对于行为人罪的评价标准而言，理清虚开增值税发票和其他发票两类发票的行为与结果之间的关系，能够对整个案件的行为与结果发展进程的特质梳理起到提纲挈领的效果。此外，考虑到本案罪名的选择不同于单一性罪名，后者能够直接依据案件行为的特点，对接刑法文本的特定罪名评价，而后者更侧重行为的包容性和选择性评价的价值抉择问题。针对本案面临着选择性罪名的行为定性的情况，孙某虚开收购业务统一发票的行为与虚开增值税专用发票的行为，如何认定选择性罪名情况下的单独化罪名和并合化罪名，便成为数额认定问题解决的前提条件之一。

1. 罪名的行为结构和入罪标准应当依据抽象危险理解。虚开增值税专用发票、用于抵扣税款发票罪作为《刑法》中的第三章破坏社会主义市场经济秩序罪中的危害税收征管罪，毋庸置疑，其侵害的客体必然以国家税收的征管秩序为基础。但与此同时，刑事司法必须化解国家税收征管秩序与国家税收利益的侵害危险的关系问题，亦即，危害国家税收征管秩序是否必然威胁到国家税收利益。基于刑法立法的教义规范，无论是虚开增值税专用发票罪还是虚开用于抵扣税款发票罪，都应当将该选择性罪名的犯罪客体定为一种并合客体，亦即，行为人虚开增值税发票和其他发票行为必须满足危害税收征收行为可能威胁到国家税收利益的犯罪客体。

因而，该罪名的行为结构选择应当是一种抽象危险犯，即虚开行为必须在妨害国家税收秩序的基础之上，同时具备侵犯国家应收税款利益的现实危险。同时，这种抽象危险的判断标准应当附加以经济交易流转的正当程序和一般状况为基本前提。**诸如，行为人在无任何实际交易目的的情况下，为对方公司虚开大量的增值税专用发票，但在交易过程前就被对方公司阻断非法牟利之目的，或者发现其实际上并无任何交易能力的客观境况，此处的虚开增值税的行为应当借助市场经济管理的行政法律法规进行评断，而审慎使用刑法予以定性**。虚开的增值税专用发票或者用于骗取出口退税或抵扣税款发票，并非能够在正常的经济交易、流转环节进人税收缴纳环节。再如，为扩充公司年度经营业绩，增加交易能力的可信度，甲乙双方公司承诺以互相为对方虚开同等数额的增值税发票，并且在交易完成的后续阶段，双方正常按照规定缴纳税款。该种虽带有欺诈性质的扩充公司业绩的行为并不具备骗取国家税款的故意和现实危险的虚开行为，也并非是该罪名涵射的构成要件范围，虽然该虚开行为在一定程度上侵犯了国家对增值税专用发票的管理秩序，但发票管理秩序仅为国家税收征管秩序的一种类型，在此基础上，上述行为并无任何侵犯国家应收税款利益的现实危险或风险。

综上可知，将虚开增值税专用发票、用于骗取出口退税罪的行为结构选择定位为一种抽象危险犯，并对其人罪标准附加经济交易流转的正当程序和一般状况进行判断，不仅可增加《刑法》第205条虚开行为的司法预判力，而且是遵循罪刑法定基本原则之司法路径抉择。

2. 选择性罪名的定性标准应当依据犯罪客体关联性确定虚开增值税专用

发票、用于骗取出口退税罪作为一种典型的选择性罪名，对该罪名的行为发展进行细致解剖，可以存在两种思维模式。

其一，该选择性罪名中的虚开行为具备手段与目的的并合模式，即虚开增值税专用发票罪、用于骗取出口退税、抵扣税款发票罪本身就是三个不同罪名模式，刑事立法出于立法资源的简洁化考量，将其并合存在。依据特殊的行为关系结构，可以择一重罪定性评价案件行为的整个发展过程。

其二，该选择性罪名中的犯罪各个行为构成要件的并列模式。在案件行为定性过程中，法官应当依据犯罪客体关联性，以其侵犯的不同对象来选择适用罪名。并且在罪名行为并列模式下，该法条实际上仅存在一个犯罪构成，而非多个犯罪构成。因而，选择性罪名的最终确立，应当结合案件行为的关联性进行确立。

相对于第一种并合行为的罪名模式理解，笔者更倾向于第二种并列行为的罪名模式解释。主要理由在于：（1）适用牵连犯手段和目的理解过于抽象。何为手段行为与目的行为，需要通过法官的具体实践经验和事实判断进行理解，在这一前提下，对法官对不同事物的精确性理解要求，便成为准确定罪量刑的关键性问题。但是现实情境是：由于缺乏商业经营模式的实践考察，法官较难理解虚开增值税专用发票、用于抵扣税款发票行为的发展脉络和真正的目的和需求。（2）违背刑事立法的形式和实质逻辑。选择性罪名的逻辑之美在于契合案件行为的实质关联性，依据犯罪客体的关联性来正确选择相应的契合立法行为的形式罪名。（3）最大程度上体现罪刑相适应的基本原则。采取选择性罪名的并列模式理解，也并不排除只要行为人是针对不同对象实施的多种（个）行为，亦可认定为数罪的基本原理，以此实现罪刑相适应原则。

3. 选择性罪名的数额认定应当遵从禁止重复性评价原则。在虚开增值税专用发票、用于骗取出口退税、抵扣税款发票罪中，犯罪金额指的是虚开税款金额。对于虚开的税款金额，应当避免将同一种类的金额或是同一类法益指向性、关联性的对象进行多次评价，进而背离重复性评价原则。虚开的增值税专用发票以及虚开用于抵扣税款发票的行为本身直指国家应收税款利益，因此，案件审理过程中，**在虚开税款金额的理解上，必然会存在着虚开的发票形式税款金额与虚开的发票申报并认证抵扣的实质税款金额两种理解**。简言之，即虚开增值税专用发票或其他发票的行为是否实现了抵扣、骗取的现实目的。因而，采取何种犯罪数额标准进行精准量刑，便成为实务界迫切需要解决的关键性问题。在此基础上，如果入罪罪标准达到了犯罪金额，可以参照最高人民法院研究室《关于如何适用法发〔1996〕30号司法解释数额标准问题的电话回复》中“在新的司法解释制定前，对于虚开增值税专用发票案件的定罪量刑标准，可以参照最高人民法院《关于审理骗取出口退税刑事案件具体应用法律若干问题的解释》有关规定执行的虚开的税款数额较大、数额巨大标准的50万元、250万元”，仍应当按照第一档法定刑进行定罪量刑或者在法定刑以下对情节轻微的案件进行定罪免刑。

在理清定罪标准和量刑标准之前，有必要细致解读最高人民检察院和公安部发布的《关于公安机关管辖的刑事案件立案追诉标准的规定（二）》第26条的解释，“虚开的税款数额在1万元以上或者致使国家税款被骗数额在5000元以上的，应予以立案追诉”。这便意味着对于虚开增值税专用发票案件必须采取现实危险进行判断，其中的1万元应当结合国家税款的被骗可能进行实质评价。**而对于量刑标准，有异于定罪标准，其应当“采取虚开的税款数额结合国家税款的现实损失”进行适用**。因为，虚开增值税专用发票等行为的社会危害性的程度性评价在于受票方为实现逃税目的，将虚开的增值税专用发票用于抵扣其应向国家缴纳的增值税，而造成国家应收税款利益的流失。**如果在定罪阶段将虚开的发票税款进行评价，在量刑阶段再次进行犯罪数额的结果评价，则明显违背了禁止重复性评价的路径选择**。综上，虚开增值税专用发票、用于骗取出口退税、抵扣税款发票罪的犯罪数额的司法确定，应当以造成国家应收税款的现实损失为正式标准。

裁判要旨九：被告人为他人虚开增值税发票，受票方抵扣税款后，又为自己虚开发票抵扣为他人虚开发票产生的销项税额的，属于犯罪不能，抵扣税款金额只计算为他人虚开后受票方的抵扣金额

案件名称：李某某虚开增值税专用发票案

案例来源：《中国审判案例要览》案例

案号：北京市第二中级人民法院（2003）二中刑初字第723号

裁判结果：

被告人李某某犯虚开增值税专用发票罪，判处有期徒刑14年，并处罚金人民币30万元。

基本案情：

被告人李某某于利用他人的身份证虚假注册成立了 A 公司，并取得增值税（临时）一般纳税人资格。2001 年 5 月至 2002 年 4 月间，被告人李某某利用其以 A 公司名义购领的增值税专用发票，为他人虚开增值税专用发票 321 份，虚开税款数额共计人民币 1,172,240.41 元，并按价税总额的一定比例向受票单位收取“手续费”。受票单位利用李某某虚开的增值税专用发票抵扣税款数额共计人民币 1,140,834.34 元，案发后追缴税款共计人民币 1,058,241.76 元，实际造成国家税款损失共计人民币 82,592.58 元。

为抵扣为他人虚开增值税专用发票形成的销项税额，被告人李某某利用非法取得的 B 公司增值税专用发票及非法购买出票单位为其他多家公司的伪造增值税专用发票，为自己虚开增值税专用发票 66 份，虚开进项税款数额共计人民币 606,423.17 元，并将其中绝大部分用于申报抵扣。

法院评论：

法院所采取的抵扣额及损失额的计算方法是：抵扣总数 = 被告人为他人虚开增值税专用发票后他人向税务机关申报抵扣的数额（为自己虚开和让他人为自己虚开增值税专用发票进行申报抵扣的数额不予计算）

损失总数 = 被告人为他人虚开增值税专用发票后他人向税务机关申报抵扣的数额 - 对已抵扣税款追缴的税款数额（为自己虚开和让他人为自己虚开增值税专用发票进行申报抵扣的数额不予计算）

对于抵扣额及损失额的计算方法，税务部门也存在不同的意见，有的人同意控方的主张，认为从严格发票管理角度讲，虚开增值税专用发票后，受票方不得抵扣，开票方应当缴纳增值税（销项），因此，如果被告人为他人虚开增值税专用发票后，为自己虚开和让他人为自己虚开增值税专用发票进行申报抵扣，两个环节的抵扣额应当相加，损失也应相加，有的人则同意法院的处理意见。

法院的处理意见是正确的。从增值税税款发生原理看，增值税属于流转税，国家道道计征，但不重复计征。只有发生实际商品交易或者提供劳务服务时才发生应当征收的增值税。在完全没有实际商品交易或者提供劳务服务的情况下，被告人为他人虚开增值税专用发票，无论开票方还是受票方本来均不应当缴纳增值税，如果开票方不申报销项，缴纳销项税，则不会发生国家税款损失。但是如果受票方持虚开的专用发票申报抵扣，则属于不应当抵扣而进行抵扣，毫无疑问也会造成国家税款流失。相反，即使存在实际商品交易或者提供劳务服务，行为人如果正常开票可以抵扣，但如果系代开的虚开发票，则行为人也不应当申报抵扣，这是严格增值税专用发票管理的合理要求，也便于实务操作（部分真实的情况也是如此）。总之，发生实际商品交易或者提供劳务服务与否均不是造成国家税款损失的必要条件。基于增值税征收管理制度的特点，造成国家增值税税款损失有两种形式，一是应当申报缴纳销项税没有申报缴纳，二是不应当抵扣销项却申报抵扣。因此，认定是否造成国家税款损失可以从这两方面进行，并且需要结合具体情况进行具体分析。

对于被告人为他人虚开增值税专用发票后，为自己虚开和让他人为自己虚开增值税专用发票进行申报抵扣的情况，从申报抵扣方面看，受票的他人不应当抵扣，如果进行了抵扣，且抵扣的销项属于真实有效的销项，则发生税款损失，被告人应当对这一抵扣数额和损失数额负责。被告人作为受票方为自己的虚假销项抵扣，也属于不应当抵扣而抵扣，但如果抵扣了，是否发生税款损失则要看其抵扣的销项是否真实有效的情况而定，如果销项真实有效，则认定抵扣额和损失额，否则不予认定，不予认定的理由以下将从申报销项方面予以论述。从申报销项方面看，被告人为他人虚开增值税专用发票形成的销项属于不应当申报缴纳的销项。因为从税法原理看，被告人没有真实的商品交易和劳务服务，国家不应当征收增值税，从严格发票管理角度看，国家没有必要要求申报缴纳销项税，只从不允许抵扣方面进行制裁即可，如果再要求缴纳相应的销项税，则显得过于严厉，不仅仅在税务行政方面处理过于严厉，而且将导致在刑事处理方面过于严厉，无助于刑事立法目的的实现。如果被告人申报缴纳销项税，则属于其主观认识错误，构成犯罪对象不能，其行为可定性为虚开，虚开数也可认定，但不宜认定抵扣数额和损失数额，至于其形式上抵扣的数额可作为一个量刑情节酌予考虑。因此，对于被告人为自己虚开和让他人为自己虚开增值税专用发票，以抵扣自己为他人虚开增值税专用发票形成的虚假销项，计算抵扣额和损失额时只应当分别计算被告人为他人虚开增值税专用发票后受票方抵扣的数额，以及其后对此抵扣税款予以追缴而未追回的税款数额。

被告人为他人虚开增值税专用发票后又为自己虚升，其抵扣数额及损失数额的计算问题，是我国审判实践中带有共性的问题。最高人民法院通过审理个案表明了与笔者上述主张及法院对本案的处理意见相同的立场，但目前我国立法及司法解释对此问题均没有作出明确解答。及时合理解决此问题，是我国最高立法机关或者最高司法机关的当务之急。

三、无罪裁判要旨

无罪裁判要旨一：不具有骗取国家税款的目的，未造成国家税款损失的，不构成虚开增值税专用发票罪

案件名称：张某强虚开增值税专用发票案

来源：人民法院充分发挥审判职能作用保护产权和企业家合法权益典型案例（第二批）

案号来源：（2016）最高法刑核51732773号刑事裁定书

典型意义：

本案张某强借用其他企业名义为其自己企业开具增值税专用发票，虽不符合当时的税收法律规定，但张某强并不具有偷逃税收的目的，其行为未对国家造成税收损失，不具有社会危害性。一审法院在法定刑之下判决其承担刑事责任，并报最高人民法院核准。虽然对于本案判决结果，被告人并未上诉，但是最高人民法院基于刑法的谦抑性要求认为，本案不应定罪处罚，故未核准一审判决，并撤销一审判决，将本案发回重审。最终，本案一审法院宣告张某强无罪，切实保护了民营企业家的合法权益。本典型案例对于指导全国法院在司法审判中按照罪刑法定、疑罪从无原则以发展的眼光看待民营企业发展中的不规范问题，具有重要的指导意义。

基本案情：

2004年，被告人张某强与他人合伙成立个体企业某龙骨厂，张某强负责生产经营活动。因某龙骨厂系小规模纳税人，无法为购货单位开具增值税专用发票，张某强遂以他人开办的A公司名义对外签订销售合同。2006年至2007年间，张某强先后与六家公司签订轻钢龙骨销售合同，购货单位均将货款汇入A公司账户，A公司并为上述六家公司开具增值税专用发票共计53张，价税合计4,457,701.36元，税额647,700.18元。

裁判结果：

某州市人民法院一审认定被告人张某强构成虚开增值税专用发票罪，在法定刑以下判处张某强有期徒刑3年，缓刑5年，并处罚金人民币5万元。

张某强在法定期限内没有上诉，检察院未抗诉。某州市人民法院依法逐级报请最高人民法院核准。

最高人民法院经复核认为，被告人张某强以其他单位名义对外签订销售合同，由该单位收取货款、开具增值税专用发票，不具有骗取国家税款的目的，未造成国家税款损失，其行为不构成虚开增值税专用发票罪，某州市人民法院认定张某强构成虚开增值税专用发票罪属适用法律错误。据此，最高人民法院裁定：不核准并撤销某州市人民法院一审刑事判决，将本案发回重审。该案经某州市人民法院重审后，依法宣告张某强无罪。

以相似理由判决无罪的案例还有：

案件名称：松某公司、陈某某、施某某不构成犯罪案

案例来源：《人民司法·案例》2008 年 22 期

案号：（2001）闽刑终字第 391 号

裁判理由：

1. 被告单位松某公司，被告人陈某某、施某某为了提高购进设备价值，显示公司经济实力，向他人购买虚开的伪造增值税专用发票的行为不具有严重的社会危害性。

严重的社会危害性是犯罪的本质特征。准确把握这一特征，是我们结合刑事法律界定一种行为罪与非罪的前提。根据罪刑法定原则，对于刑法没有明文规定的具有严重社会危害性的行为不能定罪，同时，对于不具有严重社会危害性的行为，即使从字面上看为刑法条文所规范，也必须适用限缩解释的方法将之排除在犯罪圈外。行为的社会危害性是主客观要素的统一，因此，在确定行为是否具有严重的社会危害性时，不仅要考察行为的客观危害性，而且要关注行为的主观危险性。

本案中，虽然从表面上看，松某公司、陈某某、施某某实施了购买虚开的伪造增值税专用发票的行为，且涉案数额巨大，但与人民法院审理的大量虚开增值税专用发票案件相比，社会危害性具有本质区别：主观方面，涉案被告单位或被告人是为了虚夸公司实力，以便在和外商谈判时处于有利的地位，并不具有偷、骗税款故意，且无证据证实其具有获取其他非法利益的动机和目的；客观方面，根据国家税法的规定，注明为固定资产的增值税专用发票不能抵扣税款，且涉案被告单位或被告人根本没有要增值税专用发票的抵扣联，所以国家税款不会因其行为而遭受损失，且无证据证实有其他严重

危害后果。因此，本案被告单位或被告人购买伪造的增值税专用发票和接受虚开增值税专用发票的行为，从本质上讲不具有严重的社会危害性。

2. 考察立法原意，对《刑法》第205条和第208条应基于体现谦抑的价值立场作限缩解释，被告单位松某公司，被告人陈某某、施某某的行为不具有刑事违法性。

从《刑法》第205条第1款的规定看，虚开增值税专用发票罪的犯罪构成，表现为行为人客观上具有虚开行为，主观上有虚开的故意，并不要求有偷逃、骗取税款的目的。但查立法资料可知，1997年《刑法》修改时没有注意到类似本案的虚开增值税专用发票情况，也没有考虑到对这种问题的处理，《刑法》第205条的立法本意是保障国家流转税制，打击的锋芒是利用增值税专用发票非法抵扣国家税款和骗取出口退税款的行为。因此，对于确有证据证实行为人主观上不具有偷、骗税目的，客观上也不会造成国家税款流失和其他严重后果的虚开增值税专用发票行为，虽然字面上看其符合《刑法》第205条的规定，但认定其具备刑事违法性恐怕并不符合立法原意。

同时，认定本案行为难以被《刑法》第205条所规范，也是基于刑法谦抑的价值立场所应得出的结论。同理，《刑法》第208条购买伪造的增值税专用发票罪的规定，亦应将本案这种购买伪造的增值税专用发票用于提高购进设备价值、显示公司经济实力的行为排除在外。

综上，本案被告单位松某公司，被告人陈某某、施某某的行为不具有严重的社会危害性和刑事违法性，不宜以犯罪论处，二审法院依法予以改判是正确的。需要指出的是，本案另一被告人林某某虽然因明知所虚开伪造的增值税专用发票不是用于偷、骗税，不会给国家造成税款损失，故其行为不构成虚开增值税专用发票罪，但其主观恶性较大，为牟取高额开票费，购买伪造的增值税专用发票并出售数额巨大，与被告单位松某公司，被告人陈某某、施某某购买发票意图服务于公司经营有明显区别，应以犯罪论处。根据《刑法》第208条第2款的规定，购买伪造的增值税专用发票又出售的，应依照《刑法》第206条出售伪造的增值税专用发票罪的规定定罪处罚。因此，二审法院改变一审对林某某以虚开增值税专用发票罪、购买伪造的增值税专用发票罪的定性，将其罪名修正为出售伪造的增值税专用发票罪也是正确的。

无罪裁判要旨二：对于在经济犯罪活动中处于不同地位的民营企业经营

者，要依法区别对待，充分考虑企业在上下游经营活动中的地位，对在共同犯罪中处于从属地位，主观恶性不大，自首、坦白，积极退赃退赔、认罪认罚的，应当依法从宽处理

案件名称：江苏A建设有限公司等七家公司及其经营者虚开发票系列案

来源：最高人民检察院发布首批涉民营企业司法保护典型案例

基本案情：

涉案单位江苏A建设有限公司（以下简称“A公司”）等7家公司均为民营企业，经营建筑工程相关业务。许某等7人分别是以上7家公司负责人。2011年至2015年，陈某在经营昆山B置地有限公司、昆山C房地产开发有限公司、昆山市D房产开发有限公司（陈某及以上3家公司另案处理）期间，在开发“某花园”等房地产项目过程中，为虚增建筑成本，偷逃土地增值税、企业所得税，在无真实经营业务的情况下，以支付6%－11%开票费的方式，要求A公司等7家工程承揽企业为其虚开建筑业统一发票、增值税普通发票，虚开金额共计3亿余元。应陈某要求，为顺利完成房地产工程建设、方便结算工程款，A公司等7家企业先后在承建“某花园”等房地产工程过程中为陈某虚开发票，使用陈某支付的开票费缴纳全部税款及支付相关费用。许某等7人在公安机关立案前投案自首，主动上缴违法所得、缴纳罚款。

处理意见：

昆山市人民检察院经审查认为，A公司等7家公司及许某等7人实施了《刑法》第205条之一规定的虚开发票行为，具有自首、坦白等法定从轻或减轻处罚情节，没有在虚开发票过程中偷逃税款，案发后均积极上缴违法所得、缴纳罚款，在犯罪中处于从属地位，系陈某利用项目发包、资金结算形成的优势地位要求其实施共同犯罪，具有被动性。依据《刑事诉讼法》第177条第2款规定，昆山市人民检察院于2018年12月19日对A公司等7家公司及许某等7人作出不起诉决定。同时，对陈某及其经营的3家公司以虚开发票罪依法提起公诉。

指导意义：

1. 对于在经济犯罪活动中处于不同地位的民营企业经营者，要依法区别对待，充分考虑企业在上下游经营活动中的地位。对在共同犯罪中处于从属地位，主观恶性不大，自首、坦白，积极退赃退赔、认罪认罚的，应当依法

从宽处理，促进民营企业恢复正常生产经营活动，维护企业员工就业和正常生活。对于在共同犯罪中，主观恶性较大、情节严重、采取非法手段牟取非法利益的主犯，应当依法追究刑事责任。

2. 检察机关办理涉民营企业经济犯罪案件，要注意保护和促进市场经济秩序良性发展。对于偷逃税款、虚开发票等严重破坏合法、健康的市场经济秩序，破坏公开、公平、公正的市场竞争秩序的犯罪行为，应当依法追究刑事责任，维护合法经营、公平竞争的市场环境。

无罪裁判要旨三：被告对虚开行为不知情的，不构成本罪

案件名称：被告公司、饶某某虚开增值税专用发票、用于骗取出口退税、抵扣税款发票案

审理法院：云南省大理白族自治州中级人民法院

案号：（2019）云29刑初100号（未检索到二审裁判）

裁判理由：

饶某某是在被告公司**不明知**的情况下，将被告公司开具的增值税专用发票采取“票货分离”的方式倒卖给他人，故被告公司的行为不构成单位犯罪。

无罪裁判要旨四：虚开发票行为与其他罪行具有牵连关系，被告人已被以其他牵连罪名定罪处罚

案件名称：刘某甲虚开增值税专用发票案

审理法院：吉林省农安县人民法院

案号：（2020）吉0122刑初104号（未检索到二审裁判）

裁判理由：

本院认为，被告人刘某甲**以虚开增值税专用发票的手段实现职务侵占的目的，刘某甲已因职务侵占罪被处以刑罚，继续追究刘某甲虚开增值税发票的刑事责任违反牵连犯的处断原则**。被告人刘某甲及其辩护人关于虚开增值税专用发票目的是为了职务侵占，已经被判刑，不应当以虚开增值税专用发票罪追究其刑事责任的辩护意见有依据，应予采信。

裁判理由：被告人马某利用职务上的便利占用本单位资金人民币340万

元后采取虚开增值税专用发票平帐的手段欲掩盖其占用资金行为，应当以职务侵占罪追究刑事责任，且职务侵占与虚开增值税专用发票属目的行为与手段行为之牵连，应择一重罪认定为职务侵占罪。

无罪裁判要旨五：税务机关借用成立的公司对有真实经营活动的小规模纳税人集中实施“公司化管理”，使其享有一般纳税人的权利，从而可以开具增值税专用发票，属于税制改革，不具有骗取税款的目的，未造成税款损失，不以本罪处罚

案件名称：山东省某地国税局、赵某某虚开增值税专用发票、用于骗取出口退税、抵扣税款发票案

审理法院：山东省青岛市中级人民法院

案号：（2019）鲁02刑再11号

裁判理由：

虚开增值税专用票罪的“虚开”侵犯的是国家对增值税专用发票的管理制度，主观方面应当具有骗取国家税款的目的，在客观方面表现为没有货物购销或者没有提供、接受应税劳务而为他人、为自己、让他人为自己、介绍他人开具增值税专用发票的行为。山东省某地国税局是国家的税务征收机关，代开发票是其职责和义务。**山东省某地国税局指导乡镇政府借用成立的的公司对有真实经营活动的小规模纳税人集中实施“公司化管理”，使其享有一般纳税人的权利，从而可以开具增值税专用发票，以促进地方经济发展和增加税收的做法，系税制改革过程中的尝试**，有一定文件、政策作为指导和依据，且经过试点和研究、汇报，并得到了上级单位的批示同意，赵福勇等人的行为是履行职责的行为。本案现有证据不**能证明该做法具有骗取国家税款的目的，不能证明造成国家税款的损失**，不能证明损失的具体数额，不能证明被告国税局和各原审被告人构成本罪的犯罪主体，也不能证明该单位及个人与其他单位和个人具有共同犯罪故意，因此，对原审被告单位及各原审被告人无从追究其刑事法律责任。原审判决认定被告单位和各被告人犯罪数额巨大，又认定公诉机关指控抵扣的税款及损失未提供相关证据予以证实因此不予支持，又认定犯罪情节轻微，又对连续发生到1998年的行为适用1979年刑法，又在被告人不认罪的情况下对其判决免予刑事处罚，存在多处自相矛盾，且适用法律错误，违背罪责刑相适应原则及主客观相一致原则。

无罪裁判要旨六：为了其他非法目的，而非出于偷逃税收的目的，客观未造成国家税收损失的，不构成本罪

案件名称：A公司、B公司虚开增值税专用发票、用于骗取出口退税、抵扣税款发票案

审理法院：安徽省淮南市大通区人民法院

案号：（2019）皖0402刑初415号（未检索到二审裁判）

裁判理由：

公诉机关指控被告单位A公司、B公司、C公司、被告人李某某犯虚开增值税专用发票罪，经查，被告单位A公司为了实现从银行获取资金使用，利用与D公司之间虚假的采购合同从银行骗开银行承兑汇票，**为了掩盖资金的来源和用途**，又与B公司分别与D公司签订虚假购销合同，并向对方开具或者接受对方开具的增值税专用发票。为了掩盖A公司、C公司系E公司、D公司为获取银行资金使用的贸易通道公司的事实，两公司又分别与D公司签订虚假贸易合同，并接受D公司开具的增值税专用发票，**虽不符合税收法律规定，但各被告单位及被告人李某某不具有偷逃国家税收的目的**，不应以虚开增值税专用发票罪中的“虚开”论处，公诉机关出示的证据亦不足以证明上述开具增值税专用发票行为造成国家税收损失，故指控各被告单位及被告人李某某犯虚开增值税专用发票罪证据不足，不予确认。

以相同理由裁判无罪的案件还有：

上海某公司、袁某某等合同诈骗案，**审理法院：**上海市闵行区人民法院，**案号：**（2020）沪0112刑初377号（未检索到二审裁判）

裁判理由：

1. 本案中，A公司、B公司及C公司相互之间有资金往来，每个环节都已开具相应发票并缴纳税款，国家并未因此受到税务损失，C公司因抵扣不足，另缴税2000余元的税金，并无骗取国家税款的主观故意。

2. 根据两高关于虚开增值税专用发票案件法律适用的相关意见，对于有实际生产经营活动的企业为虚增业绩、融资、贷款等非骗税目的且没有造成税款损失的虚开增票行为，不以虚开增值税专用发票罪论处。综上，被告单位C公司及二名被告人均不构成虚开增值税专用发票罪。

无罪裁判要旨七：存在真实货物交易，销售方开具发票的货物数量、金

额及税额等全部内容与实际相符，且没有证据表明购货方知道销售方提供的专用发票是以非法手段所获得，购货方不具备本罪主观特征，不构成本罪

案件名称：王某甲、王某乙虚开增值税专用发票、用于骗取出口退税、抵扣税款发票案

审理法院：河北省衡水市中级人民法院

案号：（2018）冀11刑终229号

裁判理由：

对于原审被告人王某丙虽未提出上诉，但根据《刑事诉讼法》第233条的规定，经全面审理该案，根据国税发（2000）187号《国家税务总局关于纳税人善意取得虚开增值税专用发票处理问题的通知》规定，购货方王某丙与销售方张某1**存在真实货物交易，销售方开具发票的货物数量、金额及税额等全部内容与实际相符，且没有证据表明购货方知道销售方提供的专用发票是以非法手段所获得，对购货方不以偷税或者骗取出口退税论处**。所以，卷宗证据显示，原审被告人王某丙不具备该罪的主观特征，其行为不构成虚开增值税专用发票罪。

无罪裁判要旨八：根据新司法解释，涉案数额未达到入罪标准，基于从旧兼从轻原则，应认定无罪

案件名称：李某甲等虚开增值税专用发票案

审理法院：上海市高级人民法院

案号：（2017）沪刑终7号

裁判理由：

根据最新规定，虚开增值税专用发票罪的入罪标准由虚开税款数额1万元调整为5万元，故原判认定张甲虚开税款数额4.6658万元构成虚开增值税专用发票罪，基于从旧兼从轻原则，应改判原审被告人张甲无罪。

无罪裁判要旨九：虚开发票的犯罪行为并非为了被告单位利益，也不体现被告单位的意志，不构成单位犯罪

案件名称：保定某公司、轩某某虚开增值税专用发票、用于骗取出口退税、抵扣税款发票案

审理法院：河北省保定市竞秀区人民法院

案号：（2018）冀0602刑初23号（河北省保定市中级人民法院二审维持原判）

裁判理由：

公诉机关指控法定代表人为邢某的A公司系单位犯罪的主体，经查，被告人轩某某经营的B公司与王某签订重组并购协议成某的C公司，又经变更后为公诉机关指控的被告单位A公司，但**现公诉机关提交的证据不能证明犯罪行为系为了该单位的利益，同时亦不能提供证据证明该单位意志的相关证据**，现有证据恰恰证明了虽然该公司与原B公司签订了重组并购协议，但重组后的被告单位并没有原公司的财产及收益，因此公诉机关对该被告单位应当承担刑事责任的指控不能成立。

无罪裁判要旨十：以挂靠形式向受票方实际销售货物，被挂靠方向受票方开具增值税专用发票的，不应认定为虚开增值税专用发票犯罪

案件名称：张某甲虚开增值税专用发票、用于骗取出口退税、抵扣税款发票案

审理法院：河北省石家庄市中级人民法院

案号：（2017）冀01刑终334号

裁判理由：

关于上诉人（原审被告人）张某甲是否构成虚开增值税专用发票罪的问题。首先，根据国家税务总局关于纳税人对外开具增值税专用发票有关问题的公告（2014年第39号）的精神，A公司作为纳税人，通过张某甲为B公司、C公司等开具增值税专用发票的行为符合《公告》要求的3个必须同时满足的条件，即“1. 纳税人向受票方纳税人销售了货物，或者提供了增值税应税劳务、应税服务；2. 纳税人向受票方纳税人收取了所销售货物、所提供应税劳务或者应税服务的款项，或者取得了索取销售款项的凭据；3. 纳税人按规定向受票方纳税人开具的增值税专用发票相关内容，与所销售货物、所提供应税劳务或者应税服务相符，且该增值税专用发票是纳税人合法取得、并以自己名义开具的”。本案中，存在实际的药品购销活动，作为纳税人的A公司，向作为受票方纳税人的B公司、C公司、D公司销售了货物；上述公司将货款汇给了A公司账户，A公司收取了所销售货物的款项；A公司开具

的增值税发票相关内容与所售货物相符，开票内容属实，并且该增值税专用发票是A公司合法取得，也是以A公司名义开具的。故A公司向上述公司开具增值税专用发票不属于对外虚开增值税专用发票。

其次，根据国家税务总局办公厅发布的《关于〈国家税务总局关于纳税人对外开具增值税专用发票有关问题的公告〉的解读》精神，张某甲与A公司的关系符合《解读》第二种情形中所列的第一种挂靠情形，即“二、以挂靠方式开展经营活动在社会经济生活中普遍存在，挂靠行为如何适用本公告，需要视不同情况分别确定。第一，如果挂靠方以被挂靠方名义，向受票方纳税人销售货物、提供增值税应税劳务或者应税服务，应以被挂靠方为纳税人。被挂靠方作为货物的销售方或者应税劳务、应税服务的提供方，按照相关规定向受票方开具增值税专用发票，属于本公告规定的情形”。本案中，张某甲以A公司名义，向受票方纳税人上述公司销售货物，因此，应当以被挂靠方A公司作为纳税人。在这种情况下，以A公司名义开具增值税发票，完全符合解读所说的第一种挂靠关系。按照该《解读》的说明，这种挂靠关系符合《第39号公告》所说的不属于虚开增值税发票的情形，因而不构成虚开增值税专用发票罪。

再次，我院曾经就吴某、夏某某的情况是否符合国家税务总局《第39号公告》挂靠情形，向国家税务总局去函进行了征询。国税总局办公厅在2015年7月15日《关于答复河北省石家庄市中级人民法院有关涉税征询问题的函》中明确答复：“根据你院来函提供的情况，吴某2、夏某与A公司之间的关系，符合《国家税务总局关于纳税人对外开具增值税专用发票有关问题的公告》（国家税务总局公告2014年第39号）的解读第2条中第1种挂靠情形。吴某2、夏某是挂靠人，A公司是被挂靠人。”该答复从税务专业的角度，否定了吴某2、夏某构成虚开增值税专用发票罪的定罪基础。本案张某甲和A公司之间的关系与吴某2、夏某和A公司之间的关系完全相同。

最后，最高人民法院研究室《〈关于如何认定以“挂靠”有关公司名义实际经营活动并让有关公司为自己虚开增值税专用发票行为的性质〉征求意见的复函》（法研〔2015〕58号）第1条对《国家税务总局关于纳税人对外开具增值税专用发票有关问题的公告》（2014年第39号）予以了确认，即“挂靠方以挂靠形式向受票方实际销售货物，被挂靠方向受票方开具增值税专用发票的，不属于刑法第二百零五条规定的‘虚开增值税专用发票’”。另外该《复函》还认为，“1996 年 10 月 17 日《关于适用〈全国人民代表大会常务委员会关于惩治虚开、伪造和非法出售增值税专用发票犯罪的决定〉的若干问题的解释》虽然未被废止，但该解释制定于1997 年刑法施行前，根据我院《关于认真学习宣传贯彻修订的中华人民共和国刑法的通知》（法发〔1997〕3 号）第五条‘修订的刑法实施后，对已明令废止的全国人大常委会有关决定和补充规定，最高人民法院原作出的有关司法解释不再适用，但是如果修订的刑法有关条文实质内容没有变化的，人民法院在刑事审判工作中，在没有新的司法解释前，可参照执行。其他对于与修订的刑法规定相抵触的司法解释，不再适用’的规定，应当根据现行刑法第二百零五条关于虚开增值税专用发票罪的规定，合理选择该解释中可以继续参照适用的条文。**其中，该解释中关于‘进行了实际经营活动，但让他人为自己代开增值税专用发票’也属于虚开的规定，与虚开增值税专用发票罪的规定不符，不应继续适用**；如继续适用该解释的上述规定，则对于挂靠代开案件也要以犯罪论处，显然有失妥当”。

综合以上论述，可以认定张某甲的上述行为不构成虚开增值税专用发票罪。

以相同理由被判无罪的案例还有：

陈某琪虚开增值税专用发票、用于骗取出口退税、抵扣税款发票案，**审理法院：**黑龙江省木兰县人民法院，**案号：**（2018）黑 0127 刑初 99 号（未检索到二审裁判）

裁判理由：以挂靠形式向受票方实际销售货物，被挂靠方向受票方开具增值税专用发票的，不应认定为虚开增值税专用发票犯罪，陈某某的行为不构成虚开增值税专用发票罪。

无罪裁判要旨十一：仅有找其他公司代开发票的行为，而不能证明骗取抵扣税款的故意时，不能认定本罪

案件名称：智某虚开增值税专用发票、用于骗取出口退税、抵扣税款发票案

审理法院：河北省张家口市宣化区人民法院

案号：（2018）冀 0705 刑初 128 号（未检索到二审裁判）

裁判理由：

虚开增值税专用发票应当是指以骗取抵扣税款为目的，有为他人虚开、为自己虚开、让他人为自己虚开、介绍他人虚开行为之一的。从刑法的具体条文来看，具有骗取抵扣税款的故意应是认定此类犯罪的构罪要件。**在不能证明智某有骗取抵扣税款或帮助他人骗取抵扣税款故意的情况下，仅凭找其他公司代开发票的行为就认定构成此类犯罪不符合立法本意，也不符合主客观相一致原则和罪责刑相适应原则。**至于公诉机关认为被告人少交税款，可能造成税款流失的问题，该可能流失的税款并非指本案涉及的应抵扣税款，也没有证据证实税款流失的具体数额。

无罪裁判要旨十二：受人安排履行工作职责时，其行为不构成犯罪

案件名称：A公司、王某甲虚开增值税专用发票、用于骗取出口退税、抵扣税款发票案

审理法院：云南省师宗县人民法院

案号：（2017）云0323刑初148号（未检索到二审裁判）

裁判理由：

对于被告人单位A公司的诉讼代表人及辩护人、被告人王某甲及其辩护人的意见，认为被告人王某甲对本案涉嫌虚开发票的事实不知情，其主观上没有虚开增值税专用发票、抵扣税款发票的故意，对被告单位及被告人王某甲不构成犯罪的意见，予以采纳……对于被告人李某甲及其辩护人、被告人武某甲及其辩护人、被告人王某乙及其辩护人提出的被告人李某甲、武某甲、王某乙是受人安排履行工作职责，其行为不构成犯罪的辩护意见，应予以采纳，其余意见与本案查明的事实不符，不予采纳。

无罪裁判要旨十三：证据不足，则购销双方是否有真实业务往来存在疑问

案件名称：支某某骗取贷款、虚开增值税专用发票一案一审刑事判决书

审理法院：辽宁省西丰县人民法院

案号：（2015）西刑初字第00083号（未检索到二审裁判）

裁判理由：

是否虚开，关建是看是否有真实的经济往来，及开具的增值税专用发票数量与金额是否与实际交易活动相符。本案公诉机关指控被告人支某某在与某药业没有实际经营活动的情况下向某药业开具增值税专用发票。**本案争议的焦点是被告人支某某是否与某药业有真实的业务往来**。被告人支某某及其辩护人辩称被告人支某某是与朱某某合作向某药业销售金莲花，关于这一节，因朱某某在公安机关侦查该案时已经死亡，支某某与朱某某是否合作向某药业销售金莲花，没有朱某某的证言；某药业采购经理周某一证实朱某某向某药业销售大量金莲花；某药业记账凭证有某药业金莲花的进库验收单；证人崔某某证实有金莲花入库单。所以，**朱某某和支某某与某药业是否有真实业务往来，也就是说支某某是否是虚开存在疑问**。因此，公诉机关指控被告人支某某犯虚开增值税专用发票罪的证据不能形成完整的证据链条，达不到事实清楚、证据确实、充分的证明标准。

无罪裁判要旨十四：证据不足，现有证据不能证明发票的去向

案件名称：杨某某、徐某需开增值税专用发票、用于骗取出口退税、抵扣税款发票案

审理法院：河南省兰考县人民法院

案号：（2019）豫0225刑初34号（河南省开封市中级人民法院二审维持原判）

裁判理由：

本案证明被告人杨某某参与犯罪的直接证据，仅有被告人张某的供述，被告人徐某的供述、证人马某的证言均为间接证据。被告人杨某某与被告人张某之间的转账记录仅能证明二人之间存在经济往来，无其他证据佐证杨某某转给张某的钱系张某所称的杨某某交给张某用于三家种植专业合作社的费用。且公诉机关提交的证据也不能证明杨某某将发票出卖给何人、发票后续的流向。故公诉机关指控被告人杨某某犯虚开用于抵扣税款发票罪证据不足，不能排除合理怀疑。

无罪裁判要旨十五：证据不足，没有充分证据证明被告人的犯罪故意

案件名称： 李某某、胡某虚开增值税专用发票案

审理法院： 湖南省邵阳市中级人民法院

案号：（2018）湘 05 刑初 8 号（未检索到二审裁判）

裁判理由：

关于被告人唐某某、郦某某辩解及其辩护人辩护提出的意见。经查，公诉机关提供的郦某某、唐某某、唐某某等人的言词证据及相关书证证明，李某某聘请兼职会计郦某某及唐某某所在的湖南远程税务、会计事务所分别负责武冈、绥宁公司税务、会计事务，但会计人员并不常驻公司开展业务，而由李某某向郦某某及湖南远程税务、会计事务所工作人员提供开具增值税专用发票的资料，并要求他们开具一定金额的增值税专用发票。李某某在此过程中，趁机向聘请的会计人员隐瞒真相，提供虚假资料让他人开具增值税专用发票。故公诉机关提供的证据不能证明李某某与唐某某、郦某某就虚开增值税专用发票进行过商议，李某某当庭供述对此也予以了佐证。李某某聘请郦某某及唐某某所在的湖南远程税务、会计事务所从事会计、税务业务，支付了合理的报酬，而公诉机关提供的现有证据不能证明郦某某、唐某某还额外获取了利益。故没有充分证据证明唐某某、郦某某与李某某具有共同虚开增值税专用发票的犯罪故意，认定唐某某、郦某某构成虚开增值税专用发票罪的**证据不足**。

无罪裁判要旨十六： 证据不足以证明被告参与共同犯罪

案件名称： 王某然、乔某红虚开增值税专用发票、用于骗取出口退税、抵扣税款发票案

审理法院： 黑龙江省哈尔滨市道里区人民法院

案号：（2018）黑 0102 刑初 700 号（未检索到二审裁判）

裁判理由：

本案在案证据不能证明王某某参与或者知道王某然与乔某红开具发票，也不能证明王某某参与或者知道王某然到非税务部门开具发票。因此，公诉机关指控王某某犯虚开增值税专用发票罪的证据不足，指控的罪名不能成立，应予宣告无罪

无罪裁判要旨十七： 证据不足，何人与开票方进行了联络并虚开发票，

又系何人为了避税将虚开的增值税专用发票进行了抵扣等事实，均没有查证

案件名称：李某甲虚开增值税专用发票、用于骗取出口退税、抵扣税款发票案

审理法院：河北省元氏县人民法院

案号：（2016）冀0132刑初155号（未检索到二审裁判）

裁判理由：

本案在案证据证实，在石家庄市A公司接受辉南县B公司虚开的增值税专用发票和接受赞皇县C公司及赞皇县D公司增值税专用发票期间，被告人李某甲参与了石家庄市A公司的工作。但证明被告人李某甲实际控制石家庄市A公司并涉嫌犯有虚开增值税专用发票罪的证据，仅有该公司注册登记的法定代表人王某1及股东宋某二人的指证，被告人李某甲否认该指证，本案无其他证据印证此期间被告人李某甲确为该公司的实际控制人，而本案亦无出票方或其他任何关联证据，证实被告人李某甲积极实施了让他人为自己虚开或介绍他人虚开涉案的增值税专用发票的行为。本案被告人李某甲供述称受何某的指派参与了石家庄市A公司的工作，该公司在被告人李某甲参与工作期间也接受了虚开的增值税专用发票，但本案在案证据无法认定此期间被告人李某甲确为该公司的实际控制人，也就无法认定被告人李某甲系让他人为自己虚开增值税专用发票。仅为他人提供劳务工作，无让他人为自己虚开增值税专用发票的主观故意和事实的行为，不符合虚开增值税专用发票罪的构成要件。本案中，石家庄市A公司的何人或其他何人与开票方进行的联络并虚开发票，又系何人为了避税将虚开的增值税专用发票进行了抵扣等事实，均没有查证落实，事实不清。综合全案证据，本案属于事实不清，证据不足，在案证据不足以排除认定被告人构成虚开增值税专用发票罪的合理怀疑。综上，本案在案证据不能达到确实、充分的法定标准，公诉机关指控被告人李某甲犯虚开增值税专用发票罪的证据不足，应依法宣告被告人李某甲无罪。

无罪裁判要旨十八：证据不足，虚开行为是否造成国家税款的损失及损失的多少，税务稽查报告均无法证实

案件名称：瑞昌市A公司、胡某甲虚开增值税专用发票、用于骗取出口退税、抵扣税款发票案

审理法院：江西省瑞昌市人民法院

案号：（2017）赣0481刑初5号（二审中检察院撤回抗诉）

裁判理由：

被告单位瑞昌市A公司与巴州B公司通过池某进行棉布交易，该交易有交易合同、付款凭证及池某的证言所证实，公诉机关在没有确实充分的证据证实无实际货物交易的情况下，即指控被告单位瑞昌市A公司及被告人胡某甲犯虚开增值税专用发票罪，事实不清，证据不足，本院不予支持。被告单位瑞昌市A公司在存在真实皮棉交易的情况下，出于不明的原因，将收购发票开具给与其没有购销关系的朱某3等人，该行为是否造成国家税款的损失及损失的多少，税务稽查报告均无法证实，因此，公诉机关指控被告单位及被告人胡某甲虚开用于抵扣税款发票罪，证据不足，本院不予支持。

第十二章

虚开发票罪裁判要旨

导 言

本罪为《刑法修正案（八）》所增设。本罪是指虚开《刑法》第205条之外的其他发票，情节严重的行为。对“虚开行为”的理解参见前述虚开增值税专用发票罪。虚开的对象是除增值税专用发票、用于骗取出口退税、抵扣税款发票之外的普通发票。如果行为人客观上虚开的是增值税专用发票、用于骗取出口退税、抵扣税款发票，但其主观上认为是普通发票，则根据主客观相统一的要求，也只能认定行为人构成虚开发票罪。本罪主体包括自然人和单位。

截至2021年6月30日，笔者在威科先行网和法信网共检索到有罪裁判要旨1条和无罪裁判要旨6条。需要注意的是，以牟利为目的并不是本罪主观上的必要条件，不管行为人是出于牟利的目的，还是出于给朋友帮忙等其他目的，只要存在虚开发票的行为，且达到了刑事案件立案追诉标准的，就可以构成虚开发票罪。因此虚开发票罪的主观故意强调明知无交易或交易不实而虚开。但如果未借此少缴税款，则属于社会危害性较小，可因此从轻、减轻甚至免予刑罚。

一、相关法律法规

《中华人民共和国刑法》

第二百零五条之一 虚开本法第二百零五条规定以外的其他发票，情节严重的，处二年以下有期徒刑、拘役或者管制，并处罚金；情节特别严重的，处二年以上七年以下有期徒刑，并处罚金。

单位犯前款罪的，对单位判处罚金，并对其直接负责的主管人员和其他直接责任人员，依照前款的规定处罚。

第二百一十二条　犯本节第二百零一条至第二百零五条规定之罪，被判处罚金、没收财产的，在执行前，应当先由税务机关追缴税款和所骗取的出口退税款。

最高人民检察院、公安部关于公安机关管辖的刑事案件立案追诉标准的规定（二）的补充规定（公通字［2011］47号，2011年11月14日印发）

二、在《立案追诉标准（二）》中增加第六十一条之一：［虚开发票案（刑法第二百零五条之一）］虚开刑法第二百零五条规定以外的其他发票，涉嫌下列情形之一的，应予立案追诉：

（一）虚开发票一百份以上或者虚开金额累计在四十万元以上的；

（二）虽未达到上述数额标准，但五年内因虚开发票行为受过行政处罚二次以上，又虚开发票的；

（三）其他情节严重的情形。

二、有罪裁判要旨

裁判要旨一：以牟利为目的并不是本罪主观上的必要条件，不管行为人是出于牟利目的，还是出于给朋友帮忙等其他目的，只要存在虚开发票的行为，且达到了刑事案件立案追诉标准的，就可以构成虚开发票罪。因此虚开发票罪的主观故意强调明知无交易或交易不实而虚开

裁判要旨二：具有发票领取资格的主体在无货物购销或服务交易时为对方虚开发票的，客观上侵犯了国家的发票管理秩序和税收秩序，构成虚开发票罪

案件名称：崔某兵虚开发票案

案例来源：《人民司法·案例》2013年第12期

审理法院：北京市朝阳区人民法院

裁判结果：

被告人崔某兵犯虚开发票罪，判处其拘役4个月，罚金2万元。

基本案情：

被告人崔某兵在没有真实业务发生的情况下，以自己担任法定代表人的北京某公司为收款单位，为他人虚开北京市服务业、娱乐业、文化体育业专用发票3张，票面金额达人民币80.55万元，经鉴定均为真发票，并约定交易费用为16,000元。

法院评论：

本案争议的关键为崔某兵行为的定性问题，即如何区分虚开发票罪与非法出售发票罪？此案在《刑法修正案（八）》颁布实施前是一起非常典型的非法出售发票的案件，但在虚开发票罪成为一个独立的罪名后，本案应当如何定性是首先需要考虑的。虚开发票罪的牟利方式包含了通过交易赚取佣金的方式，这说明，**在行为人为他人虚开票面内容并提供发票以此赚取佣金时，笔者认为被告人构成虚开发票罪**，理由如下：

第一，虚开发票罪的犯罪主体往往具有合法的发票申领资格，而非法出售发票罪的犯罪主体往往不具备这一资格。

虚开发票类犯罪的犯罪主体申领发票是符合税法规定的，其虚开的发票多是具备发票申领资格的企业从税务局领回的。这些企业可以是具有实际经营项目的企业；也可以是之前有经营内容，后因经营不善不存在贸易内容但保有领取发票资格的企业，这些企业申领发票均是符合税法的。

非法出售发票类案件的被告人绝大多数都是职业票贩子，他们在整个发票贩售链中处于中间一环，发票来源一般有二：一是从网上购买，二是从一些皮包公司购买。根据《发票管理办法》的规定，除税务机关可以依法发售各种发票外，其他一切出售发票的行为都是非法的。因此，除了税务机关之外的其他主体发售发票，达到犯罪标准均构成非法出售发票罪。

第二，虚开发票罪的主观故意为明知无交易或交易不实而虚开，并不要求主观上要以谋利为目的。

虚开发票罪要求行为人必须明知是虚开行为仍然为之的故意，而且一般会带有牟利的目的，这种牟利可以是通过为自己虚开，或是让他人为自己虚开而通过平账予以转账支票串现；也可以是开票人或中间介绍人通过虚假开票从中赚取高额手续费。当然，**以牟利为目的并不是本罪主观上的必要条件，不管行为人是出于牟利的目的，还是出于给朋友帮忙等其他目的，只要存在虚开发票的行为，且达到了刑事案件立案追诉标准的，就可以构成虚开发票**

罪。因此虚开发票罪的主观故意强调明知无交易或交易不实而虚开。

两罪中行为人对虚开发票内容的主导性也不同。非法出售发票罪的行为人其对虚开发票内容的行为不具有主导性，均依照买票人的要求打印，收款单位与付款单位千变万化。但崔某兵利用自己公司作为虚假交易一方，且发票亦是在税务局有登记，因此其对于虚开行为的主导性与积极追求性要强于前者。

第三，虚开发票罪的行为方式有别于非法出售发票罪中的虚开环节。一是虚开发票罪中虚开的行为方式多于非法出售发票罪，囊括了非法出售发票罪中的虚开行为手段。虚开发票罪的行为方式包括四种：为自己虚开发票、让他人为自己虚开发票、介绍他人虚开发票、为他人虚开发票。在这四种行为方式中，为自己虚开，让他人为自己虚开、介绍他人虚开一般不会出现于非法出售发票罪的客观行为中，而为他人虚开发票仅可能是非法出售发票罪的手段行为，进行出售并获得利益才是此罪的目的行为。可见，相较于非法出售发票罪，虚开发票罪的客观行为强调是虚开，而非虚开后的谋利行为。二是虚开发票罪并非必然伴随金钱交易。金钱交易不等同于谋利，强调的是双方或多方基于一定目的的钱财与货物或服务的流转。虚开发票罪中为自己虚开是典型的不存在金钱交易的形式；而其他三种虚开发票的方式一般情况下均具有金钱交易，但也有例外，如朋友间为帮忙而进行的虚开并提供发票的行为，此种行为是不能用非法出售发票罪来评价的。而在非法出售发票类案件中，金钱交易是必然存在的。此时对于出售应当做狭义的理解，不包括行为人没有从中谋利的转借发票的行为等。三是两种行为侵犯的法益存在细微差别。非法出售发票罪与虚开发票罪虽然都是妨害发票管理制度，但后者同时侵害了国家税收管理制度，会导致除增值税、关税等以外的其他税款的流失。因此，非法出售发票罪中出售是核心行为；而虚开发票罪中的重点在于虚开发票的行为。本案中崔某兵获取利益即是虚开交易内容后收取开票费，然后向税务机关虚报交易额后赚取税金差价。

综上所述，崔某兵实施犯罪行为时明知自己单位与他单位没有实际贸易，仍然为他人虚开发票，具有实施犯罪的直接故意；客观方面，崔某兵任法人的北京某公司具有从税务机关领取发票的主体资格，但其在与涉案发票显示的两单位没有货物购销或服务交易的前提下，仍为他人虚假开具发票并从中牟取利益，客观上侵犯了国家的发票管理秩序和税收秩序，应当认定为虚开发票罪。

三、无罪裁判要旨

无罪裁判要旨一：《刑法修正案（八）》生效于被告人虚开发票的行为之后，故对被告人无溯及力

案例名称：张某荣虚开发票、职务侵占、挪用资金再审案

案号：（2019）赣0482刑再1号

审理法院：江西省共青城市人民法院

裁判理由：

本院认为，原审被告人张某荣在交易过程中让他人为其虚开发票363.59万元，检察机关指控的虚开发票事实成立。但虚开发票罪系《刑法修正案（八）》新增的罪名，而该修正案发布、生效时间均在张某荣虚开发票行为之后，对张某荣的虚开发票行为不具有溯及力，故张某荣的行为不构成虚开发票罪。

无罪裁判要旨二：证据不足，形不成完整的证据锁链，达不到事实清楚，证据确实、充分的证明标准时，不能认定被告人有罪

案例名称：邢某、金某、龙某虚开发票一案

案号：（2018）鄂0205刑初16号

审理法院：湖北省黄石市铁山区人民法院

裁判理由：

公诉机关指控被告人邢某犯虚开发票罪，因证据之间存在较多的矛盾，不能相互印证，形不成完整的证据锁链，达不到事实清楚，证据确实、充分的证明标准，故不能认定邢某构成虚开发票罪，应当宣告无罪。

无罪裁判要旨三：为少缴税款，采用“大头小尾”形式进行虚假纳税申报的行为应属于逃税行为，税务机关下发通知后第一时间补缴税款和滞纳金的，不宜认定为刑事犯罪

案例名称：郑州安某医药科技有限公司、郑州威某瑞生物科技有限公司虚开发票、单位行贿案

案号：（2019）豫0104刑初35号

审理法院：河南省郑州市管城回族区人民法院

裁判理由：

关于公诉机关指控的第一起犯罪事实中，被告人郑某在公司经营中，为少缴税款，采用“大头小尾”形式进行虚假纳税申报，其行为应属于逃税行为。郑州市国家税局稽查局于2018年5月16日对郑州安某医院科技有限公司进行税务稽查，并出具调查报告，该单位应当补缴税款23万余元。但未有证据证实涉案单位在税务机关下发追缴通知后仍不补缴税款、滞纳金，而作为该单位负责人的郑某在税务机关调查报告出具的当日即被采取强制措施。郑州安某医院科技有限公司税款、滞纳金现已进行补缴。综上，公诉机关指控的第一事实不宜认定为刑事犯罪。

无罪裁判要旨四：为其他目的虚开发票，并未少缴税款的，社会危害性较小，可免予刑事处罚

无罪裁判要旨五：被告人未经所在单位集体研究，以个人名义为所在单位虚开发票的，不能认定为单位犯罪

案例名称：佳林建设有限公司、赵某英虚开发票案

案号：（2018）冀0531刑初12号

审理法院：河北省广宗县人民法院

裁判理由：

被告人赵某英在无实际业务往来的情况下，让他人为自己所在佳林公司虚开普通发票，情节严重，其行为已构成虚开发票罪。被告人赵某英让天悦公司代提供劳务工人开具发票，其公司并未少缴税款，其社会危害性较小，犯罪情节轻微，可免予刑事处罚。公诉机关并无证据证明该犯意由佳林公司领导层经过集体研究、讨论后形成，被告人赵某英以个人名义实施行为，所产生的后果不应由佳林公司承担，故佳林公司不构成虚开发票罪。

无罪裁判要旨六：被告人虚开伪造发票的行为与所在单位负责人指示相悖，且主观上是否为单位利益存疑，故不构成单位犯罪

案例名称：包头市青山区人民检察院与周口中某通信技术有限公司、赵

某虚开发票案

案号：（2018）内0204刑初2号

审理法院：内蒙古自治区包头市青山区人民法院

裁判理由：

周口中某公司为侯某与王某歌（侯某妻子）共同出资成立，侯某是公司的法定代表人及实际经营者，王某歌不参与公司的经营。因公诉机关对侯某是否明知或指使赵某开具假发票的犯罪事实作出存疑不起诉决定，再结合本案现有证据材料来看，被告人赵某的供述及侯某的证言，均证实侯某曾两次支付税款并要求赵某去税务机关开具发票，赵某向他人虚开伪造发票的行为是其个人行为，且公诉机关没有提交侯某作为公司法定代表人决定或授权他人决定，同意赵某向他人虚开发票的相关证据。而单位犯罪的特征是单位的决策机构按照单位的决策程序决定，由直接负责人员实施，为本单位谋取非法利益的行为。被告人赵某实施的犯罪并非是周口中某公司唯一的一个实际负责人侯某决定，且其主观上是否为单位谋取利益存疑，被告人赵某的行为应属于自然人犯罪，故公诉机关指控周口中某公司构成单位犯罪的证据不足，罪名不能成立。

第五篇
侵犯知识产权篇

第十三章

假冒注册商标、销售假冒注册商标的商品罪裁判要旨

导 言

根据《刑法》第213条，本罪指未经注册商标所有人许可，在同一种商品、服务上使用与其注册商标相同的商标，情节严重的行为。根据编者在中国裁判文书网进行检索的情况，近年来全国本罪名刑事案件年均2000余件，且呈逐渐上升趋势。党的十九届五中全会审议通过的《中共中央关于制定国民经济和社会发展第十四个五年规划和二〇三五年远景目标的建议》对加强知识产权保护工作提出明确要求，在此背景下，侵犯知识产权的行为入罪可能性必然有所提高，更值得特别注意。

截至2021年6月30日，去掉重复案例，共总结出24条有罪裁判要旨和6条无罪裁判要旨。由于有关司法解释不断更新，部分较旧的典型案例裁判要旨已被吸收进司法解释，或已无指导意义，因此本罪名项下裁判要旨并未收录所有相关案例。

我国《商标法》规定了四种注册商标：商品商标、服务商标、集体商标和证明商标。在《刑法修正案十一》生效后，本罪犯罪对象从之前仅包括商品，扩大到包括商品和服务两类对象。因此《人民司法·案例》2008年第6期刊载的“李某假冒注册商标案”裁判要旨，即“假冒服务性商标不构成假冒注册商标罪”，已不符合现行刑法规范。但该案中裁判理由是将本罪中的“注册商标”解释为“注册的商品商标”，因此《商标法》规定的其他三种商标，即“服务商标、集体商标、证明商标”不属于本罪的犯罪对象。与此

相反，最高法〔2009〕刑二函字第28号复函，以及《人民法院报》2017年5月18日第3版案例“符某、谢某成、唐某丰、黄某梁、安远县某公司假冒注册商标案”，均将本罪中的“注册商标”解释为“使用于商品的注册商标”，由于集体商标、证明商标同样可以适用于商品或服务，因此这两种商标也可以成为本罪犯罪对象。所以应当注意，**根据新规定、新案例，任何非法使用他人注册商标的行为，包括未经许可使用地理标志等集体商标，都有可能触犯本罪**。

对于本罪构成要件中“相同的商品或服务”以及“相同商标”，有多部司法解释予以定义，同时2020年6月国家知识产权局印发了《商标侵权判断标准》，对相关定义作出了更加详尽的规定，对此下文亦有节选摘录。本罪为法定犯，且知识产权案件实施民事、行政、刑事“三合一”审理，因此在侵犯知识产权刑事案件中必须对相关民事、行政法规予以充分的重视。当企业面临本罪的指控时，应重点审查其使用的商标与注册商标是否为“相同商标”，其商品或服务是否与注册商标所注册的名称、种类相同，若仅仅构成相似商标，或使用于同类不同种商品（有罪裁判要旨九），则不构成本罪。

同时应注意本罪与《刑法》第214条销售假冒注册商标的商品罪的关系。司法解释规定实施本罪后又销售该假冒注册商标的商品，即造假售假的，以本罪一罪处罚；但造假后又购进其他假冒注册商标的商品销售的，数罪并罚。

另外，如有罪裁判要旨二十一指出，因《最高人民法院关于适用〈中华人民共和国刑事诉讼法〉的解释》的相关规定，侵犯知识产权犯罪案件不能提起附带民事诉讼。

当企业面临本罪的指控时，应重点审查其使用的商标与注册商标是否为“相同商标”，其商品或服务是否与注册商标所注册的名称、类别相同，若仅仅构成相似商标，则不构成本罪。但仍可构成商标侵权。企业可以通过注册商标转让、使用许可等方式，合法使用他人注册商标。与他人签订转让和许可使用协议，要对商标权利证明文件的完整性、真实性、合法性等进行调查核实。对他人在同一种商品上注册的近似商标，或者在类似商品上注册的相同或者近似商标，注意要求一并转让。非法使用同一种商品上注册的近似商标（联合商标、防御商标）的，亦有可能触犯本罪，经许可使用他人注册商标的，要在约定的期限和范围内使用。

企业应当增强商标意识，降低商标侵权犯罪风险。设计、使用自己的商标时，应当事先检索排查比对，确保自己的商标具有显著性特征；对自己使用的商标及时注册，防止被别人抢注成功后，反被别人举报侵权；有涉外业务的企业，要注意做好商标国际注册工作；加强注册商标的使用管理，严格按照注册商标的核准内容进行使用，不要更改商标标志或随意扩大商标使用的商品种类；依法做好注册商标的许可备案、转让核准、到期续展等工作，避免注册商标被注销等不利后果。

一、相关法律法规

《中华人民共和国刑法》

《中华人民共和国刑法》（《刑法修正案十一》修正前）	《中华人民共和国刑法修正案十一》2021年3月1日施行
第二百一十三条　未经注册商标所有人许可，在同一种商品上使用与其注册商标相同的商标，情节严重的，处三年以下有期徒刑或者拘役，并处或者单处罚金；情节特别严重的，处三年以上七年以下有期徒刑，并处罚金。	**第二百一十三条**　未经注册商标所有人许可，在同一种商品、**服务**上使用与其注册商标相同的商标，情节严重的，处三年以下有期徒刑，并处或者单处罚金；情节特别严重的，处三年以上十年以下有期徒刑，并处罚金。

《最高人民法院、最高人民检察院关于办理侵犯知识产权刑事案件具体应用法律若干问题的解释》（法释〔2004〕19号，2004年12月22日起施行）

第一条　未经注册商标所有人许可，在同一种商品上使用与其注册商标相同的商标，具有下列情形之一的，属于刑法第二百一十三条规定的“情节严重”，应当以假冒注册商标罪判处三年以下有期徒刑或者拘役，并处或者单处罚金：

（一）非法经营数额在五万元以上或者违法所得数额在三万元以上的；

（二）假冒两种以上注册商标，非法经营数额在三万元以上或者违法所得数额在二万元以上的；

（三）其他情节严重的情形。

具有下列情形之一的，属于刑法第二百一十三条规定的“情节特别严重”，应当以假冒注册商标罪判处三年以上七年以下有期徒刑，并处罚金：

（一）非法经营数额在二十五万元以上或者违法所得数额在十五万元以上的；

（二）假冒两种以上注册商标，非法经营数额在十五万元以上或者违法所得数额在十万元以上的；

（三）其他情节特别严重的情形。

第八条 刑法第二百一十三条规定的“相同的商标”，是指与被假冒的注册商标完全相同，或者与被假冒的注册商标在视觉上基本无差别、足以对公众产生误导的商标。

刑法第二百一十三条规定的“使用”，是指将注册商标或者假冒的注册商标用于商品、商品包装或者容器以及产品说明书、商品交易文书，或者将注册商标或者假冒的注册商标用于广告宣传、展览以及其他商业活动等行为。

第十二条 本解释所称“非法经营数额”，是指行为人在实施侵犯知识产权行为过程中，制造、储存、运输、销售侵权产品的价值。已销售的侵权产品的价值，按照实际销售的价格计算。制造、储存、运输和未销售的侵权产品的价值，按照标价或者已经查清的侵权产品的实际销售平均价格计算。侵权产品没有标价或者无法查清其实际销售价格的，按照被侵权产品的市场中间价格计算。

多次实施侵犯知识产权行为，未经行政处理或者刑事处罚的，非法经营数额、违法所得数额或者销售金额累计计算。

本解释第三条所规定的“件”，是指标有完整商标图样的一份标识。

第十三条 实施刑法第二百一十三条规定的假冒注册商标犯罪，又销售该假冒注册商标的商品，构成犯罪的，应当依照刑法第二百一十三条的规定，以假冒注册商标罪定罪处罚。

实施刑法第二百一十三条规定的假冒注册商标犯罪，又销售明知是他人的假冒注册商标的商品，构成犯罪的，应当实行数罪并罚。

第十六条 明知他人实施侵犯知识产权犯罪，而为其提供贷款、资金、账号、发票、证明、许可证件，或者提供生产、经营场所或者运输、储存、代理进出口等便利条件、帮助的，以侵犯知识产权犯罪的共犯论处。

《最高人民法院、最高人民检察院关于办理侵犯知识产权刑事案件具体应用法律若干问题的解释（二）》（法释〔2007〕6号，2007年4月5日起施行）

第三条 侵犯知识产权犯罪，符合刑法规定的缓刑条件的，依法适用缓刑。有下列情形之一的，一般不适用缓刑：

（一）因侵犯知识产权被刑事处罚或者行政处罚后，再次侵犯知识产权构成犯罪的；

（二）不具有悔罪表现的；

（三）拒不交出违法所得的；

（四）其他不宜适用缓刑的情形。

第五条　被害人有证据证明的侵犯知识产权刑事案件，直接向人民法院起诉的，人民法院应当依法受理；严重危害社会秩序和国家利益的侵犯知识产权刑事案件，由人民检察院依法提起公诉。

第六条　单位实施刑法第二百一十三条至第二百一十九条规定的行为，按照《最高人民法院、最高人民检察院关于办理侵犯知识产权刑事案件具体应用法律若干问题的解释》和本解释规定的相应个人犯罪的定罪量刑标准定罪处罚。

《最高人民法院、最高人民检察院、公安部关于办理侵犯知识产权刑事案件适用法律若干问题的意见》（法发〔2011〕3号，2011年1月10日印发并施行）

一、关于侵犯知识产权犯罪案件的管辖问题

侵犯知识产权犯罪案件由犯罪地公安机关立案侦查。必要时，可以由犯罪嫌疑人居住地公安机关立案侦查。侵犯知识产权犯罪案件的犯罪地，包括侵权产品制造地、储存地、运输地、销售地，传播侵权作品、销售侵权产品的网站服务器所在地、网络接入地、网站建立者或者管理者所在地，侵权作品上传者所在地，权利人受到实际侵害的犯罪结果发生地。对有多个侵犯知识产权犯罪地的，由最初受理的公安机关或者主要犯罪地公安机关管辖。多个侵犯知识产权犯罪地的公安机关对管辖有争议的，由共同的上级公安机关指定管辖，需要提请批准逮捕、移送审查起诉、提起公诉的，由该公安机关所在地的同级人民检察院、人民法院受理。

对于不同犯罪嫌疑人、犯罪团伙跨地区实施的涉及同一批侵权产品的制造、储存、运输、销售等侵犯知识产权犯罪行为，符合并案处理要求的，有关公安机关可以一并立案侦查，需要提请批准逮捕、移送审查起诉、提起公诉的，由该公安机关所在地的同级人民检察院、人民法院受理。

二、关于办理侵犯知识产权刑事案件中行政执法部门收集、调取证据的效力问题

行政执法部门依法收集、调取、制作的物证、书证、视听资料、检验报告、鉴定结论、勘验笔录、现场笔录，经公安机关、人民检察院审查，人民法院庭审质证确认，可以作为刑事证据使用。

行政执法部门制作的证人证言、当事人陈述等调查笔录，公安机关认为有必要作为刑事证据使用的，应当依法重新收集、制作。

三、关于办理侵犯知识产权刑事案件的抽样取证问题和委托鉴定问题

公安机关在办理侵犯知识产权刑事案件时，可以根据工作需要抽样取证，或者商请同级行政执法部门、有关检验机构协助抽样取证。法律、法规对抽样机构或者抽样方法有规定的，应当委托规定的机构并按照规定方法抽取样品。

公安机关、人民检察院、人民法院在办理侵犯知识产权刑事案件时，对于需要鉴定的事项，应当委托国家认可的有鉴定资质的鉴定机构进行鉴定。

公安机关、人民检察院、人民法院应当对鉴定结论进行审查，听取权利人、犯罪嫌疑人、被告人对鉴定结论的意见，可以要求鉴定机构作出相应说明。

四、关于侵犯知识产权犯罪自诉案件的证据收集问题

人民法院依法受理侵犯知识产权刑事自诉案件，对于当事人因客观原因不能取得的证据，在提起自诉时能够提供有关线索，申请人民法院调取的，人民法院应当依法调取。

五、关于刑法第二百一十三条规定的“同一种商品”的认定问题

名称相同的商品以及名称不同但指同一事物的商品，可以认定为“同一种商品”。“名称”是指国家工商行政管理总局商标局在商标注册工作中对商品使用的名称，通常即《商标注册用商品和服务国际分类》中规定的商品名称。“名称不同但指同一事物的商品”是指在功能、用途、主要原料、消费对象、销售渠道等方面相同或者基本相同，相关公众一般认为是同一种事物的商品。

认定“同一种商品”，应当在权利人注册商标核定使用的商品和行为人实际生产销售的商品之间进行比较。

六、关于刑法第二百一十三条规定的“与其注册商标相同的商标”的认定问题

具有下列情形之一，可以认定为“与其注册商标相同的商标”：

（一）改变注册商标的字体、字母大小写或者文字横竖排列，与注册商标之间仅有细微差别的；

（二）改变注册商标的文字、字母、数字等之间的间距，不影响体现注册商标显著特征的；

（三）改变注册商标颜色的；

（四）其他与注册商标在视觉上基本无差别、足以对公众产生误导的商标。

七、关于尚未附着或者尚未全部附着假冒注册商标标识的侵权产品价值是否计入非法经营数额的问题

在计算制造、储存、运输和未销售的假冒注册商标侵权产品价值时，对于已经制作完成但尚未附着（含加贴）或者尚未全部附着（含加贴）假冒注册商标标识的产品，如果有确实、充分证据证明该产品将假冒他人注册商标，其价值计入非法经营数额。

八、关于销售假冒注册商标的商品犯罪案件中尚未销售或者部分销售情形的定罪量刑问题

销售明知是假冒注册商标的商品，具有下列情形之一的，依照刑法第二百一十四条的规定，以销售假冒注册商标的商品罪（未遂）定罪处罚：

（一）假冒注册商标的商品尚未销售，货值金额在十五万元以上的；

（二）假冒注册商标的商品部分销售，已销售金额不满五万元，但与尚未销售的假冒注册商标的商品的货值金额合计在十五万元以上的。

假冒注册商标的商品尚未销售，货值金额分别达到十五万元以上不满二十五万元、二十五万元以上的，分别依照刑法第二百一十四条规定的各法定刑幅度定罪处罚。

销售金额和未销售货值金额分别达到不同的法定刑幅度或者均达到同一法定刑幅度的，在处罚较重的法定刑或者同一法定刑幅度内酌情从重处罚。

十四、关于多次实施侵犯知识产权行为累计计算数额问题

依照最高人民法院、最高人民检察院《关于办理侵犯知识产权刑事案件具体应用法律若干问题的解释》第十二条第二款的规定，多次实施侵犯知识产权行为，未经行政处理或者刑事处罚的，非法经营数额、违法所得数额或者销售金额累计计算。

二年内多次实施侵犯知识产权违法行为，未经行政处理，累计数额构成犯罪的，应当依法定罪处罚。实施侵犯知识产权犯罪行为的追诉期限，适用刑法的有关规定，不受前述二年的限制。

十五、关于为他人实施侵犯知识产权犯罪提供原材料、机械设备等行为的定性问题

明知他人实施侵犯知识产权犯罪，而为其提供生产、制造侵权产品的主要原材料、辅助材料、半成品、包装材料、机械设备、标签标识、生产技术、配方等帮助，或者提供互联网接入、服务器托管、网络存储空间、通讯传输通道、代收费、费用结算等服务的，以侵犯知识产权犯罪的共犯论处。

十六、关于侵犯知识产权犯罪竞合的处理问题

行为人实施侵犯知识产权犯罪，同时构成生产、销售伪劣商品犯罪的，依照侵犯知识产权犯罪与生产、销售伪劣商品犯罪中处罚较重的规定定罪处罚。

《最高人民法院　最高人民检察院关于办理侵犯知识产权刑事案件具体应用法律若干问题的解释（三）》（法释〔2020〕10号，2020年9月14日起施行）

第一条　具有下列情形之一的，可以认定为刑法第二百一十三条规定的“与其注册商标相同的商标”：

（一）改变注册商标的字体、字母大小写或者文字横竖排列，与注册商标之间基本无差别的；

（二）改变注册商标的文字、字母、数字等之间的间距，与注册商标之间基本无差别的；

（三）改变注册商标颜色，不影响体现注册商标显著特征的；

（四）在注册商标上仅增加商品通用名称、型号等缺乏显著特征要素，不影响体现注册商标显著特征的；

（五）与立体注册商标的三维标志及平面要素基本无差别的；

（六）其他与注册商标基本无差别、足以对公众产生误导的商标。

第七条　除特殊情况外，假冒注册商标的商品、非法制造的注册商标标识、侵犯著作权的复制品、主要用于制造假冒注册商标的商品、注册商标标识或者侵权复制品的材料和工具，应当依法予以没收和销毁。

上述物品需要作为民事、行政案件的证据使用的，经权利人申请，可以在民事、行政案件终结后或者采取取样、拍照等方式对证据固定后予以销毁。

第八条　具有下列情形之一的，可以酌情从重处罚，一般不适用缓刑：

（一）主要以侵犯知识产权为业的；

（二）因侵犯知识产权被行政处罚后再次侵犯知识产权构成犯罪的；

（三）在重大自然灾害、事故灾难、公共卫生事件期间，假冒抢险救灾、防疫物资等商品的注册商标的；

（四）拒不交出违法所得的。

第九条　具有下列情形之一的，可以酌情从轻处罚：

（一）认罪认罚的；

（二）取得权利人谅解的；

（三）具有悔罪表现的；

（四）以不正当手段获取权利人的商业秘密后尚未披露、使用或者允许他人使用的。

第十条　对于侵犯知识产权犯罪的，应当综合考虑犯罪违法所得数额、非法经营数额、给权利人造成的损失数额、侵权假冒物品数量及社会危害性等情节，依法判处罚金。

罚金数额一般在违法所得数额的一倍以上五倍以下确定。违法所得数额无法查清的，罚金数额一般按照非法经营数额的百分之五十以上一倍以下确定。违法所得数额和非法经营数额均无法查清，判处三年以下有期徒刑、拘役、管制或者单处罚金的，一般在三万元以上一百万元以下确定罚金数额；判处三年以上有期徒刑的，一般在十五万元以上五百万元以下确定罚金数额。

《最高人民法院关于依法加大知识产权侵权行为惩治力度的意见》（法发〔2020〕33号，2020年9月14日印发）

14. 通过网络销售实施侵犯知识产权犯罪的非法经营数额、违法所得数额，应当综合考虑网络销售电子数据、银行账户往来记录、送货单、物流公司电脑系统记录、证人证言、被告人供述等证据认定。

15. 对于主要以侵犯知识产权为业、在特定期间假冒抢险救灾、防疫物资等商品的注册商标以及因侵犯知识产权受到行政处罚后再次侵犯知识产权构成犯罪的情形，依法从重处罚，一般不适用缓刑。

16. 依法严格追缴违法所得，加强罚金刑的适用，剥夺犯罪分子再次侵犯知识产权的能力和条件。

《最高人民法院、最高人民检察院关于办理非法生产、销售烟草专卖品等刑事案件具体应用法律若干问题的解释》（法释〔2010〕7号，2010年3月26日起施行）

第一条第二款 未经卷烟、雪茄烟等烟草专卖品注册商标所有人许可，在卷烟、雪茄烟等烟草专卖品上使用与其注册商标相同的商标，情节严重的，依照刑法第二百一十三条的规定，以假冒注册商标罪定罪处罚。

《最高人民法院刑事审判第二庭关于集体商标是否属于我国刑法的保护范围问题的复函》（〔2009〕刑二函字第28号，2009年4月10日实施）

一、我国《商标法》第三条规定："经商标局核准注册的商标为注册商标，包括商品商标、服务商标和集体商标、证明商标；商标注册人享有商标专用权，受法律保护。"因此，刑法第二百一十三条至二百一十五条所规定的"注册商标"应当涵盖"集体商标"。

二、商标标识中注明了自己的注册商标的同时，又使用了他人注册为集体商标的地理名称，可以认定为刑法规定的"相同的商标"。

《国家知识产权局关于印发〈商标侵权判断标准〉的通知》（国知发保字〔2020〕23号，2020年6月15日印发）

第九条 同一种商品是指涉嫌侵权人实际生产销售的商品名称与他人注册商标核定使用的商品名称相同的商品，或者二者商品名称不同但在功能、用途、主要原料、生产部门、消费对象、销售渠道等方面相同或者基本相同，相关公众一般认为是同种商品。

同一种服务是指涉嫌侵权人实际提供的服务名称与他人注册商标核定使用的服务名称相同的服务，或者二者服务名称不同但在服务的目的、内容、方式、提供者、对象、场所等方面相同或者基本相同，相关公众一般认为是同种服务。

核定使用的商品或者服务名称是指国家知识产权局在商标注册工作中对商品或者服务使用的名称，包括《类似商品和服务区分表》（以下简称区分表）中列出的商品或者服务名称和未在区分表中列出但在商标注册中接受的商品或者服务名称。

第十一条 判断是否属于同一种商品或者同一种服务、类似商品或者类似服务，应当在权利人注册商标核定使用的商品或者服务与涉嫌侵权的商品或者服务之间进行比对。

第十二条 判断涉嫌侵权的商品或者服务与他人注册商标核定使用的商品或者服务是否构成同一种商品或者同一种服务、类似商品或者类似服务，参照现行区分表进行认定。

对于区分表未涵盖的商品，应当基于相关公众的一般认识，综合考虑商品的功能、用途、主要原料、生产部门、消费对象、销售渠道等因素认定是否构成同一种或者类似商品；

对于区分表未涵盖的服务，应当基于相关公众的一般认识，综合考虑服务的目的、内容、方式、提供者、对象、场所等因素认定是否构成同一种或者类似服务。

第十三条 与注册商标相同的商标是指涉嫌侵权的商标与他人注册商标完全相同，以及虽有不同但视觉效果或者声音商标的听觉感知基本无差别、相关公众难以分辨的商标。

第十四条 涉嫌侵权的商标与他人注册商标相比较，可以认定与注册商标相同的情形包括：

（一）文字商标有下列情形之一的：

1. 文字构成、排列顺序均相同的；

2. 改变注册商标的字体、字母大小写、文字横竖排列，与注册商标之间基本无差别的；

3. 改变注册商标的文字、字母、数字等之间的间距，与注册商标之间基本无差别的；

4. 改变注册商标颜色，不影响体现注册商标显著特征的；

5. 在注册商标上仅增加商品通用名称、图形、型号等缺乏显著特征内容，不影响体现注册商标显著特征的；

（二）图形商标在构图要素、表现形式等视觉上基本无差别的；

（三）文字图形组合商标的文字构成、图形外观及其排列组合方式相同，商标在整体视觉上基本无差别的；

（四）立体商标中的显著三维标志和显著平面要素相同，或者基本无差别的；

（五）颜色组合商标中组合的颜色和排列的方式相同，或者基本无差别的；

（六）声音商标的听觉感知和整体音乐形象相同，或者基本无差别的；

（七）其他与注册商标在视觉效果或者听觉感知上基本无差别的。

第二十二条 自行改变注册商标或者将多件注册商标组合使用，与他人在同一种商品或者服务上的注册商标相同的，属于商标法第五十七条第一项规定的商标侵权行为。……

第二十三条 在同一种商品或者服务上，将企业名称中的字号突出使用，与他人注册商标相同的，属于商标法第五十七条第一项规定的商标侵权行为。……

第二十五条 在包工包料的加工承揽经营活动中，承揽人使用侵犯注册商标专用权商品的，属于商标法第五十七条第三项规定的商标侵权行为。

第二十六条 经营者在销售商品时，附赠侵犯注册商标专用权商品的，属于商标法第五十七条第三项规定的商标侵权行为。

第二十七条 有下列情形之一的，不属于商标法第六十条第二款规定的“销售不知道是侵犯注册商标专用权的商品”：

（一）进货渠道不符合商业惯例，且价格明显低于市场价格的；

（二）拒不提供账目、销售记录等会计凭证，或者会计凭证弄虚作假的；

（三）案发后转移、销毁物证，或者提供虚假证明、虚假情况的；

（四）类似违法情形受到处理后再犯的；

（五）其他可以认定当事人明知或者应知的。

二、有罪裁判要旨

裁判要旨一：认定假冒注册商标犯罪数额时，被告人辩称网络销售记录存在刷信誉行为但无证据的，不予采纳

案例名称：郭某甲、郭某乙、孙某甲假冒注册商标案

案例来源：最高人民法院指导案例 87 号

审理法院：宿迁市中级人民法院

案号：（2015）宿中知刑初字第 0004 号

裁判结果：

三被告人以假冒注册商标罪被判处有期徒刑 5 年至有期徒刑 3 年，缓刑

4 年不等刑罚，并处罚金。

基本案情：

被告人郭某甲通过网络中介购买淘宝店铺，批发假冒的三星 I8552 手机裸机及配件进行组装，并在淘宝网上以“正品行货”进行宣传、销售。被告人郭某乙负责该网店的客服工作及客服人员的管理，被告人孙某甲负责假冒的三星 I8552 手机裸机及配件的进货、包装及联系快递公司发货。至 2014 年 6 月，该网店共计组装、销售假冒三星 I8552 手机 20,000 余部，非法经营额 2000 余万元，非法获利 200 余万元。

裁判理由：

法院生效裁判认为，被告人郭某甲、郭某乙、孙某甲虽然辩解称其网店售销记录存在刷信誉的情况，对公诉机关指控的非法经营数额、非法获利提出异议，但三被告人在公安机关的多次供述，以及公安机关查获的送货单、支付宝向被告人郭某乙银行账户付款记录、郭某乙银行账户对外付款记录、“三星数码专柜”淘宝记录、快递公司电脑系统记录、公安机关现场扣押的笔记等证据之间能够互相印证，综合公诉机关提供的证据，可以认定公诉机关关于三被告人共计销售假冒的三星 I8552 手机 20,000 余部，销售金额 2000 余万元，非法获利 200 余万元的指控能够成立，三被告人关于销售记录存在刷信誉行为的辩解无证据予以证实，不予采信。

相同裁判要旨的案例还有：郭某宏等假冒注册商标案

案号：（2015）东刑初字第 607 号

案例来源：《人民法院报》2016 年 3 月 24 日，第 6 版

法院评论：

成功刷单的后果有三点：一是淘宝卖家收了刷单的淘宝买家的货款；二是刷单的淘宝买家没有收到被告人的商品；三是淘宝卖家需支付刷单的淘宝买家报酬。此三点被告人必须做到，否则刷单不可持续，淘宝买家甚至会投诉被告人诈骗。因此，被告人必须在约定时间内向刷单的淘宝买家电子转账（包括网银、微信红包等）退回货款和支付报酬，由此支付而产生的电子数据与淘宝交易记录无关，仅为被告人所掌握。

据此，虽然《刑事诉讼法》第 49 条规定公诉案件中被告人有罪的举证责任由人民检察院承担，但在审理以电子商务方式销售假冒注册商标案件时，控方出示被告人淘宝销售数据及关联支付宝银行卡明细证明被告人销售假冒

注册商标商品数额的，被告人辩解电子数据记录的交易总额中有部分交易系刷单形成，此时人民法院应将证明刷单事实的举证责任分配给辩方；辩护人和被告人有客观原因无法收集刷单证据的，辩方应提供确切的证据线索协助司法机关收集相应的刷单证据，协助查明被告人销售假冒产品的确切数量。刷单证据收集不能的，应当认定人民检察院用于指控被告人犯罪的电子数据确实充分。因此，人民法院根据控方证据作出的判决是正确的。

裁判要旨二：办理侵犯注册商标类犯罪案件，应注意结合被告人销售假冒商品数量、扩散范围、非法获利数额及在上下游犯罪中的地位、作用等因素，综合判断犯罪行为的社会危害性，确保罪责刑相适应。在认定犯罪的主观明知时，不仅考虑被告人供述，还应综合考虑交易场所、交易时间、交易价格等客观行为，坚持主客观相一致

案例来源最高人民检察院第二十六批指导性案件（检例第98号）

裁判要旨三：相关假冒商品已发至客户，销售行为已经完成，应认定为犯罪既遂，是否收到货款不影响犯罪既遂的认定

案例名称：邓某某、A公司等销售假冒注册商标的商品案

案例来源：最高人民检察院第二十六批指导性案例（检例第98号）

裁判结果：

以销售假冒注册商标的商品罪判处被告单位A公司罚金320万元；分别判处被告人邓某某、陈某某等五人有期徒刑1年9个月至5年不等，对被告人张某某、甄某适用缓刑，并对邓某某等五人各处罚金10万元至300万元不等。

基本案情：

2017年5月至2019年1月月初，被告人邓某某明知从我国香港购入的速溶咖啡为假冒“星巴克”“STARBUCKS VIA”等注册商标的商品，仍伙同张某乙（在逃）以明显低于市场价的价格，将21,304件假冒速溶咖啡销售给被告单位A公司，销售金额383万余元。被告人邓某某、陈某某明知B公司没有“星巴克”公司授权，为便于假冒咖啡销往商业超市，伪造了B公司许可A公司销售“星巴克”咖啡的授权文书。2017年12月至2019年1月月初，被告人陈某某、甄某连、张某某、甄某以A公司名义从邓某某处购入假

冒“星巴克”速溶咖啡后，使用伪造的授权文书，以A公司名义将19,264件假冒“星巴克”速溶咖啡销售给全国18个省份50余家商户，销售金额共计724万余元。

案发后，公安机关在B公司仓库内查获待售假冒“星巴克”速溶咖啡6480余件，按实际销售价格每件180元计算，价值116万余元；在被告单位A公司仓库内查获假冒“星巴克”速溶咖啡2040件，由于A公司向不同销售商销售的价格不同，对于尚未销售的假冒商品的货值金额以每件340元的最低销售价格计算，价值69万余元。

指导意义：

1. 依法严惩假冒注册商标类犯罪，切实维护权利人和消费者合法权益。

在办理侵犯注册商标犯罪案件中，检察机关应当全面强化职责担当。对于商品可能涉及危害食品药品安全、社会公共安全的，应当引导公安机关通过鉴定检验等方式就产品质量进行调查取证，查明假冒商品是否符合国家产品安全标准，是否涉嫌构成生产、销售有毒有害食品罪等罪名。如果一行为同时触犯数个罪名，则应当按照法定刑较重的犯罪进行追诉。制假售假犯罪链条中由于层层加价销售，往往出现上游制售假冒商品数量大但销售金额小、下游销售数量小而销售金额大的现象。检察机关在提出量刑建议时，不能仅考虑犯罪金额，还要综合考虑被告人在上下游犯罪中的地位与作用、所处的制假售假环节、销售数量、扩散范围、非法获利数额、社会影响等多种因素，客观评价社会危害性，体现重点打击制假售假源头的政策导向，做到罪刑相适应，有效惩治犯罪行为。

2. 对销售假冒注册商标的商品犯罪的上下游人员，应注意结合相关证据准确认定不同环节被告人的主观明知。

司法实践中，对于销售主观明知的认定，应注意审查被告人在上下游犯罪中的客观行为。对售假源头者，可以通过是否伪造授权文件等进行认定；对批发环节的经营者，可以通过进出货价格是否明显低于市场价格以及交易场所与交易方式是否合乎常理等因素进行甄别；对终端销售人员，可以通过客户反馈是否异常等情况进行判断；对确受伪造变造文件蒙蔽或主观明知证据不足的人员，应坚持主客观相一致原则，依法不予追诉。

3. 一体发挥刑事检察和公益诉讼检察职能，维护社会公共利益。

检察机关依法履职的同时，要善于发挥刑事检察和公益诉讼检察职能合力，用好检察建议等法律监督措施，以此推动解决刑事案件涉及的公共利益保护和社会治理问题。对于侵害众多消费者利益，涉案金额大，侵权行为严重的，检察机关可以建议有关社会组织提起民事公益诉讼，也可以自行提起民事公益诉讼，以维护社会公众合法权益。

裁判要旨四：凡在我国合法注册且在有效期内的商标，商标所有人享有的商标专用权依法受我国法律保护。未经商标所有人许可，无论假冒商品是否销往境外，只要情节严重构成犯罪，依法都应予追诉。判断侵犯注册商标犯罪案件是否构成共同犯罪，应重点从假冒商品生产者和销售者之间的意思联络情况、对假冒违法性的认知程度、对销售价格与正品价格差价的认知情况等因素综合判断

案例名称：姚某某等五人假冒注册商标案

案例来源：最高人民检察院第二十六批指导性案例（检例第101号）

裁判结果：

以假冒注册商标罪分别判处五名被告人有期徒刑2年2个月至4年不等，对罪行较轻的四人适用缓刑。同时对姚某某判处罚金500万元，对其他四人各处罚金14万元至25万元不等。

基本案情：

2015年至2019年4月，被告人姚某某安排被告人古某购进打印机、标签纸、光纤模块等材料，伪造“CISCO”“HP”“HUAWEI”光纤模块等商品，并安排被告人魏某某、张某、庄某某向境外销售。姚某某、古某共生产、销售假冒上述注册商标的光纤模块10万余件，销售金额共计人民币3162万余元；现场扣押假冒光纤模块、交换机等11,975件，价值383万余元；姚某某、古某的违法所得数额分别为400万元、24万余元。魏某某、张某、庄某某销售金额分别为745万余元、429万余元、352万余元；违法所得数额分别为20万元、18.5万元和14万元。

指导意义：

1. 假冒在我国取得注册商标的商品销往境外，情节严重构成犯罪的，依法应予追诉。

凡在我国合法注册且在有效期内的商标，商标所有权人享有的商标专用权依法受我国法律保护。未经注册商标所有人许可，假冒在我国注册的商标

的商品，无论由境内生产销往境外还是由境外生产销往境内，均属违反我国商标管理法律法规，侵害商标专用权，损害商品信誉，情节严重的，构成犯罪。司法实践中，要加强对跨境侵犯注册商标类犯罪的惩治，营造良好营商环境。

2. 假冒注册商标犯罪中的上下游被告人是否构成共同犯罪，应结合假冒商品生产者和销售者之间的意思联络、对违法性的认知程度、对销售价格与正品价格差价认知情况等因素综合判断。

侵犯注册商标犯罪案件往往涉案人数较多，呈现团伙作案、分工有序实施犯罪的特点。实践中，对被告人客观行为表现为生产、销售等分工负责情形的，检察机关应结合假冒商品生产者和销售者之间的意思联络情况，销售者对商品生产、商标标识制作等违法性认知程度，对销售价格与正品价格差价的认知情况，销售中对客户有无刻意隐瞒、回避商品系假冒以及销售者的从业经历等因素，综合判断是否构成共同犯罪。对于部分被告人在假冒注册商标行为持续过程中产生主观明知，形成分工负责的共同意思联络，并继续维持或者实施帮助销售行为的，应认定构成共同犯罪。

裁判要旨五：如果被告人实施的同一犯罪行为既构成假冒专利罪，又构成假冒注册商标罪，属于想象竞合犯，应从一重罪定罪处罚。而若被告人实施了数个犯罪行为，分别构成假冒注册商标罪和假冒专利罪，应数罪并罚

案例名称：仇某甲、崔某甲等六被告假冒注册商标罪案

案号：（2010）呼刑知初字第 2 号

案例来源：2010 年中国法院知识产权司法保护 50 件典型案例（最高人民法院 2011 年 4 月 18 日公布）

裁判结果：

以假冒注册商标罪判处六名被告人判处 5 年至 2 年 6 个月不等的有期徒刑，并处并处人民币 2, 446, 839 元至 886, 840 元不等的罚金。

基本案情：

2008 年 4 月至 7 月间，被告人仇某某等人未经注册商标所有人伊利公司许可，合作生产“巧乐兹”和“卡通人”（大布丁）雪糕产品，且上述产品使用了与伊利公司的“巧乐兹”和“卡通人”（大布丁）雪糕产品相同的包装袋，也使用了“伊利 +（双月）图形”商标。被告人仇某某负责提供原料

及销售上述产品，被告人崔某某、闫某甲、闫某乙负责投资建厂及日常管理，仇某某还雇佣并指派被告人黄某某监督生产、发运货物、记账。经鉴定，核明上述五被告人共组织生产假冒伊利公司“巧乐兹”注册商标雪糕计117,571件（箱），假冒伊利“卡通人（大布丁）”注册商标的雪糕计3947件（箱），非法经营数额合计3,119,998元。

同时，被告人仇某某与闫某丙合作，未经注册商标所有人蒙某公司许可，利用被告人闫某丙没有取得任何证照地加工厂生产“绿色心情”雪糕产品，且上述产品使用了与蒙某公司的“绿色心情”雪糕产品相同的包装袋，也使用了“蒙某+图形”商标。期间，被告人仇某某负责提供原料及销售上述产品，闫某丙负责提供厂房及日常生产管理。经鉴定，核明二被告人共生产“绿色心情”注册商标的雪糕共计110,855件（箱），非法经营数额合计1,773,680元。

裁判理由：

被告人仇某甲明知伊利公司和蒙某公司的涉案商标均为注册商标，并享有涉案产品的外观专利权，而且两公司生产的雪糕产品在市场中有较高知名度，但为牟取非法利益，未经注册商标所有人和专利权人许可，伙同被告人崔某甲、闫某甲、闫某乙、黄某某在同一种商品上使用与伊利公司注册商标相同的商标及外观设计专利生产、销售假冒雪糕产品，非法经营数额为3,119,998元；还伙同被告人闫某丙在同一种商品上使用与蒙某公司注册商标相同的商标及外观设计专利生产、销售假冒4,893,678元。上述六被告人生产、销售的假冒产品的注册商标和包装足以使一般消费者将其制售的雪糕产品同伊利公司、蒙某公司的相关雪糕产品相混淆，并将其误认为是伊利公司和蒙某公司相同商标的产品而进行消费，其行为分别构成假冒注册商标罪及假冒专利罪，依法应从一重罪即以假冒注册商标罪定罪处罚。

相同裁判要旨的案例还有**白某甲销售假冒注册商标的商品案（同有罪裁判要旨十五）**

裁判理由：

销售冒牌口罩的行为同时触犯销售假冒注册商标的商品罪、销售伪劣产品罪等罪名的，应择一重罪处罚。

对于销售“既假又劣”的商品如何定性，我们认为，行为人销售假冒注册商标的商品为伪劣产品时，**构成想象竞合犯**，一个行为触犯了数个罪名，应择一重罪处罚。法条竞合关系是包容评价关系，触犯此罪必然触犯彼罪；而想象竞合关系是行为人的一行为偶然地符合多个罪名，是动态的竞合。从刑法对两罪的规定看，销售伪劣产品罪与销售假冒注册商标的商品罪并不存在必然的重合或交叉关系，伪劣产品并不一定假冒他人注册商标，而假冒注册商标的商品也不一定就是伪劣产品。因此，二者属于想象竞合而非法条竞合的关系。当行为人销售假冒注册商标的商品为伪劣产品时，应当适用想象竞合犯的处理原则，择一重罪处罚。《最高人民法院、最高人民检察院关于办理生产、销售伪劣商品刑事案件具体应用法律若干问题的解释》也明确规定："实施生产、销售伪劣商品犯罪，同时构成侵犯知识产权、非法经营等其他犯罪的，依照处罚较重的规定定罪处罚。"

本案中，根据鉴定意见，被告人白某甲所销售的带有3M注册商标的工业口罩为侵犯3M注册商标专用权的商品，且外观印刷、产品材质、性能与正品均不符，属不合格产品。因此，被告人白某甲的行为既构成销售伪劣产品罪，亦构成销售假冒注册商标的商品罪，应择一重罪处罚。被告人的销售金额为30万余元，如果认定为销售假冒注册商标的商品罪，属于"销售金额数额巨大"，应在3年以上7年以下有期徒刑的幅度内量刑；如果认定为销售伪劣产品罪，则应在2年以上7年以下有期徒刑的幅度内量刑。两相比较，销售假冒注册商标的商品罪的法定最低刑高于销售伪劣产品罪，因此处罚更重，故法院以销售假冒注册商标的商品罪对被告人白某甲定罪量刑是妥当的。

裁判要旨六：知识产权审判三合一，对于触犯《刑法》的知识产权犯罪，审理法院应当综合运用各种刑罚手段，不仅坚决对犯罪分子定罪判刑，而且特别重视运用财产刑加大对侵犯知识产权犯罪的惩处力度，注重从经济上剥夺犯罪分子再犯罪的能力和条件

案例名称：宗某甲等28人假冒注册商标罪刑事案

审理法院：河南省高级人民法院

案号：（2013）豫法知刑终字第2号

案例来源：《2013年度全国法院知识产权司法保护十大案件》（最高人民法院2014年4月21日公布）

裁判结果：

被告人宗某甲、黄某甲、陈某甲犯假冒注册商标罪、销售非法制造的注

册商标标识罪，数罪并罚，判处执行12年6个月至8年不等的有期徒刑，并处人民币1050万元至90万元不等罚金；

被告人刘某甲犯销售假冒注册商标的商品罪，判处有期徒刑4年3个月，并处罚金人民币97万元；

其他24名被告人也分别被判处了期限不等的有期徒刑和数量不等的罚金。

基本案情：

被告人宗某甲、黄某甲共同出资成立油脂公司，雇佣多名工人在其公司内生产假冒“金龙鱼”“鲁花”注册商标的食用油并销售，同时将购进的非法制造的“金龙鱼”“鲁花”注册商标标识对外销售；在明知宗某甲、黄某甲生产的食用油系假冒的情况下，被告人陈某甲等仍接受雇佣，从事生产、销售，非法经营数额达人民币19,249,759.5元。被告人刘某甲等人在明知宗某甲油脂公司生产的“金龙鱼”“鲁花”食用油系假冒注册商标的商品的情况下，仍多次购买并销售，涉案金额达数百万元人民币。

典型意义：

该案是一起利用刑事手段打击侵犯知识产权犯罪、维护市场秩序和保护食品安全的典型案例。该案的犯罪数额之高、危害之深、影响之广、判处的罚金之高，在全国知识产权审判领域罕见。该案是河南法院系统实行知识产权审判“三合一”审理知识产权刑事案件的典型判例，体现了人民法院加大知识产权刑事司法保护力度、严厉打击侵犯知识产权犯罪的精神。审理法院综合运用各种刑罚手段，不仅坚决对犯罪分子定罪判刑，而且特别重视运用财产刑加大对侵犯知识产权犯罪的惩处力度，注重从经济上剥夺犯罪分子再犯罪的能力和条件。本案28名被告人全部依法被追究刑事责任，在判处被告人有期徒刑同时判处罚金刑，罚金总额高达人民币2704万元，有力地震慑了侵犯知识产权犯罪行为，净化了市场环境，维护了市场经济秩序。

裁判要旨七：行为人向从事假冒注册商标犯罪活动的人销售非法制造的注册商标标识，情节严重的，不构成假冒注册商标罪的从犯，而是单独构成销售非法制造的注册商标标识罪

案例名称：张某、邹某假冒注册商标及王某甲销售非法制造的注册商标标识案

案号：（2015）鄂知刑终字第1号

案例来源：《2015年度全国法院知识产权司法保护十大案件》（最高人民法院2016年4月21日公布）

裁判结果：

1. 被告人张某犯假冒注册商标罪，判处有期徒刑2年，并处罚金60,000元；

2. 被告人邹某犯假冒注册商标罪，判处有期徒刑1年，并处罚金50,000元；

3. 被告人王某甲犯销售非法制造的注册商标标识罪，判处有期徒刑1年，并处罚金10,000元。

基本案情：

2012年以来，被告人张某为了制造假冒的调味品销售牟利，与被告人王某甲电话联系，从王某甲处购买未经授权非法制造的印有“南街村”商标的南德调味料包装袋10,000套、印有“莲花”商标的莲花味精包装袋25,000套。被告人张某、邹某先购买一般品牌的味精、鸡精，进行包装后冒充“太太乐”鸡精、“莲花”味精产品进行销售，后又自己配方，用食盐、味精、香料等制造调味品，冒充“南街村”调味料进行销售，销售金额达115,565元。公安机关搜查发现了大量的制假设备、原料以及假冒的“南街村”调味品、“太太乐”鸡精、“莲花”味精包装、商标标识。被告人张某、邹某所使用的“南街村”调味料、“太太乐”鸡精以及“莲花”味精外包装袋上均印制有与上述商标相同的商标标识。

典型意义：

在侵犯知识产权罪的司法实践中，认定构成假冒注册商标罪的从犯与单独构成非法制造、销售非法制造的注册商标标识罪十分容易混淆。本案中，被告人邹某与被告人王某甲均为被告人张某假冒注册商标的犯罪行为提供了帮助，但法院认定被告人邹某构成假冒注册商标罪的共同犯罪，被告人王某甲单独构成销售非法制造的注册商标标识罪。本案涉及以下两个法律适用问题。

（一）假冒注册商标罪与非法制造、销售非法制造的注册商标标识罪的界限

《刑法》第213条规定：“未经注册商标所有人许可，在同一种商品上使

用与其注册商标相同的商标，情节严重的，处三年以下有期徒刑或者拘役，并处或者单处罚金；情节特别严重的，处三年以上七年以下有期徒刑，并处罚金。”《刑法》第215条规定：“伪造、擅自制造他人注册商标标识或者销售伪造、擅自制造的注册商标标识，情节严重的，处三年以下有期徒刑、拘役或者管制，并处或者单处罚金；情节特别严重的，处三年以上七年以下有期徒刑，并处罚金。”假冒注册商标罪与非法制造、销售非法制造的注册商标标识罪在主观上均是故意，其犯罪主体均为一般主体，即自然人和单位都可以成为上述两罪的主体，并且，上述两罪的犯罪客体也相同，其侵犯的客体均为国家对商标的管理制度以及他人的注册商标专用权。但是，假冒注册商标罪与非法制造、销售非法制造的注册商标标识罪在犯罪客观方面有本质的区别。假冒注册商标罪在客观方面表现为未经注册商标权利人的许可，在同一种商品上使用与其注册商标相同的商标，情节严重的行为。至于商标标识是否是行为人自己制造的，不影响犯罪的成立；而非法制造、销售非法制造的注册商标标识罪在客观方面表现为伪造、擅自制造的注册商标标识或者销售伪造、擅自制造的注册商标标识，情节严重的行为。至于行为人是否将伪造、擅自制造的商标标识用于注册商标核定使用的同一种商品上，不影响本罪的成立。就本案而言，被告人张某的犯罪行为是一种典型的未经商标权人许可在同一种商品上使用与其注册商标相同的商标的行为，应当认定构成假冒注册商标罪；而被告人王某甲则只是向他人销售了非法制造的注册商标标识，其并未直接将商标标识使用在商品上，故被告人王某甲不构成假冒注册商标罪，而是构成销售非法制造的注册商标标识罪。

（二）假冒注册商标罪的从犯与单独构成非法制造、销售非法制造的注册商标标识罪的认定

《刑法》第25条第1款规定：“共同犯罪是指二人以上共同故意犯罪。”《最高人民法院、最高人民检察院、公安部关于办理侵犯知识产权刑事案件适用法律若干问题的意见》第15条规定：“明知他人实施侵犯知识产权犯罪，而为其提供生产、制造侵权产品的主要原材料、辅助材料、半成品、包装材料、机械设备、标签标识、生产技术、配方等帮助，或者提供互联网接入、服务器托管、网络存储空间、通讯传输通道、代收费、费用结算等服务的，以侵犯知识产权犯罪的共犯论处。”本案中，被告人张某负责生产、洽谈、送货、收款等业务，被告人邹某辅助张某生产制造假冒商品并提供记账

等帮助，此二人的行为属于在假冒注册商标行为中的不同分工，但有着共同的犯罪故意，构成共同犯罪。其中，张某作为犯意的发起者、犯罪的指挥者、犯罪的重要实行者，在共同犯罪中起主要作用，系主犯；邹某在共同犯罪中听命于张某的策划，从事某一方面的犯罪活动，起次要作用，应当认定为假冒注册商标罪的从犯。被告人王某甲为被告人张某提供的包装材料，不同于一般的包装材料，其印制有他人的注册商标，但王某甲的犯罪故意与张某、邹某的犯罪故意并不相同，王某甲系明知是非法制造的他人注册商标标识却仍然故意销售，而没有在商品上使用与其注册商标相同的标识的主观故意，故王某甲和张某不具有假冒注册商标的共同故意。对于被告人王某甲的犯罪行为，《刑法》第 215 条已经作了专门规定，被告人王某甲的行为应当认定为单独构成销售非法制造的注册商标标识罪，而不能以假冒注册商标罪的共犯论处。申言之，在《刑法》分则把某一特定犯罪的帮助行为规定为一个独立犯罪的情况下，行为人实施该帮助行为，不应以某一特定犯罪的从犯论处，而应认定为构成单独犯罪。

裁判要旨八：名称相同的商品以及名称不同但指同一事物的商品，可以认定为“同一种商品”

案例名称：孙某甲等假冒注册商标案

案例来源：《刑事审判参考》第 78 集，第 674 号案例

裁判结果：

三名被告人以假冒注册商标罪被判处 2 年 6 个月至 1 年 3 个月不等有期徒刑，并处罚金人民币 5 万元至 1 万元。

基本案情：

2007 年 6 月至 2008 年 1 月间，被告人孙某甲自建冷库，雇佣被告人钱某甲、周某利用低价购买或自行生产的水饺、汤圆，灌装到标有“思念”牌商标的包装袋及包装箱中，假冒“思念”牌水饺、汤圆对外销售。2008 年 1 月 23 日，被告人孙某甲、钱某甲、周某被抓获归案，公安人员当场起获大量“思念”牌水饺、汤圆。郑州思念食品有限公司系“思念”牌注册商标的所有权人，该注册商标核定使用商品的范围：饺子、元宵、馄饨、包子、春卷、方便米饭、八宝饭、粽子、馒头、冰淇淋（商品截止）。经依法鉴定，起获的“思念”牌水饺、汤圆系假冒“思念”牌注册商标的食品，货值金额为人

民币（以下币种均为人民币）103,480元。

裁判理由：

未列入权利人注册商标核定使用范围内的商品，不应当被认定为假冒注册商标罪中的同一种商品。

在本案中，公诉机关所指控的犯罪数额包括假冒“思念”牌水饺、汤圆、羊肉片的货值金额。但该注册商标核定使用商品的范围：饺子、元宵、馄饨、包子、春卷、方便米饭、八宝饭、粽子、馒头、冰淇淋（商品截止）。行为人孙某甲等人实际生产销售的商品包括水饺、汤圆、羊肉片。毫无疑问，这三种商品都属于食品，属于食品类，但《刑法》相关条文规定的是“同一种商品”，而并非“同一类商品”。根据《最高人民法院、最高人民检察院、公安部关于办理侵犯知识产权刑事案件适用法律若干问题的意见》第5条的规定，名称相同的商品以及名称不同但指同一事物的商品，可以认定为“同一种商品”。“名称”，是指国家工商行政管理总局商标局在商标注册工作中对商品使用的名称，通常即《商标注册用商品和服务国际分类》中规定的商品名称。“名称不同但指同一事物的商品”，是指在功能、用途、主要原料、消费对象、销售渠道等方面相同或者基本相同，相关公众一般认为是同一种事物的商品。在司法实践中，认定是否属于“同一种商品”，应当在权利人注册商标核定使用的商品和行为人实际生产销售的商品之间进行比较。

本案中，“水饺”与“饺子”及“汤圆”与“元宵”只是由于地域文化差异等因素而叫法不同，在社会公众看来，二者指向的实际也是同一种事物，也应当认定为“同一种商品”。而“羊肉片”这种商品并未被列入“思念”牌注册商标的商品核定使用范围，社会公众不会认为“羊肉片”与核定使用范围内的任何一种商品指向的是同一种事物，当然不能认定为“同一种商品”，因而，公诉机关指控中所涉及的“羊肉片”的货值金额不应当计入犯罪数额。

裁判要旨九：当言词证据与物证能够相互印证，证明尚未附着或加贴假冒注册商标标识的产品将附着或加贴相关商标标识的，应当将产品价值计入非法经营数额

案例同上。

裁判理由：

本案公诉机关指控的数额包括多达6520千克并放置在白色编织袋内尚未包装、装箱的散装水饺，这部分散装水饺的货值金额占到了整个指控金额的一半多。被告人孙某甲及同案犯钱某甲、周某的供述以及大量证人的证言能够相互印证，并证实在公安机关查获的制假窝点一般都是将大量购入的散装水饺装入白色编织袋存放，然后均是以“思念”牌水饺的外包装对外销售。《最高人民法院、最高人民检察院、公安部关于办理侵犯知识产权刑事案件适用法律若干问题的意见》第7条明文规定：“在计算制造、储存、运输和未销售的假冒注册商标侵权产品价值时，对于已经制作完成但尚未附着（含加贴）或者尚未全部附着（含加贴）假冒注册商标标识的产品，如果有确实、充分证据证明该产品将假冒他人注册商标，其价值计入非法经营数额。”根据该条规定，本案的散装水饺属于侵权产品。

不过，**要认定这些散装水饺属于侵权产品，不但要审查本案的言词证据，还应该结合本案物证的审查来予以认定**。在本案中，公安机关从孙某甲的制假窝点内，不但起获了封口包装机、电子秤等作案工具，更为重要的是起获了数万个标有“思念”牌注册商标的水饺外包装袋及包装箱，这些物证强有力地印证了之前的言词证据，驳斥了孙某甲的辩解。因此，一审法院在证据确实、充分的前提下，将散装水饺认定为侵权产品，并将散装水饺的价值计入非法经营数额，这一认定准确地反映了孙某甲等人的犯罪行为所实际产生的社会危害性，做到了“不枉不纵”。

裁判要旨十：非法经营数额的计算方法理应适用于销售假冒注册商标的商品罪的销售金额的计算；销售的侵权商品价格存在浮动，且已销售的侵权商品数量不明，可以简单平均的方法计算实际销售平均价格

案例名称：田某甲、胡某甲销售假冒注册商标的商品案

案例来源：《刑事审判参考》第78集，第675号案例

裁判结果：

1. 田某甲、胡某甲犯销售假冒注册商标的商品罪，判处有期徒刑1年3个月，并处罚金5万元；

2. 没收查获的假冒注册商标的商品。

基本案情：

田某甲、胡某甲经预谋，购买大量印有上海世博会事务协调局和国际足球联合会注册商标的多种商品，伙同王某（另案处理）在上海世博园附近进行销售。后执法人员在田某甲、胡某甲的租住地当场查获待销售的假冒注册商标的商品共计24种14,216件，经按被侵权商品的市场中间价鉴定，上述假冒注册商标的商品共计价值人民币466,756元。

裁判理由：

（一）“销售金额”与“非法经营数额”的关系

我们认为，尽管销售金额与非法经营数额在表述上存在差异，但是非法经营数额的计算方法理应适用于销售假冒注册商标的商品罪的销售金额的计算。理由在于：

1. 在《刑法》关于知识产权犯罪的规定中，并未出现“非法经营数额”这一术语，使用较多的是“情节严重”等表述方式。由于“情节严重”是关于侵权行为的定量规定，而量的主要表现形式是侵权行为的非法经营数额，所以在《最高人民法院、最高人民检察院关于办理侵犯知识产权刑事案件具体应用法律若干问题的解释》（本案例简称《知产解释》）出台之前，相关司法解释和文件在解释“情节严重”时，使用的一般都是“非法经营数额”这一术语。在起草《知产解释》时，这一术语继续得以使用，并更为具体化。

2. 《刑法》第213条至第219条在规定侵犯知识产权犯罪的七个罪名定罪量刑标准时采取了不同的表述，如“情节严重或情节特别严重”“销售金额数额较大或巨大”“违法所得数额较大或巨大”“重大损失或特别严重后果”等。上述定罪量刑标准相对原则，缺乏可操作性。司法解释出台的宗旨是要解决实践操作问题，因此，《知产解释》第12条有关犯罪金额的计算方法理应适用于侵犯知识产权犯罪的七个罪名，而不仅仅适用于以“非法经营数额”作为定罪量刑标准之一的假冒注册商标罪，非法制造、销售非法制造的注册商标标识罪，侵犯著作权罪等罪名。

3. 从文义解释角度分析，非法经营数额，是指行为人在非法经营活动中所涉及的侵权产品的总数额，范围包括非法制造的侵权产品、运输的侵权产品、储存的侵权产品以及销售的侵权产品的数额等。因此，从非法经营数额与销售金额的内涵与外延来看，前者无疑可以包含后者。基于以上理由，本案二审在裁判时，增加援引了《知产解释》第12条的规定，以说明销售假冒注册商标的商品罪中有关销售金额的计算可以适用非法经营数额的计算方法。

（二）“实际销售平均价格”的认定

根据《知产解释》第12条的规定，侵权产品的价格按照以下方法计算：第一，已销售的侵权产品的价格，按照实际销售价格计算；第二，未销售的侵权产品的价格，按照标价或者已经查清的侵权产品的实际销售平均价格计算；第三，没有标价或者无法查清实际销售价格的，按照被侵权产品的市场中间价格计算。并且，这三种计算方法不是任选的，而是递进性的，只有按照前种方法无法认定侵权产品的价格时，才适用后种方法进行计算。

检察机关认为，由于销售的侵权商品价格存在浮动，且已销售的侵权商品数量不明，导致侵权商品的实际销售平均价格无法查清。对此我们认为，《知产解释》第12条有关“未销售的侵权产品的价值，按照已经查清的侵权产品的实际销售平均价格计算”的这一规定实际表明：（1）已销售的侵权产品实际销售价格客观上存在难以查清的情况；（2）已查清的侵权产品实际销售价格会存在一定幅度的浮动（否则，就不宜用实际销售平均价格来表述）；（3）实际销售平均价格可以用来计算未销售的侵权产品的价值。这一规定同时反映出销售侵权产品犯罪行为的隐蔽性以及量多价低、量少价高的市场交易惯例，比较契合本案被告人销售侵权产品的价格存在一定区间浮动、实际销售数量不明的事实。**检察机关主张每次销售侵权商品的价格和数量固定才能计算实际销售平均价格的计算方法过于绝对，增加了知识产权犯罪中证据审查的难度。有鉴于此，我们以简单平均的方法计算实际销售平均价格，即存在两次或两次以上销售价格的，取其平均值，以此作为实际销售平均价格。**

裁判要旨十一：行为人“以假卖假”，消费者“知假买假”的，仅构成销售假冒注册商标的商品罪，不符合销售伪劣产品罪的行为特征，不构成销售伪劣产品罪的想象竞合犯

案例名称：邱某甲等销售假冒注册商标的商品案

案例来源：《刑事审判参考》第78集，第676号案例

裁判结果：

两被告人犯销售假冒注册商标的商品罪，分别判处有期徒刑4年或3年6个月，并处罚金20万元至15万元；扣押的作案工具、赃款、赃物均予以

没收或销毁。

基本案情：

被告人邱某甲、邱某乙以两个公司的名义，通过互联网向外国客户销售假冒注册商标的LV、GUCCI商品，并通过第三方支付平台、西联汇款的方式收取货款，至案发时止销售金额共计人民币1,923,825.96元。公安机关查获商品258件。经鉴定，共计价值220,096元。

裁判理由：

在侵犯知识产权的犯罪中，行为人可能通过假冒他人注册商标制售伪劣产品，也可能通过制售假冒伪劣产品来假冒注册商标的商品，这种情形完全符合想象竞合犯的特征。我们认为，本案不构成销售假冒注册商标的商品罪与销售伪劣产品罪的想象竞合关系，因为被告人的行为不构成销售伪劣产品罪。销售伪劣产品罪的行为方式包括四种：一是掺杂、掺假，即在所销售的产品中掺入杂质或者异物，降低或失去该产品应有的性能；二是以假充真，即以不具有某种使用性能的产品冒充具有该性能的产品；三是以次充好，即以低等级、低档次产品冒充高等级、高档次产品，或者以残次、废旧零配件组合、拼装后冒充正品或新产品；四是以不合格产品冒充合格产品。总之，**这些行为的共同特点均是以谋取非法利益为目的，通过假冒的行为方式欺骗消费者，主观上具有欺骗的故意。因此，如果主观上不具有欺骗的故意。客观上未通过假冒的行为方式销售产品，则不构成销售伪劣产品罪。**本案被告人邱某甲、邱某乙通过互联网销售假冒的名牌产品，其主观上不具有欺骗的故意，客观上没有掺杂、掺假，以假充真，以次充好或者以不合格产品冒充合格产品，而是“以假卖假”。**消费者知道被告人销售的产品是假冒他人注册商标的产品，是“知假买假”**。故被告人的行为不符合销售伪劣产品罪的行为特征，不构成销售伪劣产品罪，从而不构成销售假冒注册商标的商品罪与销售伪劣产品罪的想象竞合犯。

裁判要旨十二：假冒注册商标后又销售该假冒商品，但销售价格无法查清的，非法经营数额按照被侵权产品的市场中间价格计算

案例名称：李某假冒注册商标案

案例来源：《刑事审判参考》第92集，第859号案例

裁判结果：

判处被告人有期徒刑 4 年 6 个月，并处罚金人民币 1, 991, 859 元；所扣押的假冒商品 26, 187 件依法予以没收。

基本案情：

被告人李某在未获得商标所有权人许可的情况下，在 2. 2 万件“白坯衫”上使用与“鄂尔多斯”注册商标相同的商标，包装成假冒的“鄂尔多斯”羊绒衫；在 4633 件“白坯衫”上使用与“恒源祥”注册商标相同的商标，包装成假冒的“恒源祥”羊毛衫并销售。案发后，公安人员在李某店内扣押未销售的假冒“鄂尔多斯”羊绒衫和“恒源祥”羊毛衫共计 26, 187 件，吊牌标价共计 43, 013, 364 元。

裁判理由：

《最高人民法院、最高人民检察院关于办理侵犯知识产权刑事案件具体应用法律若干问题的解释》第 12 条规定：“本解释所称‘非法经营数额’，是指行为人在实施侵犯知识产权行为过程中，制造、储存、运输、销售侵权产品的价值。已销售的侵权产品的价值，按照实际销售的价格计算。制造、储存、运输和未销售的侵权产品的价值，按照标价或者已经查清的侵权产品的实际销售平均价格计算。侵权产品没有标价或者无法查清其实际销售价格的，按照被侵权产品的市场中间价格计算。”

根据上述规定，具体到本案，被告人李某在侦查机关供述其已销售的假冒注册商标商品的平均价格在 147. 54 元。后经查实，李某在电脑主机中记载的不同批次不同款式假冒注册商标的商品上标注的价格高于其供述的购买“白坯衫”加上其购买假冒注册商标标识的价格，该标注的平均价格与其供述基本能够相互印证。因此，以李某在电脑主机中记载的不同批次不同款式假冒注册商标的商品上标注的价格认定“非法经营数额”，不仅与李某的主观犯罪意图相符，而且符合司法解释“按照标价计算”的基本精神，克服了标价仅指吊牌价的片面认识，使判处的罚金数额更加符合客观实际，且遵循了罪刑法定原则，达到了法律效果与社会效果的有机统一。

裁判要旨十三：商标权利人出具的鉴定文本性质属于被害人陈述而非鉴定意见，商标权利人在侵犯商标权刑事犯罪案件中处于被害人地位，对商标权利人的鉴定应综合考察

案例名称：顾某、张某甲销售假冒注册商标的商品案

案例来源：《刑事审判参考》第92集，第860号案例

裁判结果：

1. 以销售假冒注册商标的商品罪分别对被告人顾某判处有期徒刑3年6个月，罚金人民币16万元；

2. 对被告人张某甲判处有期徒刑1年，罚金人民币5万元。

基本案情：

"HELLO KITTY"等为三丽鸥公司在中国境内依法注册的商标，且在商标注册有效期内。其授权博邦公司作为全权代表，向有关机构投诉任何侵犯其在中国境内注册的商标的行为，并有权代表其对侵权嫌疑物品进行真伪鉴定，出具书面鉴定意见。被告人顾某、张某甲系夫妻关系，为谋取非法利益，明知是假冒三丽鸥公司"HELLO KITTY"品牌的各类商品，仍向他人购入后用在淘宝网对外予以销售。销售金额合计为325,550.08元。排除非《商标法》意义上使用商标的商品外，尚有12,101件侵权商品，按照网店实际销售的相同商品的最低价格以及顾某确认的营利金额计算，价值73,060.22元。案发后，经博邦公司鉴别，上述查获商品均为假冒三丽鸥公司"HELLO KITTY"等注册商标的商品。

裁判理由：

辩方能否以鉴定人与被告人存在利害关系，商标权利人不具有鉴定资质为由来排除商标权利人出具的鉴定文本？我们认为，不能一概否认。主要理由如下。

（一）商标权利人出具的鉴定文本属于被害人陈述而非鉴定意见

1. 被害人陈述和鉴定意见的特性辨析所谓被害人陈述，是指刑事被害人就其遭受犯罪行为侵害的情况和其他与案件相关情况向公安机关、人民检察院、人民法院所作的陈述。所谓鉴定意见，是指在诉讼活动中鉴定人运用科学技术或者专门知识对诉讼涉及的专门性问题进行鉴别和判断所形成的意见。两者同属于言词证据，是以人的陈述为存在和表现形式的证据材料。两者区别主要表现在：（1）被害人陈述具有不可替代性，而鉴定意见具有可替代性。原因在于被害人系遭受犯罪行为侵害的人，直接感知犯罪行为的危害后果，他人无法具有同被害人一样的感受；鉴定意见是司法机关指派或者聘请鉴定人作出的评判意见，由于对鉴定机构或者鉴定人司法机关具有一定的选

择权，因而具有可替代性。(2) 被害人陈述不要求具有专业性，而鉴定意见要求具有专业性。理由是被害人只需要客观陈述其感知的案件事实，对被害人并无专业知识背景的要求；而鉴定意见则不同。实践中常见的需要鉴定的专门性问题有法医鉴定、司法精神病鉴定、痕迹鉴定、化学鉴定、会计鉴定、文件书法鉴定、产品质量鉴定、责任事故鉴定等，出具这些鉴定意见的鉴定人需要相应的专业资质要求。(3) 被害人陈述具有偏向性，而鉴定意见具有中立性。在刑事诉讼中，被害人与被告人具有客观存在的利害关系，被害人受到各种主客观因素影响的可能性较大，其陈述往往会偏向自己的利益；而鉴定人与被害人、被告人均无利害关系，鉴定人处于中立地位，能够客观地发表专业性的鉴别和判断意见。

2. 商标权利人在侵犯商标权刑事犯罪案件中处于被害人地位。

3. 被害单位的辨认意见属于被害人陈述的一种形式。

尽管理论界对单位被害人能否作为证据学意义的被害人（陈述之主体）存在争议，但根据《刑法》规定，单位既然可以作为犯罪主体，那么同样也可以作为被害人主体。实务界比较通行的观念是，被害人陈述是被害人向司法机关就案件情况所作的陈述，因此，其以被害人具有陈述的能力为前提。在被害人是单位的情况下，由于单位缺乏向司法机关进行陈述的能力，故通常是由其法定代表人或者其他相关人员代替单位向司法机关作陈述。上述陈述，并非上述人员的个人陈述，也并非证人证言，而是上述人员代表被害单位所作的被害人陈述。需要指出的是，从被害人辨认对象、辨认程序、具体内容、证据功能等要素分析，被害人辨认是一种特殊形式的被害人陈述。如犯罪嫌疑人从被害公司办公室盗窃了办公电脑。案发后，被害公司相关职员就查扣的办公电脑向公安侦查人员所作的辨认陈述。同理，在侵犯商标权刑事犯罪案件中，商标权利人就诉讼中公安机关查扣的假冒商品所作的真伪辨别属于被害人陈述。

因此，商标权利人在侵犯商标权刑事犯罪案件中，处于被害人地位，其就假冒商品或者商标所作的真伪辨别属于被害人陈述而非鉴定意见，无需鉴定资质的要求。本案中，上诉人以鉴定资质为由主张鉴定文本无效属于抗辩事由不具有针对性，不应予以支持。

（二）对商标权利人出具的鉴定文本的证据效力应当综合审查

1. 辩证看待鉴定文本的证据效力

(1) 商标权利人的鉴定意见具有当然的证明效力。商标权利人为了维护其商标和商品不受侵害，往往会投入较大的维护成本，**其中包含一定的技术要素，如茅台酒和中华烟都具有通过在紫外线灯下观察相关部位，以鉴别商品真伪的技术手段**。**值得注意的是，这类鉴别手段通常只有商标权利人掌握，并且秘而不宣**。因为一旦为公众所知悉，势必会被犯罪分子利用以制造高仿真产品，损害商标权利人利益。正是基于上述原因，国家工商行政管理总局商标局在 2005 年 11 月 14 日回复浙江省工商行政管理局《关于查处商标侵权违法案件中商标注册人鉴定商品效力问题的请示》中明确：“**在查处商标违法行为过程中，工商行政管理机关可以委托商标注册人对涉嫌假冒注册商标商品及商标标识进行鉴定，出具书面鉴定意见，并承担相应的法律责任。被鉴定者无相反证据推翻该鉴定结论的，工商行政管理机关将该鉴定结论作为证据予以采纳**。”由此表明，在认定涉案商品真伪的问题上，商标权利人出具的鉴定意见具有当然的证明效力，除非有相反证据予以推翻。

（2）客观存在的利害关系在一定程度上对证据效力产生消极影响。因此，对该类鉴定文本的内容不能照单全收，而应当结合其他证据综合认证。

2. 综合把握全案证据之间的印证关系

根据《最高人民法院关于适用〈中华人民共和国刑事诉讼法〉的解释》第 104 条的规定，对证据的真实性，应当综合全案证据进行审查。对证据的证明力，应当根据具体情况，从证据与待证事实的关联程度、证据之间的联系等方面进行审查判断。证据之间具有内在联系，共同指向同一待证事实，不存在无法排除的矛盾和无法解释的疑问的，才能作为定案的根据。正是由于被害人与犯罪嫌疑人、被告人之间固有的利害关系，尽管商标权利人出具的商品真伪的鉴定意见具有当然的证明效力，但仍然需要结合其他证据予以综合审查。

裁判要旨十四：有证据证明存在实际销售行为的，应当根据有利于被告人的原则具体把握实际销售价格的证明标准，尽可能查明实际销售价格

案例名称：王某某销售假冒注册商标的商品案

案例来源：《刑事审判参考》第 95 集，第 922 号案例

裁判结果：

以王某某犯销售假冒注册商标的商品罪，判处有期徒刑 1 年，并处罚金。

基本案情：

2009年4月9日，王某某伙同他人销售假冒思科牌模块时被抓获。公安人员查获大量H3C牌模块、思科牌模块。经鉴定，上述产品均系假冒H3C牌和思科牌注册商标的产品，其中假冒思科牌注册商标的产品价值173,124元，假冒H3C牌模块货值金额其计51,880元。

裁判理由：

在销售假冒注册商标的商品犯罪案件中，犯罪数额是影响定罪量刑的重要因素。由于此类犯罪活动相对隐蔽、零散，交易程序很不规范，给实践中准确查明犯罪数额带来了诸多困难。如何合理运用在案证据，准确认定犯罪数额，是审理此类案件的关键。

1. 有证据证明存在实际销售行为的，应当根据有利于被告人的原则具体把握实际销售价格的证明标准，尽可能查明实际销售价格。

要选取科学、合理的计算方法计算犯罪数额，关键是对《最高人民法院、最高人民检察院关于办理侵犯知识产权刑事案件具体应用法律若干问题的解释》第12条规定的“无法查清实际销售价格”进行准确把握。如果控辩双方对实际销售价格能否查清有不同意见，法院对在案的证实相关交易细节的证据更应慎重对待。同时，考虑到实际销售价格这一计算标准对被告人更为有利，在判断有关实际销售价格的事实是否清楚，证据是否确实、充分时，应当根据案件实际情况具体认定，充分挖掘相关证据的证明价值。本案中，检察机关认为，认定实际销售假冒H3C牌模块价格的证据无法达到“确实、充分”的证明标准，属于《最高人民法院、最高人民检察院解释》规定的“无法查清实际销售价格”的情形，应当以相应正品的鉴定价格计算犯罪数额。检察机关认为，要查清实际销售价格，要求调取的出库单、购货清单在时间、数量上须一一对应，关于型号的记载也要与扣押清单的型号完全一致。我们认为，这种意见过于绝对，不符合知识产权犯罪取证难的实际情况，对证据审查提出了过高要求，也不利于保护被告人的权益。因此，在有证据证明存在实际销售行为的情况下，应当尽可能利用现有证据查明实际销售的平均价格，以准确评价被告人的罪行轻重。

2. 认定侵权产品价值时，应当结合在案其他证据审慎判断被侵权单位出具的正品价格证明及价格鉴定意见的证明力。

我们认为，不能将被侵权单位提供的正品价格等同于“被侵权产品的市场中间价格”。主要理由：首先，被侵权单位作为利害关系方，其出具的价格证明如无相关证据佐证，作为认定犯罪数额的依据缺乏客观性。其次，对于何为市场中间价格，司法解释并未予以明确。而实际操作中，因产品销售存在多个环节，以出厂、批发或者零售环节的市场中间价格计算案值，结果必然存在一定差异，可见，应当根据行为人所处的具体销售环节来确定市场中间价格。一审检察机关仅以被侵权单位出具的价格证明来确定被侵权产品市场中间价格，既不客观，也不合理。

与被侵权单位出具的正品价格证明相比，中介机构出具的价格鉴定意见无疑具有较高的公信力，其证明力明显高于前者。司法实践中，由于价格鉴定意见的出具比较便捷，且鉴定结果往往能够得到法庭的支持，对于查获的侵权产品，侦查机关一般都交由价格鉴定机构出具价格鉴定意见，作为指控、认定犯罪数额的依据。但是，鉴定意见并不当然具有客观性、合理性，如果鉴定机构不负责任，其出具的鉴定意见也难以体现公平。因此，鉴定意见能否作为定案的根据，需要结合案件具体情况和其他证据审查判断。

裁判要旨十五：在上下游交易者之间没有挑明而对非正品“心领神会”的情况下，应综合在案证据，准确判断被告人的“明知”

案例来源：《刑事审判参考》第121集，第1317号案例

裁判结果：

被告人白某甲犯销售假冒注册商标的商品罪，判处有期徒刑3年，并处罚金人民币4万元。

基本案情：

2020年1月22日至25日，被告人白某甲分别向林某嘉、王某林（另案处理）购买假冒3M注册商标的口罩共50,250个，并出售给张某明（另案处理）。2020年1月29日，公安机关抓获白某甲后在其经营的劳保店缴获假冒3M注册商标口罩118个。

裁判理由：

《最高人民法院、最高人民检察院关于办理侵犯知识产权刑事案件具体应用法律若干问题的解释》第9条第2款规定，具备下列情形，应当认定为“明知”：（1）知道商标被涂改、调换或者覆盖的；（2）因销售假冒商品受过行政处罚或者承担过民事责任的；（3）伪造、涂改或者知道是伪造涂改的商

标授权文件的；（4）其他知道或者应当知道是假冒注册商标的商品的情形的。司法解释解决了实践中主观认知的判断难题，即在难以证明被告人肯定知道的情形下，通过各种间接证据推定出被告人在当时的情况下“知道”的主观心理状态。

实践中，假冒注册商标的商品的流通通常处于非法状态，如上手卖家无法提供授权委托书、产品合格证等合法来源或有效证件，或交易价格较正品偏低等，虽没直接挑明，但经营者在交易时对非正品“心领神会”。如存在上述情况，可推定行为人存在主观故意，从而认定其行为构成犯罪。需要注意的是，适用推定判断行为人的主观心理态度时，必须综合考虑，全面分析，以行为人实施的活动为基础，综合考虑事前、事中以及事后的各种主客观因素进行整体判断，从行为人的行为过程、行为环节着手，综合所有事实，排除其他可能。同时，应当允许行为人反证。如果有确实充分的证据证明行为人是因为被欺骗或者事后才知道其销售的是假冒注册商标的商品，则不能认定为“明知”。

本案中，被告人白某甲在侦查阶段供述，其了解到受新冠肺炎疫情影响，防护口罩紧缺，为牟取暴利，向同乡多次低价购进口罩。被告人案发前经营劳保产品，对个人防护设备有所了解，在明知进货渠道不正当的情况下，未尽善良商品经营者的注意义务，审查自己购进的商品是否为假冒他人注册商标的商品。在购进口罩当天其同乡还在微信中告知卖口罩时要小心、不是熟人不要卖，并嘱咐其把聊天记录删除。虽然上家未明确告知被告人白某甲所售口罩为假冒他人注册商标的商品，但综合上述情况，被告人应该知道其所销售的口罩并非正品，可以认定其主观上“明知”是假冒注册商标的商品而予以销售。

裁判要旨十六：假冒联合商标达到情节严重的，亦构成假冒注册商标罪

案例名称：薛某某假冒注册商标案

案号：广东省深圳市中级人民法院（2014）深中法知刑终字第59号

案例来源：《人民司法·案例》2015年第8期

裁判结果：

被告人薛某某犯假冒注册商标罪，判处有期徒刑2年，并处罚金人民币12万元。

基本案情：

第9026239号“cppc”（CPPC）与第7161545号“CPPC”注册商标核定使用商品范围均为包括移动电话在内的第9类商品，注册人均为广东欧珀移动通信有限公司，其中权利人实际使用“oppo”（OPPO）商标生产了R870等型号的手机。深圳市某公司负责人为沈某，被告人薛某某在公司负责接单、生产及日常管理，沈某丈夫孟某曦担任出纳，负责公司货款及资金管理。2012年5月9日，深圳市公安局宝安分局接举报后调查该公司，现场查获了假冒“cppc”（CPPC）商标手机1700台。2013年5月15日，被告人薛某某自动投案。深圳市宝安区价格认证中心以R870正品手机价格鉴定假冒“cppc”（CPPC）手机的总价值为人民币4,318,000元。后经重新鉴定，认定1700套手机总价共计人民币229,500元。

法院评论：

本案涉及联合商标、商标使用、商标侵权与犯罪等问题，对于被告人薛某某的行为定性存有争议。需要特别厘清联合商标的特性，准确把握针对联合商标的民事侵权与刑事犯罪。

（一）联合商标的概念与特性

谈到联合商标，就不能不谈到商标的分类。按照商标从属关系分类，可以分为主商标（正商标）、联合商标以及防御商标（防护商标）。所谓联合商标，是指某一个商标所有者，在相同的商品上注册几个近似的商标，或在同一类别的不同商品上注册几个相同或近似的商标，这些相互近似的商标称为联合商标。这些商标中首先注册的或者主要使用的为主商标，其余的则为联合商标。所谓防御商标，是指较为知名的商标所有人在该注册商标核定使用的商品（服务）或类似商品（服务）以外的其他不同类别的商品或服务上注册若干相同商标，为防止他人在这些类别的商品或服务上注册使用相同的商标。原商标为主商标，其余为防御商标。

有关主商标、联合商标与防御商标的分类方法，我国《商标法》并未作出明确规定，但《商标法》第42条第2款规定，“转让注册商标的，商标注册人对其在同一种商品上注册的近似的商标，或者在类似商品上注册的相同或者近似的商标，应当一并转让”。上述法条所称商标应指联合商标，我国《商标法》也仅有上述法条提及联合商标。

联合商标在获得注册、转让、移转以及连续3年不使用是否撤销等方面有别于普通商标。联合商标有着与普通商标不一样的特点：（1）联合商标申请注册的主体与主商标申请的主体具有同一性，否则不予注册。（2）联合商标注册的目的主要在于扩大主商标的保护范围，包括商标以及商品种类的外延，在于防止他人利用商标注册制度侵害他人商标权。（3）联合商标从属于主商标，包括联合商标的专用有效期以主商标为准；联合商标须与主商标一并转让、移转。（4）联合商标使用具有特殊性，主商标与联合商标，只要使用其一，即符合商标之使用。

（二）针对联合商标的民事侵权与刑事犯罪

商标犯罪是性质更为严重的商标民事侵权，但商标民事侵权未必都构成商标犯罪，如果不构成商标民事侵权，就一定不构成商标犯罪。针对普通商标而言，商标注册人在商标注册后无正当理由连续 3 年不使用将导致商标被撤销，但在该商标未被撤销之前，任何未经许可的使用行为仍应视为商标民事侵权，但商标注册人、权利人能否获得赔偿，应遵循《商标法》第 64 条之规定，即注册商标专用权人不能证明此前 3 年内实际使用过该注册商标，也不能证明因侵权行为受到其他损失的，被控侵权人不承担赔偿责任。注册商标无正当理由连续 3 年不使用，但尚未被撤销，他人使用该商标不宜以犯罪论处，但涉及联合商标的除外。联合商标的特点决定了其不是为了使用所注册的每一个商标，而是在主商标周围建起一道防火墙，起到积极防卫作用，阻止他人注册和使用近似商标。主商标或联合商标当中的任一商标被使用，均应看作联合商标得到实际使用，不应以无正当理由连续 3 年不使用加以撤销。未经许可使用该联合商标于同种商品，若达到情节严重，则构成假冒注册商标罪。

本案，“oppo”（OPPO）商标系广东欧珀移动通信有限公司主商标，其他无论是“cppc”（CPPC）还是“QPPO”“OPPQ”“OPOP”均属于联合商标。“oppo”（oppo）主商标的使用应视为相关联合商标得以使用。被告人薛某某未经许可，在同种商品手机上使用与“cppc”（CPPC）注册商标完全相同的标识，且情节严重，构成假冒注册商标罪。从另一角度，我国刑法及司法解释规定，与注册商标在视觉上基本无差别、足以对公众产生误导的商标，可以认定为“与其注册商标相同的商标”，“cppc”与“oppo”从视觉效果上来说，基本无差别，被告人薛某某在手机上使用“cppc”，亦可视为系假冒权利人“oppo”商标，情节严重，构成犯罪。

裁判要旨十七：半成品计入非法经营数额须以半成品被查扣时本身存在形态作为判断时点，如距成品只有一步之遥，则可计入非法经营数额

案例名称：余某某、黄某某假冒注册商标案

案号：广东省清远市中级人民法院（2015）清中法刑二终字第131号

案例来源：《人民司法·案例》2016年第32期

裁判结果：

1. 被告人余某某犯假冒注册商标罪，判处有期徒刑4年，并处罚金20万元。

2. 被告人黄某某犯假冒注册商标罪，判处有期徒刑2年6个月，并处罚金8万元。

3. 清远市清新区工商局查获假冒LOUISVUITTON等四种注册商标的女装手袋496个予以没收销毁，由清远市清新区工商局负责处理。

基本案情：

自2013年5月开始，被告人余某某投资经营一家无证照的手袋加工厂，并雇请被告人黄某某，由其负责招聘工人，发放工资，协助管理工厂工作。2014年4月，两被告人非法生产假冒LOUISVUITTON等四种注册商标的手袋并从中获利。工商部门查获假冒LOUISVUITTON等四种注册商标的女装手袋496个，经鉴定：完成度为60%的女式手袋共计154个，鉴定价格合计739,200元；完成度为70%的女式手袋共计156个，鉴定价格合计1,313,130元；完成度为80%的女式手袋共计65个，鉴定价格合计924,080元；完成度为90%的女式手袋共计121个，鉴定价格合计1,183,230元。

法院评论：

在假冒注册商标罪的案件中，如果查获的侵权产品全部是半成品，那么半成品是否可以作价？是否可以计入非法经营数额？

笔者认为，半成品计入非法经营数额要区分情况：以半成品被查扣时本身存在形态作为判断时点，如果半成品距离成品仅有“一步之遥”，则可以计入非法经营数额，否则不应当计入。具体判断标准：（1）能够直接以组装形式添加其他配件（该种配件以日常销售中可获得为条件，即可以随时更换）形成成品的；（2）能够经过简单的加工制作（最后一道加工工序）就可以形成成品的；（3）货标分离，仅需要通过罐装、包装、黏贴、喷绘标识等行为既可以形成成品的；（4）其他依据所属行业从业人员判断即可以判定为

成品的最接近形态的。理由如下：

1.《最高人民法院、最高人民检察院关于办理侵犯知识产权刑事案件具体应用法律若干问题的解释》第12条第1款规定："本解释所称'非法经营数额'，是指行为人在实施侵犯知识产权行为过程中，制造、储存、运输、销售侵权产品的价值。已销售的侵权产品的价值，按照实际销售的价格计算。制造、储存、运输和未销售的侵权产品的价值，按照标价或者已经查清的侵权产品的实际销售平均价格计算。侵权产品没有标价或者无法查清其实际销售价格的，按照被侵权产品的市场中间价格计算。"该法条本身就加重了被告人提供线索的责任。该条在非法经营数额的认定上，以标价、实际销售价格、正品市场中间价依次适用。然而实践当中，例如，被告人只是在供述中提出自己已经销售的侵权产品的实际价格的情况并且提供了一定的证据，但没有被查证属实，虽然可以让法官形成合理怀疑或者形成事实和证据上的疑点。但因为线索没有达到查清的程度，按照司法解释的规定，就要按照市场中间价格计算非法经营数额，被告人就要承担不利的法律后果。这样就出现了当证据和事实存在争议的时候，疑点利益不是归于被告人。

2. 半成品不具有市场流通条件，并不能直接形成对正品销售的影响，但是半成品如果不查扣，一定会以成品形式流入市场。在查扣的时点判断，其仍然为半成品，具有潜在风险，但的确再也无法成为正品，即属于"能犯未遂"（**假冒注册商标行为不存在未遂，仅是比喻意义上使用**）。因此，半成品的抽象危险性不如成品的具体危险性，应当予以区分。

3. 假冒注册商标罪构成要件要求必须是在同一种商品上使用相同的商标且达到情节严重的程度。商品是其构成要件要素内容。对于商品的理解应当是其具有流通性和市场价值，完成度很低的、根本无人问津的半成品，不可能作为商品流通，没必要动用刑罚。而对于最为接近成品的半成品而言，仅需简单的工序便具备了市场流通价值，甚至很多半成品本身就可以成为独立商品流通，此时，应当认定为假冒注册商标罪中的商品。

本案中，公安机关依法扣押了496个半成品手袋，其中完成率在90%的有121个，这121个手袋共有两种款式（假冒LVN48223款、LVN41427款）。从侵权产品的实物照片和正品照片可以看出，该两款女士手袋使用形式为手提或者肩跨，手袋与肩带可以分离，无肩带的手袋仍然具备日常生活使用功能和装饰美化功能，肩带作为一种配件形式的易耗品，消费者可以在市场上更换或者购买。因此，上述完成率90%的手袋具备市场流通价值，可独立成为侵权产品。

根据《最高人民法院、最高人民检察院、公安部关于办理侵犯知识产权刑事案件适用法律若干问题的意见》第7条规定，在计算制造、储存、运输和未销售的假冒注册商标侵权产品价值时，对于已经制作完成但尚未附着（含加贴）或者尚未全部附着（含加贴）假冒注册商标标识的产品，如果有确实、充分证据证明该产品将假冒他人注册商标，其价值计入非法经营数额。完成率90%的手袋属于手袋主体已经制作完成，但是未搭配配件的产品。上述手袋仅需要与配件结合便可形成完整的侵权产品，且手袋本身已经贴附被侵权公司的图形商标，其价值应当计入非法经营数额。

公安机关扣押的其他半成品手袋，由于手袋主体尚未完工，是否可认定为具有市场流通价值的商品存疑，故根据存疑有益于被告人的原则，可不计入被告人制造侵权产品的非法经营金额。

裁判要旨十八：侵犯知识产权共同犯罪中，对不同被告人可适用不同罚金计算标准

案例名称：张某甲等假冒注册商标、徐某乙等销售假冒注册商标的商品、黄某甲非法制造、销售非法制造的注册商标标识案

案号：江苏省无锡市新吴区人民法院（2016）苏0291刑初523号

案例来源：《人民司法·案例》2018年第20期

裁判结果：

1. 被告人张某甲、王某甲、徐某甲犯假冒注册商标罪，判处有期徒刑5年至4年不等，并处罚金人民币185万元至163万元；被告人胡某甲犯假冒注册商标罪，判处有期徒刑1年，缓刑2年，并处罚金人民币1万元。

2. 被告人徐某乙、洪某甲、钱某甲犯销售假冒注册商标的商品罪，判处有期徒刑4年至3年，其中后两人缓刑5年，并处罚金人民币35万元至20万元。

3. 被告人黄某甲犯非法制造、销售非法制造的注册商标标识罪，判处有期徒刑3年，缓刑3年，并处罚金人民币4万元。

基本案情：

马斯公司系第3998765号图形注册商标专用权人，也是第3998766号

“德芙”文字注册商标专用权人，费列罗有限公司系“费列罗”注册商标专用权人。

2014年9月至2015年12月间，未经马斯公司许可，由被告人张某甲提议，被告人王某甲、徐某甲与张某甲三人经合谋并共同出资，生产、制作假冒马斯公司第3998765号注册商标的巧克力并进行销售，非法经营数额共计人民币210余万元。2015年10月至12月，未经费列罗有限公司许可，被告人王某甲、胡某甲经合谋，由王某甲负责出资、生产，胡某甲负责联系制作商标标识，生产、制作并销售假冒的费列罗巧克力；非法经营数额共计人民币139,100元，胡某甲违法所得5000元。

2014年10月至12月，被告人洪某甲明知从被告人王某甲处购得的巧克力系假冒第3998765号注册商标的商品，仍销售给被告人徐某乙749箱，销售金额共计人民币462,500元。2014年10月至12月，被告人徐某乙明知从被告人洪某甲处购得的巧克力系假冒第3998765号注册商标的商品，仍销售给叶某某，销售金额共计人民币570,840元。2015年10月至2016年3月，被告人钱某甲明知从被告人张某甲处购得的巧克力系假冒第3998765号注册商标的商品，仍销售给孔某某约600箱，销售金额共计人民币302,200元。

2015年9月至11月，被告人黄某甲非法制造印有费列罗有限公司第1586931号注册商标标识的塑料包装纸5万张、底版纸5万张、圆形小贴纸100万余枚。后被告人黄某甲将上述标识以人民币10万余元的价格销售给被告人王某甲。

经鉴定，所涉德芙产品均系假冒产品；所涉费列罗产品均系假冒产品。

法院评论：

（一）罚金标准

根据《最高人民法院、最高人民检察院关于办理侵犯知识产权刑事案件具体应用法律若干问题的解释（二）》第4条规定，“对于侵犯知识产权犯罪的，人民法院应当综合考虑犯罪的违法所得、非法经营数额、给权利人造成的损失、社会危害性等情节，依法判处罚金。罚金数额一般在违法所得的一倍以上五倍以下，或者按照非法经营数额的50%以上一倍以下确定”，法院确定罚金刑时考虑的因素有以下几个：（1）违法所得；（2）非法经营数额；（3）给权利人造成的损失；（4）社会危害性；（5）其他。而确定罚金数额有两种计算方式：（1）违法所得为基数，1倍以上5倍以下；（2）非法经营数额为基数，50%以上1倍以下。司法解释之所以给予法官不同的计算方式及依据，就是给予法官一定的裁量空间，可以根据具体案件的实际情况，选择不同的计算方法。那么，法院在具体案件中，应当运用好司法解释赋予的裁量权，既不能战战兢兢视裁量为洪水猛兽，亦不能恣意妄为将裁量权力滥用，笔者将结合本案具体分析。

（二）宽严相济

《刑法》第5条规定："刑罚的轻重，应当与犯罪分子所犯罪行和承担的刑事责任相适应。"罪刑均衡原则，是刑法三大基本原则之一，不仅要体现在主刑上，作为附加刑的罚金同样适用。宽严相济刑事政策，是根据犯罪的具体情况，实行区别对待，做到该宽则宽，当严则严，宽严相济，罚当其罪，打击和孤立极少数，教育、感化和挽救大多数，最大限度地减少社会对立面，促进社会和谐稳定，维护国家长治久安。

本案中，涉及两个共同犯罪，第一个是关于假冒第3998765号注册商标犯罪部分，系由被告人张某甲提议，被告人王某甲、徐某甲与张某甲三人经合谋并共同出资，在芜湖县某橡塑厂内生产、制作假冒第3998765号注册商标的巧克力并进行销售，非法经营数额共计人民币210余万元；第二个是关于假冒第1586931号注册商标犯罪部分，被告人王某甲负责出资、生产，胡某甲负责联系制作商标标识，非法经营数额共计人民币139,100元，其中胡某甲违法所得5000元。在以往的判例中，同一案件共同犯罪中的不同被告人，计算罚金的基础标准一般是一致的，即要么都适用违法所得作为标准计算，要么都适用非法经营数额作为标准计算，情节的区分通过倍数的不同来进行，这样在个案中也保持相对的平衡。因此在研究本案过程中，也有观点认为应当统一按照同一标准来进行处理。按照这个逻辑推演下去，假冒第3998765号注册商标犯罪中，被告人张某甲系犯意提起者，但被告人王某甲、徐某甲与张某甲系合谋并共同出资，从在共同犯罪中的地位作用来看三者均差不多，张某甲作用更大些；从非法经营数额来看共计人民币210余万元，属情节特别严重。因此，此时对这三个被告人判处罚金刑时，均适用非法经营数额作为确定罚金数额的标准是合适的，与其罪行也是适应的。

但是换到假冒第1586931号注册商标犯罪部分，还是用同一标准来进行处理时，就明显感到不均衡。查明案件细节后发现，被告人胡某甲在本案中，因与被告人王某甲有姻亲关系，王某甲看胡某甲没工作让其帮忙买些标识，胡某甲工作了几个月仅拿到5000元，胡某甲并未出资、亦未实际生产制造假冒产品；所有的出资、生产，均由王某甲一人完成。虽然被告人王某甲与胡某甲系共同犯罪，但两人的非法经营数额共计人民币139,100元，属于情节严重，且胡某甲系从犯，应当从轻、减轻处罚或者免除处罚。因此，法官在确定罚金数额计算标准时非常纠结，若统一根据违法所得来确定王某甲、胡某甲的罚金数额，则对于作为主犯且主要犯罪事实均系其完成的王某甲来说太轻；若统一按照非法经营数额来确定罚金数额，则对刚刚加入犯罪团伙、仅负责对外联系买标识的胡某甲来说太重。因为如果按照非法经营数额来要求胡某甲缴纳罚金，则按照50%最低标准也需要近7万元，这对于在共同犯罪中起次要作用的一个安徽农村失地无业农民来说，显然是过重的，也是不公平的。

最后，法官选择对王某甲与胡某甲适用不同的标准，即王某甲适用非法经营数额作为计算标准，结合其假冒第399876号注册商标的犯罪事实，对王某甲判处罚金人民币1744万元；胡某甲适用违法所得作为计算标准，对胡某甲判处罚金人民币1万元。两个被告人的罚金差距非常大，这恰恰是公平的体现，是罪刑均衡、宽严相济刑事政策的体现。如果法院按照有利于被告人的理念适用违法所得的标准对王某甲与胡某甲判处罚金，则对于王某甲来说，显然属于放纵犯罪，其承担的责任远远低于其所犯罪行；若强行机械地适用非法经营数额的标准对王某甲与胡某甲判处罚金，则对于胡某甲来说无疑极端了，且从其共同犯罪的地位及作用来说也是不合理的，过重了。因此，将两者进行区分，适用不同的罚金计算标准是科学合理的。

法律和司法解释赋予法官的裁量权，是让具体办案的法官结合案件的实际情况，在规定的范围内进行公正合理的选择，罚金刑亦是如此。在本案两个看似关联却相互独立的共同犯罪中，很好地诠释了如何科学运用罚金计算标准来达到宽严相济的刑事政策。在情节大致相同、罪行相近的情况下，适用相同的罚金计算标准来确定罚金刑；在情节迥异、主从犯等区分明显的情况下，采用不同的罚金计算标准来确定罚金刑，既体现了从轻或者减轻处罚的量刑要求，又将不同罪行情节的被告人进行了区分。一般来说，非法经营数额的标准要重于违法所得的标准。法官根据案件情况可以选择不同的标准，重罪重罚、轻罪轻罚，让刑事责任与其犯罪行为相匹配，亦是法官不机械行使裁判权的重要体现。因此，在同一共同犯罪行为中区分不同被告人适用不同的罚金计算标准是合理且公平的，可以妥善解决量刑均衡问题，也是宽严相济刑事政策的具体体现。

裁判要旨十九： 实施假冒注册商标又销售该假冒注册商标的商品的行为，构成假冒注册商标罪，对于商品是否销售、是否属于半成品在所不问，只要商品上附着他人注册商标，均为犯罪对象

案例名称： 王某甲、李某假冒注册商标案

案号： 江苏省无锡市滨湖区人民法院（2011）锡滨知刑初字第0003号

案例来源：《人民司法·案例》2012年第24期

裁判结果：

两被告人犯假冒注册商标罪，分别判处有期徒刑1年8个月和1年6个月，并处罚金人民币5万元；扣押在案的假冒安利牌注册商标的保健品、原材料及加工设备等与犯罪有关物品，予以没收。

基本案情：

被告人王某甲、李某于2010年1月，合谋制造、销售假冒安利牌保健品，并分别购买了用于制造假冒安利牌保健品的原材料和加工设备。同年4月起，被告人王某甲利用上述原材料和加工设备，制造假冒的安利牌保健品。在这期间，被告人王某甲先后邮寄了1200余盒假冒的安利牌保健品到被告人李某处，李某以代某某的名义收货并负责销售，共计得款人民币160,000余元。另外，案发后侦查人员查获了大量未包装的保健品。

法院评论：

司法实践中，对于侵犯知识产权犯罪的准确认定，犯罪数额的计算最为关键。在犯罪数额的计算中，对于尚未销售的类型是否纳入到数额计算的范畴、如何承担刑事责任，我们认为，被告人非法生产完毕但是尚未完成包装和组装的产品组件是司法解释规定的尚未销售的类型，具体理由如下：

我国《刑法》第13条后段但书的规定，揭示了我国刑法立法是以定性加定量为基本原则的立法体例。这种立法体例在侵犯社会主义市场经济秩序犯罪和财产犯罪中体现最为明显。司法实践中，在涉及侵犯知识产权的犯罪中，违法所得数额、经营数额以及生产、销售侵犯知识产权产品的数量是认定行为人罪与非罪、承担刑事责任轻重的决定性因素。由于现实生活中行为人涉嫌侵犯知识产权犯罪的类型和样态各异，如何准确计算行为人的涉案金

额或者数量就成为当下司法机关遇到的重要难题。比如，行为人生产涉嫌侵犯他人注册商标权的伪劣产品，其中有些已经生产完毕的产品已销售并实际流向市场，有些则正在仓库存储，还有些正处于加工、组装的半成品阶段，如何来最终认定行为人的涉案数量和销售金额就成为司法机关必须面对的问题。2011 年《关于办理侵犯知识产权刑事案件适用法律若干问题的意见》对明确知识产权刑事案件中法律的适用具有重要的指导意义。其中，对于上文中提出的问题，《关于办理侵犯知识产权刑事案件适用法律若干问题的意见》也做了相关的解释，《关于办理侵犯知识产权刑事案件适用法律若干问题的意见》第 8 条第 1 款将销售假冒注册商标的商品犯罪案件中尚未销售情形的入罪标准，按照经济类犯罪未遂的标准进行了具体的规定：一是假冒注册商标的商品尚未销售，货值金额在 15 万元以上的；二是假冒注册商标的商品部分销售，已经销售金额不满 5 万元，但是与尚未销售的假冒注册商标的商品的货值金额合计在 15 万元以上的。虽然上述司法解释对于尚未销售的假冒注册商标的商品按照经济犯罪处罚的一般原则，以 3 倍的倍比额度进行具体厘定，但是该司法解释对于何种情况可以认定为尚未销售则没有再进行细化性界定。笔者认为，从《刑法》的规定、有关司法解释的理念和司法实践需要的双重角度考虑，尚未销售的假冒注册商标的商品不仅包括已经生产完毕存储待售的成品，也应该包括尚未生产完毕，但是商品的必要组件已经生产完毕并且可以组装为成品的半成品。

一方面，从性质上来讲，可以组装为成品的半成品与成品之间不存在根本的差异，都可以评价为假冒注册商标罪中的商品，只是在商品生产的时间维度上存在些许差异。事实上，从刑法理论的角度分析，按照实质主义解释的理念，不管是生产完毕的成品还是尚未生产、组装完毕的半成品，只要是还没有进入市场，就没有破坏竞争秩序，也没有损害消费者的合法权益，因而尚未销售的商品在刑法中不具有法益侵害可能性，因而行为人只生产但尚未销售的行为也就失去了可罚性依据。然而，我国《刑法》及有关司法解释将尚未销售的商品纳入到刑法的评价体系，以犯罪未遂予以具体认定和规范，笔者认为这基本上是出于一种刑事立法政策的考量。此种规定带有功利性的目的，即将源头上侵犯权利人知识产权法益的行为拟制性地纳入刑法的评价范围。从规范的角度分析，这种饱含拟制色彩的立法技术虽然超出了实质主义解释理念的容纳范围，但是对严密知识产权刑事法律体系、严厉打击源头性知识产权犯罪无疑具有重要的警示和规范意义。从这个角度思考，区分尚未销售认定中的成品类型和可以组装为成品的半成品的类型也就失去了意义。

当然，半成品类型应从是否能够投入再生产角度出发，将半成品分为原料性半成品与非原料性半成品，在此基础上讨论何为真正的半成品。第一，所谓原料性半成品，即尚未制造完工成为成品，仍需进一步加工的中间产品。该类半成品，由于其能投入再生产，应当视为制造假冒商品的原料，很多情况下较难证明这些原料是专门用于制假。即使可以证明是用于制假，也很难折算出成品的数量，更难以计算其犯罪金额。因此，由于该类半成品的最终价值非得集中体现于成品之中，所以不应当对该类半成品价值计算其犯罪数额。所谓非原料性半成品，即商品的必要组件已经生产完毕且可以组装为成品。此类半成品已是生产环节的终端产品，系离成品仅一步之遥的“准商品”，只需进行简单地外包装加工便能成为最终商品。若非意志以外的原因，行为人在制造该类半成品时，侵权产品的主要生产工序已经完成。

另一方面，从司法实践的角度分析，被告人尚未销售的产品一般来说包括两种情况：生产完毕存储待售的成品和可以组装为成品的半成品。如果只对生产完毕存储待售的成品类型的商品进行认定，忽视可以组装为成品的半成品类型的商品而不予认定，那么将存在刑法处理上的漏洞：被告人就会利用这一漏洞将可以组装为成品的各个组件分别销售，或者被告人只生产其中的一件组件予以出售，那么在没有成品商品的情况下，刑法将如何应对？很明显，只认定生产完毕存储待售的成品类型的商品为尚未销售的类型这一观点无法填补这一漏洞。因而，从司法实践的反向思维角度考虑，**可以组装为成品的半成品也应该是尚未销售之商品认定中的重要组成部分**。

裁判要旨二十：代理商擅自外购同种商品并加贴假冒注册商标用以履行合同中指定品牌产品交付义务，构成假冒注册商标罪

案例名称：翁某某假冒注册商标案

案号：（2016）浙09刑终153号

案例来源：《人民法院案例选》总第118辑

裁判结果：

被告人翁某某犯假冒注册商标罪，判处有期徒刑3年6个月，并处罚金人民币110万元。

基本案情：

2012 年 10 月北京四季沐歌公司授权被告人翁某某为该公司在舟山地区的销售代理人。同年 11 月月底、12 月月初，翁某某、A 公司签订了三方协议，约定由翁某某作为乙方为甲方 A 公司的某小区项目采购、安装四季沐歌品牌太阳能热水系统，北京四季沐歌公司作为丙方，负责乙方的工程质量、施工进度及技术指导并承担连带责任，三方协议的报价明细表中明确太阳能热水系统的水箱应当为四季沐歌品牌，价格为人民币 2600 元/台，整个项目 844 台水箱的销售总价共计人民币 2, 194, 400 元。

在合同履行期间，北京四季沐歌公司代表曾同意翁某某外购二台样机安装于样板房。后翁某某因水箱的进货价格与该公司舟山销售负责人进行协商未能达成一致，遂擅自向山东某公司购置 844 台水箱并要求不要在水箱上贴标签，后又伪造若干“四季沐歌”的商标标识贴在外购的水箱上。该 844 台水箱全部安装在该小区项目上，至 2015 年 6 月 25 日该项目太阳能热水系统经甲方验收合格。

法院评论：

（一）销售代理人超出商标所有人许可范围外购同种商品贴牌，构成假冒注册商标罪

本案中，被告人翁某某所实施的行为，是典型的假冒注册商标行为。需要注意的是，本案中翁某某身份系被侵权单位在舟山地区的销售代理人，其实施外购产品自行贴牌的行为，系为了及时履行包含被侵权单位在内的三方协议约定义务，且被侵权单位曾允许翁某某外购同种产品贴牌。上述事由是否足以成为翁某某实施行为的违法性阻却事由？

我们认为，当满足了在同种商品上使用了相同商标的条件时，假冒注册商标罪的违法性阻却事由只能是行为人得到了注册商标所有人的许可，且该许可在时间、空间和对象的范围上，足以涵盖行为人所实施的该次自行贴牌行为。

在本案中，翁某某作为北京四季沐歌公司的销售代理人，其被许可的范围并不包含贴牌代加工等生产环节；在履行三方协议过程中，该公司仅就样板房中的样机允许翁某某外购同种产品贴牌展示。除此之外，北京四季沐歌公司并无对翁某某的其他许可或授权。恰恰相反，该公司在发现翁某某未根据协议上的施工进度提出供货要求后，即派员实地查看，并在发现翁某某假

冒注册商标行为后立即报警，从实际行动上也表示了对翁某某行为的否定。因此，在本案中并不存在违法性阻却事由影响对翁某某行为的定性。

（二）在指定品牌的合同中，应以合同约定的产品价格和交付履约的产品数量计算非法经营数额

假冒注册商标罪是情节犯，非法经营数额对本罪的构成及量刑档次均有决定作用。在本案中，对于非法经营数额的争议主要表现为两个方面：一是侵权产品单价的认定；二是侵权产品数量的认定。

1. 关于侵权产品的单价

翁某某辩称三方协议中约定的太阳能水箱价格明显高于市场价格，也高于被告人在其他项目中同种产品的供货价格，因此不应以该价格作为非法经营数额的计算基准。

我们认为，这种主张并无法律依据。根据《最高人民法院、最高人民检察院关于办理侵犯知识产权刑事案件具体应用法律若干问题的解释》第 12 条第 1 款，“‘非法经营数额’，是指行为人在实施侵犯知识产权行为过程中，制造、储存、运输、销售侵权产品的价值。已销售的侵权产品的价值，按照实际销售的价格计算。制造、储存、运输和未销售的侵权产品的价值，按照标价或者已经查清的侵权产品的实际销售平均价格计算”。民事合同所约定的价格，系双方意思自治。本案中翁某某报价策略中选择挤压其他部件的价格，正意味着指定了“四季沐歌”品牌的水箱等设备是其获取利润的关键，而这部分设备的抬价也获得了甲方的认可并最终达成协议。因此，以三方协议中约定的水箱单品价格来计算非法经营数额，符合法律的规定。

2. 关于假冒注册商标商品的数量

本案中被告人辩称认定其在所有 844 台外购水箱上均附着加贴假冒注册商标标识的证据不足，因此不应将销售的数量均认定为假冒注册商标的数量并据此计算非法经营数额。

我们认为，在三方协议中指定了采购品牌的情况下，翁某某用以履行合同义务的全部 844 台外购水箱，均应认定为其假冒注册商标的数量。

假冒注册商标系侵犯国家商标管理制度和权利人的商标专用权。而侵权的行为表现为对注册商标的“使用”。在一般的情况下，未加贴假冒的注册商标，不构成本罪。但根据《最高人民法院、最高人民检察院、公安部关于办理侵犯知识产权刑事案件适用法律若干问题的意见》第 7 条规定，已经制

作完成但尚未附着（含加贴）或者尚未全部附着（含加贴）假冒注册商标标识的产品，如果有确实、充分的证据证明该产品将假冒他人注册商标，其价值计入非法经营数额。该规定的出台，系为解决实践中犯罪分子逃避打击或产品与标识数量无法一一对应等问题。举轻以明重，如果有明确的证据证明行为人实施了假冒注册商标的行为，且数量明确的已售产品均被冠以该假冒注册商标的名义，在不存在其他犯罪阻却因素的情况下，对于这些已售产品均应视作假冒注册商标的侵权产品。

综合本案情况，足以认定翁某某采购该844台水箱目的明确，即用于冒充“四季沐歌”品牌产品，完成三方协议中指定品牌水箱采购安装的合同义务。同时，翁某某又实施了打印和加贴假冒“四季沐歌”注册商标标识的行为，该844台水箱也均以“四季沐歌”品牌的名义安装于指定项目。因此，即使该844台水箱中存在部分水箱未加贴假冒的注册商标标识，依据主客观相一致的认知原则，也应计入翁某某的非法经营数额。

裁判要旨二十一：知识产权刑事附带民事诉讼案件中，应按照刑事诉讼排除合理怀疑和民事诉讼优势证据的证明标准确定民事责任和刑事责任

案例名称：熊某甲假冒注册商标刑事附带民事诉讼案

案号：湖北省高级人民法院（2011）鄂知刑终字第1号

案例来源：《人民法院案例选》总第89辑

裁判结果：

1. 被告人熊某甲犯假冒注册商标罪，判处有期徒刑2年，缓刑3年，并处罚金人民币10万元；

2. 被告人熊某甲、熊某乙连带赔偿璜时得公司经济损失人民币30万元，限本判决生效后1个月内履行。

基本案情：

自2007年起，被告人熊某甲先后多地租房，然后由其子熊某乙印制假冒某品牌注册商标的粘合剂外包装彩印圆罐，伙同熊某乙大肆生产、销售假冒其他公司公司享有注册商标专用权的某品牌粘合剂产品。其中，公安机关2010年11月26日在被告人熊某甲制假窝点扣押的假冒该品牌注册商标的粘合剂产品鉴定价值49,140元；销售的假冒注册商标的粘合剂产品价值240,432元。

法院评论：

本案是一起假冒注册商标罪的知识产权刑事附带民事诉讼案件，体现了刑事打击与民事赔偿的司法保护知识产权的双重功能，入选了最高人民法院评选的“2011年中国法院知识产权司法保护50件典型案例”。根据我国《刑法》的规定，侵犯知识产权犯罪均是基于侵犯知识产权的情节严重或者犯罪数额较大的行为，因此，同一侵犯知识产权的行为，有可能只构成民事侵权，也有可能既构成民事侵权又构成犯罪。在后一种情况下，如果被害人在刑事诉讼过程中提起了附带民事诉讼且法院决定一并审判，即形成了知识产权的刑事附带民事诉讼。在刑事诉讼中附带审理民事诉讼，相当于一种“诉的合并”，但在知识产权刑事附带民事诉讼的审理中，刑事部分和民事部分又有明显的区别。

（一）审判程序：分案诉讼VS附带诉讼

首先，知识产权刑事附带民事诉讼能否成立，在司法实务界是一个有争议的问题。《刑事诉讼法》第77条规定：“被害人由于被告人的犯罪行为而遭受物质损失的，在刑事诉讼过程中，有权提起附带民事诉讼。”《最高人民法院关于刑事附带民事诉讼范围问题的规定》第1条第1款对附带民事诉讼的范围，作了进一步规定：“因人身权利受到犯罪侵犯而遭受物质损失或者财物被犯罪分子毁坏而遭受物质损失的，可以提起附带民事诉讼。”以上规定表明，刑事附带民事诉讼的前提是被害人遭受了物质方面的损失。笔者认为，知识产权作为一种无形财产权，属于民法意义上的无体物，知识产权因侵权遭受的财产损失理当属于物质损失，故知识产权案件符合刑事附带民事诉讼的成立条件，其理由有二：第一，知识产权的智力成果属于民法上的无体物，具有理论依据。第二，从我国《刑法》和《刑事诉讼法》的立法本意来看，物质损失、财产损失和经济损失具有相同涵义。虽然在其他场合，这三个词的涵义不尽相同，但在刑事附带民事诉讼范围的问题上，物质损失、财产损失和经济损失三个词在逻辑上属于同一概念。由此可见，知识产权案件属于刑事附带民事诉讼的范围，其民事赔偿部分原则上应当作为刑事案件的附带诉讼一并审判。另外，在审理刑事案件过程中一并解决民事赔偿问题，可以避免由刑事审判庭和民事审判庭分别审理刑事和民事问题可能出现的对同一事实作出相互矛盾的裁判的问题，有利于维护人民法院裁判结果的统一性。

（二）审理思维：有利被告 VS 平等保护

本案集中体现了知识产权刑事审判与民事审判思维方式的差异。在刑事审判中，既要打击犯罪，又要保护人权，在指控被告人犯罪的证据不能排除合理怀疑的情况下，应当根据有利于被告的原则作出裁判。而在民事诉讼中，基于对原告、被告双方当事人的平等保护，只要原告提交的证据可以证明被告销售了被控侵权产品，而被告没有相反的证据予以推翻，就可以认定被告的侵权行为成立，并可据此酌定赔偿经济损失的数额。由此可见，在知识产权刑事附带民事案件中，法官应当同时具备刑事审判和民事审判的两种思维，在同一个案件中体现两类诉讼的不同诉讼价值。

（三）证明标准：排除合理怀疑 VS 优势证据

《刑事诉讼法》第 129 条、第 137 条、第 141 条和第 162 条多次规定，认定被告人有罪证据应当达到“犯罪事实清楚，证据确实、充分”的证明标准。在刑法理论中，该标准也被称为排除合理怀疑标准。也就是说，在刑事诉讼中公诉机关要承担全部的指控被告人犯罪的举证责任，并且公诉机关对被告人所指控的罪行的证据要达到排除合理怀疑的程度。而在民事诉讼中，根据“谁主张、谁举证”的举证原则分配举证责任，在证明侵权的证据存在瑕疵的情形下，仍然可以根据优势证据原则来判定构成侵权。在本案中，二审法院对一审认定的熊某甲、熊某乙向河南、山东两地销售假冒某品牌粘合剂的数量及价值不予认定，只认定了能够形成证据锁链的熊某甲、熊某乙向石家庄销售假冒粘合剂的数量及价值，即体现了排除合理怀疑的刑事诉讼证明标准。

（四）责任承担：罪刑相适应 VS 依法酌定赔偿数额

在刑事诉讼中，被告人承担刑事责任应当依据罪刑相适应原则，即刑罚的轻重应当与犯罪的情节相称。就本案而言，对被告人熊某甲定罪和量刑，必须严格依据法院认定的非法经营数额来确定，二审法院认定的非法经营数额较一审法院有较大幅度减少，这正是二审法院对一审判决确定的刑期和罚金予以改判的原因。但在知识产权民事诉讼中，由于知识产权具有无形性的特点，90% 以上的案件无法确定侵权人在侵权期间因侵权所获得的利益，或者被侵权人在被侵权期间因被侵权所受到的损失，故相关法律作出了人民法院依法酌定赔偿数额的规定。例如，《商标法》第 56 条第 1 款、第 2 款明确规定：“侵犯商标专用权的赔偿数额，为侵权人在侵权期间因侵权所获得的利益，或者被侵权人在被侵权期间因被侵权所受到的损失，包括被侵权人为制止侵权行为所支付的合理开支。前款所称侵权人因侵权所得利益，或者被侵权人因被侵权所受损失难以确定的，由人民法院根据侵权行为的情节判决给予五十万元以下的赔偿。”**由此可见，在知识产权刑事附带民事诉讼中应当依据不同的责任承担原则分别确定被告人的刑事责任和民事赔偿责任。**据此，**本案二审法院认定的非法经营数额，只是确定被告人熊某甲刑事责任的依据，但因其不是侵权人的全部获利或被侵权人的全部损失，故不能成为民事赔偿的标准。**

编后补评：

关于侵犯知识产权刑事案件能否提起附带民事诉讼，一直以来理论界和实务界都有争议。九七年《刑事诉讼法》及相关司法解释从字面上看均未明确禁止对侵犯知识产权案件提起附带民事诉讼，本案就是在这一背景下形成的，也是这一历史时期知识产权案件审理情形的一种记录和真实反映。值得注意的是，2013 年 1 月 1 日开始实施的《最高人民法院关于适用〈中华人民共和国刑事诉讼法〉的解释》第 138 条中对附带民事诉讼案件的范围作了明确界定，即“**被害人因人身权利受到犯罪侵犯或者财物被犯罪分子毁坏而遭受物质损失的，有权在刑事诉讼过程中提起附带民事诉讼**”。按照这一规定及其精神，知识产权权利人遭受的物质损失不是由于“财物被犯罪分子毁坏”而造成的，因而不符合提起附带民事诉讼的条件。所以，**自 2013 年 1 月 1 日起，对于此类案件不能提起附带民事诉讼。**

裁判要旨二十二：利用外地脐橙假冒赣南脐橙，非法使用“赣南脐橙”注册商标的，可构成假冒注册商标罪

案例名称：符某、谢某成、唐某丰、黄某梁、安远县某公司假冒注册商标案

案例来源：《人民法院报》2017 年 5 月 18 日，第 3 版

裁判结果：

1. 判处符某和被告单位安远县某公司罚金 2 万元和 33 万元；

2. 判处唐某丰、谢某成、黄某梁有期徒刑 1 年 6 个月至 3 年，均缓期执行，并处罚金 8 万元至 11 万元。

基本案情：

2016年12月12日，经营水果生意的符某在湖北省某县购得当地脐橙780件，运至赣州市安远县某公司进行外包装。该公司黄某梁明知符某采购的脐橙非赣南脐橙，仍然为其提供印有“赣南脐橙”字样的包装纸箱、精品塑料袋、箱贴，进行分级加工，双方约定每斤收取0.14元加工费。经鉴定，该批脐橙数量为15,540斤，价值50,160元。

2016年11月至12月间，安远县某公司还分两次将谢某成、唐某丰、谢某清（在逃）、梅某（在逃）四人采购的58,440斤外地脐橙包装成赣南脐橙，并以每斤0.14元收取加工费。经鉴定，该批脐橙价值233,760元。

裁判理由：

被告人符某、谢某成、唐某丰、黄某梁，被告单位安远县某公司利用外地脐橙假冒赣南脐橙，非法使用“赣南脐橙”注册商标，其行为已经构成假冒注册商标罪。

裁判要旨二十三：部分独立的犯罪行为所使用的方法（手段）行为或结果行为同时又触犯其他不同的罪名，对该部分犯罪可以单独评价

案例名称：郭某非法经营、假冒注册商标案

案例来源：《人民法院报》2007年1月10日，第6版

裁判结果：

1. 郭某犯非法经营罪，判处有期徒刑6个月，并处罚金人民币10万元；犯假冒注册商标罪，判处有期徒刑1年，并处罚金人民币20万元。决定执行有期徒刑1年，并处罚金人民币30万元。

2. 郭某被依法扣押的赃款及扣押的非法分装及假冒注册商标的农药，均予以没收，上缴国库。

基本案情：

郭某于2001年年底至2005年1月，在明知其经营的公司已被注销的情况下，仍以公司的名义，违法分装、经营农药，向多家单位销售杀虫剂、杀菌剂、除草剂等各类农药，销售金额计人民币3,576,757.08元。

法院评论：

本案的争议点是，被告人郭某出于一个犯罪故意，追求一个犯罪结果，但使用了分装销售和假冒注册商标销售两种手段，对其上述行为是根据牵连

犯的处罚原则“从一重罪处罚”，还是根据不同的犯罪手段分别评价，实行数罪并罚？

本案中，郭某的犯罪故意自始至终只有一个，就是非法销售农药，无论其使用分装销售的手段，还是假冒销售的手段，追求的犯罪结果都只有一个。因此有观点认为，被告人郭某属于连续犯。根据刑法理论对连续犯的处罚原则，由于其假冒销售农药的手段又构成假冒注册商标罪，根据刑法理论对牵连犯应当“从一重罪处罚”的处罚原则，结合本案的犯罪数额，比较非法经营罪和假冒注册商标罪，非法经营罪应为重罪，故对被告人郭某应以非法经营罪一罪处断。而相关司法解释也有类似的规定。如《最高人民法院、最高人民检察院关于办理生产、销售伪劣商品刑事案件具体应用法律若干问题的解释》第10条就明确规定，实施生产、销售伪劣商品犯罪，同时构成侵犯知识产权、非法经营等其他犯罪的，依照处罚较重的规定处罚。

而主张应数罪并罚的观点却认为对上述司法解释要正确理解：该解释是针对一个独立的犯罪而言的，也就是说如果行为人所实施的行为具备了刑法分则规定的这一犯罪的全部构成要件，那么行为人就构成一个独立的犯罪，行为人在实施该犯罪过程中，同时构成其他犯罪的，根据牵连犯的处断原则，可以依照处罚较重的规定处罚。对于行为人出于同一犯罪故意，而连续实施数个独立的同一性质的犯罪行为，其中有部分独立的犯罪行为所使用的方法（手段）行为或结果行为同时又触犯了其他不同的罪名，对于这样一种由多个独立犯罪组成的连续犯而言，就不能机械地套用上述司法解释，而应将数个独立的同一性质的犯罪行为根据其所使用的犯罪手段进行分类，同一犯罪手段为一类，将同一类中数个独立犯罪作为连续犯以一罪处断，如果又同时属于牵连犯，则依照牵连犯的处断原则，依照处罚较重的规定确定罪名。然后再对不同的类进行比较，如果罪名相同，则再根据连续犯的处断原则以一罪处罚。如果罪名不同，则应数罪并罚。本案审理中最终采纳了这一观点。

本案中，被告人郭某的犯罪故意虽然只有一个，就是非法销售农药，但其从2001年年底至2005年1月3年多的时间里，连续实施犯罪，构成数个独立的同一性质的犯罪，而在这些独立的犯罪行为中又可以根据犯罪手段分为两类，第一类为直接分装销售，第二类为直接假冒销售和分装后假冒销售。第一类直接构成非法经营罪，而第二类其手段行为同时触犯了假冒注册商标罪，通过对其犯罪数额（非法经营数额）进行比较，假冒注册商标罪属于重罪，应以假冒注册商标罪定罪。再对比第一类和第二类的罪名，并不是同一罪名，因此不能将整个犯罪作为连续犯以一罪处断，而应对第二类独立犯罪部分以假冒注册商标罪单独评价。故本案对被告人郭某应以非法经营罪和假冒注册商标罪实行数罪并罚。

裁判要旨二十四：在判断待认定商品与参照商品是否属于同一种商品时，以《商标注册用商品和服务国际分类》为基础，以商品的通用名称和用途作为主要标准，同时参考商品的主要原料、消费对象、销售渠道等因素

案例名称：A公司等假冒注册商标、朱某甲销售假冒注册商标的商品案

案号：绍兴市柯桥区人民法院（2009）绍刑初字第391号

案例来源：《中国审判案例要览》2010年刑事审判案例卷

裁判结果：

1. A公司犯假冒注册商标罪，判处罚金人民币19万元。

2. 李某甲犯假冒注册商标罪，判处有期徒刑1年，缓刑2年，并处罚金人民币19万元。

3. 朱某甲犯销售假冒注册商标的商品罪，判处有期徒刑2年，缓刑3年，并处罚金人民币11万元。

基本案情：

2006年下半年，被告单位A公司从B公司承揽到生产一批前胸绣有“骑马挥杆运动员”图案T恤衫的业务。同年9月中旬，被告单位A公司的法定代表人即被告人李某甲将上述业务中的约60,000件T恤衫委托C公司以及被告人朱某甲经营的D制衣厂生产。在C公司生产的T恤衫被工商部门查获后，李某甲向B公司索要商标授权文件，B公司未提供。在明知涉案T恤衫涉嫌涉嫌侵犯他人注册商标权的情况下，仍继续委托D制衣厂生产。后D制衣厂所生产的T恤衫也被就地查扣后，李某甲与朱某甲合谋转移被查扣T恤衫，被告人朱某甲通过他人介绍，将部分T恤衫以每件8余元的价格出售，合计得款20万余元。

另查明，涉案商标1987年注册时核准使用商品的范围为我国《商品分类（组别）表》（1981年版）第53类：衣服，对商标图形的颜色、尺寸均未有限制。1988年，我国商标注册适用《商标注册用商品和服务国际分类》后，该商标被核准注册在第25类衣服上。中华人民共和国国家工商行政管理

（总）局商标局依照《商标注册用商品和服务国际分类》（第 8 版）制定的《类似商品和服务区分表》（2002 年版）将 T 恤衫划归在第 25 类，属于衣物的一种。

2006 年至今，被告单位 A 公司没有提供其有权使用涉案商标的依据。

法院评论：

而就本案而言，控辩双方争议的关键点及法院审理的难点在于如何判断涉案 T 恤衫与涉案商标核准使用的商品是否属于同一种商品。

判断是否属于同一种商品，首先要解决的是认定同一种商品的参照商品的问题。由于认定同种商品的目的在于对商标权人商标权利的保护，而我国《商标法》又明确规定，注册商标专用权，以核定使用的商品和核准注册的商标为限。因此，认定同一种商品的参照商品应当是商标权人核定使用的商品。其次，需要考虑采用何种标准来判断待认定商品与参照商品是否属于同一种商品。依照我国《商标法》的规定，申请商标注册，应当按照规定的商品分类表填报使用商标的商品类别和名称。这一商品分类表指的是《尼斯协定》所确定的《商标注册用商品和服务国际分类》，它是商标管理法规中一个重要的文件，具有法定效力，它也是判断商品是否相同或相似的重要依据，直接影响到对商标权的保护。同时，根据《最高人民法院关于审理商标民事纠纷案件适用法律若干问题的解释》对于“类似商品”的含义界定，综合考察两者的功能、用途、生产部门、销售渠道、消费对象等方面是否相同。因此，在判断待认定商品与参照商品是否属于同一种商品时，应当以《商标注册用商品和服务国际分类》为基础，以商品的通用名称和用途作为主要标准，同时参考商品的主要原料、消费对象、销售渠道等因素。

在本案中，涉案商标 1987 年注册时核准使用商品的范围为我国《商品分类（组别）表》第 53 类：衣服，1988 年我国商品注册适用《商标注册用商品和服务国际分类》后，涉案商标被核准注册在《商标注册用商品和服务国际分类》第 25 类衣服上，其通用名称、用途、主要原料等均与 T 恤衫相同。在《商标注册用商品和服务国际分类》（第 8 版）中第 25 类为服装、鞋、帽，T 恤衫为该类下的“衣物”所包含。从《商标注册用商品和服务国际分类》对有关商品分类的历史沿革和从“衣物”在其中所处的位置及其所包含的商品看，T 恤衫应为涉案商标 1987 年注册时核准使用商品即“衣服”所包含。综上所述，涉案 T 恤衫与涉案商标核定使用的商品在《商标注册用商品和服务国际分类》中所属的类别相同，通用名称、用途及主要原料等也相同，应当认定涉案T恤衫与涉案商标核准使用的商品属于同一种商品。

三、无罪裁判要旨

无罪裁判要旨一：在办理注册商标类犯罪的立案监督案件时，对符合《商标法》规定的正当合理使用情形而未侵犯注册商标专用权的，应依法监督公安机关撤销案件，以保护涉案企业合法权益。必要时可组织听证，增强办案透明度和监督公信力

案例名称：广州某公司涉嫌销售假冒注册商标的商品立案监督案

案例来源：最高人民检察院第二十六批指导性案例（检例第99号）

指导意义：

（一）检察机关办理侵犯知识产权犯罪案件，应注意审查是否存在法定的正当合理使用情形

办理侵犯知识产权犯罪案件，检察机关在依法惩治侵犯知识产权犯罪的同时，还应注意保护权利人的正当权益免遭损害。其中一个重要方面是应注意审查是否存在不构成知识产权侵权的法定情形。如《商标法》第59条规定的商标描述性使用、在先使用，《著作权法》第24条规定的合理使用，第25条、第35条第2款、第42条第2款、第46条第2款规定的法定许可，《专利法》第67条规定的现有技术、第75条规定的专利先用权等正当合理使用的情形，防止不当启动刑事追诉。对于当事人提出的立案监督申请，检察机关经过审查和调查核实，认定有在先使用等正当合理使用情形，侵权事由不成立的，应依法通知公安机关撤销案件。

（二）正确把握商标在先使用的抗辩事由

商标注册人申请商标注册前，他人已经在同一种商品或者类似商品上先于商标注册人使用与注册商标相同或者近似并有一定影响的商标的，注册商标专用权人无权禁止该使用人在原使用范围内继续使用该商标，注册商标所有人仅可以要求其附加适当区别标识。判断是否存在在先使用抗辩事由，需重点审查以下方面：一是在先使用人是否在商标注册人申请注册前先于商标注册人使用该商标。二是在先使用商标是否已产生一定影响。三是在先商标使用人主观上是否善意。

（三）开展立案监督工作必要时可组织听证，增强办案透明度和监督公信力

听证是检察机关贯彻以人民为中心，充分尊重和保障当事人的知情权、参与权、监督权，健全完善涉检矛盾纠纷排查化解机制的有效举措。检察机关组织听证应当提前通知各方做好听证准备，整理好争议点，选取合适的听证员。听证中应围绕涉案当事人对刑事立案所持异议的理由和依据、公安机关立案的证据和理由、行政执法部门及听证员的意见展开，重点就侵权抗辩事由是否成立、是否具有犯罪的主观故意等焦点问题进行询问，全面审查在案证据，以准确认定公安机关立案的理由是否成立。通过听证开展立案监督工作，有助于解决在事实认定、法律适用问题上的分歧，化解矛盾纠纷，既推动规范执法，又增强检察监督公信力。

无罪裁判要旨二：被告人与品牌某地区独家代理商签订商标使用协议，该代理商允诺代被告人办理授权手续，但实际未经过商标所有人同意的，不能认定被告人具有犯罪故意

案例名称：孙某犯假冒注册商标罪二审刑事判决书

审理法院：江苏省高级人民法院

案号：（2014）苏知刑终字第00010号

裁判理由：

本院认为，从孙某所实施的客观行为来看，孙某未经宝庆公司的许可，在珠宝类商品上使用与宝庆公司注册商标相同的商标，且非法经营额巨大，符合假冒注册商标罪的客观要件，但由于现有证据尚不能证明孙某在行为时具有《刑法》所规定的主观故意，故其不构成假冒注册商标罪。

孙某是否构罪的关键应在于孙某行为时的主观心理状态是否符合《刑法》所要求的犯罪主观要件。对此，本院认为：首先，孙某使用宝庆公司的商标具备一定的合同基础。其次，现有证据尚不足以证明孙某在主观上具备假冒他人注册商标的主观故意。最后，孙某私自在外购货物上贴附商标有其相应的内、外部背景。

综上，鉴于孙某使用涉案商标具备一定合同依据，现有证据亦无法证明孙某具备假冒他人注册商标的主观故意，同时结合孙某私自在外购货物上贴附商标的行为是按照授权人徐某甲的模式经营以及宝庆公司明知徐某甲的行

为却没有及时积极制止等事实和因素，本院认为，孙某在同一种商品上使用与宝庆公司注册商标相同商标的行为至多属于其与宝庆公司之间关于商标侵权的民事争议，本案现有证据难以认定孙某已经达到《刑法》所要求的构成假冒注册商标罪所应达到的主观故意标准，认定孙某构成假冒注册商标罪的证据不足，故应当认定孙某无罪。

无罪裁判要旨三：将某品牌此型号商品改装为彼型号商品，改装后的商品与原商品之间在功能、外观等方面不存在实质性差异，也不足以证实改装行为已足以影响使用该商品的消费者对涉案注册商标的认同，因此不属于《刑法》上未经允许在同一种商品上使用与其注册商标相同的商标且情节严重的行为

案例名称：冯某甲假冒注册商标罪 2016 刑终 21 二审刑事判决书

审理法院：广州市中级人民法院

案号：（2016）粤 01 刑终 21 号

裁判理由：

本院认为，假冒注册商标罪是指未经注册商标所有人许某乙，在同一种商品上使用与其注册商标相同的商标且情节严重的行为。上诉人冯某甲伙同同案人未经三星电子株式会社许某乙，通过更换标贴、包装盒、破解系统软件的方式，擅自将三星电子株式会社生产的原装打印机改装成三星品牌的其他型号的打印机并予销售，上诉人的确存在擅自使用三星电子株式会社注册商标的行为。但本案除了上诉人和同案人的供述曾提及破解打印机的加密程序外，没有其他证据证实打印机加密程序被改动的状况。现有证据不足以证实改装后的打印机与原装打印机之间在功能、外观等方面存在实质性差异，也不足以证实改装行为已足以影响使用该商品的消费者对三星电子株式会社注册商标的认同。据此，本案上诉人在改装后的打印机上使用三星电子株式会社的注册商标，不属于《刑法》上未经注册商标所有人许某乙在同一种商品上使用与其注册商标相同的商标且情节严重的行为，上诉人不构成假冒注册商标罪。

无罪裁判要旨四：检察机关及商标所有权人未对涉案物品逐一鉴别，没有提供实物照片，笼统认定为假冒注册商标的商品，属于证据不足，不能认

定构成本罪

案例名称：刘某、彭某假冒注册商标罪二审刑事裁定书

审理法院：广州市中级人民法院

案号：（2014）穗中法知刑终字第8号

裁判理由：

本案原公诉机关指控上诉人刘某甲、彭某收购过期、废弃的惠普牌硒鼓、墨盒，在网上购买假冒惠普防伪标，重新包装出售，但原公诉机关并没有出示相关证据证实涉案物品为过期、废弃的物品，中联知识产权调查中心、中国惠普有限公司均在案发当日出具了鉴定证明，但证明内容只是笼统认定涉案物品为假冒惠普公司hp注册商标的产品，没有实物照片，没有对涉案物品逐一鉴别，且证明中的物品数量与扣押清单不一致，中国惠普有限公司在2013年10月31日出具的《说明》中认定本案所涉及的硒鼓墨盒产品包括六种情况，仍未对涉案物品逐一鉴别，广州市人民检察院在本院开庭审理时亦未能出示物证，因此，原公诉机关指控上诉人刘某甲、彭某构成假冒注册商标罪证据不足，不能认定上诉人刘某甲、彭某有罪。

无罪裁判要旨五：被告人所使用的商标虽与被害单位商标相似，但仍有较明显的差别，不构成刑法意义上相同的商标

案例名称：陈某某假冒注册商标一审刑事判决书

审理法院：宜昌市中级人民法院

案号：（2019）鄂05刑初4号（未检索到二审裁判）

裁判理由：

本案被告人陈某某的行为虽然构成在同一种商品上使用涉案商标，但经营的B公司使用的涉案商标是否与A公司的或商标相同，是本案争议的焦点问题。

通过比对可见，B公司生产的“均瑶味动力”乳酸菌饮品使用的商标相似的商标，虽然与A公司商标构成近似商标，但在视觉上仍具有较为明显的差别，尚不构成刑法意义上的相同的商标。同理，B公司使用的涉案商标与A公司的商标亦不构成相同的商标。

综上所述，被告人陈某某的行为不构成假冒注册商标罪。

以相同理由裁判无罪的案件还有：朱某甲、杨某甲假冒注册商标一审刑事判决书，**案号：**（2016）鄂0102刑初669号（二审湖北省武汉市中级人民法院驳回抗诉），**审理法院：**武汉市江岸区人民法院；被告单位A公司、被告人庄某某假冒注册商标案一审刑事判决书，**案号：**（2016）闽0582刑初1102号（被告人对其他罪名上诉，二审福建省泉州市中级人民法院维持原判），**审理法院：**晋江市人民法院。

无罪裁判要旨六：被告人生产销售的商品与被指控侵权的商标核定使用的并非同一种商品，因此不构成本罪

案例名称：秦某甲假冒注册商标罪再审刑事判决书

审理法院：广州市越秀区人民法院

案号：（2015）穗越法审监刑再字第5号

裁判理由：

本院认为，《刑法》第213条规定，未经注册商标所有人许可，在同一种商品上使用与其注册商标相同的商标，情节严重的，处3年以下有期徒刑或者拘役，并处或者单处罚金；情节特别严重的，处3年以上7年以下有期徒刑，并处罚金。杜某公司生产、销售的喷码机属于《类似商品和服务区分表》中的第七类商品，与多米诺公司第G7885号注册商标核定使用的第九类商品并非“同一种商品”。杜某公司生产、销售涉案喷码机的行为不构成假冒注册商标罪，原审被告人秦某任职杜某公司终端销售部主管、参与杜某公司涉案经营的行为也不构成假冒注册商标罪。检察机关指控原审被告人秦某犯假冒注册商标罪，罪名不能成立。

以相同理由裁判无罪的案件还有：上海某公司、李某销售假冒注册商标的商品审判监督案，**案号：**（2020）沪0115刑再4号，审理法院：上海市浦东新区人民法院。

第十四章

侵犯商业秘密罪裁判要旨

导　言

商业秘密，是指不为公众所知悉、具有商业价值并经权利人采取相应保密措施的技术信息、经营信息等商业信息。《刑法》第219条规定的侵犯商业秘密犯罪构成包括：(1) 犯罪客体：侵犯商业秘密罪的客体是商业秘密权利人的权利和市场的公平竞争秩序。侵犯商业秘密的行为会导致企业丧失竞争力，破坏了市场公平竞争秩序，也会给商业秘密权利人造成经济损失。(2) 犯罪客观方面：侵犯商业秘密罪的客观方面是侵犯商业秘密的行为。侵犯商业秘密的行为包括三类：以盗窃、贿赂、欺诈、胁迫、电子侵入或者其他不正当手段获取权利人的商业秘密的；披露、使用或者允许他人使用以前项手段获取的权利人的商业秘密的；违反保密义务或者违反权利人有关保守商业秘密的要求，披露、使用或者允许他人使用其所掌握的商业秘密的。另外，明知非法获取的商业秘密，获取、披露、使用或者允许他人使用该商业秘密的，也以侵犯商业秘密论。行为社会危害性程度需要达到情节严重的，才构成犯罪。(3) 犯罪主体：侵犯商业秘密罪的主体是一般主体，既可以是自然人，也可以是单位。(4) 犯罪主观方面：侵犯商业秘密罪的主观方面是故意。

截至2021年6月30日，编者在威科先行法律信息库网站上检索关键字“案由：侵犯商业秘密罪、裁判结果：无罪”发现，无罪案例6件，并综合本罪在最高人民法院、最高人民检察院公报案例和指导案例、《刑事审判参考》等案例，归纳出有罪裁判要旨12条，无罪裁判要旨5条。

2020年修订的《刑法》，加大了知识产权的保护力度，降低了入罪门槛，此罪多为离职人员未能按照保密协议要求将原公司的商业秘密用于自己或他人的公司营利，给原公司带来巨大经济损失。对于拥有商业秘密的企业来说，在日常经营中应更加重视商业秘密的保护：（1）公司内部建立健全保密制度，与直接接触商业秘密的员工签订保密协议，与合作伙伴约定保密条款。（2）密切关注技术信息的披露情况，及时发现外部侵权行为。（3）以标记、分类、隔离、封存等方式，对商业秘密及其载体进行区分和管理。（4）要求离职员工登记、返还、删除、销毁其接触或者获取的商业秘密及其载体，继续承担保密义务。

一、相关法律法规

《中华人民共和国刑法》 （修正前）	《中华人民共和国刑法修正案（十一）》 （2021 年 3 月 1 日施行）
第二百一十九条 【侵犯商业秘密罪】有下列侵犯商业秘密行为之一，~~给商业秘密的权利人造成重大损失的~~，处三年以下有期徒刑或者拘役，并处或者单处罚金；~~造成特别严重后果的~~，处三年以上~~七年~~以下有期徒刑，并处罚金： （一）以盗窃、~~利诱~~、胁迫或者其他不正当手段获取权利人的商业秘密的； （二）披露、使用或者允许他人使用以前项手段获取的权利人的商业秘密的； （三）违反~~约定~~或者违反权利人有关保守商业秘密的要求，披露、使用或者允许他人使用其所掌握的商业秘密的。 明知~~或者应知~~前款所列行为，获取、使用或者~~披露他人的商业秘密的~~，以侵犯商业秘密论。 ~~本条所称商业秘密，是指不为公众所知悉，能为权利人带来经济利益，具有实用性并经权利人采取保密措施的技术信息和经营信息。~~ 本条所称权利人，是指商业秘密的所有人和经商业秘密所有人许可的商业秘密使用人。	**第二百一十九条** 【侵犯商业秘密罪】有下列侵犯商业秘密行为之一，情节严重的，处三年以下有期徒刑，并处或者单处罚金；情节特别严重的，处三年以上十年以下有期徒刑，并处罚金： （一）以盗窃、贿赂、欺诈、胁迫、电子侵入或者其他不正当手段获取权利人的商业秘密的； （二）披露、使用或者允许他人使用以前项手段获取的权利人的商业秘密的； （三）违反保密义务或者违反权利人有关保守商业秘密的要求，披露、使用或者允许他人使用其所掌握的商业秘密的。 明知前款所列行为，获取、披露、使用或者允许他人使用该商业秘密的，以侵犯商业秘密论。 本条所称权利人，是指商业秘密的所有人和经商业秘密所有人许可的商业秘密使用人。

续表

《中华人民共和国刑法》（修正前）	《中华人民共和国刑法修正案（十一）》（2021年3月1日施行）
	第二百一十九条之一 为境外的机构、组织、人员窃取、刺探、收买、非法提供商业秘密的，处五年以下有期徒刑，并处或者单处罚金；情节严重的，处五年以上有期徒刑，并处罚金。
第二百二十条 【单位犯侵犯知识产权罪的处罚规定】单位犯本节第二百一十三条至第二百一十九条规定之罪的，**对单位判处罚金**，并对其直接负责的主管人员和其他直接责任人员，依照本节各该条的规定处罚。	无变化

《最高人民检察院、公安部关于修改侵犯商业秘密刑事案件立案追诉标准的决定》（2020年9月17日施行）

侵犯商业秘密刑事案件立案追诉标准修改为：【侵犯商业秘密案（刑法第二百一十九条）】侵犯商业秘密，涉嫌下列情形之一的，应予立案追诉：

（一）给商业秘密权利人**造成损失数额**在**三十万元以上**的；

（二）因侵犯商业秘密**违法所得数额**在**三十万元以上**的；

（三）直接导致商业秘密的权利人因重大经营困难而破产、倒闭的；

（四）其他给商业秘密权利人造成重大损失的情形。

前款规定的造成**损失数额或者违法所得数额，可以按照下列方式认定**：

侵犯行为	损失数额或者违法所得数额的认定方式
以不正当手段获取权利人的商业秘密，尚未披露、使用或者允许他人使用的	可以根据该项商业秘密的合理许可使用费确定
不正当手段获取权利人的商业秘密后，披露、使用或者允许他人使用的	损失数额可以根据权利人因被侵权造成销售利润的损失确定，但该损失数额低于商业秘密合理许可使用费的，根据合理许可使用费确定

续表

<table>
<tr><th>侵犯行为</th><th>损失数额或者违法所得数额的认定方式</th></tr>
<tr><td>违反约定、权利人有关保守商业秘密的要求，披露、使用或者允许他人使用其所掌握的商业秘密的</td><td rowspan="2">可以根据权利人因被侵权造成销售利润的损失确定（顺位适用）：
权利人因被侵权造成销售量减少的总数 * 权利人每件产品的合理利润；
侵权产品销售量 * 权利人每件产品的合理利润；
侵权产品销售量 * 每件侵权产品的合理利润确定</td></tr>
<tr><td>明知商业秘密是不正当手段获取或者是违反约定、权利人有关保守商业秘密的要求披露、使用、允许使用，仍获取、使用或者披露的</td></tr>
<tr><td>因侵犯商业秘密行为导致商业秘密已为公众所知悉或者灭失的</td><td>可以根据该项商业秘密的商业价值确定；商业秘密的商业价值，可以根据该项商业秘密的研究开发成本、实施该项商业秘密的收益综合确定</td></tr>
<tr><td>因披露或者允许他人使用商业秘密而获得的财物或者其他财产性利益</td><td>违法所得</td></tr>
<tr><td>商业秘密的权利人为减轻对商业运营、商业计划的损失或者重新恢复计算机信息系统安全、其他系统安全而支出的补救费用</td><td>应当计入给商业秘密的权利人造成的损失</td></tr>
</table>

《最高人民法院、最高人民检察院关于办理侵犯知识产权刑事案件具体应用法律若干问题的解释（三）》（法释〔2020〕10 号，2020 年 9 月 14 日施行）

第三条　采取非法复制、未经授权或者超越授权使用计算机信息系统等方式窃取商业秘密的，应当认定为刑法第二百一十九条第一款第一项规定的“盗窃”。

以贿赂、欺诈、电子侵入等方式获取权利人的商业秘密的，应当认定为刑法第二百一十九条第一款第一项规定的“其他不正当手段”。

第四条　实施刑法第二百一十九条规定的行为，具有下列情形之一的，应当认定为“给商业秘密的权利人造成重大损失”：

（一）给商业秘密的权利人造成损失数额或者因侵犯商业秘密违法所得

数额在三十万元以上的；

（二）直接导致商业秘密的权利人因重大经营困难而破产、倒闭的；

（三）造成商业秘密的权利人其他重大损失的。

给商业秘密的权利人造成损失数额或者因侵犯商业秘密违法所得数额在二百五十万元以上的，应当认定为刑法第二百一十九条规定的“造成特别严重后果”。

除此之外，《民法典》《反不正当竞争法》等对于侵犯商业秘密的行为也有相应的规定：

《中华人民共和国民法典》（2021 年 1 月 1 日施行）

第五百零一条 当事人在订立合同过程中知悉的商业秘密或者其他应当保密的信息，无论合同是否成立，不得泄露或者不正当地使用；泄露、不正当地使用该商业秘密或者信息，造成对方损失的，应当承担赔偿责任。

《中华人民共和国反不正当竞争法》（2019 年 4 月 23 日施行）

第九条 经营者不得实施下列侵犯商业秘密的行为：

（一）以盗窃、贿赂、欺诈、胁迫、电子侵入或者其他不正当手段获取权利人的商业秘密；

（二）披露、使用或者允许他人使用以前项手段获取的权利人的商业秘密；

（三）违反保密义务或者违反权利人有关保守商业秘密的要求，披露、使用或者允许他人使用其所掌握的商业秘密；

（四）教唆、引诱、帮助他人违反保密义务或者违反权利人有关保守商业秘密的要求，获取、披露、使用或者允许他人使用权利人的商业秘密。

经营者以外的其他自然人、法人和非法人组织实施前款所列违法行为的，视为侵犯商业秘密。

第三人明知或者应知商业秘密权利人的员工、前员工或者其他单位、个人实施本条第一款所列违法行为，仍获取、披露、使用或者允许他人使用该商业秘密的，视为侵犯商业秘密。

本法所称的商业秘密，是指不为公众所知悉、具有商业价值并经权利人采取相应保密措施的技术信息、经营信息等商业信息。

第十七条 经营者违反本法规定，给他人造成损害的，应当依法承担民事责任。

经营者的合法权益受到不正当竞争行为损害的，可以向人民法院提起诉讼。

因不正当竞争行为受到损害的经营者的赔偿数额，按照其因被侵权所受到的实际损失确定；实际损失难以计算的，按照侵权人因侵权所获得的利益确定。经营者恶意实施侵犯商业秘密行为，情节严重的，可以在按照上述方法确定数额的一倍以上五倍以下确定赔偿数额。赔偿数额还应当包括经营者为制止侵权行为所支付的合理开支。

经营者违反本法第六条、第九条规定，权利人因被侵权所受到的实际损失、侵权人因侵权所获得的利益难以确定的，由人民法院根据侵权行为的情节判决给予权利人五百万元以下的赔偿。

第三十二条　在侵犯商业秘密的民事审判程序中，商业秘密权利人提供初步证据，证明其已经对所主张的商业秘密采取保密措施，且合理表明商业秘密被侵犯，涉嫌侵权人应当证明权利人所主张的商业秘密不属于本法规定的商业秘密。

商业秘密权利人提供初步证据合理表明商业秘密被侵犯，且提供以下证据之一的，涉嫌侵权人应当证明其不存在侵犯商业秘密的行为：

（一）有证据表明涉嫌侵权人有渠道或者机会获取商业秘密，且其使用的信息与该商业秘密实质上相同；

（二）有证据表明商业秘密已经被涉嫌侵权人披露、使用或者有被披露、使用的风险；

（三）有其他证据表明商业秘密被涉嫌侵权人侵犯。

《最高人民法院关于审理侵犯商业秘密民事案件适用法律若干问题的规定》（法释〔2020〕7号，2020年9月12日施行）

第四条　具有下列情形之一的，人民法院可以认定有关信息为公众所知悉：

（一）该信息在所属领域属于一般常识或者行业惯例的；

（二）该信息仅涉及产品的尺寸、结构、材料、部件的简单组合等内容，所属领域的相关人员通过观察上市产品即可直接获得的；

（三）该信息已经在公开出版物或者其他媒体上公开披露的；

（四）该信息已通过公开的报告会、展览等方式公开的；

（五）所属领域的相关人员从其他公开渠道可以获得该信息的。

将为公众所知悉的信息进行整理、改进、加工后形成的新信息，符合本规定第三条规定的，应当认定该新信息不为公众所知悉。

第六条 具有下列情形之一，在正常情况下足以防止商业秘密泄露的，人民法院应当认定权利人采取了相应保密措施：

（一）签订保密协议或者在合同中约定保密义务的；

（二）通过章程、培训、规章制度、书面告知等方式，对能够接触、获取商业秘密的员工、前员工、供应商、客户、来访者等提出保密要求的；

（三）对涉密的厂房、车间等生产经营场所限制来访者或者进行区分管理的；

（四）以标记、分类、隔离、加密、封存、限制能够接触或者获取的人员范围等方式，对商业秘密及其载体进行区分和管理的；

（五）对能够接触、获取商业秘密的计算机设备、电子设备、网络设备、存储设备、软件等，采取禁止或者限制使用、访问、存储、复制等措施的；

（六）要求离职员工登记、返还、清除、销毁其接触或者获取的商业秘密及其载体，继续承担保密义务的；

（七）采取其他合理保密措施的。

（该司法解释的其他内容因篇幅原因，此处省略）

《最高人民法院关于审理不正当竞争民事案件应用法律若干问题的解释》（2020年12月23日修正，2021年1月1日施行）

第十二条 通过自行开发研制或者反向工程等方式获得的商业秘密，不认定为反不正当竞争法第十条第（一）、（二）项规定的侵犯商业秘密行为。

前款所称“反向工程”，是指通过技术手段对从公开渠道取得的产品进行拆卸、测绘、分析等而获得该产品的有关技术信息。当事人以不正当手段知悉了他人的商业秘密之后，又以反向工程为由主张获取行为合法的，不予支持。

第十三条 商业秘密中的客户名单，一般是指客户的名称、地址、联系方式以及交易的习惯、意向、内容等构成的区别于相关公知信息的特殊客户信息，包括汇集众多客户的客户名册，以及保持长期稳定交易关系的特定客户。

客户基于对职工个人的信赖而与职工所在单位进行市场交易，该职工离职后，能够证明客户自愿选择与自己或者其新单位进行市场交易的，应当认定没有采用不正当手段，但职工与原单位另有约定的除外。

（该司法解释的其他内容因篇幅原因，此处省略）

二、有罪裁判要旨

裁判要旨一：行为人窃取他人技术秘密供自己所在的公司使用，从而给技术秘密权利人造成特别严重后果的，在追究行为人侵犯商业秘密罪的刑事责任时，可以根据附带民事诉讼原告人的请求，将行为人所在公司列为附带民事诉讼被告人一并追究侵权的民事赔偿责任

案件名称：裴某良侵犯商业秘密案

案例来源：最高人民法院公报案例 2006 年第 12 期

裁判结果：

（1）被告人裴某良犯侵犯商业秘密罪，判处有期徒刑 3 年，并处罚金 5 万元；（2）被告人裴某良及附带民事诉讼被告人中冶公司停止侵权行为；（3）被告人裴某良及附带民事诉讼被告人中冶公司连带赔偿附带民事诉讼原告人西安重研所经济损失 1782 万元。

基本案情：

西安重研所承接辽宁某钢铁公司的凌钢连铸机主体设备的设计工作后，自主完成设计，形成一套连铸机主设备图纸，西安重研所视之为自己的技术秘密。被告人裴某良利用在西安重研所担任高级工程师的工作便利，将凌钢连铸机主设备图纸的电子版本拷贝下来。裴某良应聘到中冶公司担任副总工程师后，将该电子版本输入到中冶公司局域网，供中冶公司为川威公司设计“135mm × 750mm 二机二流板坯连铸机”、为泰山公司设计“135mm × 800mm 二机二流板坯连铸机”时使用。裴某良的行为给西安重研所造成至少 148 万元的经济损失。

裁判理由：

被告人裴某良受聘于附带民事诉讼被告人中冶公司，是项目技术负责人。裴某良为完成中冶公司交付的设计任务，将窃取附带民事诉讼原告人西安重研所的技术秘密上传到中冶公司局域网，供中冶公司的设计人员在为川威公司、泰山公司设计、制造板坯连铸机时使用。裴某良是为履行公职而直接侵权，其行为属于单位侵权，应当由其所在单位中冶公司承担侵权的民事责任。

客观上，中冶公司也是靠裴某良上传的图纸，才能在短时间内为川威公司、泰山公司完成板坯连铸机的设计、制造工作，从而谋取了巨额利润。中冶公司的行为与裴某良的行为共同导致侵犯西安重研所合法民事权益的损害结果发生，均与损害结果之间存在着法律上的因果关系。单从民事角度讲，中冶公司也应对西安重研所遭受的经济损失承担赔偿责任。将中冶公司列为本案附带民事诉讼被告人，不仅合法，而且合理。

就本案而言，附带民事诉讼被告人中冶公司利用附带民事诉讼原告人西安重研所的连铸机主设备图纸为他人设计、制造板坯连铸机，从而谋取巨额利润，是不正当竞争行为，故应适用上述规定。中冶公司与川威公司、泰山公司签订的两个板坯连铸机设计、安装合同，总金额为14, 856万元。但是中冶公司在这两个合同中获取了多少利润，从现有财务账目中无法确定。按照中国重型机械工业协会关于板坯连铸机成套设备设计、制造的平均利润为12%的专家评估意见计算，中冶公司从这两份合同中所获的利润可以认定为14, 856万元×12% =1782万元。

裁判要旨二：违反与原单位的保密约定，伙同他人利用原单位专利技术以外不为公众知悉的工艺技术信息，生产与原单位相同的产品，并给原单位造成重大经济损失的，应按侵犯商业秘密罪论处

案件名称：周某隆等人侵犯商业秘密案

案例来源：最高人民法院公报案例2005年第3期

裁判结果：

（1）被告人周某隆犯侵犯商业秘密罪，判处有期徒刑1年，并处罚金人民币3000元。（2）被告人陈某明犯侵犯商业秘密罪，判处有期徒刑1年3个月，并处罚金人民币5000元。（3）被告人陶某强犯侵犯商业秘密罪，判处有期徒刑1年3个月，并处罚金人民币5000元。

基本案情：

2000年10月，被告人周某隆明知“刺孔型干爽网面”的生产技术和设备是亚恒公司的商业秘密，仍违反该公司有关保守商业秘密的要求，与被告人陈某明共同商议，利用周某隆掌握的“刺孔型干爽网面”的生产技术和设备的信息，由陈某明注册成立伟隆公司，生产与亚恒公司相同的“刺孔型干爽网面”。同年年底至2001年4月期间，周某隆向伟隆公司提供了亚恒公司

研制的“刺孔型干爽网面”模片样品，并通过他人加工复制。同时，周某隆又伙同陈某明、被告人陶某强等人，先后赴浙江的万方公司、湖州杰森机床厂；分别订购了与亚恒公司相同的主要生产设备 YH－600 型压花机 2 台、FQH－600 型分切机 1 台、YY32－50A 型四柱液压机 1 台。陶某强明知“刺孔型干爽网面”的生产技术和设备是亚恒公司的商业秘密，仍违反该公司有关保守商业秘密的要求，利用其掌握的该公司专有生产技术负责验收，对压花机、分切机等生产设备进行安装、调试、检测。2001 年 7 月至 2003 年 3 月 24 日期间，伟隆公司利用亚恒公司的商业秘密，生产与该公司相同的“刺孔型干爽网面”，并以低价销售给天津依依卫生用品厂等多家单位，产品销售量共计 101.705 吨，获利 20 万余元。致使亚恒公司的同期销售量减少 96.495 吨，直接损失达 108 万余元。

裁判理由：

亚恒公司法定代表人自行研制的、并为亚恒公司所拥有的生产“刺孔型干爽网面”的工艺技术，采用金属齿轮片叠加拼合成上、下两个直径不同的带微型刺的滚筒，在解决了上、下齿距对齐啮合问题的基础上，通过上、下带刺滚筒不同的温度控制，相向滚动刺穿塑料薄膜或无纺布，能形成具有较好渗透性，返湿性低的漏斗微孔形状塑膜或无纺布产品，即“刺孔型干爽网面”。以上带刺滚筒模具要投入生产并形成正常的生产力，需要掌握这方面工艺技术的技术人员进行装配和调试。因此，该不为公众所知悉的工艺技术，经亚恒公司采取保密措施后均构成商业秘密而为法律所保护。被告人周某隆离职后为了生产与亚恒公司相同的“刺孔型干爽网面”与被告人陈某明共同策划成立伟隆公司，并拉拢被告人陶某强一起违反亚恒公司有关保守商业秘密的要求，披露、使用其所掌握的商业秘密，侵犯了亚恒公司的商业秘密权。陈某明明知周某隆、陶某强的以上侵权行为，获取并指使陶某强使用亚恒公司的商业秘密，应以侵犯商业秘密论。虽然周某隆于 2001 年 10 月就离开了伟隆公司；但其并未阻止陈某明、陶某强的继续侵权行为，应对侵权结果承担共同责任。三被告人共同侵犯亚恒公司的商业秘密并造成权利人 100 万余元重大损失的行为，均已构成侵犯商业秘密罪，且系共同犯罪；依法应予处罚。

裁判要旨三：办理侵犯商业秘密犯罪案件，被告人作无罪辩解的，既要注意审查商业秘密的成立及侵犯商业秘密的证据，又要依法排除被告人取得商业秘密的合法来源，形成指控犯罪的证据链。对鉴定意见的审查，必要时可聘请或指派有专门知识的人辅助办案。在被害人无法对损失举证、无法核算研发成本的情况下，检察机关确定以侵权人违法所得，即违法所得＝销售毛利＝产品销售金额－产品销售成本（材料、工资、制造费用、电费）

案件名称：金某盈侵犯商业秘密案

案例来源：最高人民检察院第二十六批指导性案例之五

裁判结果：

2019年9月6日，瑞安市人民法院以侵犯商业秘密罪判处被告人金某盈有期徒刑1年6个月，并处罚金70万元。宣判后，被告人提出上诉，温州市中级人民法院裁定驳回上诉，维持原判。

基本案情：

明发公司主要生产销售光学塑料显微镜、望远镜、太阳能聚光透镜、充电器，经多年研究掌握了菲涅尔超薄放大镜生产技术。被告人金某在明发公司工作期间，先后担任业务员、销售部经理、副总经理，并与明发公司签订了保密协议。2011年年初，被告人金某从明发公司离职，并成立菲涅尔公司，到明发公司的供应商处购买相同类型设备、材料等，使用相同的方法生产与明发公司同样的菲涅尔超薄放大镜进入市场销售，造成明发公司经济损失120万余元。经鉴定，菲涅尔公司制作菲涅尔超薄放大镜的工艺与明发公司工艺实质相同，且涉及的“三合一”塑成制作方法属于“不为公众所知悉”的技术信息。

指导意义：

（一）依法惩治侵犯商业秘密犯罪，首先要准确把握商业秘密的界定

商业秘密是否成立，是认定是否构成侵犯商业秘密罪的前提条件。检察机关应着重审查以下方面：第一，涉案信息是否不为公众所知悉。注意审查涉案商业秘密是否不为其所属领域的相关人员普遍知悉和容易获得，是否属于《最高人民法院关于审理侵犯商业秘密民事案件适用法律若干问题的规定》第4条规定的已为公众所知悉的情形。第二，涉案信息是否具有商业价值。注意审查证明商业秘密形成过程中权利人投入研发成本、支付商业秘密许可费、转让费的证据；审查反映权利人实施该商业秘密获取的收益、利润、市场占有率等会计账簿、财务分析报告及其他体现商业秘密市场价值的证据。

第三，权利人是否采取了相应的保密措施。注意审查权利人是否采取了《最高人民法院关于审理侵犯商业秘密民事案件适用法律若干问题的规定》第6条规定的保密措施，并注意审查该保密措施与商业秘密的商业价值、重要程度是否相适应、是否得到实际执行。

（二）对于被告人不认罪的情形，要善于运用证据规则，排除被告人合法取得商业秘密的可能性，形成指控犯罪的证据链

由于商业秘密的非公开性和犯罪手段的隐蔽性，认定被告人是否实施了侵犯商业秘密的行为往往面临证明困境。在被告人不作有罪供述时，为查明犯罪事实，检察机关应注意引导公安机关从被告人使用的信息与权利人的商业秘密是否实质上相同、是否具有知悉和掌握权利人商业秘密的条件、有无取得和使用商业秘密的合法来源，全面客观收集证据。特别是要着重审查被告人是否存在合法取得商业秘密的情形，应注意围绕辩方提出的商业秘密系经许可、承继、自行研发、受让、反向工程等合法方式获得的辩解，引导公安机关收集被告人会计账目、支出凭证等能够证明是否有研发费用、资金投入、研发人员工资等研发成本支出的证据；收集被告人所在单位研发人员名单、研发资质能力、实施研发行为、研发过程的证据；收集有关商业秘密的转让合同、许可合同、支付转让费、许可费的证据；收集被告人是否通过公开渠道取得产品并实施反向工程对产品进行拆卸、测绘、分析的证据，以及被告人因传承、承继商业秘密的书证等证据。通过证据之间的相互印证，排除被告人获取、使用商业秘密来源合法的可能性的，可以证实其实施侵犯商业秘密的犯罪行为。

（三）应注重对鉴定意见的审查，必要时引入有专门知识的人参与案件办理

办理侵犯商业秘密犯罪案件，由于商业秘密的认定，以及是否构成对商业秘密的侵犯，往往具有较强专业性，通常需要由鉴定机构出具专门的鉴定意见。检察机关对鉴定意见应予全面细致审查，以决定是否采信。对鉴定意见的审查应注意围绕以下三个方面：一是审查鉴定主体的合法性，包括鉴定机构、鉴定人员是否具有鉴定资质，委托鉴定事项是否符合鉴定机构的业务范围，鉴定人员是否存在应予回避等情形；二是审查鉴定材料的客观性，包括鉴定材料是否真实、完整、充分，取得方式是否合法，是否与原始材料一致等；三是审查鉴定方法的科学性，包括鉴定方法是否符合国家标准、行业

标准，方法和标准的选用是否符合相关规定。同时，要注意审查鉴定意见与其他在案证据能否相互印证，证据之间的矛盾能否得到合理解释。必要时，可聘请或指派有专门知识的人辅助审查案件，出庭公诉时可申请鉴定人及其他有专门知识的人出庭，对鉴定意见的科学依据以及合理性、客观性发表意见，通过对技术性问题的充分质证，准确认定案件事实，加强指控和证明犯罪。

裁判要旨四： 单位犯本罪，对直接负责的主管人员和其他直接责任人员既要判处主刑，又要适用财产刑

案件名称： 昌达公司侵犯商业秘密案

案例来源：《刑事审判参考》第9集，第67号案例

裁判结果：

（1）被告单位昌达公司犯侵犯商业秘密罪，判处罚金人民币30万元；（2）被告人杨某钊犯侵犯商业秘密罪，判处有期徒刑1年6个月，并处罚金人民币5万元；（3）被告单位昌达公司、被告人杨某钊连带赔偿附带民事诉讼原告单位建汉公司经济损失人民币2,598,227元。

基本案情：

1996年4月，被告人杨某钊受聘担任建汉公司副经理，主管建汉公司IC卡食堂管理系统的销售工作。杨某钊发现该管理系统经济效益高，决定另起炉灶。同年7月，杨某钊离开建汉公司应聘到昌达公司担任经理，并将建汉公司的IC卡食堂管理系统确定为昌达公司的龙头产品。由于该系统的核心软件窗口机、写卡机为建汉公司经过硬件三级加密写入CPU内，并只由该公司职员刘某汉、陈某（另案处理）掌握、管理，杨某钊要求陈某利用业余时间为昌达公司提供一年技术服务，并提供IC卡食堂管理系统的窗口机、写卡机CPU的EPO目标程序和主机管理系统的PRG和ON的源程序等软件，昌达公司则支付陈某“技术服务费”7万元，陈某依约定将有关系统软件提供给昌达公司。之后，被告人杨某钊与销售人员沈某、宋某（另案处理）在陈某的协助下，利用自己在建汉公司带来的样机对软件进行解剖、分析，于1996年11月将该管理系统复制成功。随后，大肆生产并进行销售，销售金额578.9469万元。其中，1997年10月1日之前非法获利69.1364万元、1997年10月1日之后非法获利257.8227万元，给建汉公司造成了重大经济损失。

裁判理由：

1. **单位犯本罪，对直接负责的主管人员和其他直接责任人员既要判处主刑，又要适用财产刑**。单位实施了同时具有自由刑和财产刑的犯罪，如果刑法规定对单位判处罚金，对直接负责的主管人员和其他直接责任人员“依照前款规定处罚”或者“依照各该条的规定处罚”，那么，对直接负责的主管人员和其他直接责任人员既要判处主刑，又需根据《刑法》规定确定是否适用财产刑。但是，对直接负责的主管人员和其他直接责任人员判处罚金的数额应与判处单位罚金的数额有所不同，一般应低于对单位判处的罚金数额。

2. **被害单位物质损失难以计算，以被告单位、被告人在侵权期间因侵权行为所获得的实际利润作为附带民事赔偿数额**。根据《刑法》第36条的规定，由于犯罪行为而使被害人遭受经济损失的，对犯罪分子除依法给予刑事处罚外，并根据情况判处赔偿经济损失。根据《刑事诉讼法》第77条规定，附带民事赔偿数额应为被害人因被告人的犯罪行为而遭受的物质损失。本案中，被害单位的物质损失难以计算，但根据《反不正当竞争法》第20条“经营者侵犯商业秘密，给被害人造成损害的，应当承担损害赔偿责任。被侵害的经营者的损失难以计算的，赔偿额为侵权人在侵权期间因侵权所获得的利润；并应当承担被侵害的经营者因调查该经营者侵害其合法权益的不正当竞争行为所支付的合理费用”的规定，应以被告单位、被告人在侵权期间因侵犯商业秘密所获得的实际利润为附带民事赔偿数额。

裁判要旨五：非法披露计算机软件源代码的行为属于侵犯商业秘密

案件名称：项某、孙某斌侵犯商业秘密案

案例来源：《刑事审判参考》第31集，第233号案例

裁判结果：

被告人项某犯侵犯商业秘密罪，判处有期徒刑3年6个月，并处罚金人民币4000元；被告人孙某斌犯侵犯商业秘密罪，判处有期徒刑2年6个月，并处罚金人民币3000元；二被告人违法所得东芝PS2800－ELCL3笔记本电脑两台，予以没收。

基本案情：

1999年3月，新加坡商人投资筹建凌码公司，委托上海延丰公司为其招聘电脑技术人员并组织开发软件项目。被告人孙某斌、项某先后被招入延丰

公司工作。同年8月，凌码公司成立，孙某斌、项某随之成为凌码公司的雇员，任软件工程师。在聘用合同中，两人均与凌码公司签有“不得将公司的技术用于被聘方或告知第三方”的保密条款。公司安排项某、孙某斌组成制作小组开发电子邮件系统软件（旧版）。2000年4月，项某被公司派往马来西亚ARL公司进行门户网站建设。期间，ARL公司曾以高薪邀请项加盟该公司。项某为之心动，并暗中接受对方邀请做技术顾问，但其与凌码公司依旧保持合同聘用关系。后因两家公司合作关系破裂，项某被凌码公司招回国内。项遂因不满单位不同意工作调动，离开凌码公司，并积极拉拢孙某斌一起加盟ARL公司。孙表示同意。2000年11月月初，项某提议并与孙某斌预谋，由孙某斌将凌码公司开发的加密电子邮件系统——Webmail软件（新版）提供给项某，再由项某交给ARL公司，借此向该公司推荐孙某斌。之后，项某趁前往新加坡探亲之机，转道马来西亚，来到ARL公司。同月6日，孙某斌按约定，利用凌码公司邮件服务器上自己的电子信箱xsun@nyber. com通过新浪网将该软件的源代码发送到项某的电子信箱topgun9433@ sina. com. cn中，在马来西亚的项某用其自带的手提电脑将该软件源代码下载后，即安装到ARL公司服务器上并进行了软件的功能演示。ARL公司奖给项某、孙某斌价值人民币2万元的“东芝”牌PS2800－ELCL3笔记本电脑各一台。经公安部计算机信息系统安全产品质量检验中心出具鉴定，凌码公司提供的Webmail软件源代码和从项某手提电脑中获取的源代码有较大程度的雷同，属于同一软件不同版本的源代码。

裁判理由：

1. **本案所涉的Webmail软件源代码属于商业秘密**。源代码是用源语言编制的计算机程序，是计算机软件的核心内容和软件设计方案的具体表现。源代码一旦被公开，软件的核心技术即泄露，从而会失去应有的商业价值。因此，源代码作为一种技术信息，当属商业秘密范畴。

2. **在难以计算被害单位的实际损失和必然损失时，以被害单位软件销售价格计算损失数额是合理、合法的解决方法**。本案，权利人凌码公司开发Webmail软件后仅出售1份后即被项某和孙某斌以不正当手段非法披露，难以计算凌码公司的Webmail软件源代码被非法披露后已经遭受和必然遭受的损失，而被告人项某和孙某斌非法披露Webmail软件源代码给ARL公司的目的是加盟ARL公司，得到的两台东芝笔记本电脑并非其出售Webmail软件源代码的报酬，因此，两台东芝笔记本电脑的价值不能反映侵权人所获得的实际利润。由于该软件的售价为人民币 74 万余元（包括全部技术所有权），故据此确认造成特别严重的后果。在此情况下，一审、二审法院以凌码公司已经销出的 Webmail 软件的销售价格认定二被告人的侵权行为给商业秘密权利人所造成的损失数额，既能反映出二被告人非法披露商业秘密使他人少支付的费用，又能反映出权利人因此而遭受的最低物质损失，这种认定方法不仅对二被告人较为有利，且并不与法律规定相悖，不失为一种合理、合法的解决办法。

裁判要旨六：被害单位所获悉的经营信息已被特定化，且在有限范围内公开，具备秘密性，又可为被害单位带来经济利益，且采取合理保密措施，属于商业秘密

案件名称：李某侵犯商业秘密案

案例来源：《刑事审判参考》第 66 集，第 519 号案例

裁判结果：

被告人李某犯侵犯商业秘密罪，判处有期徒刑 1 年 8 个月，罚金人民币 20 万元。

基本案情：

北京奥尔公司主要从事园林绿化以及灯光照明设计及工程。被告人李某受聘于奥尔公司并担任该公司业务部经理，李某与同奥尔公司均隶属于奥尔企业的北京奥尔人工环境设备厂签订了《劳动合同》、《保密协议》和《竞业禁止协议》。2002 年四五月间奥尔公司委派李某以及该公司业务员张某代表公司与湖南省湘潭市有关部门洽谈城市灯光改造项目，李某多次向奥尔公司汇报洽谈无结果。此间，李某与张某等人预谋将湖南省湘潭市的相关工程转走。2002 年 8 月 29 日，李某与原奥尔公司工作人员张某 2 共同出资成立了北京天诚鼎力公司，该公司经营范围亦包括园林绿化及灯光照明设计。同年 9 月 9 日，李某代表天诚鼎力公司与湘潭市韶山东路建设指挥部签订了金额为人民币 70 余万元的照明灯具《供销合同》。次日，李某等人又以天诚鼎力公司的名义与湘潭市灯饰管理处签订了金额为人民币 101 万余元的照明灯具《供销合同》。后李某等人以天诚鼎力公司的名义向湘潭市上述单位提供了价值人民币 67 万余元的照明灯具并获利，给奥尔公司造成了人民币 100 余万元

的经济损失。

裁判理由：

1. **被害单位所获悉的经营信息已被特定化，且在有限范围内公开，具备秘密性，又可为被害单位带来经济利益，且采取合理保密措施，属于商业秘密**。本案现有证据证明，奥尔公司通过专利产品的宣传和业务员的联系，获取了湖南省湘潭市欲对该城市道路及广场进行改造，需购置照明灯具的信息。尽管该信息起初可以通过网络等媒体获知，具有公开性，但当奥尔公司与湘潭方面就该工程达成合作的意向，奥尔公司为湘潭方面做了大量的设计工作，试生产了大量专利产品的样品和模具，湘潭方面对此也表示满意，双方进入实质性签约阶段时，该经营信息被特定化，只在有限的范围内公开，显然不能为公众所知悉，因而具有了秘密性；该经营信息能为奥尔公司带来经济利益，具有实用性；奥尔公司与包括本案被告人在内的员工都签订了保密协议，对相关经营信息采取了保密措施，故该经营信息已属奥尔公司享有，符合商业秘密的各项法律特征，应当属于奥尔公司的商业秘密。

2. **权利人的损失数额和侵权人所获得的实际利润均难以查实，可以考虑取得商业秘密的成本、嫌疑人实施侵权行为前后的获利大小、使用商业秘密可预期的合理未来收益等**。在权利人的损失数额和侵权人所获得的实际利润均难以查实的情况下，这就需要法官根据案件的具体情况，结合法律及司法解释的规定精神作出合理的认定，应充分考虑以下因素：首先是取得商业秘密的成本，如开发、研制商业秘密的成本，保护商业秘密的合理支出费用等；其次是侵权人使用商业秘密之前的获利状况与使用之后的获利大小；最后还应考虑商业秘密新颖性的程度、商业秘密的生命周期及其所处阶段、市场竞争状况和市场前景等因素，以确定合理预期的未来收益。本案中，被告人非法使用了奥尔公司的经营信息，导致奥尔公司丧失合同交易机会，无法收回前期设计和制作样品的成本投入，现有证据能够证明被告人侵犯商业秘密的行为给奥尔公司造成了人民币100余万元的经济损失，属于重大经济损失。

裁判要旨七：对商业秘密区分公知技术与非公知技术是针对特定情形或者特定案件而言的，不具有普遍性。对于主张配方为商业秘密的，应作为一个整体认定为商业秘密加以法律保护，不应区分公知技术和非公知技术

案件名称：杨某杰、周某平侵犯商业秘密案

案例来源：《刑事审判参考》第73集，第609号案例

裁判结果：

被告人杨某杰、周某平犯侵犯商业秘密罪，免予刑事处罚；责令退赔违法所得人民币78万元（已在案30万元），发还卡伯公司。

基本案情：

1995年4月，利进公司成立，法定代表人周某希，经营范围为化工专业领域的技术开发、转让、化工产品及原料的批售、涂料生产等，周某洁任该公司技术主管。6月，利金公司与上海中启公司合作开发生产环氧地坪油漆项目，代号H800。1996年，利进公司研制了一系列导电地坪材料，达到国家规定的二级抗静电地坪要求。同年9月，利进公司开始向上海ABC公司提供醇酸底漆。后该产品经改进升级，编号为D268，是针对ABC公司生产特性而特别开发的，适应ABC公司的使用要求。

1998年8月，卡伯公司注册成立，经营范围为生产涂料、销售本公司自产产品等，利进公司的法定代表人周某希推荐周某洁任卡伯公司的总经理。同年9月，利进公司将其技术、客户资料及相关的生产、经营资料授权给卡伯公司使用。

1998年12月3日，卡伯公司制定了《卡伯公司保密制度》。该制度规定：公司的一切有加密或保密标记的资料都属于保密资料；各类产品的生产技术、工艺操作规程、配方及有关市场信息、经营资料等都属于公司的保密资料范围，并在其油漆、涂料生产作业单上注明“保密资料”字样。1999年8月，卡伯公司与杨某杰、周某平（二人1995年进入利进公司工作）分别签订了劳动合同，杨某杰、周某平进入卡伯公司工作，分别担任销售部经理和技术部经理。该合同中卡伯公司明确规定员工应遵守公司的各项规章制度。卡伯公司对公司的保密资料设有专用电脑，对涉及原料明细及进出、历年来的客户名单资料、购销货物及产品经营方面的资料信息由总经理周某洁和杨某杰等掌握；对涉及生产产品的基础技术配方及生产作业等资料信息由总经理周某洁和周某平掌握。每套数据设有密码锁定。2000年3月，周某平辞职离开卡伯公司。同年9月，杨某杰、周某平商量以杨母张某、周妻赵某的名义注册成立侨世公司，赵某任侨世公司法定代表人。同年10月，杨某杰辞职离开卡伯公司。杨某杰、周某平分别担任侨世公司销售部经理和技术部经理。同期，周某平、杨某杰利用从卡伯公司处擅自带走的生产、销售等资料、信

息，在侨世公司生产、销售与卡伯公司同类的产品（侨世公司生产、销售的涉嫌侵权的H800、D268、E508的代号编排有些和卡伯公司相同，有些在卡伯公司产品代号前加“1”，即把H800、D268、E508编排为H1800、D1268、E1508)。

另查，2001年9月，杨某杰与高某签订投资协议书，共同投资成立台聚公司”)，杨某杰任台聚公司经理，周某平任台聚公司厂长。周某平、杨某杰利用擅自从卡伯公司处带走的生产、销售等资料、信息，在台聚公司生产、销售与卡伯公司部分同类的产品。

裁判理由：

1. **我们认为，对商业秘密区分公知技术与非公知技术是针对特定情形或者特定案件而言的，不具有普遍性**。例如，甲公司掌握某项技术秘密，与乙公司联营合作后该技术秘密已公开，甲公司再要求保护该秘密中的产品配方和工艺，法院就应要求其将诉讼请求明确化，区分公知技术和非公知技术，否则可能侵犯公共利益。但本案的情形不同。卡伯公司的涂料配方除基础成分外，还有特殊的原料及配比。涂料助剂在涂料中具有特定性能，且每种助剂都有不同程度的副作用，会影响涂料的其他性能，故对助剂的选择、用量的确定都必须按照涂料产品的具体情况（如涂料性能、客户要求等）进行反复试验。同时，因各行各业对涂料的要求越来越高，功能性涂料发展迅猛，行业竞争十分激烈，助剂的使用更具重要意义。如何用好各种助剂往往成为涂料企业的技术关键。因此，对本案卡伯公司的涂料配方，应作为一个整体认定为商业秘密加以法律保护，不应区分公知技术和非公知技术。上海市科学技术委员会的技术鉴定意见也证实了这一点。

2. **是否实施侵权行为从两方面考虑，一是违反了保密制度，二是以不正当手段获取商业秘密，将商业秘密擅自披露、使用或允许他人使用**。

首先，卡伯公司对其技术信息和经营信息采取了保密措施，被告人违反了保密协议。对商业秘密采取保密措施，并不要求权利人采取的措施能做到万无一失，只要权利人采取了合理的保密措施，使负有保密义务以外的其他人不能轻易获得该秘密即可。关于措施是否合理，可以从以下几个角度考虑：(1）权利人是否明确了作为商业秘密保护的信息范围；(2）是否制定了相应的保密制度或以其他方法使他人知晓其掌握或接触的信息系应当保密的信息；(3）是否采取了一定的物理防范措施，除非通过不正当手段，否则他人轻易不能获得该信息。本案中，卡伯公司在 1998 年前已研制开发、生产销售各类油漆涂料，取得许可、授权，是生产、销售各类油漆涂料的权利人，并逐步形成了油漆生产技术和销售网络。该公司还制定了《保密制度》，在生产作业单上注明“保密资料”字样，并通过与员工签订《劳动合同》，明确了员工应遵守的各项规章制度。据此，应当认为，卡伯公司对其技术信息和经营信息采取了合理的保密措施。被告人周某平、杨某杰在卡伯公司分别从事油漆涂料技术管理和经营管理，知悉该公司的商业秘密，在离开卡伯公司时擅自将卡伯公司的有关资料带走，且成立侨世公司后，利用上述资料生产和销售同类产品，违反了卡伯公司有关保守商业秘密的要求。周某平、杨某杰到案后的历次供述与上述事实相符，且能相互印证，公安人员从卡伯公司的电脑中调取的《保密制度》也确认了相关事实，故应认为周某平、杨某杰违反了卡伯公司的保密规定。

其次，被告人周某平并非通过反向工程获得卡伯公司的技术秘密。所谓反向工程，是指通过对终端产品的分析研究，找出该产品的原始配方或者生产工艺。反向工程是对商业秘密权的一种限制，一旦他人通过反向工程获得技术秘密，权利人则无权阻止他人披露和使用获得的技术信息。本案被告人周某平原是卡伯公司的技术部经理，仅高中文化，根据其履历可知，周某平不具备开发、研制涂料配方、改进生产工艺的能力。其辞职后，未经许可擅自将卡伯公司所有的意大利麦加油漆公司全套授权（原版）配方、内部色卡、客户资料、特种样品测试方法以及测试标准、产品底价、部分油漆报价单、原版产品检测报告、产品说明书、卡伯公司与客户的合同等技术资料带离卡伯公司，并伙同杨某杰成立了分别由周妻赵某和杨母张某担任公司负责人的公司，生产销售同类产品。据此，可以认定周某平系以不正当手段而非反向工程获取了卡伯公司的技术秘密，属于侵犯商业秘密的行为。

3. **损失认定：从卡伯公司所失和被告人所得两个方面综合认定卡伯公司的损失数额**。上海市科学技术委员会专家对卡伯公司的相关产品作出的鉴定意见证实，卡伯公司的 H800、D268、E508 三种产品配方不属于公知技术。根据公信中南会计师事务所对侨世公司涉嫌侵权产品所产生的净利润出具的《审计报告》，2000 年 11 月至 2002 年 2 月，侨世公司销售 H800、D268、E508 三种产品的净利润为 78 万余元。根据上海同诚会计师事务所、上海佳瑞会计师事务所对卡伯公司利润情况等进行审计出具的《审计报告》，卡伯公司2000年度、2001年度、2002年度的利润分别为298万余元、53万余元、225万余元，即卡伯公司遭受二被告人侵权期间减少的利润大于二被告人侵权获得的净利润。鉴于对侵犯商业秘密造成重大损失尚无统一、确定的计算方法，根据有利于被告人的事实认定原则，法院确认被告人杨某杰、周某平给卡伯公司造成的损失数额为78万余元。

裁判要旨八：在作为商业秘密保护的技术秘密非专利技术的情况下，以侵权人生产侵权产品所获得的利益计算损失金额

案件名称：伊特克斯公司、郭某等侵犯商业秘密案

案例来源：《刑事审判参考》第99集，第1003号案例

裁判结果：

浦东新区人民法院以被告单位伊特克斯公司侵犯商业秘密罪，判处罚金人民币400万元；以被告人郭某周侵犯商业秘密罪，判处有期徒刑4年6个月，罚金人民币10万元；以被告人杜某宁侵犯商业秘密罪，判处有期徒刑3年6个月，罚金人民币4万元；违法所得予以追缴。伊特克斯公司、郭书周、杜开宁均不服一审判决上诉，上海市第一中级人民法院改判上诉单位及两名上诉人定罪免刑。

基本案情：

米开罗那公司于1996年成立，2003年7月被告人郭某周向该公司应聘网络工程师一职，其后在该公司任网管。2004年1月，郭某周离职，并签订《离职协议》，约定郭某周离开公司后，有义务永远保守公司商业秘密和技术秘密，不得自行利用公司技术或商业信息从事生产经营活动。

2006年4月，被害单位米开罗那公司聘请被告人杜某宁任其制造部下属设备厂经理，负责设备厂的生产、调度及管理工作，并约定杜某宁不得泄露公司机密，也不得将此用于自己开办公司使用，直至退休后3年之内。

2006年11月3日，米开罗那公司制定的《图纸管理规定》对图纸的提供、发放、回收流程作了详细的规定，明确由信息室归档、复印，并交由制造部或设备厂，待字迹无法辨认时由设备厂厂长统一到信息室以旧换新，并由专人回收处理。

2007年3月27日，米开罗那公司制定的《保密制度》规定：保密信息包括但不限于产品研发的图纸、设计思路、方案和模型、试验结果；公司设

备的图片或相关技术信息；专有技术、专利技术、技术授权等，以及其他和知识产权相关的数据和保密事项，和其他没有公开且公开后可能会对公司产生不利影响的一切信息。保密人员包括公司的高级管理人员、高级技术人员以及所有涉及保密信息的人员。

米开罗那公司2006年、2007年的《资料交接登记表》显示，杜某宁均在登记发出的图纸“接收人”一栏签名。2007年7月，杜某宁从米开罗那公司离职，并于同年年底与被告人郭某周联系，表示想去伊特克斯公司工作，并称有米开罗那公司的图纸。不久，双方进行了面谈。2008年3月至4月间，杜某宁向郭某周提供了从米开罗那公司带走的等离子火头及六通阀的图纸。2008年5月，杜某宁至伊特克斯公司工作，协助安排设备的生产。

2008年3月至2008年8月期间，伊特克斯公司向映宇公司、新晨公司等7家单位销售特种灯生产线，包括手套箱、高温炉、等离子排气封接台等，价值为105万元至140万元之间，共计合同金额为792万余元。

裁判理由：

1. 采用了侵权人获利的方法计算损失。主要理由：（1）商业秘密与专利技术在保护方式上并不完全相同。专利是以“公开换垄断”，即权利人向社会公示技术方案而取得垄断的实施权。除法定情形外，任何人不经权利人授权均不得使用。因此，侵权人销售产品的数量作为权利人销售的数量并无不妥。而作为商业秘密保护的技术秘密并不占有垄断的地位，权利人拥有技术秘密并不代表其他竞争者不能拥有同样的技术秘密。以侵权人销售产品的数量作为权利人销售的数量需要以权利人拥有的技术秘密独一无二为前提。在相同产品的市场中，这就意味着具备该技术秘密的产品不是由权利人生产的就是由侵权人生产的，两者存在非此即彼的替代关系。进而言之，侵权人生产侵权产品所获得的利益原本就应当归属于权利人。

2. **由于被告单位和被告人侵犯了两个部件的技术秘密，该两个部件能够单独定价，二审法院最终决定将该两个部件作为计算对象，以其利润乘以7条生产线的数量来计算侵权人的获利**。在确定以侵权人获利作为计算方法之后，本案还涉及计算对象的确定问题。“很多情况下，原告出于尽量扩大保护范围的需要，或者对法律规定、涉案技术背景不熟悉等原因，往往在起诉时会圈定一个很宽泛的秘密范围，并将一些公知信息纳入商业秘密范围内请求保护。”本案中，权利人主张作为商业秘密保护的技术信息包括脱羟炉、等离子火头和手套箱三个部件的技术要求，包括设计尺寸、公差配合、表面粗糙度、装配关系、材质以及上述要求的确切组合；但经检察院审查起诉和法院审理，最终作为商业秘密保护的技术信息仅涉及脱羟炉、等离子火头两个部件的相关技术要求。**那么，由于被告单位和被告人侵犯了这两个部件的技术秘密，是否可以以整条生产线的利润来计算被告方的侵权获利呢？我们认为，不能一概而论。通常情况下，商业秘密的价值应当与其秘点相对应；然而，在有的产品中，秘点与整体不可分割，则要考虑受到侵害部分或者产品部件在整个产品中所起的作用或者比重及诸如在先公知技术、市场因素等其他非侵权因素来计算权利人的损失。**本案中，海宁新晨公司法定代表人徐某章的证言、海宁映宇公司副总经理陆某明的证言以及权利人与两家案外公司于2008年4月、6月签订的购销合同均反映氙气灯生产线中的手套箱、真空脱羟炉、抽充台及等离子封接等主要设备可以单独计价。由于上述两个部件能够单独定价，二审法院最终决定将上述两个部件作为计算对象，以其利润乘以7条生产线的数量来计算侵权人的获利。正是由于最终认定的权利人“重大损失”刚过侵犯商业秘密罪50万元的人罪标准，且所保护的技术秘密属于公知技术和非公知技术要求的组合，故二审法院作出定罪免刑的刑事判决。

裁判要旨九：由于法律和司法解释没有对“合理利润”做进一步的界定，且没有对应的会计上的标准，为最大限度地维护权利人的合法权益，弥补其因侵权所遭受的损失，可以“毛利润”作为合理利润予以计算损失

案件名称：房某磊、矽微公司侵犯商业秘密案

案例来源：最高人民检察院发布的2016年检察机关保护知识产权的典型案例

裁判结果：

以侵犯商业秘密罪判处矽微公司罚金250万元；判处被告人房某磊有期徒刑3年，并处罚金20万元；房某磊、珠海矽微电子科技有限公司连带赔偿珠海欧比特控制工程股份有限公司的经济损失人民币5,111,231.4元。

基本案情：

2003年4月，欧比特公司着手研发1553BIP核技术，用于航空航天设备的测试，该IP核由三个主要功能模块组成：总线控制器（BC）、远程终端

(RT)、总线监视（BM)。被告人房某磊作为该公司的技术负责人，负责研发此技术。2005 年 10 月，被告人房某磊在 1553BIP 核 BM 模块尚未完成情况下（BC、RT 等模块已研发完成)，提出辞职申请，离职获批准后遂转到其妻子付永利为法定代表人的矽微公司工作。因 1553BIP 核技术一直由被告人房某磊负责研发，欧比特公司于 2005 年 12 月 1 日与被告人房某磊签订《技术委托开发合同》，约定欧比特公司出资 5 万元，由被告人房某磊继续负责 BM 模块的研发，同时约定技术成果归欧比特公司所有，被告人房某磊负有保密义务。2006 年 4 月 11 日，被告人房某磊向欧比特公司交付了 BM 模块及相关技术成果，欧比特公司 1553BIP 核整套技术已研发完成。自 2009 年开始，被告人房某磊违反约定，披露、使用、允许矽微公司使用其掌握的欧比特公司 1553BIP 核技术。矽微公司先后生产销售系列 1553B 测试仪 17 个，销售金额达 800 多万元，其中，在 2010 年至 2012 年期间，生产销售相关产品 11 个，给欧比特公司造成 250 余元经济损失。经鉴定，欧比特 1553BIP 核技术属于不为公众所知悉的技术信息；1553BIP 核技术在 1553B 总线电缆测试系统中是不可或缺的重要核心技术信息；矽微公司与欧比特公司源代码文件存在相当部分相同和实质相同代码段，这些代码段是双方主要模块功能实现的重要组成部分。

裁判理由：

1. 关于欧比特公司 IP 核技术是否具有非公知性和实用性的问题。经查，（1）欧比特公司 IP 核具有非公知性。广东省专利信息中心知识产权司法鉴定所出具粤知司鉴所［2013］鉴字第 17 号鉴定书证实，欧比特公司 IP 核源代码的整体组合属于不为公众所知悉的技术信息，IP 核在 1553B 总线电缆测试系统中是不可或缺的重要核心技术信息。同时，房某磊的供述证实，房某磊在欧比特公司工作期间，签订了保密合同，欧比特公司 IP 核源代码不为公众所知悉。（2）欧比特公司 IP 核具有实用性。首先，前述鉴定书证实，欧比特公司 IP 核的涉及目标具有应用价值，该 IP 核的源代码能够通过逻辑综合并进行版图布局布线，可应用于集成电路芯片的生产。其次，欧比特公司与中国航天科技集团公司一院十二所、上海航天电子有限公司、中国电子科技集团公司第五十八研究所、航天科工集团公司二院、北京航天自动控制研究所、北京翔宇空间技术公司、航天时代电子技术股份公司、北京航天微机电技术研究所、中国航空工业集团公司第六三一研究所签订的《技术开发合同书》

及发票均证实1553B总线控制器IP核技术可以通过转让、许可使用等方式为欧比特公司带来经济利益。最后，欧比特公司代表颜某的陈述证实，欧比特公司有直接出售IP核、用IP核做芯片、用IP核做1553B的测试设备出售获利。因此，欧比特公司IP核技术具有经济性和实用性。据此，原审认定欧比特公司IP核技术具有非公知性和实用性并无不当。

2. 损失计算方法。我国法律规定了专利侵权损害赔偿的四种计算方式，即权利人的实际损失、侵权人的侵权获利、专利许可使用费的合理倍数以及法院酌定赔偿。以上四种计算方式有先后次序之分，只有在采用前一种计算方式无法确定具体赔偿数额时，才适用后一种计算方式来确定赔偿数额。经查，矽微公司非法使用房某磊掌握的欧比特公司IP核技术生产、销售相关产品，获取非法利益，给欧比特公司造成了损失。该损失的计算应为因矽微公司和房某磊实施侵害1553BIP核技术行为导致欧比特公司利用1553BIP核技术生产的相关产品的销售量减少的总数乘以每件产品的合理利润所得之积计算，由于欧比特公司销售量减少的数量无法查清，参照《最高人民法院关于审理专利纠纷案件适用法律问题的若干规定》第20条的规定，应按照侵权产品的数量乘以单位侵权产品的合理利润。由于法律和司法解释没有对“合理利润”做进一步的界定，且没有对应的会计上的标准，为最大限度地维护权利人的合法权益，弥补其因侵权所遭受的损失，原审法院以“毛利润”作为合理利润予以计算损失的做法并无不当。

裁判要旨十：行为人的犯罪行为导致权利人投入巨额成本研发的成果进入公众领域，商业秘密的非公开性遭到破坏，商业价值完全丧失，给权利人造成的损失应当根据研发成本、实施商业秘密的收益、可得利益、可保持竞争优势的时间等因素综合确定

案件名称：宋某等侵犯商业秘密案

案例来源：最高人民检察院发布的2016年检察机关保护知识产权的典型案例

裁判结果：

被告人宋某犯侵犯商业秘密罪，判处有期徒刑5年，并处罚金人民币50万元。

基本案情：

宋某2008年11月到梅花集团公司的全资子公司通辽梅花公司从事技术研发岗位工作并签署保密协议。2009年至2013年，宋某作为研发团队成员，参与了梅花集团公司对“色氨酸生产技术开发”的研发工作，并签订了相关保密协议。工作期间宋某私自复制了一份“色氨酸提取工艺试生产总结”的电子版并存放在自己的笔记本电脑中。2013年8月宋某辞职赴内蒙古呼和浩特市工作。2013年10月16日，宋某以网名“梅花”在互联网“发酵人论坛”上发帖，公布“色氨酸提取技术方案”。经鉴定，梅花公司色氨酸提取技术在2013年10月16日之前是不为公众所知悉的技术信息，系梅花公司的商业秘密，被宋某披露的信息与梅花公司的“色氨酸提取工艺试生产总结”中记载的相关信息实质上相同。经审计，梅花公司的“色氨酸生产技术”研发成本为1600万余元。

裁判理由：

被告人宋某的辩护人辩称，梅花公司未向宋某支付保密费用，梅花公司与宋某签订的保密协议并不生效且梅花公司的损失数额不能确定，经庭审举证、质证，通辽梅花公司与宋某签订的保密协议明确约定了相关的保密条款，该保密协议并没有支付保密费用的约定，被告人宋某使用不正当的手段获取了梅花集团公司“色氨酸提取工艺试生产总结”这一商业秘密并在互联网上予以披露，导致梅花集团公司投入1600多万元研发资金的这一研发成果进入公众领域，从而使该商业秘密失去了应有的商业价值，造成特别严重后果，故该辩护意见不能成立，本院不予采纳。

评析意见：

本案系较为典型的披露型侵犯商业秘密案件。随着我国经济的发展，侵犯商业秘密案件呈现多发态势，特别是互联网时代的到来，客观上为不法分子披露和迅速传播商业秘密提供了便利条件。本案行为人的犯罪行为导致权利人投入巨额成本研发的成果进入公众领域，商业秘密的非公知性遭到破坏，商业价值完全丧失，给权利人造成了无可挽回的损失。检察机关在指控犯罪中，着重对行为人的保密义务和权利人的损失数额进行了分析论证，指出侵犯商业秘密所造成的“重大损失”应当根据研发成本、实施商业秘密的收益、可得利益、可保持竞争优势的时间等因素综合确定，并最终得到法院的判决支持。本案的查办解决了实践中类似案件的难点，有助于引导权利人进一步采取措施加强商业秘密保护，也有力震慑了侵犯商业秘密犯罪。

裁判要旨十一：虽同一行业管理软件在设计思路、功能方面存在相似性，但不同软件开发人员设计编写源代码、数据库文件时在具体过程、结构方面会有差异，里面包含了个人创造性劳动，具有特定性，虽有部分内容简单的代码被公开，但不能以此否定其他代码的非公开性

案件名称：何某亮等侵犯商业秘密案

案例来源：最高人民检察院发布的2017年检察机关保护知识产权的典型案例

裁判结果：

被告人何某亮、刘某刚犯侵犯商业秘密罪，判处有期徒刑2年6个月，并处罚金人民币10万元。

基本案情：

被告人何某亮、刘某刚、臧某杰（另案处理）原系理正公司项目研发及管理人员。2011年5月至2014年间，被告人何某亮等人成立大成公司，违反与理正公司的保密协议，使用其所掌握技术信息，向艺筑公司等5家公司销售其研发的管理信息系统，销售金额合计人民币410余万元。经鉴定，艺筑公司管理信息系统中当前使用的35个数据库表、10个存储过程/函数，7个源代码文件、1个源代码文件中的8个函数、从艺筑公司管理信息系统中恢复的已被删除的10个数据库表以及22个存储过程/函数与理正公司管理信息系统对应的内容相同或实质相同。大成公司向其他公司销售的管理信息系统对应内容与理正公司管理信息系统也存在部分相同或实质相同。上述理正公司管理信息系统中的数据库表、存储过程/函数、源代码文件均不为公众所知悉，是非公知的技术信息，属于商业秘密。

裁判理由：

本案是北京市首例涉及企业数据库的侵犯商业秘密案件，对于数据库是否属于商业秘密，裁判如下：虽同一行业管理软件在设计思路、功能方面存在相似性，但不同软件开发人员设计编写源代码、数据库文件时在具体过程、结构方面会有差异，里面包含了个人创造性劳动，具有特定性，虽有部分内容简单的代码被公开，但不能以此否定其他代码的非公知性。公诉机关提交的司法鉴定意见书中对涉案技术信息的鉴定意见程序合法，论理充分，予以

采信，理正公司不为公众所知悉的技术信息能为理正公司带来经济利益，具有实用性并采取了保密措施，应属于商业秘密。对于被告人何某亮的辩护人提出管理信息系统平台在大成公司所销售软件中占有比例很小，同样理正公司的管理信息平台在占其软件的比例也小，因此，从整体上看不具有相似性的辩护意见，经查，本案鉴定机关认为理正公司具有非公知性的软件代码、数据库结构表、函数和存储过程，是理正公司管理信息系统的必要、主要组成部分，可见其申请的密点在整个管理信息系统中的作用，不能仅依据其所占比例判断两者相似性，因此，上述辩护意见不能成立，本院不予采纳。

裁判要旨十二：在无法查明被侵权产品利润率，也无法确定侵权人利润时，可以按照中国机床工具工业协会根据105家行业企业报的网络统计数据出具的行业平均利润率，对侵权产品的销售金额进行计算，认定权利人的经济损失数额

案件名称：田某印等侵犯商业秘密案

案例来源：最高人民检察院发布的2019年检察机关保护知识产权的典型案例

裁判结果：

被告人田某印犯侵犯商业秘密罪，判处有期徒刑1年10个月，罚金人民币10万元。

基本案情：

2017年2月至3月间，被告人田某印从北京精雕公司离职前，利用该公司数据管理系统漏洞，从精雕科技服务器数据库下载文件共计162次，以网络共享传输的方式从个人办公电脑拷贝文件到公用电脑共计7万余次，后用U盘、移动硬盘等设备将所下载文件窃走，其中涉及非田某印参与设计文件3.3万余个。被告人田某印到深圳创世纪公司工作后，以玻璃机项目副总经理的身份使用其窃取的北京精雕公司型号为JDLVG600设备的图纸和技术方案，设计、生产出型号为B－600A－B设备并出售，给北京精雕公司造成经济损失215万余元。

评析意见：

结合本案证据情况，在无法查明被侵权产品利润率，也无法确定侵权人利润时，检察官按照中国机床工具工业协会根据105家行业企业报的网络统

计数据出具的行业平均利润率，对侵权产品的销售金额进行计算，最终认定权利人的经济损失数额，该损失计算方法得到判决认可。

数据时代，大量的技术信息都是以数据的形式存在，本案在罪名上涉及侵犯商业秘密罪和非法获取计算机信息系统数据罪的分歧。针对该问题，检察机关组织召开专家论证会并达成共识，要从存储在计算机信息系统的数据性质、行为人主观故意内容、客观行为等方面综合判断所侵犯的法益。由于本案除了侵犯商业秘密外，并没有将数据用作其他用途，相关数据也不具有其他特殊性质，故不能认定为非法获取计算机信息系统数据罪。最终该定性意见被法院采纳。

三、无罪裁判要旨

无罪裁判要旨一：公司法定代表人不知被告人所申请涉案专利的技术来源，未实施或指使他人实施侵权行为，案发后及时注销公司，停止侵权的情况下，法定代表人无罪

案件名称：章某侵犯商业秘密罪一审刑事判决书

审理法院：浙江省温州市鹿城区人民法院（本案经温州市中级人民法院撤销驳回起诉裁定后，以普通程序继续审理，未检索到二审判决）

案号：（2014）温鹿刑自字第6号

裁判理由：

1. 被告人章某辩解，章某系恒尔公司法定代表人，但其未实际参与公司经营，不知道专利的技术来源，专利的申请是由罪犯胡某苗等人具体操作的；罪犯胡某苗、阮某良、陈某东在侦查机关的供述及其他证据不能证实被告人章某知道涉案专利的技术来源，亦不能证实被告人章某与涉案专利的申请有何关联；另，罪犯胡某苗等人于2011年5月30日归案，直至2012年3月31日被一审判决，涉案专利的申请正是在胡某苗等人归案前提出、并在刑事诉讼过程中获得批准的。综上，根据现有证据，不排除被告人章某上述辩解成立的可能性。自诉人温州市东瓯公司提供的专利证书、专利目录及对比目录不足以证实被告人章某主观上应明知或应知所申请涉案专利的技术来源，以及被告人章某与涉案专利的申请有何关联。

2. 被告人章某辩解，恒尔公司已于胡某苗等人侵犯商业秘密一案案发后便停止经营，没有继续生产产品，并在办理注销手续。温州市东瓯公司应对

章某有继续侵犯商业秘密的行为进行举证，仅凭温州市东瓯公司提供的（2013）浙温华证内字第9888号公证书中“至2013年5月24日，恒尔公司的网站上仍有涉嫌侵权产品信息”的表述，不能证实被告人章某或者恒尔公司有继续生产侵权产品的事实，况且，不排除上述涉嫌侵权产品的信息系之前所留而一直未被删除的可能性。

3. 被告人章某辩解，新成立的苏州本源公司与其没有关系；除此之外，目前亦没有其他证据证明被告人章某、恒尔公司与苏州本源公司有何关联，温州市东瓯公司提供的（2014）浙温华证内字第17967号公证书既不能证明苏州本源公司的“董经理”就是恒尔公司的董某胜，亦不能证明苏州本源公司是在恒尔公司的基础上成立的，或者被告人章某、恒尔公司与苏州本源公司存在关联性，故不能证实被告人章某有继续侵害温州市东瓯公司商业秘密的行为。

4. 被告人章某辩解，其既不知道胡某苗、陈某东、阮某良等人实施侵犯东瓯公司商业秘密的行为，亦没有指使胡某苗、陈某东、阮某良等人实施上述行为；罪犯胡某苗、阮某良、陈某东在侦查机关的供述及其他证据不能证实被告人章某明知或应知罪犯胡某苗、阮某良、陈某东等人与东瓯公司签有保密合同并实施侵犯东瓯公司商业秘密的行为，亦不能证实罪犯胡某苗等人是受被告人章某的指使来实施侵犯东瓯公司商业秘密行为的；罪犯胡某苗等人侵犯商业秘密罪案的一审判决书认定罪犯胡某苗等人的行为属单位犯罪证据不足，即以现有证据无法证实罪犯胡某苗等人的行为是受恒尔公司指使或者决定实施的，以及罪犯胡某苗等人是为了恒尔公司的利益而侵犯东瓯公司的商业秘密，二审裁定维持原判；检察机关的不起诉决定书亦认为被告人章某主观上明知或应知胡某苗等人侵犯东瓯公司商业秘密的证据不足。

综上，现有证据不足以证实被告人章某明知或应知罪犯胡某苗、阮某良、陈某东等人与东瓯公司签有保密合同并实施侵犯东瓯公司商业秘密的行为，亦不足以证实被告人章某实施或者指使胡某苗等人实施侵犯东瓯公司商业秘密的行为。

无罪裁判要旨二：非公知鉴定报告的鉴定方法应全面考虑《最高人民法院关于审理不正当竞争民事案件应用法律若干问题的解释》第9条对于“不为公众所知悉”所规定的情况，否则涉案技术信息能否构成商业秘密存疑，

则构成本罪的基础存在疑问

案件名称：无锡市安迈公司侵犯商业秘密罪、假冒注册商标罪一审刑事判决书

审理法院：江苏省无锡市新吴区人民法院

案号：（2015）新刑二初字第59号（一审判决生效）

裁判理由：

本案中，受无锡市公安局直属分局委托，上海市知识产权司法鉴定中心对涉案三项技术信息进行了鉴定，分别为：（1）回转器结构；（2）回转器齿轮组件的传动比和中心距；（3）回转器中主轴紧固镶嵌的花键套与芯管外花键的公差配合尺寸。作为具有鉴定资质的鉴定机构鉴定人员，通过文献检索比对，及补充情况说明，对涉案三项技术做出了不为公众所知悉的鉴定意见。本院认为，上海市知识产权司法鉴定中心的鉴定方法本身未全面考虑《最高人民法院关于审理不正当竞争民事案件应用法律若干问题的解释》第9条对于“不为公众所知悉”所规定的情况；其于2月17日出具的说明，仅补充说明了涉案三项技术信息“不是无需付出一定的代价而容易获得的”；被告单位和被告人提供的相关反向证据已经涉及三个秘密点，其中照片、说明书针对密点1，本科毕业设计针对密点2，均相近或相似，至于密点3的数据则可以在机械设计手册第四版第1册、第2册中查询得到。在本院明确要求的情况下，鉴定机构未对上述情况是否影响相关密点的非公知性进行说明。本院无法根据该鉴定意见得出唯一的、排他性的结论，该鉴定意见应当不予采信。

综上，涉案技术信息能否构成商业秘密存疑，则构成本罪的基础存在疑问，公诉机关指控被告单位安理正公司及被告人屠德钢构成侵犯商业秘密罪的证据尚达不到确实、充分的证明标准，故对于该罪名，本院不予认定。

无罪裁判要旨三：以被告人在公司期间负责的鞋帽部所有的经营利润为基础来计算利润率，鉴定对象不当，认定造成损失的依据不足

案件名称：李某某侵犯商业秘密罪二审刑事判决书

审理法院：福建省厦门市中级人民法院

案号：（2015）厦刑终字第590号

裁判理由：

关于对被害单位百信公司损失的鉴定是否合理。行为是否造成严重侵害后果是侵犯商业秘密罪的构成要件之一。《最高人民法院、最高人民检察院关于办理侵犯知识产权刑事案件具体应用法律若干问题的解释》第 7 条第 1 款规定，给商业秘密的权利人造成损失数额在 50 万元以上的，属于给商业秘密的权利人造成重大损失，应当以侵犯商业秘密罪判处 3 年以下有期徒刑或者拘役，并处或者单处罚金。经查，2010 年 8 月至 2011 年 7 月，伟联公司与上述七家客户完成总计 1, 127, 034. 5 美元的鞋子出口贸易，获得利润人民币 456, 410 元。原判认定百信公司因此造成的损失达人民币 804, 139. 11 元。但是，证明该损失的《司法会计鉴定报告书》以李某某负责的整个鞋帽部的交易额来计算平均利润率确有不当。其一，李某某负责的鞋帽部客户众多，各家利润不一，把不相关的其他客户利润计入缺乏客观性、合理性。其二，涉案客户与伟联公司的交易发生在 2010 年、2011 年，鉴定的时间为 2009 年、2010 年，与伟联公司实际交易的时间不符。其三，鉴定报告未体现汇率对利润率的影响。其四，鉴定报告体现百信公司的利润与伟联公司上报税务机关的毛利润不符，前者高于后者。因此，以李某某在百信公司期间负责的鞋帽部所有的经营利润为基础来计算利润率，鉴定对象不当，认定造成损失的依据不足。李某某关于对被害单位百信公司损失的鉴定存在不合理之处的上诉理由成立，本院予以采纳。

本院认为，上诉人李某某以被害单位百信公司名义开发的客户名单属于百信公司所有，涉案七家客户名单具有商业秘密的属性。但原审判决对被害单位百信公司损失的认定事实不清，证据不足，上诉人李某某的行为不构成侵犯商业秘密罪，应改判无罪。

无罪裁判要旨四：虽然被告人通过不正当手段取得相关技术信息，但不能排除涉案两项技术信息已经被使用公开的合理怀疑，因此应改判被告人无罪

案件名称：蒋某辉、武某军侵犯商业秘密罪二审刑事判决书

审理法院：福建省厦门市中级人民法院

案号：（2017）苏 02 刑终 38 号

裁判理由：

涉案技术信息的图纸被窃取时，大山公司生产的冷芯机等设备已经公开销售多年，要认定销售设备上秘点 1、2 所涉技术信息构成商业秘密，应排除使用公开而使秘点 1、2 为公众所知悉的合理怀疑。对于涉案秘点未使用公开的情形，证据应确实、充分。本案中，鉴定意见①、⑤、⑥用以证明涉案秘点并未使用公开，必须经过查证属实，才能作为定案的根据。法律规定，辩护律师经证人或者其他有关单位和个人同意，可以向他们收集与本案有关的材料；辩护人可以申请法庭通知有专门知识的人出庭，就鉴定人作出的鉴定意见提出意见。辩护人提供鉴定意见②、③、④用以证明秘点 1、2 存在《最高人民法院关于审理不正当竞争民事案件应用法律若干问题的解释》第 9 条第 2 款的几种情形。本院认为，鉴定意见②、③、④系具有专门知识的人就鉴定意见①、⑤、⑥发表的专业意见，法院应参考专业意见，审查判断鉴定意见①、⑤、⑥的证明价值和可靠性。

1. 鉴定意见①仅涉及出版物公开，鉴定结论不全面，不能排除存在其他情形使技术公开的合理怀疑；鉴定意见⑥的鉴定结论虽然未限定于出版物公开，但其与鉴定意见①基于同一委托事项作出，鉴定机构和鉴定方法相同，结论却不相同，认为委托鉴定的“机构”“部件”属于不为公众所知悉的技术。同时，该两份鉴定意见委托主体不同，前者为大山公司，后者为公安机关，前者作出的时间又早于后者。从中不难看出，鉴定机构在鉴定同一事项时，基于委托主体不同而修正了以前的鉴定结论，从而使人对鉴定意见⑥的准确性产生怀疑。本院认为，鉴定意见①、⑥均不应予以采信。

2. 鉴定意见⑤形式合法，但鉴定结论与委托鉴定事项不符。该鉴定意见由侦查机关委托，受委托的江苏省科技咨询中心是最高人民法院批准的司法鉴定机构，入选江苏省高级人民法院委托鉴定机构电子信息平台，具有科技咨询和知识产权鉴定资质。该鉴定意见程序合法，鉴定人依法出庭作证，可以作为证据采信。辩护人认为鉴定意见⑤不符合《司法鉴定程序通则》《司法鉴定文书规范》的要求，三位鉴定组成员都不是司法鉴定人，未加盖司法鉴定专用章，不具有合法性。本院认为，《司法鉴定程序通则》已失效，《司法鉴定文书规范》系为了贯彻《全国人民代表大会常务委员会关于司法鉴定管理问题的决定》（以下简称《决定》）而制定，三位鉴定人员的资质未违反《决定》，江苏省科技咨询中心也具有相应的资质，且鉴定意见已加盖了机构的印章，该上诉意见不成立，本院不予采纳。

鉴定意见⑤虽然针对使用公开问题作出了结论，但委托事项为大山公司生产机器中的“……连接装置”“……动力机构”“……尾气装置”所含技术信息是否具有不为公众知悉的性质。鉴定机构在认定秘点1时涉及摆动幅度具体参数、旋转度数等，认定秘点2时涉及滤板的孔径、孔距及倾角的工艺参数，并将上述技术点的非公知性推论至秘点1、2并未使用公开。本院认为，上述技术点大多属于工艺参数类技术，而秘点1、2属于结构类技术，两者系有一定联系但相互独立的技术，不存在涵盖和隶属关系，因此，鉴定意见⑤以上述技术点的非公知性来论证涉案技术的非公知性，不当扩大了鉴定范围，与委托鉴定事项不符，而且缺乏逻辑性和说服力，该鉴定意见不应予以采信。

关于秘点1、2是否属“需要一定代价才能获得”。鉴定意见⑤认为，秘点1“需要付出一定的代价才能获得”的理由是“停机状态时，通过观察产品不能直接获得有关技术信息”需“借助起吊设备”“细致的专业观察和细心的测量”；秘点2“只有采取破坏性分解措施并进行必要的理论分析计算、实验和排放指标检测”“即需要付出一定的代价才能获得”。鉴定意见④对此提出质疑，认为秘点1即使使用起吊设备吊起工作台也非难事，无需花费较多的时间和费用；“液压动力源底座的安装需要细致的专业观察和细心的测量”这句表述本身并未涉及具体采用的技术和测量方法。“转动臂动力机构”是摆动油缸；现场勘查可知其位置在转动臂的正下方，提起安装盖板即可见。秘点2，三乙胺尾气（处理）装置的内部结构尺寸，放掉过滤液、打开透明小窗取出塑料球后，即可以通过简单测量确定；通过打开过滤箱体上的盖子就可以见到过滤体，箱体的外部尺寸，仅通过观察和简单测量产品即可直接、容易地获得。

本院认为，鉴定意见⑤未明确起吊、拆卸等成本和损失，其鉴定人员也当庭表示并未在鉴定现场作测量，该鉴定意见的证明方法对于验证技术信息是否易于观察获得，并无切实说服力。在没有明确获得技术具体成本、损失的情况下，如果只是“工作台被顶起”“打开小窗”，仍可能属于简单的测绘、拆卸。鉴定意见④对涉案技术信息“付出一定的代价才能获得”的观点提出的质疑，具有合理性，鉴定意见⑤不应予以采信。

（3）秘点1、2中涉及的结构类技术特征，一般缺乏可保密性。通常而言，要认定机械装置构成技术秘密，不能是简单的机械活动的现象，因为相应的现象能在公开出售的机器上直接观察得到，具体的尺寸也可以通过简单的测绘、拆卸方法来获得。机械装置或系统构成秘点，应有系统零部件的位置、结构、配置关系、部件尺寸、尺寸公差、技术要求等技术信息；还可以包括具体工艺在内的工艺程序、试验参数、技术要点处理等具体的技术信息。鉴定意见⑤在总结秘点1、2时，描述了“可离合移动副”机械活动的现象“往复直线运动”“摆动油缸”的“摆动幅度”，还描述了尾气进出装置的过程、滤板与所选风机参数相匹配，却未描述实现这些机械运动的具体技术方案，也未涉及工艺原理、理论分析计算方法、实验和排放指标检测等信息、内容。

鉴定意见②认为，秘点1与其他厂家使用的水平分型冷芯盒射芯机中相关技术信息结构相同，秘点2在市场上可以获得该信息，且无须付出一定的代价而容易获得。鉴定意见③认为，秘点1是基本、常用的平面机构，仅通过观察产品即可直接、容易获得该技术，无须付出一定的代价；秘点2随着产品转换为商品进入市场后并被相关用户使用实际已处于公开状态，相关公众无需付出一定代价仅观察产品即可直接、容易获得该技术信息。鉴定意见④认为，秘点1在现场勘查，从冷芯盒射芯机设备的模具工作台车上可以清楚地观察到：该转动臂带动模具工作台实现直线往复运动的机构中，“转动臂与工作台的连接装置”即工作台上的滑槽与曲柄外端上的滚动轴承的组合，其设置位置、基本组成和工作原理简单明了，并非隐秘、封闭，工作台被顶起时即可看到；秘点2，大山公司配套使用的三乙胺尾气处理装置直接可见，“该装置的进气管从上至下插入并穿过滤板的低端直达下腔，尾气直接输入下腔，由渐扩的下腔通道透过滤板升至上腔吹拂塑料球产生翻滚”，它是一种现象表述，而非过滤技术本身，并且透过设备上的透明小窗可以直接、容易地观察到该现象。

本院认为，蒋某辉、武某军提交的数份鉴定意见提出秘点所涉的机械活动、设备构造现象等可观察，符合秘点为结构类技术特征而缺乏保密性的特点，系合理质疑，鉴定意见⑤不应予以采信。

综上，秘点1、2所涉技术信息因使用而公开系合理怀疑，鉴定意见⑤等证据尚不能达到排除合理怀疑的证明标准，蒋某辉、武某军提出秘点1、2不符合商业秘密非公知性要件的上诉意见，本院予以采纳。

无罪裁判要旨五：现有证据不能排除被告人认为涉案模具技术已经转让给被告人的可能性，虽然被告人知道齐某等被害人原员工是涉案模具技术的主要研发人，在将涉案模具技术申请专利时，不征求齐某等主要研发人的意见，体现的是对他人劳动成果的不尊重，但这种不尊重研发人意见的主观故意与构成侵犯商业秘密罪中的未经商业秘密权利人许可的主观故意不同，未达到犯罪的主观故意程度

案件名称：北京捷适公司、郭某侵犯商业秘密二审刑事判决书

审理法院：北京市第二中级人民法院

案号：（2019）京02刑终425号

裁判理由：

虽然生效民事裁决已经确认依据三方协议，涉案模具技术并未转移给北京捷适公司，但三方协议“三方同意将甲方拥有的纵向轨枕和减振轨道系统技术及与之相关的所有技术资源和项目资源统一整合到一个新的企业平台上进行市场开发和运作，用较快的速度将技术成果转化为经济价值和企业利润”中的有关“与之相关的所有技术资源”的约定，存在词语外延不明确的问题，易出现不同的理解。涉案模具技术虽独立于纵向轨枕技术和减振轨道系统技术，但涉案模具技术是用来生产模制纵向轨枕模具的技术，纵向轨枕是产品，模具是生产产品的工具，二者之间又存在一定关联，那么，“与之相关”是否包含此种关联可能会有不同理解，由此“与之相关的所有技术资源”是否包含此种关联下的模具技术也可能存在不同理解。故，现有证据不能排除北京捷适公司、郭某认为涉案模具技术已经转让给北京捷适公司的可能性，认定北京捷适公司、郭某明知涉案模具技术属于青岛捷适公司商业秘密而故意将之申请专利予以公开的证据不足。郭某作为青岛捷适公司原员工并与公司签订有保密协议，郭某及北京捷适公司主要领导知道齐某等青岛捷适公司原员工是涉案模具技术的主要研发人，在将涉案模具技术申请专利时，不征求齐某等主要研发人的意见，体现出北京捷适公司、郭某对技术研发人的劳动成果的不尊重，对他人知识产权权益保护的漠视，但这种不尊重研发人意见的主观故意与构成侵犯商业秘密罪中的未经商业秘密权利人许可的主观故意不同，未达到犯罪所需的主观故意程度。

第六篇

扰乱市场秩序篇

第十五章

串通投标罪裁判要旨

导　言

根据《刑法》第223条第1款，串通投标罪是指投标人相互串通投标报价，损害招标人或其他投标人的利益，情节严重的，或投标人与招标人串通投标，损害国家、集体、公民的合法权益的行为。本罪行为包括两项内容：一是投标人相互串通投标报价，损害招标人或其他投标人利益，情节严重的行为；二是投标人与招标人串通投标，损害国家、集体、公民的合法权益。本罪近年来在企业家犯罪罪名分布中排名为第18～20位，应予注意。

所谓"串通投标报价"，是指投标人之间相互串通，暗中商定，在投标过程中，抬高或压低投标报价的行为。所谓"串通投标"，指投标人与招标人私下串通，事先根据招标底价确定投标价、中标价格。投标者相互串通投标报价，损害招标人或其他投标人利益，必须达到情节严重。

串通投标行为破坏了招标投标机理，使得招标投标机制的预定目标无法实现，尤其对最终中标成交价格造成影响。市场经济各个要素中，价格是供给者与需求者之间互通信息的媒介，是促进和协调生产的最重要的因素。一旦价格机制遭受破坏，生产要素将无法被合理分配、劣质企业不能被淘汰，企业也会失去技术创新和改善企业管理的动力。作为企业，应遵循公平、公正的竞争秩序，避免采用串通投标的方式获取项目。

截至2021年6月30日，编者在威科先行网站上检索到无罪案例，并综合本罪在最高人民法院、最高人民检察院指导案例和公报案例、《刑事审判参考》《人民司法·案例》等中的案例，归纳出有罪裁判要旨6条，无罪裁判要旨10条。综合各裁判案例，可以发现各地司法机关对本罪的许多问题有不同意见，如串通投标罪与受贿罪的罪数关系司法观点并不一致。在《人民司法·案例》2014年第10期，（2013）淮中刑二终字第26号案中，撰文法官认为国家机关工作人员因受贿而滥用职权串通投标，构成犯罪的，应当实行数罪并罚；但笔者亦检索到三个案例（详情请看下文司法争鸣部分），法院认为串通投标与行贿、受贿行为属于牵连关系或手段行为－目的行为关系，应择重处罚。由于《人民司法·案例》中仅是司法观点，而无对应的实际案例，因此对罪数问题虽有司法争鸣，但司法实践中更倾向于因牵连关系而择重处罚。

各司法机关对本罪亦有意见相同之处，如无罪裁判要旨一，即挂牌竞买不能解释为招投标，因此在拍卖竞买活动中行为人相互串通的，不能以本罪论，其中最具权威性的为最高人民检察院公报第90号案例；又如，若涉案合同是双方协商的结果，并非招投标的结果，涉案的所谓“招标”不符合《招标投标法》规定的要件，因此实质上不属于招投标活动，则双方公司之间是合同相对方的关系，并非招标人和投标人的关系，不符合串通投标罪的犯罪主体要件。无罪裁判要旨三中所列三个案件即属此类。

一、相关法律法规

《中华人民共和国刑法》

第二百二十三条 投标人相互串通投标报价，损害招标人或者其他投标人利益，情节严重的，处三年以下有期徒刑或者拘役，并处或者单处罚金。

投标人与招标人串通投标，损害国家、集体、公民的合法利益的，依照前款的规定处罚。

《最高人民检察院、公安部关于公安机关管辖的刑事案件立案追诉标准的规定（二）》（公通字〔2010〕23号，2010年5月7日施行）

第七十六条 ［串通投标案（刑法第二百二十三条）］投标人相互串通投标报价，或者投标人与招标人串通投标，涉嫌下列情形之一的，应予立案追诉：

（一）损害招标人、投标人或者国家、集体、公民的合法利益，造成直接经济损失数额在五十万元以上的；

（二）违法所得数额在十万元以上的；

（三）中标项目金额在二百万元以上的；

（四）采取威胁、欺骗或者贿赂等非法手段的；

（五）虽未达到上述数额标准，但两年内因串通投标，受过行政处罚二次以上，又串通投标的；

（六）其他情节严重的情形。

二、司法争鸣

争议焦点：串通投标与行贿受贿、滥用职权等职务犯罪的罪数关系问题。

《人民司法·案例》2014 年第 10 期，（2013）淮中刑二终字第 26 号案（有罪裁判要旨二）中，撰文法官认为国家机关工作人员因受贿而滥用职权串通投标，构成犯罪的，应当实行数罪并罚，具体观点展示如下：

司法实践中，许多串通投标行为往往与职务犯罪交织在一起，如国家机关工作人员在串通投标过程中的滥用职权行为和在串通投标过程中的受贿行为。本案在审理中也曾考虑到有关行为人和特定关系人是否存在滥用职权和受贿的问题，但无相关指控。分析本案，笔者认为：国家机关工作人员与投标人串通投标而滥用职权，应按照牵连犯从一重罪处断。而国家机关工作人员利用职务上的便利受贿串通投标的如何处罚，存在不同观点。有观点认为，此种系牵连犯罪行为，因无法律的特别规定，理应适用从一重罪处断的原则。笔者认为应当数罪并罚，理由：

第一，从牵连犯的相关理论看，行为的牵连程度不同，各行为的社会危害性有别，处罚标准应有异。牵连犯是以实施一个犯罪为目的，但其手段行为或结果行为又触犯了其他罪名的情况，此时手段行为和目的行为之间、原因行为和结果行为之间就存在牵连关系。牵连犯的本质是一个犯罪，他行为与本行为之间须有牵连，他罪是围绕本罪而成立的。如果行为人在两个以上犯罪目的的支配下实施数个犯罪，则不能构成牵连犯。牵连犯的手段行为与目的行为、原因行为与结果行为之间存在相关联的紧密程度的差异，而相应地适用不同的处罚标准，如从一重罪处断、数罪并罚。就手段行为与目的行为而言，如果通过全面、综合地判断，能够得出二者的牵连关系通常存在，即该目的行为通常甚至一定由此手段行为达成，则按照从一重罪处断的原则评判；就原因行为与结果行为而言，如果后者是前者的必然，则也按照从一重罪处断的原则评判。其不重复评价的理由是，其中之一行为社会危害性小，行为人主观恶性小，能够为刑法所包容；其不具有期待可能性，因而不能对行为人的该行为以非难谴责。反之，其虽然存在一定联系，但牵连关系不甚紧密，即前后二行为不存在通常的、必然的联系，而只是偶然的、特定的发生；行为人完全可以选择其他非独立成罪的手段来实现犯罪目的，即具有期待其实施其他合法行为的可能性，但其反其道而行之，因而该行为人的主观恶性和行为的社会危害性大，应受法的非难谴责。因此刑法应一并对此作出评价。对此，实践中一般多支持实行数罪并罚。

第二，国家机关工作人员与投标人串通投标和滥用职权的行为牵连关系紧密，符合犯罪构成的，以牵连犯从一重罪处断。国家机关工作人员（如招标工作负责人）与投标人串通投标必然要滥用职权，而滥用职权行为是串通投标行为的应有之义和必要保证，该二行为之间存在必然关系，因此刑法不宜对其重复评价。而从本案案情看，滥用职权罪必须满足因串通投标致使公共财产、国家和人民利益遭受重大损失的要件，行为人虽然滥用职权与投标人串通投标，但是本案没有造成有关重大损失的事实，故法院不宜认定为滥用职权罪。

第三，国家机关工作人员受贿而串通投标的二行为牵连关系不甚紧密，前后两种行为非常态性过渡，而更是行为人为犯罪目的刻意选择的结果，因而二行为更具有独立性。对受贿者而言，受贿的目的是实施串通投标行为，但其实施串通投标行为完全可以选择不为受贿行为，即非一定要通过独立成罪的受贿行为来达成串通投标行为。此外，在串通投标过程中的行为人滥用职权为他人谋取的利益是非法利益，其相对于受贿后利用职权为他人谋取合法利益者，表现出更大的主观恶性和社会危害性，因而对此行为的处罚要根据罪责刑相适应原则作出判断。

第四，从司法实践看，国家机关工作人员因受贿而犯渎职罪的，非一概地适用从一重罪处断原则。我国刑法总则没有明确规定牵连犯的处罚原则，其分则只有少量条文对牵连犯的处罚原则作出了明文规定，且处罚标准和原则不尽统一，或从一重罪处断，或数罪并罚，或处独立的较重法定刑，等等。因此，在刑法没有明文规定的情况下，不能笼统地认为只能适用从一重罪处断原则，而应视情根据禁止重复评价原则和罪责刑相适应原则作出判断。《刑法》规定，对于因受贿而犯《刑法》第399条第4款规定的徇私枉法罪，民事、行政枉法裁判罪，执行判决、裁定失职罪，执行判决、裁定滥用职权罪，其实行的是从一重罪处断。这是刑法明确规定牵连犯的从一重罪处断处罚原则。但是，第 399 条第 4 款规定的处罚原则对《刑法》第九章的其他因受贿而犯渎职罪的处罚不具有普遍适用的意义。受贿中后续性的滥用职权为他人谋取利益的行为构成犯罪的，应当实行数罪并罚。而根据司法经验，因为受贿而犯《刑法》第九章其他渎职罪的，如滥用职权、玩忽职守等，以及因为受贿而挪用公款的，通常是实行数罪并罚。因而，国家机关工作人员因受贿而滥用职权串通投标，构成犯罪的，应当实行数罪并罚。

但笔者检索的下面三个案例中，法院认为串通投标与行贿、受贿行为属于牵连关系或手段行为-目的行为关系，应择重处罚。值得注意的是，2016 年《最高人民法院、最高人民检察院关于办理贪污贿赂刑事案件适用法律若干问题的解释》第 17 条规定："国家工作人员利用职务上的便利，收受他人财物，为他人谋取利益，同时构成受贿罪和刑法分则第三章第三节、第九章规定的渎职犯罪的，除刑法另有规定外，以受贿罪和渎职犯罪数罪并罚。"而 2012 年《最高人民法院、最高人民检察院关于办理行贿刑事案件具体应用法律若干问题的解释》第 6 条规定："行贿人谋取不正当利益的行为构成犯罪的，应当与行贿犯罪实行数罪并罚。"因此根据司法解释，本罪与受贿罪并不必然数罪并罚，但本罪与行贿罪应数罪并罚。司法实践中亦多以本罪与行贿罪两罪并罚，但仍有以牵连关系择重判处行贿罪的案例，因此仍存争议。

案例一：被告人采用向招标单位负责人行贿，内外勾结、串通投标，其行为同时构成行贿罪和串通投标罪，属牵连犯，从一重罪，即行贿罪处断

案件名称：合肥某医疗科技有限公司、章某超串通投标、单位行贿案

案件来源及案号：安徽省蚌埠市蚌山区人民法院（2018）皖 0303 刑初 205 号

判决结果：

1. 被告单位犯单位行贿罪，判处罚金人民币 50 万元；

2. 被告人章某超犯单位行贿罪，判处有期徒刑 1 年 6 个月，并处罚金人民币 10 万元。

基本事实：

2012 年，A 医院对试剂采购进行招投标，此时，被告人章某经营的被告公司为了加大试剂产品的使用量，并保证在以后 A 医院招投标中顺利中标，章某超向 A 医院检验科主任王某 1 许诺，其拿出在 A 医院试剂产品销售利润

的4%送给王某1，并提出如果推荐新项目中标，按利润的6.5%送给王某1，王某1表示同意，并答应帮助被告公司扩大其配送试剂的使用量，以及向医院推荐被告公司新试剂类项目，并在以后A医院招标过程中提供帮助。后因利润比例操作复杂，统一定为利润的5%。

曼迪新公司是芬兰“必欧瀚”胃粘膜血清学检测四项试剂的全国总代理商，章某超曾经在该公司供职过，被告公司在该公司拿货有价格优势。2014年3月，被告公司为尽快在A医院开展此项目，章某超遂要求王某1向院方推荐胃粘膜血清学检测四项试剂新项目。为获取更多好处，王某1积极向院方提出使用申请。后A医院进行公开招标，王某1作为招标小组成员对被告公司代理的产品向招标小组提出倾向性意见。最终被告公司中标。

2012年至2016年，章某超按照和王某1的约定，多次送给王某1好处费715,000元。

裁判理由：

被告单位为谋取不正当利益而行贿，情节严重，其中在招投标活动中串通招标单位工作人员，以贿赂手段招投标，损害其他投标人利益，情节严重，其行为分别触犯了串通投标罪、单位行贿罪，其中行贿是手段，串通投标是目的，属牵连犯，应从一重罪处罚，故被告单位宜按单位行贿罪定罪处罚。

案例二：被告人全部行为的目的就是收受贿赂，其与招标方或投标方串通投标的行为系受贿罪的手段行为，为受贿罪的犯罪事实所涵盖，不应单独定罪处罚，应以受贿罪定罪量刑

案件名称：袁某甲受贿罪，袁某甲串通投标罪案

案件来源及案号：湖北省黄石市黄石港区人民法院（2016）鄂0202刑初98号

基本案情：

2010年上半年，A公司法定代表人易某（另案处理）得知某市大桥局下属某4s店正在选址建设实体店面，便找到被告人袁某甲，要求袁某甲找时任大桥局局长的哥哥袁某乙（另案处理）帮忙承接该装饰工程。范某为大桥局下属招标公司总经理，范某介绍B公司副总经理陈某（另案处理）与易某共同承接该工程，袁某甲、易某表示同意。随后三人商定，由袁某甲负责找袁某乙帮忙承接该工程，袁某甲不出资，陈某、易某以工程利润的1/3作为感

谢费。

2010 年 8 月，被告人袁某甲找袁某乙表明想与陈某、易某一起承接该工程，自己不实际出资，只参加分红，袁某乙表示同意，但要求袁某甲不要出面。同年 10 月，在袁某乙的帮助下，陈某、易某、袁某甲通过围标的方式顺利承接到一汽大众 4s 店工程。此后，袁某甲先后六次共计收受陈某、易某人民币 18.5 万元。

裁判理由：

关于被告人袁某甲及其辩护人提出袁某甲未参与工程的招投标事宜，没有与他人串通招投标，不构成串通投标罪的辩解和辩护意见。经查，证人易某、陈某的证言均证实，其二人正是基于被告人袁某甲与袁某乙的兄弟关系，才同意袁某甲在不出资、不负责工程建设、不实际合伙的情况下参与工程利润的分配，袁某甲也对陈某、易某二人的意图是十分清楚的，因此，袁某甲全部行为的目的就是利用袁某乙的特殊身份收受贿赂，其与招标方负责人范某串通投标的行为系受贿罪的手段行为，为受贿罪的犯罪事实所涵盖，不应单独定罪处罚，应以受贿罪定罪量刑，故被告人袁某甲不构成串通投标罪。

案例三：刘某非国家工作人员受贿案

审理法院：四川省乐山市中级人民法院

案号：（2015）乐刑终字第 190 号

裁判结果：

被告人被判处非国家工作人员受贿罪。

裁判理由：

本院认为，上诉人（原审被告人）刘某身为公司工作人员，利用职务上的便利，非法收受他人人民币 20 万元，为他人谋取利益，数额较大，其行为构成非国家工作人员受贿罪。上诉人刘某及其辩护人提出刘某无罪的辩解辩护意见。现有证据能证实刘某与马某某串通围标，刘某收取马某某 20 万元的事实。刘某在侦查阶段亦供认负责发放自己拟定的技术协议（相当于招标书）。刘某虽未直接参与标书评定以及商务谈判，但其对外邀标，拟定发放技术协议，系能否中标的基础环节，由马某某串通围标的江苏某公司能够中标系刘某利用其负责招投标的职务便利所致，杨某某 1、杨某某 2 虽参与其中，中标人是江苏某公司，但不影响对刘某利用职务便利，非法收受他人财物，为他人谋取非法利益的认定，该意见不能成立。

三、有罪裁判要旨

裁判要旨一：挂牌竞买不能等同于招投标，在国有建设用地使用权挂牌出让过程中，通过贿赂指使参与竞买的其他人放弃竞买、串通报价，最终使请托人竞买成功的，不构成本罪，而构成对非国家工作人员行贿罪

案件名称：张某某、刘某某对非国家工作人员行贿案

案例来源：《刑事审判参考》第106集，第1136号案例

裁判结果：

两被告被以对非国家工作人员行贿罪处有期徒刑3～6年有期徒刑，并处罚金。

基本案情：

2009年11月19日至30日，濉溪县国土资源局挂牌出让某地块国有建设用地使用权。被告人张某某、刘某某帮助杨某（另案处理）向其他竞拍者给付补偿金，其他竞拍者均同意退出竞拍或虚假参与竞拍，杨某最终以低价拍得该地块。两被告伙同杨某共给付其他竞买人贿赂840万元。

裁判理由：

第一，挂牌竞买不能等同于招投标。招标与挂牌均系国有建设用地使用权出让的重要形式，国土资源部《招标拍卖挂牌出让国有土地使用权规定》对此予以明确并加以区别，按照《招标拍卖挂牌出让国有土地使用权规定》及《招标投标法》的规定，招标的主要程序：公开招标或邀请招标—投标（仅有一次竞买机会）—开标—评标—中标（发出中标通知书，招标人可否决所有投标）。招投标作为市场经济条件下一种常用的竞争方式，在我国建筑工程等领域普遍推行。《招标拍卖挂牌出让国有土地使用权规定》第2条第4款规定，“挂牌出让国有土地使用权，是指出让人发布挂牌公告，按公告规定的期限将拟出让宗地的交易条件在指定的土地交易场所挂牌公布，接受竞买人的报价申请并更新挂牌价格，根据挂牌期限截止时的出价结果确定土地使用者的行为”，其主要程序：出让人挂牌公告—竞买人挂牌报价—更新挂牌价（竞买人可反复更新报价，有多次竞买机会）—确定竞得人（签订成交确认书，出让人无权否决最高挂牌人）。挂牌制度脱胎于拍卖制度，但又不同于拍卖制度，该制度有一个挂牌报价、更新报价的前置程序，而且不必

然进入公开竞买程序（该程序类似于拍卖程序）。目前，挂牌出让仅发生于建设用地流通领域，在适用范围、操作程序、出让人否决权等方面与招投标程序有显著的区别。因此，挂牌竞买与招投标无论是在字面上还是实质程序上均存在差别，不能等同。

第二，法律没有明文规定为犯罪的，不能类推定罪。《刑法》第 223 条规定："投标人相互串通投标报价，损害招标人或其他投标人利益，情节严重的，处三年以下有期徒刑或者拘役，并处或者单处罚金。投标人与招标人串通投标，损害国家、集体、公民的合法利益的，依照前款的规定处罚。"从文义解释的角度，挂牌竞买显然不能等同于招投标。

有一种观点认为，可以忽略二者文义上的差别，从实质危害性相当的角度对串通投标罪中的招投标进行合目的的扩张解释。具体言之，该观点认为挂牌出让是在总结国有建设用地使用权拍卖和招投标实践基础上的创新，具备招投标的主要特点，同时融入了拍卖制度的某些有益成分；从危害性来看，串通竞买与串通投标均是采取串通方式消除或减少公平竞争，损害出让人或招标人利益，由串通者分享，故将挂牌出让过程中的串通竞买行为解释为串通投标，符合立法本意。

对此，我们持否定意见。《刑法》第 223 条的规定显然将串通投标罪限定在招投标领域。罪刑法定原则是刑法的基本原则，刑法的扩张解释的适用在部分条款中虽不可避免，但应该遵循基本的文义解释规则。换言之，对法律概念进行扩张解释不能远远超出概念的核心含义，解释结论要在一般公民的预测可能性范围之内。否则，抛开概念的基本语义，完全从处罚必要性的角度进行扩张解释，容易滑向类推适用的境地。挂牌出让固然与招投标有相似之处，但二者无论是在概念文义，还是适用范围、操作程序、出让人否决权等方面都存在显著差异，二者的差异性远大于相似性。尽管从实质上看，挂牌出让中的串通竞买行为也具有社会危害性，但在《刑法》明确将串通投标罪的犯罪主体界定为投标人、招标人的情况下，客观上已不存在将挂牌出让解释为招投标从而予以定罪的空间。

第三，数个关联行为存在牵连关系，但只有其中某一行为构成犯罪的，可以该行为触犯的罪名对被告人定罪处罚。本案中，二被告人实施了一系列的关联行为，其中包括接受杨某的请托向其他竞买人行贿；指使其他竞买人放弃竞买或串通报价；直接占有请托人给付的部分行贿款项等。二被告人实施的上述系列行为，存在手段行为与目的行为间的牵连关系。二被告人指使其他竞买人放弃竞买或串通报价是目的行为，向其他竞买人行贿是手段行为，但鉴于目的行为不构成犯罪，而实施的行贿行为显然触犯了《刑法》的规定，已构成对非国家工作人员行贿罪，依法予以认定是正确的。

需要指出的是，本案的审理也反映出几个值得重视的法律完善问题：一是国有建设用地使用权挂牌出让、拍卖活动中串通竞买的行为与招投标过程中串通投标行为，均是采取串通方式消除或者减少公平竞争，从而损害出让人、拍卖人、招标人利益，破坏市场公平竞争秩序的行为，两者侵害的法益及社会危害性相当，但《刑法》仅对串通投标行为进行规制，对出让和拍卖活动中的串通竞买行为亟待完善相关法律规定。二是《刑法》所规定的对单位行贿罪中的"单位"仅限于国有单位，在当前经济往来中，作为市场主体的非国有单位既可能是商业行贿的主体，也可能成为商业受贿的主体，但类似本案，目前只能以对非国家工作人员行贿罪定罪处罚，回避了实践中存在的非国有单位受贿行为的法律评价。

裁判要旨二：串通投标罪的主体应理解为参与投标程序、实施串通投标行为的自然人和单位，即将招标人和投标人解释为主管、负责、参与招标投标事项的人

案件名称：杨某某等串通投标案

案例来源：《人民司法·案例》2014 年第 10 期

案号：淮安市中级人民法院（2013）淮中刑二终字第 26 号

裁判结果：

各被告人被以串通投标罪处有期徒刑 6 个月至 8 个月不等的刑罚。

基本案情：

被告人杨某某为时任淮安市公安局信通处处长，系招标项目的组织实施者和采购参与人。在淮安市公安局 A 项目招投标活动中，被告人杨某某授意张某某帮助甲公司制作投标书，让张某某再找一家公司围标，并要求投标报价 138 万元左右。同时投标的还有其他两家公司。后甲公司中标，中标金额 138.911 万元。

被告人屠某某和陈某分别系乙公司负责人和销售经理。陈某、屠某某、张某某决定参与淮安市公安局 B 项目。杨某某向陈某、屠某某泄露项目参数

要求，还授意张某某等人成立新公司参与围标。屠某某注册成立丙公司。陈某、屠某某又借用丁公司参与围标。后丙公司中标，中标金额人民币231.2万元。

法院评论：

串通投标罪的立法意义在于打击与抑制串通投标行为，创设诚实信用、公平、公正、公开的竞争机制，促进市场经济的发展。而司法实践中，关于串通投标罪争议颇多的是其主体范围的问题。究其原因，笔者认为有二：一是快速发展的招投标市场存在形式多样的串通投标行为，而《刑法》关于串通投标罪的规定过于简单，也缺乏相关司法文件对此作出解释；二是《招标投标法》的颁行晚于串通投标罪的立法，《刑法》第223条和第231条关于串通投标罪的招标人和投标人的主体规定与招标投标法的规定有出入，因而在具体案件认定中，出现事实主体与法律主体判定的歧义。因此，要正确理解串通投标罪主体范围，需要把握如下几个方面：第一，适用《招标投标法》解释串通投标罪主体的观点。根据《招标投标法》第8条和第25条规定的招标人和投标人的概念，招标人是依照该法规定提出项目、进行招标的法人或者其他组织；投标人是响应招标、参加投标竞争的法人或者其他组织，但依法招标的科研项目允许个人参加投标的，投标的个人适用该法有关投标人的规定。因此，招标投标法关于招标人指的是单位，投标人包括单位和允许个人投标项目的自然人。据此，**串通投标罪中的招标人和投标人限定于法人或者其他组织，只有在允许个人参加投标的科研项目招标中，自然人才可作为投标人成为串通投标罪的主体。而不具备《招标投标法》规定的招标人或者投标人身份的单位或自然人，不能单独成为串通投标罪的主体，但可以构成该罪的共犯**。

第二，《刑法》第223条规定的串通投标罪是确定性规则而非准用性规则，即其并非准用《招标投标法》。按照法律规则内容确定性的不同，法律规则有确定性规则和准用性规则之别。确定性规则是指内容本已明确肯定，无须再援引或参照其他规则来确定其内容的法律规则；准用性规则是指内容本身没有规定人们具体的行为模式，而是可以援引或参照其他相应内容规定的规则。从刑法规定看，串通投标罪法律规则的内容已确定，并未要求援引或参照《招标投标法》的规定。而实际上串通投标罪的立法早于《招标投标法》（2000年1月1日起施行），其主体范围的设定并不以《招标投标法》

为依据，司法认定其主体时并不要求与《招标投标法》保持一致。因而串通投标罪的主体不应局限于《招标投标法》的规定，而应在刑法自身体系内作实质解释。

第三，在刑法自身体系内对串通投标罪主体的认定。刑法体系，是指各种刑法规范按照一定的规律、顺序、联系有机地排列，组成统一的整体。刑法解释必须有一个整体性、体系性思考的原点，而具体在理解某一刑法规范时应将其置于刑法中并通过对刑法整体的理解来实现。结合《刑法》第223条和第231条的规定及二者的联系，串通投标罪的主体本来就是自然人；又从第231条的规定看，单位犯本罪的，对单位判处罚金，并对其直接负责的主管人员和其他直接责任人员，依照第223条的规定处罚，因而其主体也可以是单位。换言之，根据《刑法》第231条的规定，在《刑法》第三章第八节规范的扰乱市场秩序罪（第221条至第230条规定之罪）的章节中，首先规定的就是自然人主体。相反，如果按照《招标投标法》的规定来解释，则招标人只能是单位，极为特殊的自然人之投标人才可能成为该罪的主体。显而易见，这无法解释纷繁复杂的招投标市场行为，不利于打击犯罪，与串通投标罪所应保护的法益不符。

第四，市场行为中，串通投标行为主体非限于《招标投标法》规定的招标人和投标人。一方面，结合《招标投标法》第2条和第3条及其他规定看，招标有强制和自愿两种形式。而串通投标罪并没有对招投标行为作出限定，因而其包含强制招标和自愿招标两种行为。事实上，无论是强制招标项目还是自愿招标项目，串通投标行为必然侵犯招标投标市场竞争秩序，损害招标人或者其他投标人的利益，或者损害国家、集体、公民的合法权益。这正是串通投标罪所应保护的法益。而自然人和单位都是招标投标市场竞争中的主体，侵犯招标投标之市场竞争秩序的不应仅限于单位，还应包括自然人。另一方面，如不具备投标资质而盗用或借用或冒用其他单位的资质参加投标或进行围标的单位或自然人，招标单位中主管、负责、参与招投标工作而违背招标人意志串通投标的人员，以及与投标人互相串通的招标人委托的招标代理机构等，这些串通投标行为主体包括单位和自然人；其有的行为人虽然不是《招标投标法》规定的招标人和投标人，但都实施了串通投标行为，侵害了正常的市场竞争秩序，应该成为串通投标罪的行为主体。对此，如前文所述的相左观点认为，对上述不符合《招标投标法》规定的招标人和投标人身份的串通投标行为主体可以作为符合该身份的行为主体的串通投标罪共犯处理。笔者认为，如此处理本身不符合《刑法》的规定，而且，当串通投标当事方均不是《招标投标法》规定的招标人和投标人时，这一观点不能自圆其说。比如，当招标的负责人授意他人盗用或借用其他单位资质进行围标，影响其他合法投标人竞标时，其都是个人的串通投标行为，不是《招标投标法》规定的招标人和投标人，其行为却侵犯了串通投标罪保护的法益。对于所举的该情形，也有观点认为，其非为串通投标罪的主体，但可以以侵犯商业秘密罪处罚。其结果要求必须给权利人造成重大损失。但串通投标行为往往表现为串通投标报价和其他招标投标事项，其虽然侵犯了招标之权利人的有关秘密，并不必然侵犯能为其带来利益的采取保密措施的技术信息和经营信息之法益，但更多地侵犯的是招投标市场竞争秩序，而且串通投标的结果也并不都是使招标之权利人遭受损失，如仅为获得工程项目的机会而投标人串通投标。

因此，笔者赞同有关观点，对于串通投标罪的主体应以串通投标行为为核心，坚持以参与投标程序为基础，立足于刑法所保护的法益，将其理解为：参与投标程序，实施串通投标行为的人。即将招标人和投标人解释为主管、负责、参与招标投标事项的人，如招标单位、招标项目的负责人、招标人的代理机构、评标委员会成员、招投标活动中的工作人员、投标单位及其代理人、参加投标的有关人员。

第五，本案四行为人均符合串通投标罪的主体构成。本案杨某某作为招标项目的负责人，为了中标，授意张某某按其指示的标价为投标的公司设计标书并以此价投标，还授意张某某借用其他公司资质并串通他人组织陪标；在移动警务通的招投标过程中，杨某某泄露采购计划的内容，设定投标价格，串通陈某、屠某某、张某某借用其他公司的资质共同制作标书，以围标的方式投标，其还授意张某某等人成立新公司参与围标，从而使得该项招投标活动成为行为人实际掌控的独家投标，并最终使涉案公司违法中标。四行为人在串通投标的主观故意支配下分工协作，分别实施了不同的串通投标行为，侵犯了串通投标罪所保护的法益；其中，虽然存在行为人以单位名义串通投标的情形，但其成立新公司和借用其他公司资质是为了实施犯罪，是其犯罪的手段行为，实质上是个人行为，仍以自然人犯罪论。当然，如果被借用资质的单位明知行为人借用资质是为了实施串通投标行为而出借，构成犯罪的，应以串通投标罪的共犯论处。

裁判要旨三：一人控制几家公司投标，比与他人的串通行为更为严重，举轻以明重，构成串通投标罪

案件名称：李某、陈某某、李某甲、徐某某、许某某、吴某串通投标案

案例来源：《人民司法·案例》2015年第18期

案号：宜昌市夷陵区人民法院（2014）鄂夷陵刑初字第00027号

裁判结果：

各被告人均以串通投标罪被判处不同刑期有期徒刑或免予刑事处罚。

基本案情：

2013年1月，在国湾星城工程招投标过程中，朱某、张某、付某权为了能够顺利承接一、二、三标段，经与被告人李某预谋，由李某等人分别向16家公司租借资质投标，由朱某、张某、付某权通过各自账户及李某甲等人账户向上述公司转出投标保证金并支付资质租借费，由李某等被告人共同编制上述不同投标公司的投标文件，通过在“工程量清单计价软件”中增加记录、检查加密狗号和机器码的软件工具并将其制作的投标文件的加密狗号和机器码数据进行修改等方式排挤其他投标人的公平竞争，使李某等人实际中标。

2013年4月，民佳家园工程由宜昌市发展和改革局批准建设后决定公开招标以选定施工承包人，吴某国为了能够顺利承接该工程，经与被告人李某预谋后，由李某、李某甲、吴某国分别向7家公司租借资质投标，由吴某国通过李某甲等人账户向上述公司转出投标保证金并支付资质租借费，由李某等6被告人共同编制上述不同投标公司的投标文件等方式排挤其他投标人的公平竞争，使吴某国实际中标。

法院评论：

本案难点在于在出借单位不知情或者没有证据证明出借单位知情的情况下，单个行为人利用掌控的多个单位参与围标，能否以串通投标罪来认定？李某等6人为投标人获得中标机率而形成行为一致性，该共同性是否能构成串通投标罪的共犯？实际投标中并未实际中标，其犯罪形态是既遂还是未遂？

（一）串通投标罪的犯罪主体

招投标领域出现的犯罪行为，依现行刑法规定其犯罪主体一般为招标人、

代理机构、投标人。也就是说，串通投标罪的主体是特殊主体，仅限于招标人和投标人。由于工程建设领域的复杂性，致司法实践中出现的疑惑颇多。特别是串标、围标以及牵连性质（渎职、受贿）、关联性质（纵、横向对合性共同）的犯罪，对其主体认识复杂化。比如工程建设招投标中出借经营资质的情况十分普遍，一人（或一个单位）常同时向多个单位借用资质，然后以多个单位的名义参加某一工程的投标。表面上，这几个单位都是独立的投标人，实际上，这几个单位都是由一人（或一个单位）在幕后操控，实践中称其为“围标”。如果出借资质单位明知借用者参与围标而积极配合的，其行为应具有串通性，出借者与借用者均应作为串通投标认定。这在实务中并没有分歧。但在出借单位不知情或者没有证据证明出借单位知情的情况下，单个的行为人利用掌控的多个单位参与围标，能否认定为串通投标罪？本案中，实际投标人与其他主体，利用其制作的多份呈规律性差异的标书，并通过其掌握评标计价软件的技术优势，为投标人获得中标机率而形成行为一致性，该共同性是否能构成串通投标罪的共犯？大多数情况下串通投标罪以共同犯罪形式出现，但是这个“共同”表现为投标人之间共同或者投标人与招标人共同形式，而本案则是投标人与非投标人、招标人之间的共同，就成为司法实践中认识上的难题。这也导致否定说、肯定说各持一词，**最后法院认定六被告人的行为均应以串通投标罪定罪**。

（二）串通投标罪的共犯

法院认为，一人控制几家公司投标，比与他人的串通行为更为严重，举轻以明重，当然构成串通投标。国务院2012年2月1日实施的《招标投标法实施条例》第40条规定，有下列情形之一的，视为投标人相互串通投标：（1）不同投标人的投标文件由同一单位或者个人编制；（2）不同投标人委托同一单位或者个人办理投标事宜；……（4）不同投标人的投标文件异常一致或者投标报价呈规律性差异。本案中，李某及其公司其他从业人员共同完成了同一工程的多份工程量造价标书的制作，并利用其公司的技术优势，帮助实际投标人在招投标过程中获得较高中标机率，具有较大的社会危害性，与实际投标人共同构成串通行为。在对实际投标人经审判确定为有罪前提下，应成立为共犯。笔者认为，李某作为A公司法定代表人，与刘某威等公司职员共同完成工程量造价标书，修改标书验证机号和加密狗号，致使多份标书直接进人到评标环节，其共同行为已成立为公司共同意志，符合单位犯罪构成要件，应当认定为系 A 公司与实际投标人李某甲的共同一致性的串通行为。李某甲帮助实际投标人借用他人资质、提供银行账号，分流投标保证金到借用资质单位，代李某收取制作标书费用，在公安机关查处时转移资金等行为，系个人意志，应以其自然人身份与 A 公司、实际投标人共同完成串通投标行为。

裁判要旨四：致使多份标书直接进入到评标环节，从而排挤其他投标人的公平竞争，损害招标人和其他投标人利益，虽然没有实际中标，但认定为犯罪既遂

案件名称：李某、陈某某、李某甲、徐某某、许某某、吴某串通投标案

案件来源、基本案情与裁判结果同上

法院评论：

串通投标罪，从法条上理解应为情节犯，当达到情节严重才成立为犯罪。何为情节严重，目前尚无明确的司法解释加以界定，仅有公安机关的立案标准。情节犯是否存在未遂状态，从刑法总则对犯罪形态的规定来看，是可以存在的。李某等六人的犯罪形态系既遂。理由是李某等人帮助他人借用资质、制作多份呈规律性差异的标书，利用公司掌握评标计价软件的技术优势地位，修改标书验证机号和加密狗号，致使多份标书直接进入到评标环节，从而排挤其他投标人的公平竞争，损害招标人和其他投标人利益，其犯罪行为已完成串通投标的全过程。也就是说，帮助他人串通围标虽然没有实际中标，应认定为犯罪既遂，构成串通投标罪。

裁判要旨五：串通投标属于不正当竞争行为，《反不正当竞争法》中关于损失计算的方法是串通投标直接经济损失认定的重要法律依据。该行为给被侵害的经营者造成损害的，应当承担损害赔偿责任，被侵害的经营者的损失难以计算的，赔偿额为侵权人在侵权期间因侵权所获得的利润；并应当承担被侵害的经营者因调查该经营者侵害其合法权益的不正当竞争行为所支付的合理费用

案件名称：赵某某串通投标案

案例来源：《人民司法·案例》2007 年第 22 期

案号：浙江省余姚市人民法院（2005）余刑初字第273号

裁判结果：

以串通投标罪判处被告有期徒刑1年。

基本案情：

赵某某系个体装修户，其在得知乙地一批农村义务教育建设项目采用最低价中标法公开招标后，挂靠某建筑公司参与投标并入围。为获取不法利益，赵某某公然提出要组织围标，让入围单位按其要求编制投标函并由其统一安排中标单位和承建人，再由承建方拿出工程中标价的10%钱款分给其他入围单位。按照此方法，赵某某共将10个教育项目分别以接近工程预算控制价的中标价围给有关单位，中标单位拿出工程中标价的10%钱款计187万元由赵某某分给各入围单位。案发前，涉嫌串通投标的工程已竣工并验收合格。

法院认定串通投标行为给招标人造成的直接经济损失达187万元。

法院评论：

1. 招标人多支付的工程成本属于经济损失，与串通投标行为有直接因果关系的多支出成本属于直接经济损失。

经济损失是指社会主体拥有价值的减少。从经济损失与行为之间的因果关系来划分，经济损失可分为直接经济损失和间接经济损失。这种分类与损失的具体形态无关。笔者认为，无论经济损失是以财物损毁的形式存在，还是以财物价值减少的形式存在，只要是因犯罪行为直接造成的国家、集体和公民实际拥有价值量的减少，就应认定为直接经济损失。这与有关司法解释的精神相一致。1999年《最高人民检察院关于人民检察院直接受理立案侦查案件立案标准的规定（试行）》附则中规定，直接经济损失是指与行为有直接因果关系而造成的财产损毁、减少的实际价值。间接经济损失是指直接经济损失引起和牵连的其他损失，包括失去的在正常情况下可能获得的利益和为恢复正常的管理活动或者挽回所造成的损失所支付的各种开支、费用等。

本案中，赵某某串通投标是一种不正当竞争行为，其实质是限制和排除了市场竞争，恶意抬高了中标价，损害了招标人的利益。招标人本来希望通过招标来降低工程成本，但由于赵某某的串通投标行为导致其多支付了本可以通过招标来降低的工程成本，多支付的该部分成本属于招标人拥有价值量的减少，与赵某某的行为有直接因果关系，是本案串通投标行为的直接经济损失。

2. **价格是最低价中标评标办法中商务标评审的最大优势，投标人哄抬标价使招标人选择高标价的损失属于直接经济损失的范畴**。

最低价中标评标办法是国际工程招标通行的准则。我国《招标投标法》第41条规定，中标人的投标应当符合下列条件之一：（1）能够最大限度地满足招标文件中规定的各项综合评价标准。（2）能够满足招标文件的实质性要求，并且经评审的投标价格最低；但是投标价格低于成本的除外。《福建省房屋建筑和市政基础设施工程施工招标投标采用经评审的最低投标价中标法规定（试行）》进一步明确了最低价中标法的操作方法：具有通用技术、性能标准或者招标人对技术、性能没有特殊要求的建设工程，采用经评审的最低投标价中标法进行评标；实行经评审的最低投标价中标法的招标工程，应当以工程预算造价为招标最高控制价；招标最低控制价，按预算造价下降一定幅度计算；投标人的投标总价高于招标最高控制价或者低于招标最低控制价的，按废标处理。

由此可见，各投标人在通过资格标、技术标审查，并进入商务标评审后，价格成为最低价中标办法的最大优势。招投标的本质就是竞争，竞争必然使得价格降低，这是市场经济的普遍规律。由于赵某某的串通投标行为，迫使招标人不得不在过高的标价中选择，使投标人的竞争流于形式，使本来的最低价中标办法几乎变成了最高价中标，招标人本来希冀降低的工程成本变成了串通投标人的“利润”。各参与投标人在取得相应围标费后，同意将工程让出，这同时也说明了当时工程合理的中标价应是串通后的工程中标价减去围标费。因此，以围标费来计算直接经济损失的方法符合被告人行为时的认识态度等主观内容。

3. **串通投标属于不正当竞争行为，反不正当竞争法中关于损失计算的方法是串通投标直接经济损失认定的重要法律依据**。

《反不正当竞争法》第2条第2款规定，本法所称的不正当竞争，是指经营者违反本法规定，损害其他经营者的合法权益，扰乱社会经济秩序的行为。第15条规定，投标者不得串通投标，抬高标价或者压低标价。因此，串通投标的行为属于不正当竞争行为，受反不正当竞争法调整。它既侵犯其他投标人或国家、集体的合法权益，又侵犯社会主义市场经济的自由贸易和公平竞争的秩序。《反不正当竞争法》第20条规定，经营者违反本法规定，给被侵害的经营者造成损害的，应当承担损害赔偿责任，被侵害的经营者的损失难以计算的，赔偿额为侵权人在侵权期间因侵权所获得的利润；并应当承担被侵害的经营者因调查该经营者侵害其合法权益的不正当竞争行为所支付的合理费用。从该法条的表述来看，被侵害的经营者因调查该经营者侵害其合法权益的不正当竞争行为所支付的合理费用是间接经济损失，法条的前半部分是直接经济损失。

本案中，计算招标人的直接经济损失难度较大，且成本高昂。以投标人在侵权期间因侵权所获得的不法利润即围标费来计算招标人的直接经济损失，不但经济简便，而且具有充足的法律依据。

4. 运用法律推定认定直接经济损失简便而易行，符合诉讼经济的要求。

法律推定，是指依照法律规定，当确认某一事实存在时，就应当据以认定另一事实的存在，而无须运用证据加以证明的认定案件事实的方法。法律推定不同于类推，由于法律推定是基于已经确定的基础事实径行认定案件事实，对于一些难以用证据来直接证明而又必须认定的案件事实，适当地运用推定，也可较好地确定案件事实，防止犯罪分子逃脱刑事追究，保障诉讼公正。

作为认定案件事实的方法，推定在民事诉讼中得到广泛的运用。实际上，在我国刑事司法实践中，运用推定的方法也屡见不鲜。例如，精神正常的推定，每个人都被推定为精神正常，除非有确实的反证；每个精神正常的成年人都被推定为能够预见到自己有意识的活动会产生相应的后果；明知是盗接他人通信线路、复制他人电信码号的电信设备、设施而使用的，盗窃数额无法直接认定的，应当以合法用户的电信设备、设施被盗接、复制后的月缴费额减去被复制前6个月的平均电话费推算等。

值得注意的是，本案招标人可以通过司法途径来追回各投标人给其造成的直接经济损失。在民事诉讼中可以适用《反不正当竞争法》第20条来认定直接经济损失。笔者认为，刑事诉讼虽有不同于民事诉讼的特性，但将民事诉讼中可以经过一定程序认定的推定适用于刑事领域，不仅可以很好地保护人们的合法权益，而且避免了司法工作中适用法律的交叉和混乱，也符合人们通过长期的、反复的实践所取得的一种因果关系经验和实际情况，从而更好地调整和规范社会经济秩序，保护社会利益。当然，刑事司法中适用推定应该允许被告方反驳，有确实的反证可以推翻推定。

5. 在目前的司法环境中，以非法所得认定直接经济损失具有相对合理性。

以非法所得认定直接经济损失符合实际情况，并得到相关被告的认同。本案被告赵某某按原先的围标计划正要组织另一教育工程项目的串通投标，由于案件被及时发现，该工程最终按正常的招标投标方式进行，其中标价也是低于最高控制价达百分之十几。同时，法院判决亦以此来计算直接经济损失，并判处被告赵某某有期徒刑1年，赵某某没有上诉，判决已发生法律效力。这些情况说明了该种直接经济损失认定方法能够并且已经取得比较好的法律效果和社会效果。因此，在现行司法环境和体制下，以非法所得认定直接经济损失，是司法中一种具有相对合理性的理性抉择，是值得尝试并推广的一种司法途径。

裁判要旨六： 招标代理专职人员与投标人串通，以销毁招标文件的方式使其他投标人废标情节严重的应认定为串通投标罪

案件名称： 吴某串通投标案

案例来源：《人民法院报》2019年6月11日，第3版

审理法院： 池州市贵池区人民法院

裁判结果：

以吴某犯串通投标罪，判处有期徒刑9个月，并处罚金1万元，追缴非法所得5000元。

基本案情：

被告人吴某作为某招标项目的招标代理专职人员在现场负责拆标书、整理招标文件材料等工作。陈某（另案处理）、齐某参加同场招标活动。初轮竞标入围10家参标公司，其中安齐某所挂靠的公司排名第一，陈某挂靠的安徽某工程管理有限公司名列第二。入围公司递交了竞标资料原件后，陈某指使吴某把安徽某建筑工程有限公司文件袋中的无拖欠农民工工资证明给他。被告人吴某明知该行为系严重违规，仍将入围公司的招标文件材料全部抱出会场，帮助陈某查找，陈某随后将其销毁，导致在评审阶段，安徽某建筑工程有限公司因缺少该份文件被“废标”。事后，被告人吴某向陈某索要好处费，陈某通过微信向被告人吴某转账5000元。

案发后，安徽某建筑工程有限公司对“废标”决定不服，提出质疑、投

诉，并向公安机关报案。公安机关立案查处后，安徽某建筑工程有限公司最终“复标”，但此次事件给该公司造成了处理“废标”事宜等经济损失。

裁判理由：

法院认为，被告人吴某作为招标代理专职人员与投标人串通，损害国家、公民的合法权益，其行为已构成串通投标罪。辩护人辩称被告人吴某系犯罪未遂，因吴某与他人共同实施犯罪，造成原中标单位被“废标”后经公安机关查处才得以“复标”，扰乱了招投标市场秩序，相关国家单位形象受损、被害单位经济损失等，系犯罪既遂。庭审中，被告人吴某赔偿被害单位经济损失，酌情予以从轻处罚。

四、无罪裁判要旨

无罪裁判要旨一：对于串通拍卖行为，不能以串通投标罪予以追诉

案件名称：许某某、包某某串通投标立案监督案

案例来源：最高人民检察院公报案例检例第90号

基本案情：

2016年至2017年间，海发集团经多次对外招商，均未能吸引到合作企业投资开发。2017年4月10日，政府批复同意海发集团对该项目进行拍卖。同年5月26日，海发集团委托江苏省某拍卖公司进行拍卖，并主动联系许某某参加竞拍。之后，许某某联系包某某，二人分别与江苏甲建设集团有限公司（以下简称甲公司）、江苏乙工程集团有限公司（以下简称乙公司）合作参与竞拍，武汉丙置业发展有限公司（以下简称丙公司，代理人王某某）也报名参加竞拍。2017年7月26日，甲公司、乙公司、丙公司三家单位经两次举牌竞价，乙公司以高于底价竞拍成功。2019年4月26日，公安机关根据举报，以涉嫌串通投标罪对许某某、包某某立案侦查。

指导意义：

1. 检察机关发现公安机关对串通拍卖行为以涉嫌串通投标罪刑事立案的，应当依法监督撤销案件。严格遵循罪刑法定原则，法律没有明文规定为犯罪行为的，不得予以追诉。拍卖与投标虽然都是竞争性的交易方式，形式上具有一定的相似性，但二者行为性质不同，分别受不同法律规范调整。刑法未规定串通拍卖行为构成犯罪，《拍卖法》亦未规定串通拍卖行为可以追究刑事责任。公安机关将串通拍卖行为类推为串通投标行为予以刑事立案的，

检察机关应当通过立案监督，通知公安机关撤销案件。

2. 准确把握法律政策界限，依法保护企业合法权益和正常经济活动。坚持法治思维，贯彻“谦抑、审慎”理念，严格区分案件性质及应承担的责任类型。对企业的经济行为，法律政策界限不明，罪与非罪不清的，应充分考虑其行为动机和对于社会有无危害及其危害程度，加强研究分析，慎重妥善处理，不能轻易进行刑事追诉。对于民营企业参与国有资产处置过程中的串通拍卖行为，不应以串通投标罪论处。如果在串通拍卖过程中有其他犯罪行为或者一般违法违规行为的，依照《刑法》《拍卖法》等法律法规追究相应责任。

以此理由的无罪案件还有黄某某、许某某等串通投标案

案例来源：《刑事审判参考》第114集，第1251号案例

裁判结果：

准许萧县人民检察院撤回起诉。

基本事实：

2013年6月17日，安徽省萧县国土资源局拍卖某地块使用权，被告人李某、黄某某、许某某、高某某、郝某某等人均报名参与拍卖并缴纳了保证金，李某为低价拍得该地块，向被告人给付好处费200万元，其他被告人因此放弃竞价，李某以起拍价取得该地块。

裁判理由：

1. 拍卖与招标投标是两个不同的概念，二者不能混同。

拍卖是指以公开竞价的方式，将特定物品或财产权利转让给最高竞价者的买卖方式。而招标投标一般是指招标人就某特定事项向特定相对人或社会发出招标邀请，有多家投标人进行投标，最后由招标人通过对投标人在价格、质量、生产能力、交货期限和财务状况、信誉等诸方面进行综合考察，在平衡的基础上，选定投标条件最好的投标人，并与之进一步协调、商定最终成立合同法律关系的一种合同行为。从行为性质来讲，拍卖和招标投标都是竞争性的交易方式，是合同缔结的一种特殊方式，二者具有一定的相似性。但是，招标投标和拍卖仍有本质区别，如二者在概念内涵、标的、目的以及适用法律等方面都存在差异。因此，招标投标和拍卖是两个不同的概念，其外延并无包容关系。从社会上一般人的观念来看，招标投标和拍卖也是两种不同的交易方式。

国土资源部2007年9月28日颁布的《招标拍卖挂牌出让国有建设用地使用权规定》第2条第1款规定："在中华人民共和国境内以招标、拍卖或者挂牌出让方式在土地的地表、地上或者地下设立国有建设用地使用权的，适用本规定。"该规范文件对"招标"、"拍卖"或者"挂牌出让"三种方式作了具体的规定。其中，招标出让国有建设用地使用权，是指市、县人民政府国土资源行政主管部门（以下简称出让人）发布招标公告，邀请特定或者不特定的自然人、法人和其他组织参加国有建设用地使用权投标，根据投标结果确定国有建设用地使用权人的行为；拍卖出让国有建设用地使用权，是指出让人发布拍卖公告，由竞买人在指定时间、地点进行公开竞价，根据出价结果确定国有建设用地使用权人的行为；挂牌出让国有建设用地使用权，是指出让人发布挂牌公告，按公告规定的期限将拟出让宗地的交易条件在指定的土地交易场所挂牌公布，接受竞买人的报价申请并更新挂牌价格，根据挂牌期限截止时的出价结果或者现场竞价结果确定国有建设用地使用权人的行为。

从本案事实来看，本案涉及的系国有土地使用权拍卖，拍卖人萧县国土资源局在"中国土地市场网"和《安徽经济报》发布的均为涉案地块土地使用权拍卖公告，公布了拍卖底价，采用增价拍卖方式，按照价高者的原则确定竞得人，竞买人填写了《竞买申请书》，且在指定时间、地点进行公开竞价，出让人履行的是宣布起拍价、询价、接受竞买人的报价等拍卖程序，显然不同于招标投标的内容，不属于招投标的范畴。

2. 从立法方面来看，《拍卖法》和《招标投标法》对拍卖行为与招标投标行为分别进行了规制。

《刑法》第223条将投标人相互串通投标报价，损害招标人或者其他投标人利益，情节严重的行为，规定为犯罪。与此相适应，2000年施行的《招标投标法》第53条规定，投标人相互串通投标或者与招标人串通投标的，中标无效，对情节严重的串通投标行为，追究相应的刑事责任。而2004年修改的《拍卖法》在《刑法》未明确地将串通拍卖行为入罪的情况下，仅规定了行政责任，未对此种行为追究刑事责任。该法第37条规定，竞买人之间、竞买人与拍卖人之间不得恶意串通，损害他人利益。第65条规定，竞买人之间、竞买人与拍卖人之间恶意串通，给他人造成损害的，拍卖无效，应当依法承担赔偿责任。由工商行政管理部门对参与恶意串通的竞买人处最高应价

10%以上30%以下的罚款；对参与恶意串通的拍卖人处最高应价10%以上50%以下的罚款。

考虑到拍卖和招标投标毕竟是两种不同的法律行为，立法上对两者分别作出规定，对串通投标设定了刑事责任，对串通拍卖则没有，故不宜以串通投标罪对串通拍卖行为定罪处罚。若将串通拍卖行为作为串通投标罪客观方面的一种表现形式予以处罚，有类推之嫌。

综上，基于拍卖和投标是两种不同性质的行为，对被告人黄某某等人串通拍卖的行为，不宜依照《刑法》第223条规定的串通投标罪定罪处罚。同时依照《拍卖法》第65条的规定，可追究各行为人相应的行政责任。

需要指出的是，按照罪刑法定原则，虽然对串通拍卖行为不能以串通投标罪论处，但如果被告人在拍卖过程中有贿赂、渎职等其他犯罪行为的，则可依照刑法的相关规定追究刑事责任。

无罪裁判要旨二：区分招投标与竞价，在一种竞价的买卖方式中，被告与其他客户串通买卖的行为不构成串通招投标罪

案件名称：A公司、帅某某串通投标、寻衅滋事案

审理法院：江西省九江市浔阳区人民法院

案号：（2018）赣0403刑初569号（二审被告人撤回上诉）

裁判理由：

关于公诉机关对被告单位A公司、被告人帅某某构成串通投标罪的指控，经查，A公司的所谓招投标实际就是将特定物品或者财产权利转让给最高竞价者的买卖方式；而招标投标一般是指招标人就某特定事项向特定相对人或社会发出招标邀请，有多家投标人进行投标，最后由招标人通过对投标人在价格、质量、生产能力、交货期限和财物状况、信誉等诸方面进行综合考察，在平衡的基础上选定投标条件最好的投标人，并与之进一步协调、商定最终成立合同法律关系的一种合同。**招标投标和竞价都是竞争性的交易方式，是合同缔结的一种特殊方式，但二者在概念内涵、标的、目的以及适用法律等方面都存在差异，是两个不同的概念，其外延并无包容关系。**本案A公司实际上是在参与投标的客户中通过询比价挑选一个价格高的客户中标，是一种竞价的买卖方式，被告单位与其他客户串通买卖的行为不构成串通招投标罪，故公诉机关指控被告单位A公司、被告人帅某某犯串通投标罪，指

控罪名不能成立，本院不予支持。

注：以相同理由裁判无罪的案例还有任某某受贿、行贿、串通投标再审案

案件名称：任某某受贿、行贿、串通投标案

审理法院：湖北省随县人民法院

案号：（2018）鄂1321刑再2号

裁判理由：

被告人任某某在洛阳某矿固定资产和30年期经营权拍卖、竞买过程中，与其他竞买人串通竞买的违法违规事实客观存在。但公诉机关指控的被告人任某某同他人串通投标所涉及的交易行为是拍卖、竞买而非招标投标。招标与拍卖虽然都有保护有效的竞争、规范市场的运作准则、促进资源的合理化配置和实现最优化效益的功效，也是遏制腐败的有效措施。但二者有着本质的区别，既不相包容，更不能等同。

拍卖的最大特点是价高者得，拍卖底价是事先公布，而招标的最大特点是购买满足招标文件要求的投标人中要求最低的人的货物或服务，招标的底价是保密的；拍卖时，竞买人一般可以多次出价，而招标时投标人只能报一次价；拍卖时的出价是公开的，而招标时，每个投标人的出价都是保密的，只有在开标时才知道；招标人具有编制招标文件和组织评标能力的，可以自行办理招标事宜，而拍卖非拍卖企业不得在其组织的拍卖活动中拍卖自己的物品和财产权利；招标可分为邀请投标和公开招标，而拍卖只能是公开拍卖；拍卖是以价格为最大约束力，不考虑其他因素。招标除了价格因素外，还要满足招标文件的其他条件；招标要有五个以上成员组成的评标委员会根据招标文件确定的评标标准进行评审，确定中标人或推荐中标候选人交由招标人确定中标人。而拍卖时，一位拍卖师就可以根据最高叫价当场宣布成交，确定买受人；最根本的是，招投标行为是依照《招标投标法》进行。而拍卖竞买行为是依照《拍卖法》进行操作。且本案中并不是以拍卖的方式而实行的招投标，而是一种标准的拍卖竞买行为。

我国对行为人的违法违规行为的处罚依据，一是行政罚则，二是刑法罚则。根据《刑法》的基本原则，是罪刑法定，法律明文规定为犯罪行为，依照法律定罪处罚，法律没有规定为犯罪行为的，不得定罪处罚。一种行为是否属于犯罪，需进行刑事追究，一是由《刑法》直接规定，二是由相关的法

律法规在法律责任条款中进行明确，不能适用类推定罪。招标人、投标人违反《招标投标法》第52条、第53条之规定，相互恶意串通的，根据情节轻重，除可以处以罚款、吊销营业执照行政处罚外，构成犯罪的，还要追究刑事责任。而违反《拍卖法》第65条规定，竞买人、拍卖相互恶意串通的，只是处以罚款行政处罚，并无追究刑事责任的罚则。因此，对被告人任某某在洛阳某矿固定资产和30年期经营权拍卖竞买过程中的违法违规行为，不能采取类推追究刑事责任。公诉机关指控被告人任某某在拍卖、竞买过程中的违法违规行为构成串通投标罪没有法律依据，指控的罪名不成立，本院不予认定。

无罪裁判要旨三：涉案合同是双方协商的结果，并非招投标的结果，对比招标文件、投标文件，涉案合同是一个新的法律关系，双方公司之间是合同相对方的关系，并非招标人和投标人的关系，不符合串通投标罪的犯罪主体构成要件

案件名称：周某某串通投标一审刑事判决书

审理法院：湖南省长沙市雨花区人民法院

案号：（2017）湘0111刑初682号（二审中检察院撤回抗诉）

裁判理由：

首先，犯罪主体构成要件方面，**该罪名的犯罪主体是特殊身份主体，必须具有投标人、招标人的身份**。而根据《刑法》第231条之规定，单位可以构成串通投标罪，即《刑法》第223条所规定串通投标罪的犯罪主体是自然人。但不论是单位还是自然人，都必须能够被评价为招标人、投标人，而**招标人、投标人是招投标行为范畴下的特有概念**，即认定招标人、投标人的前提是认定招投标行为的概念。结合《招标投标法》的规定，所谓的招投标是指对于工程、货物、服务的买卖，依照法定的程序组织进行的，从中择优选定交易对象的交易方式。**招投标行为不同于普通交易行为的最大特征便在于其程序的特殊性、法定性、强制性，具体而言，招投标的程序包括招标、投标、开标、评标、中标五个必不可少的步骤，缺少任何一个步骤，都不能被评价为招投标**。结合《招标投标法》的规定，中标是指评标委员会按照招标文件确定的评标标准和方法，对投标文件进行评审和比较后，向招标人推荐中标候选人，由招标人在推荐的中标候选人中确定中标人后，应当向中标人

发送中标通知书的行为。并且根据规定，招标人和中标人应当自中标通知书发出之日起30日内，按照招标文件和中标人的投标文件订立书面合同。招标人和中标人不得再行订立背离合同实质性内容的其他协议。本案中**上述口头通知中标的行为，违反了法律的强制性规定，且《招标投标法》对于未发送中标通知书的行为并未规定法律责任条款予以惩罚或补救，不能认定为中标。**另一方面，B**公司与**A**公司签订的《施工合同》与招标文件、投标文件在单价、工程量、违约责任方面均不一致，……**B**公司、**A**公司均承认是在电话通知**B**公司中标后，双方再行协商的结果。而根据《合同法》第**12**条的规定，标的、数量、价款或者报酬、违约责任系合同的基础条款，属于合同的实质性条款，本案中《施工合同》相较招标文件、投标文件的三处变更属于合同实质性内容的变更。……综合上述分析，应当认定，《施工合同》是双方协商的结果，并非招投标的结果，对比招标文件、投标文件，《施工合同》是一个新的法律关系，**A**公司与**B**公司之间是合同相对方的关系，并非招标人和投标人的关系，**B公司及其法定代表人被告人周某某不符合串通投标罪的犯罪主体构成要件要求。

其次，……**参与投标的主体只有**B**公司、**C**公司、**D**公司，而**C**公司、**D**公司递交投标文件的目的并非参与投标竞争**，无法认定D公司、C公司为投标人，**两家公司也未就利益受损提出任何主张**。被告人周某某及B公司也无阻碍其余公司递交投标文件从而排挤竞争，损害潜在投标人利益的行为。A公司亦承认系以邀请招标的方式主动邀请三家公司参与投标，选择邀请对象的自由意志由A公司掌控，**现无证据证明被告人周某某及**B**公司损害了**A**公司自由意志，限制其选择邀标对象**。且如上所述，A公司亦无法认定为招标人。且《施工合同》中逾期付款违约金条款是经过双方签字认可，是双方真实意志的体现，本案中违约金的后果是A公司逾期付款行为的后果，并非被告人周某某及B公司造成。**公诉机关也未能提供任何证据证明**B**公司的投标报价明显高于当时的市场价格，也未能就国家、集体、公民合法利益受损提供任何证据**。据此，现有证据无法证明B公司及被告人周某某的行为符合串通投标罪的犯罪客观方面构成要件要求。

注：以相同理由裁判无罪的还有：

谭某某串通投标罪一案（无罪裁判要旨五），**审理法院：**辽宁省葫芦岛市中级人民法院，**案号：**（2016）辽14刑终234号穆某、夏侯某某故意毁坏财物、强迫交易、寻衅滋事、敲诈勒索、串通投标案（无罪裁判要旨六），**审理法院：**山东省淄博市博山区人民法院，**案号：**（2018）鲁0304刑初224号

湖南省永州市零陵区人民检察院诉被告人郑某某犯行贿罪案，**审理法院：**湖南省永州市零陵区人民法院，**案号：**（2013）零刑初字第167号（经在法信网检索，未查到二审裁判）

裁判理由：

A学院在着手涉案工程的招投标前已将该工程交给B公司及郑某某承建，且事先签订了承建合同，只是为了完善国有资产的承建手续，学院采取围标的方式对涉案工程招投标，在招投标过程中，被告人郑某某没有参与后来的具体串标事宜，是否走招投标程序由学院决定，参与招投标主体系学院下属的B公司而非郑某某，具体参与招投标及如何串标的，郑某某既未参与商量，也未实施具体串标行为，B公司经理吴某某后来要其承担串标等所需费用并从其工程款中扣除，作为工程承包人的郑某某没有办法阻止，只能被动接受。且在工程已交由其承建之下，作为其个人没有再将工程走招投标程序进而串标的必要。故无论A学院相关人员的行为成立串通投标罪与否，郑某某无串通投标的共同故意，也无共同行为，故对公诉机关指控被告人郑某某犯串通投标罪的指控，本院不予支持。

无罪裁判要旨四：其他投标公司实际递交投标文件的目的并非参与投标竞争，或根本未投递标书。故不可能损害其他投标人或招标人的利益

无罪裁判要旨五：该工程尚未最终决算，未有证据证明招标者与其相互串通实施串通投标行为而损害国家或集体利益

案件名称：谭某甲串通投标罪一案

审理法院：辽宁省葫芦岛市中级人民法院

案号：（2016）辽14刑终234号

裁判理由：

本院认为，八高中教学楼工程缺少相关手续，且资金未予落实，根据相关规定，不符合招标条件要求；被委托的招标代理公司已注销，无权进行代理，且招标程序并未完成，**垫资承建的单位并非法律意义上由该招标程序产生**，故不能用串通投标罪评价谭某甲和谭某乙的行为。另外，上诉人谭某甲

与谭某乙是否构成串通投标罪，关键看其行为是否存在损害其他竞标人、招标方以及国家或集体利益。**其他二家投标公司均未制作标书，也未到招标会现场进行投标，依现有证据可知其未有投标意向，系陪标**，故不存在损害其他投标人利益之说；根据建设工程施工合同、竣工验收备案书、房屋建筑工程竣工验收报告书等文件所载内容，涉案工程进场施工日期早于开标日期，结合其他相关书证、证人证言和被告人供述等证据，现有证据表明该工程为内定工程，系招标方与谭某乙方在平等自愿基础上的真实意思表示，更不涉及损害招标方利益之说，招投标过程仅系形式所需而已，补侦的证据尤其是证人周某的证言，更能证实此点；现该工程已经交付使用，工程款尚未最终决算，未有证据证明招标者（建设方）与其相互串通实施串通投标行为而损害国家或集体利益。故无论主观要件还是客观要件，二上诉人的行为都不符合串通投标罪的犯罪构成，谭某甲、谭某乙不构成串通投标罪。

无罪裁判要旨六：投标公司均为被告人实际控制公司，本质是一个投标人，不属于串通投标罪中投标人之间串通投标的客观要件

案件名称：穆某、夏侯某某故意毁坏财物、强迫交易、寻衅滋事、敲诈勒索、串通投标案

审理法院：山东省淄博市博山区人民法院

案号：（2018）鲁0304刑初224号（二审争议点并非本罪，且维持原判）

裁判理由：

现有证据不足以证实北京市某建设工程有限责任公司按照法定程序对涉案工程组织过公开的招投标活动。证人郝某、张某某的证言证实现有的投标材料系后来补办，且被告人穆某提供投标手续的几家公司，实际控制人均是被告人穆某，其虽以不同单位的名义提供不同的报价，但本质上是一个投标人的报价，不属于串通投标罪中投标人之间串通投标的客观要件。

无罪裁判要旨七：证据不足，无直接证据证实被告人在整个招投标过程中的作用

案件名称：池某串通投标案

审理法院：广东省从化市人民法院

案号：（2016）粤0184刑初291号（经检索，未查到二审裁判）

裁判理由：

经查，证人苏某乙的证言证实其与刘某丙有合谋，但并未提及和池某串通投标，证人刘某丙却认为可能是苏某乙与池某之间有串通，自己仅仅表达了让苏某乙中标的意愿，池某表示作为一个招标代理商，标书是自己根据业主方（刘某丙）的要求所做，且开标的专家也是由政府专家库随机抽取，虽然支付了一定的专家费，但这是合理支出，辩解有一定的合理性。该采购项目存在围标的事实，但无直接证据证实池某在整个招投标过程中的作用，现有证据不足以认定被告人池某参与串通投标的犯罪事实。故对该辩护意见，本院予以采纳；对公诉机关关于串通投标部分犯罪事实的指控，本院不予支持。

无罪裁判要旨八：被告人既不是招标人，也不是招标代理人，不符合串通投标罪的主体要件

案件名称：被告人王某某等人受贿案

审理法院：吉林省集安市人民法院

案号：（2015）集刑初字第133号（经检索，未查到二审裁判）

裁判理由：

招标单位系当地民政局下属国有独资企业，被告人王某某为该地民政局局长，其任期内曾短暂兼任招标企业董事长。本案中，招标文件上招标人是集安市烈士陵园公墓管理中心，招标代理机构是集安某招标有限责任公司，采用投标最高限价方式招标。而王某某既不是招标人，也不是招标代理人，不符合串通投标罪的主体要件，即便与投标人有串通行为，但公诉机关并未提供证据证明此串通行为损害国家、集体、公民合法利益，故被告人王某某、倪某某及被告单位某石材公司的行为均不构成串通投标罪。

无罪裁判要旨九：被告未参与串通投标的预谋和实行行为，不构成共犯

案件名称：王某组织、领导、参加黑社会性质组织罪，王某聚众斗殴案

审理法院：浙江省温州市鹿城区人民法院

案号：（2014）温鹿刑初字第1883号（经检索，未查到二审裁判）

裁判理由：

起诉书指控被告人王某受张某某的指使代表由A公司获取了介绍信的公司参与投标，串标后由张某某代表的公司中标，该中标工程金额为人民币140,305元；但被告人王某没有参与具体如何进行串通投标的预谋、也没有参与向其他具有资质的公司购买介绍信、更没有具体参与如何串通投标的操作，故不能认定其系以吴某某为首的黑社会性质组织参与串通投标犯罪的共犯。而且，本案被告人王某参与的串通投标违法行为所涉及的招标项目金额仅有人民币14万余元，尚未构成刑事犯罪。据此，本院认为：公诉机关的该节指控事实清楚，证据确实、充分，但依法不应认定为犯罪。

无罪裁判要旨十：控方未具体指控被告人实施何种串通投标行为，事实不清，不能认定构成本罪

案件名称：郑某某、李某某非法吸收公众存款、串通投标案

审理法院：贵州省黔西南布依族苗族自治州中级人民法院

案号：（2021）黔23刑终21号

裁判理由：

指控的涉案项目招投标事实中，起诉书仅指控被告人郑某某找贵州A公司联系挂靠工程事宜，并要贵州A公司前去投标，但未指控在招投标过程中，郑某某具体实施了什么串通行为……综上，公诉机关指控事实中未具体指控郑某某实施何种串通投标行为，所提供的证据中，亦不能相互印证，形成锁链，证实郑某某有串通投标的行为，该节指控事实不清，证据达不到确实充分的法定证明标准，不能认定郑某某构成串通投标罪。

第十六章

合同诈骗罪裁判要旨

导　言

根据我国《刑法》第224条的规定，所谓合同诈骗罪，是指以非法占有为目的，在签订、履行合同过程中，骗取对方当事人财物，数额较大的行为。我国现行法律采取“列举+兜底”的方式规定了以下几种合同诈骗罪的表现形式：（1）以虚构的单位或者冒用他人名义签订合同的；（2）以伪造、变造、作废的票据或者其他虚假的产权证明作担保的；（3）没有实际履行能力，以先履行小额合同或者部分履行合同的方法，诱骗对方当事人继续签订和履行合同的；（4）收受对方当事人给付的货物、货款、预付款或者担保财产后逃匿的；（5）以其他方法骗取对方当事人财物的。

合同诈骗罪在九七年《刑法》修订时从普通诈骗罪中剥离出来而成为一个独立罪名，这一变化是国内市场经济迅速发展的必然要求，但现行法律和司法解释并未实现民事欺诈行为和合同诈骗罪的准确界分，且对非法占有目的的认定多采用司法推定手段，直接后果就是导致不同区域对该罪的裁判尺度不一，使得该罪成为悬在企业家头上的一把“达摩克利斯之剑”。事实上，在现实纷繁复杂的商业活动中，行为人多数情况下并不是为了非法占有他人财物，而可能仅仅是为了获得合作机会而采取的一种不诚信行为，但也屡有被定性为合同诈骗犯罪行为的判例，甚至一些典型的基于客观原因的民事违约行为也被认定为合同诈骗行为，这样的情况无疑会影响到市场的活性，对企业家的经营决策也是一种捆绑，如此现状之下，通过对该罪名相关指导性案例、公报案例以及典型无罪案例的裁判要旨进行梳理、总结，以期对本书的各位使用者准确认识、把握该罪名提供一些参考。截至2021年6月30日，编者在威科先行网站上检索到86个无罪案例，并综合本罪在最高人民法院、最高人民检察院指导案例和公报案例、《刑事审判参考》《人民司法·案例》等中的案例，归纳出有罪裁判要旨34个，无罪裁判要旨18个。要特别说明的是，正是基于以上现状，本罪名的裁判要旨部分更适合被视为要素分析，符合具体一项甚至几项都不能确保完全无罪，但满足的数量越多，出罪的可能性越大。

一、相关法律法规

《中华人民共和国刑法》

第二百二十四条　有下列情形之一，以非法占有为目的，在签订、履行合同过程中，骗取对方当事人财物，数额较大的，处三年以下有期徒刑或者拘役，并处或者单处罚金；数额巨大或者有其他严重情节的，处三年以上十年以下有期徒刑，并处罚金；数额特别巨大或者有其他特别严重情节的，处十年以上有期徒刑或者无期徒刑，并处罚金或者没收财产：

（一）以虚构的单位或者冒用他人名义签订合同的；

（二）以伪造、变造、作废的票据或者其他虚假的产权证明作担保的；

（三）没有实际履行能力，以先履行小额合同或者部分履行合同的方法，诱骗对方当事人继续签订和履行合同的；

（四）收受对方当事人给付的货物、货款、预付款或者担保财产后逃匿的；

（五）以其他方法骗取对方当事人财物的。

《最高人民法院关于充分发挥审判职能作用切实加强产权司法保护的意见》（法发〔2016〕27号，2016年11月28日施行）

6. 严格区分经济纠纷与刑事犯罪，坚决防止把经济纠纷当作犯罪处理。充分考虑非公有制经济特点，严格把握刑事犯罪的认定标准，严格区分正当融资与非法集资、合同纠纷与合同诈骗、民营企业参与国有企业兼并重组中涉及的经济纠纷与恶意侵占国有资产等的界限，坚决防止把经济纠纷认定为刑事犯罪，坚决防止利用刑事手段干预经济纠纷。对于各类经济纠纷，特别是民营企业与国有企业之间的纠纷，不论实际损失多大，都要始终坚持依法办案，排除各种干扰，确保公正审判。

《最高人民检察院、公安部关于印发〈最高人民检察院、公安部关于公安机关办理经济犯罪案件的若干规定〉的通知》（公通字〔2017〕25号，2018年1月1日施行）

《最高人民检察院关于印发部分罪案〈审查逮捕证据参考标准（试行）〉的通知》（高检侦监发〔2003〕107号，2003年11月27日施行）

八、合同诈骗罪案审查逮捕证据参考标准

合同诈骗罪，是指触犯《刑法》第224条的规定，以非法占有为目的，在签订合同、履行合同过程中，骗取对方当事人财物，数额较大的行为。

对提请批捕的合同诈骗案件，应当注意从以下几个方面审查证据：

（一）有证据证明发生了合同诈骗犯罪事实。

重点审查：

1. 查获的合同、工商部门出具的工商登记资料等证明有以虚构的单位或者冒用他人名义签订合同的行为的证据。

2. 查获的伪造、变造、作废的票据或虚假的产权证明、双方签订的合同、担保合同或担保条款等，证明有以伪造、变造、作废的票据或者虚假的产权证明作担保的行为的证据。

3. 犯罪嫌疑人没有履行能力、犯罪嫌疑人部分履行合同、双方先后签订的多份合同等证明没有实际履行能力，以先履行小额合同或者部分履行合同的方法，诱骗对方当事人继续签订和履行合同的行为的证据。

4. 双方签订的合同、犯罪嫌凝人收受被害人给付的货物、预付款或者担保财产、犯罪嫌疑人逃匿等，证明有收受对方当事人给付的货物、货款、预付款或者担保财产后逃匿的行为的证据。

5. 证明犯罪嫌疑人有以其他方法骗取对方当事人财物的行为的证据。

6. 证明合同诈骗事实发生的被害人陈述、证人证言、犯罪嫌疑人供述等。

7. 证明犯罪嫌疑人的合同诈骗行为以非法占有为目的的证据，如具有逃匿、躲避或者出走不归，或者以其他方法逃避承担民事责任的；以隐匿等方法占有财物的；对骗得财物进行私分、挥霍使用的；用于归还欠债或者抵偿债务的；用于进行其他违法犯罪活动（包括非法经营活动）的；其他企图使他人丧失对财物占有的情形。

《最高人民检察院办公厅关于对合同诈骗、侵犯知识产权等经济犯罪案件依法正确适用逮捕措施的通知》（2002年5月22日施行）

二、要严格区分经济犯罪与经济纠纷的界限。经济犯罪案件具有案情较复杂，犯罪与经济纠纷往往相互交织在一起，罪与非罪的界限不易区分的特点。认定经济犯罪，必须严格依照刑法规定的犯罪基本特征和犯罪构成要件，从行为的社会危害性、刑事违法性、应受惩罚性几个方面综合考虑。各级检察机关在审查批捕工作中，要严格区分经济犯罪与经济纠纷的界限，尤其要注意区分合同诈骗罪与合同违约、债务纠纷的界限，以及商业秘密与进入公知领域的技术信息、经营信息的界限，做到慎重稳妥，不枉不纵，依法打击犯罪者，保护无辜者，实现法律效果和社会效果的统一。不能把履行合同中发生的经济纠纷作为犯罪处理；对于造成本地企业利益受到损害的行为，要具体分析，不能一概作为犯罪处理，防止滥用逮捕权。对于合同和知识产权纠纷中，当事双方主体真实有效，行为客观存在，罪与非罪难以辨别，当事人可以行使民事诉讼权利的，更要慎用逮捕权。

三、要正确掌握逮捕条件，严格办案程序。各级检察机关在审查批捕经济犯罪案件工作中，要严格遵循刑事诉讼法和《人民检察院刑事诉讼规则》规定的逮捕条件和办案程序，严把事实关、证据关、程序关和适用法律关，确保办案质量。对公安机关提请审查批捕的经济犯罪案件，必须符合法律规定的条件，才能作出批捕决定，对于明显属于经济纠纷不构成犯罪的，或者罪与非罪性质不明的，或者事实不清、证据不足的案件，不应作出批捕决定。特别是对于涉及异地的经济犯罪案件，不仅要审查控告方的证据材料，而且要认真审查被控告方提供的材料和辩解，对只有控告方的控告，没有其他证据证明的，不能作出批捕决定。

四、上级检察机关要加强协调和指导，支持下级检察机关依法办案。各级检察机关在审查批捕合同诈骗、侵犯知识产权等经济犯罪案件时，认为案情复杂，难以定性，与侦查机关有重大认识分歧，或受到地方保护和行政干预的，要及时向上一级检察机关报告，上级检察机关要及时加强协调，必要时，可采取“上提一级”审查批捕的办法。各地检察机关受理审查批捕跨地区合同诈骗、侵犯知识产权等经济犯罪案件，应在批捕后三日内报上一级检察机关备案。上级院应及时审查，对有问题的，坚决纠正。

二、司法争鸣

1. **区分合同诈骗罪与合同纠纷的关键是行为人的主观目的，即行为人是以非法占有他人财物为目的，还是为了通过履行合同获得经济利益。**①

合同纠纷与合同诈骗罪有许多相似之处：（1）两者都产生于民事交往过程中，并且都以合同形式出现；（2）在履行合同的过程中，对合同所规定的义务都不履行或不完全履行；（3）合同诈骗罪在客观上表现为虚构事实或者隐瞒事实真相，合同纠纷中的当事人有时也伴有欺骗行为；（4）两者都是非法占有特定物。尽管合同诈骗与合同纠纷有许多相似之处，但两者也有本质的区别。行为人主观上有无非法占有他人财物的目的，是区分两者的关键。

行为人的主观目的可以从以下几个方面考察：

（1）考察行为人在签订合同时有无履行合同的能力。

不能只根据签订合同时有无履行合同的能力作为区分诈骗与合同纠纷的标准，但是，也不能否认行为人在签订合同时有无履行合同的能力，在某种情况下对于是否具有骗取财物的目的，又有着重要意义。例如，某人在没有落实货源的情况下，为了营利即与人订立了供货合同。在收到预付款之后，多方查找货源，仍未落实，但表示愿意偿还货款，并承担违约责任。此案中，行为人在不具备履行合同的条件下与他人签订了供货合同，但从他的整个活动看，主观上并没有诈骗的目的，因此，不能认定为诈骗，而应当按合同纠纷处理。相反地，有些人明知自己没有能力履行合同，而且也根本不打算履行合同，但仍与他人签订合同，一旦货款到手，便大功告成，或大肆挥霍，或逃之夭夭，如此等等，不言而明，这些人签订合同是假，骗取财物是真，当然，应以诈骗论处。

（2）看行为人在签订和履行合同过程中有无欺骗行为。

从司法实践看，行为人在签订和履行合同过程中没有欺骗行为，即使合同未能全面履行，也只能作合同纠纷处理，不能定诈骗罪。没有欺骗，不能定诈骗罪。但是，有欺骗也不一定构成诈骗罪。为了分清合同诈骗罪与合同纠纷的界限，需要对欺骗作具体分析。一般来说，在签订和履行合同过程中，

---

① 摘自张军主编：《刑法（分则）及配套规定新释新解》（第3版）（上），人民法院出版社2013年版，第795～796页。

行为人在事实上虚构了某些虚假成分，但是并非掩盖其根本无法履行合同的事实，而且实际上也并未影响对合同的履行，或者虽然合同未能完全履行，但是本人愿意承担违约责任，说明行为人并无非法占有他人财物的目的，故不能以诈骗罪处理。然而，对于那些伪造证件，使用假证件，编造谎言，骗取信任，掩盖其根本无力履行合同的真相，给对方造成重大损失的，应当以诈骗罪论处。

(3) **看行为人在签订合同后有无履行合同的实际行动**。

司法实践表明，行为人有履行合同的诚意，在签订合同后，必然设法创造条件使合同得以履行，如果不能履行或不能完全履行，也会愿意承担违约责任，赔偿对方损失。无疑，这属合同纠纷。但是，有些人在合同签订后，根本不去履行合同，往往是货款一到手，便大肆挥霍，造成无力偿还。这种行动足以证明他根本无意履行合同，完全是出于骗取财物的目的。因此，应当以合同诈骗罪论处。

(4) **看行为人在违约以后是否愿意承担违约责任**。

司法实践告诉我们，在一般情况下，行为人若有履行合同的诚意，发现自己违约或者对方提出违约时，尽管从自身利益出发可能提出种种辩解，以减轻责任。但是，一般会采用“事在事有”的态度，当无可辩驳自己违约时，会承担违约责任。然而有些人在明知自己违约，不可能履行合同时，往往采取潜逃等方式进行逃避，使对方无法追回自己的经济损失，说明其主观上具有骗取财物的故意。对于这种人，一般就以合同诈骗罪论处。但是，应当指出，对于那些不得已外出躲债，或者在双方谈判中百般辩解，否认自己违约的，一般不能认定为合同诈骗罪，而应当按合同纠纷处理。

(5) **考察行为人未履行合同的原因**。

影响合同未履行的原因不外乎主客观两种情况。查明合同未履行的原因，对于认定行为人主观上是否具有骗取财物的目的有很大作用。根据我国《民法通则》之规定，合同当事人均享有合同的权利和承担相应的义务。一方取得权利，就必须相对地承担相应的义务，享受权利和承担义务是对等的，如果合同当事人享受了权利，却不愿意、不主动去承担义务，那么，合同未履行是由于行为人主观上造成的，从而说明行为人具有非法占有他人财物的目的，应当以合同诈骗罪论处。但是，如果合同当事人享受了权利后，自己尽了最大努力去承担义务，然而，由于发生了使行为人无法预料的事实，致使合同无法履行。对此，应当以合同纠纷处理，不能定合同诈骗罪，因为这种情况行为人不具有骗取财物的目的。

2. **正确区分合同诈骗罪与民事欺诈行为**。①

民事欺诈行为，是指故意欺骗他人，使其陷于错误判断，并基于此错误判断而为意思表示之行为。民事欺诈行为是意思表示不真实的民事行为，是民事行为的一种，只不过由于民事欺诈行为的意思表示不真实而无法像民事法律行为那样产生当事人预期的法律效果。民事欺诈行为又称欺诈行为。欺诈行为包括三个构成要件：一是欺诈一方必须是出于故意，二是存在欺诈一方的欺诈行为，三是受欺诈的一方实施的民事行为是受欺诈的结果。

合同诈骗犯罪行为与合同欺诈行为有许多相同之处：

第一，行为人主观方面都具有欺骗对方，使对方的认识陷于错误，从而违背其真实意思与之签订履行合同的故意；双方都有从对方获取不当利益的意图。从这一点看，合同诈骗犯罪行为的主观方面完全包容了合同欺诈行为的主观方面，但显然前者的内涵又要比后者的内涵丰富。

第二，行为人客观上都具有欺骗对方的行为。其行为方式也无多大区别，都是虚构事实，隐瞒真相，或是利用对方错误等作为或不作为。

第三，当合同诈骗罪在主观方面产生于订立合同之前或订立时，无论是合同诈骗罪还是合同欺诈行为，一方之所以表示愿与对方签订合同，都只能是由于对方的欺诈行为所致。

第四，两者都主要产生于经济交往过程中，并且均以合同的面目出现。

两者有质的不同，主要表现在：

第一，主观上的不同。在合同诈骗罪中，行为人的主要目的是利用合同形式骗取对方当事人的财物。行为人意图通过对方的履行获取对方的财物，而自己根本不履行自己在合同中的义务，即行为人意图无偿占有他人财物。当然，在实践中，行为人有时也具有一些所谓的履约行为，但往往只是象征性的，是用掩人耳目或迷惑对方的手段。这种表面履约行为并不能改变行为人整个行为的诈骗性和不履约行为的性质。在合同欺诈行为中，行为人的主观目的虽然也是谋取不当或不法利益，但这种利益的取得，行为人是意图通

---

① 王作富主编：《刑法分则实务研究》（第5版）（中册），中国方正出版社2013年版，第668～669页。

过合同的履行而实现。也就是说，为获取对方的利益，行为人意图履行自己的义务，只不过这种履行是有一定瑕疵的履行，但从总体上看，行为人还是支付了一定对价。

第二，性质不同。合同诈骗罪与合同欺诈行为虽然都是一种欺骗行为，但两者各属不同范畴，具有不同的性质。合同诈骗罪中由于行为人具有骗取他人财物的目的，并在骗取他人财物的同时造成他人损失，是一种违反刑法应受刑罚处罚的犯罪行为，属于公法范畴，受刑法调整。合同欺诈行为发生在订约阶段，其后果由于合同履行而产生，但它只是一种意思表示行为，由于行为的欺骗性，使得意思表示不真实。这种有瑕疵的意思表示行为属于私法范畴，受合同法调整。所以，从这个角度看，两者根本不具有可比性。

三、合同诈骗罪的风险点及防范措施

（一）合同诈骗风险的主要表现形式

1. 以骗取对方财物为目的，虚构单位或冒用他人名义签订合同。

2. 没有实际履行能力也无履行意图，以先履行小额合同或部分合同的策略，诱骗对方当事人继续签订和履行合同的行为。

3. 收受对方当事人给付的货物货款、预付款或者保证金后逃匿的行为。

（二）合同诈骗风险的防范策略

1. **注重主体审查**。

掌握合同相对方的相关情况，是企业签订、履行合同的首要条件，实践中因为订约心切等原因而草率签约往往是埋下被骗风险的第一步，为了避免这一风险，需要在订立合同之前对合同主体进行必要的审查，要对对方签约人的主体资格、授权范围进行审查，通过工商信息审查对方主体的基本情况，掌握对方的资信、经营情况，以便了解对方主体的履约能力。

2. **严格管理制度**。

现代企业必须具备科学、规范的管理制度，当前市场环境下，很多企业出于利润最大化的考虑，企业管理水平远远落后于实际需求。只有实现规范化、制度化的管理，合同诈骗的风险才能降到最低点。首先，要强化合同管理制度，要建立合同履行的监控机制，督促企业内部各相关部门和对方按合同约定全面、适当履行，做到在纠纷发生前有效预测和报警，如发现对方有欺诈或诈骗行为，应及时报案，并通过诉讼途径及时追讨受骗财物；其次，要健全财务管理及职务监督制度，严格执行国家的财政、会计制度，完善内部人事管理，明确各职务法律责任，建立相应的监督制约机制，防止权力过于集中导致相关决策失序，这样既能防范成为合同诈骗行为的受害一方，也能从源头上避免己方的相关行为被认定为属于合同诈骗行为。

3. **规范合同行为**。

合同形式不规范（大量以口头形式订立等）、合同内容存在“合同陷阱”（夸大业务实力等）、变更合同程序不规范等行为是目前合同失范行为的主要表现。为此，应采用以下方式予以防范，首先，在合同形式上，尽量采取书面形式，做到争议发生时有据可查，便于举证、指控犯罪；其次，在合同内容上，约定内容应明确、具体，对合同标的、质量、价款、数量、期限、违约责任及争议解决条款等关键内容均应约定清楚，避免使用含混不清的词汇，尽可能在律师的帮助下，争取合同的起草权，并严格审查对方修改内容；最后，在合同变更时，应签订补充合同。

4. **提高法律意识和防范能力**。

结合现有合同诈骗裁判要旨的分析，大多是法律知识欠缺、法律意识淡泊导致，在合同的签订和履行过程中，仅以追求经济利益为目标。为此，应加强相关人员法律知识的学习，从理论层面提高自我防范意识，强化严格履约意识，同时要培养工作留痕意识。

（三）融资性贸易中涉合同诈骗法律风险及防范策略

合同诈骗罪是指以非法占有为目的，在签订、履行合同过程中，骗取对方当事人财物，数额较大的行为。融资性贸易当中涉及合同诈骗罪的原因在于融资性贸易本身是以融资为目的进行的贸易，或者说，是以贸易形式掩盖的融资行为，因此融资性贸易本身建立在双方以融资为目的交易基础之上的一种行为。如果融资方隐瞒了其融资目的，使融资中间人或者资金提供方以为是正常的贸易往来行为，基于此情况下签订合同并造成损失，可能涉及合同诈骗罪。

具体而言，融资性贸易所涉货物往往为大宗商品，此类商品在交易过程中一般不发生实际的交付与流转，而是通过仓单、存货凭证、提货凭证等方式进行流转。融资方为了尽可能地获取融资资金往往会为融资性贸易增加闭环链条，以拟购方的名义向资金提供方缴纳保证金以促使提供资金方参与贸易流程，进而控制整个融资性贸易的流转。而提供资金方基于对上游参与主体的信任、对票据的认可、对拟购方需求、对交易流程的不了解等原因往往不关注货物的实际交付、检验过程，因而导致财产的损失。

针对融资性贸易中的以上风险，建议采取以下针对性防范策略：

1. **严格尽职调查**。

由于上下游企业之间的联系仅靠单、证等，中间企业难以掌握整个交易的全貌，因此需要展开尽职调查了解上下游企业的实际运营情况。应当对上游、下游企业的实际运营情况、财务情况、盈利能力、业务风险、债务情况等进行全面掌握，可以通过走访上下游企业、调查关联方、考察仓储状况等方式展开调查。

2. **审查合同目的**。

合同目的是贸易展开的基础，贸易主体之间是否基于真实的意思表示开展融资性贸易是防范风险的最开始也是最关键的步骤。上下游企业往往在联系中间企业之前已经达成了融资性贸易的约定，甚至在此之前已经预谋对中间企业实施诈骗行为，但中间企业对此往往并不知悉。

因此，摆在中间企业面前最为重要的便是审查合同的目的。要充分审查交易合同，对上游下游合同进行全面的分析，掌握上下游企业的交易目的，同时透过交易合同掌握上下游企业之间的关系。一旦发现交易目的可能涉及融资，要尽可能评估交易风险。如本身未打算参与融资性贸易，要及时退出，减少进一步的财产损失。如果计划参与融资性贸易，要准确把握上下游企业之间的关系，掌握上下游企业参与融资性贸易的目的，结合尽职调查的情况，进行全方面的风险评估，防止基于时间差在闭合的融资性贸易中产生财产损失。

3. **落实担保措施**。

为降低资金风险，开展融资贸易的企业一方面应要求对方提交足额保证金，另一方面最好要求提供足够的抵质押物，企业在对抵质押物市场价格进行合理的评估同时，应根据业务风险和抵质押物的不同，采取一定折扣办理抵质押手续，落实价值充分的担保措施。如果不能落实抵质押登记手续，至少要求客户提供资信能力较强的信用担保及股东承担连带无限责任，防止股东转移公司资产，全方位落实风险控制措施，尽最大可能降低风险。

4. **加强货物监管，及时验货**。

实务中存在虚构货物存储制作虚假仓单进行合同诈骗的行为，因此仓单并非必然可靠。中间企业应当加强对货物的监管，在仓储选择方面选择信用较好的第三方仓库，对于融资方联系的第三方仓储做好调查工作。在仓储日常监管方面，要定期对仓库进行检查，不仅对仓库的外观进行检查，也要对具体货物进行抽查，确保货物不被替换。要充分掌握货权，避免不必要的损失。

最后，建议企业应严格控制融资性贸易规模，避免融资性贸易业务占主营业务比重过大，合理调配各项业务占比及客户所占份额，避免风险累积。如果对方客户出现连续违约或异常情况，应聘请专业律师及时调查，尽快启动维权措施，避免或减少损失扩大。

四、有罪裁判要旨

（一）合同诈骗罪中“非法占有目的”的认定

裁判要旨一：没有履行合同的能力，伪造虚假的条件与他人签订合同，在履行合同过程中没有实际履行合同，将所取得的财物挥霍或挪用，应当认定其主观具有非法占有目的，构成合同诈骗罪

案件名称：刘某合同诈骗案

案例来源：《刑事审判参考》第76集，第646号案例

裁判结果：

以合同诈骗罪判处有期徒刑12年，并处罚金人民币5万元。二审维持原判。

基本案情：

2005年，被告人刘某经人介绍与安徽省宿州市埇桥区解集乡宜山村村民周某认识，两人商谈后签订了《收购合同》，刘某以人民币（以下币种均为人民币）150万元购买周某承包的3700亩林地（林种为防护林，属公益林）的使用权和林木所有权，周某保留7%的股份。另外，合同还约定刘某雇佣周某看管该林地。合同签订后，周某将林权转至刘某名下，将林权证交给刘某，并多次向刘某催要购林款，但刘某除陆续支付少量费用外，一直以种种借口推脱，未按合同支付购林款。

2005年5月18日，刘某委托安徽皖资会计师事务所对上述林地进行评估，刘某在明知该林地属公益林的情况下，要求该所将该林地按商品经济林进行评估，该所评估后按刘某的要求出具《刘某先生侧柏商品经济林资产评

估报告书》，结论：侧柏商品经济林活立木公允值33,006,960元。2005年9月1日，刘某持林权证及资产评估报告书在合肥注册成立“安徽凯瑞投资有限公司”，刘某任法定代表人，注册资本3000万元（非货币出资）。

2006年11月30日，刘某将安徽凯瑞投资有限公司变更为“安徽天陟投资有限公司”（以下简称天陟公司）。2007年12月2日，又变更为“安徽天陟木业有限公司”，2007年1月，刘某又委托安徽求是会计师事务所对3700亩林地进行评估，并将皖资会计师事务所的资产评估报告书提供给该所，要求该所按皖资所的报告书出具评估报告，并要求评估价值为1亿元人民币。2007年1月13日，该所出具《刘某先生侧柏商品经济林资产评估报告》，结论：侧柏商品经济林活立木公允值7065.52万元。

被告人刘某在注册成立公司后，即持林权证及资产评估报告书向多家银行申清抵押贷款，但均未成功，公司无资金来源，无税务申报及经营活动。

2007年3月，被告人刘恺綦在明知自已没有履行合同能力的情况下，以投资为名到安徽省六安市叶集改革发展试验区（以下简称试验区）进行考察，对试验区有关领导谎称，其在宿县、霍山、肥西等地有多处林地，可以在叶集投资1.2亿元人民币建立18万立方米人造板厂。该厂建立后，可年上缴利税2700万元，安排就业3000余人，且能逐步把叶集打造成华东乃至全国最大的木材加工城。经多次商淡，2007年4月19日刘某与叶集经济开发区管委会签订了投资协议，安徽华陆集团通过议标获得施工权。试验区政府按照与刘某的协议，先后两次对建厂土地进行挂牌出让，但刘某以父亲病危及资金紧张为由未参与竞拍，致土地流拍。

7月23日，华陆集团应刘某要求交付工程履约保证金150万元，刘某除将其中部分款项用于购置车辆、电脑等设备外，大部分款项被其取出用于还债或者其他消费。同时，刘某还多次催促华陆集团早日施工，而华陆集团因刘某一直未提供施工条件而未施工。2007年9月，刘某在无资金、无规划许可证的情况下，又与宝业集团湖北建工第五建设有限公司（以下简称湖北五建）签订了6000万元的土建合同。合同签订后，湖北五建按期进场施工，并应刘某的要求交付天陟公司履约保证金300万元。该笔款项到账后，刘某将其中150万元退还华陆集团，剩余款项被其取出。2008年1月31日，湖北五建完成了土建工程，但是刘某以各种借口拒绝支付任何款项，给湖北五建造成经济损失。

裁判理由：

合同诈骗犯罪是目的犯，必须以行为人具有非法占有目的为构成要件。《刑法》第224条规定了合同诈骗罪的五种情形：

1. 以虚构的单位或者冒用他人名义签订合同的；

2. 以伪造、变造、作废的票据或者其他虚假的产权证明作担保的；

3. 没有实际履行能力，以先履行小额合同或者部分履行合同的方法，诱骗对方当事人继续签订和履行合同的；

4. 收受对方当事人给付的货物、货款、预付款或者担保财产后逃匿的；

5. 以其他方法骗取对方当事人财物的。

前四种情形规定得非常明确具体，比较容易把握与认定，但在司法实践中，被告人的行为往往与前四种情形不相符合，这就需要法官根据事实对被告人的主观方面进行分析，以认定其是否具有非法占有之目的，进而确定其行为是否构成合同诈骗罪。如何认定合同诈骗罪行为人主观上的非法占有目的，是司法实践中的重点和难点。一般而言，对行为人是否具有非法占有之目的，可以从以下几个方面进行分析：

1. 行为人是否具有签订、履行合同的条件，是否创造虚假条件；

2. 行为人在签订合同时有无履约能力；

3. 行为人在签订和履行合同过程中有无诈骗行为；

4. 行为人在签订合同后有无履行合同的实际行为；

5. 行为人对取得财物的处置情况，是否有挥霍、挪用及携款潜逃等行为。

本案中，刘某以150万元购买周某名下的3700亩防护林的林权，但其无力支付全部购林款，在周宜吕的屡次催要下，仅支付了大约20万元。刘某通过林权变更将该片林地的绝大部分林权转至自己名下，控制了该片林地。在其委托评估机构对该片林地进行评估时，擅自改变林地的公益性质，指使评估人员按商品经济林进行评估，并要求按8000万元到1亿元评估。评估机构应刘某的要求出具了与事实严重不符的评估报告，两个评估机构先后两次评估的价值分别为“33,006,960元”和“7065.52万元”。在此过程中，刘某要求评估人员背离事实进行评估的行为，属于制造虚假条件；刘某持评估报告申请成立公司，进而又企图以林权证为担保向银行申请贷款，但其贷款申请屡被拒绝公司并无资金来源，也不具备履行本案所涉合同的能力，但是刘某仍然以投资为名，到叶集试验区商淡投资合同。在商谈合同时谎称自己在其他地方还有林地，并且无视自己名下的林地属防护林，依法只能进行抚育和更新性质的采伐、不能进行大规模商业采伐的事实，在先前签订的150万元的购林合同都无力履行的情况下，又签订了其根本无法履行的年产18万立方米的木材加工投资协议以及6000万元的工程施工合同。当其无法兑现承诺时，就以各种借口进行推脱。上述事实反映其在签订合同时无履行能力，之后仍无此种能力，而依然蒙骗对方，占有对方财物，应认定为有非法占有之目的；刘某在获取湖北五建提供的履约保证金后，小部分款项被其用于购买车辆和偿还个人债务，大部分款项被其直接支取现金，资金被其转移后去向不明，导致无法追还，此节行为亦反映其主观上具行非法占有之目的。故刘某的行为符合《刑法》第224条第5项规定的情形，应当以合同诈骗罪追究刑事责任。

裁判要旨二：在不具有实际履约能力或者有效担保的情况下将委托款用于消费支出，对该部分款项应当认定具有非法占有目的

案件名称：黄某合同诈骗案

案例来源：《刑事审判参考》第35集，第271号案例

裁判结果：

泉州市中级人民法院经审理判决，被告人黄某犯诈骗罪，判处无期徒刑，剥夺政治权利终身，并处没收个人全部财产。一审宣判后，被告人黄某不服，向福建省高级人民法院提出上诉。福建省高级人民法院经审理判决如下：

1. 撤销泉州市中级人民法院（2000）泉刑初字第204号刑事判决；
2. 被告人黄某犯合同诈骗罪，判处有期徒刑10年；
3. 继续追缴被告人黄某的违法所得人民币50余万元，归还泉州市第五中学。

基本案情：

1997年1月，被告人黄某对泉州市第五中学有关人员称国债回购业务有收益无风险，该校基金会资金可委托其经营的泉州市时代企划事务所（以下称时代企划所）进行国债回购。1997年1月28日，被告人黄某以时代企划所名义与泉州市第五中学（香港校友会）教育基金会签订年收益率为14%的委托国债回购业务协议书。被告人黄某于同年1月29日至5月13日先后5

次从委托单位取走现金人民币 192 万元。后被告人黄某擅自改变委托用途，将委托款项投入高风险期货交易并全部亏损。期间，被告人黄某伪造两份期货证券交易保证金帐卡及 27 份成交过户交割凭单交给委托单位有关人员过目，以示已将款项投入国债回购，并编造获利计算数据，使委托单位有关人员误认为委托款已投入国债回购。案发后，赃款未能追回。

裁判理由：

福建省高级人民法院经审理认为，原判认定被告人黄某将委托单位的人民币 192 万元擅自改变委托用途造成亏损，使委托款项无法追回的事实，有经一审庭审举证、质证的书证、证人证言、被告人的供述予以证实，足以认定。被告人黄某采取欺骗手段与他人签订合同，取得人民币 192 万元委托投资国债回购款后，擅自改变委托用途，其中，用于投资期货的人民币 140 万元，因属从事具体经营活动，不能归还系客观原因所致，对该部分款项不宜认定泉州市时代企划事务所主观上具有非法占有目的；另外 50 余万元用于泉州市时代企划事务所的事务开支，鉴于是在不具有实际履约能力或者有效担保的情况下将委托款用于消费支出，对该部分款项应当认定具有非法占有目的。

参照《最高人民法院关于审理诈骗案件具体应用法律的若干问题的解释》第 1 条第 4 款规定，泉州市时代企划事务所非法占有被害单位人民币 50 余万元应当认定为数额巨大，故本案虽属九七年《刑法》实施之前的单位行为，但依据刑法“从旧兼从轻”规定，本案应以合同诈骗罪追究被告人黄某的刑事责任。至于时代企划所，考虑到七九年《刑法》未将单位规定为诈骗罪主体，且时代企划事务所业已注销，故不应追究刑事责任。

裁判要旨三：

1. 骗取银行巨额贷款用于高风险的期货炒作和以新贷还前贷，可以认定行为人具有“非法占有目的”；

2. 在刑法规定为双罚制的单位犯罪中，单位与其直接负责的主管人员和其他直接责任人员的刑事责任可以分离

案件名称：俞某合同诈骗案

案例来源：《刑事审判参考》第 25 集，第 169 号案例

裁判结果：

上海市高级人民法院二审公开审理后判决上诉人俞某犯合同诈骗罪，判处有期徒刑 12 年，并处没收其个人财产人民币 2 万元。

基本案情：

被告人俞某在担任上海申星橡胶制品厂（以下简称申星制品厂）法定代表人、申星制品厂下属上海康乐机电成套经营部（以下简称康乐经营部）负责人、上海万通实业公司（以下简称万通公司）法定代表人期间，于 1995 年 11 月至 1997 年 6 月，指使他人采用虚构资金用途、伪造企业财务报表、提供虚假担保、虚假抵押等手段以万通公司和康乐经营部的名义，先后与被害单位中国农业银行上海分行奉贤县支行奉新营业所（以下简称奉新营业所）签订大量借款合同，为上述单位取得借款 130 笔，共计人民币 1.4 亿余元。嗣后，俞某将上述借款用于买卖期货及公司日常开销等，造成被害单位奉新营业所直接经济损失共计人民币 1760 余万元。

裁判理由：

对本案的定性处理，关键在于两点：一是被告人俞某是否具有“非法占有的目的”，其行为是否构成合同诈骗；二是由于本案发生在刑法修订前，行为时的法是七九年《刑法》，而审理时的法是九七年《刑法》，如何正确适用“从旧兼从轻”原则。

1. 被告人俞某主观上具有为单位非法占有银行贷款的故意。

构成诈骗犯罪，要求行为人主观上必须具有非法占有的目的。最高人民法院 2001 年 1 月 21 日印发的《全国法院审理金融犯罪案件工作座谈会纪要》（以下简称《审理金融犯罪纪要》），明确了可以认定为具有非法占有目的的七种情形，即

（1）明知没有归还能力而大量骗取资金的；

（2）非法获取资金后逃跑的；

（3）肆意挥霍骗取的资金的；

（4）使用骗取的资金进行违法犯罪活动的；

（5）抽逃、转移资金、隐匿财产，以逃避返还资金的；

（6）隐匿、销毁账目，或者搞假破产、假倒闭，以逃避返还资金的；

（7）其他非法占有资金、拒不返还的行为。

司法实践中，如果行为人通过诈骗的方法非法获取资金，造成数额较大

的资金不能归还，同时具有上述情形之一的，应认定行为人主观上具有非法占有的目的，其行为属于诈骗性质。

本案中，被告人俞某在本单位因经营状况逆转而发生资金周转困难、没有偿还能力的情况下，不顾亏损的现实，先后以万通公司、康乐经营部的名义，多次签订虚假合同从银行取得130笔贷款，总金额高达1.4亿多元，用于炒卖高风险的期货和以新贷还旧贷，最终造成1760余万元的损失。其行为符合《审理金融犯罪纪要》规定的第一种情形。由于俞某的行为系经公司会议决定，故其行为属于单位贷款诈骗行为。

2. 根据七九年《刑法》的规定，实施单位贷款诈骗行为的单位不能构成犯罪，而单位直接负责的主管人员和其他直接责任人员可以构成诈骗罪。

3. 根据九七年《刑法》的规定，单位不能构成贷款诈骗罪。但对于单位实施的贷款诈骗行为，符合合同诈骗罪构成要件的，应以合同诈骗罪定罪，对单位及直接负责的主管人员和其他直接责任人员实行双罚制。

4. 根据“从旧兼从轻”原则，《刑法》修订后审理的实施于《刑法》修订前的单位贷款诈骗行为，单位不能构成犯罪，对于其中的有关自然人，可按照《刑法》规定，以单位合同诈骗罪的直接负责的主管人员或者其他直接责任人员追究刑事责任。

综上，本案中，被告人俞某及其负责的万通公司、康乐经营部实施了签订虚假合同的单位贷款诈骗行为。其中，对万通公司、康乐经营部不能以犯罪论处，对俞某应适用九七年《刑法》以单位合同诈骗罪的直接负责的主管人员追究刑事责任。检察机关不予起诉单位，人民法院依照单位合同诈骗罪的有关规定对俞某定罪量刑是正确的。

裁判要旨四：在没有能力建设工程项目的情况下，仍与多家公司签订装饰工程承包协议，并以此为由骗取公司的工程保证金、定金的，应认定其主观上具有非法占有的目的，构成合同诈骗罪

案件名称：陆某合同诈骗案

案例来源：

《中国审判案例要览（2014年刑事审判案例卷）》，中国人民大学出版社，第142~146页

裁判结果：

上海市宝山区人民法院判处有期徒刑4年6个月，并处罚金人民币5000元。一审宣判后，陆某不服提起上诉。上海市第二中级人民法院经审理认为，一审判决并无不当，裁定驳回上诉，维持原判。

基本案情：

2008年11月，恒鼎公司向汽车城产业公司租赁位于上海市嘉定区外冈镇瞿门路339号、359号、369号的商铺用于建设上海旺逸生活广场。之后，恒鼎公司经理被告人陆某于2011年8月至9月期间，在明知无能力建设上海旺逸生活广场的情况下，仍与多家公司就瞿门路369号商铺签订装饰工程承包协议，并以此为由骗取上述公司的工程保证金、定金等共计445,000元。在被害人多次催讨钱款的情况下，被告人陆某以不接电话等方式不予退还，并将办公室搬离。

裁判理由：

合同诈骗罪是指以非法占有为目的，在签订、履行合同过程中，采取虚构事实或者隐瞒真相等欺骗手段，骗取对方当事人的财物，数额较大的行为。其中，"非法占有为目的"是认定合同诈骗罪的关键。关于如何判断非法占有的目的，刑法学界有以下几种不同意见：一是以有无归还财产之意作为判断标准；二是以有无履行合同的能力作为判断标准；三是以非法占有时间的长短作为判断标准。笔者认为，非法占有的目的是当事人的一种主观心理活动，无法通过简单的某一方面的客观表现来评价和衡量，应结合客观方面的诸多因素，通过以下"三看"进行综合判断：

1. 看行为人有无履约能力。如果行为人明知自己没有履行合同的能力，而且也根本不打算履行合同，但仍与他人签定合同，一旦财物到手就大肆挥霍或逃之夭夭，则应认定其具有非法占有的目的。

2. 看行为人有无履约行为。有无履行合同的行为，直接反映行为人履行合同约定义务的诚意，是认定合同诈骗罪的重要客观依据。

3. 看行为人的事后态度。如果行为人在签订合同后，积极努力地为履行合同做准备，但由于其一时的过失或意外事件等主客观方面的原因导致丧失了履约能力，同时在事后又表示愿意承担违约责任的，应认定不具有非法占有的目的。相反，如果行为在明知自己无履约能力的情况下，收取了保证金、预付款等财物后采取消极的态度或者主动失去联系的方式逃避履约的，就能够体现出其具有非法占有的目的。

本案中，上诉人陆某的供述及被害人张某忠、阙某友、陈某麟的陈述、装饰工程承包协议等均证实，陆某于2011年8月5日、8月26日、9月30日分别与承包方张某忠、阙某友、陈某麟签订了关于上海市嘉定区外冈镇瞿门路369号商铺的装饰工程合同。三份装饰工程合同的履行地点、承包范围、工程价款均相同，履行时间、期限相近。陆某明知上述合同无法履行，向承包方隐瞒了恒鼎公司无相应的履约能力的事实，在2个月内将该装饰工程同时发包给三家承包方，骗取对方数额巨大的工程质保金后，将公司办公场所从上海市淞肇路333弄3号搬离，且未通知承包方，在承包方要求履行合同、催讨钱款时又采用不接电话等方式，其行为符合合同诈骗罪的犯罪构成特征，应以合同诈骗罪定罪处罚。

（二）合同诈骗罪中“合同”的表现形式

裁判要旨五：在界定合同诈骗罪的合同范围时，不应拘泥于合同的形式，在有证据证明确实存在合同关系的情况下，即便是口头合同，只要发生在生产经营领域，侵犯了市场秩序的，同样应以合同诈骗罪定罪处罚

案件名称：宋某合同诈骗案

案例来源：《刑事审判参考》第39集，第308号案例

裁判结果：

沈阳铁路运输法院判决被告人宋某犯合同诈骗罪，判处有期徒刑13年，并处罚金人民币10万元。

基本案情：

2000年11月30日，从事包装服务业务的被告人宋某接受浙江康恩贝集团医药销售公司（以下称康恩贝公司）工作人员的委托，为该公司在沈阳火车站发运药品。当日，被告人宋某与该公司就代办运输、劳务费用、履行方式等具体内容达成口头协议。次日，被告人宋某在康恩贝公司人员的陪同下，将首批应发运的药品从康恩贝公司药品仓库拉到沈阳火车站货场，装入集装箱并加锁。待康恩贝公司人员走后，宋某将钥匙交给李某（搬运工）并指使李某将该批药品中的139件卸下并藏匿。然后继续办理托运手续将剩余药品依约发运至杭州。3天后，宋某采取同样手段扣下药品8件。被告人宋某两次共骗取药品147件，价值人民币20余万元。被告人宋某将所扣药品变卖后携赃款逃匿并将赃款全部挥霍。

裁判理由：

在本案中，首先，从事包装服务业务的被告人宋某与被害单位康恩贝公司口头协议的事项为有偿代办托运，属于市场交易行为，符合合同诈骗罪中合同性质的要求。其次，本案所涉口头合同具有确定的权利、义务内容，具备了特定标的、履行方式、劳务费等合同基本要件，且合同已经部分实际履行，结合此前双方已有的代办托运合作关系，足以证明该口头合同的真实存在。所以，将本案件口头合同认定为合同诈骗罪中的“合同”，是正确的。

裁判要旨六：以签订出国“聘请顾问协议书”为名骗取他人钱款的行为，构成合同诈骗罪

案件名称：宋某合同诈骗案

案例来源：《刑事审判参考》第58集，第457号案例

裁判结果：

天津市第一中级人民法院判决被告人宋某犯诈骗罪，判处有期徒刑11年，罚金人民币30万元，并处驱逐出境。一审宣判后，被告人宋某不服，向天津市高级人民法院提出上诉。

天津市高级人民法院审理后认为，被告人宋某以非法占有为目的，在签订、履行合同过程中，收取他人财物后逃匿，其行为符合《刑法》关于合同诈骗罪的犯罪构成，同时，本案的相关犯罪行为是作为松盛公司、金世纪公司负责人的宋某决定，并以公司名义实施，应认定为单位犯罪行为。鉴于原公诉机关没有对相关单位提起公诉，根据法律规定，对宋某应按单位直接负责的主管人员依法追究合同诈骗罪的刑事责任。据此，依法判决被告人宋某犯合同诈骗罪，判处有期徒刑6年，并处罚金人民币30万元和驱逐出境。

基本案情：

1996年5月，被告人宋某与天津市松盛商贸有限公司（以下简称松盛公司）负责人韩某协商，承包经营松盛公司，对外承揽出国签证咨询业务。同年7月，宋某分别与詹洁、张伟签订了“聘请顾问协议书”为其办理出国签证，并收取人民币3万元。同年8月，宋某在没有注册资金的情况下，注册成立了以其女友刘某为法定代表人的天津开发区金世纪发展有限公司（以下简称金世纪公司），此后至出逃前，以该公司名义收取赵某、杨某强、高某艳、孔某琴、梁某山、王某琪、李某国、李某光等人出国签证费用人民币

21.96 万元、美金 0.65 万元。综上，被告人宗某共计收取他人签证费用人民币 24.96 万元、美金 0.65 万元，但未给上述人员办理出国签证，全部款项用于支付房租、归还欠款或挥霍等，并于 1997 年 3 月 3 日逃往澳大利亚，后取得澳大利亚国籍。2005 年 1 月 14 日进入我国境内后被抓获归案。

裁判理由：

合同诈骗罪中的“合同”，除了书面合同外，利用口头合同进行诈骗的能否以合同诈骗罪定罪处罚，也是需要明确的问题。我们认为，应结合合同诈骗侵犯的客体及《合同法》的相关规定进行解释。根据《合同法》第 10 条的规定，无论是正式的书面合同，还是简易的口头合同，都是《合同法》所承认和保护的合同。在经济生活中，存在着大量的口头合同，口头合同也经常被不法分子利用进行诈骗，口头合同与书面合同只是形式不同，但都是合同法调整的范围，利用口头合同进行诈骗与利用书面合同在所侵犯的客体方面并无本质区别，而且，《刑法》关于合同诈骗罪的规定并未排除利用口头合同进行诈骗的情形。因此，只要利用口头合同进行诈骗侵犯了市场经济秩序和他人财产权，完全可以成为合同诈骗罪中的合同。

从本案情况看，被告人宗某分别与詹某、张某等人签订“聘请顾问协议书”，以自己承包的松盛公司及自己成立的金世纪公司的名义，对外承揽出国签证咨询业务，每人收取 0.5 万元至 3.5 万元不等的钱款，许诺如办不成出国签证，再如数退还钱款。宗某所签订的“聘请顾问协议书”，表面上像一个咨询性质的协议，具有技术服务性质，但根据其提供的所谓服务内容，实质上是一个代办出国签证性质的委托代理合同。这种委托代理合同，具有一定的代理服务内容并体现了一定市场经济活动性质，利用这种合同实施的诈骗犯罪严重扰乱了正常的代办出国签证的市场秩序，因此应认定为与经济活动有关的合同。宗某的诈骗行为发生在合同的签订、履行过程之中，骗取的钱款正是合同约定的报酬标的，在没有为他人办成出国签证的情况下，携款潜逃，可以认定具有非法占有目的，因此宗某的诈骗行为，应构成合同诈骗罪。

（三）合同诈骗罪中单位犯罪问题

裁判要旨七： 财务状况独立的一人公司可以成立单位犯罪

案件名称： 周某合同诈骗案

案例来源：《刑事审判参考》第 82 集，第 726 号案例

裁判结果：

上海市奉贤区人民法院认为被告人周某的行为符合单位犯罪的特征，属单位犯罪，周某系单位直接负责经营管理的人员。为保护公私财产权利不受侵犯，依法判决被告人周某犯合同诈骗罪，判处有期徒刑 3 年，宣告缓刑 5 年，并处罚金 46 万元。

基本案情：

2008 年 2 月至 2009 年 4 月，被告人周某在担任一人有限责任公司众超公司、一丰镐公司法定代表人并直接负责生产经营期间，先后与上海岷琪针织品有限公司、常州仕高针纺织品有限公司等多家单位发生玩具原材料买卖或加工合同业务，上述单位按约为周某所在公司供货或完成加工业务，周某经自己公司再生产加工、通过瑞宝公司等单位予以销售并收取货款后，采用将上述自己公司账户内的资金转入个人账户或以差旅费等名义提取现金等方式转移公司财产，却以尚未收到货款为由拒不支付各被害单位合计价值人民币 900, 000 余元的原材料货款及加工费等。在被害单位多次催讨后，被告人周某采用隐匿等手段逃避。案发后，周某支付部分货款后仍造成被害单位直接经济损失合计 890, 000 余元。法院审理期间，周某积极筹款 894, 000 元退赔被害单位的经济损失。

裁判理由：

在本案中，众超公司、一丰镐公司经合法注册成立，被告人周某是该公司唯一股东和法定代表人。公司依照法律规定的条件和程序登记注册成立，成立之后依照章程规定的营利宗旨进行运转，公司在经营中具有相对独立的名义，具备《公司法》要求的治理结构，被告人周某作为法定代表人为了公司利益实施合同诈骗行为，应当被视为公司的独立意志。

同时，根据法院查明的情况，周某依照法律程序办理手续实际出资，众超公司、一丰镐公司具有独立的财务状况，可以与周某的个人财产明确区分，虽然进行了合同诈骗行为，但是现有证据不足以证明周某在收取货款后系用于其个人开支。因此，公司具备独立的法人人格，具有承担刑事责任的能力。周某作为公司法定代表人为了公司利益而进行合同诈骗活动，应当被视为公司的行为，构成单位犯罪。因此，上海市奉贤区人民法院认定被告人周某应依法追究其作为“单位直接负责经营管理的人员”的刑事责任。

裁判要旨八：单位与自然人以非法占有为目的，共同实施利用签订、履行借款合同诈骗银行或其他金融机构贷款，符合合同诈骗罪的构成要件的，应对单位和自然人以合同诈骗罪的共犯论处

案件名称：马某等贷款诈骗、违法发放贷款、挪用资金案

案例来源：《刑事审判参考》第39集，第305号案例

裁判结果：

北京市第一中级人民法院以被告人马某犯合同诈骗罪、挪用资金罪，判处无期徒刑，剥夺政治权利终身，并处没收个人全部财产。一审宣判后，被告人马某不服提出上诉。北京市高级人民法院于2004年4月6日以（2004）高刑终字第181号刑事裁定，驳回上诉，维持原判。

基本案情：

1997年9月，时任明华公司法定代表人兼总经理的马某，在明知明华公司所属子公司北京硬视兄弟商务有限责任公司（以下简称硬视兄弟公司）、北京硬视多媒体开发制作有限公司（以下简称硬视多媒体公司）不具备高额贷款和提供担保的条件，在无保证还贷能力的情况下，为获取银行高额贷款，指使明华公司财务负责人徐某取变造、虚构硬视兄弟公司、硬视多媒体公司的营业执照、财务报表等贷款证明文件的手段，将硬视兄弟公司的注册资金由人民币30万元变造为人民币330万元，将硬视多媒体公司的注册资金28万美元变造为128万美元，法定代表人由马某变造为张某，并将两公司的财务报表做大，以硬视兄弟公司为借款人，以硬视多媒体公司为保证人，从中国民生银行北京中关村支行骗取贷款人民币500万元。该贷款中的100万元转至明华公司，其余款项均用于明华公司的债务及其他事务。

1997年11月，时任明华公司法定代表人兼总经理的马某，在明知明华公司无高额贷款及担保能力的情况下，为获取高额贷款，指使该公司的财务负责人徐某使用马某提供的北京市西城区明珠制衣厂（以下简称明珠制衣厂）、北京市今捷易通经贸公司（以下简称今捷易通公司）的营业执照进行变造，将明珠制衣厂的注册资金由人民币40万元变造为1000万元，将今捷易通公司的注册资金由人民币20万元变造为1200万元，并对两单位的财务报表等贷款证明文件进行变造，以明珠制衣厂为借款人、以今捷易通公司为保证人，分两次从中国民生银行北京中关村支行骗取贷款共计人民币800万元。该贷款转到马某等人以明珠制衣厂的名义在中国民生银行北京中关村支

行开设的账户上，其中 650 万余元转至明华公司账上，其余 150 万余元用于明华公司的债务及其他事务支出。

1998 年 1 月，时任明华公司法定代表人兼总经理的马某，伙同徐某、马某采取变造北京华视通广告公司（以下简称华视通公司）、北京燕智忠经贸有限责任公司（以下简称燕智忠公司）的营业执照、财务报表等贷款证明文件的手段，将华视通公司的注册资金由人民币 150 万元变造为人民币 600 万元，法定代表人由马某变造为马某仙，将燕智忠公司的注册资金由 50 万元变造为人民币 1000 万元，以华视通公司为借款人，以燕智忠公司为保证人，从中国民生银行北京中关村支行骗取贷款计人民币 500 万元，该贷款大部分被明华公司使用。

裁判理由：

单位与单位、单位与自然人之间可以构成共同犯罪，目前理论上和司法实务中均无疑问。《刑法》未将单位规定为贷款诈骗罪的主体，对单位实施的贷款诈骗行为，根据 2001 年《全国法院审理金融犯罪案件工作座谈会纪要》有关要求，不能以贷款诈骗罪定罪处罚，也不能以贷款诈骗罪追究直接负责的主管人员和其他直接责任人员的刑事责任。对于单位以非法占有为目的，利用签订、履行借款合同诈骗银行或其他金融机构贷款，符合《刑法》第 224 条规定的合同诈骗罪的构成要件的，应以合同诈骗罪定罪处罚。这就意味着，从自然人的角度，应认定为贷款诈骗罪，从犯罪单位的角度，则应以合同诈骗罪定罪处罚。

所以，对单位与自然人共同诈骗银行贷款的行为，确实存在一个罪名的具体适用问题。对此，我们认为，可以参照《最高人民法院关于审理贪污、职务侵占案件如何认定共同犯罪几个问题的解释》的有关精神，根据全面评价的法律适用原则，结合主犯的犯罪性质来加以具体确定。如在实施贷款诈骗行为过程中，犯罪单位属于共同犯罪中的主犯，作为犯罪单位，只能构成合同诈骗罪。

裁判要旨九：以公司名义实施合同诈骗犯罪活动，违法所得用于公司经营活动，并未被个人私分，构成单位犯罪

案件名称：余某、吴某等合同诈骗、伪造公司印章案

案例来源：《人民法院案例选》2009 年第 2 辑（总第 68 辑）

裁判结果：

马鞍山市花山区人民法院依法判决被告人余某犯合同诈骗罪，判处有期徒刑7年，并处罚金人民币100,000元；犯伪造公司印章罪，判处有期徒刑1年，决定执行有期徒刑7年6个月，并处罚金人民币100,000元。被告人吴某犯合同诈骗罪，判处有期徒刑3年，并处罚金人民币50,000元；犯伪造公司印章罪，判处有期徒刑6个月，决定执行有期徒刑3年，并处罚金人民币50,000元。

基本案情：

上海通兴总公司在马鞍山市注册成立了马鞍山分公司，由被告人余某任经理，吴某任办公室主任。被告人余某等人为筹集资金偿还分公司的工程债务，对被害人谎称可以购买优惠住房。两被告人虚构事实以分公司名义与被害人签订购房协议，之后又私刻某房产公司公章骗取被害人信任，骗取被害人钱财。

裁判理由：

被告人余某、吴某以非法占有为目的，采取以单位名义与他人签订合同、伪造他人公司虚假文件的手段，诈骗他人钱款数额巨大，其行为构成合同诈骗罪。被告人余某、吴某共同伪造房产公司印章骗取被害人信任的行为符合伪造公司印章罪的构成要件。两被告人均犯有数罪，应当数罪并罚。两被告人以分公司名义实施合同诈骗犯罪活动，违法所得用于分公司经营活动，并未被其个人私分，该犯罪行为符合单位犯罪的构成要件。但被告人作为直接负责的主管人员和直接责任人员，应当负刑事责任。

（四）合同诈骗罪中诈骗数额的既遂与未遂并存问题的解决

裁判要旨十：在数额犯中，犯罪既遂部分与未遂部分分别对应不同法定刑幅度的，应当先决定对未遂部分是否减轻处罚，确定未遂部分对应的法定刑幅度，再与既遂部分对应的法定刑幅度进行比较，选择适用处罚较重的法定刑幅度，并酌情从重处罚；二者在同一量刑幅度的，以犯罪既遂酌情从重处罚

案件名称：王某合同诈骗案

案例来源：《刑事审判参考》第99集，第1020号案例

裁判结果：

石景山区人民法院以被告人王某犯合同诈骗罪，判处有期徒刑6年，并

处罚金人民币6000元。一审宣判后，北京市石景山区人民检察院和王某分别提出抗诉和上诉。

北京市第一中级人民法院裁定准许上诉人王某撤回上诉，维持原判。

基本案情：

2012年7月29日，被告人王某通过使用伪造的户口簿、身份证，冒充房主王某芳（被告人之父）身份的方式，在石景山区链家房地产经纪有限公司古城公园店，以出售石景山区古城路28号楼44号房屋为由，与被害人徐某签订房屋买卖合同，约定购房款为人民币（以下币种同）100万元，并当场收取徐某定金1万元。同年8月12日，王某又收取徐某支付的购房首付款29万元，并约定余款过户后给付。后双方在办理房产过户手续时，王某虚假身份被石景山区住建委工作人员发现，余款未取得。2013年4月23日，王某被公安机关查获。次日，王某亲属将赃款退还徐某，徐某对王某表示谅解。

裁判理由：

本案中，被告人王某合同诈骗未遂部分70万元，对应法定刑幅度为10年有期徒刑以上刑罚，结合本案的具体情况，应当对该未遂部分减轻处罚，所以确定的未遂部分法定刑幅度应当为3年以上10年以下有期徒刑，与合同诈骗既遂部分30万元所对应的法定刑幅度一致。依照《最高人民法院关于审理诈骗案件具体应用法律若干问题的解释》第5条的规定，以合同诈骗罪既遂30万元的犯罪事实作为基本犯罪构成事实，确定全案适用的法定刑幅度，并确定量刑起点。将未遂部分70万元作为“其他影响犯罪构成的犯罪数额、犯罪次数、犯罪后果等犯罪事实”，确定适当的刑罚增加量，进而在量刑起点的基础上确定基准刑，未遂部分的未遂情节作为未遂部分犯罪事实的一部分，作为量刑过程中的从重因素得以体现。一审判决根据诈骗既遂的30万元确定法定刑幅度后，并未将未遂部分的70万元在量刑过程中进行评价，因此有失妥当。二审对未遂部分评价后，认为尽管一审法院未评价未遂部分确属不当，但量刑总体上适当，故裁定维持原判，准许上诉人撤回上诉。

（五）骗取担保获取金融机构贷款行为的认定

裁判要旨十一：以伪造的购销合同办理银行承兑汇票，以获取银行资金，合同到期后无力偿还银行债务而逃匿，致使担保人遭受财产损失的，应以合同诈骗罪论处

案件名称：曹某合同诈骗案

案例来源：《刑事审判参考》第76集，第645号案例

裁判结果：

宁夏回族自治区银川市中级人民法院经审理认定，被告人曹某犯合同诈骗罪，判处有期徒刑13年，并处罚金人民币8万元。宣判后，被告人曹某不服，提出上诉，二审宁夏回族自治区高级人民法院经审理认为原判认定被告人曹某犯合同诈骗罪的事实清楚，证据确实、充分，定罪准确，量刑适当，审判程序合法。依法裁定驳回上诉，维持原判。

基本案情：

2005年10月31日，被告人曹某出具伪造的宗正装饰材料公司（以下简称宗正公司）与浙江省台州市吉煌公司（以下简称吉煌公司）签订购销合同，和宁夏永宁县农村信用合作联社（以下简称永宁县农信社）签订银行承兑汇票承兑合同，约定由永宁县农信社为宗正公司办理人民币（以下币种均为人民币）500万元银行承兑汇票，出票日期2005年11月28日，2006年4月30日期满，宗正公司按承兑金额60%即300万元作为履约保证金存入永宁县农信社指定的保证金专户。两北亚担保公司（以下简称西北亚公司）为保证人，负连带责任。宁夏恒通恒基中小型企业信用担保有限公司（以下简称恒通恒基公司）为宗正公司向永宁县农信社申请银行承兑汇票差额200万元提供反担保，承担连带责任。

2005年11月28日，宗正公司从银川市商业银行“凤丽艳”账户汇入宗正公司在永宁县农信社办理银行承兑汇票的保证金账户300万元。永宁县农信社依约于当日给宗正公司办理了两张银行承兑汇票，票号分别为00191406、00191407，金额分别为470万元、30万元。曹某将30万元银行承兑汇票背书到吉煌公司，将470万元银行承兑汇票通过他人贴现后归还保证金、借款等。承兑汇票到期后，曹某因不能偿还银行债务而逃匿，永宁县农信社从宗正公司保证金账户扣划300万元，并扣划保证人西北亚公司本金200万元及利息。后西北亚公司将反担保人恒通恒基公司诉至银川市中级人民法院，该院判决由恒通恒基公司偿还西北亚公司200万元。另查明，470万元银行承兑汇票背书栏内吉煌公司财务专用章及法定代表人印章均系伪造。

裁判理由：

宁夏回族自治区高级人民法院经审理认为，曹某与永宁农信社签订银行承兑汇票承兑合同，约定由永宁农信社为宗正公司办理500万元银行承兑汇

票，出票日期为2005年11月28日，到期日为2006年4月30日，宗正公司应按承兑金额60%作为履约保证金存入永宁县农信社指定的保证金专户，西北亚公司为保证人，保证方式为连带责任，恒基恒通提供反担保，并承担连带责任的事实清楚。被告人曹某在办理该笔承兑汇票中，弄虚作假，向银行提供伪造的购销合同，诱使银行向其出具合法的500万元承兑汇票，且在贴现后，归还个人借款，造成无力偿还债务的局面，致使担保人代为偿还，实际侵害了担保人的合法财产，曹某主观上有利用伪造的虚假合同诈骗钱财的故意，且诈骗数额特别巨大，其行为构成合同诈骗罪。

经查，无证据证实曹某用自己所有的位于海原县政府南街东侧的营业房产为恒通恒基公司提供了反担保抵押，更无任何证据证实曹某是受他人指使办理银行承兑汇票和遭人绑架并抢走库存货物后不得已离开银川的事实，因此，其上诉所提原判认定事实不清，证据不足，定性错误，不构成合同诈骗罪的上诉理由不能成立，不予采纳。原判认定被告人曹某犯合同诈骗罪的事实清楚，证据确实、充分，定罪准确，量刑适当，审判程序合法。

裁判要旨十二：通过向银行贷款的方式骗取担保人财产的行为，表面上看是骗取银行贷款，实际上侵害的是担保人的财产权益，犯罪对象并非银行贷款而是担保合同一方当事人的财产，对此种行为应以合同诈骗罪论处

案件名称：秦某虚报注册资本、合同诈骗案

案例来源：《刑事审判参考》第45集，第352号案例

裁判结果：

被告人秦某犯虚报注册资本罪，判处有期徒刑2年，罚金人民币11万元；犯合同诈骗罪，判处无期徒刑，剥夺政治权利终身，没收个人全部财产。决定执行无期徒刑，剥夺政治权利终身，没收个人全部财产。一审判决后，秦某不服，提出上诉。江苏省高级人民法院经审理认为原审判决认定事实清楚、定罪准确，量刑适当，审判程序合法。据此依法裁定驳回上诉，维持原判。

基本案情：

（一）虚报注册资本

1997年11月，秦某在成立中晟公司过程中，使用伪造的银行进帐单、银行存款余额证明及委托付款证明、出资证明书等文件，骗取了江苏兴惠会

计师事务所的验资报告，进而骗得市工商局核发的中晟公司营业执照，计虚报注册资本1005万元。

（二）合同诈骗

秦某虚假出资成立艺术品拍卖公司、中晟公司后，在没有偿还能力的情况下，采用虚构借款理由、隐瞒公司真实情况及虚假抵押等手段，于1997年7月至11月间，先后两次骗得中航材总公司470万元；于1995年10月至1998年11月间，多次向东航江苏公司骗取借款1150万元及骗取东航江苏公司担保，向7家银行贷款共计3700万元。后秦某采取以贷还借、以贷还贷、以借还贷的方式，先后归还东航江苏公司借款500万元，实际占有650万元；归还银行贷款1995万元，实际占有1705万元。综上，秦某以艺术品公司、中晟公司的名义共计骗取东航江苏公司、中航材总公司2825万元。

裁判理由：

通过向银行贷款的方式骗取担保人财产的行为，表面上看是骗取银行贷款，实际上侵害的是担保人的财产权益，犯罪对象并非银行贷款而是担保合同一方当事人的财产，对此种行为应以合同诈骗罪论处。行为人虚构事实骗取银行与担保人的信任，非法占有钱款后，银行可依据担保合同从担保人处获取担保，而担保人则是银行债务的实际承担者，受侵害的往往是担保人。当然，如果行为人提供虚假担保或者重复担保，骗取银行或者其他金融机构贷款的，则符合贷款诈骗罪的构成要件，理应以贷款诈骗罪论处。

联系本案，被告人秦某假借艺术品公司、中晟公司名义的所有经营都是依靠借款及向银行贷款，公司从未有盈利记录，其所还借、贷款，均系以借还贷或以贷还借，现尚有2千余万元借、贷款不能归还，且被告人除了用于其个人购买房屋、汽车等开销外，不能说明款项的实际去向，至案发也不能归还上述欠款，因此，被告人主观上具有非法占有的目的。在没有偿还能力的情况下，被告人隐瞒公司真实情况，采用虚假抵押等手段，向东航材总公司借款、向东航江苏公司骗取借款及骗得东航江苏公司为其担保向银行贷款，均应认定构成合同诈骗罪。

裁判要旨十三：对于行为人骗取担保获取金融机构贷款的情形，应该按照实际案情判断行为人非法占有的具体目的，并确定两种行为的属性及相互关系。若行为人具有骗取担保与骗取贷款的概括故意，且金融机构可通过行使担保物权进行权利救济，最终受损系担保人的情形，可推定行为人具有非法占有担保人财产的目的，从而认定被告人的行为构成合同诈骗罪

案件名称：卢某合同诈骗案

案例来源：《人民司法·案例》2014 年第 16 期

裁判结果：

杭州市中级人民法院依法以合同诈骗罪判处被告人卢某无期徒刑，剥夺政治权利终身，并处没收个人全部财产；将由法院代管的人民币 1750 万元，发还被害单位富阳市绿槟榔商贸城；责令被告人卢某退赔违法所得，发还被害单位富阳市绿槟榔商贸城。

一审宣判后，被告人卢某不服提起上诉，二审浙江省高级人民法院裁定驳回上诉，维持原判。

基本案情：

2010 年 3 月份，被告人卢某因资金需求欲向渤海银行杭州分行贷款，但不能提供有效的抵押担保而未能成功。同时，被害人卢某祥也因资金需求欲向银行贷款，但其控制的富阳市绿槟榔商贸城不符合贷款条件，无法从银行获得贷款。2011 年 7 月份，卢某隐瞒其和万盛公司背负巨额债务且资不抵债的事实，与被害人卢某祥约定：卢某祥委托卢某以万盛公司的名义向渤海银行杭州分行申请贷款，同时提供富阳市绿槟榔商贸城名下的房产作为抵押，贷款资金到账后 7 个工作日内，由卢某转给富阳市绿槟榔商贸城使用，富阳市绿槟榔商贸城拿出部分资金给卢某使用。而后，卢某向渤海银行杭州分行申请贷款，并提供了虚假的审计报告、会计报表以及作废的煤炭购销虚假合同等贷款资料。

同年 7 月 20 日，被告人卢某与卢某祥隐瞒没有真实贸易背景和资金真实用途的事实，以卢某及其妻子杨某群、万盛公司和富阳市绿槟榔商贸城的名义与渤海银行杭州分行签订综合授信合同、流动资金借款合同、银行承兑协议、不动产最高额抵押协议等合同和协议。同月 26 日，渤海银行杭州分行按照约定，委托中国工商银行武林支行开具 5 张出票人为万盛公司、收款人为嘉兴港区浙燃煤炭公司、票面总金额为 5000 万元的银行承兑汇票。获取承兑汇票的当日，卢某使用伪造印章，通过背书形式套取现金 4725.212 万元。而后，卢某将套取的现金绝大部分用于归还个人债务等，导致绝大部分资金流失。

事后，卢某向渤海银行杭州分行提供了46份增值税专用发票复印件，用以证明该5000万元承兑汇票已全部购买煤炭的虚假事实。因卢某在约定的期限内未将套取的贴现款转给卢某祥所控制的富阳市绿槟榔商贸城，卢某祥为此多次向卢某催讨该笔款项。除归还300万美元（约合人民币1860万元）外，卢某拒绝将其余钱款支付给卢某祥。银行承兑汇票到期后，卢某及万盛公司拒绝偿还该5000万元。2012年1月16日，渤海银行杭州分行向法院提起民事诉讼。同年1月17日，卢某祥所控制的富阳市绿槟榔商贸城作为担保人，向渤海银行杭州分行偿还了人民币100万元，其余款项至今未归还。同年3月27日，卢某被公安机关抓获归案。

裁判理由：

浙江省高级人民法院经审理认为：

1. 被告人卢某以获得贷款资金后将款项交予卢某祥控制的绿槟榔商贸城使用为诱饵，诱使卢某祥提供绿槟榔商贸城名下的房产作为抵押，以万盛公司的名义向银行申请贷款，并向银行提交了虚假的审计报告、会计报表、过期的煤炭交易合同等，在取得银行承兑汇票当日即予贴现，所得款项被卢某控制、占有并将大部分用于归还个人债务，足以证实卢某具有非法占有该笔款项的故意。

2. 卢某以非法占有为目的，骗取卢某祥提供绿槟榔商贸城的房产为其贷款提供抵押担保，骗取贷款资金，鉴于卢某祥提供的抵押物真实，银行可通过抵押物的受偿实现债权，且因渤海银行已提起民事诉讼，法院也已查封了被害人的抵押物，故本案实际承受损失的是卢某祥的绿槟榔商贸城。原判认定卢某的行为构成合同诈骗罪，定性并无不当。

（六）以“汽车买卖、租赁”等形式诈骗行为的认定

裁判要旨十四：通过网络交易平台诱骗二手车卖家过户车辆并出具收款凭据的行为，可认定为合同诈骗

案件名称：郭某合同诈骗案

案件来源：《刑事审判参考》第93集，第875号案例

裁判结果：

上海市松江区人民法院依法判决被告人郭某犯诈骗罪，判处有期徒刑11年，剥夺政治权利2年，并处罚金人民币2万元；一审判决后，被告人郭某不服并提出上诉二审经上海市第一中级人民法院审理，改判上诉人郭某犯合

同诈骗罪，判处有期徒刑7年，并处罚金人民币2万元。

基本案情：

2011年3月至2012年3月间，被告人郭某假借在赶集网上购买二手车，诱骗有意出卖车辆的被害人配合办理过户手续及在未收到购车款的情况下出具收条，郭某向公安机关谎称已付款，借机非法占有被害人的车辆。具体事实如下：

2011年3月25日，被告人郭某使用上述手段骗得被害人王井路的牌号为苏DRR717东南牌轿车一辆。经鉴定，被骗车辆价值人民币27,466元。

2012年3月27日，郭某使用上述手段诱骗被害人李某为牌号为沪A7V018的奥迪牌轿车办理过户手续，并让李出具内容为“今收到郭某车款伍拾万元整”的收条。在双方报警后，车辆由李某开至公安机关，并被扣押。经鉴定，被骗车辆价值551,232元。同月29日，郭某被公安机关抓获。

裁判理由：

被害人王井路、李某的陈述及陪郭某买车的黄芳的证言等证据均证实郭某在两次交易过程中没有支付购车款，而是假借买车的名义骗取他人财物。郭某为实施诈骗与李某签订了一份二手车交易合同，虽然该份合同约定的价款仅为750元，但双方另外口头约定实际交易价格为52万元，形成了买卖合意。郭某与王井路之间虽然无书面协议，但双方亦就二手车买卖的标的、价款、履行期限、地点和方式等意思表示一致，达成了内容明确的口头合同。郭某在签订、履行买卖合同的过程中骗取对方当事人的财物，侵犯了赶集网上的二手物品交易秩序，其行为构成合同诈骗罪。在第二次犯罪中，郭某虽然诱骗李某变更了车辆登记，后因郭某没有支付购车款，该车并未被李某实际交付，在报警后又被公安机关扣押，郭某始终未能实际控制和支配被骗车辆，李某亦未实际遭受财产损失，合同诈骗的犯罪结果没有发生，其行为属于犯罪未遂。

裁判要旨十五：以租车为名占有他人车辆，并将车辆以与他人签订抵押合同方式用以骗取财物的，构成合同诈骗罪，合同诈骗罪的数额以实际骗取的数额认定

案件名称：林某合同诈骗案

案例来源：《人民法院案例选》2008年第4辑（总第66辑）

裁判结果：

福建省厦门市翔安区人民法院：依法判决被告人林某犯合同诈骗罪，判处有期徒刑3年，并处罚金人民币4000元。

基本案情：

2007年1月6日，被告人林某以租金每天人民币200元、租期1天的条件租得一辆车牌号为闽DN2597的奇瑞小轿车（价值人民币51,185元），并当场支付租金人民币200元。当日林某即将该车开至厦门市同安区汀溪路路口许某的摩托车修理店，谎称该车车主委托自己将车向其质押借款，并指使他人冒充车主与许某通电话，使许某相信其有车辆的处分权，尔后以该闽DN2597奇瑞小轿车为质押物，约定还款期限为1个月，向许某借款人民币25,000元，预先扣除利息3000元，实得22,000元。林某将得款用于归还债务和个人挥霍。事后车主催讨该车时，林某先谎称因交通事故拖延交车，后关闭通讯工具逃匿。

2007年1月20日，该车被公安机关扣押，同年6月19日11时许，被告人林某被抓获归案。

裁判理由：

根据审判实践，诈骗数额应当以行为人实际骗取的数额即被害人的实际经济损失认定。本案被告人前后实施了两次诈骗行为，第一次，被告人林某支付200元的“租金”，骗取价值人民币51,185元的小轿车一部；第二次，被告人林某将该车辆“抵押”，获取“借款”人民币22,000元，其诈骗数额应当按照51,185+22,000=73,185（元）认定。至于200元的“租金”，对被告人而言是犯罪成本，对被害人许某而言，属于出租车辆的合法收益，即使被告人最终能够依约归还车辆，也无权要求返还租金，因此法院在计算诈骗数额时，这部分的款项应当排除在外。

裁判要旨十六：行为人虚构事实、冒用他人名义，与汽车租赁公司签订车辆租赁合同并取得租赁车辆。之后行为人又利用伪造的产权证明将所租车辆质押向他人借款，骗取被害人现金。行为人的两个行为均符合合同诈骗罪的构成要件，依法应以合同诈骗罪予以定罪处罚，且犯罪数额应为前一行为骗取车辆的价值与后一行为所骗现金价值相加的总和

案件名称：张某等人合同诈骗案

案例来源：《人民司法·案例》2015 年第 6 期

裁判结果：

重庆市江北区人民法院：依法以合同诈骗罪判处被告人张某有期徒刑 4 年 6 个月，并处罚金 20,000 元；判处被告人郑某有期徒刑 2 年 6 个月，并处罚金 10,000 元；判处被告人丁某有期徒刑 1 年 9 个月，并处罚金 10,000 元；责令被告人张某、郑某共同退赔被害人甘某某经济损失 114,000 元。

基本案情：

2011 年 7 月初，被告人张某、郑某伙同小白（另案处理），共谋利用虚假身份信息向汽车租赁公司租车，然后虚构事实用所租汽车质押借款骗取他人现金。2011 年 7 月 21 日，由郑某、小白（化名）冒用刘某的名义与汽车租赁公司签订汽车租赁合同并支付押金 10,000 元，租得渝 ANUXXX 本田轿车一辆（价值 140,807 元）。张某随即找黑儿（化名）以郑某为名伪造了渝 ANUXXX 本田轿车的机动车销售发票、机动车登记证书以及名为郑某、头像为小白的身份证。

2011 年 7 月 27 日，被告人郑某、小白利用上述伪造的证件及郑某的机动车行驶证，在重庆市渝中区民族路家乐福附近，冒用郑某的名义出具虚假借条，约定借款 120,000 元、为期 3 个月，并以渝 ANUXXX 本田轿车质押给甘某某，最终实际骗得甘某某现金 114,000 元，所得赃款被张某等人瓜分。案发后，涉案轿车被汽车租赁公司自行找回。

2012 年 8 月 1 日，由被告人丁某、邹某冒用崔某的名义与汽车租赁公司签订汽车租赁合同并预付租金 4000 元，租得渝 A1AXXX 丰田轿车一辆（价值 125,980 元）。张某随即找人伪造了渝 A1AXXX 丰田轿车的机动车登记证书、车辆购置税完税证明以及车主陈某的身份证。2012 年 8 月 8 日，丁某、曾建兴伙同黄某（另案处理）等人利用上述伪造的证件及陈某的机动车行驶证，在重庆市江北区北城旺角，冒用陈某的名义出具虚假借条，约定借款 115,000 元及利息、违约金等内容，并以渝 A1AXXX 丰田轿车质押，最终骗得王某某现金 94,000 元，全部赃款被张某等人瓜分案发后，涉案轿车已被汽车租赁公司自行找回。

裁判理由：

本案被告人先后实施了骗取汽车和骗取现金两个行为，两个行为前后关联，单独来看均构成犯罪，争议的焦点主要在于是数个行为均作为处罚的依据还是只以其中一个行为为依据。从刑法理论分析，本案的难点在于牵连犯、吸收犯和事后不可罚的认定和区分。

本案中，被告人实施的前后两个行为侵犯了不同对象的不同法益，并不属于牵连犯、吸收犯及事后不可罚的行为之情形。被告人的数个行为具有相对的独立性，应对被告人的数个行为均予以处罚，进行充分评价。因被告人实施的前后两个行为均触犯了合同诈骗罪，应以合同诈骗罪论处，并对其犯罪数额相加处理。

裁判要旨十七：在车辆买卖交易中卖车人秘密开走已经支付了购车款的车辆的行为应当以合同诈骗罪定罪处罚

案件名称：周某某合同诈骗案

案例来源：《中国法院2015年度案例（刑法分则案例）》，中国法制出版社，第52~57页

裁判结果：

上海市松江区人民法院依法判决被告人周某某犯合同诈骗罪，判处有期徒刑1年，并处罚金人民币5000元。

基本案情：

2011年12月31日，被告人周某某在本市闵行区“康城小区”附近将牌号为浙AS5Wxx吉利牌轿车以人民币25,500元的价格出售给被害人陈某某，嗣后二人驾驶该车至本区新桥镇莘松路、春九路路口，被告人周某某以购水为由将陈某某支开后将车窃走。2012年2月8日，被告人周某某被公安机关抓获归案。

裁判理由：

本案中，被告人周某某与被害人陈某某在买卖车辆的过程中，双方已签订了购车协议且陈某某已支付了购车款，双方在履行合同的过程中，周某某按照约定将车开往被害人处。被告人周某某在中途借口让陈某某去买水为由支开陈某某，驾车携购车款潜逃，然后关闭手机再也联系不上，这属于我国《刑法》第224条第3项中的“收受对方当事人给付的货物、货款、预付款或者担保财产后逃匿”的行为。因此，被告人周某某实际上是在合同的履行过程中实施了诈骗他人财物的犯罪行为，对其应当以合同诈骗罪定罪处罚。

裁判要旨十八：以“租车”为由骗取汽车后又质押给他人骗取借款行为不做重复法律评价

案件名称：曹某合同诈骗案

案例来源：《中国法院2015年度案例（刑法分则案例）》，中国法制出版社2015年版，第57～60页

裁判结果：

被告人曹某犯合同诈骗罪，判处有期徒刑8年，并处罚金人民币20万元；犯诈骗罪判处有期徒刑3年，并处罚金人民币2万元，决定执行有期徒刑9年，并处罚金22万元。

基本案情：

2013年1月30日至同年2月27日期间，被告人曹某在与南通吉欣汽车运输有限公司汽车租赁部、上海爱梦汽车租赁有限公司等汽车租赁公司签订、履行租车合同过程中，以租车自用为名，骗得牌号为苏F8P722丰田凯美瑞、沪J11637别克君越、苏F303BQ广本雅阁、苏FEG433丰田RAV4、沪N91822奥迪A6等汽车5辆，并伪造个人身份及车辆行驶证等资料，将上述车辆质押给倪某、杨某、苏某等人，得款人民币41.9万元，这些钱款被其用于归还个人借款及挥霍。经启东市价格认证中心鉴定，上述5辆汽车合计价值人民币83.3815万元。

2013年2月21日上午，被告人曹某谎称租车自用从其前妻顾某某处骗得牌号为苏FEG450北京现代轿车一辆。同月26日，被告人曹某又从顾某某处骗得该车的行驶证，并于当日下午，将该车质押给海门诚信汽车中介的徐葵，得款人民币4.8万元。该款被其用于个人借款及挥霍。经鉴定，该车价值人民币8.1282万元。2013年3月，被告人曹某还款1.5万元给顾某某。顾某某出资5万元后，将该车赎回。

裁判理由：

法院认为，被告人曹某以非法占有为目的，在签订、履行合同过程中，骗取他人财物，数额巨大；虚构事实、隐瞒真相，骗取他人财物，数额巨大，其行为分别构成合同诈骗罪、诈骗罪，依法应追究刑事责任。被告人曹某一人犯数罪，应当数罪并罚。关于辩护人提出本案合同诈骗第5节系未遂的辩护意见，经查，被告人曹某以非法占有为目的，谎称租车自用，与汽车租赁有限公司签订了短期自驾租车合同，取得汽车后，其犯罪行为即处于既遂形

态，故该辩护意见法院不予采纳。“质押汽车骗钱”的诈骗行为应当认定是对“骗取汽车”的合同诈骗、诈骗犯罪的赃物的非法处置和变现行为，刑法不再作重复评价。

（七）承运过程中采用“以次充好、掉包”等行为的认定

裁判要旨十九：挂靠轮船公司的个体船主，在履行承运合同过程中采用以次充好的方式骗取收货方收货并向货主足额支付货款及运费的，以合同诈骗罪认定

案件名称：吴某合同诈骗案

案例来源：《刑事审判参考》第89集，第808号案例

裁判结果：

某市人民法院以被告人吴某犯合同诈骗罪，判处拘役4个月，缓刑6个月，并处罚金5000元。

基本案情：

“×××088”船挂靠在某市港航联运输有限公司（以下简称运输公司）名下，被告人吴某系该船实际所有人。2009年12月29日21时许，吴某承运CY金属有限公司（以下简称CY公司）经营的面包生铁，在从江苏某钢铁有限公司发货给HR制钢有限公司（以下简称HR公司）途中，伙同周某、解某、翟某（均已判刑）、胡某（另案处理）等人，在锡澄运河澄南大桥附近，用事先准备好的4吨铁渣掺到“×××088”承运的生铁中，置换出价值人民币（以下币种同）10,800元的4吨生铁卖给周某等人，得款6800元。事后，吴某于2010年1月28日到某市公安分局某派出所投案，如实供述了上述犯罪事实。

裁判理由：

本案运输途中的生铁块在法律上应当认定是由吴某保管和占有，吴某在履行承运合同过程中将铁渣混入生铁块中补充重量，使收货单位误以为运输货物不存在缺失，其行为符合合同诈骗罪的构成特征。

裁判要旨二十：承运人预谋非法占有被承运货物，在履行承运合同过程中偷偷将承运货物调包的行为，构成合同诈骗罪

案件名称：张某等合同诈骗案

案例来源：《刑事审判参考》第89集，第807号案例

裁判结果：

青岛市市北区人民法院依法判决被告人张某犯盗窃罪，判处有期徒刑12年6个月，并处罚金6万元，剥夺政治权利1年；被告人王某犯盗窃罪，判处有期徒刑14年，并处罚金9万元，剥夺政治权利2年。（其他被告人判罚情况略）

宣判后，被告人张某、王某、刘某伟、刘某广、孙某均以其行为不构成盗窃罪为由提出上诉。

青岛市中级人民法院经审理认为，原审判决认定六上诉人犯罪的基本事实清楚，证据确实、充分，但适用法律错误，定性不当。六上诉人以非法占有为目的，在签订、履行合同过程中，骗取对方当事人财物，张某、张某、孙某的参与数额巨大，王某、刘某、刘某广的参与数额特别巨大，六上诉人均构成合同诈骗罪。综合本案的社会危害，各上诉人在犯罪中的地位、作用和其他影响量刑的情节，青岛市中级人民法院判决如下：

1. 撤销青岛市市北区人民法院（2011）北刑初字第29号刑事判决对各告人的定罪量刑；

2. 上诉人张某犯合同诈骗罪，判处有期徒刑8年，并处罚金13万元；

3. 上诉人王某犯合同诈骗罪，判处有期徒刑10年，并处罚金15万元；

其他判罚情况略。

基本案情：

2009年11月，张某与王某预谋利用张某承运青岛渤海农业发展有限公司（以下简称渤海公司）豆粕之际，伙同王某、张某等人在山东省诸城市相州镇曹家泊等地，用刘某伟、刘某广提供的低蛋白豆粕偷偷调换其运输的含蛋白质43%的豆粕572包，共计40吨，价值146,600元。2009年12月16日至19日，张某伙同孙某利用孙某承运渤海公司豆粕之际，采用同样方式偷偷调换孙某运输的高蛋白豆粕429包，共计30吨，价值112,400元。

（其他犯罪事实略）

裁判理由：

本案被告人事先预谋利用承运豆粕的机会骗取他人财物，非法占有的故意非常明显。在合同具体履行过程中，被告人采用偷偷调包的方法，即在被害人完全不知情的情况下以价值较低的货物换取价值较高的货物，同时使用

了秘密窃取手段和欺骗手段。由于被告人在取得承运货物后，即取得财物的控制权，其本人作为财物的监管人，发生财物损失的责任归其承担。对于被害人而言，财物无论实际转移至何处，其与被告人之间的占有关系未发生根本的变化。质言之，被告人秘密窃取的相当于自己的财物。因此，该情况下不可能成立盗窃罪。

从行为手段分析，真正促使被告人成功获取财物的关键是在收货环节。因为被告人所使用的以假乱真调包行为，促使收货人、被害人产生货已按质按量收到的错误认识，正是因为这一错误认识，被告人才顺利获得了对涉案财物的控制权。因此，被告人的行为在本质上符合诈骗的特征，应当定性为诈骗犯罪。

本案被告人的行为应当构成诈骗类犯罪中的合同诈骗罪，合同不管是以口头形式还是书面形式签订，只要能够具备合同的本质特征，即属于合同诈骗罪中的"合同"。承运合同是市场经济中较为常见的一类合同，本案被告人事先签订合同，并在履行合同过程中将承运的优质豆粕暗中调换为劣质豆粕，事后又按合同约定运送至约定地点，其正是利用合同实施了诈骗活动，不但侵害了他人财物的所有权，而且严重扰乱了正常的市场经济秩序。行为人系出于非法占有他人财物的目的，利用签订、履行合同实施诈骗犯罪活动，因此，应当按照合同诈骗罪定罪处罚。

（八）合同诈骗的特殊表现形式

裁判要旨二十一：通过支付预付款获得他人房产后以抵押方式向第三人借款的，既有欺骗卖房人的行为，也有欺骗抵押权人的行为，应当认定原房主为被害人

案件名称：周某、陈某合同诈骗案

案例来源：《刑事审判参考》第93集，第876号案例

裁判结果：

南京市中级人民法院经审理，依法以合同诈骗罪判处被告人周某有期徒刑15年，并处罚金人民币150万元；判处被告人陈某有期徒刑12年，并处罚金人民币50万元。

基本案情：

2010年5月至10月间，被告人周某、陈某以非法占有为目的，假借购买二手房，先向被害人支付购房首付款，谎称向银行贷款支付购房余款，骗

取被害人的房产过户后，将房产抵押给他人借款，所得款项用于偿还个人欠款及挥霍。周某单独或者伙同陈某实施犯罪六起，造成被害人共计人民币1099.5万元的售房款未能收回；陈某单独或者伙同周某实施犯罪二起，造成被害人共计332.5万元的售房款未能收回。

裁判理由：

本案审理中，被告人周某、陈某通过支付预付款获得他人房产后以抵押方式获得第三人借款，所得款项并不用于支付剩余房款而用于个人挥霍，体现出其在与原房主签订房屋买卖合同之时即已具备了将来非法占有他人房产的主观故意，在该主观故意的支配下，二被告人相继实施了向原房主虚构自己本人或者帮助他人购买房产的事实，隐瞒其最终要以原房主的房产抵押套现的真实目的，在与多名房主签订并部分履行房屋买卖合同的过程中，骗取房产，再继续实现其他非法目的。二被告人的行为符合合同诈骗罪的构成特征，应当以合同诈骗罪论处。本案审理过程中对此定性并无争议。有争议的是如何确定此合同诈骗犯罪中的被害人，本案被害人仅应认定为最初的卖房人即原房主，因为被告人根本不是为了买房，被害人损失的房屋余款从一开始就注定无法追回，而抵押权人的债权因为有经房产部门登记过的房屋抵押手续，该抵押权是受法律保护的，故其债权的实现有保障。

裁判要旨二十二：通过欺骗手段兼并企业后恶意处分企业财产的行为构成合同诈骗罪

案件名称：程某合同诈骗案

案例来源：《刑事审判参考》第29集，第211号案例

裁判结果：

重庆市第一中级人民法院经审理认定被告人程某犯合同诈骗罪，判处无期徒刑，剥夺政治权利终身，并处没收个人全部财产。宣判后，程某以“自己系塞拉利昂共和国公民，其处分被兼并企业财产的行为是公司正常经营活动，与被兼并企业职工之间系经济纠纷，不构成诈骗”为由，上诉于重庆市高级人民法院。重庆市高级人民法院审理后认为：原判认定事实和适用法律正确，量刑适当，审判程序合法。裁定驳回上诉，维持原判。

基本案情：

1994年11月，被告人程某以塞拉利昂共和国公民的身份在新加坡共和

国与他人合伙成立了新加坡新峰国际有限公司，注册资本为10万新加坡元，程某担任公司董事，该公司不具有中国企业法人资格。

1996年8月，被告人程某以新加坡新峰国际有限公司的名义与重庆市渝中区人民政府南纪门街道办事处南纪门工业公司所属企业重庆市立新印刷纸箱厂达成了双方在重庆共同投资兴办中外合资经营企业重庆美新鞋业公司的协议，尔后，程某用一张70万元空头转帐支票银行进帐回单和一张伪造的60万元的银行转帐支票进帐回单，作为外商合作方的全部资金到位凭据，骗得了重庆美新鞋业公司的注册登记和中华人民共和国企业法人营业执照。但至今程某及其新加坡新峰国际有限公司均未向重庆美新鞋业公司作任何投资。

1997年3月，被告人程某骗得了重庆美新鞋业公司的注册登记后，以全员接收职工、承担所有债权债务、按时发放职工工资和缴纳社会保险金等承诺为条件，采取签订协议的方式，用重庆美新鞋业公司的名义兼并了重庆立新印刷纸箱厂。兼并后，程某通过将部分厂房作抵押贷款、变卖部分厂房等方式，共获款234.56万元，除支付了该厂职II资、医疗费、归还少量借款、缴纳职工社会养老保险金等共计花费82.89万元外，151.67万元被程某据为己有。（其他四个事实略）被告人程某通过虚假的兼并合同共骗取人民币298.74万元。

裁判理由：

被告人程某通过伪造、变造金融票证、虚假出资等犯罪手段，获得了重庆美新鞋业公司和新峰实业（重庆）有限公司企业法人注册登记并领取了中华人民共和国企业法人执照。其所在的新加坡新峰国际有限公司未在中华人民共和国申请办理企业注册登记，不具有中华人民共和国企业法人资格，在我国境内不能以该公司的名义从事经营活动。

被告人程某明知自己无任何履约能力，为了非法占有集体经济组织的财物，借用非法获得营业执照的重庆美新鞋业公司、新峰实业（重庆）有限公司的名义和不能在我国境内从事经营活动的新加坡新峰国际有限公司的名义，以资产重组、共同生产TPR新型鞋材、出口服装和全员接收职工、按时发放职工工资、缴纳职工社会养老保险金等欺骗方法，签订兼并协议，非法兼并了重庆立新印刷纸箱厂、重庆塑料十九厂等集体企业。

兼并后，为了达到占有企业财产的目的，被告人程某既不将这些企业的财产用于生产经营活动，也未按协议的规定承担这些企业的债权债务，却通过变卖、抵押、出租被兼并企业的有效资产和接收被兼并企业的其他收入等手段，获得赃款共计298.74万元，其行为已构成合同诈骗罪，且数额特别巨大，依法应予严惩。

裁判要旨二十三：骗取货物后以空头支票付款的行为，应当根据审理查明的事实和在案的证据加以认定，成立诈骗罪、合同诈骗罪或票据诈骗罪

案件名称：季某票据诈骗、合同诈骗案

案例来源：《刑事审判参考》第15集，第96号案例

裁判结果：

上海市静安区人民法院经审理判决：被告人季某某犯诈骗罪，判处有期徒刑4年，并处罚金5000元；犯合同诈骗罪，判处有期徒刑14年，并处罚金15,000元，剥夺政治权利3年。决定执行有期徒刑17年，并处罚金2万元，剥夺政治权利3年。

基本案情：

被告人季某某1999年5月至8月在经营惠春公司期间利用开具空头支票后逃逸的方法，骗取上海易高电脑有限公司分公司各类电脑五台，价值人民币60,700元，骗取上海上复文教用品公司各类文具用品，价值人民币5850元。被告人以惠春公司的名义与上海瑞协工贸有限公司签订供货协议，骗取了该公司各类啤酒4215箱，价值人民币289,505元，开具了两张金额分别为人民币10万元、12万元的空头支票予以搪塞并逃逸。1999年6月至8月间，被告人季某某伙同他人利用上海侨盛度假村的装修业务，以上海恒龙房地产开发有限公司分公司的名义，先后与上海乐城建筑装潢工程有限公司、上海瑞驰建设工程有限公司等六家单位签订装潢合同，以安全保证金的名义骗取上述单位人民币186,000元后携款逃跑。

裁判理由：

季某以非法占有为目的，采用虚构事实和签发空头支票搪塞等手法，骗取了易高公司分公司及黄蔡云钱财，共计价值60,700元，数额巨大，其行为已构成诈骗罪，但根据审理查明的事实和认定的证据，季某并非以空头支票骗取财物；其收取黄蔡云地板款也不是基于合同，因此这部分犯罪事实应以诈骗罪惩处。季某以非法占有为目的，利用签订和履行合同骗取瑞协公司4000多箱啤酒、骗取乐城等六家单位支付的“安全保证金”，骗得财物共计

价值445,505元，数额特别巨大，其行为已构成合同诈骗罪。检察机关指控季某利用开空头支票的方法骗取了上海上复文教用品公司各类文具，构成票据诈骗罪。但证据尚不足以证明被告人主观上有非法占有文具用品的故意和客观方面实施了骗取文具用品的行为，故对这些事实不予认定。

裁判要旨二十四：定点医疗机构与医疗保险事业管理中心签订的服务协议在性质上应属民事合同；其在履行合同过程中采取“小病大医”“空挂床位”等手段，多开、虚开治疗项目和治疗费用，骗取医保资金数额较大的，构成合同诈骗罪

案件名称：涪陵博爱医院合同诈骗案

案例来源：《人民司法·案例》2011年第10期

裁判结果：

经重庆市涪陵区人民法院依法判决被告单位涪陵博爱医院犯合同诈骗罪，判处罚金人民币100,000元。被告人薛某犯合同诈骗罪，判处有期徒刑1年。被告人马某犯合同诈骗罪，判处有期徒刑10个月。

基本案情：

重庆市涪陵区博爱医院是一家营利性的“民办非企业单位”，法定代表陈某，实际负责人为被告人薛某（与陈某系夫妻关系）。该单位于2007年5月30日、2009年3月4日被重庆市涪陵区劳动和社会保障局分别确定为涪陵区城镇职工基本医疗保险定点医疗机构和涪陵区城乡居民合作医疗保险定点医疗机构，并分别于2008年4月3日、2009年3月16日与重庆市涪陵区医疗保险事业管理中心签订了医疗保险定点医疗机构服务协议。2008年7月至2010年7月期间，被告单位重庆市涪陵区博爱医院以非法占有为目的，在履行医保合同过程中，该院负责人薛某授意该院市场部负责人马某，以给乡村医生和敬老院院长一定介绍费等办法，将“五保户”“低保户”引诱入院，并授意该院内外科医生对病人采取“小病大医”“空挂床位”等手段，多开、虚开治疗项目和治疗费用，骗取医保、民政救助资金共计人民币161,704.79元。

裁判理由：

本案符合合同诈骗罪的犯罪构成。

其一，定点医疗机构与医疗保险事业管理中心签订的服务协议在性质上

应属民事合同。

其二，在主体上根据我国《刑法》第224条、第231条的规定单位可以构成合同诈骗罪。

其三，在犯罪客体上，定点医院骗取医保基金，既损害了参保人的财产所有权，同时又扰乱了正常的医疗保险工作秩序，医疗保险工作秩序显然是属于市场秩序的范畴。

其四，在客观方面，定点医疗机构在履行合同过程中，以非法占有为目的，虚构事实，隐瞒真相，骗取了广大参保人员及其单位所缴纳的交由医保资金管理机构进行保管和代行支付的医疗保险金，符合合同诈骗罪的客观要件。

裁判要旨二十五：骗取财物后提供反对给付，构成合同诈骗罪

案件名称：A公司等合同诈骗案

案例来源：《人民司法·案例》2007年第8期

裁判结果：

法院依法判决被告单位A公司、B公司犯合同诈骗罪，判处罚金人民币20万元；被告人高某某犯合同诈骗罪，判处有期徒刑3年，缓刑4年，并处罚金人民币5万元；被告人杨某某犯合同诈骗罪，判处有期徒刑3年，缓刑3年，并处罚金人民币2万元。

基本案情：

2004年10月至2005年6月间，被告单位A公司与中铁某局达成口头协议，承运该局从某集团购买的42.5强度等级的水泥。运输水泥的过程中，在被告人高某某（A公司负责人、B公司法定代表人）的指使及被告人杨某某（A公司车辆调度员）的具体安排下，由被告单位A公司的驾驶员对所承运水泥进行调换。即被告单位A公司将承运的中铁某局向某集团购买的42.5强度等级的水泥以被告单位B公司的名义销售给其他单位。同时将被告单位B公司从C公司购进的32.5强度等级及未经检测的42.5强度等级的水泥，冒充某集团42.5强度等级的水泥运往中铁某局，从中获取不正当利益。

截至案发，两被告单位共调换水泥3000余吨，其中以32.5强度等级水泥调换2000余吨，以未经检测的42.5强度等级水泥调换约1000吨，被调换水泥价值人民币约60万元。

裁判理由：

本案关键问题有两个：

一是本案被告单位和被告人的行为是否构成合同诈骗；

二是如果构成合同诈骗，诈骗数额应如何认定。

1. 被告单位及被告人主观上具有非法占有被害单位财物的故意，客观上在履行合同的过程中实施了以欺骗手段非法占有并销售被害单位委托其承运的水泥的行为。被害单位亦因为被告单位的欺骗行为丧失了对3000吨合格42.5强度等级水泥的所有。

2. 在被告单位提供了相同数量水泥的反对给付的情况下，仍应认定被害单位遭受了财产损失。因为从反对给付是否符合被害单位设定的交易目的看，被告单位在非法占有并销售被害单位的水泥后，虽然提供了相同数量的未经检测的42.5强度等级水泥和质量合格的32.5强度等级水泥，但与被害单位必须全部是合格42.5强度等级水泥的要求显然不相符，前者未经检测，后者则与42.5强度等级水泥在质量及强度上存在本质区别，不能满足被害单位对水泥强度的基本要求。被害单位所设定的购买合格42.5强度等级水泥的交易目的显然并未实现。

3. 基于工程施工的整体性，被害单位购买3000吨合格42.5强度等级水泥的交易目的亦应是完整不可分的，被告单位调换3000吨水泥的行为均构成合同诈骗，被害单位遭受的是全额损失，财产损失范围应及于所有被调换的水泥。在这个意义上，本案中被告单位骗取的数额与被害单位财产损失的数额应是一致的。因此，本案的诈骗数额应认定被调换水泥的总额即人民币60万元。

4. 被告单位在履行合同中诈骗被害单位水泥3000余吨，共计价值人民币60余万元，根据最高人民法院的司法解释和江苏省有关规定，两被告单位的行为构成合同诈骗罪，且数额巨大，被告人高某某、杨某某作为直接负责的主管人员及直接责任人员亦应以合同诈骗罪追究刑事责任。

5. 考虑到客观上被告单位确实提供了一定的给付，且实际获取的差价仅为8万元，该犯罪实际所得情况在量刑时应予以考虑。

裁判要旨二十六：业务员冒用公司名义与他人签订合同违规收取货款的行为构成合同诈骗罪

案件名称：谭某合同诈骗案

来源： 最高人民法院刑事指导案例第 557 号

裁判结果：

某区人民法院判决谭某犯合同诈骗罪，判处有期徒刑 3 年，并处罚金人民币 4000 元。

基本案情：

被告人谭某，男，1957 年 5 月 14 日出生，某煤气有限公司业务员。因涉嫌犯合同诈骗罪于 2007 年 1 月 21 日被逮捕。

被告人谭某利用自己是某煤气有限公司（以下简称煤气公司）业务推销员的身份，先后以每吨低于公司当时定价 300～1000 元不等的价格，私下与某纸箱厂（以下简称纸箱厂）签订瓶装液化石油气买卖协议。在收取纸箱厂预付款后，向纸箱厂出具了盖有已经停止使用的“某煤气公司发票专用章”“某煤气公司气站财务专用章”和未经煤气公司授权使用的盖有“某煤气有限公司发票专用章”的收据。在纸箱厂需要瓶装液化石油气时，谭某向其所在公司以正常价格购买后送至纸箱厂。谭某在明知自己以市场价格购人石油气，转手以明显低于市场价格卖出的行为终将导致无法完全履行合同的情况下，以先履行部分合同的方法，诱骗纸箱厂继续签订和履行瓶装液化石油气买卖协议。2006 年 1 月 10 日至 10 月 24 日，谭某先后 11 次与纸箱厂达成共计 358 吨的液化石油气买卖协议，收取纸箱厂预付款 1,556,400 元，案发时仅向纸箱厂交货 164.1041 吨，向煤气公司支付购买液化石油气款 1,077,790.71 元，将余款 478,609.29 元非法占为已有。2006 年 12 月 30 日，谭某在煤气公司负责人的陪同下到公安机关自首。

裁判理由：

被告人谭某冒用所在煤气公司名义私自与纸箱厂签订合同，非法占有货款的行为构成合同诈骗罪。

1. 被告人谭某非法占有的款项属于纸箱厂的货款，因此其行为不构成职务侵占罪或挪用资金罪。

界定被告人谭某行为性质的关键在于其非法占有款项的归属性质，如果谭某占有的该款项应属其所在单位即煤气公司所有，则谭某的行为可能构成职务侵占罪或挪用资金罪；如果该款项的性质仍属于纸箱厂支付给谭某个人的货款，则谭某的行为属于合同诈骗性质。

（1）谭某的行为不能成立表见代理，谭某收取的纸箱厂的预付款不属于煤气公司所有。

表见代理，又称表示代理或表现代理，是指行为人虽无代理权或超越代理权，但善意相对人客观上有充分理由相信行为人具有代理权，而与其为民事法律行为，该民事法律行为的后果直接由被代理人承担。表见代理的构成要件有以下几方面：首先，代理人须以被代理人的名义与第三人缔结民事关系；其次，代理人与相对人所实施的民事行为本身不存在依法应当属于无效或应当撤销的内容；再次，代理人具有被授权的表象，能够使第三人在主观上形成该代理人不容怀疑的具有代理权的认识；最后，第三人主观上须为善意且无过失，即第三人不是明知，也不是由于自己疏忽大意，而是有正当理由相信行为人有代理权。

根据本案案情，被告人谭某的行为不能成立表见代理。首先，被告人谭某为了使纸箱厂与其签订合同，消除其关于定价过低的疑惑，故意欺骗纸箱厂，称其公司卖出的液化气来源系走私，故低于市场价格。而纸箱厂信服了谭某解释的理由，即与其签订了买卖协议。由于纸箱厂在签订此合同时，系基于对方告知所卖产品系走私而故意购买，其主观上存在谋取不正当利益、损害国家利益的恶意，不属于善意相对人。

其次，液化石油气的零售价格由国家制定，批发价由企业自己制定，但是不能超过国家规定的最高限价，纸箱厂长期使用液化石油气，该厂应当了解液化石油气的正常价格，而该厂购买液化石油气的价格在后期已经远远低于国家规定的市场零售价，显然不正常，所以纸箱厂没有对此原因进行认真核实而出于谋取不正当利益的动机就简单轻信，因此纸箱厂在签订合同过程中主观上具有重大过失。

最后，谭某虽然是煤气公司的业务员，但是纸箱厂并未认真审核谭某是否具有代表煤气公司签订合同的代理权，纸箱厂负责人的证言也证实其与谭某签订的合同上没有加盖煤气公司的公章，在合同成立要件上谭某也缺乏表见代理的形式要求。

综上，纸箱厂与谭某以煤气公司名义签订合同的行为不具备成立表见代理的基本条件，因此，谭某冒用其所在公司名义与纸箱厂签订的液化气买卖协议不成立表见代理，且事后煤气公司也没有对该协议效力进行追认，故谭某与纸箱厂所签协议的效力不及于煤气公司，其收取的纸箱厂的合同货款不属于煤气公司所有。

（2）煤气公司从未实际掌控纸箱厂的全部货款。

现有证据证实，纸箱厂以现金或者转账支票的方式支付货款，现金直接交付给谭某，转账支票的收款账户空白，由谭某自己填写收款账户，因此纸箱厂所付款项并未直接汇入煤气公司的账户，而是全部由谭某个人收取。谭某收取纸箱厂的货款后，再向煤气公司以正常价格购买液化石油气交付给纸箱厂。煤气公司收到的是谭某支付的货款，而并非纸箱厂直接支付的货款。纸箱厂购买液化石油气的货款，全部由谭某个人控制和掌握，煤气公司从未实际掌控过纸箱厂的货款。

综上，被告人谭某行为占有的款项在案发时既非其所在单位所有，也未受其单位实际控制，该款项系其个人非法占有的纸箱厂所按合同交付的货款，因此，谭某侵占该款项的行为没有侵害到其所在单位煤气公司的利益，而侵害的是纸箱厂的财产利益，故其行为不能构成职务侵占罪或挪用资金罪。

2. 被告人谭某具有非法占有纸箱厂货款的目的，其行为符合合同诈骗罪的构成要件。

审理中，有人认为本案证明谭某在主观上具有非法占有目的的证据，只有其在侦查阶段的供述，没有其他证据印证，不能认定谭某具有非法占有纸箱厂货款的目的，因此，不能认定其行为构成合同诈骗罪。

我们认为，依据本案现有证据可以认定谭某具有非法占有的目的，理由在于：

谭某冒用公司名义以低于市场价格与纸箱厂签订瓶装液化石油气买卖协议，收取纸箱厂预付款后，向纸箱厂出具收据，而后将货款截留自用。在纸箱厂需要瓶装液化石油气时，谭某才向其所在公司以正常价格购买后送至纸箱厂，以此方式谭某先后 11 次与纸箱厂达成共计 358 吨的液化石油气买卖协议，收取纸箱厂预付款 1, 556, 400 元，案发时仅向纸箱厂交货 164. 1041 吨，向煤气公司支付购买液化石油气款 1, 077, 790. 71 元，将余款 478, 609. 29 元非法占为己有。可见，谭某以市场价格购入石油气，转手以明显低于市场价格卖出的行为，不但不能获取交易收入反而自己要赔钱，其在明知自己这种行为难以为继终将导致无法完全履行合同的情况下，仍然以先履行部分合同的方法，诱骗纸箱厂继续签订和履行瓶装液化石油气买卖协议，收取预付款，显然具有非法占有货款的目的。

虽然被告人谭某在侦查阶段曾供述其犯罪动机是为了赌博和偿还做生意

亏损的货款。但经公安机关向相关赌博同伙、生意伙伴调查，无人能够证明谭某在客观上实施了赌博或者做其他生意亏损的情况。同时，也没有证据证明谭某主观上有以后归还纸箱厂货款的意图，客观上有努力归还货款的表现或行为。另一方面，从谭某自己的收入及其家庭经济条件等情况分析，谭某缺乏能够偿还其占有纸箱厂货款的能力或条件。尤其到了犯罪中后期，由于液化石油气价格不断大幅攀升，谭某所签合同的价格与送货时的市场价格之间的差价越来越大，其手中所掌握的预付款在用来与煤气公司实时结账后，剩余数量越来越少。此时，谭某已经明知自己没有能力填补预收货款与履行合同成本之间的巨额差价，反而继续以更低的价格为诱饵，诱使纸箱厂多次签订合同，扩大预收货款金额。据此，完全可以认定谭某主观上具有非法占有纸箱厂货款的目的。

综上所述，谭某明知自己没有履行合同的能力，以非法占有为目的，以先部分履行合同的方法欺骗纸箱厂，制造自己有能力履行合同的假象，不断诱骗纸箱厂继续签订合同支付预付款，收取纸箱厂预付款155万余元，最终给纸箱厂造成47万余元损失，完全符合合同诈骗罪的犯罪构成要件，应以合同诈骗罪定罪处罚。

（九）合同诈骗罪与其他类型诈骗犯罪的区分

裁判要旨二十七：公司代理人的身份，通过骗取方式将收取的公司货款据为已有，构成合同诈骗罪

案件名称：杨某合同诈骗案

案例来源：《刑事审判参考》第81期，第716号案例

裁判结果：

奉贤区人民法院经审理判决被告人杨某犯合同诈骗罪，判处有期徒刑12年，剥夺政治权利2年，并处没收财产人民币10万元。一审宣判后，奉贤区人民检察院提出抗诉。

在二审法院审理过程中，上海市人民检察院第一分院认为抗诉不当，向二审法院撤回抗诉。二审法院依法裁定准许上海市人民检察院第一分院撤回抗诉。

基本案情：

2006年4月下旬，威士文公司出具法人代表授权书，授权被告人杨某为该公司代理人，负责杭州市市民中心工程空调配件的跟踪及业务洽谈。后于

2007年6月12日，双方签订了经销协议书。协议约定，杨某为威士文公司的经销商，负责威士文公司的经销销售业务，对外以威士文公司的合同与客户签约，并按威士文公司指定的账户进行货款结算。后杨某私刻威士文公司及该公司法人代表的印章，伪造了以其个人经营的承联公司为代理人的“法人代表授权书”，并以承联公司名义，分别与承接杭州市市民中心工程空调安装工程项目的杭州市设备安装有限公司、浙江开元安装集团有限公司机电工程分公司、中天建设集团浙江安装工程有限公司、江西省工业设备安装公司杭州分公司签订了合同。

2007年8月至2009年6月，威士文公司根据杨某的要求提供了价值人民币200余万元的空调设备至上述四家公司。此后，杨某将上述四家公司在2008年8月至2009年9月间支付给承联公司的货款合计1,542,976元据为已有，用于个人还债、投资经营及开销等，后关闭手机逃匿。

2010年1月25日，杨某主动到公安机关投案，如实供述了自己的犯罪事实。

裁判理由：

被告人杨某不属于威士文公司的工作人员，其身份不符合职务侵占罪和挪用资金罪的主体特征。其具有非法占有的主观故意，在履行其与威士文公司的经销协议过程中，采用虚构事实、隐瞒真相的方法，骗取威士文公司财产，且数额特别巨大，其行为构成合同诈骗罪。理由如下：

1. 被告人杨某不属于威士文公司的工作人员。

本案中，杨某仅系威士文公司临时一次性授权的、仅负责杭州市市民中心工程空调配件的跟踪及业务洽谈的代理人，故杨某在威士文公司并无职务，不属于该公司的工作人员，其身份不符合职务侵占罪、挪用资金罪的主体特征，不能认定其行为构成职务侵占罪、挪用资金罪。

2. 被告人杨某具有非法占有的主观故意。

杨某在威士文公司授权其为代理人，并与其签订经销协议后，因之前其投资失败、经营亏损等原因，萌生了非法占有威士文公司货款的犯罪故意。此后，杨某在威士文公司不知情的情况下，违背威士文公司的授权，私刻印章，伪造了威士文公司委托其个人经营的承联公司为代理人的法人代表授权书，并以承联公司名义与承接杭州市市民中心工程空调安装工程项目的四家公司签订合同：后杨某又利用威士文公司对其的信任，骗取威士文公司向该四家公司供货，并将该四家公司收货后支付给承联公司的货款据为己有，并用于还债、投资经营及个人开销等，在威士文公司多次要求其向客户催款的情况下，杨某始终用各种理由予以搪塞。为了拖延时间，其还伪造了一份杭州市市民中心工程建设指挥部与威士文公司的“杭州市市民中心工程买卖合同”交予威士文公司。当该虚假事实被揭穿后，杨某自知无法再隐瞒下去，便关闭手机逃匿。杨某的上述行为充分表明，其主观上具有非法占有的故意。

3. 被告人杨某实施诈骗的行为是在履行合同的过程中。

按照相关法律规定，依法成立的合同对双方当事人均具有法律约束力，当事人应当按照合同约定履行自己的义务，不得擅自变更或解除合同。在杨某与威士文公司签订的经销协议书中，对杨某经销威士文公司的各类产品的基价、销售报酬等均作了约定，且明确杨某为威士文公司的经销商，负责威士文公司的经销业务，对外应以威士文公司的合同与客户签约，并按威士文公司指定账户进行货款结算。然而，杨某在协议明确约定对外应以威士文公司的合同与客户签约的情况下，仍以承联公司名义，分别与承接杭州市市民中心工程空调安装工程项目的四家公司签订了合同。后又在协议明确约定应按威士文公司指定账户进行货款结算的情况下，示意四家公司将货款汇到其个人经营的承联公司账上。可见，杨某的诈骗行为始终是在履行合同的过程中实施的。

综上所述，杨某的行为以非法占有为目的，在履行其与威士文公司的经销协议过程中，采用虚构事实、隐瞒真相的方法，骗取威士文公司的财产，数额特别巨大，其行为构成合同诈骗罪。

裁判要旨二十八：以签订虚假的工程施工合同为诱饵骗取钱财的行为是诈骗罪

案件名称：王某合同诈骗案

来源：最高人民法院刑事指导案例第403号

裁判结果：

长沙市中级人民法院判决被告人王某犯合同诈骗罪，判处无期徒刑，剥夺政治权利终身，并处没收个人全部财产。

湖南省高级人民法院二审判决如下：

1. 驳回王某的上诉，撤销长沙市中级人民法院的刑事判决。

2. 上诉人王某犯诈骗罪，判处无期徒刑，剥夺政治权利终身，并处没收个人全部财产。

基本案情：

被告人王某，男，1953年12月10日出生，初中文化，无业。因涉嫌犯合同诈骗罪于2004年2月21日被逮捕。

2003年2月，被告人王某谎称自己是中国石油天然气集团公司计划司"司长"，并虚构了一个"辽河石油管理局油建公司24号工程项目"，称不需要招标、投标，其就能够将该工程发包给王某岱和王某明。后王某岱又将核工业长沙中南建设集团公司项目负责人杨某介绍给王某。为骗取杨某等人的信任，王某伪造了虚假的工程批文，并要其朋友张发两次假冒辽河石油管理局基建处"张子良处长"与杨某等人见面，因此，杨某等人对王某深信不疑。王某则以办理工程批文需要活动经费为由，自2003年3月至2004年1月期间，先后骗取了杨某72万元、王某明20万元、王某岱11万元。2004年1月7日，王某称受"张子良处长"的全权委托，与杨某所属的核工业长沙中南建设工程集团公司经理陈某荣签订了一份虚假的"24号井至主干线公路工程施工承包合同"。

合同记载的工程项目总造价为5906万元，王某在合同上签名为"张子良"。2004年1月28日王某在上海被抓获。除公安机关追回的4万元赃款外，其余赃款均被王某挥霍。

裁判理由：

在本案中，一方面，被告人王某假冒国家工作人员、伪造工程批文、假借承揽项目需要活动经费的名义骗取他人财物的行为都是在签订合同之前实施的，即在与被害人签订所谓施工承包合同之前，王某的诈骗行为已经实施完毕，被害人的财物已经被王某非法占有，其虚构事实骗取钱财的犯罪目的已经实现；另一方面，被告人王某非法获取的被害人钱财是所谓的活动经费，其诈取钱财的行为并没有伴随合同的签订、履行，其非法侵占的财物亦不是合同的标的物或其他与合同相关的财物。虽然王某事后也与他人签订了一个虚假的工程施工承包合同，但这仅仅是掩盖其诈骗行为的手段，而不是签订、履行合同的附随结果，是否签订合同已经并不能影响其骗取财物行为的完成。从以上两个方面可以看出，无论是从骗取财物的手段上，还是从骗取财物的性质上，被告人王某的行为均不符合合同诈骗罪的构成要件，不能认定为合同诈骗罪。

综合全案事实，本案中被告人王某虚构身份，以许诺给他人介绍承包虚假的工程项目为诱饵，借承揽工程需要各种费用为名目，利用他人想承揽有关工程项目的心理，骗取各被害人钱财的行为完全符合诈骗罪的特征，应当以诈骗罪定罪处罚。

（十）融资性贸易①中的合同诈骗罪的认定及风险防范

裁判要旨二十九：被告人指使员工伪装收料凭证给融资中间方，融资中间方根据虚假收料凭证以承兑汇票形式将合同款项交付给被告人，致被害单位遭受严重损失，同时，被告人将上述承兑汇票贴息套现，用于归还前债和挥霍，具有非法占用目的，构成合同诈骗罪

案件名称：罗某中合同诈骗案

案例来源：浙江省杭州市中级人民法院（2017）浙01刑初27号

裁判结果：

罗某中犯合同诈骗罪，判处有期徒刑15年，并处罚金人民币200万元。

基本案情：

2015年初，被告人罗某中因高息借贷而背负巨额债务无力偿还，遂起意通过实际控制的百万公司以融资贸易形式骗取资金，维系资金运转。为此，被告人罗某中通过黄某2联系位于浙江省杭州市的三友公司负责人俞某2，双方约定“融资贸易”合作模式为百万公司向三友公司低价供货，三友公司再向罗某中联系的金某2公司加价供货，并由百万公司直接将货物交付金某

---

① 融资性贸易，也称为“贸易型融资”，或贸易融资，是指企业间以贸易为名进行资金拆借或融资，在大宗商品领域较为常见，实务中以买卖型和增信型的融资性贸易最为常见。

买卖型融资性贸易，通常指企业间以订立贸易合同并支付货款或者服务款为形式，进行资金拆借的行为。

增信型融资性贸易，则是参与贸易的各方主体在商品及服务的价值交换中，以货权、应收账款等财产权益，并依托其他贸易手段、金融及担保工具，实现短期融资或增持信用，进而增加贸易主体的现金流。

融资性贸易发生的原因，往往因为部分企业缺乏足够的资信，很难从银行通过自偿性的贸易融资解决资金不足的问题。于是通过自己控制上下游客户，与具有良好信用的其他国企或大型民营企业合作，以这些企业名义与上下游签订贸易合同，取得银行融资，这些信用良好的国企或大型民企作为资金方，在融资贸易中通常扮演着供应链上下游企业的“影子银行”，利用自身优势帮助无法通过金融机构融资的民营企业解决资金紧张的问题，资金方按照资金的使用时间及事先商定的利率标准，获得收入和利润。

这种以融资为目的，以贸易为手段，放大自身规模的贸易，实质为融资性贸易。

2公司，而后金某2公司贸易部开具收料凭证交三友公司，三友公司据此凭证先行支付80%货款给百万公司，待45日后金某2公司将货款全额支付给三友公司，三友公司再将余款支付百万公司。在实际运作中，罗某中控制的百万公司与金某2公司并无货物往来，只是三方进行资金流转。

2015年3月，被告人罗某中以上述方式进行2次资金流转，其中金某2公司贸易部的收料凭证均由罗某中指示百万公司员工制作后交给金某2公司，金某2公司确认盖章后再经罗某中通知并派员陪三友公司人员前往交接。罗某中以此获得三友公司信任。

2015年5月19日至6月18日期间，罗某中以百万公司名义先后与三友公司、金某2公司以上述方式分别订立四份订购销合同，并伪造对应合同项下的金某2公司贸易部收料凭证，随后通知三友公司派员前往广东交接。在交接期间，被告人罗某中指使员工梁某将三友公司交接人员金某3送到金某2公司门口而不进入，并指使员工陈某3在金某2公司门口将伪造的4份收料凭证交付金某3签收，从而给金某3造成从金某2公司接收凭证的假象。而后，三友公司据该虚假收料凭证，以承兑汇票形式将合同款项共计3600万元交付罗某中。随后，被告人罗某中将上述承兑汇票贴息套现，分别汇至多家关联公司账户，用于归还前债本息、个人挥霍等花用殆尽。合同账期届满后，三友公司持虚假收料凭证向金某2公司催讨钱款，发觉被骗后遂向罗某中追讨还款。被告人罗某中仅支付三友公司100万元，余款无力偿还。

至案发，除黄某2以物作价代为偿还442.8万元外，三友公司实际损失人民币3057.2万元。

裁判理由：

被告人罗某中以非法占有为目的，在合同签订、履行过程中，隐瞒已背负巨额债务真相，采用伪造凭证等方法，骗取被害单位财物，数额特别巨大，其行为已构成合同诈骗罪。

裁判要旨三十：以非法占有为目的，隐瞒使用替代品进行物权融资交易的，构成合同诈骗罪

案件名称：单位上海四极化工科技有限责任公司、童某宇合同诈骗

案例来源：上海市第二中级人民法院（2019）沪02刑终87号

裁判结果：

被告单位上海四极化工科技有限责任公司犯合同诈骗罪，判处罚金人民币 100 万元。

被告人童某宇犯合同诈骗罪，判处有期徒刑 13 年，并处罚金人民币 10 万元。

基本案情：

被告单位四极化工于2003 年 6 月成立，实际控制人为被告人童某宇。截至2016 年6 月，被告单位四级化工的经营状况为资不抵债。2016 年4 月，四级化工与功升公司约定以物权融资贸易模式进行合作。功升公司后联系被害单位溯森公司由其出资代理进购四级化工的钛白粉。2016 年 3 月、5 月，四级化工与溯森公司签订购销合同，而四级化工在履行合同过程中，擅自以碳酸钙冒充钛白粉，并由被告人童某宇指使四级化工员工在溯森公司验货时做手脚，致使溯森公司误以为货物质量合格而支付货款 21, 345, 000 元，后导致溯森公司损失 16, 008, 750 元。同年 6 月，溯森公司偶因雨天再次至仓库验货时，方发现货物虚假遂报案。

裁判理由：

1. 关于四极化工的经营状况

经查，本案司法会计鉴定意见书及相关证人证言证实，从 2015 年下半年开始，四极化工的资金状况已出现问题，同年 12 月，四极化工因拖欠其他公司货款而将其股权予以质押。截至案发，四极化工经营状况为资不抵债。另四极化工的关联企业上海昊客公司自成立即一直亏损，由四极化工为其承担了全部的运营成本。故至案发前四极化工及其关联公司均处于资不抵债状况。

2. 关于四极化工及上诉人童某宇是否存在虚构事实、隐瞒真相的诈骗行为

两上诉人及其辩护人均提出，本案是以“融资贸易”形式进行的企业间借贷，双方对此均是认可的，双方对货物标的并非真实的钛白粉也是明知的，故两上诉人不存在虚构事实、隐瞒真相的行为。本院认为，两上诉人及辩护人的辩解和辩护意见均不能成立。理由如下：

经查，四极化工相关员工的证言可证实，为应对四极化工及其关联企业出现的资金短缺危机，童某宇要求下属员工寻找合作公司进行融资。其后，功升公司、溯森公司、四极化工三方通过签订一系列购销合同，约定由功升

公司指定溯森公司向四极化工采购钛白粉，在此过程中，四极化工刻意隐瞒其使用碳酸钙替换钛白粉的事实，并指使多名员工在溯森公司验货时，使用在大的包装袋内放置小包装的钛白粉的方式来蒙混过关，其后当溯森公司发现并提出质疑后，童某宇亦承认该批货是替代品，并解释说是抵押物融资的一种手法。而溯森公司两次派人至仓库随机抽样验货，亦可证实溯森公司事先对于四极化工使用替代品一事是不明知的。另无论本案四极化工、上诉人童某宇辩解的系企业间融资，还是购销行为，双方均确认只有四极化工将货权转让给溯森公司后，溯森公司才支付全部货款给四极化工，故本案钛白粉必须是真实存在，也是双方能否完成合约的重要前提。故两上诉人在本案中均存在虚构事实、隐瞒真相的行为。

3. 关于四极化工及上诉人童某宇是否具有非法占有的故意

两上诉人及其辩护人均提出，两上诉人均不具有非法占有的目的，不构成合同诈骗罪。本院认为，两上诉人及辩护人的辩解和辩护意见均不能成立。理由如下：

如前所述，四极化工找到溯森公司合作的目的即通过循环使用对方的资金来弥补自身巨大的资金缺口，童某宇到案后亦曾供述，如果溯森公司不支付第二笔货款，四极化工已无能力还款。从司法鉴定的本案资金走向看，货款进入四极化工后除支付本案部分货款外，资金均转入四极化工的关联公司及私人账户用于归还其他借款及个人债务，及至案发造成溯森公司1600余万元货款无法支付。故四极化工及童某宇均是在明知该公司已无偿债能力的情况下，采用虚构事实、隐瞒真相方式，骗取他人钱款，其主观上均具有非法占有的故意。

综上，本院认为，上诉人四极化工通过童某宇等人，以非法占有为目的，在签订、履行合同过程中骗取他人钱款，数额特别巨大，其行为均已构成合同诈骗罪，依法应予惩处。

裁判要旨三十一：被告人伙同他人利用实控公司出具虚假仓单，在没有钢材的情况下，套取其他公司货款，致使该公司失去对货权的控制，且二人恶意处置赃款，用于归还公司前债，构成合同诈骗罪

案件名称：阮某禄合同诈骗罪

案例来源：浙江省杭州市下城区人民法院（2009）浙0103刑初400号

裁判结果：

阮某禄犯合同诈骗罪，判处有期徒刑 5 年 9 个月，并处罚金人民币 100,000 元。

基本案情：

林某安（已判决）在明知浪港公司经营出现巨额亏损的情况下，让宁港公司的实际控制人被告人阮某禄出具虚假仓单，在没有钢材的情况下，套取五某公司的货款。

2012 年 3 月，林某安找到福某公司驻上海办事处的胡某（已不起诉），约定由浪港公司提供钢材给福某公司，然后由林某安实际控制的宁某公司委托五某公司向福某公司代理采购钢材。2012 年 3 月 6 日，林某安以浪港公司的名义与福某公司签订工矿产品购销合同，由福某公司向浪港公司采购螺纹钢/盘螺 3635.268 吨（但浪港公司未实际供货）。同年 3 月 19 日，林某安以宁某公司的名义与五某公司签订购销合同，委托五某公司向福某公司购买螺纹钢/盘螺 3635.268 吨。当日，五某公司与福某公司签订购销合同，采购盘螺和螺纹钢共计 3636.268 吨，金额人民币 14,904,598.8 元。同年 3 月 26 日，宁某公司向五某公司支付保证金 299 万，林某安在明知没有钢材的情况下，将宁港公司出具的虚假仓单交给胡某，胡某在明知仓单虚假，还出具了虚假的提货单，一并交给了五某公司。五某公司在未实际验货的情况下，向福某公司出具了收货确认函。同日，五某公司在收到仓单和提单后按约将货款 14,904,598.8 元付给福某公司，福某公司扣除手续费后于当日付给浪港公司 14,886,442.46 元。资金到账后，林某安将其中的 970 万转账至蓉逸公司，用于归还该公司欠本钢公司的钢材款；另归还浪港公司向上海祝某公司的货款 5,026,800 元。宁某公司后于 2012 年 7 月 12 日、7 月 13 日、7 月 16 日打入五某公司 45 万元、29 万元、6 万元，共计 80 万元。至案发，五某公司共计损失 1100 余万元。

裁判理由：

被告人阮某禄结伙林某安，以非法占有为目的，在签订、履行合同过程中，虚构事实、隐瞒真相，骗取对方当事人财物，数额特别巨大，其行为已构成合同诈骗罪。公诉机关指控的罪名成立。关于被告人阮某禄及辩护人提出被告人阮某禄行为属于融资性贸易，并非合同诈骗的辩解及辩护意见。经审理认为，宁某公司委托五某公司代理采购钢材，对于五某公司而言，根据合同约定，由五某公司掌控钢材货权，才能保证合同顺利履行，现被告人阮某禄伙同他人向五某公司提供虚假仓单，致使五某公司失去对货权的控制，直接导致五某公司损失。故其行为属于合同诈骗的行为。

裁判要旨三十二：被告人伪造虚假货物入库确认单等收据使他人误以为有货物储存，并以实际控制的公司作为拟购方诱使被害单位以银行承兑汇票或者中间企业背书的形式向被告人控制企业支付货款，上述货款被用于归还其他借款等用途，构成合同诈骗罪

案件名称：刘某庆犯合同诈骗罪一案

案例来源：（2013）沪二中刑初字第44号

裁判结果：

被告人刘某庆犯合同诈骗罪，判处无期徒刑，剥夺政治权利终身，并处罚金人民币200万元。

基本案情：

2012年2月至7月间，被告人刘某庆在并无实际钢材可供出售的情况下，以信肯公司、柏柱公司的名义分别与哈中铁公司签订四份《采购合同》，约定向哈中铁公司出售钢材。另外，刘某庆找到吉林通钢作为托盘企业，以信肯公司的名义与吉林通钢签订了两份《工矿产品购销合同》，再通过吉林通钢转售给哈中铁公司。刘某庆一方共计出售给哈中铁公司钢材32,559.366吨，其中15,217.058吨通过吉林通钢转售。在上述六份合同签订及履行过程中，刘某庆伪造了逸业公司与宝钢物流公司之间的《仓储租赁协议》，虚构逸业公司在宝钢仓库内租赁仓储场地的事实，同时以逸业公司名义出具虚假货物入库确认单等单据，使得哈中铁公司及其委托的货物监管方武汉伊通公司、吉林通钢等公司，误认为信肯公司、柏柱公司确有钢材储存于宝钢仓库并实际出售给哈中铁公司。

为了骗取哈中铁公司支付货款，刘某庆同时以灿辽公司、柏柱公司或者信肯公司的名义作为拟购方，向哈中铁公司支付了20%的保证金，诱使哈中铁公司以银行承兑汇票的形式直接或者通过吉林通钢背书，向柏柱公司、信肯公司支付全额货款共计12,800万元，上述款项均被刘某庆一方用于归还其他欠款等用途。除去灿辽公司等三家公司实际支付的保证金2560万元外，实际骗取被害单位哈中铁公司货款共计10,240万元。

裁判理由：

被告人刘某庆以非法占有为目的，在签订、履行合同的过程中，以虚假的产权证明作担保，或在没有实际履行能力的情况下，以先部分履行合同的方法诱骗被害单位继续履行合同，骗取被害单位财物，数额特别巨大，其行为已构成合同诈骗罪，依法应予处罚。公诉机关指控被告人刘某庆的罪名及犯罪事实成立。

裁判要旨三十三：被告人在不具备实际履约能力的情况下，通过与被害单位签订代理柴油采购合同，骗领涉案合同项下的柴油提货凭证并低售套取资金，用于支付合同尾款及新单保证金及个人挥霍，同时，为了掩盖事实，将虚假客存确认单提供给售油方，足以认定对涉案财物具有非法占有目的，构成合同诈骗罪

案件名称：白某峰合同诈骗罪

案例来源：福建省高级人民法院（2019）闽刑终 247 号

裁判结果：

白某峰犯合同诈骗罪，判处无期徒刑，剥夺政治权利终身，并处没收个人全部财产。

基本案情：

2015 年 2 月至 2016 年 6 月间，被告人白某峰借用正大公司、富某公司及前海润信公司的名义，委托被害单位象某公司向中石油广东茂名、佛山销售分公司代理采购 30 余单柴油。具体业务模式：被告人白某峰与泉州象某公司的业务经理钟某（另案处理）商定采购柴油的数量及价格后，分别以正大公司、富某公司或前海润信公司的名义与泉州象某公司签订柴油供货合同，并向泉州象某公司支付货款总金额 15% 的履约保证金，泉州象某公司向中石油广东茂名、佛山销售分公司全款购买相应数量的柴油后，正大等三家公司依约应在 90 天内向泉州象某公司付清全部货款并取得货权，泉州象某公司向正大等三家公司收取相应代理费。

期间，在 2015 年 2 月开展第一单柴油业务时，被告人白某峰让被害单位泉州象某公司的工作人员黄某 2 向中石油省燃新造油库的计量员“闫某”咨询柴油的提货流程，并通过“闫某”的 QQ 将一份虚假的《提货说明》发送给泉州象某公司的工作人员周某，谎称泉州象某公司购买柴油后，应将付油

通知单（红色联）邮寄给省燃新造油库的“闫某”用于登记，再凭付油通知单（黄色联）提货，隐瞒了付油通知单（红色联）才是提货凭证的重要事实，诱骗泉州象某公司在未与正大等三家公司结清货款的情况下，就将货权凭证即付油通知单（红色联）悉数邮寄给“闫某”。之后，被告人白某峰将邮寄到省燃新造油库“闫某”的上述付油通知单（红色联）取走并销售，再将售油款通过正大等三家公司向泉州象某公司支付合同保证金及部分到期尾款，拆东补西，套取更多柴油，以及用于个人赌博、炒股、挥霍等。

2016 年 6 月 24 日，被害单位泉州象某公司发现柴油实际库存异常，后报警。截至案发，被告人白某峰采取上述手段，在未支付全额货款的情况下，从被害单位泉州象某公司骗得 11 单合同项下共计 25, 550 吨柴油的货权凭证并低价抛售，仅向泉州象某公司支付相关保证金共计 1768. 521849 万元人民币，已有价值 10, 069. 75303 万元的 22, 398. 854 吨柴油被实际提走。此外，2016 年 6 月 22 日，白某峰为开展一单新的代理采购柴油业务，还借用正大公司的名义向泉州象某公司支付保证金 210 万元，后因本案案发未完成，泉州象某公司未退还该笔保证金。据此，被告人白某峰实际骗得被害单位泉州象某公司的财物价值共计 8091. 231181 万元。

裁判理由：

经查，上诉人白某峰以支付手续费借用正大公司、富某公司、前海润信公司名义与被害单位泉州象某公司洽谈、签订柴油代理采购合同，代表上述三家公司决定每单业务的柴油价格、数量及付款。中石油广东茂名、佛山销售分公司亦系通过白某峰或经白某峰介绍与泉州象某公司开展柴油购销业务。白某峰在代表中石油广东茂名销售分公司与泉州象某公司开展第一单柴油采购业务过程中，明知付油通知单（红色联）是油库提货凭证，在泉州象某公司人员黄某 2 询问提油手续时不直接回复，让黄某 2 联系省燃新造油库内并不负责提油工作的计量员“闫某”，谎称“闫某”是广东地区油库负责人，用“闫某”的办公电脑通过 QQ 向泉州象某公司提供虚假的《提货说明》，编造需将付油通知单（红色联）先邮寄给“闫某”登记，后持付油通知单（黄色联）提油的不实操作流程，诱骗泉州象某公司在收到付油通知单后将红色联寄给“闫某”，尔后从“闫某”处取走涉案付油通知单（红色联），低价销售给卞某，套取资金转入个人账户，部分经正大等公司的对公账户用于向泉州象某公司支付到期的部分合同尾款及开展新单的保证金，其余资金用于赌博、炒股等挥霍及购买加油站。为掩盖涉案柴油被骗提的事实，白某峰不按规定与泉州象某公司核对库存，向中石油广东佛山销售分公司提供虚假的客存确认单。

上诉人白某峰在不具有实际履约能力的前提下，通过与泉州象某公司签订代理柴油采购合同，骗领涉案合同项下的柴油提货凭证并低售套取资金，用于个人赌博、炒股等挥霍及购买加油站，致最终无力还款，给被害单位泉州象某公司造成巨额经济损失，足以认定其对涉案财物具有非法占有目的，其行为构成合同诈骗罪。

裁判要旨三十四：被告单位在签订和履行合同过程中，隐瞒其负有高额债务，无力支付股权转让款的事实真相，诱骗合作方与其签订股权转让协议。之后，又采取先履行小部分合同，出示虚假的存款证明和汇款凭证的手段，诱骗合作方继续履行合同，骗取合作方价值数千万的股权并占有，构成合同诈骗罪

案件名称：飞龙集团合同诈骗罪

案例来源：http：//roll. sohu. com/20120122/n332874960. shtml“中国最大股权诈骗案被告人获刑15年”

审理法院：成都市中级人民法院，案号不详

裁判结果：

飞龙集团构成合同诈骗罪；曾某林犯合同诈骗罪被判有期徒刑15年，并处罚金200万元。

基本案情：

成都联益股权诈骗案发生于1999年，被称做“中国最大股权诈骗案”，为当年资本市场上的轰动性事件。但自案件曝光之日起，股权诈骗还是商业纠纷之辩从未间断。成都市中级人民法院2012年11月20日一审认定，曾某林诈骗罪名成立。

飞龙集团在签订和履行合同过程中，隐瞒其负有高额债务，无力支付股权转让款的事实真相，诱骗成都联益（集团）与其签订股权转让协议。之后，又采取先履行小部分合同，出示虚假的存款证明和汇款凭证的手段，诱骗成都联益（集团）继续履行合同，骗取其价值6800万元的法人股权后质押贷款并占有使用。

裁判理由：

针对辩护律师提出飞龙集团主观上没有占有成都联益股权的故意，客观上没有实施具体的诈骗行为，飞龙集团不构成合同诈骗罪的意见，法庭审理认定，飞龙集团在签约后仅向成都联益支付200万元，余下的股权转让款迟迟未予支付；飞龙集团在获得法人股并质押贷款3500万后仅向成都联益支付了600万元，余下大部分被飞龙集团占有使用；获得股权后将近两年时间内，飞龙集团未支付余下的转让款。上述事实说明，飞龙集团在负有高额债务情况下，签约后没有还款行为，也没有还款意向，董事长曾某林出逃国外，致使飞龙集团用于质押的股权被银行处置用于清还债务，最终给成都联益造成巨大经济损失，“因此，飞龙集团主观上具有占有的故意足以认定”。

法院还认定，在与成都联益签订股权转让前，飞龙集团及下属企业已负债数千万元，下属骨干企业主要资产已被抵押。成都联益在向飞龙集团转让股权过程中，飞龙集团为应付债务追讨，伪造了存款凭证与电汇凭证，此部分有曾某林等人的供述及证人证言进行证明。一审判决书显示，曾某林在联益集团多次催要欠款时仍隐瞒股权被抵押的事实，继续与联益集团签订“补充协议”，约定未付清欠款前不对法人股权做出处理。

据此，成都市中级人民法院认为，飞龙集团在签约前后均实施了隐瞒真相、虚构事实的行为，“对被告人及辩护人所提该项的辩解、辩护意见本院不予采纳”。

五、无罪裁判要旨

无罪裁判要旨一：合同未能履行的原因（违约原因）属于客观情形的变更、与被害人有关或依据现有证据无法完全归于被告人，不应认定为被告人有非法占有目的

典型无罪案例：

1. **孙某合同诈骗罪（二审）**

审理法院：陕西省高级人民法院

案号：（2018）陕刑终74号

裁判理由：

本案中，苗木死因不清。孙某甲、司某某曾以违约为由提起民事诉讼，孙某则以树苗年轮和规格与她提供的树苗有差异、认为有苗木大量死亡及被

偷换为由抗辩，该理由影响其合同诈骗主观故意的认定。一方面孙某甲陈述及证人程某乙、袁某某证言证明，孙某提供的树苗有60%～70%都是死的，茎部干枯，土球脱落，这些树苗不会成活。另一方面证人周某某证言证明，孙某选好树苗，将树干干枯、土球脱落的都退回了。孙某则供述其提供的树苗质量没有问题，孙某甲、司某某所栽树苗死亡原因是其未照料好。**故以上两方面证据间存在明显矛盾，缺少其他辅助证据，无法认定树苗死亡的具体原因，亦即无法认定本案合同未能履行的真实原因**。

2. **崔某某合同诈骗罪（二审）**

审理法院：山西省运城市中级人民法院

案号：（2019）晋08刑终544号

裁判理由：

本案中，合同第3条第3款约定，**因政府部门干涉或不可抗力的因素造成加油站停业**，甲方（永济市鑫源福利加油站）免除在相关期间的租金，免除部分由乙方（杨某1）从应付租金中扣除或延期地租。如果因以上原因造成长期停业，甲方无条件退还乙方剩余租金。**本案乙方未履约是由于《危险化学品经营许可证》换证影响经营**，该责任不能完全归于被告人，双方可以根据合同约定从被害人应付租金中扣除相关期间的租金或延长租赁期限，也可以解除合同。

3. **杭州迪雅科技有限公司、戚某合同诈骗罪（一审判决，经检索未发现有二审判决）**

审理法院：浙江省杭州市中级人民法院

案号：（2017）浙01刑初14号

裁判理由：

关于起诉书指控被告单位迪雅公司、被告人戚某犯合同诈骗罪，经审理认为，迪雅公司及戚某在与中水公司签订、履行相关合同过程中，采用了提供虚假财务报表、隐瞒资不抵债并巨额亏损情况等欺骗手段，但是，迪雅公司系长期负债经营，2013**年上半年因摩托罗拉手机退出中国市场，迪雅公司的主要业务发生重大变故，经营状况恶化**，迪雅公司及戚某于2013年4月至9月通过向中水公司等单位、个人借款维持负债经营，并通过与通讯运营商加大合作、拓展网络机顶盒等业务寻找新的利润增长点以挽救企业。

4. 刘某合同诈骗罪（一审判决，经检索未发现有二审判决）

审理法院：四川省绵阳市涪城区人民法院

案号：（2018）川0703刑初602号

裁判理由：

从合同未得到履行的原因上看，根据审理查明的事实，合同没有继续履行的直接原因系在签订合同后，中恒公司未按时拨付第一笔预付款300万元，导致龙申公司未能进场施工。

5. 贾某合同诈骗（二审）

审理法院：河北省沧州市中级人民法院

案号：（2019）冀09刑终54号

裁判理由：

本案中，贾某未能及时将翅片滚带机交付给亚美佳公司，系因履约过程中各种因素导致，不能完全归于被告人，但该设备的所有权并未转移。

6. 颜某合同诈骗罪（一审判决，经检索未发现有二审判决）

审理法院：海南省海口市中级人民法院

案号：（2017）琼01刑初127号

裁判理由：

从未履约的真实原因来看。根据目前的在案证据，海禾置业公司与田罗村在签订《土地合作合同》后，依法向海口市政府和国土局提出农用地变更用途报批的请示，**国土局向市政府的反馈意见称涉案的505亩土地位于总体规划确定的用地范围外，土地规划用途为林果用地、一般耕地和水域，不符合用于非农业建设**。该反馈意见仅是针对土地现有状况作出的结论，众所周知，不在规划用地范围内的农用地当然不能用于非农业建设，**但海禾置业公司与田罗村请示的内容是能否将涉案的505亩土地纳入海口市土地利用总体规划范畴，变更农用地的用途，国土局的反馈意见并未涉及农用地能否变性的问题，市政府也并未对请示作出直接答复。之后的进一步请示再次明确提出涉案土地周边的农用地已经转变用途用于开发建设，请求将涉案土地参照周边用地的情况同样进行变更，但该请示并未收到答复。颜某在与诚润公司签约后依约对土地进行勘探测绘和项目策划，但因一直未得到市政府和国土局的书面答复，合同无法履行。**

7. 五台县三吉铁矿有限责任公司、王某等合同诈骗罪（一审判决，经检

索未发现有二审判决)

审理法院: 山西省五台县人民法院

案号:(2016)晋 0922 刑初 117 号

裁判理由:

本院认为,……虽该矿《安全生产许可证》过期,但 2014 年 5 月 9 日该矿已取得了《山西省非煤矿山建设项目安全设施设计审查及安全生产监督管理部门审查表的审查意见》,可以进行施工建设,之后竣工验收,领取非煤矿山安全生产许可证后,可以组织生产。且生产许可证过期后可以重新申请取得。**此二项不是造成合同无法履行以及周某无法进场施工的原因,而是其他因素所导致**。……综上考量,被告方主观上不具有非法占有目的,客观上没有虚构事实,没有采取隐瞒手段,不符合合同诈骗罪的构成要件。故公诉机关指控被告方犯合同诈骗罪的证据不足,指控罪名不能成立。被告方辩解和辩护人的相关辩护意见予以采纳。**本案应通过民事途径解决为宜**。

8. **邱某伟合同诈骗(二审)**

审理法院: 广东省茂名市中级人民法院

案号:(2017)粤 09 刑终 324 号

裁判理由:

本院认为,综合以上事实,某城公司的大渡河项目存在盈利可能,邱某伟对该项目的盈利前景过于自信,盲目投资,但**由于各种原因未能实现盈利**。

9. **杨某合同诈骗罪(一审判决,经检索未发现有二审判决)**

审理法院: 陕西省西安市中级人民法院

案号:(2016)陕 01 刑初 28 号

裁判理由:

本院认为,……第三,**杨某与各施工单位的承包人签订施工合同未能最终履行,不能排除是法院民事判决确认了杨某与张滩镇政府的框架协议无效造成的**;第四,**法院判决该框架协议无效的原因是该项目未进行招投标,但未进行招投标导致合同无效,不能归咎于被告人杨某的原因**。……综上,被告人与承包人签订的施工合同未最终履行,是因为框架协议被确认无效,还是杨某虚构事实、隐瞒真相造成的,事实不清。

10. **陈某合同诈骗(二审)**

审理法院: 广东省湛江市中级人民法院

案号：（2017）粤 08 刑终 54 号

裁判理由：

关于合同不能履行的原因。陈某辩称赵某 1 不仅没有足额给付 40 万元借款，而且还在 2011 年 10 月份左右将张某 2 赶下粤怀集货 0112 号船，然后将船开走。陈某上述供述与张某 2 证明赵某 1 在 2011 年 11 月份将船开走、张某 1 证明在 2011 年 12 月初被赵某 1 返聘回粤怀集货 0112 号船打工、赵某 2 反映赵某 1 在 2012 年年初将粤怀集货 0112 号船卖给他人等证言互相吻合。《收据》证明借款期限为 3 个月，即自 2011 年 10 月 8 日起至 2012 年 1 月 7 日止。赵某 1 既没有足额交付 40 万元款项，且在借款期限届满前就将擅自船开走，在事实上占有了抵押物，致使陈某失去对船的控制，赵某 1 的行为明显违反了《担保法》第 33 条“抵押，是指债务人或者第三人不转移对本法第三十四条所列财产的占有，将该财产作为债务的担保。债务人不履行使用时，债权人有权依照本法规定以该财产折价或者以拍卖、变卖该财产的价款优先受偿。……”的规定，**故合同不能履行的原因不在陈某，而在于赵某 1 先行违约的行为**。

11. **朱某合同诈骗罪（一审判决，经检索未发现有二审判决）**

审理法院：甘肃省文县人民法院

案号：（2017）甘 1222 刑初 66 号

裁判理由：

本院认为，合同诈骗罪，是指以非法占有为目的，在签订履行合同过程中，采取虚构事实或者隐瞒真相等欺骗手段，骗取对方当事人的财物，数额较大的行为。即行为人主观上必须具有非法占有的目的，客观上使用了以虚构事实或者隐瞒真相的方法，骗取对方当事人财物的行为才能构成本罪。在本案中，……**在李某 1 提出退伙时双方对债权债务进行了清算，后只是由于其他客观原因，导致所欠债务无法偿还，因此关于李某 1 所欠债务问题属于因合伙产生的债权债务关系**，检察机关的指控不能成立。

12. **陈某甲合同诈骗罪（一审判决，经检索未发现有二审判决）**

审理法院：吉林省德惠市人民法院（原吉林省德惠县人民法院）

案号：（2016）吉 0183 刑初 87 号

裁判理由：

本院认为，公诉机关指控被告人陈某甲犯合同诈骗罪的事实不清、证据不足，指控罪名不成立。……而且被告人陈某甲2013 **年收购农民水稻后，大部分发霉，导致低价出售赔钱，属经营不善所为，没有及时给付农民卖粮款是企业亏损所致**，不能认定被告人陈某甲系主观上非法占有，其辩护人的辩护意见本院予以采纳。

13. **李某合同诈骗（一审判决，经检索未发现有二审判决）**

审理法院：云南省盈江县人民法院

案号：（2014）盈刑初字第130号

裁判理由：

本院认为，……**由于客观因素导致采矿施工无法进行，致使不能产生预想中的利益而亏损退出矿场**，被告人李某和某虽然与长胜公司做过结算，但二人对于投资矿场的账目并未清理结算，直到案发。

14. **春市禾丰油料有限公司、吴某合同诈骗、虚开增值税专用发票、高利转贷罪（一审判决，经检索未发现有二审判决）**

审理法院：吉林省大安市人民法院

案号：（2014）大刑初字第81号

裁判理由：

本院认为，**被告单位禾丰公司在履行合同过程中，由于客观上的某些原因，虽经多方努力仍不能全部履行合同而使对方遭受严重损失，但其主观上没有非法占有的目的，认定被告单位禾丰公司构成合同诈骗罪，事实不清，证据不足**，不能成立。

15. **汪某甲合同诈骗罪，汪某甲伪造公司、企业、事业单位、人民团体印章罪（再审）**

审理法院：浙江省金华市中级人民法院

案号：（2014）浙金刑再字第2号

裁判理由：

本院认为，……事实上，**央视音乐部正式通知取消晚会演出的确切时间也是在10月21日，而且在收到央视音乐部取消晚会的正式通知后，汪某甲与横店影视城就补救事宜进行了商讨，并有共同争取晚会如期举行的实际行为**。……综上，原二审判决认定汪某甲明知晚会不能如期举办还骗取222万元款项，具有非法占有的主观故意的证据不足。

无罪裁判要旨二：赃款去向不明，不应认定具有非法占有目的

典型无罪案例：

1. **孙某合同诈骗罪（二审）**

审理法院：陕西省高级人民法院

案号：（2018）陕刑终74号

裁判理由：

本院认为，……**本案赃款去向不清**。孙某供述称公司的账是工作人员张某某、李某乙等人封的，不清楚放在哪里；和孙某甲、司某红买卖树苗的账因为民事应诉拿回了她在高新的家里，在书柜附近。侦查机关出具的情况说明称一间房屋已出租，一间房屋一直无人居住，李某丙不配合交出账目。**原审法院据此认定孙某据不供述赃款去向并具有非法占有目的，缺乏足够证据支持**。

2. **王某、牟某合同诈骗（二审）**

审理法院：河北省高级人民法院

案号：（2019）冀刑终68号

裁判理由：

本院认为，关于张某2000万元投资款是否被王某、牟某、敖某三被告人非法占为己有。……**关于取现、消费200余万元，王某供述用于该厂的生产经营，该厂用电记录显示，在此期间该厂确有经营用电，亦不能排除相关款项用于生产经营的可能；对于其他款项，公安机关未查清具体去向。故认定该2000万元被王某、牟某、敖某转移、隐匿、非法占有的证据尚不充分**，对检察员出庭所提认定三被告人非法占有2000万元事实尚不清楚的意见，王某、牟某、敖某及其辩护人所提相关意见，予以采纳。

无罪裁判要旨三：有能力履行或无证据证明不能履行合同义务的，不应认定具有非法占有目的

典型无罪案例：

1. **孙某合同诈骗罪（二审）**

审理法院：陕西省高级人民法院

案号：（2018）陕刑终74号

裁判理由：

本院认为，……**孙某在本院庭审中称其有能力也愿意收购被害人孙某甲、司某某剩余树苗，同时称其及家人拥有回收树苗的经济能力。卷内材料亦显示侦查机关已经查封了孙某丈夫名下房产三套。据此，不能完全排除孙某有能力也有意愿履行合同。**

2. **陆某合同诈骗（一审判决，经检索未发现有二审判决）**

审理法院：广东省广宁县人民法院

案号：（2019）粤1223刑初9号

裁判理由：

本院认为，被告人陆某具备有能力支付60万元的可能。结合被告人陆某的供述、证人黄某、许某的证言反映被告人陆某资金来源于许某于2016年12月9日无折转出的462,375元和黄某于2016年9月28日转给被告人陆某10万元、10月20日转5万元和家中自备的20万元。广宁县农村信用合作联社账户明细查询，亦反映被告人陆某于2016年12月9日14时51分，卡台取款10万元，2016年12月10日10时23分，卡台取款30万元。

3. **王某、牟某合同诈骗（二审）**

审理法院：河北省高级人民法院

案号：（2019）冀刑终68号

裁判理由：

本院认为，……**关于王某、牟某是否具有履行能力。**……综合以上证据，**时顺选矿厂具有一定的价值，现有证据尚不足以得出张某的相关权利无法实现的确定性结论**，对出庭检察员所提目前尚无法确定王某、牟某在与张某签订协议时完全无履约能力的意见，以及王某、牟某、敖某及其辩护人所提的相关意见予以采纳。

4. **四川中科盈文化旅游开发有限公司、禹某合同诈骗罪（二审）**

审理法院：四川省成都市中级人民法院

案号：（2018）川01刑终846号

裁判理由：

本院认为，……**原审被告单位中科盈公司是否具有履约能力的问题**……对此争议，本院认为，根据从金堂县城乡房产局提取的成阿新城项目资料，显示成阿新城项目占地216亩，目前已开发一期100余亩，面积19余万平方，且大部分房屋已封顶，并已办理预售，虽发生资金链断裂出现停工的客观事实，**但该工程未经审计，无法确定其盈亏情况。同时，该项目二期工程尚未开发，房地产项目也存在融资开发的普遍现象，是否亏损或者盈利存在不确定性，故现有指控证据证实中科盈公司已经严重资不抵债，无履约能力的证据不充分。**

5. 颜某合同诈骗罪（一审判决，经检索未发现有二审判决）

审理法院：海南省海口市中级人民法院

案号：（2017）琼01刑初127号

裁判理由：

本院认为，……首先，**从实际履约能力和实际履约行为来看。**如前所述，颜某在与诚润公司签约时，其与田罗村的土地合作合同并未依法解除，**具备签约的资格和合作的基础，故其应当具有实际履约能力。即使涉案土地最终经审批不能改变用途无法开发建设，按照《股权转让协议》约定的违约责任，颜某本身拥有的多家公司股权和投资、房产均未经过评估，不能得出颜某没有承担违约责任能力的唯一结论，故现有证据不足以证实颜某在签约时无实际履约能力。**……结合本案证据，可以证明颜某具有开发建设土地的真实意愿，具备相应的履约能力，且有积极履行合同的行为。

6. 王某诈骗（二审）

审理法院：天津市第一中级人民法院

案号：（2017）津01刑终635号

裁判理由：

本院认为，……**王某个人名下财产能否起到担保作用存疑。**二审阶段，辩护人向本院提交了王某名下个人财产情况的书证。经查，在还款期内，王某名下的房产有天津市河西区天涛园6－1－1203，该房产无贷款，房屋面积为142.7平米；王某及其妻子卢某共有的天津市河西区天湖园18－5别墅，该房产于2010年7月在浦发银行申请贷款250万元，银行为该房产估值500万元，该房产残值为250万元；王某名下有奥迪A8L汽车一辆，购置发票证实购置价格为125万元。**在还款期内王某个人名下财产的价值能够达到数百万元，不排除其个人财产能够起到担保的作用。**

7. 曾某、陶某合同诈骗（一审判决，经检索未发现有二审判决）

审理法院：湖南省长沙市雨花区人民法院

案号：（2017）湘0111刑初709号

裁判理由：

本院认为，……被告人并不具备非法占有目的。首先，二被告人在向某2晓红借款时的**还款能力远远超过借款金额**，106号房屋、24号栋房屋、食来运转公司房屋价值评估共计价值人民币2500余万元，二被告人向银行贷款的金额为人民币1300万元，且借款时其中的贷款人民币350万元已经结清，二被告人仅仅向某2晓红借款人民币200万元。……

8. **莫某合同诈骗罪（一审判决，经检索未发现有二审判决）**

审理法院：山西省太原市迎泽区人民法院

案号：（2016）晋0106刑初400号

裁判理由：

本院认为，……基于莫某与林某1签订的《合同协议》《补充协议》有效，莫某对本案所涉的土地享用相应的合同权利。**可见，莫某具有一定履约能力**，而且已经开始了“晋江家苑”项目的建设施工。

9. **胡某、成都红福莱云房地产开发有限公司合同诈骗罪（二审）**

审理法院：四川省成都市中级人民法院

案号：（2016）川01刑终1053号

裁判理由：

本院认为，**红某云公司的资金状况、销售状况未能查实。原公诉机关所举证据不能全面反映红某云公司的资金状况、经营状况及“鸿福名苑”小区的销售状况，无法证实红某云公司的经营能力、履约能力和偿债能力。**

10. **陈某甲合同诈骗罪（一审判决，经检索未发现有二审判决）**

审理法院：吉林省德惠市人民法院（原吉林省德惠县人民法院）

案号：（2016）吉0183刑初87号

裁判理由：

本院认为，公诉机关指控被告人陈某甲犯合同诈骗罪的事实不清、证据不足，指控罪名不成立。根据德惠市农村信用合作联社关于德惠市万嘉米业有限公司申请抵押贷款450万元的调查报告显示：万嘉米业占地面积6380平方米（价值78万），建筑面积3855.25平方米（价值822万）。该企业2012年年末资产总额1748万元，固定资产851万元，流动资产897万元，2012年实现净利润312万元，**该企业发展较好**。现扣除流动资产，万嘉米业还有价值900万的土地及建筑，扣除贷款450万元，还有450万元可用于偿还农户欠款。**且开庭审理时，陈某甲辩称其不欠个人借款，只欠信用社450万元的贷款。现有证据认定陈某甲案发时已经严重资不抵债，无能力偿还的证据不足。**

11. **王×合同诈骗（一审判决，经检索未发现有二审判决）**

审理法院：天津市滨海新区人民法院

案号：（2014）滨刑初字第4号

裁判理由：

本院认为，……被害人李二某向法院提起民事诉讼时申请诉前保全被告人王某名下一套天津市经济技术开发区星月轩房产，**说明王某具有相当的还款能力**，且李一某、王二某等证人证言能够证明，在相关民事诉讼过程中，被告人王某的亲属与被害人进行过多次协商，均表示可以用该房产抵债，愿意积极偿还债务，但因被害方要求的数额远超过借款合同数额而未达成一致，……

12. **深圳市厚基房地产开发有限公司惠阳分公司、陈某乙犯合同诈骗罪（二审）**

审理法院：广东省惠州市中级人民法院

案号：（2015）惠中法刑二终字第97号

裁判理由：

本院认为，……第二，**原判认定上诉单位、上诉人主观上具有非法占有目的的证据不充分。**合同诈骗罪要求被告人主观上具有非法占有被害人财物的目的，本案中上诉单位与吴某签订《商品房买卖合同》，吴某共支付购房款100万元后，2012年9月26日，吴某与上诉单位又签订了《商铺返租合同》，将涉案商铺返租给上诉单位使用，租赁期限5年。上述事实表明，上诉单位将涉案商铺卖给吴某并收取部分房款后，已将商铺实际交付给购买人使用。**上诉单位作为涉案商铺所在小区的开发、销售主体，具备履行商品房买卖合同的能力**，上诉单位、上诉人在收取吴某的购房款后，亦没有逃匿、撤销公司等行为。因此，本案没有证据证实上诉单位及上诉人主观上具有非法占有他人财物的故意。

13. **陈某合同诈骗（二审）**

审理法院：广东省湛江市中级人民法院

案号：（2017）粤08刑终54号

裁判理由：

本院认为，……**关于陈某是否有履约能力的问题**。陈某供述在船中新装了48万元的设备，胡某的证词亦证明陈某在该船上加装的设备至少值15万元，且这些设备均可正常使用。故陈某辩解称其主观上认为船上新装的机械设备价值足以为40万元借款提供担保的说法有客观依据。而郑某1和赵某1、赵某2均证实，**工地上抽沙的产值相当可观，有利润可赚，事实上，合伙人合伙抽沙一个月就赚了38万元。为此，赵某1还曾经游说郑某1追加投资额。以上证据互相印证，足以证实陈某在签订《产权移交确认书》和《收据》时具有履约的能力**。

14. **唐某、刘某、范某合同诈骗罪案（二审）**

审理法院：广东省佛山市中级人民法院

案号：（2005）佛刑二初字第79号

裁判理由：

被告人唐某、刘某、范某作为三雄公司的直接负责的主管人员，以三雄公司和华新公司合作做钢材生意的名义套取华新公司的资金，**但三雄公司在与华新公司签订合同时提出了以三雄公司为土地使用者的国有土地使用权作为履行合同的抵押担保，华新公司也收下了该国有土地使用权证。后双方签订了以该国有土地使用权为抵押物的抵押合同，以该抵押物作为华新公司在2003年至2005年对三雄公司连续发生的债权担保，双方还到有关土地管理部门办理了抵押登记，三雄公司与华新公司之间签订的抵押合同合法有效。三雄公司采取签订合同的方式套取华新公司资金的同时，又提供了抵押物作为担保，可以看出三雄公司不具有非法占有所套取华新公司资金的目的**。

无罪裁判要旨四：刑法要谦抑，能用民事手段解决的纠纷不宜认定为合同诈骗罪

典型无罪案例：

1. **崔某某合同诈骗罪（二审）**

审理法院：山西省运城市中级人民法院

案号：（2019）晋08刑终544号

裁判理由：

本院认为，……**刑法要谦抑，刑法应当是社会关系最后的防护网，对于相关的法律纠纷，如果能够通过民法解决，而且能够有效解决纠纷，则应当尽可能通过民事责任的方式解决，而不一定都要动用刑罚，只有在以民法的方式无法很好解决相关纠纷，而且相关行为可能危及公共安全和公共秩序时，才有必要动用刑法**。

2. 安庆市地益化肥有限公司、崔某合同诈骗、贷款诈骗（一审判决，经检索未发现有二审判决）

审理法院：安徽省淮北市中级人民法院

案号：（2017）皖06刑初11号

裁判理由：

本院认为，……经查，被告人崔某虽为借款向某1祚寨提供伪造的房地产权证书，但崔某及担保人已归还大部分欠款，且吴某1就崔某所借款项尚有40万元未予归还一事已起诉至安庆市宜秀区人民法院，该院于2015年10月16日立案，于2016年3月16日作出判决，生效后现已进入执行程序。**吴某1被借款项在公安机关立案前大部分已归还且吴某1已选择了民事救济途径**，故公诉机关指控被告人崔某及被告单位安庆市地益化肥有限公司构成合同诈骗罪的指控不能成立，本院不予支持，对崔某及其辩护人此节辩解、辩护意见，本院予以采纳。

3. 丁某甲犯合同诈骗罪（二审）

审理法院：四川省攀枝花市中级人民法院

案号：（2015）攀刑终字第160号

裁判理由：

本院认为，**上诉人（原审被告人）丁某甲转让股权给龙某某的行为属一般民事行为，其签订股权协议时未经股东大会决定，仅系违反了《公司法》的规定，上诉人（原审被告人）丁某甲未退还龙某某钱的行为仅为民事债权债务纠纷，不构成合同诈骗罪**。上诉人丁某甲及其辩护人提出的诉、辩意见成立。

4. 石某合同诈骗（二审）

审理法院：四川省高级人民法院

案号：（2014）川刑终字第484号

裁判理由：

本院认为，……**石某与游某甲之间的永兴粘土矿及采矿权转让合同应属于民事法律关系**，石某未履行支付700万元合同价款的行为，**虽属于严重违反诚信的违约行为，但应属于民事法律关系调整的范畴**。

无罪裁判要旨五：被害人未陷入错误认识的，不应认定合同诈骗罪成立

典型无罪案例：

1. **吴某合同诈骗、骗取贷款、票据承兑、金融票证（二审）**

审理法院：山东省东营市中级人民法院

案号：（2019）鲁05刑终139号

裁判理由：

本院认为，……综上，**平安银行对长丰公司的贷款目的、担保人的状况应是知情的，并未陷入错误认识而发放贷款**，长丰公司相应获取贷款的行为不符合骗取贷款罪的构成要件，吴某作为主管人员亦不构成骗取贷款罪。吴某及辩护人所提"吴某不构成骗取贷款罪"的上诉理由、辩护意见成立，本院予以采纳。

2. **颜某合同诈骗罪（一审判决，经检索未发现有二审判决）**

审理法院：海南省海口市中级人民法院

案号：（2017）琼01刑初127号

裁判理由：

本院认为，……第三，从《股权转让协议》的内容来看，明确约定"鉴于国家严格控制耕地转为商用住地，充分考虑该宗土地变更土地用途的难度，海禾置业公司应确保本条义务的履行"。证明诚润公司在签约时对于涉案土地不在城镇建设用地范围内，目前不能用于非农业建设的情况是明知的，而且合同双方对于合作存在的障碍和风险达成了共识。合同的签订，要求合同当事人应当具有审慎注意义务，诚润公司作为专业房地产公司，对于土地政策应有明确的理解和认知，土地是否能变性成功不但取决于颜某的海禾置业公司是否尽力切实地履行合同，还会受到政府决策、土地政策以及市场变化等诸多因素的影响，其在明知土地现状以及可能存在土地变性不能风险的情况下，在合同中明确约定了风险控制及相应措施，**之后依约支付股权转让金并取得海禾置业公司的股权，并不是被告人颜某的原因导致认识错误，并基**

于错误认识交付财物。

3. 车某、王某合同诈骗罪（一审判决，经检索未发现有二审判决）

审理法院：四川省成都市中级人民法院

案号：（2017）川01刑初85号

裁判理由：

本院认为，……本案证据中，被告人王某的供述，证人熊某、陈某1、曾某等人的证言均印证证实，在缔结借款合同前，黄浦小贷公司派陈某1等人到金某公司进行过考察，核实工程的真实性，并对工程、楼盘及公司负债情况形成报告，同时要求金某公司提供了多项担保措施。**即本案证据不足以证实黄浦小贷公司骆某借款给金某公司，是一种陷入错误认识而处分财产的行为。**

4. 莫某合同诈骗罪（一审判决，经检索未发现有二审判决）

审理法院：山西省太原市迎泽区人民法院

案号：（2016）晋0106刑初400号

裁判理由：

本院认为，……莫某与林某1签订的《合同协议》被害人马某也知情，而且该《合同协议》还是《投资建房合作协议》的附件；在施工过程中，被害人马某指派了代理人王某2、工程监理人李某民全程参与项目的施工、建设，其对项目的建设情况以及海口市美兰区城管执法局执法大队要求停止施工，并下达《责令停止违法（章）行为通知书》的事实是知悉的，可见，**被害人是在知悉上述情况的情形下仍然持续支付工程进度款及受让D单元的首批价款的。**

5. 杨某合同诈骗（一审判决，经检索未发现有二审判决）

审理法院：四川省成都市中级人民法院

案号：（2015）成刑初字第00041号

裁判理由：

本院认为，……因此，在是否为高利借贷的关键问题上，被害人与被告人、证人之间存在截然相反的陈述，而本案其他证据又不能完全排除任何一方的陈述。其次，**杨某虽然有隐瞒公司实际经营状况和出具虚假印章的行为，但上述行为与被害人是否因此陷入错误认识而出借资金之间并无必然的因果关系。**

无罪裁判要旨六：合同履行态度积极：不逃避还款，积极应诉，没有逃匿行为，不应认定具有非法占有目的

典型无罪案例：

1. **赵某合同诈骗罪（一审判决，经检索未发现有二审判决）**

审理法院：新疆维吾尔自治区哈密市伊州区人民法院（原新疆维吾尔自治区哈密市人民法院）

案号：（2019）新2201刑初680号

裁判理由：

本院认为，……**被告人赵某具有积极还款的行为**。被告人赵某与邱某签订合同后，被告人赵某收取邱某280万元，在不能履行合同的情况下，赵某以吉泰公司的名义向邱某出具了收据，双方书面解除了合同。因邱某所出的资金中85万元系王某、任某、邓某云及呼某所出。2013年，赵某偿还王某178,000元。2019年3月31日，赵某与邱某、胡传超达成还款协议，由赵某向胡传超归还赵某欠邱某的469万元。**同时赵某在收款后也未逃匿，在邱某向法院提出民事诉讼时，也积极应诉**。

2. **李某合同诈骗罪（再审）**

审理法院：安徽省宿州市埇桥区人民法院

案号：（2019）皖1302刑再4号

裁判理由：

本院重再审认为，相钧公司与兴源公司签订《煤炭买卖合同》后，李某积极预订车皮计划等，并办成车皮计划一列，履行了部分合同义务。

3. **刘某合同诈骗罪（二审）**

审理法院：陕西省铜川市中级人民法院

案号：（2019）陕02刑终18号

裁判理由：

本院认为，……**从刘某丙等证人证言可知，刘某在2013年9月之后有向他人归还借款或支付工程款的事实。本案涉案的451万元款项去向不明，在治理项目被叫停后，刘某独自承担了451万订金的还款义务，证据显示他向王某甲退还了121万元，并委托他人与王某甲达成了还款协议。刘某并未一味逃避返还财物**。故刘某非法占有他人财物的目的难以认定。

4. 杭州迪雅科技有限公司、戚某合同诈骗罪（一审判决，经检索未发现有二审判决）

审理法院：浙江省杭州市中级人民法院

案号：（2017）浙01刑初14号

裁判理由：

本院认为，……经审理认为，迪雅公司及戚某在与中水公司签订、履行相关合同过程中，采用了提供虚假财务报表、隐瞒资不抵债并巨额亏损情况等欺骗手段，但是，迪雅公司系长期负债经营，2013年上半年因摩托罗拉手机退出中国市场，迪雅公司的主要业务发生重大变故，经营状况恶化，迪雅公司及戚某于2013年4月至9月通过向中水公司等单位、个人借款维持负债经营，并通过与通讯运营商加大合作、拓展网络机顶盒等业务寻找新的利润增长点以挽救企业；**在中水公司于2013年10月停止借款并要求还款后，迪雅公司及戚某对所欠款项没有放任不管，至2014年4月，迪雅公司及戚某采用货物抵债等方法进行补救，将所欠债务从2700余万元减少为1800余万元，还通过协议将预计可从通讯运营商处获得的收益转让给中水公司，戚某及妻子还向中水公司出具了个人承担无限连带责任的保证书，其间，迪雅公司及戚某在不知道中水公司已于2013年11月向公安机关报案的情况下，于2013年11月至2014年4月，将迪雅公司、戚某及家人的房产进行抵押所得的借款，用于归还银行等金融机构贷款共计850万元；**综上，起诉书指控迪雅公司及戚某以非法占有为目的诈骗中水公司款项的证据不足，指控迪雅公司及戚某犯合同诈骗罪不能成立。

5. 杨某某合同诈骗（一审判决，经检索未发现有二审判决）

审理法院：河北省南和县人民法院

案号：（2018）冀0527刑初167号

裁判理由：

本院认为，……从2014年4月9日借款1500万元起截至案发时，进功集团向鑫达来公司偿还借款2984.6万元，其中偿还涉案借款利息424.5万元，而后续补签的抵押物210套房产价值仅仅2500万元。**进功集团在经营形势严峻、企业经济困难情况下，持续多次偿还本金利息，可见进功集团具有履行借款合同的诚意，只是由于暂时的经济困难，未能完全履行合同。**

6. **刘某合同诈骗罪（一审判决，经检索未发现有二审判决）**

审理法院：四川省绵阳市涪城区人民法院

案号：（2018）川 0703 刑初 602 号

裁判理由：

本院认为，……**从合同履行态度上看，在合同履行过程中，刘某联系中恒公司投资，并已明确告知胡某涉案的葡萄庄园酒店项目系由中恒公司投资，同时做好了施工图交由胡某，并带领胡某多次到中恒公司联系拨款事宜，其作为中鑫公司法定代表人在履行合同的过程中态度积极。**

7. **横津市某煤炭经销有限公司、栾某合同诈骗（一审判决，经检索未发现有二审判决）**

审理法院：辽宁省大连市甘井子区人民法院

案号：（2018）辽 0211 刑初 169 号

裁判理由：

本院认为，……此外，被告人栾某代表津亨公司与泰德公司工作人员多次就案涉合同解除等相关事宜进行交涉，**且进入民事诉讼程序，后因泰德公司当庭申请撤回诉讼而终止，栾某没有逃避诉讼的行为。**

8. **颜某合同诈骗罪（一审判决，经检索未发现有二审判决）**

审理法院：海南省海口市中级人民法院

案号：（2017）琼 01 刑初 127 号

裁判理由：

本院认为，……案发前诚润公司发现颜某无法履行合同时，双方于 2011 年 8 月 3 日签订协议，约定颜某偿还诚润公司 2100 万元的借款及利息，并以 900 万元回购海禾置业公司 90% 股权，**颜某在案发前共退还诚润公司 4, 204, 320 元，案发后又退还了 2105 万元，共退还了 25, 254, 320 元，有积极还款行为，**在海禾置业公司 90% 股权仍然登记在诚润公司名下的情况下，归还的借款已超出 2100 万元。**且在案发前直至法院审理过程中，颜某始终对其应承担的违约责任予以认可，表示会尽可能偿还完所有欠款及相应利息，并没有“跑路”“躲藏”“隐匿、转移资产”等逃避责任的行为。**

9. **杨某合同诈骗（一审判决，经检索未发现有二审判决）**

审理法院：四川省成都市中级人民法院

案号：（2015）成刑初字第 00041 号

裁判理由：

本院认为，……**杨某在客观上有还款的行为**。杨某取得借款后，在合同履行过程中有陆续还款的行为，虽然俊捷鞋业公司、嘉臣酒店出现经营困难，但所涉及的部分债权债务已由民事判决确认并已进入执行程序。即使俊捷鞋业公司、嘉臣酒店及杨某名下的资产不足以偿付所有债务，也应按照相关民事程序处理。

10. **王某合同诈骗（一审判决，经检索未发现有二审判决）**

审理法院：天津市东丽区人民法院

案号：（2016）津0110刑初812号

裁判理由：

本院认为，……综合以上分析，**本案被告人王某具有履行合同的诚意，也为履行合同作出了积极努力**，虽然合同最终未能够全面履行，并给对方造成一定的经济损失，但公诉机关关于王某具有非法占有目的的主观故意的指控证据尚未达到确实充分的证明标准。

11. **刘某、吴某合同诈骗合同诈骗（一审判决，经检索未发现有二审判决）**

审理法院：江西省武宁县人民法院

案号：（2016）赣0423刑初71号

裁判理由：

本院认为，……刘某及广东誉璇投资管理有限公司在协议签订时具备承担违约责任的经济能力，在协议签订的前后，**有促进协议实现的实际运作行为**（如向武某县林业局多次递交申请，制作申请报告等），**在协议不能如期履行时，无转移资产、隐匿财产等逃避承担违约责任的行为。在帅某等人要求返还订金及赔偿款后，刘某愿意赔偿经济损失，并出具了欠条，双方达成了合意，且之后双方仍保持联系。**

12. **王某合同诈骗罪（一审判决，经检索未发现有二审判决）**

审理法院：四川省雷波县人民法院

案号：（2015）雷波刑初字第37号

裁判理由：

本院认为，……**发生纠纷后，通过雷波县政府组织相关人员协调时被告人王某并未逃避违约责任，并同意赔偿阿某1的经济损失，其实际应赔付阿**

某1的损失已由工程项目部垫付，……

13. **王某甲合同诈骗（二审）**

审理法院：河北省唐山市中级人民法院

案号：（2015）唐刑终字第154号

裁判理由：

本院认为，……王某甲并非没有实际履行能力，并非以先履行小额合同或者部分履行合同的方法，诱骗对方继续签订和履行合同，**其收受天马公司给付的货物及货款后，并未逃匿**。

14. **被告人刘某某合同诈骗（一审判决，经检索未发现有二审判决）**

审理法院：山东省威海经济技术开发区人民法院

案号：（2013）威经技区刑初字第81号

裁判理由：

本院认为，……**被告人刘某某在与盖某某等人签订合同收取大部分款项后，仍然向当地村委交纳采沙款，并在非法采沙行为受阻后，与盖某某等人续签了补充协议，约定了各自负责协调有关部门的关系，说明其主观上有促成合同履行的意图**。

15. **李某合同诈骗（一审判决，经检索未发现有二审判决）**

审理法院：云南省盈江县人民法院

案号：（2014）盈刑初字第130号

裁判理由：

黄某1报案时被告人李某并非确实无法联系，认定被告人李某逃匿的证据不充分。本案被告人李某以非法占有为目的，在签订、履行合同过程中，**骗取对方当事人财物后逃匿的基本事实不清，基本证据不足**。

16. **王某合同诈骗（一审判决，经检索未发现有二审判决）**

审理法院：天津市滨海新区人民法院

案号：（2014）滨刑初字第4号

裁判理由：

本院认为，……在相关民事诉讼过程中，**被告人王某的亲属与被害人进行过多次协商，均表示可以用该房产抵债，愿意积极偿还债务**，但因被害方要求的数额远超过借款合同数额而未达成一致，在刑事案件进入起诉审查阶段，**被告人王某的母亲请求检察院出面主持双方进行调解，表示愿意尽力归**

还欠款。……最后，关于被告人王某到期没有还款、李二某称找不到王某、公诉机关指控其逃匿的问题。被告人王某当庭辩解称，其曾陆续还款给李二某100余万，当时也未离开天津，但由于李二某要求过高的还款数额，并为了追讨剩余款项限制其人身自由，跟踪其父母，其为了父母人身安全才于2013年3月份去了鞍山，**且其在鞍山期间并不知道自己行为涉嫌犯罪，还委托其母亲参加与李二某之间的民事诉讼，其行为不构成逃匿**。根据王某的辩解及相关证人证言，结合在王某父母与李二某协商过程中双方意见立场，现有证据不足以认定被告人王某系基于非法占有的目的进行逃匿。

17. **王某合同诈骗罪（再审）**

审理法院：吉林省通化市中级人民法院

案号：（2018）吉05刑抗1号

裁判理由：

本院认为，……**案发后将借款及利息归还债权人，并取得了债权人的谅解，亦未逃匿**。

18. **青海某某有限公司、王某某合同诈骗（一审判决，经检索未发现有二审判决）**

审理法院：青海省西宁市中级人民法院

案号：（2016）青01刑初6号

裁判理由：

本院认为，某某公司通过招、拍、挂方式取得了本市黄河路＊＊号、＊＊号、兴海路＊号的土地使用权，开发建设“某某某花园小区”，并建成四栋高层住宅楼和一栋办公楼，尚有一栋高层住宅楼未开工建设。某某公司及王某某在安置回迁户和普通购房户的过程中，**有将回迁安置房抵押给他人、销售给普通购房户，或与他人签订虚设拆迁安置协议后又将签约房安置回迁户、抵押给债权人、销售给他人等的行为，对回迁户、抵押权人、普通购房户隐瞒了与另一方签订合同的事实，具有欺诈的行为，但其向绝大部分住户交付房屋，在房屋相冲突时又为多数购房人、回迁户调整住房，履行合同**。同时本案中涉案款项去向不明，现有证据不能证实被告单位及王某某将借款、购房款、回迁户交纳的超面积款等予以挥霍或其他不正当支出，无法证实其主观上具有非法占有他人财物的故意。

无罪裁判要旨七：存在欺骗性手段不等于具有非法占有目的，不必然构成合同诈骗罪，有可能属于民事欺诈行为

典型无罪案例：

1. **吴某合同诈骗案（二审）**

审理法院：浙江省高级人民法院

来源：《最高人民法院公报》2003 年第 1 期

裁判理由：

被告人吴某虽系根据与樱花公司的约定与长城公司洽谈签订协议，但其在中介过程中，违背诚实信用原则，为抬高身价，在协议的封面和内容上多处以西门子公司作为主体，给人以代表西门子分公司的印象，待签订协议之后，再予修正；并且在长城公司和樱花公司签订的低压成套项目协议上又私自加进其他内容。上述欺诈行为有相应的证据证实，原判也在事实部分作了相应的认定，检察机关抗诉对此部分提出的异议成立。但综观全案，**吴某在代表樱花公司与长城公司签订和履行技术合作中，一些行为虽然具有一定的欺骗性，但其主观上尚不具有以欺骗的手段非法占有长城公司财产的目的。吴某与长城公司签约的直接动机，是希望西门子分公司的有关技术合作项目能够转让成功，使其本人能够从中获取高额技术转让费**。在客观上，吴某作为樱花公司的商务代理，具备一定的履约能力，也有积极履行合同的诚意和行动，拒退保证金是事出有因，并不是企图骗取长城公司的财产，不属于《最高人民法院关于审理诈骗案件具体应用法律若干问题的解释》中规定的“明知自己没有履行合同的能力而采取欺骗手段骗取他人财物的”或者“隐匿合同保证金等担保合同履行的财产，拒不返还”的情形。长城公司虽在与吴某接洽初期，受吴某某些不当行为的误导，但终究是在经过考察了解后，确认有获得西门子分公司技术合作的可能，同意与吴某等人签约并支付有关款项，亦不属被骗；且长城公司通过樱花公司及吴某等人的中介，最终达到了与西门子分公司技术合作的目的，已经成为受益者。有鉴于此，吴某的行为不构成合同诈骗罪，检察机关要求按合同诈骗罪对其定罪处罚的抗诉理由不足，不予采纳。

2. **冯某合同诈骗、伪造公司、企业、事业单位、人民团体印章案（再审）**

审理法院：河北省廊坊市中级人民法院

案号：（2018）冀 10 刑再 4 号

裁判理由：

本院认为，相关证据虽能证实冯某在签订履行合同过程中，**采取了欺骗手段并分别取得了明某公司和李某方的相应财物，但现有证据不足以认定冯某存在非法占有上述财物的主观故意，大城县人民检察院指控冯某的上述行为构成合同诈骗罪，证据不足，不能成立**。

3. **曾某、陶某合同诈骗（一审判决，经检索未发现有二审判决）**

审理法院：湖南省长沙市雨花区人民法院

案号：（2017）湘 0111 刑初 709 号

裁判理由：

本院认为，**二被告人虚构借款用途的目的是得到该笔借款，但不能认定为非法占有**。

4. **武汉鑫盛房地产开发有限公司、李某合同诈骗（二审）**

审理法院：湖北省武汉市中级人民法院

案号：（2017）鄂 01 刑终 1280 号

裁判理由：

本院认为，鑫盛公司在与三星公司签订《协议书》，**收取保证金的过程中虽然有一定的民事欺骗行为，但达不到刑法意义上合同诈骗罪的法定构成要件**。

5. **陈某合同诈骗（二审）**

审理法院：广东省湛江市中级人民法院

案号：（2017）粤 08 刑终 54 号

裁判理由：

本院认为，上诉人陈某在与赵某 1 签订抵押合同和借款合同过程中，**虽然有隐瞒事实真相的行为，但属于民事欺诈，不具有非法占有赵某 1 财物的主观故意**，原审判决认为上诉人陈某的行为构成合同诈骗罪的事实不清，证据不足，本院予以纠正。

6. **康某合同诈骗（一审判决，经检索未发现有二审判决）**

审理法院：河北省涿州市人民法院

案号：（2017）冀 0681 刑初 120 号

裁判理由：

本院认为，**被告人康某虽然冒用"兰州龙山"名义订购龙某公司 PS 版**

销售，但该冒用行为是为了规避与龙某公司片区业务经理康某1之间的亲属关系，且康某自2003年起与龙某公司发生业务往来，有订货有回款，被告人康某是否具有非法占有的主观目的证据不足。

7. **韩某合同诈骗罪（二审）**

审理法院：山西省运城市中级人民法院

案号：（2015）运中刑二抗字第21号

裁判理由：

本院认为，……**虽在借款中发现云天公司法人签字时不是法人代表李某签字，向汇亿通公司隐瞒了此情况，但其主观上还是为了顺利借款用于生意。**

8. **叶某樟合同诈骗罪（一审判决，经检索未发现有二审判决）**

审理法院：广东省深圳市福田区人民法院

案号：（2015）深福法刑初字第757号

裁判理由：

本院认为，……**民事欺诈行为在经济生活中普遍存在，应当与犯罪行为准确界分，并非一旦存在不诚信的欺骗行为均纳入刑事打击和处罚范畴**，合同法在缔约过失责任中就规定，故意隐瞒与订立合同有关的重要事实或提供虚假情况的，给对方造成损失应当承担赔偿责任。因此，**即使存在被告人向被害人隐瞒真实收购价格的可能，但在被告人投入两所学校资金总额无法查清而被告人又已实际收购两所学校并付诸运营管理的前提下，亦只宜将其行为定性为违反诚实信用原则的民事欺诈行为，而不宜以合同诈骗罪追究其刑事责任。**

9. **董某某、冯某合同诈骗、诈骗案（一审判决，经检索未发现有二审判决）**

审理法院：江西省宜春市中级人民法院

案号：（2016）赣09刑初20号

裁判理由：

本院认为，……虽然，董某某等人为达到借款目的，**向被害人周某1提供了虚假的联营协议和可行性研究报告，但其目的不是占有借款，而是希望用借款买地谋利。**

10. **王某、许某、张某合同诈骗（一审判决，经检索未发现有二审判决）**

审理法院：陕西省宝鸡市中级人民法院

案号：（2018）陕 03 刑初 18 号

裁判理由：

本院认为，被告人张某在与刘某 1 签订工程施工责任书后，采取分包工程的手段与陈某 2 签订“联合协议”并收取保证金 40 万元的事实清楚。陕西省发展交通能源建设集团有限公司法定代表人黄某清证言证实其因承揽工程一事给张某出具过委托书，张某并未虚构交易主体。**其伪改施工责任书及收据的行为有夸大实力之意，但目的是促成合同订立，确保合同利益的实现**。

11. **武汉某某有限公司、王某某合同诈骗（一审判决，经检索未发现有二审判决）**

审理法院：湖北省武汉市蔡甸区人民法院

案号：（2018）鄂 0114 刑初 339 号

裁判理由：

本院认为，被告单位富某公司在合同履行过程中，违反了民事活动诚实信用的原则，将融资租赁设备与其享有所有权的设备混同用于借款抵押，**对该租赁设备存在融资租赁或被查封的事实采取了欺骗性手段，但该欺骗性手段在签订、履行合同当中并非起着根本性、关键性的作用，属于意思表示有瑕疵的行为**。

无罪裁判要旨八：合同款用于日常经营开支（还债、发工资）的，不构成合同诈骗罪

典型无罪案例：

1. **四川中科盈文化旅游开发有限公司、禹某合同诈骗罪（二审）**

审理法院：四川省成都市中级人民法院

案号：（2018）川 01 刑终 846 号

裁判理由：

本院认为，**中科盈公司收取君羊公司保证金后，确将该款用于公司的日常经营开支，包括归还资金拆借款、人工工资和退还华南公司保证金等，款项使用均属于公司正常经营范畴**。

2. **覃某诈骗罪（二审）**

审理法院：河北省唐山市中级人民法院

案号：（2018）冀 02 刑终 593 号

裁判理由：

本院认为，……另外，本案涉案款项1630万元的去向，**覃某称系还了其经营的位于海淀区文慧路甲12号的酒店之前所欠的装修费用，检察机关亦认定涉案1630万元覃某用于归还其所经营的饭店装修时所欠债务**，现无证据证实覃某得款后将此款进行挥霍或拒不返还，综合现有证据不足以证实覃某主观上具有非法占有的故意。

3. **车某、王某合同诈骗罪（一审判决，经检索未发现有二审判决）**

审理法院：四川省成都市中级人民法院

案号：（2017）川01刑初85号

裁判理由：

本院认为，……指控车某、王某在履行合同过程中，具有非法占有故意的证据不足。

从资金的实际占有和使用情况看，相关审计报告、银行流水、证人证言等证实，**金某公司从骆某处所借款项在进入公司账户，经车某同意后除部分用于支付工程款外，主要用于归还之前的借款**，本案无证据证实车某、王某有挥霍借款资金或用来偿还非法债务的情形。**观山水项目在修建过程遭遇山体滑坡，至今未能修建完成；金某公司及车某在借款前期及经营期间在民间确有大量高息借贷；这种支付之前因经营活动产生的欠款及因经营失败导致不能偿还借款的行为，不宜认定为非法占有。**

4. **王某诈骗（二审）**

审理法院：天津市第一中级人民法院

案号：（2017）津01刑终635号

裁判理由：

本院认为，……现有证据证实王某将借款实际用于生产经营，未用于挥霍，也未用于非法活动。王某从元某2公司取得第一笔借款后，将其中48万元用于偿还元某2公司利息，将其中的300万元出借给中焱公司，中焱公司还款后将其中200万元出借给乾坤公司，将其中的450万元用于王某控制的宝隆公司购买新都大厦的房产。**上述借款均被用于生产经营，并不存在被王某用于非法活动或者个人挥霍的情况。**

5. 叶某樟合同诈骗罪（一审判决，经检索未发现有二审判决）

审理法院：广东省深圳市福田区人民法院

案号：（2015）深福法刑初字第757号

裁判理由：

本院认为，……**在案银行转账记录、收据及被告人供述、证人证言等材料虽无法确证每一笔开支均系叶某樟用于收购、运营两所学校的实际支出，但亦无相反证据表明确实与之无关。**根据存疑有利于被告人原则，当可据此大致认定叶某樟对两所学校的资金投入。叶某樟投入两所学校的资金大于蔡某1支付的款项，可以证实叶某樟未将款项占为己有，而是用于约定用途，即相关款项已实际转化为二人共同经营、谋取利益的资本，被害人亦在法律上享有该资本运营带来的权益，支付给出让方、投入学校运营的款项不应认定被叶某樟非法占为己有。

6. 杨某合同诈骗（一审判决，经检索未发现有二审判决）

审理法院：四川省成都市中级人民法院

案号：（2015）成刑初字第00041号

裁判理由：

本院认为，……**杨某取得借款后，基本用于归还银行贷款、偿还公司其他债务或者支付公司日常生产经营等费用，虽然杨某以他人名义购买了价值90余万元的轿车，但与4400余万元的借款总额相比，该部分资金所占比例较小，而现有证据并不能证实杨某另有其他挥霍行为或者将借款用于偿还赌博等非法债务。**因此，指控杨某将所借资金用于个人挥霍或非法占有证据不足。

无罪裁判要旨九：配合被害人在案发前将财物追回且被害人已选择民事救济手段，不构成合同诈骗罪

典型无罪案例：

安庆市地益化肥有限公司、崔某合同诈骗、贷款诈骗（一审判决，经检索未发现有二审判决）

审理法院：安徽省淮北市中级人民法院

案号：（2017）皖06刑初11号

裁判理由：

本院认为，……**吴某 1 被借款项在公安机关立案前大部分已归还且吴某 1 已选择了民事救济途径**，故公诉机关指控被告人崔某及被告单位安庆市地益化肥有限公司构成合同诈骗罪的指控不能成立，本院不予支持。

无罪裁判要旨十：受害方财务人员未尽审慎审查义务，不宜认定合同诈骗罪

典型无罪案例：

1. **高某合同诈骗罪（一审判决，经检索未发现有二审判决）**

审理法院：甘肃省永昌县人民法院

案号：（2018）甘 0321 刑初 93 号

裁判理由：

经查证，被告人高某实施了使用计量单结算联复印件、原件重复报账的行为，该行为的发生，**究其原因或有被告人高某主观方面的因素，亦有甘肃春天化工有限公司相关财务人员未遵守财务制度、未尽审慎审查义务的原因，该行为不论由被告人高某积极追求造成或记忆混淆发生，因有其他因素的介入，故不宜认定为合同诈骗行为**。

2. **李某雄犯合同诈骗罪一案（二审）**

审理法院：湖南省永州市中级人民法院

案号：（2018）湘 11 刑终 173 号

裁判理由：

李某雄以揭西县南山新联机械设备厂名义出具给聚源公司总额为 2131.8591 万元的结算清单，系李某雄单方出具，并非经双方共同结算和聚源公司确认的最终结算，**李某雄提供的结算单虽有不实，但只要聚源公司尽到了足够的民事注意义务，即足以防范李某雄不实结算的风险**。

3. **杨某合同诈骗（一审判决，经检索未发现有二审判决）**

审理法院：四川省成都市中级人民法院

案号：（2015）成刑初字第 00041 号

裁判理由：

被害人向杨某出借巨额资金时，**按常理有义务对其经营企业的资产及偿还能力进行仔细地审核，以确保所出借资金的安全，尤其在对俊捷鞋业公司**

资产是否存在重复抵押的审查方面，只要通过向房地产登记和管理部门进行查询即可知晓，但本案被害人并未履行审查义务，在未经查询的情况下与杨某签订了短期借款合同，故不能完全排除被害人明知杨某经营的公司陷入资金困难而放高利贷的可能性。

无罪裁判要旨十一：被告方有在就项目真实经营的，不宜认定为合同诈骗罪

1. **高某、孙某合同诈骗案（二审）**

审理法院：河北省高级人民法院

来源：刑事审判参考指导案例［第1299号］

裁判理由：

河北省高级人民法院经审理认为，**上诉人高某、孙某在与世达公司签订合同时存在欺诈行为，但鑫海公司的新民居建设项目真实存在且有一定的前期投入，收取的保证金主要用于归还项目经营形成的债务以及公司日常支出，认定二上诉人非法占有目的的证据不足。高华、孙某及其辩护人所提本案属于民事纠纷**，二上诉人不构成合同诈骗罪的上诉理由和辩护意见予以采纳，依照一二年《刑事诉讼法》第195条第1款第3项、第225条第1款第3项、第233条之规定，依法改判高某、孙某无罪。

2. **朱某合同诈骗罪（二审）**

审理法院：甘肃省文县人民法院

案号：（2017）甘1222刑初66号

裁判理由：

本院认为，……起诉书指控被告人涉嫌合同诈骗罪的合同为2012年8月15日签订的《转让协议》，**协议签订时，被转让经营权的阳光商务大酒店实际由被告人朱某经营，并非虚构**。

3. **杨某合同诈骗（一审判决，经检索未发现有二审判决）**

审理法院：四川省成都市中级人民法院

案号：（2015）成刑初字第00041号

裁判理由：

本院认为，……认定杨某主观上具有非法占有的故意证据不足。首先，**杨某经营的俊捷鞋业公司和嘉臣酒店真实存在，杨某带被害人实地参观了所**

经营的企业，亦证实上述公司确有正常的生产经营活动。

4. **王某合同诈骗（一审判决，经检索未发现有二审判决）**

审理法院：天津市东丽区人民法院

案号：（2016）津0110刑初812号

裁判理由：

本院认为，……通过以上案件事实分析，**樱桃鸭养殖项目确实存在，被告人王某为经营该项目投入巨大，从泰北公司购进钢材不排除是为统一工程质量**。

5. **晏某犯合同诈骗罪（二审）**

审理法院：湖南省长沙市中级人民法院

案号：（2014）长中刑二重终字第00776号

裁判理由：

本院认为，……三是土地被置换之后，合伙人左某退出合作，中创公司还在积极进行招商引资的工作，其中与长峰电缆和互力达公司签订了协议，长峰电缆支付了5万元定金。**故中创公司有实际项目开发，该项目开发并未虚构**。

6. **王某某合同诈骗（一审判决，经检索未发现有二审判决）**

审理法院：广东省佛山市南海区人民法院（原广东省南海市人民法院）

案号：（2013）佛南法刑初字第1413号

裁判理由：

本院认为，……根据三被害单位与CNA公司之间的订单、提单等单据、电子邮件及三被害单位负责人的陈述反映，**最终收取货物的美国客户是真实存在的，被告人所代表的CNA公司与三被害单位存在正常的货物买卖交易关系，被告人并非为了诈骗而设立CNA公司**。

7. **蒋某、张某、马某合同诈骗罪（一审判决，经检索未发现有二审判决）**

审理法院：安徽省蚌埠市中级人民法院

案号：（2007）蚌刑初字第10号

裁判理由：

本院认为，**两个公司及国盾治安管理信息系统均是真实存在的，且浙江国盾公司取得了广东国盾公司的授权**。此外，杭州金国盾公司在2002年已经同舟山市公安局合作完成了该项目的建设。因此，两公司有权在杭州市和浙江省推广使用国盾印章系统。

8. 车某、王某合同诈骗罪（一审判决，经检索未发现有二审判决）

审理法院：四川省成都市中级人民法院

案号：（2017）川01刑初85号

裁判理由：

本院认为，……车某、王某**具有真实经营的实体企业**和真实的借款事由。金某公司的观山水项目是真实存在的，并非二人为取得借款而故意虚构的项目。该公司以自有土地及部分自有资金，通过民间借贷融资经营的模式投入开发，在与黄浦小贷公司订立借款合同前，房地产项目部分已具有规模并达到预售条件。房地产开发行业的高负债运行也是种行业特点，故不能仅以金某公司负债率高，资不抵债来判定其没有开发能力乃至没有履行借款合同的能力。

无罪裁判要旨十二：被害方不存在实际损失的，不构成合同诈骗罪

典型无罪案例：

李某合同诈骗（一审判决，经检索未发现有二审判决）

审理法院：北京市第二中级人民法院

案号：（2018）京02刑初22号

裁判理由：

本院认为，……**在案证据尚不能证明伊某、吴某报案前因李某的行为存在500万元经济损失**。……吴某所称"已归还王某1800余万元，故借给李某的钱与王某1没有关系"，经查，如根据吴某的证言，涉案的500万元与伊某写给王某1的1138万元借条并无关系，侧面印证了伊某夫妇与王某1存在大量资金拆借；公诉机关补充侦查的证据中可见，朱某、黄某账户确有向王某1转款的事实，但无法证明与本案所涉500万元相关；王某1、吴某关于是否已归还王某1涉案500万元的证言说法不一。综上，现有证据仅能证明伊某、王某1、李某之间存在形式上的债权转让，**伊某与王某1之间有大量经济往来，但既不能证明伊某偿还了王某1涉案的500万元，也不能证否，无法证实伊某存在500万元经济损失**。对于有关王某1与伊某、吴某之间是否偿还涉案500万元的证据，本院均不予确认。

无罪裁判要旨十三：被害方立约目的已客观实现的，不构成合同诈骗罪

典型无罪案例：

郭某合同诈骗（一审判决，经检索未发现有二审判决）

审理法院：江西省景德镇市珠山区人民法院

案号：（2016）赣0203刑初92号

裁判理由：

本院认为，……犯罪的客观表现方面，2010年9月22日，郭某与吴某签订景德镇卡西纳店转让协议时，已向吴某支付履约定金计人民币6万元，该合约未能履行是吴某的反悔违约所致；**2010年10月29日，在转让合约未能继续履行的情况下，郭某与吴某又签订了有关景德镇卡西纳店整体承包经营协议，在客观上实现了安某、卡罗某投资经营的目的。**

无罪裁判要旨十四：受单位领导指派或奉命而参与实施了一定犯罪行为，行为人不构成合同诈骗罪

典型无罪案例：

陈某合同诈骗罪（一审判决，经检索未发现有二审判决）

审理法院：黑龙江省齐齐哈尔市梅里斯达斡尔族区人民法院

案号：（2017）黑0208刑初81号

裁判理由：

本院认为，……按照《最高人民法院关于印发〈**全国法院审理金融犯罪案件工作座谈会纪要**〉的通知》认定标准：“**在单位犯罪中，对于受单位领导指派或奉命而参与实施了一定犯罪行为的人员，一般不宜作为直接责任人员追究刑事责任。”陈某的行为在本案单位犯罪中所起的作用有限，不宜列为其他直接责任人追究刑事责任。**

无罪裁判要旨十五：通过双方履约间接获取财产利益不等于非法占有对方财物

典型无罪案例：

1. **叶某樟合同诈骗罪（一审判决，经检索未发现有二审判决）**

审理法院：广东省深圳市福田区人民法院

案号：（2015）深福法刑初字第757号

裁判理由：

本院认为，……根据查明的事实，以履约行为作为基础，结合其履约目的、态度及对合同标的物的处置等，仍可判定被告人的行为有别于合同诈骗罪：目的。**显然其行为旨在使被害人对收购价格产生错误认识并作出有利于己的民事行为，再通过双方共同收购、运营学校谋取经济利益，主观目的是经营，只是希望通过实施欺诈行为多获取对方一定经济利益，意图占相对方便宜，在显失公正的交易中谋取不法利益，实质是通过双方履约间接获取财产利益，而非非法占有对方的财物。这与以直接非法占有对方财物为故意内容的合同诈骗罪存在本质区别**。……

2. **董某某、冯某合同诈骗、诈骗（一审判决，经检索未发现有二审判决）**

审理法院：江西省宜春市中级人民法院

案号：（2016）赣09刑初20号

裁判理由：

本院认为，……虽然，**董某某等人为达到借款目的，向被害人周某1提供了虚假的联营协议和可行性研究报告，但其目的不是占有借款，而是希望用借款买地谋利**。综上，现有证据不能认定董某某主观上具有非法占有他人财物的目的，起诉书指控被告人董某某犯合同诈骗罪，证据不足，指控不能成立。被告人董某某及其辩护人认为董某某不构成犯罪的辩护意见，本院予以采纳。

3. **吴某祥、吴某合同诈骗（二审）**

审理法院：江西省上饶市（地区）中级人民法院

案号：（2015）饶中刑二终字第57号

裁判理由：

本院认为，……上诉人吴某祥向郑某购买西坑庄山场时，确实存在带人冒充吴某与郑某签订西坑庄山场转让合同，以及在郑某将山场过户到吴某名下后多次违反约定的失信行为。**但是吴某祥主观上没有非法占有山场的故意，其想通过郑某将山场转让后，用山场抵押给银行贷款，来间接获取非法财产利益**。

4. **丁某、易某、韦某、刘某合同诈骗罪（一审判决，经检索未发现有二审判决）**

审理法院：广东省深圳市中级人民法院

案号：（2015）深中法刑二重字第 15 号

裁判理由：

本院认为，在预谋阶段，被告人刘某与被告人易某、丁某、韦某共同协商两个方案：一是买卖房产的手续办理过程中通过银行做高贷，然后用从银行贷出来的钱放高利贷，过两三个月通过放高利贷赚了利息并收回本金后，再把房款还给赖某胜；二是先把赖某胜的房产过户，再用房产去贷款，把贷得的款项用于高利贷赚钱后收回本金再还赖某胜。**上述两种方案均以利用时间差进行高利贷获利后用收回的本金偿还赖某胜的房款。可见此时刘某的主观目的是在保证赖某胜最终能取得房款的前提下，为易某、丁某、韦某争取时间用贷款放高利贷赚取利息，并没有非法占有赖某胜房产的目的。**况且这种先过户再付款的方式法律并没有禁止，被告人刘某也明确告知被害人赖某胜先过户再付款，被害人赖某胜并未提出异议。被告人刘某可能为了促成交易获得佣金而没有尽到中介应尽的提醒义务，但并不能由此推断被告人刘某具有非法占有他人财物的主观故意。

5. 喻某合同诈骗罪（一审判决，经检索未发现有二审判决）

审理法院：广东省深圳市福田区人民法院

案号：（2014）深福法刑初字第 699 号

裁判理由：

本院认为，……**被告人喻某在得知佛山市南海区有该工程项目后，积极寻找有资质的公司洽谈，进行工程的前期运作，目的是承接该工程获取利润，其在开展业务的过程中确有失当甚至是故意违反诚信原则的行为，但仅凭现有的证据不宜认定其具有犯罪的目的，更不宜上升至刑法层面进行惩处。**

6. 莫某合同诈骗罪（一审判决，经检索未发现有二审判决）

审理法院：山西省太原市迎泽区人民法院

案号：（2016）晋 0106 刑初 400 号

裁判理由：

本院认为，……施工期间，被告人莫某也意图通过美兰区城管执法局执法大队的工作人员要求“关照”该项目，**可见，被告人莫某确实进行了履约行为，其主观目的是要通过履行该《投资建房合作协议》及《补充协议》而获利。**

无罪裁判要旨十六：双方均未按合同约定履行全部合同义务，不应认定一方为合同诈骗罪

典型无罪案例：

杜某合同诈骗（一审判决，经检索未发现有二审判决）

审理法院：云南省宣威市人民法院

案号：（2017）云0381刑初40号

裁判理由：

本院认为，……**双方签订合同后均未按约定全部履行合同，段某1未注入全部投资款，杜某亦未将45%的股份转让给段某1。**

无罪裁判要旨十七：单纯的回避不等于逃匿，不应据此认定具有非法占有目的

典型无罪案例：

杨某合同诈骗（一审判决，经检索未发现有二审判决）

审理法院：四川省成都市中级人民法院

案号：（2015）成刑初字第00041号

裁判理由：

本院认为，……现有证据证实，杨某因债务问题确被债权人打伤住院，**虽然其为避免冲突进一步扩大采取了回避态度，但并未离开居住地。且在此期间，杨某还积极处理企业职工的劳动报酬及部分债权人的债务问题，这与其他案件中恶意携款潜逃的行为有本质区别，故不应认定为逃匿。**

无罪裁判要旨十八：没有虚构的故意和行为，不符合合同诈骗罪构成要件

典型无罪案例：

1. **魏某甲合同诈骗（一审判决，经检索未发现有二审判决）**

审理法院：广东省中山市第二人民法院

案号：（2015）中二法刑二初字第155号

裁判理由：

本院认为，……**客观上来看，被告人魏某甲一直相信涉案工程真实存在，并接收了杨某项目部有关工程的文件通知等，并无虚构涉案工程的故意和行**

为，也未以此为由骗取他人的钱财。综上，魏某甲的行为不符合合同诈骗罪的构成要件。

2. **钟某合同诈骗罪（二审）**

审理法院：甘肃省高级人民法院

案号：（2014）甘刑二终字第38号

裁判理由：

关于上诉人**钟某客观上是否实施了欺骗的行为**

首先，香港华原公司注册证书证明，香港华原公司是在香港注册成立、真实存在的实体，“乃西”为法定代表人。钟某、“乃西”以香港华原公司的名义与富康公司签订了《展示设计合同》及《展示施工合同》后，向富康公司提供了香港华原公司注册登记等相关资料复印件。《展示设计合同》约定“设计费用不含出图盖章费用，如需具资质的设计院出图章，出图费另计”，**该合同表明钟某在签订合同时已经明示自己或香港华原公司没有相关资质，富康公司对此也是明知的**。**钟某并未向富康公司隐瞒香港华原公司没有资质的事实**。

其次，《展示设计合同》和《展示设计合同补充说明》证明，深圳巴洛克公司系香港华原公司在中国大陆的分支机构，**深圳巴洛克公司仅是代替香港华原公司收款，并不是实际的设计人**。**钟某的陈述与富康公司李某丙的证言亦印证，在合同中这样约定的目的是便于香港华原公司在大陆收款**。**因此，钟某并不存在欺骗富康公司的行为**。

最后，富康公司先后在该工程项下共支付了336万元，施工合同约定“合同签订7日内，支付价款20%”“乙方完成工程量20%，经甲方验收合格，支付价款40%”“全部完成工程，经甲方验收合格，支付价款30%”。因此，**钟某获得工程款是依合同约定取得，钟某并未采取虚构事实或者隐瞒真相的手段骗得工程款**。

本院认为，上诉人钟某客观上没有实施虚构事实和隐瞒真相的行为，主观上没有非法占有合同项下工程款的故意，其行为不构成合同诈骗罪。

3. **王某合同诈骗案（二审）**

审理法院：贵州省高级人民法院

案号：（2015）黔高刑二终字第4号

裁判理由：

本院认为，经查，泰平公司收取履约保证金及转让款共计11,200万元的事实属实，但瓮马项目真实存在，盛世公司与州政府签订的《投资协议书》客观真实，泰平公司得到州政府和贵州省交通运输厅的项目特许权合法，**泰平公司以及王某并没有虚构工程项目或者隐瞒工程真相**。

第十七章

非法经营罪裁判要旨

导　言

由于《刑法》第225条非法经营罪第4项，“其他严重扰乱市场秩序的非法经营行为”，使得该罪入罪标准较为抽象和模糊，成为很多企业容易涉及的罪名。笔者通过检索《刑事审判参考》、《最高人民法院公报》案例、《最高人民法院指导案例》、《最高人民检察院公报》案例，共检索非法经营罪入罪案例18件；截至2021年6月30日通过中国裁判文书网、威科先行法律信息库共检索到无罪案例共计334件，通过分析上述案例，笔者认为关于本罪企业经营的主要风险集中体现在：违反国家规定，未经许可经营法律、行政法规规定的专营、专卖物品或者其他限制买卖的物品；未经国家有关主管部门批准非法经营证券、期货、保险业务，或者非法从事资金支付结算业务；实施侵犯知识产权行为；未经许可实施许可经营项目；出版、印刷、复制、发行非法出版物，严重扰乱市场秩序；违反国家规定，实施相关行为，达到严重扰乱市场秩序的程度等。

一、相关法律法规

（一）《中华人民共和国刑法》

第二百二十五条　违反国家规定，有下列非法经营行为之一，扰乱市场秩序，情节严重的，处五年以下有期徒刑或者拘役，并处或者单处违法所得一倍以上五倍以下罚金；情节特别严重的，处五年以上有期徒刑，并处违法所得一倍以上五倍以下罚金或者没收财产：

（一）未经许可经营法律、行政法规规定的专营、专卖物品或者其他限制买卖的物品的；

（二）买卖进出口许可证、进出口原产地证明以及其他法律、行政法规规定的经营许可证或者批准文件的；

（三）未经国家有关主管部门批准非法经营证券、期货、保险业务的，或者非法从事资金支付结算业务的；

（四）其他严重扰乱市场秩序的非法经营行为。

第九十六条 本法所称违反国家规定，是指违反全国人民代表大会及其常务委员会制定的法律和决定，国务院制定的行政法规、规定的行政措施、发布的决定和命令。

（二）司法解释

1. **《最高人民检察院、公安部关于公安机关管辖的刑事案件立案追诉标准的规定（二）》**（公通字〔2010〕23号，2010年5月7日施行）

第七十九条 ［非法经营案（刑法第二百二十五条）］违反国家规定，进行非法经营活动，扰乱市场秩序，涉嫌下列情形之一的，应予立案追诉：

（一）违反国家有关盐业管理规定，非法生产、储运、销售食盐，扰乱市场秩序，具有下列情形之一的：

1. 非法经营食盐数量在二十吨以上的；

2. 曾因非法经营食盐行为受过二次以上行政处罚又非法经营食盐，数量在十吨以上的。

（二）违反国家烟草专卖管理法律法规，未经烟草专卖行政主管部门许可，无烟草专卖生产企业许可证、烟草专卖批发企业许可证、特种烟草专卖经营企业许可证、烟草专卖零售许可证等许可证明，非法经营烟草专卖品，具有下列情形之一的：

1. 非法经营数额在五万元以上，或者违法所得数额在二万元以上的；

2. 非法经营卷烟二十万支以上的；

3. 曾因非法经营烟草专卖品三年内受过二次以上行政处罚，又非法经营烟草专卖品且数额在三万元以上的。

（三）未经国家有关主管部门批准，非法经营证券、期货、保险业务，或者非法从事资金支付结算业务，具有下列情形之一的：

1. 非法经营证券、期货、保险业务，数额在三十万元以上的；

2. 非法从事资金支付结算业务，数额在二百万元以上的；

3. 违反国家规定，使用销售点终端机具（POS 机）等方法，以虚构交易、虚开价格、现金退货等方式向信用卡持卡人直接支付现金，数额在一百万元以上的，或者造成金融机构资金二十万元以上逾期未还的，或者造成金融机构经济损失十万元以上的；

4. 违法所得数额在五万元以上的。

（四）非法经营外汇，具有下列情形之一的：

1. 在外汇指定银行和中国外汇交易中心及其分中心以外买卖外汇，数额在二十万美元以上的，或者违法所得数额在五万元以上的；

2. 公司、企业或者其他单位违反有关外贸代理业务的规定，采用非法手段，或者明知是伪造、变造的凭证、商业单据，为他人向外汇指定银行骗购外汇，数额在五百万美元以上或者违法所得数额在五十万元以上的；

3. 居间介绍骗购外汇，数额在一百万美元以上或者违法所得数额在十万元以上的。

（五）出版、印刷、复制、发行严重危害社会秩序和扰乱市场秩序的非法出版物，具有下列情形之一的：

1. 个人非法经营数额在五万元以上的，单位非法经营数额在十五万元以上的；

2. 个人违法所得数额在二万元以上的，单位违法所得数额在五万元以上的；

3. 个人非法经营报纸五千份或者期刊五千本或者图书二千册或者音像制品、电子出版物五百张（盒）以上的，单位非法经营报纸一万五千份或者期刊一万五千本或者图书五千册或者音像制品、电子出版物一千五百张（盒）以上的；

4. 虽未达到上述数额标准，但具有下列情形之一的：

（1）两年内因出版、印刷、复制、发行非法出版物受过行政处罚二次以上的，又出版、印刷、复制、发行非法出版物的；

（2）因出版、印刷、复制、发行非法出版物造成恶劣社会影响或者其他严重后果的。

（六）非法从事出版物的出版、印刷、复制、发行业务，严重扰乱市场秩序，具有下列情形之一的：

1. 个人非法经营数额在十五万元以上的，单位非法经营数额在五十万元以上的；

2. 个人违法所得数额在五万元以上的，单位违法所得数额在十五万元以上的；

3. 个人非法经营报纸一万五千份或者期刊一万五千本或者图书五千册或者音像制品、电子出版物一千五百张（盒）以上的，单位非法经营报纸五万份或者期刊五万本或者图书一万五千册或者音像制品、电子出版物五千张（盒）以上的；

4. 虽未达到上述数额标准，两年内因非法从事出版物的出版、印刷、复制、发行业务受过行政处罚二次以上的，又非法从事出版物的出版、印刷、复制、发行业务的。

（七）采取租用国际专线、私设转接设备或者其他方法，擅自经营国际电信业务或者涉港澳台电信业务进行营利活动，扰乱电信市场管理秩序，具有下列情形之一的：

1. 经营去话业务数额在一百万元以上的；

2. 经营来话业务造成电信资费损失数额在一百万元以上的；

3. 虽未达到上述数额标准，但具有下列情形之一的：

（1）两年内因非法经营国际电信业务或者涉港澳台电信业务行为受过行政处罚二次以上，又非法经营国际电信业务或者涉港澳台电信业务的；

（2）因非法经营国际电信业务或者涉港澳台电信业务行为造成其他严重后果的。

（八）从事其他非法经营活动，具有下列情形之一的：

1. 个人非法经营数额在五万元以上，或者违法所得数额在一万元以上的；

2. 单位非法经营数额在五十万元以上，或者违法所得数额在十万元以上的；

3. 虽未达到上述数额标准，但两年内因同种非法经营行为受过二次以上行政处罚，又进行同种非法经营行为的；

4. 其他情节严重的情形。

2. **《最高人民法院关于准确理解和适用刑法中“国家规定”的有关问题的通知》**（法发〔2011〕155号，2011年4月8日施行）

全国地方各级人民法院、各级军事法院、各铁路运输中级法院和基层法院，新疆生产建设兵团各级法院：

日前，国务院法制办就国务院办公厅文件的有关规定是否可以认定为刑法中的“国家规定”予以统一、规范。为切实做好相关刑事案件审判工作，准确把握刑法有关条文规定的“违反国家规定”的认定标准，依法惩治犯罪，统一法律适用，现就有关问题通知如下：

一、根据刑法第九十六的规定，刑法中的“国家规定”是指，全国人民代表大会及其常务委员会制定的法律和决定，国务院制定的行政法规、规定的行政措施、发布的决定和命令。其中，“国务院规定的行政措施”应当由国务院决定，通常以行政法规或者国务院制发文件的形式加以规定。以国务院办公厅名义制发的文件，符合以下条件的，亦应视为刑法中的“国家规定”：（1）有明确的法律依据或者同相关行政法规不相抵触；（2）经国务院常务会议讨论通过或者经国务院批准；（3）在国务院公报上公开发布。

二、各级人民法院在刑事审判工作中，对有关案件所涉及的“违反国家规定”的认定，要依照相关法律、行政法规及司法解释的规定准确把握。对于规定不明确的，要按照本通知的要求审慎认定。对于违反地方性法规、部门规章的行为，不得认定为“违反国家规定”。对被告人的行为是否“违反国家规定”存在争议的，应当作为法律适用问题，逐级向最高人民法院请示。

三、各级人民法院审理非法经营犯罪案件，要依法严格把握刑法第二百二十五条第（四）的适用范围。对被告人的行为是否属于刑法第二百二十五条第（四）规定的“其他严重扰乱市场秩序的非法经营行为”，有关司法解释未作明确规定的，应当作为法律适用问题，逐级向最高人民法院请示。

3.**《最高人民法院关于被告人李明华非法经营请示一案的批复》**（〔2011〕刑他字第21号，2011年5月6日施行）

你院（2010）苏刑二他字第0065号《关于被告人李明华非法经营一案的请示》收悉。经研究，答复如下：

被告人李明华持有烟草专卖零售许可证，但多次实施批发业务，而且从非指定烟草专卖部门进货的行为，属于超范围和地域经营的情形，不宜按照非法经营罪处理，应由相关主管部门进行处理。

4. **《最高人民法院、最高人民检察院关于办理非法从事资金支付结算业务、非法买卖外汇刑事案件使用法律若干问题的解释》**（法释〔2019〕1号，2019年2月1日施行）

为依法惩治非法从事资金支付结算业务、非法买卖外汇犯罪活动，维护金融市场秩序，根据《中华人民共和国刑法》《中华人民共和国刑事诉讼法》的规定，现就办理非法从事资金支付结算业务、非法买卖外汇刑事案件适用法律的若干问题解释如下：

第一条　违反国家规定，具有下列情形之一的，属于刑法第二百二十五条第三项规定的“非法从事资金支付结算业务”：

（一）使用受理终端或者网络支付接口等方法，以虚构交易、虚开价格、交易退款等非法方式向指定付款方支付货币资金的；

（二）非法为他人提供单位银行结算账户套现或者单位银行结算账户转个人账户服务的；

（三）非法为他人提供支票套现服务的；

（四）其他非法从事资金支付结算业务的情形。

第二条　违反国家规定，实施倒买倒卖外汇或者变相买卖外汇等非法买卖外汇行为，扰乱金融市场秩序，情节严重的，依照刑法第二百二十五条第四项的规定，以非法经营罪定罪处罚。

第三条　非法从事资金支付结算业务或者非法买卖外汇，具有下列情形之一的，应当认定为非法经营行为“情节严重”：

（一）非法经营数额在五百万元以上的；

（二）违法所得数额在十万元以上的。

非法经营数额在二百五十万元以上，或者违法所得数额在五万元以上，且具有下列情形之一的，可以认定为非法经营行为“情节严重”：

（一）曾因非法从事资金支付结算业务或者非法买卖外汇犯罪行为受过刑事追究的；

（二）二年内因非法从事资金支付结算业务或者非法买卖外汇违法行为受过行政处罚的；

（三）拒不交代涉案资金去向或者拒不配合追缴工作，致使赃款无法追缴的；

（四）造成其他严重后果的。

第四条 非法从事资金支付结算业务或者非法买卖外汇，具有下列情形之一的，应当认定为非法经营行为“情节特别严重”：

（一）非法经营数额在二千五百万元以上的；

（二）违法所得数额在五十万元以上的。

非法经营数额在一千二百五十万元以上，或者违法所得数额在二十五万元以上，且具有本解释第三条第二款规定的四种情形之一的，可以认定为非法经营行为“情节特别严重”。

第五条 非法从事资金支付结算业务或者非法买卖外汇，构成非法经营罪，同时又构成刑法第一百二十条之一规定的帮助恐怖活动罪或者第一百九十一条规定的洗钱罪的，依照处罚较重的规定定罪处罚。

第六条 二次以上非法从事资金支付结算业务或者非法买卖外汇，依法应予行政处理或者刑事处理而未经处理的，非法经营数额或者违法所得数额累计计算。

同一案件中，非法经营数额、违法所得数额分别构成情节严重、情节特别严重的，按照处罚较重的数额定罪处罚。

第七条 非法从事资金支付结算业务或者非法买卖外汇违法所得数额难以确定的，按非法经营数额的千分之一认定违法所得数额，依法并处或者单处违法所得一倍以上五倍以下罚金。

第八条 符合本解释第三条规定的标准，行为人如实供述犯罪事实，认罪悔罪，并积极配合调查，退缴违法所得的，可以从轻处罚；其中犯罪情节轻微的，可以依法不起诉或者免予刑事处罚。

符合刑事诉讼法规定的认罪认罚从宽适用范围和条件的，依照刑事诉讼法的规定处理。

第九条 单位实施本解释第一条、第二条规定的非法从事资金支付结算业务、非法买卖外汇行为，依照本解释规定的定罪量刑标准，对单位判处罚金，并对其直接负责的主管人员和其他直接责任人员定罪处罚。

第十条 非法从事资金支付结算业务、非法买卖外汇刑事案件中的犯罪地，包括犯罪嫌疑人、被告人用于犯罪活动的账户开立地、资金接收地、资金过渡账户开立地、资金账户操作地，以及资金交易对手资金交付和汇出地等。

第十一条 涉及外汇的犯罪数额，按照案发当日中国外汇交易中心或者中国人民银行授权机构公布的人民币对该货币的中间价折合成人民币计算。中国外汇交易中心或者中国人民银行授权机构未公布汇率中间价的境外货币，按照案发当日境内银行人民币对该货币的中间价折算成人民币，或者该货币在境内银行、国际外汇市场对美元汇率，与人民币对美元汇率中间价进行套算。

第十二条　本解释自2019年2月1日起施行。《最高人民法院关于审理骗购外汇、非法买卖外汇刑事案件具体应用法律若干问题的解释》（法释［1998］20号）与本解释不一致的，以本解释为准。

5.《最高人民法院、最高人民检察院关于办理危害药品安全刑事案件适用法律若干问题的解释》（法释〔2014〕14号，2014年12月1日施行）第7条（笔者注：关于非法经营相关司法解释过于繁多，限于文章篇幅，仅列司法解释名称及涉及法条，不再列明法条内容，下同），《最高人民法院、最高人民检察院关于办理利用信息网络实施诽谤等刑事案件适用法律若干问题的解释》（法释〔2013〕21号，2013年9月10日施行）第7条，《最高人民法院、最高人民检察院关于办理危害食品安全刑事案件适用法律若干问题的解释》（法释〔2013〕12号，2013年5月4日施行）第11条、第12条，《最高人民法院关于审理非法集资刑事案件适用法律若干问题的解释》（法释〔2010〕18号，2010年1月4日施行）第7条，《最高人民法院、最高人民检察院关于办理非法生产、销售烟草专卖品等刑事案件具体应用法律若干问题的解释》（法释〔2010〕7号，2010年3月26日施行）第1条、第3条、第5条、第6条、第9条，《最高人民法院、最高人民检察院关于办理妨害信用卡管理刑事案件具体应用法律若干问题的解释》（法释〔2018〕19号，2018年12月1日施行）第12条、第13条，《最高人民法院、最高人民检察院关于办理赌博刑事案件具体应用法律若干问题的解释》（法释〔2005〕3号，2005年5月13日施行）第6条，《最高人民法院、最高人民检察院关于办理妨害预防、控制突发传染病疫情等灾害的刑事案件具体应用法律若干问题的解释》（法释〔2003〕8号，2003年5月15日施行）第6条，《最高人民检察院关于非法经营国际或者港澳台地区电信业务行为法律适用问题的批复》（高检发释字〔2002〕1号，2002年2月1日施行），《最高人民法院、最高人民检察院关于办理非法生产、销售、使用禁止在饲料和动物饮用水中使用的药品等刑事案件具体应用法律若干问题的解释》（法释〔2002〕26

号，2002年8月23日施行）第2条，《最高人民法院关于审理扰乱电信市场管理秩序案件具体应用法律若干问题的解释》（法释〔2000〕12号，2000年5月4日施行）第1、2、3、4、5、10条，《最高人民法院关于审理非法出版物刑事案件具体应用法律若干问题的解释》（法释〔1998〕30号，1998年12月23日施行）第11、12、13、14、15、16、17条，《最高人民法院关于审理骗购外汇、非法买卖外汇刑事案件具体应用法律若干问题的解释》（法释〔1998〕20号，1998年9月1日施行）第3、4、5、6、7、8条，《最高人民法院关于审理走私、非法经营、非法使用兴奋剂刑事案件适用法律若干问题的解释》（法释〔2019〕16号，2020年1月1日施行）第2条。

（三）指导性文件

《最高人民法院、最高人民检察院、公安部、司法部关于办理非法放贷刑事案件若干问题的意见》（法发〔2019〕24号，2019年10月21日施行）第1条。

二、有罪裁判要旨

裁判要旨一：违反法律规定，擅自经营在我国内地并未获许流通的香烟（假冒）的行为，属于非法经营。对犯罪数额难以确定的，无需价值鉴定，以运输假冒香烟的数量认定的犯罪情节

案件名称：高某、林某等非法经营案

案例来源：《刑事审判参考》第29集，第212号案例

基本案情：

2000年7月17日上午，被告人高某、林某、方某、李某在明知是烟草制品又无准运证的情况下，受方某雄（另案处理）委托，将假冒的台湾地区所产长寿牌香烟318箱，由福建省云霄县莆美镇运往南安市，高某、林某驾驶东风牌厢式大货运输，方某、李某驾驶金龙牌旅行车在前面探路，当行至厦漳高速公路龙海路段被龙海市公安局查获。

裁判结果：

上诉人林某、方某、李某犯非法经营罪，判处有期徒刑2年。

裁判理由：

非法经营假冒台湾地区所产香烟，情节严重的，构成非法经营罪。《烟草专卖法》第3条规定："国家对烟草专卖品的生产、销售、进出口依法实

行专卖管理，并实行烟草专卖许可证制度。”台湾地区所产香烟在我国大陆并未获许流通，但香烟属于我国法律规定的专营、专卖物品，因此，违反法律规定，擅自经营假冒台湾地区所产长寿牌香烟的行为，属于非法经营。如果扰乱市场秩序，情节严重的，应以非法经营罪定罪处罚。非法经营罪的成立要求“扰乱市场秩序，情节严重”。参照《最高人民检察院、公安部关于经济犯罪案件追诉标准的规定》（笔者注：公发〔2001〕11号，已失效）第70条的规定，非法经营案件，“个人非法经营数额在五万元以上，或者违法所得数额在一万元以上的；单位非法经营数额在五十万元以上，或者违法所得数额在十万元以上的”，可以立案、追诉。一般说来，非法经营罪的“情节严重”，“情节特别严重”表现为非法经营数额或者违法所得数额较大或巨大，但考虑到非法经营行为的复杂性，实践中存在非法经营数额和违法所得数额无法认定的情形。因此，对构成非法经营罪的“情节严重”，“情节特别严重”的认定，应当根据行为人非法经营犯罪数量、数额等情节，综合考虑，正确判定。

本案中，各被告人运输的假冒长寿牌香烟的价值总额的认定，属于“货值金额难以确定”的情形。《最高人民法院、最高人民检察院关于办理生产、销售伪劣商品刑事案件具体应用法律若干问题的解释》（法释〔2001〕10号）第2条第3款规定：“货值金额以违法生产、销售的伪劣产品的标价计算；没有标价的，按照同类合格产品的市场中间价格计算。货值金额难以确定的，按照国家计划委员会、最高人民法院、最高人民检察院、公安部1997年4月22日联合发布的《扣押、追缴、没收物品估价管理办法》的规定，委托指定的估价机构确定。”而《扣押、追缴、没收物品估价管理办法》（计办〔1997〕808号）第4条规定：“对于扣押、追缴、没收的珍贵文物，珍贵、濒危动物及其制品，珍稀植物及其制品，毒品，淫秽物品，枪支、弹药等不以价格数额作为定罪量刑标准的，不需要估价。”因台湾地区所产“长寿”牌香烟未在中国大陆市场流通，亦没有同类合格产品的市场价格可参考估价，而非法经营罪并不要求价格数额作为定罪量刑的唯一标准，故被告人的辩护人提出的要求价值鉴定的意见无法律根据，一审、二审法院以运输假冒香烟的数量认定被告人的犯罪情节是正确的。

裁判要旨二：被告人非法生产摩托车的行为违反了国家规定，该行为不同于一般的扰乱市场秩序的行为，其违法生产的时间跨度长、销售数量和金额巨大，对公共安全造成了很大隐患，已达到“情节严重”的程度，严重扰乱了市场秩序，其行为构成非法经营罪

案件名称：朱某、周某、谢某非法经营案

案例来源：《刑事审判参考》第111集，第1210号案例

裁判结果：

赤壁市人民法院以非法经营罪，判处被告人朱某有期徒刑2年，并处罚金人民币10万元。

基本案情：

被告人朱某任法定代表人的H公司于2006年6月成立，经营范围为摩托车、电瓶车、助力车及其零部件销售。2008年年初，H公司未经行政主管部门批准，与拥有摩托车生产资质的台州市K公司签订协议，约定H公司为K公司第三生产车间，H公司独立核算、独立经营、自负盈亏，自行采购、销售，协议有效期为2008年1月1日至2009年1月1日，朱某向K公司支付管理费15万元。协议到期后，朱某继续以K公司第三生产车间的名义生产摩托车，并向K公司缴纳了2009年的管理费。2009年年底，H公司与重庆G公司签订协议，约定合作生产“新阳光”牌摩托车，合作期限自2009年12月1日至2013年11月30日。H公司在销售生产的摩托车时，附随了伪造的排气量为48cc的“新阳光”牌燃油助力车小合格证，并向消费者承诺如需上牌，补交150元即可换取G公司的大合格证（摩托车正规合格证），凭大合格证可到交管部门上牌。

裁判理由：

被告人朱某无证生产摩托车的行为构成非法经营罪，被告人周某、谢某以摩托车冒充燃油助力车销售的行为不构成犯罪。

1. 被告人朱某非法生产摩托车的行为违反了国家规定。我国对摩托车生产实行生产准入制度，个人和企业必须获得国家行政主管部门的许可才能从事摩托车的生产。2004年《国务院对确需保留的行政审批项目设定行政许可的决定》（国务院令第412号，以下简称《决定》）第4项对“道路机动车辆生产企业及产品公告”设定了行政许可，2009年，国务院对《决定》进行修订，保留了该项行政许可。原国家经贸委2002年发布的《摩托车生产准入管理办法》规定，国家对摩托车生产实行准入制度，未经国家经贸委批准，任

何企业和个人不得擅自从事摩托车生产。为严格执行许可制度，工信部、发改委等部委又下发多个文件，对委托生产等行为作出明确限制，强调摩托车生产企业本身必须获得行政许可，异地生产行为也应获得行政主管部门的批准。此外，根据《工业产品生产许可证管理条例》等行政法规和规范性文件的规定，生产助力车也需要获得许可。值得注意的是，有关规范性文件并未对销售摩托车和助力车的行为设定类似的行政许可。

本案中，朱某的 H 公司本身无摩托车生产资质，其通过与其他企业签订挂靠协议的方式异地生产摩托车的行为未获得行政主管部门的批准，且其挂靠行为也不能使其获得生产摩托车的合法资格。综上，朱某在没有生产资质的情况下生产摩托车的行为应属于无证生产，违反了国家规定。被告人周某、谢某只有销售摩托车的行为，未参与生产摩托车，我国目前对销售摩托车的行为并未如生产摩托车那样作出严格的准入规定，应认定周某、谢某的销售行为未违反国家规定，不构成犯罪，故一审法院裁定准许检察机关撤回对该二被告人的起诉。

2. 被告人朱某违法生产摩托车的行为不同于一般的扰乱市场秩序的行为，已达到“情节严重”的程度。（1）朱某的 H 公司违法生产的时间跨度长、销售数量和金额巨大。H 公司从 2010 年上半年开始生产“新阳光”牌摩托车，至 2012 年案发，违法生产了一万余辆，仅 2011 年 3 月至 2012 年 11 月，朱某向被告人周某的胜隆经销部销售的摩托车就有 1620 辆，销售金额达 400 余万元。（2）朱某违法成产摩托车的行为对公共安全造成了很大隐患。朱某在销售过程中伪造合格证，以摩托车冒充燃油助力车，规避国家对机动车与非机动车分类管理的监管措施，使本应登记上牌、驾驶者需取得驾照才能上路行驶的摩托车，无需满足前述条件即可上路行驶，不仅破坏交通秩序，降低通行效率，这些本应在机动车道路上行驶的车辆得以在非机动车道路上行驶，更增加了交通事故隐患，严重危及公共安全。

3. 被告人朱某无证生产摩托车的行为严重扰乱了市场秩序。从实践中的情况来看，因超标燃油助力车相对于摩托车具有很高的替代性，但又未如摩托车那样按机动车管理，不少商家为牟取暴利，违法生产摩托车并以燃油助力车的名义对外销售，对摩托车产销市场造成了很大冲击。本案车辆具备摩托车的属性，但又以燃油助力车的名义以相对较低的价格对外销售，又不用按机动车管理，兼具摩托车的速度优势和助力车不受严格管理的便利，对消费者而言具有很强的吸引力，大量超标燃油助力车流入市场，必将严重扰乱正常的摩托车和助力车生产和销售秩序。

裁判要旨三：违反国家规定，违章搭建商铺并对外招租、建售，扰乱市场秩序，情节严重的，构成非法经营罪

案件名称：翁某非法经营案

案例来源：《刑事审判参考》第101集，第1042号案例

裁判结果：

北京市第二中级人民法院以被告人翁某犯非法经营罪，判处有期徒刑3年，并处罚金人民币30万元。

基本案情：

2010年1月至10月间，被告人翁某伙同方孔某（另案处理），违反《建筑法》《土地管理法》等相关规定，以北京岳腾基业投资顾问有限公司（以下简称G公司）、G公司第一分公司的名义，在北京市通州区新华大街甲××号院内违法搭建商铺，在未经审批，亦未向工程所在地县级以上人民政府建设行政主管部门申请领取施工许可证的情况下，对外招租，承诺定期开业，与王某俐等350余名商户签订租赁合同并收取租金、履约保证金等，非法经营额共计人民币（以下币种同）1300余万元，严重扰乱市场秩序。在受到政府相关部门查处后，翁某等人陆续退还商户钱款。经统计，至案发尚有10名商户共计55,874元未退还。2011年2月17日，翁某被抓获归案。

裁判理由：

翁某伙同方孔某违反国家规定，违章搭建商铺并对外招租，扰乱市场秩序，情节严重，其行为构成非法经营罪。理由如下：

1. 被告人未经许可的行为违反了国家规定。从《刑法》第96条的规定可知，违反国家规定是指"违反全国人民代表大会及其常务委员会制定的法律和决定，国务院制定的行政法规、规定的行政措施、发布的决定和命令"。具体到非法经营罪而言，《刑法》第225条规定的"违反国家规定"是指违反上述法律规定中关于从事经营性活动的许可性规定。根据《建筑法》第7条、第8条的规定，建筑工程开工前，建设单位应当按照国家有关规定向工程所在地县级以上人民政府建设行政主管部门申请领取施工许可证，且申请领取施工许可证应当具备一些前置条件，如已经办理该建筑工程用地批准手

续，在城市规划区的建筑工程已经取得规划许可证等。《建筑法》无疑属于“国家规定”，因此本案翁某未经合法审批，未申领施工许可证，违法搭建商铺的行为显然属于“违反国家规定”。

2. 被告人翁某的非法经营行为严重扰乱了市场秩序。区分翁某的非法经营行为属民事欺诈还是犯罪，还应对该行为的社会危害后果进行评价。首先，被告人翁某未经许可擅自开工建售收取租金的行为严重扰乱市场秩序。房地产开发、经营活动对社会影响重大，一直受到国家的严格管控，未经许可私自进行房地产开发、经营活动，不仅破坏了国家对房地产的管理秩序，也使其他从事此类业务的合法经管者直接面对低成本的违规经营活动的竞争，严重扰乱了房地产市场的正常经营秩序。其次，翁某还有其他违反国家规定的行为，如翁某伙同他人为违法招商成立的岳腾基业第一分公司不具备经营市场商铺的资格，招商过程中亦未就经管范围变更登记，违反了国务院颁布的公司登记管理条例。根据《消防法》第 15 条的规定，公众聚集场所在投入使用、营业前，应当向场所所在地的县级以上地方人民政府公安机关消防机构申请消防安全检查，未经消防安全检查或者经检查不符合消防安全要求的，不得投入使用、营业。翁某伙同他人非法搭建的购物广场属于公众聚集场所，在投入使用前未依法申请消防检查，违反了该条规定。上述违反国家规定的行为，虽然不属于《刑法》第 225 条罪状中“违反国家规定”的行为，但该类行为越多，违反程度越重，就越体现出其扰乱市场秩序的严重程度。综合翁某在规划、工商、消防等手续均不具备的情况下，为实现“经营”目的，伙同他人先后两次非法招商，其行为属于严重扰乱市场秩序的非法经营行为。

3. 翁某违规开发、经营房地产的行为属于《刑法》第 225 条规定的“情节严重”。根据相关司法解释的规定，目前对非法经营行为是否属于情节严重”主要依非法经营的数额或数量判断，如非法经营去话业务数额在 100 万元以上，非法经营报纸 5000 份或者期刊 5000 本以上，均属于“情节严重”等。本案中，被告人翁某在第一次非法经营受到政府查处后，并未停止其非法经营行为，相反，为实现其营利日的，再次伙同他人通过公开宣传与 350 余名商户签订租赁合同，收取商户缴纳的各项钱款，涉案数额达 1300 余万元。在政府相关部门对翁某的非法经营行为进行查处期间，大量商户要求政府准许开业，发生多次大规模群体聚集、堵塞交通等事件，造成了恶劣的社会影响。虽然司法解释尚未规定非法经营市场商铺行为“情节严重”的数额或数量标准，但无论从本案的非法经营数额、涉案人数，还是所造成的社会危害性分析，翁某的非法经营行为的后果都已经远远超出了目前司法解释对其他类型非法经营行为规定的入罪条件，故对翁某的非法经营行为应认定为《刑法》第225条规定的“情节严重”。

裁判要旨四： 擅自制作网游外挂出售牟利，既属于出版程序违法的非法经营行为，也属于出版内容违法的非法经营行为，该行为同时符合《关于审理非法出版物刑事案件具体应用法律若干问题的解释》（法释〔1998〕30号）第11条与第15条的，应当参照想象竞合的处理原则从重适用

案件名称： 谈某等非法经营案

案例来源：《刑事审判参考》第60集，第473号案例

裁判结果：

北京市第一中级人民法院撤销一审判决，以非法经营罪改判谈某等人有期徒刑6年，罚金人民币50万元等不同的刑罚。

基本案情：

《恶魔的幻影》（又名传奇3）是经新闻出版总署审查批准引进，由中国大百科全书出版社出版、中国广州光通通信发展有限公司运营的网络游戏出版物。2004年6月起，被告人谈某未经授权或许可，组织他人破译《恶魔的幻影》，并在游戏服务器端与客户端之间经过加密的用于通讯和交换数据的特定通讯协议的基础上，研发出“007传奇3外挂”计算机软件。后谈某等人设立“007智能外挂网”网站和“闪电外挂门户”网站，上载007外挂软件和《恶魔的幻影》动画形象，向游戏消费者进行宣传并提供下载服务，并向游戏消费者零售和向零售商批发销售007外挂软件点卡。销售收入汇入名为“王某梅”的账户。被告人刘某负责外挂软件销售，被告人沈某负责网站日常维护。2005年1月，北京市版权局强行关闭上述网站并将网络服务器查扣之后，谈某、刘某、沈某另行租用网络服务器，在恢复开通“闪电外挂门户”网站的基础上，先后设立“超人外挂”等网站，继续宣传并陆续研发“008传奇3外挂”等计算机软件，提供上述软件的下载服务，并使用恢复开通的“闪电外挂门户”网站销售上述两种外挂软件的点卡，销售收入仍汇入名为“王某梅”的账户。至2005年9月，谈某、刘某、沈某通过信息网络等

方式经营上述外挂软件获取人民币 281 万余元。

裁判理由：

1. 擅自制作网游外挂出售牟利，侵犯的是网游权利人著作权的修改权而不是复制发行权，不构成侵犯著作权罪根据《刑法》第 217 条关于侵犯著作权罪的规定，对于计算机软件的著作权，刑法只保护其中的复制发行权。如果仅仅侵犯著作权中的修改权，则不能以侵犯著作权罪论处。

2. 擅自制作网游外挂出售牟利，既属于出版程序违法的非法经营行为，也属于出版内容违法的非法经营行为。谈某等人制作传奇 3 外挂后，未经批准，非法设立“007 智能外挂网”等网站，并通过上述网站在互联网上将未经传奇 3 著作权人许可擅自制作的传奇 3 外挂出售牟利，根据《出版管理条例》以及《互联网出版管理暂行规定》，行为人制作网游外挂的目的在于增加网游的功能，使网游操作更为容易，致使不使用外挂的客户在游戏中无法进行抗衡，缩短了网游的运营寿命，既侵害了著作权人、出版机构以及游戏消费者的合法权益，也扰乱了互联网游戏出版经营的正常秩序与网游产业的健康发展。尽管相应的司法解释尚未对此予以明确，但是未经网游权利人许可擅自制作的网游外挂，侵犯了他人对游戏作品的修改权，同样属于对他人计算机软件著作权的侵犯，应当根据《关于审理非法出版物刑事案件具体应用法律若干问题的解释》第 11 条将涉案行为认定为出版其他内容违法的非法出版物的非法经营行为。

3. 擅自制作网游外挂并出售牟利同时符合《关于审理非法出版物刑事案件具体应用法律若干问题的解释》第 11 条与第 15 条的，应当参照想象竞合的处理原则从重适用第 11 条以非法经营罪定罪处罚擅自制作的网游外挂系内容违法的非法出版物，新闻出版总署在关于此案的批复中，明确将涉案网游外挂认定为非法互联网出版物。而早在 2003 年 12 月 8 日，新闻出版总署等六单位联合发布的《关于开展对“私服”、“外挂”专项治理的通知》已明令禁止并重点打击网游外挂违法行为。应当认定未经许可擅自制作的网游外挂达到了严重危害社会秩序和扰乱市场秩序的程度。根据《关于审理非法出版物刑事案件具体应用法律若干问题的解释》第 12 条个人“经营数额在十五万元至三十万元以上的”属于“情节特别严重”的规定，涉案非法经营数额达到 280 万元，属于情节特别严重。故涉案行为符合《关于审理非法出版物刑事案件具体应用法律若干问题的解释》第 11 条关于非法经营罪的定罪条件，且应当在五年以上量刑。

同时，《关于审理非法出版物刑事案件具体应用法律若干问题的解释》第15条对出版程序违法的非法经营行为进行了规定，但定罪条件与第11条有所不同，即“严重扰乱市场秩序”且“情节特别严重”，对此，司法解释亦未加以明确。笔者认为，这里的情节特别严重系定罪条件，而《关于审理非法出版物刑事案件具体应用法律若干问题的解释》第12条、第13条的情节特别严重系法定刑升格条件，不能等同。一般而言，实践中一方面应当参照《关于审理非法出版物刑事案件具体应用法律若干问题的解释》第12条、第13条关于出版内容违法的非法经营犯罪情节特别严重的标准，另一方面也要结合非法经营数额大小、时间长短、对网游权利人造成的损害程度以及行为人是否曾因同类行为被处罚等案件的具体情况，从严掌握。本案中，涉案非法经营数额远远超出《关于审理非法出版物刑事案件具体应用法律若干问题的解释》第12条所规定的“情节特别严重”的数额标准，且谈某等人在因非法经营被执法机关强行关闭涉案网站并查扣网络服务器后再次非法经营，持续时间长达一年有余，给网游传奇3的合法运营商造成了较大的损失，应当认定涉案行为情节特别严重。故涉案行为同时符合《关于审理非法出版物刑事案件具体应用法律若干问题的解释》第15条关于非法经营罪的定罪条件。

尽管《关于审理非法出版物刑事案件具体应用法律若干问题的解释》第11条与第15条所适用的罪名均是非法经营罪，但定罪条件不同，从而发生了第11条与第15条之间的选择适用的问题。而《关于审理非法出版物刑事案件具体应用法律若干问题的解释》第11条与第15条属于同一罪名下的法条选择适用问题，与刑法理论中的竞合有所区别。由于二者之间不存在逻辑上的从属或者交叉关系，类似于不同罪名之间的想象竞合，可参照想象竞合择一重罪处断的处理原则，对涉案行为在《关于审理非法出版物刑事案件具体应用法律若干问题的解释》第11条与第15条之间从重选择适用。通过上文对二者的定罪条件的比较，显然第11条系重法。因此，擅自制作网游外挂并出售牟利构成犯罪的，应当根据《关于审理非法出版物刑事案件具体应用法律若干问题的解释》第11条以非法经营罪定罪处罚。

裁判要旨五：利用“外挂”软件“代练升级”从事非法经营活动，情节

严重的，属于《刑法》第225条中规定的“其他严重扰乱市场秩序的非法经营行为”，应以非法经营罪定罪处罚

案件名称：董某、陈某非法经营案

案例来源：《最高人民法院公报》总第184期

裁判结果：

被告人董某、陈某犯非法经营罪，判处有期徒刑6年至3年不等刑罚，并处罚金。

基本案情：

被告人董某、陈某在玩网络游戏过程中了解到利用非法“外挂”程序可以替游戏玩家“代练升级”并从中牟利，遂通过互联网向他人（网名“拉哥”）购买名为“冰点传奇”的“外挂”程序，并与该程序卖家“拉哥”协商合作利用“外挂”进行游戏代练，由“拉哥”提供“外挂”程序，由二被告人负责代练及收费。2007年3月以来，董某、陈某陆续购置了90多台电脑，申请了电信宽带，并冒用“蔡红”“曾莉琼”的身份办理了银行卡、客服电话，用于和游戏玩家联系及收取代练费。二被告人先后雇佣了12名员工，在其居住的南京市江宁区麒麟街道绿色家园30幢2号家中以“土人部落工作室”的名义，不断在盛大公司经营的《热血传奇》游戏中做广告，以80元/周、300元/月等价格帮助游戏玩家使用“冰点传奇”的“外挂”程序代练升级。董某、陈某将雇佣来的员工分成客服组和代练组利用“外挂”软件“冰点传奇”日夜经营代练，并适时与“外挂”程序卖家“拉哥”联系进行版本升级，以对抗盛大公司游戏保护措施。至案发时止，已先后替1万多个《热血传奇》游戏玩家的账户代练升级。自2007年3月至2007年12月7日，二被告人收取了全国各地游戏玩家汇入的巨额代练资金，其二人仅通过户名为“张五强”的银行账户向“冰点传奇”“外挂”程序卖家“拉哥”汇去的费用就达130多万元。

“土人部落工作室”的“外挂”——“冰点传奇”是使用“外挂”程序直接连接游戏服务器，同一台计算机可同时运行多个“冰点传奇”程序。利用“冰点传奇”程序可同时登陆多个《热血传奇》网络游戏账号。该“外挂”程序通过游戏封包的加密与解密算法的破解、游戏指令与数据结构的筛查、游戏地图文件的破解与转换等方法，通过发送网络数据包攻击、入侵游戏服务器，以达到增加和修改使用用户游戏的参数数据库里生存和成长的过

程体验。该“外挂”程序修改了盛大公司《热血传奇》游戏的使用用户在服务器上的内容，帮助《热血传奇》游戏的使用用户完成自动化循环操作。因被告人董某、陈某使用的“冰点传奇”“外挂”程序绕过了正常的游戏客服端与服务器端之间的通讯协议，使盛大公司计算机系统中正常的客户认证功能受损，从而干扰了《热血传奇》游戏的正常运行，同时破坏了网络游戏规则，严重影响了盛大公司的生产经营秩序。

裁判理由：

“外挂”违法行为属于非法经营互联网活动，且“外挂”程序系未获得许可和授权，通过破坏他人合法出版并享有著作权的互联网游戏作品的技术保护措施、修改作品数据，从而在游戏中获取不正当利益的作弊程序，非法侵入。鉴于“外挂”等行为对国内游戏产业的侵害和对合法经营秩序的危害，2003 年 12 月，新闻出版总署等六部门亦联合下发的《关于开展对“私服”、“外挂”专项治理的通知》明确指出：“私服”“外挂”违法行为属于非法互联网出版活动，应依法予以严厉打击。“外挂”行为既侵害了著作权人、出版机构以及游戏消费者的合法权益，又扰乱互联网游戏出版经营的正常秩序。但原审对上诉人董某、陈某罚金刑量刑过重，应予纠正。非法经营罪判处罚金数额应在违法所得一倍以上五倍以下，“违法所得数额”应以“获利数额”来认定。根据陈某在侦查阶段的供述，及董某向户名为“张五强”的工商银行卡汇款 130 余万元购买“外挂充值点卡”的银行账务资料等书证，可确定董某、陈某收取玩家“代练款”150 万元，支付给上家“拉哥”点卡费用 130 余万元，从中获利额近 20 万元。

董某、陈某违反法律规定，且无经营主体资格，未经盛大公司许可和授权，非法将外挂软件使用到盛大公司享有著作权的游戏程序上，进行有偿性代练，牟取了巨额非法利益，严重侵害了市场管理和公平竞争秩序，构成非法经营罪，且情节特别严重。

裁判要旨六：被告人复制、销售的书籍属于其他严重危害社会秩序和扰乱市场秩序的非法出版物，应该定性为非法经营罪

案件名称：梁某非法经营案

案例来源：《刑事审判参考》第 78 集，第 663 号案例

裁判结果：

被告人梁某犯非法经营罪，判处有期徒刑 6 年，并处罚金人民币 100,000 元；被告人梁某尚未销售的非法出版物及非法复制的出版物 2200 余册依法没收，予以销毁；作案使用的台式电脑、笔记本电脑各 1 台，依法没收，上缴国库。

基本案情：

2008 年 9 月至 2009 年 9 月，被告人梁某以营利为目的，通过非法渠道大量购入港台出版社出版的书籍，并在齐齐哈尔大学家属楼 11 号楼 2 单元 201 室张某经营的“湖南 168”复印社，以购进的港台版书籍为母本进行复制。梁某通过其在淘宝网、孔夫子旧书网开设的“学府书店”“书友之家”等网络书店，采用 QQ 聊天等网络方式向北京、兰州、广州、深圳、东莞、湛江、淮北等 30 余座城市的读者销售《胡闹领主×××》《国家囚徒——×××的秘密录音》《公共情妇》《西藏之乱》等攻击我国基本政治制度、诋毁党和国家领导人、煽动民族分裂、挑动社会对立等内容的政治性非法进口出版物和非法复制的出版物。2008 年 10 月 1 日至 2009 年 9 月 18 日期间，梁某 5 张银行卡销售书籍，该 5 张卡进款总额为人民币（以下币种均为人民币）420,045 元。其中，与梁某销售书籍无关的金额为人民币 87,809.77 元，故其非法销售出版物的经营数额为人民币 332,235.77 元，其中在淘宝网有记载的非法经营数额为人民币 58,000 余元。2009 年 9 月 18 日，公安人员在梁某住所将其抓获，查获并扣押尚未销售的非法出版物及非法复制的出版物 2200 余册，以上被扣押和追缴的书籍被黑龙江省新闻出版局鉴定为非法复制出版物和非法进口出版物。

裁判理由：

对于违反国家规定，出版、印刷、复制、发行政治性非法出版物行为应认定为非法经营罪。

根据《关于审理非法出版物刑事案件具体应用法律若干问题的解释》第 11 条的规定：违反国家规定，出版、印刷、复制、发行本解释第 1 条至第 10 条规定以外的其他严重危害社会秩序和扰乱市场秩序的非法出版物，情节严重的，依照《刑法》第 225 条第 3 项的规定，以非法经营罪定罪处罚。

非法经营罪，指违反国家规定，非法经营，扰乱市场秩序，情节严重的行为。由于非法经营罪是行政犯，违反国家规定是构成非法经营罪的前提条件。根据新闻出版总署 1999 年发布的《出版物市场管理暂行规定》规定："违反规定，发行、散发、附送或者出租含反对宪法，危害国家利益和主权，违反国家民族政策，宣扬淫秽、迷信、暴力及法律、法规禁止内容的出版物的；发行、散发、附送或者出租国家明令查禁的出版物的等，有上述行为之一的，由新闻出版行政部门没收违法发行的出版物和违法所得，并处违法所得二倍以上十倍以下的罚款；没收违法所得，处三千元以上一万元以下的罚款；情节严重的，由原发证部门责令停业整顿或者吊销许可证。" 2001 年国务院公布实施的《出版管理条例》第 56 条规定：出版、进口含有本条例第 26 条、第 27 条禁止内容的出版物的；明知或者应知出版物含有本条例第 26 条、第 27 条禁止内容而印刷或者复制、发行的；明知或者应知他人出版含有本条例第 26 条、第 27 条禁止内容的出版物而向其出售或者以其他形式转让本出版单位的名称、书号、刊号、版号、版面，或者出租本单位的名称、刊号的，有上述行为之一，触犯刑律的，依照刑法有关规定，依法追究刑事责任；尚不够刑事处罚的，由出版行政部门责令限期停业整顿，没收出版物、违法所得，违法经营额 1 万元以上的，并处违法经营额五倍以上十倍以下的罚款；违法经营额不足 1 万元的，并处 1 万元以上 5 万元以下的罚款；情节严重的，由原发证机关吊销许可证。可见，制售政治性非法出版物就违反了上述行政法规而具备了行政违法性。

根据《关于审理非法出版物刑事案件具体应用法律若干问题的解释》第 1 条至第 9 条的规定，出版载有煽动分裂国家、破坏国家统一或者煽动颠覆国家政权、推翻社会主义制度的内容的出版物，可以构成煽动分裂国家罪或煽动颠覆政权罪；对于出版载有淫秽色情内容的出版物，可以构成制作、复制、出版、贩卖、传播淫秽物品牟利罪或传播淫秽物品罪等；对于出版载有侮辱、诽谤他人内容的出版物，可以构成侮辱罪或诽谤罪；对于出版载有歧视、侮辱少数民族内容的出版物，可以构成出版歧视、侮辱少数民族作品罪。因此，在处理出版、印刷、复制、发行非法出版物的犯罪时，首先要确定非法出版物的内容和性质。当行为人出版、印刷、复制、发行的系《关于审理非法出版物刑事案件具体应用法律若干问题的解释》第 1 条至第 10 条规定之外的其他严重危害社会秩序和扰乱市场秩序的非法出版物时，则有成立非法经营罪的可能。

本案被告人梁某复制、销售的书籍中包含攻击我国基本政治制度、诋毁党和国家领导人、煽动民族分裂、挑动社会对立等严重政治问题的内容，根据我国法律规定，这些作品不享有著作权，因此不能以侵犯著作权犯罪来定罪处罚。而这些书籍的内容又达不到足以煽动分裂国家或煽动颠覆国家政权的严重程度，根据《关于审理非法出版物刑事案件具体应用法律若干问题的解释》第11条的规定，梁某所复制、销售的书籍就应属于其他严重危害社会秩序和扰乱市场秩序的非法出版物，应该定性为非法经营罪。梁某非法经营数额为30余万元，根据《关于审理非法出版物刑事案件具体应用法律若干问题的解释》第12条的规定，已达到了情节特别严重的程度，应在5年以上有期徒刑进行裁量刑罚。因此，黑龙江省齐齐哈尔市建华区人民法院和齐齐哈尔市中级人民法院的裁判是正确的。

裁判要旨七：非法从事外汇按金交易，扰乱市场秩序，情节严重的，依据《全国人民代表大会常务委员会关于惩治骗购外汇、逃汇和非法买卖外汇犯罪的决定》第4条之规定，应当以非法经营罪定罪处罚

案件名称：高某非法经营案

案例来源：《刑事审判参考》第42集，第330号案例

裁判结果：

被告人高某犯非法经营罪，处有期徒刑3年，并处罚金人民币50万元；犯非法拘禁罪，处有期徒刑6个月。决定执行有期徒刑3年，并处罚金人民币50万元。

基本案情：

2003年5月21日至5月30日，被告人高某为了赚取日币升值的差价，先后6次向陈某（另案处理）订购日币1.4亿元，共折合人民币98.545万元，双方约定按结算当日银行牌价结算。5月30日，高某向陈某支付购买日币的押金日币100万元。5月31日，双方制作了购买日币明细表，由高某和陈某之子翁某共同签字。8月19日，高某又向陈某支付购买日币押金日币100万元。之后，由于日币升值，高某要求双方结算，截至同年9月30日止，按中国人民银行公布的外汇牌价，高某可从中获利30多万元人民币，但因陈某未予结算而未获取。

裁判理由：

1. 外汇按金交易是我国法律禁止的一种“在国家规定的交易场所以外非法买卖外汇”行为。

所谓外汇按金交易，是指在金融机构之间及金融机构与投资者之间进行的一种远期外汇买卖方式。外汇按金交易于20世纪80年代产生于伦敦，后流入我国香港，90年代初我国的一些个人和机构曾参与这类交易。在交易时，交易者只付出1%～10%的按金（保证金），就可进行100%额度的交易。外汇按金交易具有以下特点：一是外汇按金交易的中场是无形的、不固定的，直接进行交易，没有交易所这样的中介机构；二是外汇按金交易没有到期日，交易者可以无限期持有头寸；三是外汇按金交易的市场规模巨大，参与者众多；四是外汇按金交易的币种丰富，所有可兑换货币都可作为交易品种；五是外汇按金交易的交易时间是不间断的；六是外汇按金交易要计算各种货币之间的利率差，金融机构须向客户支付或从客户按金中扣除。

由于外汇按金交易存在着高风险性和投机性，即在交易过程中，外汇按金交易的参与者只支付一个很小比例的保证金，外汇价格的正常波动被放大几倍甚至几十倍，这种高风险带来的回报和亏损都是惊人的；加上国际外汇市场频繁波动可能导致汇率大幅度波动；另外由于没有固定的交易场所以及汇价的大幅波动，势必造成监控的难度。中国证监会、国家外汇管理局、国家工商行政管理局和公安部于1994年10月28日联合下发了《关于严厉查处非法外汇期货和外汇按金交易活动的通知》，明确：“凡未经中国证监会和国家外汇管理局批准，且未在国家工商行政管理局登记注册的金融机构、期货经纪公司及其他机构擅自开展外汇期货和外汇按金交易，属于违法行为；客户（单位和个人）委托未经批准登记的机构进行外汇期货和外汇按金交易，无论以外币或人民币作保证金也属违法行为。依据《违反外汇管理处罚施行细则》的规定，组织和参与这种交易，属于私自经营外汇业务和私自买卖外汇，构成扰乱金融行为。未经批准，擅自从事外汇期货和外汇按金交易的双方不受法律保护。”1997年6月25日中国证券监督管理委员会《关于坚决查处非法境外期货和外汇按金交易活动的通知》再次重申：“对于非法从事境外期货和外汇按金交易的各类非法公司，一经查实，立即取缔并没收非法所得，构成犯罪的，追究相关人员的刑事责任。”因此，外汇按金交易既属于《外汇管理条例》第41条规定的“未经外汇管理机关批准，擅自经营外汇业务”，以及第46条规定的“私自买卖外汇、变相买卖外汇或者倒买倒卖外汇”行为，也属于全国人大常委会《关于惩治骗购外汇、逃汇和非法买卖外汇犯罪的决定》第4条第1款规定的“在国家规定的交易场所以外非法买卖外汇”行为。

2. **非法从事外汇按金交易，扰乱市场秩序，情节严重的，应当以非法经营罪定罪处罚**。

《全国人民代表大会常务委员会关于惩治骗购外汇、逃汇和非法买卖外汇犯罪的决定》第4条第1款规定：“在国家规定的交易场所以外非法买卖外汇，扰乱市场秩序，情节严重的，依照刑法第二百二十五条的规定定罪处罚。”这里的“扰乱市场秩序，情节严重”，可参照执行1998年《最高人民法院关于审理骗购外汇、非法买卖外汇刑事案件具体应用法律若干问题的解释》第3条的规定，即“在外汇指定银行和中国外汇交易中心及其分中心以外买卖外汇，扰乱金融市场秩序，具有下列情形之一的，按照刑法第二百二十五条第（三）项的规定定罪处罚：（一）非法买卖外汇二十万元美元以上的；（二）非法所得五万元人民币以上的”。本案被告人高某在国家规定的交易场所以外非法购买日币1.4亿元（折合人民币98.545万元），可从中获利30多万元人民币，其行为显属“扰乱市场秩序，情节严重”。

3. **没有交付交易现金，亦没有实际占有非法获利款，均不影响非法经营罪的成立**。

由于外汇按金交易是一种远期外汇买卖方式，只要交付了部分的按金（保证金），就可以进行交易，未交付全部交易现金并不影响外汇按金交易的进行。至于没有实际占有非法获利款，是交易的相对方陈某不予结算造成的，并不影响被告人高某通过非法外汇按金交易可获利30多万元人民币这一事实的认定。因此，在高某以《购买日元明细表》的形式与他人签订交易协议，并交付了200万日元押金后，其非法从事外汇按金交易的行为已经完成；在高某要求结算时，按中国人民银行公布的外汇牌价，高某可从中获利30多万元人民币，已体现了“扰乱市场秩序，情节严重”。未交付全部交易现金，亦没有实际占有非法获利款，不影响非法经营罪的成立。

裁判要旨八：被告人未经国家主管机关批准，以现货投资名义非法代理境外黄金合约买卖的行为，本质是为了获取期货风险利润，符合变相期货交

易的特征，系违反国家规定的非法经营期货业务

案件名称：刘某、聂某、原某非法经营案

案例来源：《刑事审判参考》第82集，第727号案例

裁判结果：

（1）被告人刘某犯、聂某、原某犯非法经营罪，判处有期徒刑5年至有期徒刑3年，缓刑3年，并处罚金。（2）违法所得956,534.5元予以追缴。

基本案情：

2007年12月至2008年4月，被告人刘某、聂某租借上海市浦东新区世纪大道88号金茂大厦31层26座为经营场所，以上海T公司（以下简称T公司）海外投资部的名义从事黄金投资业务，并雇用被告人原某为海外投资部交易总监，负责为客户观察市场行情、提供投资建议等。刘某等人先后招揽杨建芹等八名客户并与其签订客户协议，为其提供ASA交易平台进行一种境外黄金合约买卖，约定客户可以在交易平台上买涨、买跌，客户存入保证金兑换成美元可以放大100倍进行交易，刘某等人从中收取高额佣金。其中，客户夏某、王某、彭某的账户由刘某等人代为操作。期间，杨某等人存入指定账户内保证金共计人民币（以下币种均为人民币）405万余元用于黄金合约买卖，但大都损失严重，部分客户资金甚至损失殆尽。

裁判理由：

本案被告人的行为本质是为了获取期货风险利润，符合变相期货交易的特征。

本案被告人刘某等人的交易方式符合变相期货交易的上述特征，具体理由如下：（1）刘某等人或是掌控客户账户并在T公司代为交易，或是将用户名和密码提供给客户，由客户在ASA交易平台上自行选择场所上网交易。从表面上看，本案的交易地点较为分散。但这里的集中交易可以理解为交易平台等的集中，不能机械地理解为场所的集中。本案的黄金合约均在ASA平台上集中交易，符合集中交易的特征。（2）刘某等人买卖的黄金合约（而非黄金实物）由境外黄金市场预先拟定并提供给交易者，由交易者反复买卖。这些合约中的黄金品质、合约总值及基本保证金等要素确定，刘某等人只能选择相应的合约类型进行交易，并不参与合约条款的协商与拟定，亦不能对合约内容作出修改。因此，本案中的黄金合约符合标准化合约的特征。（3）刘某等人与客户签订的协议书中约定了保证金制度，要求客户须在交纳保证金

后才能开展交易，保证金用于保证客户的履约能力并结算盈亏。(4) 根据本案协议书中的约定，客户在仓的黄金合约以当日市场收盘价位结算后，实际保证金不足的，客户必须于次交易日 15：30 以前注资补足，否则客户的合约会被全部或部分平仓。这表明交易采用当日无负债结算制度。(5) 根据本案黄金在境外市场上的交易规则，客户可以将其交纳的保证金放大 100 倍用于黄金合约买卖，故本案中保证金的收取比例仅为合约标的额的 1%，远低于《外汇管理条例》所规定的 20%。此外，刘某等人所从事的黄金买卖还采用了做多、做空的交易方法及对冲机制等其他期货交易机制，即客户既可以先买入黄金合约后沽出，也可以先沽出后再买入，用两份数量相同但买卖方向相反的合约对冲平仓。

从交易目的来判断，刘某等人主要通过买空、卖空、对冲黄金合约等手段从境外市场的价格波动中获得风险利润，而非为了获得黄金实物的所有权，这符合变相期货交易的实质。值得注意的是，根据我国的黄金管理及进出口政策，刘某等人在未经批准的情况下无法将境外黄金交割入境，本案中的客户实际上也未取得黄金实物，均通过对冲平仓或者强制平仓的方式终止了交易。综上所述，刘某等人的行为符合变相期货交易特征。同时，刘某等人未经 T 公司负责人同意，擅自设立“海外交易部”，且未经国务院期货监督管理机构批准，系违反国家规定非法经营期货业务，经营数额达 400 万余元，情节特别严重，其行为构成非法经营罪。

裁判要旨九：未经许可经营现货黄金延期交收业务的行为，因被告人不具有非法占有的主观目的，其行为不构成诈骗罪或者合同诈骗罪，但该行为属于变相黄金期货交易，违反了国家规定，属于《刑法》第 225 条第 3 项规定的非法经营行为

案件名称：钟某非法经营案

案例来源：《刑事审判参考》第 100 集，第 1021 号案例

裁判结果：

被告人钟某犯非法经营罪，判处有期徒刑 5 年 6 个月，并处罚金人民币 20 万元。

基本案情：

2009 年 10 月 16 日，被告人钟某注册成立江西 F 公司，法定代表人为钟

某，经营范围：信息咨询、投资顾问（期货、证券除外）、企业策划、工艺品销售。F 公司成立后以塔尔研究欧洲资本公司 H 公司江西总代理的名义从事无实物交割的黄金延期交收业务，下设 F 公司吉安分公司、分宜泰利顾问有限公司为 F 公司代理商。其经营模式是采用保证金制度，“T + O”交易模式，无实物交易，黄金为虚拟。客户以 1∶100 的杠杆比率，按照国际实时走势买涨买跌交易。一手为 100 盎司，根据 1∶100 的杠杆原理放大，即买一手为 100 盎司，每个客户最少交 1000 美元的保证金（美元与人民币的换算比例固定为1∶6.8）。客户只需交人民币（以下未特别注明的均为人民币）10,000 元即可开户，交易最低可买 0.1 手，即 10 盎司。其工作流程：首先，由客户与钟某签订贵金属投资协议，并缴纳交易保证金。然后，钟某将保证金汇入 H 公司，该公司收款后提供给客户交易账号和密码。客户在 F 公司或者 H 公司网站上下载塔尔金汇交易软件后，通过该软件进行集中交易。客户根据黄金价格走势进行“买涨”（先买进后卖出）“买跌”（先卖出后买进）操作。客户可以自己操盘或者聘请 F 公司员工操盘，当保证金不足时，客户必须及时追加保证金，否则就会被强制平仓。钟某通过收取交易手续费、过夜费及 H 公司返还的佣金等方式谋利。自 2009 年 10 月至 2011 年 4 月，钟某先后招徕喻某花、陈某、刘某等数十名客户入金，经营黄金业务。钟某通过经营该黄金业务，共计收取客户保证金 119.58 万元。

H 公司于 2003 年 9 月 24 日注册成立，经营范围为投资、信息咨询（不含中介服务）、企业策划等。2010 年 4 月 28 日公司注销。

裁判理由：

未经许可经营现货黄金延期交收业务的行为属于刑法规制的非法经营行为：

1. 被告人钟某从事的现货黄金延期交收业务属于实质上的变相黄金期货交易，应当认定为刑法规制的非法经营行为

2012 年修改前的《期货交易管理条例》第 89 条第 1 款规定：“任何机构或者市场，未经国务院期货监督管理机构批准，采用集中交易方式进行标准化合约交易，同时采用以下交易机制或者具备以下交易机制特征之一的，为变相期货交易：（一）为参与集中交易的所有买方和卖方提供履约担保的；（二）实行当日无负债结算制度和保证金制度，同时保证金收取比例低于合约（或者合同）标的额 20% 的。”2012 年修改后的《期货交易管理条例》删去了修改前《期货交易管理条例》第 89 条关于变相期货交易的规定。然而，这一修改并不意味着对变相期货交易不再进行监管和规制。相反，任何违反国家规定，非法经营变相黄金期货交易的行为，都应当受到刑法规制。除了修改前的《期货交易管理条例》第 89 条，中国人民银行、公安部、国家工商总局、银监会、证监会 2011 年 12 月 20 日联合下发的《关于加强黄金交易所或从事黄金交易平台管理的通知》第 1 条明确规定："上海黄金交易所和上海期货交易所是经国务院批准或同意的开展黄金交易的交易所，两家交易所已能满足国内投资者的黄金现货或期货投资需求。任何地方、机构或个人均不得设立黄金交易所（交易中心），也不得在其他交易场所（交易中心）内设立黄金交易平台。"可见，我国对于机构或个人在 2011 年 11 月 20 日前后，在合法交易场所外设立黄金交易平台从事黄金及其衍生品交易已有明确限制。现货黄金延期交收业务除具有一般的实物黄金交易属性外，还具有资本投资的属性，必须经过主管部门审批才可从事经营。中国人民银行南昌中心支行《关于新余市沣琳顿投资顾问有限公司黄金业务行政认定的复函》认定，"新余市沣琳顿投资顾问有限公司不是上海黄金交易所或上海期货交易所会员，也没有代理开展上海黄金交易所或上海期货交易所黄金业务的资格，其设立黄金交易平台开办的黄金业务未经有权机关批准"。1999 年《刑法修正案》在《刑法》第 225 条第 2 项之后增加一项，将未经国家主管部门批准非法经营证券、期货、保险业务的行为，纳入非法经营罪的调整范围。钟某经营变相黄金期货交易，未经主管部门审批许可，违反了国家规定，属于刑法规制的非法经营行为。

2. 被告人钟某非法经营变相黄金期货业务，严重扰乱市场秩序，且数额特别巨大、情节特别严重，依法应予追究刑事责任

通过前文关于现货黄金延期交收业务与合法黄金期货交易的比较，本案现货黄金延期交收业务没有交割时间限制，可以 24 小时连续交易，杠杆比率高达 1∶100，其扰乱市场秩序的程度更加严重，更具社会危害性。钟某非法经营变相黄金期货交易业务，数额达到 116.58 万元，属于数额特别巨大，依法应当认定为情节特别严重。新余市渝水区人民法院对钟某的行为以非法经营罪论处，定罪准确。

裁判要旨十：被告人超越工商核准登记的公司经营范围，未经法定机关

批准，向社会公众代理转让非上市股份公司的股权，属非法经营证券业务，情节特别严重，构成非法经营罪

案件名称：陈某、王某、郑某非法经营案

案例来源：《刑事审判参考》第62集，第489号案例

裁判结果：

宁波市中级人民法院判决被告人陈某、王某、郑某5年6个月至5年不等刑罚，并处罚金；三被告人违法所得之赃款予以继续追缴。

基本案情：

2003年12月，被告人陈某、王某、郑某趁浙江省宁波市海曙区南门街道招商引资之机，冒用他人的身份证，并让他人进行工商登记注册，为己设立宁波L公司。陈某、王某、郑某分别担任该公司的总经理、董事长、副总经理。该公司经营范围：实业项目投资策划、咨询，会计业务咨询，企业管理咨询，企业股份制改造、企业转制策划、咨询。

公司成立后，三被告人即通过由我国台湾人周某、萧某等人设立的南京C公司，为未上市的陕西Y公司、X公司、西安S公司、陕西Z公司四家非上市股份有限公司代理销售股票，并与南京C公司确定每股对外销售价格及内部交割价。三被告人以股票短期内即可上市并可获取高额的原始股回报为名，指使其公司业务员向他人推销上述公司的股票。

2004年3月30日，浙江省宁波市工商行政管理局以宁波L公司从事上述业务超出核准登记的经营范围为由，作出责令改正并罚款人民币1万元的处罚决定。同年4月，该公司经核准增加了“代办产权交易申请手续”的经营项目，继续代理销售上述4家公司的股票。至2004年11月月底，三被告人共计向216名投资者销售上述陕西省4家非上市股份有限公司的股票总股数达188.85万股，销售总金额达人民币657.77万元，从中获利人民币240余万元。

裁判理由：

1. **从实质的解释论出发，应将代理转让非上市公司股权的行为认定为《刑法》第225条第3项规定的“经营证券业务”。**

（1）三被告人的行为符合“经营证券业务”的实质特征，系变相经营证券业务。证券业务分为证券核心业务和证券外延业务，核心业务包括证券承销、证券自营、证券经纪等，外延业务是除核心业务之外围绕证券发行、交

易所产生的业务，如证券投资咨询、财务顾问、资产管理等。我国《证券法》自1999年7月1日施行以来，所规定的“证券业务”均包括核心业务和外延业务。由于我国证券市场实行证券业务许可制度，只有经过国务院证券监督管理机构批准的证券公司才能经营证券业务，其他任何单位和个人均不得经营证券业务。本案中，被告人陈某、王某、郑某设立宁波L公司后，即通过南京C公司为陕西省的四家非上市股份有限公司代理销售股票，投资者达216人。这种行为具有证券核心业务中“证券承销”的实质特征，系变相承销证券，故可以认为“经营证券业务”。同时，因被告人所设立的公司未取得中国证券监督管理委员会核发的证券业务许可证，其擅自代理销售非上市公司的股票违反了证券法，属于非法经营证券业务。

（2）拆细转让非上市公司股权不是合法的产权交易行为。一般认为，产权是指一定经济主体对资产所有、使用、处分并获得相应收益的权利，包括物权、债权、股权、知识产权等各类财产权利。产权交易就是产权主体将合法拥有的产权，通过产权交易市场实行有偿转让的行为。依据被告人行为时的《公司法》（1999年12月25日修订），以发起方式设立的股份有限公司的股票为记名股票，由全体发起人认购；股东转让记名股票，必须在依法设立的证券交易场所进行，且应当以背书方式或者法律、行政法规规定的其他方式转让。但我国依法设立的证券交易场所只有上海证券交易所和深圳证券交易所，而这两家交易所仅开展上市公司的股份转让业务。鉴于此，为解决实践中大量存在的非上市公司的股份转让问题，各地的普遍做法是制定地方性法规或者规章，允许非上市公司的股权在产权交易所进行转让。从这个角度看，本案中三被告人代理转让陕西省四家非上市股份公司股权的行为，一定程度上具有产权交易性质。

但是，对于非上市公司的股权具体以何种方式转让，有关地方性法规或者规章一般只规定了协议转让方式，都不允许拆细转让。对于实践中出现的拆细转让非上市公司股权的行为，监管部门历来采取禁止的立场。1998年3月25日，国务院办公厅转发了证监会《清理整顿场外非法股票交易方案》，要求把未经国务院批准设立的产权交易所从事的拆细交易和权证交易作为“场外非法股票交易”行为而加以彻底清理。该文件下发后，证监会对地方产权交易市场作出了不成文的“不得拆细、不得连续、不得标准化”的“三不”规定。2006年12月国务院办公厅发布的《关于严厉打击非法发行股票和非法经营证券业务有关问题的通知》，2008 年 1 月《最高人民法院、最高人民检察院、公安部和中国证券监督管理委员会关于整治非法证券活动有关问题的通知》，均要求打击包括非法代理转让非上市公司股票在内的各种证券违法犯罪活动。由此可见，拆细转让非上市公司的股权历来不属于合法的产权交易方式，因此本案三被告人称其行为系合法产权交易行为的辩解不能成立。即使不否认被告人的行为在一定程度上具有产权交易性质，但这种性质并不影响认定其行为属于变相“经营证券业务”。

2. 三被告人非法经营证券业务，情节特别严重，应认定构成非法经营罪。

上述分析表明，三被告人的行为属于未经国家有关主管部门批准非法经营证券业务，依据《刑法》第 225 条之规定，只有非法经营情节严重的，才能定罪处罚。对于“情节严重”，实践中主要应以非法经营额和非法获利额为基础并综合考虑其他情节加以认定，如从事非法经营活动经行政处罚仍不悔改，非法经营造成严重后果，等等。本案中，三被告人的行为不仅满足了“情节严重”的条件，而且属于“情节特别严重”，主要体现在：

（1）三被告人设立公司后超范围经营，经工商部门指出后未改正。三被告人设立的公司系投资咨询公司，不具有经营证券的资格，也不具有经营产权交易业务的资格。根据 2003 年 3 月 20 日公布施行的《浙江省产权交易规则》，产权交易经纪机构是指具有产权交易从业资格，接受企业委托代理产权交易的中介机构，且从事产权交易业务的人员须具有相应的经纪资格。被告人经营的公司既未被授权或许可经营证券业务，又不具备产权交易经纪机构资格，显属超范围经营。2004 年 3 月，宁波市工商行政管理局以该公司超范围经营为由，作出责令改正并罚款 1 万元的处罚决定。

同年 4 月，该公司经核准增加了“代办产权交易申请手续”的经营项目，继续代理销售非上市公司的股票。但是，“代办产权交易申请手续”是指接受产权所有人委托，以产权所有人的名义向产权交易机构提出产权交易申请服务活动，不包括直接从事产权交易活动。该公司在增加“代办产权交易申请手续”的经营项目后经营非上市股份公司股权转让业务仍属超范围经营，被告人所经营的公司经工商部门处罚后继续向社会公众出售未上市公司的股份，显然属于恶意超范围经营。

（2）三被告人的经营数额和获利数额特别巨大。被告人指使其公司业务员向社会公众推销非上市公司的股票，转让总金额达657.77万元，三被告人从中获利240余万元。鉴于目前尚无司法解释规定非法经营证券业务“情节严重”和“情节特别严重”的具体数额标准，裁判时须参照相关司法解释加以认定。例如，《最高人民法院关于审理非法出版物刑事案件具体应用法律若干问题的解释》第11条、第12条规定，出版、印刷、复制、发行本解释第1条至第10条规定以外的其他严重危害社会秩序和扰乱市场秩序的非法出版物，个人经营数额在15万～30万元以上的，或者违法所得数额在5万～10万元以上的，属于“情节特别严重”。《最高人民法院关于审理扰乱电信市场管理秩序案件具体应用法律若干问题的解释》第1条、第2条规定，擅自经营国际电信业务或者涉港澳台电信业务进行营利活动，扰乱电信市场秩序，经营去话业务数额500万元以上的，或者经营来话业务造成电信资费损失数额500万元以上的，属于“情节特别严重”。以这两个司法解释的规定为参照，均可认定本案三被告人的经营数额和违法所得数额达到了“情节特别严重”的条件。

（3）三被告人的行为扰乱了国家证券市场秩序，易引发群体性事件，社会危害性严重。三被告人所经营的公司在近1年时间内，以股票短期内即可上市并可获取高额的原始股回报为名，共诱骗216名投资者购买陕西省四家非上市股份有限公司的股票，客观上形成了难以有效监管的“场外交易”市场，严重扰乱了国家证券市场秩序。同时，一旦被告人届时无法兑现承诺，投资者无法获利甚至造成重大损失，则极可能发生群体性事件，影响当地社会稳定。本案投资者手中持有的所谓股权证是否有效，是否得到涉案中介机构和股份公司的认可都存在很大风险。被告人经营的公司在交易中获取暴利，应予严厉惩治，否则必然会引发严重的社会问题。

综上，本案三被告人超越工商核准登记的公司经营范围，未经法定机关批准，向社会公众代理转让非上市股份公司的股权，属非法经营证券业务，情节特别严重，构成非法经营罪。公诉机关指控本案为单位犯罪，要求同时追究三被告人及其设立的宁波L公司的刑事责任，但鉴于三被告人设立公司的目的在于从事非法经营证券业务，且公司设立后以实施该犯罪为主要活动，依据《最高人民法院关于审理单位犯罪案件具体应用法律有关问题的解释》第2条之规定，不应以单位犯罪论处，故法院依法作出本案不属于单位犯罪的判决是正确的。

裁判要旨十一：被告人违反法律、行政法规的规定，在没有取得药品经营许可证的情况下，借用其他企业的经营条件进行药品经营，其行为应认定为非法经营

案件名称：薛某非法经营案

案例来源：《刑事审判参考》第75集，第632号案例

裁判结果：

被告人薛某犯非法经营罪，判处有期徒刑5年，并处罚金人民币10万元，该罚金应于本判决生效次日缴纳。

基本案情：

被告人薛某于2006年11月至2007年11月间，在没有取得《药品经营许可证》的情况下，将其承租的、位于潮州市湘桥区南较路南溪巷9号的金洽药店（属擅自挂名）作为经营场所，将其承租的、位于湘桥区前街安场路安和园C栋楼下的储藏室和湘桥区南较路南溪巷9号对面23号的车库作为仓库，采取借用具有药品经营许可资质的广东省潮安县Z药业有限公司的名义购进、销售药品或以直接购进、销售药品的方式，先后向深圳J制药有限公司（原深圳制药厂）、普宁市P药业有限公司、揭阳S药业有限公司等单位购买复力磷酸可待因溶液（联邦止咳露）、盐酸曲马多等药品，这些药品部分销售给普宁市一个叫“楚西”的人（身份不明），部分放置在金洽药店零售，还有部分直接送到潮州市区的网吧及娱乐场所销售，并从中牟利。在此期间，薛某非法经营复方磷酸可待因溶液等药品的交易金额为人民币（以下币种均为人民币）2,133,350.5元，从中获利7万多元。其中，被告人薛某于2006年11月与潮安县Z药业有限公司签订协议，挂靠该公司，借用该公司的《药品经营许可证》等证件，由该公司授权其为代理人，与深圳J制药有限公司签订联邦止咳露等药品的购销合同，向深圳J制药有限公司等单位购进联邦止咳露等药品。2007年4月29日，薛某因非法经营被潮州市食品药品监督管理局行政处罚。潮安县Z药业有限公司也因非法出租《药品经营许可证》被行政处罚。不久，潮安县Z药业有限公司口头宣布与薛某中止合作。但薛某假借潮安县Z药业有限公司名义继续向深圳J制药有限公司和其他单位购进药品及销售药品。2007年8月15日，薛某再次被潮州市食品药品监督管理局行政处罚。此后，薛某继续非法经营同类药品。2007年11月3日，广东省潮州市食品药品监督管理局在薛某非法经营的药店及仓库查获药

品、银行汇单、送货单、汽车等。

裁判理由：

本案被告人的行为构成非法经营罪，且属于情节特别严重。理由如下：

1. 没有取得《药品经营许可证》等有效证件而从事药品经营的，应当认定为非法经营《药品管理法》第73条规定："未取得《药品经营许可证》经营药品的，依法予以取缔，没收违法销售的药品和违法所得，并处罚款；构成犯罪的，依法追究刑事责任。"《药品流通监督管理办法》第10条第1款规定："药品生产企业、药品批发企业销售药品时，应当提供下列资料：（一）加盖本企业原印章的《药品生产许可证》或《药品经营许可证》和营业执照的复印件……"《药品管理法》第14条规定："开办药品批发企业，须经企业所在地省、自治区、直辖市人民政府药品监督管理部门批准并发给《药品经营许可证》；开办药品零售企业，须经企业所存地县级以上地方药品监督管理部门批准并发给《药品经营许可证》，凭《药品经营许可证》到工商行政管理部门办理登记注册。无《药品经营许可证》的，不得经营药品。"

从上述规定可知，国家对药品实行经营许可管理制度，经营者必须取得经营许可证才能从事许可证规定范围内的经营活动。潮州市食品药品监督管理局证实被告人没有取得药品经营许可证。本案被告人违反上述法律、行政法规的规定，在没有取得药品经营许可证的情况下，借用其他企业的经营条件进行药品经营，其行为应认定为非法经营。

2. 被告人非法经营药品的社会危害性巨大滥用联邦止咳露的社会危害性，要根据联邦止咳露的滥用程度、依赖性、对人体的危害程度来确定。（略）

3. 审理非法经营药品犯罪案件时，应根据被告人非法经营的犯罪数额、社会危害性、被告人的主观恶性等因素，认定被告人是否构成非法经营罪情节特别严重（此亦同样适应于对非法经营烟草制品、出版物、食盐之外司法解释、纪要等没有规定的其他物品的认定）。

《刑法》第225条非法经营罪规定："违反国家规定，有下列非法经营行为之一，扰乱市场秩序，情节严重的，处五年以下有期徒刑或者拘役，并处或者单处违法所得一倍以上五倍以下罚金；情节特别严重的，处五年以上有期徒刑，并处违法所得一倍以上五倍以下罚金或者没收财产：（一）未经许可经营法律、行政法规规定的专营、专卖物品或者其他限制买卖的物品的……"

对非法经营药品数额多少构成情节严重或情节特别严重，最高人民法院目前尚未出台相关司法解释、《最高人民检察院、公安部关于经济犯罪案件追诉标准的规定》第70条、《最高人民检察院、公安部关于公安机关管辖的刑事案件立案追诉标准的规定（二）》第79条对非法经营案部分仅制定了追诉标准："从事其他非法经营活动，涉嫌下列情形之一的，应予追诉：个人非法经营数额在5万元以上，或者违法所得数额在1万元以上的。"本案被告人非法经营数额200余万元，违法所得7万余元，据此，可以认定其非法经营行为符合情节严重标准，应当追诉。

关于其行为是否构成情节特别严重，我们认为，应当参照关于其他非法经营犯罪的司法解释、会议纪要及案件的实际情况加以认定。

1. 根据《最高人民法院关于审理非法出版物刑事案件具体应用法律若干问题的解释》第11条、第12条的规定，出版、印刷、复制、发行本解释第1条至第10条规定以外的其他严重危害社会秩序和扰乱市场秩序的非法出版物，个人经营数额在15万元～30万元以上的，或者违法所得数额在5万元～10万元以上的，属于"情节特别严重"。《广东省高级人民法院关于执行最高人民法院〈关于审理非法出版物刑事案件具体应用法律若干问题的解释〉的意见》第3条第2款规定："具有下列情形之一的，属于非法经营行为'情节特别严重'；经营数额在30万元以上的……"

2. 《最高人民法院、最高人民检察院、公安部、国家烟草专卖局关于办理假冒伪劣烟草制品等刑事案件适用法律问题座谈会纪要》第3条关于非法经营烟草制品行为适用法律问题规定："未经烟草专卖行政主管部门许可，无生产许可证、批发许可证、零售许可证，而生产、批发、零售烟草制品，具有下列情形之一的，依照刑法第二百二十五条的规定定罪处罚：1. 个人非法经营数额在五万元以上的，或者违法所得数额在一万元以上的；……3. 曾因非法经营烟草制品行为受过二次以上行政处罚又非法经营的，非法经营数额在二万元以上的。"《广东省高级人民法院、广东省人民检察院、广东省公安厅、广东省烟草专卖局、广东省打假办关于执行最高人民法院、最高人民检察院、公安部、国家烟草专卖局〈关于办理假冒伪劣烟草制品等刑事案件适用法律问题座谈会纪要〉的意见》第6条规定："关于非法经营烟草制品'情节特别严重'数额标准的问题。参照《纪要》第三条的规定，具有下列情形之一的，属于'情节特别严重'：1. 个人非法经营数额在25万元以上，或者违法所得数额在5万元以上的……”

3. 本案系广东省查获的数额较大的非法经营联邦止咳露案件。被告人已经被二次行政处罚，被告人被处罚后仍不思悔改，继续非法经营，被第二次行政处罚后至2007年11月3日非法经营数额达603,900元。被告人购进的联邦止咳露有12万瓶之多，且大部分已售出，总的非法经营数额为2,133,350.5元。

综上所述，参照非法出版物、伪劣烟草等司法解释和纪要的规定，结合本案的实际情况，对被告人薛某的非法经营犯罪行为应认定为情节特别严重。

裁判要旨十二：被告人挂靠具有经营资质的企业从事药品经营的行为，违反了药品管理法、行政许可法的相关规定，应当视为无证经营，属于《刑法》第225条第1项规定的“未经许可经营国家专营、专卖物品”的情形，依法应当以非法经营罪定罪处罚

案件名称：王某非法经营案

案例来源：《刑事审判参考》第92集，第864号案例

裁判结果：

王某犯非法经营罪，判处有期徒刑9年，并处没收个人财产700万元。

基本案情：

2011年7月至12月，王某在未取得《药品经营许可证》的情况下，以其承租的南京市应天大街弘瑞广场8幢318室作为经营场所，借用具有药品经营许可资质的S公司的名义采购、销售药品。其间，王某从经开公司购进价值总计为755.535万元的消咳宁片（麻黄碱类复方制剂），并将前述药品非法销售给林某（另案处理）等人。

裁判理由：

1. 王某挂靠具有经营资质的企业从事药品经营的行为属于《刑法》第225条规定的非法经营行为。

（1）挂靠经营药品行为违反了国家规定，应当认定为《刑法》第225条规定的非法经营行为。

根据《药品管理法》第14条的规定，无《药品经营许可证》的，不得经营药品。《行政许可法》第80条规定：“被许可人有下列行为之一的，行政机关应当依法给予行政处罚；构成犯罪的，依法追究刑事责任：（一）涂

改、倒卖、出租、出借行政许可证件，或者以其他形式非法转让行政许可的……”国家食品药品监督管理局2007年下发的《关于进一步整治药品经营中挂靠经营超方式及超范围经营问题的通知》第1条明确规定：“挂靠经营是指药品经营企业为其他无证单位或个人提供药品经营场地、资质证明以及票据等条件，以使挂靠经营者得以从事药品经营活动。对于药品经营企业，接受挂靠的性质是出租、出借证照：对于挂靠经营者，进行挂靠的性质则是无证经营。超出《药品经营许可证》规定的经营方式、经营范围从事药品经营活动，是《药品管理法》明令禁止的违法行为。”

本案中，王某在没有得到经营许可也不可能得到经营许可的情况下，通过挂靠有经营资质的单位从事药品经营的行为，违反了《药品管理法》《行政许可法》的相关规定，应当视为无证经营，属于《刑法》第225条第1项规定的“未经许可经营国家专营、专卖物品”的情形，依法应当以非法经营罪定罪处罚。

王某经营的消咳宁片含有麻黄碱，属于麻黄碱类复方制剂的范围，因此还可以适用《最高人民法院、最高人民检察院、公安部关于办理走私、非法买卖麻黄碱类复方制剂等刑事案件适用法律若干问题的意见》的相关规定。《最高人民法院、最高人民检察院、公安部关于办理走私、非法买卖麻黄碱类复方制剂等刑事案件适用法律若干问题的意见》第1条第4款规定：“非法买卖麻黄碱类复方制剂或者运输、携带、寄递麻黄碱类复方制剂进出境，没有证据证明系用于制造毒品或者走私、非法买卖制毒物品，或者未达到走私制毒物品罪、非法买卖制毒物品罪的定罪数量标准，构成非法经营罪、走私普通货物、物品罪等其他犯罪的，依法定罪处罚。”根据这一规定，王某的行为也应当认定为非法经营罪。

（2）在非法经营药品过程中故意不建立真实购销记录的不属于《刑法》第225条规定的非法经营行为，但可以作为认定情节严重的参考因素《药品管理法》第18条规定：“药品经营企业购销药品，必须有真实完整的购销记录。购销记录必须注明药品的通用名称、剂型、规格、批号、有效期、生产厂商、购（销）货单位、购（销）货数量、购销价格、购（销）货日期及国务院药品监督管理部门规定的其他内容。”本案中，从查证属实的情况看，目前仅查实被告人王某向林某、华小波等不具备经营资质的个人销售药品300余万元的事实。王某违反《药品管理法》的规定，故意不建立真实的销售记录，且不如实供述其药品销售去向，导致药品流入非法渠道后无法追回，加剧了其行为的社会危害性。从行为定性角度分析，故意不建立真实购销记录的不属于《刑法》第225条规定的非法经营行为，但是可以作为认定非法经营行为是否构成情节严重的一个重要参考因素。在非法经营行为已构成犯罪的情况下，可以作为酌定从重处罚的情节予以考虑。

2. 犯罪数额、犯罪情节的认定及财产刑的适用。

王某非法经营犯罪数额的认定，可以参照《最高人民法院、最高人民检察院关于办理非法生产、销售烟草专卖品等刑事案件具体应用法律若干问题的解释》（以下简称《烟草解释》）的有关规定。《烟草解释》第4条规定：非法经营烟草专卖品，能够查清销售或者购买价格的，按照其销售或者购买的价格计算非法经营数额。无法查清的，通过平均价、基准价等计算。参照这一规定，王某的犯罪数额应当按照其从经开公司购进消咳宁片的价格认定。即王某非法经营的数额达700余万元。

经有关部门测算，王某经营的消咳宁片中含有的麻黄碱类复方制剂，如用于制造冰毒可以制成约800公斤的冰毒，毒品市值4亿元。综合考虑到王某的经营数额、行为危害后果、药品的特殊种类以及不建立购销记录等情况，应当认定其行为为情节特别严重，依法应当判处5年以上有期徒刑，并处违法所得一倍以上五倍以下罚金或者没收财产。

另查明，有证据证实的王某仅销售给林某部分的药品获利数额约为170余万元，其他途径的销售利润并不确定。为强化刑罚的特殊预防效果，从经济上有效制裁犯罪分子，剥夺其再犯罪的能力，依照《刑法》第225条关于非法经营罪的处罚规定，法院对王某判处没收财产700万元，符合法律规定，同时也充分体现了罪责刑相适应。

裁判要旨十三：被告人未改变麻黄碱类复方制剂（新康泰克）的药品属性，通过差价获取利润，同时，没有具体证据证明被告人明知他人将所购新康泰克胶囊拆解后作为制毒物品出售，不能将其行为认定为非法买卖制毒物品罪。但被告人无证经营药品，扰乱市场秩序，情节严重，应当以非法经营罪论处

案件名称：解某1等非法买卖制毒物品、张某等非法经营案

案例来源：《刑事审判参考》第87集，第803号案例

裁判结果：

被告人梁某等人犯非法买卖制毒物品罪，判处有期徒刑 4 年至有期徒刑 2 年不等刑罚，并处罚金；被告人张某等人犯非法经营罪，判处有期徒刑 1 年 10 个月至 1 年 8 个月不等刑罚，并处罚金。

基本案情：

1. 2006 年年底至 2007 年间，被告人解某 2、梁某先后两次从没有经营资质的被告人张某处购买新康泰克 75 箱，二人将药品拆封后，将胶囊内的康泰克粉末装入塑料袋向外出售，75 箱新康泰克胶囊中含盐酸伪麻黄碱 13, 500 克。解某 2、梁某从中非法获利人民币（以下币种同）150 余万元。

2. 2009 年 9 月至 2010 年 1 月间，解某 1、梁某先后从没有经营资质的张某处购买新康泰克共计 620 余箱。二人雇人将药品拆封后，将胶囊内粉末装入塑料袋内，将其中 200 袋康泰克粉末出售给李某（在逃），其余的 426 箱外加 50 盒新康泰克被查获。被查获的新康泰克胶囊中含有盐酸伪麻黄碱 76, 680 克，贩卖给李某的新康泰克胶囊中含有盐酸伪麻黄碱 36, 000 克。被告人张某先后向被告人解某 1、梁某、解某 2 非法销售新康泰克共计 700 余箱，非法经营数额共计 137 万余元，非法获利 21 万余元。解某 1、梁某从中非法获利 300 余万元。

3. 2009 年 2 月至 10 月间，被告人田某冒用北京 K 医药科技开发中心、北京市 Y 医药公司销售代表的名义从北京 J 医药销售有限公司购买新康泰克 206 箱，冒用北京 K 医药科技开发中心的名义从北京市 Y 医药公司购买新康泰克 331 箱。田某将其中的 300 箱新康泰克销售给张某。田某非法经营数额共计 105 万余元，从中非法获利 5000 余元。

4. 2009 年 8 月至 2010 年 1 月间，被告人王某以哈尔滨 S 医药公司的名义从哈药集团医药有限公司 B 药品分公司业务员杨某处购买新康泰克 350 箱，后通过杨某以黑龙江省 H 医药有限公司的名义从黑龙江省 B 医药有限责任公司购进新康泰克 500 箱。王某将其中 327 箱新康泰克从黑龙江省、河北省送至北京市销售给张某，其异地非法经营数额共计 63 万余元，从中非法获利 2000 余元。

裁判理由：

第一，麻黄碱类复方制剂本身不属于列管的易制毒物品，对买卖麻黄碱类复方制剂的，不能直接依据《刑法》第 350 条定罪处罚。田某、王某系医药公司的业务员，二人违规购买新康泰克后，将部分卖给张某，张某又转而卖给解某1等三人，田某、王某、张某三人未改变新康泰克的药品属性，贩卖目的在于通过差价获取利润，故不能将其行为认定为非法买卖制毒物品罪，否则就等于将新康泰克等同于制毒物品，不符合法律规定。同时，没有具体证据证明张某明知解某1等人将所购新康泰克胶囊拆解后作为制毒物品出售。尽管客观上张某的行为为解某1等人贩卖制毒物品提供了帮助，但因缺乏共同犯罪的故意，故不能对张某、田某、王某以非法买卖制毒物品罪的共犯论处。

第二，田某、王某、张某的行为符合非法经营罪的犯罪构成。根据《刑法》第225条第1项，违反国家规定，未经许可经营法律、行政法规规定的专营、专卖物品或者其他限制买卖的物品，扰乱市场秩序，情节严重的，构成非法经营罪。国家对新康泰克实行经营管制，消费者每人每次最多购买5个最小包装。除个人合法购买外，禁止使用现金进行含麻黄碱类复方制剂交易。同时，相关法律法规规定，药品生产、经营企业不得在药品监督管理部门核准的地址以外的场所储存或者现货销售药品：药品生产、经营企业或者委派的药品销售人员，在没有签订药品销售合同的情况下，带药品现货以流动的方式在其他地区向药品经营、使用单位或者病患者、消费者销售药品的，视为异地经营，按无证经营处理。本案中，张某、田某的行为属于无证经营：王某虽有证据表明其有经营许可证及委托函，但其携带药品现货在药品监督管理部门核准地址以外的场所向个人出售，视为异地经营，按无证经营处理。其中，张某非法经营数额为137万余元，田某非法经营数额为105万余元，王某的异地非法经营数额为63万余元，均属于扰乱市场秩序情节严重，应当以非法经营罪论处。这样处理也符合《最高人民法院、最高人民检察院、公安部关于办理走私、非法买卖麻黄碱类复方制剂等刑事案件适用法律若干问题的意见意见》的规定。《最高人民法院、最高人民检察院、公安部关于办理走私、非法买卖麻黄碱类复方制剂等刑事案件适用法律若干问题的意见意见》第1条第4款规定，非法买卖麻黄碱类复方制剂，没有证据证明系用于非法买卖制毒物品，构成非法经营罪等其他犯罪的，依法定罪处罚。

裁判要旨十四：被告人以生产药品的故意，生产、销售盐酸曲马多，无证据表明生产出的盐酸曲马多流入毒品市场，故不构成贩卖、制造毒品罪，

其行为构成生产、销售伪劣产品罪与生产、销售假药罪和非法经营罪的竞合，择一重罪判处

案件名称：吴某1、黄某等非法经营案

案例来源：《刑事审判参考》第102集，第1057号案例

裁判结果：

潮州市中级人民法院认定被告人吴某1、黄某等人犯非法经营罪，判处有期徒刑4年10个月至2年8个月并处罚金及免予刑事处罚等不同刑罚。

基本案情：

被告人吴某1、黄某以牟利为目的，在没有依法取得药品生产、销售许可的情况下，于2010年年底合伙生产盐酸曲马多及其他药品，二人约定共同出资，并由且吴某1负责租用生产场地、购买生产设备和原料、联系接单及销售渠道，黄某负责调试生产设备、配制药品及日常生产管理。其后，吴某1租用陈让群位于潮安区庵埠镇美乡村美珠路路尾的老屋作为加工场地，并雇佣被告人吴某2从事生产加工，雇佣被告人陈某帮助运输原料和生产出的药品成品。吴某1还安排吴某2找个体印刷厂印刷了“天龙牌”盐酸曲马多包装盒及说明书。陈某按照吴某1的指示，多次将加工好的盐酸曲马多药片及包装盒、说明书运送至潮州市潮安区潮汕公路等处交给汪某（另案处理）等人转卖。经查，2010年年底至2011年9月间，吴某1共卖给汪某盐酸曲马多65件，汪某通过物流公司将盐酸曲马多等药品转至河北省石家庄市等地销售，公安机关在涉案的医疗器械经营部提取到部分违法销售的“天龙牌”盐酸曲马多。2011年9月15日，公安机关查处了吴某1等的加工场，现场扣押盐酸曲马多药片115.3千克、生产盐酸曲马多的原料1280.25千克及加工设备等。至查处为止，吴某1等生产和销售盐酸曲马多药片等假药，获取违法收入人民币50,750元。

裁判理由：

本案被告人吴某1等的行为构成生产、销售伪劣产品罪，生产、销售假药罪和非法经营罪的竞合，应以非法经营罪定罪处罚。

1. 被告人吴某1等的行为符合生产、销售假药罪的构成要件。生产、销售假药罪，是指明知是假药而进行生产、销售活动的行为。根据吴某1和黄某的供述，其合作的目的就是制造假药，而吴某2也供述其生产的是假药，说明三被告人都具有生产假药的主观故意。根据《刑法》第141条的规定，

“假药”是指依照《药品管理法》的规定，属于假药和按假药处理的药品、非药品。《药品管理法》第48条（笔者注：已被修改）规定，“有下列情形之一的为假药：（一）药品所含成份与国家药品标准规定的成份不符的；（二）以非药品冒充药品或者以他种药品冒充此种药品的。有下列情形之一的药品，按假药论处：（一）国务院药品监督管理部门规定禁止使用的；（二）依照本法必须批准而未经批准生产、进口，或者依照本法必须检验而未经检验即销售的；（三）变质的；（四）被污染的；（五）使用依照本法必须取得批准文号而未取得批准文号的原料药生产的；（六）所标明的适应症或者功能主治超出规定范围的”。本案被告人不具有生产精神药品的资质，没有取得药品批准文号而生产精神药品，所生产的药品应认定为假药。而《最高人民法院、最高人民检察院关于办理生产、销售假药、劣药刑事案件具体应用法律若干问题的解释》（已废止）第1条规定的生产、销售假药的情形之二就包括“属于麻醉药品、精神药品的”，该条规定本身就说明生产麻醉药品、精神药品的行为有可能构成生产假药罪而非制造毒品罪。

2. 被告人吴明强等违反药品管理法规，擅自生产、销售药品，以假充真，销售金额达到5万元以上，行为符合生产、销售伪劣产品罪的构成要件。

3. 被告人吴明强等的行为还构成非法经营罪。盐酸曲马多作为国家管制的精神药品，属于非法经营罪中所指的“法律、行政法规规定的专营、专卖物品或者其他限制买卖的物品”。

《最高人民法院、最高人民检察院关于办理生产、销售假药、劣药刑事案件具体应用法律若干问题的解释》第6条规定：“实施生产、销售假药、劣药犯罪，同时构成生产、销售伪劣产品、侵犯知识产权、非法经营、非法行医、非法采供血等犯罪的，依照处罚较重的规定定罪处罚。”被告人吴某1、黄某、吴某2的行为同时符合生产、销售假药罪，生产、销售伪劣产品罪和非法经营罪的构成要件，应在三罪中择一重罪处罚。《刑法》第141条对生产、销售假药罪的量刑规定了三个档次，其中没有“对人体健康造成严重危害或者有其他严重情节的”，“处三年以下有期徒刑或拘役，并处罚金”。《刑法》第140条对生产、销售伪劣产品罪的量刑规定了四个档次，其中“销售金额五万元以上不满二十万元的，处二年以下有期徒刑或者拘役，并处或者单处销售金额百分之五十以上二倍以下罚金”。《刑法》第225条对非法经营罪的量刑规定了两个档次，“情节严重的，处五年以下有期徒刑或者拘役，并处或者单处违法所得一倍以上五倍以下罚金；情节特别严重的，处五年以上有期徒刑，并处违法所得一倍以上五倍以下罚金或者没收财产”。根据《最高人民法院关于适用刑法第十二条几个问题的解释》的规定，**如果《刑法》规定的某一犯罪有两个以上的法定刑幅度，法定最高刑或者最低刑是指具体犯罪行为应当适用的法定刑幅度的最高刑或者最低刑**。

本案中三被告人的行为若按生产、销售伪劣产品罪量刑，因销售数额在20万元以下，应处“二年以下有期徒刑或者拘役，并处或者单处销售金额百分之五十以上二倍以下罚金”。若按生产、销售假药罪量刑，因没有证据表明生产的假药对人体健康造成了严重危害，且本案审判时，《最高人民法院、最高人民检察院关于办理危害药品安全刑事案件适用法律若干问题的解释》尚未出台，认定“其他严重情节”的标准尚不明确，所以应先考虑适用第一档法定刑“三年以下有期徒刑或拘役，并处罚金”。而按照非法经营罪量刑，第一档法定刑最高可以到5年有期徒刑。比较三个罪名的第一档量刑幅度，非法经营罪的法定刑最高。此外，以生产、销售假药罪来定罪处罚，不能充分体现盐酸曲马多作为国家管制精神药品，比普通假药具有更大的社会危害性，不能充分评价吴某1等人生产、销售盐酸曲马多行为的社会危害性，而定非法经营罪能恰当地体现此类行为的本质在于违反国家禁止性管理制度。

裁判要旨十五：被告人违反国家规定，以虚构交易的方式，使用销售点终端机具刷卡套现并从中牟利，情节严重的，均构成非法经营罪

案件名称：张某等非法经营案

案例来源：《刑事审判参考》第92集，第863号案例

裁判结果：

被告人张某、倪某、付某犯非法经营罪，判处有期徒刑5年至1年4个月，并处罚金。非法所得予以没收，上缴国库。

基本案情：

被告人张某于2007年10月起，为实施信用卡套现行为以收取手续费牟利，先后注册成立了无锡市T贸易商行、无锡市W建材经营部、无锡市C紫砂艺术馆等三家单位，并以上述单位名义通过无锡市金融电子技术服务中心向中国银联股份有限公司江苏分公司申领了3台销售点终端机（POS机）。后张某以收取1%~5%手续费为条件，在无真实交易的情况下，在上述POS

机上套现。同时，张某先后将上述 POS 机以每月 1000 元或者 5000 元不等的价格和帮助"养卡"为条件租给被告人倪某、付某和邵某、叶某、王某、连某（均另案处理）等人，用于为他人信用卡套现。2009 年 2 月 28 日至 2010 年 5 月间，张某单独或者伙同倪某、邵某等人采用上述手法，为自己和他人非法套现金共计 2250 万余元。

2009 年 2 月，倪某与李某成立了无锡 A 艺术培训公司。为解决公司资金困难问题，倪某、李某与张某合谋用张某提供的销售点终端机（POS 机）为他人信用卡套现，并收取套现金额的 1% ~1.5% 作为手续费牟利。2009 年 3 月 1 日至 6 月 15 日间，倪某、李某用二人实际控制的信用卡及荣某、潘某、荣某、张某一等人的信用卡刷卡套现，在用部分信用卡套现时，为延长还款期限，在还款日到来时重复刷卡套出现金归还前期欠款，累计循环刷卡套现 200 万余元。

2009 年 12 月起，倪某、付某与张某合谋，由张某收取 1 万元租金提供商户名为无锡 T 贸易商行、无锡市 W 建材经营部 POS 机及空白现金支票等物品给倪某等人用于信用卡刷卡套现。2009 年 12 月 21 日至 2010 年 3 月 20 日，倪某伙同付某、阙某、连某、朱某一、陈某一等人，通过上述手法，先后用实际控制的信用卡及章某、毛某等 50 余人的信用卡刷卡循环套现共计 430 万余元。

被告人倪某与李某、付某等人共用本人信用卡、实际控制的亲友的信用卡计 40 余张，套出现金 30 余万元使用，后被告人倪某及付某利用 POS 机在信用卡还款日到来时重复刷卡套出现金用以归还前期信用卡内的欠款，累计刷卡套现数额共 130 余万元。

裁判理由：

1. 行为人为自己或者实际控制的信用卡套取现金，情节严重的，均构成非法经营罪，且套现数额均应计入非法经营犯罪数额

应当准确理解信用卡套现类非法经营罪的本质。2009 年 12 月 3 日出台的《最高人民法院、最高人民检察院关于办理妨害信用卡管理刑事案件具体应用法律若干问题的解释》第 7 条规定："违反国家规定，使用销售点终端机具（POS 机）等方法，以虚构交易、虚开价格、现金退货等方式向信用卡持卡人直接支付现金，情节严重的，应当依据刑法第二百二十五条的规定，以非法经营罪定罪处罚。"由上述规定，对信用卡套现类非法经营罪的本质特征可以从以下几个方面进行分析。首先，从客观方面分析，信用卡套现类非法经营罪规制的是行为人在无真实交易背景下向“信用卡持卡人”直接支付现金的行为，对象是信用卡持卡人，并不禁止行为人与持卡人主体重合。特约商户持自己或者实际控制的信用卡刷卡时，行为人具有两种重合的主体身份，一是特约商户，二是代表持卡人。在其虚构的交易行为中，行为人一人担当交易双方的角色。其次，从侵犯的法益分析，信用卡套现行为之所以构成非法经营罪，是因为行为人在未发生真实商品交易情况下，变相将信用卡的授信额度转化为现金，从而使金融机构资金置于高度风险之中，严重扰乱国家金融管理秩序。本案三被告人用自己或者实际控制的信用卡在自己的POS机上套取现金，已经现实地使银行资金置于高度风险之中，侵犯了设立非法经营罪所要保护的国家正常的金融市场秩序。最后，非法经营罪所体现的规范、指引、教育功能在于从事某种经营应当按照国家规定事先获取经营许可资格，或者遵守特定行业的特定规则。如果行为人未获取相关许可或者违反特定行业的特定规则，就应当认定为非法经营行为，情节严重的即可构成《刑法》第225条规定的非法经营罪。行为人申领POS机目的在于实施信用卡套现行为，不论是为他人还是为自己刷卡，均违反了不得虚构交易的特定行业规则，严重扰乱金融管理秩序，故特约商户不论是为他人套现，还是为自己套现，均属于《刑法》第225条规定的非法经营行为，不能因为特约商户与持卡人身份重合而将此类非法套现行为排除在刑法调整之外。

2. **用后次所套取现金归还前次套取现金的，应当累计为非法经营数额。**

我们认为，用后次所套取现金归还前次套取现金的，应当累计非法经营数额。首先，诈骗与挪用类犯罪侵犯的主要客体是财产所有权，如果挪用的对象是公款，则挪用类犯罪还侵犯了职务行为的廉洁性。故被害人或者被害单位的财产损失往往是衡量犯罪行为严重程度的主要因素之一，相关司法解释结合行为人主客观方面要素以最终未能归还的实际数额作为认定犯罪数额的标准的原理即在于此。而非法经营罪作为扰乱市场秩序的主要犯罪之一，其危害性主要体现在对正常市场经营秩序的严重扰乱，而不仅仅是金融机构资金的安全性。与内幕交易，操作证券、期货市场行为类似，行为人交易的次数、交易的数额本身就体现出行为扰乱市场经济秩序的严重程度。套现行为制造的虚假交易，使经济总量虚高，还可能导致虚假的经济统计数据和虚假的经济繁荣景象，进而误导经济决策。本案中，张某在短短15个月左右的时间里单独或者伙同多人，非法套现2250万元，造成信用卡交易总量的虚假放大，对市场宏观经济秩序造成严重消极影响。倘若以“本数”为犯罪数额，在行为人归还了所套取的“本数”现金金额的情况下，就不能认定为犯罪，则必然背离非法经营罪设置的初衷。其次，从入罪标准看，也应当累计计算。考虑到套现交易金额可能不能直接反映行为对金融机构资金安全性的危害程度，《最高人民法院、最高人民检察院关于办理妨害信用卡管理刑事案件具体应用法律若干问题的解释》将信用卡套现类非法经营行为“情节严重”的入罪标准规定为三项：商户套现交易金额、造成金融机构资金逾期未还金额、造成金融机构经济损失金额。从该规定分析，就第1项而言，即指客观上实际套现交易的数额，因此，对以后次套现归还前次套现的情形，套现数额应当累计计算。

3. 明知他人为非法套现借用POS机，无偿出借期间套现数额应当计入非法经营犯罪数额。

张某的辩护人提出，张某无偿出借给倪某等人使用期间的套现数额应当从犯罪总额中扣除。我们认为，明知他人为非法套现借用POS机，即使是无偿出借，他人在无偿出借期间套现数额应当计入非法经营犯罪数额。首先，作为共同犯罪中的帮助犯，应当对共同犯罪行为承担全部责任。本案中，张某除了自己实施非法套现行为外，在明知他人租借其POS机系从事刷卡套现违法活动情况下，仍违反银联公司相关规定将POS机租借给他人，并提供个人印章、财务专用章、空白支票等。该情形下，其虽然未实施直接非法经营的实行行为，但向倪某等人提供了该类犯罪能够得逞的关键设备，属于共同犯罪中的帮助犯。帮助犯是指共同犯罪中没有直接参与犯罪的实行行为，而是向实行犯提供帮助，使其便于实施犯罪，或者促使其完成犯罪的人。帮助行为通常表现为提供犯罪工具、指示犯罪目标、查看犯罪地点、排除犯罪障碍以及事前通谋答应事后隐匿罪犯、消灭罪迹、窝藏赃物来帮助实施犯罪等情况。按照共同犯罪“部分行为全部责任”理论，张某应当对提供POS机期间套现的金额承担相应的法律责任。其次，非法经营罪的构成不要求以牟利为目的。信用卡套现构成非法经营罪必须具备以下条件：一是行为违反国家规定；二是利用POS机虚构交易等方法；三是向信用卡持卡人直接支付现金；四是行为达到情节严重的程度。而行为人是否以牟利为目的、是否最终牟取了利益不影响本罪的成立。故张某为他人实施非法信用卡套现行为提供犯罪工具，有偿与否，不影响对其犯罪数额的认定。

4. **租用 POS 机从事非法套现的行为人为作为出租人的持卡人非法套现的数额应当计入非法经营犯罪数额**。作为特约商户，不论是为他人套现，还是为自己套现，其套现数额均应当计人犯罪数额。

首先，倪某套取现金的行为符合本罪的犯罪构成要件。相关法律和司法解释对构成本罪的主体并没有特别限定，即并不必须是特约商户才能成为本罪的犯罪主体。倪某违反国家规定，即使是租用 POS 机为 POS 机出租人即信用卡持卡人张某套取现金，情节严重的，其行为也构成非法经营罪。其次，作为 POS 机的实际控制人和使用受益人，应当对使用期间套现数额总额负责。虽然倪某不是 POS 机的机主，但其是实际控制人，且经倪某亲手操作为张某套取现金。虽然张某是持卡人，倪某未收套现手续费，似乎并无直接经济收益，但潜在的、替代性的收益仍然存在，如张某免除部分租用费，由张某安排租用人之间相互调换使用 POS 机以逃避监管等其他形式的利益。况且，倪某不收手续费的原因不论是双方合意，还是自愿免除，都是其非法经营行为的组成部分，其是否获利不影响非法经营犯罪行为的认定。因此，倪某应当对其使用 POS 机期间的套现总额承担刑事责任。当然，在这种情况下，张某作为倪某非法经营的共犯也应当对其作为持卡人的套现数额负刑事责任。

三、无罪裁判要旨

无罪裁判要旨一：被告人经营有偿讨债业务的行为没有违反“国家规定”，尚未达到“严重扰乱市场秩序”程度的情况下，不应该认定被告人构成非法经营罪。（笔者注：根据《刑法修正案（十一）》可能会构成催收非法债务罪）

案件名称：李某、胡某非法经营案

案例来源：《刑事审判参考》第 103 集，第 1077 号案例

裁判理由：

（一）认定被告人李某、胡某经营有偿讨债业务违反“国家规定”的依据不足

1.《刑法》第 96 条规定：“本法所称违反国家规定，是指违反全国人民代表大会及其常务委员会制定的法律和决定，国务院制定的行政法规、规定

的行政措施、发布的决定和命令。”具体来说，《刑法》中的“国家规定”主要包括以下三个方面：（1）全国人民代表大会及其常务委员会通过的法律、带有单行法性质的决定，以及以修正案、立法解释等形式对现行法律作出的修改、补充的规定。全国人大常委会的内设机构如法制工作委员会等发布的文件不属于“国家规定”。（2）国务院制定的行政法规、规定的行政措施、发布的决定和命令。所谓“行政法规”，根据《立法法》第 56 条、第 61 条以及《行政法规制定程序条例》第 4 条的规定，是指由国务院总理签署并以国务院令的形式公布的规范性文件，具体名称有“条例”“规定”“办法”等，行政法规的发文主体只能是国务院。所谓“行政措施”“决定”“命令”，目前并没有统一的法定解释，根据一般理解，应将其限定为除行政法规以外的由国务院制定、规定和发布的规范性文件，既包括以国务院名义制定或者发布的有关法规性质的文件，也包括由国务院有关部委制定，经国务院批准并以国务院名义发布的文件，如果是国务院有关部委制定并以该部委的名义发布，没有经过国务院批准并以国务院名义发布的，则不属于“国家规定”。（3）国务院办公厅制发的部分文件。国务院办公厅作为协助国务院领导同志处理国务院日常工作的机构，有权以“国办发”的名义制发文件，部分“国办发”文件会就行政措施作出规定，这部分文件虽然法律位阶低于以国务院的名义发布的规范性文件，但只要有明确的法律依据或者不与行政法规的规定相抵触，经国务院同意并公开向社会发布，其效力和适用范围通常情况下应当高于地方性法规和部门规章，可视为国务院“规定的行政措施、发布的决定和命令”。最高人民法院于 2011 年发布的《最高人民法院关于准确理解和适用刑法中“国家规定”的有关问题的通知》（本案简称《关于“国家规定”的通知》）第 1 条规定：“以国务院办公厅名义制发的文件，符合以下条件的，亦应视为刑法中的‘国家规定’：（1）有明确的法律依据或者同相关行政法规不相抵触。（2）经国务院常务会议讨论通过或者经国务院批准。（3）在国务院公报上公开发布。”

2. 《国家经济贸易委员会、公安部、国家工商行政管理局关于取缔各类讨债公司严厉打击非法讨债活动的通知》（本案例简称《打击非法讨债的通知》）虽然系“经报请国务院同意”，但从制发主体以及发布形式来看，均与《关于“国家规定”的通知》中关于“国家规定”范围的规定不符，不属于《刑法》第 96 条中的“国家规定”：首先，《打击非法讨债的通知》中虽然规定禁止开办讨债公司、从事讨债业务，但至今也没有法律、行政法规就未经许可从事讨债业务的行为性质做出明确规定。其次，《打击非法讨债的通知》系原国家经贸委、公安部、国家工商行政管理局联合发布的规范性文件，未经国务院常务会议讨论通过，也未以国务院的名义发布。最后，《打击非法讨债的通知》发布的对象是“各省、自治区、直辖市、计划单列市及新疆生产建设兵团经贸委（经委、计经委）、公安厅（局）、工商局、国务院有关部门”，并未以“国办发”文件的形式通过国务院公报面向全社会公开发布，不符合《关于“国家规定”的通知》中关于“国办发”文件的规定。因此，《打击非法讨债的通知》非国务院“规定的行政措施、发布的决定和命令”，不属于《刑法》第96条中的“国家规定”。

3.《惩处信息犯罪的通知》虽然系最高人民法院、最高人民检察院与公安部联合发布的规范性文件，其中也提到了经营有偿讨债业务是违法犯罪行为，但并未明示具体违反的是哪个层面的法律或者行政法规，且该通知主要是就打击侵害公民个人信息犯罪作出的规定，只是附带提到实践中存在利用非法获取的公民个人信息从事非法讨债、诈骗和敲诈勒索等违法犯罪活动。因此，《惩处信息犯罪的通知》亦不足以作为认定经营有偿讨债业务的行为“违反国家规定”的法律依据。

（二）被告人李某、胡某经营有偿讨债业务的行为尚未达到“严重扰乱市场秩序”的程度

有偿讨债行为的社会危害性主要体现在对公民个人隐私和正常工作、生活秩序的破坏和干扰，对于正常的市场经济秩序虽有一定的危害，但并非主要方面。就非法经营罪来说，根据《刑法》第225条关于该罪构成要件的规定，其法益保护的侧重点在于市场经济秩序，因此，有偿讨债行为并不符合非法经营罪的危害实质。如果行为人在讨债过程中采取了非法获取公民个人信息、寻衅滋事、限制人身自由、暴力、威胁等手段且情节严重的，可按照其所触犯的具体罪名如侵犯公民个人信息罪、寻衅滋事罪、非法拘禁罪、非法侵入住宅罪、故意杀人罪、故意伤害罪等罪名予以处理。

在市场经济条件下，债权人既可以通过诉讼、仲裁、调解等途径实现债权，也可以在不违法或不损害公序良俗的前提下自行向债务人追讨，这些手段为国家、社会所鼓励和认可。但是，社会生活的复杂性决定了一些债权人或是由于债务人的躲避，或是出于节约时间，或是不方便通过诉讼等途径实现债权等原因，往往通过支付一定报酬的方式请他人帮助向债务人追讨。只要行为人在追讨时未采取违法犯罪手段，或是虽有违法行为但程度较轻，其社会危害性是有限的，被侵害的对象可以通过追究行为人的民事侵权责任来维护自身的合法权益，国家相关部门也可以对行为人适用治安管理处罚措施予以制裁。这样的处理方式符合刑法的谦抑性原则，即刑法的适用对象只能是具备严重社会危害性的违法行为，作为破坏社会主义市场经济秩序罪的非法经营罪，在适用时更应注意坚持这一原则。

本案中的委托人与讨债对象均存在真实债权债务关系，被告人李某、胡某在追讨欠债时虽然对债务人有一定程度的言语威胁，但这种言语威胁是建立在债权人和债务人均在场且债务人承认欠债属实的基础上的，其目的是促使债务人尽快还债，除此之外李某等人并未采取其他过激的方式方法，其行为对于他人的人身、财产危害有限，无须动用刑罚手段予以制裁。

无罪裁判要旨二：组织、领导传销活动尚未达到组织、领导传销活动罪立案追诉标准，但经营数额或者违法所得数额达到非法经营罪立案追诉标准的，不再以非法经营罪定罪处罚

案件名称：曾某等非法经营案

案例来源：《刑事审判参考》第92集，第865号案例

裁判理由：

1. **从立法原意分析，对传销活动仅适用组织、领导传销活动罪，不再以非法经营罪定罪处罚。**

从立法原意分析，我们认为，对于客观表现为组织、领导“拉人头”型或者“骗取入门费”型的传销活动，只能以其是否符合组织、领导传销活动罪的构成特征来判断罪与非罪，不能按照《刑法修正案（七）》施行以前的做法，以非法经营罪定罪处罚，更不能在不具备组织、领导传销活动罪构成要件的情况下适用《刑法》第225条第4项即非法经营罪的兜底项定罪处罚。值得注意的是，根据《刑法修正案（七）》第4条的规定，组织、领导传销活动罪的客观行为中未包括“团队计酬”型传销活动，实践中对于此类传销活动如何定性，存在一定争议。鉴于此种情况，最高人民法院、公安部联合出台的《关于办理组织领导传销活动刑事案件适用法律若干问题的意见》（本案以下简称《意见》）对“团队计酬”行为的处理进行了专门规定。《意

见》第 5 条第 1 款对“团队计酬”式传销活动的概念进行了明确。该款规定：传销活动的组织者或者领导者通过发展人员，要求传销活动的被发展人员发展其他人员加入，形成上下线关系，并以下线的销售业绩为依据计算和给付上线报酬，牟取非法利益的，是团队计酬式传销活动。《意见》第 5 条第 2 款对“团队计酬”式传销活动的定性进行了规定。该款规定：以销售商品为目的、以销售业绩为计酬依据的单纯的团队计酬式传销活动，不作为犯罪处理。形式上采取团队计酬方式，但实质上属于以发展人员的数量作为计酬或者返利依据的传销活动，应当依照《刑法》第 224 条之一的规定，以组织、领导传销活动罪定罪处罚。

2. 曾某等人的行为符合组织、领导传销活动罪的构成特征，但未达到相关立案追诉标准，故不构成组织、领导传销活动罪

本案中，曾某等人实施了通过发展人员，要求被发展人员交纳费用或者以认购商品等方式变相交纳费用，取得加入或者发展其他人员加入的资格，牟取非法利益的传销行为。客观上符合组织、领导传销活动的行为特征。然而，依照《最高人民检察院、公安部关于公安机关管辖的刑事案件立案追诉标准的规定（二）》，组织、领导传销活动罪的立案追诉起点为涉嫌组织、领导的传销活动人员在 30 人以上且层级在三级以上的。而现有证据显示本案涉嫌组织、领导的传销活动人员不足 30 人。在一审阶段深圳市罗湖区人民法院曾建议罗湖区人民检察院就传销人员的人数和层级进行补充侦查。罗湖区人民检察院复函认为《刑法修正案（七）》对组织、领导传销活动罪作了规定，但未取消非法经营罪的适用，根据《刑法》第 225 条第 4 项及《最高人民法院关于情节严重的传销或者变相传销行为如何定性问题的批复》的规定，曾某等人的行为即使不构成组织、领导传销活动罪，也符合非法经营罪的构成特征，应当以非法经营罪定罪处罚，没有补充侦查必要。

针对上述法律适用问题，深圳市中级人民法院逐级层报请示，最高人民法院以〔2012〕刑他字第 56 号批复明确：对组织、领导传销活动的行为，如未达到组织、领导传销活动罪的追诉标准，行为人不构成组织、领导传销活动罪，亦不宜再以非法经营罪追究刑事责任。据此，深圳市中级人民法院认为，本案被告人曾某等人组织、领导的传销活动人员不足 30 人，亦没有相应证据证明该传销体系的层级在三级以上，按照疑罪从无原则，依法改判被告人曾某一、黄某、罗某、莫某无罪。

无罪裁判要旨三：按照从旧兼从轻的原则，被告人经营对象不属于“未经许可经营法律、行政法规规定的专营、专卖物品或者其他限制买卖的物品”，其行为不构成非法经营罪

案件名称：于某非法经营案

案例来源：《刑事审判参考》第92集，第862号案例

裁判理由：

国发〔2003〕5号文件发布后，个人经营黄金的行为，不构成非法经营罪。《刑法》第225条中的“国家规定”，具体到本案，是指《金银管理条例》。《刑法》第225条第1项中的“许可”，具体到本案，是指中国人民银行批准经营黄金的专项许可。国发〔2003〕5号文件发布后，中国人民银行对黄金的经营许可制度被取消，《金银管理条例》关于黄金由中国人民银行统购统配的规定不再适用，单位或者个人经营黄金无须经由中国人民银行审核批准。因此，国发〔2003〕5号文件发布后，单位或者个人经营黄金的行为不适用《刑法》第225条的规定，不构成非法经营罪。

依照《刑法》第12条所确定的从旧兼从轻原则，通常情况下应当按照行为发生当时已有的法律对行为进行定性。但是，如果审判时法律发生了变化，按照变化后新的法律，不认为是犯罪或者处刑较轻的，应当适用新的法律。上诉人于某经营黄金的行为发生在2002年8月至9月间，即国发〔2003〕5号文件发布前，按照当时的法律，构成非法经营罪。然而，在一审法院审理期间，国务院发布了国发〔2003〕5号文件，取消了中国人民银行关于黄金经营许可的规定。按照现行规定，其经营对象不属于“未经许可经营法律、行政法规规定的专营、专卖物品或者其他限制买卖的物品”，不构成非法经营罪。依照九六年《刑事诉讼法》第189条第2项、第162条第2项，《刑法》第12条及《最高人民法院关于执行〈中华人民共和国刑事诉讼法〉若干问题的解释》第176条第3项之规定，吉林市中级人民法院撤销吉林市丰满区人民法院（2003）丰刑初字第218号刑事判决，改判上诉人于某无罪。

无罪裁判要旨四：被告人未经审批开展为他人提供押车贷款服务，牟取高额利息的行为属于《刑法》第225条第4项规定的其他扰乱市场秩序的非法经营行为，但其行为尚未达到情节严重的程度，不构成非法经营罪

案件名称：张某1、张某2非法经营案

案例来源：《刑事审判参考》第90集，第828号案例

裁判理由：

1. 二被告人未经审批开展为他人提供押车贷款服务，牟取高额利息的行为属于《刑法》第225条第4项规定的其他扰乱市场秩序的非法经营行为。

2. 从犯罪数额看，二被告人的非法经营额仅为13万元，非法所得不满2万元，与有关非法经营数额在30万元以上的标准相去甚远；其次，从经营规模看，二被告人仅同二名当事人进行了押车贷款业务，没有实际牵涉社会不特定多数人，并未造成严重扰乱当地金融秩序的结果；再次，从主观故意看，二被告人主观上只是希望通过该经营活动获取一定经济利益，并无希望或追求扰乱金融秩序的直接故意；最后，从资金能力看，二被告人由于缺乏运营资金，其公司经营客观上难以为继，难以对金融安全造成实质威胁。综上，二被告人非法从事押车贷款的行为，尚未达到情节严重的程度，不构成非法经营罪。

无罪裁判要旨五：被告人违反了当时的国家粮食流通管理有关规定，但尚未达到严重扰乱市场秩序的危害程度，不具备与《刑法》第225条规定的非法经营罪相当的社会危害性和刑事处罚的必要性，不构成非法经营罪

案件名称：王某犯非法经营案

审理法院：内蒙古自治区巴彦淖尔市中级人民法院

案号：（2017）内08刑再1号

裁判理由：

原判决认定的原审被告人王某于2014年11月至2015年1月期间，没有办理粮食收购许可证及工商营业执照买卖玉米的事实清楚，其行为违反了当时的国家粮食流通管理有关规定，但尚未达到严重扰乱市场秩序的危害程度，不具备与《刑法》第225条规定的非法经营罪相当的社会危害性和刑事处罚的必要性，不构成非法经营罪。

无罪裁判要旨六：被告人未经许可部门批准，未办理营业执照，擅自从事煤炭经营。但综合分析非法经营煤炭的范围、当地群众购买二人煤炭原因，认定其行为不属于《刑法》第225条第4项规定的“其他扰乱市场秩序的非

法经营行为”

案案名称：王某、李某非法经营案

审理法院：黑龙江省齐齐哈尔市中级人民法院

案号：（2015）齐刑再终字第3号

裁判理由：

原一审、二审认定被告人王某某、李某某于2011年12月至2012年5月期间，未经许可部门批准，未办理营业执照，擅自从事煤炭经营的事实存在。但综合分析王某某、李某某二人非法经营煤炭的范围、当地群众购买二人煤炭原因，对于王某某、李某某二人未经审查批准，擅自从事煤炭经营活动的行为，应由负责审批的部门依据煤炭行业相关法律法规的规定进行处理。原判适用《刑法》第225条第4项，认为王某某、李某某行为属“严重扰乱市场秩序的非法经营”，构成非法经营罪，系适用法律错误。

无罪裁判要旨七：被告人持有烟草专卖零售许可证，但实施批发、超范围、跨地域经营行为，属于行政违法，不应当认定为非法经营罪

案例一：

案案名称：黄某1、许某、黄某2非法经营案

审理法院：广东省韶关市中级人民法院

案号：（2015）韶中法审监刑提字第1号

裁判理由：

关于黄某1、许某、黄某2是否构成非法经营罪的问题，《刑法》第225条规定：“违反国家规定，有下列非法经营行为之一，扰乱市场秩序，情节严重的，处五年以下有期徒刑或者拘役，并处或者单处违法所得一倍以上五倍以下罚金；情节特别严重的，处五年以上有期徒刑，并处违法所得一倍以上五倍以下罚金或者没收财产：（一）未经许可经营法律、行政法规规定的专营、专卖物品或者其他限制买卖的物品的；（二）买卖进出口许可证、进出口原产地证明以及其他法律、行政法规规定的经营许可证或者批准文件的；（三）未经国家有关主管部门批准，非法经营证券、期货、保险业务的，或者非法从事资金支付结算业务的；（四）其他严重扰乱市场秩序的非法经营行为。”《最高人民法院、最高人民检察院关于办理非法生产、销售烟草专卖品等刑事案件具体应用法律若干问题的解释》第1条第5款规定：“违反国

家烟草专卖管理法律法规，未经烟草专卖行政主管部门许可，无烟草专卖生产企业许可证、烟草专卖批发企业许可证、特种烟草专卖经营企业许可证、烟草专卖零售许可证等许可证明，非法经营烟草专卖品，情节严重的，依照刑法第二百二十五条的规定，以非法经营罪定罪处罚。”依照上述规定，要依照《刑法》第225条的规定对非法经营烟草专卖品、情节严重的行为以非法经营罪定罪处罚，还须具备的条件之一是经营者无烟草专卖生产企业许可证、烟草专卖批发企业许可证、特种烟草专卖经营企业许可证、烟草专卖零售许可证等许可证明。本案中，黄某1、许某在与黄某2共同经营由黄某2注册登记、并于2011年12月8日取得《烟草专卖零售许可证》的果源商店的过程中，通过互联网从事卷烟批发业务（批发业务金额为487,601元），系持有烟草专卖零售许可证的。因此，黄某1、许某不宜按照非法经营罪定罪处罚，黄某1、许某不构成非法经营罪。因没有确实充分的证据证明黄某2参与互联网卷烟批发业务，且在持有烟草专卖零售许可证的情况下通过互联网从事卷烟批发业务亦不宜按照非法经营罪定罪处罚，故黄某2不构成非法经营罪。随案移送至一审法院的台式电脑主机两台、手提电脑一部、手机芯片一个、手机四部、银行卡三张、银行U盾三个、笔记本账本一本，应依法予以返还。原审被告人黄某1及其辩护人、原审被告人许某、黄某2提出的应当改判黄某1、许某、黄某2无罪的意见，韶关市人民检察院提出的请本院对原审被告人通过互联网进行烟草批发行为的最终定性依法作出处理的意见，本院予以采纳。本案中，黄某1、许某通过互联网从事卷烟批发业务的行为，是否属于超范围和地域经营的情形，是否应作相应处理，应由相关主管部门进行认定和处理。

综上，原审被告人黄某1、许某、黄某2的行为不构成犯罪。原审判决适用法律错误，应予撤销。

案例二：

案件名称：王某、文某非法经营案

审理法院：江苏省高级人民法院

案号：（2015）苏刑再提字第1号

裁判理由：

原审上诉人王某丈夫张某1的父亲张某2持有烟草专卖零售许可证，经营烟草零售业务，王某参与家庭共同经营活动，不属于无证经营，但其为增加配额，扩大货源，借用他人的烟草专卖许可证批发烟草，属于超范围经营，不属于刑法评价的范畴，是行政违法行为，不宜以犯罪论处。

无罪裁判要旨八：被告人办理网站，违反相关部门规章规定，并不是非法经营罪明确规定的“法律、行政法规”，形式上不构成非法经营罪；被告人以牟利为目的，结伙出版、传播淫秽物品，情节严重，其行为构成出版、传播淫秽物品牟利罪

案件名称：周某、梁某非法经营、制作、复制、出版、贩卖、传播淫秽物品牟利案

审理法院：广东省广州市中级人民法院

案号：（2018）粤01刑终1162号

裁判理由：

涉案网站作为经营性网站，通过发展会员进行付费阅读的方式获取收益，且并未获批《网络出版服务许可证》，违反了相关法律的规定。但其根据《出版管理条例》的一般性规定领取了《出版物经营许可证》，根据《互联网信息服务管理办法》的规定领取了《增值电信业务经营许可证》，而未获批的《网络出版服务许可证》所依据法律的效力层级是部门规章，并不是非法经营罪明确规定的“法律、行政法规”，故从形式上看，上诉人开办涉案网站的行为不构成非法经营罪。另外，网络文学是新兴事物，在对其进行规范的同时更应当理性的引导和鼓励，行政主管机关从便于行政管理角度而设置各种行政许可，本身无可厚非，但可以通过行政处罚手段而达到惩治目的的情况下则没有必要上升到刑罚层面，行政主管部门本可以通过批评、通报、罚款等行政处罚的手段予以惩治，还可以责令网站补办相关手续，严重的可以关闭该网站，故从实体上看，上诉人开办涉案网站的行为不构成非法经营罪。最后，非法经营罪是一个受到严格限制的刑法罪名，针对的是狭义的法律或行政法规规定的专营专卖物品或其他限制买卖的物品，而不能无限地扩大对其适用范围的理解，故从法理上，本案亦不构成非法经营罪。

无罪裁判要旨九：被告人主观上没有违法性认识，没有出版非法出版物的故意，客观上被告人的行为没有严重危害社会秩序，且出版物是否非法无

法认定

案件名称：刘某泽、王某等非法经营案

审理法院：陕西省西安市中级人民法院

案号：（2014）西中刑二初字第00089号（经检索，未检索到该案二审判决）

裁判理由：

1. 被告人及被告单位的行为是否严重危害社会秩序。经查，《警务周刊》等的稿件来源，以公安系统通信员提供为主，报道的均是公安系统的执法活动、法制宣传等，内容是积极、健康的，没有刊登《出版管理条例》所禁止的内容，《警务周刊》等的出版没有产生社会不良影响，亦没有造成危害社会秩序的后果。因此，被告人及被告单位的行为没有严重危害社会秩序。

2. 被告人及被告单位的行为是否扰乱市场秩序且情节严重。经查，《警务周刊》等的发行方式主要是给公安机关邮寄或直接递送，且以赠阅为主。期间曾对外征订，但征订对象仍以公安机关为主，所以虽然发行27万余份，但范围有限，以征订费、宣传费的名义共收取8.77万元，经营数额较小。因此，被告人及被告单位的行为不属于扰乱市场秩序且情节严重。

3. 陕广电报社与刘某泽是否有事前通谋。所谓事前通谋，就犯罪而言，其特点是，在着手进行具体行为前，对犯什么罪、侵害对象是什么、行为人各自有什么分工、行为应怎样进行等都有大致的计划，且各人在实施行为前已了解到是在犯罪并与他人相互配合。事前通谋是共同犯罪的一种形式。经查，陕广电报社与刘某泽并不能认识到合作办刊是否违法，继而做出是违法行为的判断。因此，不能认定被告人和被告单位事先存在违法性认识，有合谋出版非法出版物的故意。

4. 《警务周刊》等刊物是否是非法出版物。经查，陕西省新闻出版局未确定金盾公司是否实际从事了非法出版行为，且在未涉及陕广电报社责任的前提下，即得出《警务周刊》《法治周刊》《警务周刊合订本》是非法出版物的确定结论，不客观、不准确，且违反了相关规定，未经指定的鉴定机关和鉴定人员作出鉴定意见。因此，认定《警务周刊》等刊物是非法出版物依据不足。

被告人刘某泽、被告单位陕广电报社及被告人王某、郝某出版《警务周刊》等刊物的行为，未严重危害社会秩序，亦不具有扰乱市场秩序且情节严

重的情形，公诉机关对被告人刘某泽、被告单位陕广电报社及被告人王某、郝某构成非法经营罪的指控不能成立。

无罪裁判要旨十：被告人主观上是否具有盈利目的缺乏相关证据，客观上不能确定非法出版物的数量，不能认定被告人构成非法经营罪

案件名称：刘某非法经营案

审理法院：大连市甘井子区人民法院

案号：（2016）辽0211刑初699号（一审判决后，检察院提出抗诉，后撤回抗诉，本案已经发生法律效力）

裁判理由：

经庭审举证、质证，公诉机关指控被告人刘某犯非法经营罪的主观方面，是否有营利目的缺乏确实充分的证据予以证实；客观方面，现能够查明系非法出版物的书籍、光盘用于销售的数量未能查明，本案不能得出被告人刘某犯非法经营罪的唯一结论。

无罪裁判要旨十一：被告人买卖银行承兑汇票的行为不属于非法从事资金支付结算业务的行为，其行为不符合构成非法经营罪的构成要件

案件名称：张某非法经营案

审理法院：福建省高级人民法院

案号：（2016）闽刑再3号

裁判理由：

原审被告人张某买卖银行承兑汇票的事实存在，但并不属于非法从事资金支付结算业务的行为，其行为不符合构成非法经营罪的构成要件。

无罪裁判要旨十二：被告人未经国家有关部门批准，将向他人收集的承兑汇票进行贴现、进行营利的行为，虽然违反了《票据法》的有关规定，但买卖承兑汇票的行为不属于"资金支付结算业务"，不属于"其他严重扰乱市场秩序的非法经营行为"，不构成非法经营罪

案件名称：李某等人非法经营案

审理法院：定襄县人民法院

案号：（2017）晋0921刑再3号（经检索，未检索到该案二审判决）

裁判理由：

本院再审认为，原审被告人李某未经国家有关部门批准，将向他人收集的承兑汇票进行贴现、进行营利的事实清楚，该行为虽然违反了《票据法》关于票据取得应当具有真实的交易关系和债权、债务关系的规定，但买卖承兑汇票的行为不属于”资金支付结算业务”，亦不宜认定为”其他严重扰乱市场秩序的非法经营行为”，依法不构成非法经营罪。

无罪裁判要旨十三：被告人违反中国人民银行及银监会关于“信贷资金不得进入股市”的相关规定，将信贷资金委托证券公司进行委托理财业务，非自行从事证券经营业务，非《刑法》第225条第3项规定“未经国家有关主管部门批准非法经营证券、期货、保险业务的，或者非法从事资金支付结算业务的”情形，不符合“非法经营罪”的构成要件

案件名称：曾某非法经营案

审理法院：湖南省株洲市中级人民法院

案号：（2014）株中法刑再终字第5号

裁判理由：

本院再审认为，原审法院认定原湘潭市某某银行未经批准非法经营证券业务，曾某作为该单位其他直接责任人员构成非法经营罪的法律依据不足。《刑法》第225条第3项规定“未经国家有关主管部门批准非法经营证券、期货、保险业务的，或者非法从事资金支付结算业务的”，构成非法经营罪，该项规定的非法经营行为是指没有取得从事证券资格的单位非法经营证券业务，行为人实施了非法经营行为，本案中，湘潭市某某银行违反中国人民银行及银监会关于“信贷资金不得进入股市”的相关规定，将信贷资金委托证券公司进行委托理财业务，而非自行从事证券经营业务，不符合“非法经营罪”的构成要件。其次，同案人陈某某、唐某、邓某某作为湘潭市某某银行委托理财的决策者、具体执行者在已生效的刑事判决中均没有认定构成非法经营罪，原审判决认定曾某某系共同非法经营犯罪的从犯依据不足，原公诉机关指控的罪名不能成立。

无罪裁判要旨十四：被告人实施行为系合法行为，或者现有法律、法规

未对该行为是否合法予以定性，或者被告人违反相关部门规章、地方性法规，或者虽然违反行政法规，但该行政法规无明确的指向性条款和非法经营罪进行结合，无法构成完整的犯罪构成要件，以上行为不构成非法经营罪

案例一：

案件名称：周某非法经营案

审理法院：通山县人民法院

案号：（2019）鄂1224刑初38号（一审宣判后，检察院提出抗诉，二审驳回抗诉，维持原判）

裁判理由：

被告人周某利用“众期金融资产管理平台”开立“分账户”供客户使用，从而实现掌控自己出借资金的风险，当客户资金亏到“设定值”时，被告人周某按照“借款协议”进行“平某”（停止客户进行期货交易），其行为实质上是“配资”行为，即出借资金给客户进行期货交易行为，且期货交易都是客户自主完成，是在未脱离“主账户”的合法交易。根据“罪刑法定原则”和“主客观相统一原则”，被告人周某的行为不构成犯罪。

案例二：

案件名称：王某非法经营罪案

审理法院：河北省邯郸市中级人民法院

案号：（2018）冀04刑再7号

裁判理由：

对于王某以“代购、代销”的方法经营钢材的行为是否违反工商管理法规，并未有国家相关文件加以规范，其主观上不具有违反工商管理法规的故意；同时，在实际经营中，所获收益用于上交利润、缴纳税款、发放职工工资、奖金、年底分红及日常经营所需，没有证据显示王某在承包经营期间中饱私囊。原判认定王某犯投机倒把罪的事实不清，证据不充分。

案例三：

案件名称：周某非法经营案

审理法院：镇平县人民法院

案号：（2018）豫 1324 刑再 3 号（经检索，未检索到该案二审判决）

裁判理由：

原审被告人周某未取得《成品油经营许可证》经营汽油、柴油的行为仅违反了《成品油市场管理办法》这一部门规章，根据《最高人民法院关于准确理解和适用刑法中“国家规定”的有关问题的通知》第 2 条规定，对于违反地方性法规、部门规章的行为，不得认定为“违反国家规定”，故原审被告人周某的行为属于行政违法，不符合非法经营罪的构成要件。原判决认定周某犯非法经营罪，属于认定事实错误和适用法律错误。原审被告人周某关于其行为不构成非法经营罪的辩解成立，检察机关关于周某的行为不构成非法经营罪的意见正确，本院予以采纳。

案例四：

案件名称：张某、雷某某、肖某某犯非法经营罪案案

审理法院：江油市人民法院

案号：（2016）川 0781 刑初 354 号（经检索，本案判决生效后，四川省绵阳市人民检察院提出抗诉，经四川省绵阳市中级人民法院再审，驳回抗诉，维持原判，本案已经发生法律效力）

裁判理由：

被告人张某、雷某某、肖某某在江油依信公司未取得对外劳务经营资格及劳务中介业务许可的情况下，向境内外项目介绍、输出务工人员，并向务工人员收取中介费等费用的行为虽然违反了《对外劳务合作管理条例》，但现行法律及有关司法解释未对该行为构成非法经营罪作出明确规定。《刑法》第 3 条规定：法律明文规定为犯罪行为的，依照法律定罪处刑；法律没有明文规定为犯罪行为的，不得定罪处刑。故被告人张某、雷某某、肖某某不构成非法经营罪，公诉机关指控罪名不成立。

案例五：

案件名称：淄博腾威电梯销售有限公司、吕某非法经营案

审理法院：通辽市科尔沁区人民法院

案号：（2015）科刑初字第 642 号（一审判决后，检察院提出抗诉，二

审法院驳回抗诉，维持原判，本案已经发生法律效力）

裁判理由：

公诉机关指控被告单位淄博腾威电梯销售有限公司、被告人吕某经营电梯安装的事实成立。对于被告单位淄博腾威电梯销售有限公司、被告人吕某是否构成非法经营罪，因目前尚无司法解释明确规定未经许可从事电梯安装业务属于《刑法》第225条第4项规定的“其他严重扰乱市场秩序的非法经营行为”，本案被告单位及被告人借用其他公司资质，组织工人进行电梯安装，其行为不具备与《刑法》第225条前三项规定行为相当的社会危害性和刑事处罚必要性，属行政违法行为，不应按照犯罪处理。

案例六：

案件名称：顾某非法经营案

审理法院：江苏省高级人民法院

案号：（2019）苏刑再3号

裁判理由：

第一，顾某在主观上处于对上述批文、与桓海公司签订合同并积极履行的合理信赖之中，不存在《刑法》第14条第1款规定的“明知自己的行为会发生危害社会的结果，并希望或放任这种结果发生”的违法性认识。因此，顾某主观上不具有非法经营的犯罪故意。

第二，《刑法》第96条规定：“本法所称违反国家规定，是指违反全国人民代表大会及其常务委员会制定的法律和决定，国务院制定的行政法规、规定的行政措施、发布的决定和命令。”该条明确将部门规章中的违法行为排除在犯罪构成之外。

第三，《刑法》第225条中“违反国家规定”是认定非法经营罪的前提，是立法设立的空白罪状。非法经营罪具有违反行政法规、触犯刑法的双重违法行为。认定是否构成非法经营罪时，应当运用国家规定的行政法规中确定的禁止性规定、构成犯罪的条款补足该罪构成要件。即凡在行政法规中明确规定“构成犯罪的，依法负刑事责任”的，根据规定具体条款指向的犯罪类别，并且由行政执法机关将案件移送司法机关处理的，才可以依据刑法具体条款定罪。本案中，顾某对江淮医药综合楼中房屋的销售没有预售房许可证是客观事实，但《城市商品房预售管理办法》是部门规章，而非“国家规定”。《房地产管理条例》属于“国家规定”，但在法律责任一章中并无明确的指向性条款和非法经营罪进行结合，亦无法构成完整的犯罪构成要件。而运用这些条款，则必须运用“国家规定”的行政法规中确定的禁止性条款，补足《刑法》第225条空白罪状第4项兜底条款的犯罪构成要件，必须符合罪行法定原则。

第四，适用《刑法》第225条第4项“其他严重扰乱市场秩序的非法经营行为”时，有关司法解释未作明确规定的，不能在已有司法解释的规定外任意作出认定。本案中，原裁判认定顾某在未取得房地产开发企业营业执照和商品房预售许可证的情况下，将江淮医药综合楼4套房屋以商品房名义对外出售的行为违法。但是，相关房地产管理法律法规并无追究刑事责任的条款。因此，不能作为犯罪行为追究其刑事责任。

案例七：

案件名称：虞某非法经营案

审理法院：东莞市第一人民法院

案号：（2017）粤1971刑初2759号（经检索，未检索到该案二审判决）

裁判理由：

被告人虞某非法经营宽带的行为，《电信条例》没有明确规定可追究刑事责任，其他法律或司法解释也没有明确规定可追究刑事责任，故被告人虞某非法经营宽带的行为，没有明确的法律规定为犯罪行为，公诉机关指控被告人虞某的行为构成犯罪，本院不予采纳。

无罪裁判要旨十五：现有证据不能证实被告人未经许可经营或者经营对象属于法律、行政法规规定的专营、专卖物品或者其他限制买卖的物品

案例一：

案件名称：王某甲、贾某非法经营案

审理法院：张家口市宣化区人民法院

案号：（2013）宣区刑初字第161号（一审判决后，检察院提出抗诉，二审法院驳回抗诉，维持原判，本案已经发生法律效力）

裁判理由：

公诉机关指控被告人王某甲、贾某某违反《畜牧法》第22条、《种畜禽管理条例》第15条之规定，未经许可非法经营种畜禽，其行为均已触犯《刑法》第225条第1项之规定，应当以非法经营罪追究刑事责任的意见，与审理查明的事实不符，本院不予支持。被告人王某甲提出自己没有经营种鹅，从山东进的都是商品鹅，一批是朗德鹅，另一批是莱茵鹅，其行为不构成非法经营罪的辩护意见，本院予以采信；对其提出公司的名称是龙跃养殖有限责任公司，不是绿色田园商贸有限公司，实际销售朗德鹅和莱茵鹅数量是5250只，销售额为440,000元，不认识金某某，没有与金某某合作过的辩护意见，本院不予采信。被告人贾某某提出不认识金某某，大概记得销售了7000只左右的鹅，销售金额也没那么多，种鹅是用来合作社内部自产自销的，不是用来经营的辩护意见，本院不予采信；对其提出其中有一部分鹅进行换购，自己主观上不清楚，也没有相关部门通知过需要办理种畜禽生产经营许可证，其行为不构成非法经营罪的辩护意见，本院予以采信。辩护人楼惠人提出贾某某主观上不明知需要办理相关证照，二被告人养殖的是商品鹅，不能认定为种鹅，其行为不构成犯罪，其行为属于行政违法的辩护意见，本院予以采信；其提出在畜牧法和种畜禽条例中，没有涉及刑事犯罪处罚规定的辩护意见，本院不予采信。鉴于现有证据不能证实王某甲、贾某某未经许可经营法律、行政法规规定的专营、专卖物品或者其他限制买卖的物品，故其二人的行为不构成非法经营罪。

案例二：

案件名称：王某、曾某、赵某、闭某等人非法经营案

审理法院：深圳市福田区人民法院

案号：（2015）深福法刑初字第155号（本案宣判后，深圳市福田区人民检察院提出抗诉，被告人王某、钟某伟提出上诉，后深圳市人民检察院撤回抗诉，深圳市中级人民法院发回福田区人民法院重审，诉讼过程中福田区人民检察院撤回对被告人赵某、闭某的起诉）

裁判理由：

关于被告人赵某、闭某是否构成犯罪的问题。因赵某、闭某所销售的不是“警用电子围栏”成品，而只是“警用电子围栏”部件，故不能认定为专

卖、专营或者限制买卖的物品，即使对核心部件通讯主板予以认定，也不能区分核心部件通讯主板和其他通用部件的销售数量，从而难以认定非法经营的金额。因此，认定赵某、闭某有罪的证据不足，指控的犯罪不能成立。

案例三：

案件名称：曾某非法经营案

审理法院：广东省韶关市中级人民法院

案号：（2015）韶中法刑二终字第55号

裁判理由：

1. 出售给新威利成公司两批稀土的权属问题。曾某及其辩护人提出原判认定出售给新威利成公司的两批稀土是曾某所有的证据不足。经查，2011年6月，曾某与新威利成公司副总经理崔某商定向该公司出售稀土，该公司按照曾某的要求通过广东和平天晟矿业有限公司向曾某指定的其妻子袁某名下的账户预先支付了989万元的货款，其中490万元转入曾某的个人账户。之后，曾某指派韩某押运两批稀土送货到新威利成公司的事实，有证人韩某、崔某、惠某、朱某、王某的证言，新威利成公司的验收单，广东和平天晟有限公司银行账户及袁某名下工行账户的交易明细证实，足以认定出售给江苏宜兴新威利成公司的两批稀土是曾某所有。

2. 涉案稀土的来源问题。（1）曾某辩称其在韶关仓库中储存的稀土是其在广西崇左市按照合同约定开采的，因广苏公司没有按照约定回收，并同意其自行运走抵偿债权而获得的。经查，曾某与广苏公司达成协议后，从广西崇左市自行运走的稀土是碳酸盐稀土，总重量为946.955吨；公安机关在韶关南郊仓库中查获的氧化物稀土重量为159.59吨，曾某出售给江苏宜兴新威利成公司的稀土为氧化物稀土35吨、草酸稀土28.65吨。上述稀土的总重量、成份及性状与曾某从广西崇左市运走的稀土有明显的差异。而在案证据还不能证实曾某在韶关等地曾使用窑位灼烧等方法提炼稀土，曾某亦没有提供其从广西崇左市。因而，现有证据无法证实查获曾某的稀土及其出售给新威利成公司的两批稀土是其在广西崇左市通过抵偿债权合法取得的稀土。（2）在案证据不能证实曾某的稀土是来源于其他不具有开采、加工许可资质的公司或个人，现有证据亦还不能认定其通过非法途径获得稀土。综上，本案稀土的来源存疑，在案现有证据证明曾某销售及被扣押的稀土系来源非法的证据不足。

3. 曾某销售稀土行为的定性问题。2011 年 6 月，曾某先后向新威利成公司出售两批稀土，但本案现有证据无法证明其来源。新威利成公司是经工业和信息化部核准的、符合稀土行业准入条件的公司，属于依法具有稀土加工、经营资质的企业。最高人民法院（2016）最高法刑他 96 号《关于被告人曾某非法经营一案的答复》中明确指出，稀土销售在国内未实际实行指令性计划管理；向有加工资质的公司销售的行为未违反《矿产资源法》关于“个人不得收购”和（国发〔1991〕5 号）《关于将钨、锡、锑、离子型稀土矿产列为国家实行保护性开采特定矿种的通知》关于“严禁自由买卖”的规定。因而，曾某向经过国家主管部门许可的、有加工和经营资质的企业销售稀土的行为，不符合我国《刑法》规定的非法经营罪的构成要件，但稀土来源非法的除外。

本院认为，虽然上诉人曾某未取得国家有关行政管理部门核发的证照擅自经营稀土，但在案现有证据还不能证实曾某经营销售的稀土来源非法。根据证据裁判、疑罪从无的刑事司法原则，原判认定曾某犯非法经营罪的证据不足，依法应撤销原判，作出证据不足，不能认定上诉人有罪的判决。曾某及辩护人所提应改判无罪的意见，予以采纳。

无罪裁判要旨十六：根据现行法律及相关司法解释，没有列明被告人的行为构成非法经营罪

案例一：

案件名称：某公司、段某某非法经营案

审理法院：石家庄市裕华区人民法院

案号：（2017）冀 0108 刑初 300 号（经检索，未检索到该案二审判决）

裁判理由：

本院认为，被告单位河北开发有限公司、被告人段某某在未依法取得国有土地使用证、建设用地规划许可证、建设工程规划许可证、施工许可证、商品房预售许可证的情况下，开发并对社会销售商品房，事实清楚，证据充分。但非法经营罪是指违反国家规定，从事非法经营，扰乱市场秩序，情节严重的行为，现行法律及相关司法解释对非法经营的行为做出了明确的列举性规定，其中并没有列明房地产开发企业在“五证”不全的情况下销售商品

房即构成非法经营罪。根据《刑法》第3条之规定“法律明确规定为犯罪行为的，依照法律定罪处刑；法律没有明文规定为犯罪行为的，不得定罪处刑”，因此被告单位被告人段某某的行为不构成非法经营罪，故公诉机关的指控不能成立。

案例二：

案件名称：邓某、王某等非法经营案

审理法院：乐亭县人民法院

案号：2018）冀0225刑初165号（经检索，未检索到该案二审判决）

裁判理由：

本院认为，虽然被告人邓某没有在乐亭县畜牧兽医局办理兽药经营许可证，但其经乐亭县民政局批准成立了“乐亭县王滩镇荣臣珍稀皮毛动物养殖协会”，其业务范围包含“引进防疫疫苗”并被吉林特研生物技术有限责任公司聘用为乐亭地区疫苗销售经理，邓某在其居住地及周边地区销售了从吉林特研生物技术有限公司、昌黎县刘台庄兽医站刘某1购进的吉林特研生物技术有限公司的兽用疫苗，以及吉林省吉林市闫新华处购进的兽用疫苗，该销售行为是否违反我国《刑法》第225条的规定构成非法经营罪，目前我国没有相关法律规定及司法解释。根据法无明文规定不为罪的罪刑法定原则，公诉机关指控被告人邓某、王某、邓某星犯非法经营罪依法不能成立。

无罪裁判要旨十七：根据一事不再罚原则，不再对被告人进行刑事处罚

案件名称：冯某非法经营案

审理法院：乌鲁木齐市头屯河区人民法院

案号：（2019）新0106刑初24号

裁判理由：

本院认为，本案中，公诉机关以被告人冯某违反国家关于种子管理的规定，未取得主要农作物种子生产许可证、农作物种子经营许可证非法生产、销售主要农作物玉米种子，扰乱市场秩序，情节严重为由向本院以非法经营罪提起公诉。指定辩护人提出公诉机关指控的事实是已判罚犯罪的遗漏情节，并非是新的犯罪或遗漏的犯罪，再次对被告人提起公诉，违反一事不再罚原

则。本院认为，一事不再罚原则应包括三个基本要求：第一，在某种因素（如行为、结果等）已经被评价为一个犯罪的事实根据时，不能再将该因素作为另一个犯罪的事实根据；第二，在某种严重或恶劣情节已经作为构成要件要素予以评价时，不能再将该情节作为从重量刑的根据；第三，在某种严重情节已经作为法定刑升格的条件予以评价时，不能再将该情节作为升格的法定刑内从重量刑的根据。本案中，被告人冯某与五名农户签订种植收购协议，要求农户进行种植的行为已于 2017 年 10 月 21 日被我院以非法经营罪判处有期徒刑 6 个月，缓刑 1 年。虽然当时只有刘某被查获而导致案发，但在（2017）新 0106 刑初 109 号刑事判决中明确表述当时冯某与五名农户签订协议，要求五名农户种植玉米种子，五名农户也各自销售玉米种子，故在（2017）新 0106 刑初 109 号刑事判决中已经对冯某找来五名农户种植玉米种子的行为进行了评价。而本案中的杨某系当时与冯某签订协议的五名农户之一，杨某私自将种植的玉米往外出售的行为系农户个人事后对玉米种子自行处理的行为，因玉米种子未在冯某手中，是由农户接受冯某的委托进行种植后，因与冯某在价格上未能达成一致而自行进行出售，冯某无法控制以及阻止农户后期自行出售的行为，因此不应将农户私自将种植的玉米种子自行出售强加到被告人头上。根据一事不再罚原则，不应再对冯某进行刑事处罚。故指定辩护人的上述辩护意见本院予以采纳，公诉机关指控的事实清楚，但根据一事不再罚原则，其罪名不成立，本院不予支持。

第十八章

提供虚假证明文件、出具证明文件重大失实罪裁判要旨

导　言

此次《刑法修正案（十一）》对《刑法》第 229 条做了重大修订：其一是增加了犯罪主体，新增保荐、安全评价、环境影响评价、环境监测四类中介组织人员。如出现《刑法修正案（十一）》第 229 条的行为，同样要入刑。

由于在公司上市和证券发行领域，保荐人是保障资本市场投融资功能有效发挥的关键一环，保荐人出具有虚假记载、误导性陈述或者重大遗漏的保荐书，或者不履行其他法定职责的，依法给予行政处罚各方面认识是一致的，但是在是否应当追究刑事责任问题上还需要进一步明确。而且无论从性质、职责、作用来看，保荐人都应当属于《刑法》第 229 条规定的“中介组织”。

此外，因各地环保力度加大，环保考评制度严格落实等原因，环境影响评估结果造假、伪造监测数据的情况增多。在司法适用中，根据 2016 年《最高人民法院、最高人民检察院关于办理环境污染刑事案件适用法律若干问题的解释》第 10 条的规定，部分解决了针对计算机平台的环境监测数据造假行为追究刑事责任的问题。但是对于计算机平台以外的环境影响评估造假、环境监测数据造假行为，还需要在刑法上进一步明确适用罪名。

负责保荐、安全评价、环境影响评价、环境监测等工作的中介组织，对相关事项具有非常重要的社会服务、监督职能，从事这些中介服务的人员故意出具虚假的证明文件，具有严重的危害性，明确对这些行为应当适用刑法

予以惩治，有利于警示相关从业人员依法履职，恪尽职守。①

其一是增设了一档情节，法定刑升格，在证券发行、重大资产交易、涉及公共安全的重大工程、项目中进行安平、环评的工作中，中介组织人员提供故意出具虚假证明文件，情节特别严重的，处5年以上10年以下有期徒刑，并处罚金。

随着我国市场经济的持续发展，政府职能不断转变，“放管服”改革继续深化，各类中介组织将会进一步发展，并承担更多和更重的社会服务、监督等职责。有必要对一些关键领域的中介组织，在“赋权”的同时作出“严管”的法律设计和安排。②

其三是罪名之间衔接。修正案规定，有前款行为，同时索取他人财物或……构成犯罪的，依照处罚较重的规定定罪处罚。可能涉及的罪名有非国家工作人员受贿罪，如果非国有性质的中介组织人员既“出具虚假文件”又“索取他人财物或者非法收受他人财物构成犯罪的”，则面临着择一重处罚。

笔者通过检索中国证券监督管理委员会做出的多份行政处罚决定书（如〔2013〕44号、〔2013〕48号、〔2013〕56号、〔2014〕20号、〔2014〕103号、〔2016〕91号、〔2016〕109号、〔2016〕122号、〔2017〕46号），可以看到保荐机构违反了《证券法》第11条的规定，构成了《证券法》第192条所述“保荐人出具有虚假记载、误导性陈述或者重大遗漏的保荐书，或者不履行其他法定职责”的行为。证监会对机构做出警告、没收业务收入、罚款、暂停业务许可的处罚，对直接负责的主管人员、其他直接责任人员处以警告、罚款和撤销证券从业资格等处罚。而在以往司法案例中，以“提供虚假证明文件罪”“出具证明文件重大失实罪”追究证券业务的中介机构刑事责任的案例十分稀少。

截至2021年6月30日，编者在威科先行网站上检索到无罪案例，并综合《刑事审判参考》、2020年证监会与最高人民检察院联合发布证券犯罪典型案例中的案例，共归纳出有罪裁判要旨4条，无罪裁判要旨2条。

其中有罪要旨二是关于出具证明文件重大失实罪必须具备适格主体；要旨三中强调成立提供虚假证明文件罪，一定要具备主观故意，若确实无法查

---

① 参见许永安主编：《中华人民共和国刑法修正案（十一）解读》，中国法制出版社2021年版。

② 参见许永安主编：《中华人民共和国刑法修正案（十一）解读》，中国法制出版社2021年版。

明的应采存疑有利于被告人的原则认定为出具证明文件重大失实罪。

《刑法修正案（十一）》的出台以及《最高人民法院关于为创业板改革并试点注册制提供司法保障的若干意见》的发布，表达了对资本市场违法犯罪行为“零容忍”的态度和严厉打击的决心。所以作为证券市场中介的机构，加强内控机制和自律管理，保荐人则更要勤勉尽责，尽可能地亲自参与到如法律、财务的尽调中，尽量减少对律师、会计师的依赖。

一、相关法律法规

《中华人民共和国刑法》修正前	《中华人民共和国刑法修正案（十一）》（2021年3月1日施行）
第二百二十九条　【提供虚假证明文件罪】承担资产评估、验资、验证、会计、审计、法律服务等职责的中介组织的人员故意提供虚假证明文件，情节严重的，处五年以下有期徒刑或者拘役，并处罚金。 【提供虚假证明文件罪】前款规定的人员，索取他人财物或者非法收受他人财物，~~犯前款罪的处五年以上十年以下有期徒刑并处罚金。~~ 【出具证明文件重大失实罪】第一款规定的人员，严重不负责任，出具的证明文件有重大失实，造成严重后果的，处三年以下有期徒刑或者拘役，并处或者单处罚金。	**第二百二十九条　【提供虚假证明文件罪】**承担资产评估、验资、验证、会计、审计、法律服务、**保荐、安全评价、环境影响评价、环境监测**等职责的中介组织的人员故意提供虚假证明文件，情节严重的，处五年以下有期徒刑或者拘役，并处罚金；**有下列情形之一的，处五年以上十年以下有期徒刑，并处罚金：** **（一）提供与证券发行相关的虚假的资产评估、会计、审计、法律服务、保荐等证明文件，情节特别严重的；** **（二）提供与重大资产交易相关的虚假的资产评估、会计、审计等证明文件，情节特别严重的；** **（三）在涉及公共安全的重大工程、项目中提供虚假的安全评价、环境影响评价证明文件，致使公共财产、国家和人民利益遭受特别重大损失的。** **【提供虚假证明文件罪】**有前款行为，同时索取他人财物或者非法收受他人财物构成犯罪的，依照处罚较重的规定定罪处罚。 **【出具证明文件重大失实罪】**第一款规定的人员，严重不负责任，出具的证明文件有重大失实，造成严重后果的，处三年以下有期徒刑或者拘役，并处或者单处罚金。

《最高人民检察院、公安部关于公安机关管辖的刑事案件立案追诉标准的规定（二）》（公通字〔2010〕23号，2010年5月7日施行）

本篇法规被《最高人民检察院、公安部关于印发《关于修改侵犯商业秘密刑事案件立案追诉标准的决定》的通知》（2020年9月17日发布；2020年9月17日实施）修订

第八十一条　【提供虚假证明文件案（刑法第二百二十九条第一款、第二款）】承担资产评估、验资、验证、会计、审计、法律服务等职责的中介组织的人员故意提供虚假证明文件，涉嫌下列情形之一的，应予立案追诉：

（一）给国家、公众或者其他投资者造成直接经济损失数额在五十万元以上的；

（二）违法所得数额在十万元以上的；

（三）虚假证明文件虚构数额在一百万元且占实际数额百分之三十以上的；

（四）虽未达到上述数额标准，但具有下列情形之一的：

1. 在提供虚假证明文件过程中索取或者非法接受他人财物的；

2. 两年内因提供虚假证明文件，受过行政处罚二次以上，又提供虚假证明文件的。

（五）其他情节严重的情形。

第八十二条　【出具证明文件重大失实案（刑法第二百二十九条第三款）】承担资产评估、验资、验证、会计、审计、法律服务等职责的中介组织的人员严重不负责任，出具的证明文件有重大失实，涉嫌下列情形之一的，应予立案追诉：

（一）给国家、公众或者其他投资者造成直接经济损失数额在一百万元以上的；

（二）其他造成严重后果的情形。

《最高人民法院、最高人民检察院关于办理环境污染刑事案件适用法律若干问题的解释》（法释〔2016〕29号，2017年1月1日施行）

第九条　环境影响评价机构或其人员，故意提供虚假环境影响评价文件，情节严重的，或者严重不负责任，出具的环境影响评价文件存在重大失实，造成严重后果的，应当依照刑法第二百二十九条、第二百三十一条的规定，以**提供虚假证明文件罪或者出具证明文件重大失实罪**定罪处罚。

《中华人民共和国证券法》（2019年修订，2020年3月1日生效）

第十条 发行人申请公开发行股票、可转换为股票的公司债券，依法采取承销方式的，或者公开发行法律、行政法规规定实行保荐制度的其他证券的，应当聘请证券公司担任保荐人。

保荐人应当遵守业务规则和行业规范，诚实守信，勤勉尽责，对发行人的申请文件和信息披露资料进行审慎核查，督导发行人规范运作。

保荐人的管理办法由国务院证券监督管理机构规定。

第一百八十二条 保荐人出具有虚假记载、误导性陈述或者重大遗漏的保荐书，或者不履行其他法定职责的，责令改正，给予警告，没收业务收入，并处以业务收入一倍以上十倍以下的罚款；没有业务收入或者业务收入不足一百万元的，处以一百万元以上一千万元以下的罚款；情节严重的，并处暂停或者撤销保荐业务许可。对直接负责的主管人员和其他直接责任人员给予警告，并处以五十万元以上五百万元以下的罚款。

第一百六十三条 证券服务机构为证券的发行、上市、交易等证券业务活动制作、出具审计报告及其他鉴证报告、资产评估报告、财务顾问报告、资信评级报告或者法律意见书等文件，应当勤勉尽责，对所依据的文件资料内容的真实性、准确性、完整性进行核查和验证。其制作、出具的文件有虚假记载、误导性陈述或者重大遗漏，给他人造成损失的，应当与委托人承担连带赔偿责任，但是能够证明自己没有过错的除外。

第二百一十三条 证券投资咨询机构违反本法第一百六十条第二款的规定擅自从事证券服务业务，或者从事证券服务业务有本法第一百六十一条规定行为的，责令改正，没收违法所得，并处以违法所得一倍以上十倍以下的罚款；没有违法所得或者违法所得不足五十万元的，处以五十万元以上五百万元以下的罚款。对直接负责的主管人员和其他直接责任人员，给予警告，并处以二十万元以上二百万元以下的罚款。

会计师事务所、律师事务所以及从事资产评估、资信评级、财务顾问、信息技术系统服务的机构违反本法第一百六十条第二款的规定，从事证券服务业务未报备案的，责令改正，可以处二十万元以下的罚款。

证券服务机构违反本法第一百六十三条的规定，未勤勉尽责，所制作、出具的文件有虚假记载、误导性陈述或者重大遗漏的，责令改正，没收业务收入，并处以业务收入一倍以上十倍以下的罚款，没有业务收入或者业务收入不足五十万元的，处以五十万元以上五百万元以下的罚款；情节严重的，并处暂停或者禁止从事证券服务业务。对直接负责的主管人员和其他直接责任人员给予警告，并处以二十万元以上二百万元以下的罚款。

《最高人民法院关于为创业板改革并试点注册制提供司法保障的若干意见》（法发〔2020〕28号，2020年8月8日施行）

这份重要文件的主要内容总结如下：

1. 全面落实对资本市场违法犯罪行为“零容忍”要求，加大对欺诈发行股票、债券罪，违规披露、不披露重要信息罪以及提**供虚假证明文件罪**追究刑事责任的力度。

2. 依法从严惩处在创业板申请发行、注册等各环节滋生的各类欺诈和腐败犯罪。

3. 严格控制缓刑适用，依法加大罚金刑等经济制裁力度。

4. 准确把握**保荐人**对发行人上市申请文件等信息披露资料进行全面核查验证的注意义务标准，在证券服务机构履行特别注意义务的基础上，保荐人仍应对发行人的经营情况和风险进行客观中立的实质验证，否则不能满足免责的举证标准。

《国务院关于进一步提高上市公司质量的意见》（国发〔2020〕14号，2020年10月5日）

（十二）加大执法力度。严格落实证券法等法律规定，加大对欺诈发行、信息披露违法、操纵市场、内幕交易等违法违规行为的处罚力度。加强行政机关与司法机关协作，实现涉刑案件快速移送、快速查办，严厉查处违法犯罪行为。完善违法违规行为认定规则，办理上市公司违法违规案件时注意区分上市公司责任、股东责任与董事、监事、高级管理人员等个人责任；对涉案证券公司、证券服务机构等中介机构及从业人员一并查处，情节严重、性质恶劣的，依法采取暂停、撤销、吊销业务或从业资格等措施。（证监会、公安部、最高人民法院、财政部、司法部等单位与各省级人民政府负责）

（十六）督促中介机构归位尽责。健全中介机构执业规则体系，明确上市公司与各类中介机构的职责边界，压实中介机构责任。相关中介机构要严格履行核查验证、专业把关等法定职责，为上市公司提供高质量服务。相关部门和机构要配合中介机构依法依规履职，及时、准确、完整地提供相关信

息。(证监会、财政部、司法部、银保监会等单位与各省级人民政府负责)

二、有罪裁判要旨

裁判要旨一：未遵循中国注册会计师独立审计准则，未履行必要的审计程序，应当预见出具的审计报告有重大失实，并可能造成严重后果，但没有预见，该行为构成出具证明文件重大失实罪

案件名称：董某、李某强、丁某民、阎某岱提供虚假财会报告，刘某荣、徐某文出具证明文件重大失实案

来源：《刑事审判参考》第37集，第285号案例

判决结果：

1. 被告人刘某荣犯出具证明文件重大失实罪，判处有期徒刑2年6个月，并处罚金人民币3万元。

2. 被告人徐某林文犯出具证明文件重大失实罪，判处有期徒刑2年3个月，并处罚金人民币3万元。

基本案情：

深圳某会计师事务所接受A公司委托，在由被告人刘某荣、徐某文具体负责对A公司及其子公司B在1999年度和2000年度的财会报告进行审计中，未遵循中国注册会计师独立审计准则规定的程序，未实施有效的询证、认证及核查程序。

(1) 该所在对B公司1999年度和2000年度财务报告审计过程中，依据B公司自制的销售发票，确认1999年和2000年出口产品收入分别为人民币23,898.6万元和人民币72,400万元，没有实施**向海关询证**的必要程序。(2) 该所在对B公司1999年度和2000年度财会报告审计过程中，以B公司自制和伪造的银行对帐单、银行进帐单、银行汇款单和购货发票为依据，确认出口产品收款金额和购买原材料付款金额和入库数，没有实施**向银行询证**的重要程序，没有充分关注购进原材料发票均是普通发票这一重要疑点。(3) 该所未对B公司1999年12月31日和2000年12月31日银行存款余额实施有效的**检查及函证**程序。特别是被告人刘某荣指派的审计人员在对B公司进行审计时，严重违反审计规定，委托B公司被告人董某等人代替审计人员向银行、海关等单位进行询证，致使被告人董某得以伪造询证结果。

被告人刘某荣、徐某文在不辨别真伪、不履行会计师事务所三级复核有

关要求的情况下，仍先后为A公司出具了1999年度、2000年度“无保留意见”的审计报告，致使A公司虚假的财会报告向社会公众发布，造成投资者的利益遭受重大损失。该所签发的A审计报告的负责人与签字注册会计师为同一人，未遵循审计准则中规定的会计师事务所三级复核的有关要求。同时，被告人刘某荣还违反注册会计师的有关规定，兼任A公司财务顾问。在形式和实质上，均失去独立性。

裁判理由：

被告人刘某荣、徐某文代表深圳某会计师事务所在**对A公司及B公司1999和2000年度财务报表审计过程中未遵循注册会计师独立审计准则，未履行必要的审计程序**，出具的审计报告严重失实，并造成了严重后果，二被告人均依法构成出具证明文件重大失实罪。

根据《刑法》第229条规定，承担上市公司会计报表审计职责的会计师事务所及注册会计师，故意提供虚假审计报告，情节严重的；或者严重不负责任，出具的审计报告有重大失实，造成严重后果的，将分别构成提供虚假证明文件罪或者出具证明文件重大失实罪。在这里首先需要明确的一个前提是，审计报告与财务会计报告是相互独立的不同的两份文件，前者是会计师事务所等中介组织的证明文件，后者是公司财务文件，两者属于评价与被评价的关系，司法实践中应注意避免将两者混为一谈。一般而言，提供虚假财会报告罪与提供虚假证明文件罪或者出具证明文件重大失实罪是较为容易区分的。**唯下述情形，即公司与承担审计职责的会计师事务所或其注册会计师合谋**，由公司故意提供虚假的或者隐瞒重要事实的财务会计报告，同时由会计师事务所或其注册会计师出具虚假的审计报告，应如何对出具虚假审计报告的会计师事务所或其注册会计师进行定罪处罚，在实践中不无疑问，有必要在此稍加说明。**我们认为，尽管两者存在共同实施犯罪的故意，对于后者仍需按提供虚假证明文件罪处理：**一方面，两者的故意内容有所不同，前者主要是出于虚夸业绩欺骗股东和社会公众，后者主要是出于业务考虑；另一方面，双方的行为在刑法上可以得到充分的、相应的评价，无需按共同犯罪处理。基于此，判决对董某等四被告人的提供虚假财会报告行为与刘某荣、徐某文二被告人的出具失实审计报告行为，分别予以评价是正确的。

提供虚假证明文件罪与出具证明文件重大失实罪的不同之处主要在于主观方面，前者属故意行为，后者属过失行为。应当指出，这里的故意、过失是相对于证明文件本身的真假而言的，明知证明文件的内容虚假而提供，即可认定为故意提供，相反，因未尽必要的注意义务而未认识到所出具的证明文件与事实不符，则属过失。在本案中，公诉机关指控被告人刘某荣、徐某文犯提供虚假证明文件罪，但未就二被告人对于所出具的严重失实的审计报告具有主观明知提供相应证据，故法院不予支持。同时，对于审计报告的严重失实，有充分证据证明刘某荣、徐某文二被告人有义务、有能力预见到，之所以未预见到完全系不正确履行职责所致，且由此造成了严重的危害后果，故二被告人构成出具证明文件重大失实罪。在合理的范围内确保会计报表审计报告的真实、合法性，是刘某荣、徐某文二被告人的法定职责。

根据《注册会计师法》和《中国注册会计师独立审计准则》等规定，注册会计师负有维护社会公共利益，保护投资者和其他利害关系人的合法权益，促进社会主义市场经济的健康发展的社会责任。注册会计师应当恪守独立、客观、公正的原则，以应有的职业谨慎态度执行审计业务，对被审计单位会计报表的合法性、公允性及会计处理方法的一贯性进行审计时，应当按照独立审计准则的要求出具审计报告，保证审计报告的真实性、合法性。注册会计师的审计意见应合理地保证会计报表使用人确定已审计会计报表的可靠程度。

刘某荣、徐某文二被告人在执行审计业务时，违背了独立审计准则，未能遵循和实施必要的审计程序，所出具的审计意见以未经核实或者委托利害关系人核查的审计证据为依据，存在严重的失职行为。主要表现有二：其一，被告人刘某荣兼任 A 公司财务顾问的同时，委托被审计单位 B 公司被告人董某等人向银行、海关等代行审计询证事项，严重背离了注册会计师独立审计的要求。其二，在已发现 A 公司、B 公司“利润增长过快”“涉外货款以人民币的形式收付”及购进原材料发票均是普通发票等反常、违法情况时，未采取必要的审计程序，实施有效的询证、认证及核查程序，违反了《独立审计具体准则第 1 号——会计报表审计》关于“注册会计师在实施审计过程中，应当采用恰当的方法，包括检查、监盘、观察、查询及函证、计算、分析性复核等，以获取充分、适当的审计证据”以及“注册会计师应当在实施必要的审计程序后，以经过核实的审计证据为依据，形成审计意见，出具审计报告”的规定。法院对二被告人以出具证明文件重大失实罪定罪处罚是正确的。

裁判要旨二：审理出具证明文件重大失实罪案件，一般应当将出具证明文件的法律主体作为单位犯罪的适格主体

裁判要旨三：应当严格依据在案证据查明行为人的主观故意，明知虚假证明文件而故意出具的，应当认定为提供虚假证明文件罪，确无法查明的应采存疑有利于被告人的原则认定为出具证明文件重大失实罪

裁判要旨四：应当根据行为人违反相关工作准则的行为对严重后果的影响作用大小来判断是否符合严重不负责任的入罪标准

案件名称：杨某杰等四人出具证明文件重大失实案

审理法院：上海市高级人民法院

来源：2020 年证监会与最高人民检察院联合发布证券犯罪典型案例之二

案号：（2018）沪刑终 9 号

裁判结果：

上海市第一中级人民法院于 2017 年 11 月 21 日作出（2017）沪 01 刑初 80 号一审判决：

1. 被告人杨某杰犯出具证明文件重大失实罪，判处有期徒刑 2 年，缓刑 3 年，并处罚金人民币 10 万元。

2. 被告人陈某明犯出具证明文件重大失实罪，判处有期徒刑 1 年 6 个月，缓刑 2 年，并处罚金人民币 5 万元。

3. 被告人王某宇犯出具证明文件重大失实罪，判处拘役 6 个月，缓刑 6 个月，并处罚金人民币 5 万元。

4. 被告人徐某犯出具证明文件重大失实罪，判处有期徒刑 6 个月，缓刑 1 年，并处罚金人民币 5 万元。

一审判决后，被告人陈某明、王某宇、徐某提出上诉。上海市高级人民法院于 2018 年 5 月 14 日作出（2018）沪刑终 9 号裁定：驳回上诉，维持原判。

基本案情：

2013 年下半年，利某会计师事务所有限责任公司浙江分所因中某通（福建）机械制造有限公司（另案处理）发行中小企业私募债对该公司 2011 年度、2012 年度财务状况进行审计（以下简称为中某通发债项目和中某通审计项目）。被告人杨某杰、陈某明、王某宇、徐某在涉案期间均系利安达浙江分所的注册会计师。杨某杰、陈某明等人违反审计准则，按照中某通公司授

意，在未核实财务凭证的情况下对中某通公司营业收入、净利润进行重大调整，虚增营业收入人民币3.4亿余元（以下币种均系人民币）、净利润6357余万元、资本公积金6556余万元。王某宇、徐某二人未对中某通公司审计报告及底稿进行审计及复核审查，严重不负责任，在该含有重大失实财务数据的编号为利某审字〔2013〕1289号审计报告上签名确认，使得中某通公司发行中小企业私募债成功。至2016年7月债券到期后，中某通公司无力支付1亿元债券本息，造成投资人重大经济损失。

裁判理由：

利某公司承接中某通审计项目后，未按审计准则要求对中某通公司账外收入和股东捐赠情况进行审计，虚增了中某通公司营业收入、净利润和资本公积金，出具了上述内容重大失实的审计报告，造成被害人巨额经济损失的严重后果，其行为构成出具证明文件重大失实行为。被告单位利某浙江分所虽然实际参与了中某通审计项目，但其仅系利某公司的分支机构，并非中某通审计项目的承接者和审计报告的出具者，且现无证据证实涉案审计费用全部归属于利某浙江分所，故公诉机关起诉指控被告单位利某浙江分所不当，不予支持。

被告人杨某杰作为利某浙江分所副所长和中某通审计项目的负责人，在利某公司出具证明文件重大失实活动中实施了组织、管理等行为，系直接负责的主管人员，其行为构成出具证明文件重大失实罪。

被告人陈某明作为利某浙江分所注册会计师和中某通审计项目的现场负责人，在利某公司出具证明文件重大失实活动中实施了现场审计和初稿起草等行为，系直接责任人员，其行为构成出具证明文件重大失实罪。

被告人王某宇作为利某公司法定代表人授权的签字注册会计师，在未按审计准则对中某通审计报告进行审核的情况下草率签发审计报告，系直接负责的主管人员，其行为构成出具证明文件重大失实罪。

被告人徐某作为利某浙江分所的注册会计师，在未实际参与中某通审计项目现场审计的情况下，应被告人杨某杰要求在中某通审计报告上署名，系直接责任人员，其行为构成出具证明文件重大失实罪。

被告人杨某杰、陈某明、王某宇、徐某在利某公司出具证明文件重大失实行为中所处地位、所起作用不同，但不足以区分主从犯，可在具体量刑时酌处。四名被告人均系接到公安机关电话通知后自动到案，到案后对涉案事实均作了供述，故可以认定四名被告人均具有自首情节。杨某杰、陈某明、徐某在案发前实施串供等行为，应予从严惩处。杨某杰在家属帮助下能自愿补偿被害人一定经济损失，可予从轻处罚。综合上述量刑情节，可对四名被告人均予从轻处罚，并适用缓刑。

案例评析：

本案涉及的审理要点有三：一是单位犯罪适格主体的认定标准；二是对虚假证明文件主观明知的判断标准；三是被告人严重不负责任的入罪标准。

（一）单位犯罪适格主体的认定标准

由于本案出具证明文件的法律主体系单位，故公诉机关指控单位犯罪并无问题，问题在于如何确定单位适格主体。公诉机关认为，本案审计项目的实际负责、操作、签字主要人员暨被告人杨某杰、陈某明、王某宇、徐某均系利某浙江分所的注册会计师，故以利某浙江分所为单位犯罪主体提出指控。

法院经审理认为，利某浙江分所不是本案适格主体。主要理由：首先，《全国法院审理金融犯罪案件工作座谈会纪要》（以下简称为《会议纪要》）认为，单位的分支机构能成为单位犯罪适格主体的条件包括需以单位的分支机构的名义实施犯罪以及违法所得亦归分支机构这两个要件。结合本案，第一，杨某杰虽然作为利某浙江分所的工作人员接洽中某通项目，但相关承接合同上的主体是利某公司，而非利某浙江分所。第二，最终在中某通项目审计报告上加盖的公章系利某公司公章，因此从法律关系上应当认为审计的主体系利某公司，而非利某浙江分所。第三，中某通公司支付的审计费用（违法所得）除少部分作为签字费支付给各名被告人和相关人员外，大部分流向利某公司，而非利某浙江分所。因此，将利某浙江分所作为责任主体不符合上述《会议纪要》的相关精神。其次，从审计报告的制作流程来看，包含了撰稿、现场负责人复核、部门经理复核、质量监管部复核、项目合伙人复核、质监会办公室意见、质量与技术标准委员会意见等诸多环节，参与这些环节的审计工作人员不仅包括利某浙江分所的本案被告人，还包括利某公司的工作人员。特别是利某公司法定代表人黄某辉不仅对中某通项目明确知晓，还授权王某宇作为签字注册会计师。因此，如果把利某浙江分所作为责任主体，不利于对利某公司其他经办人员作出责任评价。最后，利某浙江分所作为利某公司的分公司，无独立法人资格，无注册资本，不利于对单位所判处罚金刑的执行。最终，法院认定利某浙江分所并非本案单位犯罪的适格主体，对公诉机关的相关指控不予支持。

（二）对虚假证明文件主观明知的判断标准

两罪同属《刑法》第229条条文，区别在于责任人员是否明知所出具的证明文件不属实，如果系明知而故意出具且情节严重的则应认定为提供虚假证明文件罪，如果确系不明知而因严重不负责任导致严重后果发生的则应认定为提供证明文件重大失实罪。法院经审理认为，被告人杨某杰和陈某明是否明知审计报告不属实这一问题存疑，表现为：杨某杰、陈某明到案后供称他们明知中某通公司未提供相关合同、询征函、缴税凭证等证明巨额帐外收入的基础材料，不明知股东会决议系虚假，但因审计任务紧、期限短等原因，在未要求补全和核实清楚相关材料的情况下匆忙出具了审计报告。依据《中国注册会计师审计准则》的相关规定，对于上述情况审计人员应当出具保留意见或者否定审计报告。但本案中，结合杨某杰授意陈某明如何落实中某通公司的审计要求、陈某明未在审计报告底稿和结论上标注或提示重大瑕疵且拒绝签名等异常情况来看，应当怀疑杨某杰、陈某明两人具有明知。然而，法院综合考虑到在案其他证据难以印证以及中某通公司的涉案人否认有任何利益输送，故按照存疑有利于被告人的原则，最终支持公诉机关起诉指控的罪名。

（三）被告人严重不负责任的入罪标准

出具证明文件重大失实罪的构成要件之一是被告人是否属于严重不负责任。法院经审理查明：（1）杨某杰在审计期间，指派被告人陈某明等人进行现场审计，与陈某明商议如何落实中某通公司的相关要求，在陈某明拒绝签名后又安排他人代替陈某明签名，还安排王某宇、徐某作为“签字注册会计师”签名。因此，杨某杰系中某通审计项目的负责人，系单位犯罪直接负责的主管人员。（2）陈某明系中某通项目的现场负责人和审计报告初稿的起草者，未按审计准则要求对中某通公司账外收入和股东捐赠等进行审核，亦未在审计报告底稿和结论上标注或提示上述重大瑕疵，最终出具无保留意见的审计结论。不论其出于何种原因拒绝签名，都不能成为正当的免责事由。因此，陈某明系中某通审计项目的实际执行者，系单位犯罪的直接责任人员。（3）王某宇作为利某公司法定代表人授权的签字注册会计师，理应对中某通审计报告的真实性、完整性进行复核。然而，其不仅没有核实中某通公司巨额帐外收入和股东捐赠等重要审计调整事项，甚至都未发现徐某并非中某通项目现场负责人等重大瑕疵。因此，王某宇系中某通项目审计报告的签发人，系单位犯罪的直接负责的主管人员。（4）徐某作为利某利某浙江分所的注册会计师，在未实际参与中某通审计项目现场审计的情况下，应被告人杨某杰要求在中某通审计报告上署名，严重违反了《财政部关于注册会计师在审计报告上签名盖章有关问题的通知》中“出具审计报告应当由会计师事务所主任会计师或其授权的副主任会计师和一名负责该项目的注册会计师签名盖章并经会计师事务所盖章方有效”的规定。因此，徐某系中某通项目的违法签字人，系单位犯罪的直接责任人员。综上，上述被告人的行为可以归纳为**管理不善、审而不签、签而不审三种类型**，已经严重违背了相关规定和职业道德，应当以严重不负责任予以评价。特别需要指出的是，杨某杰在案发前，多次组织其他被告人、涉案人串供、隐藏罪证，以推脱罪责，对抗司法机关调查，理应受到刑事制裁。

三、无罪裁判要旨

无罪裁判要旨一：

1. 公诉机关现有证据不能证明被告人提供的资产评估报告系虚假报告，亦不能证明被告人的行为给国家造成了损失。

2. 被告人对涉案的评估项目未参与且不知情，主观上没有犯罪的故意，客观上没有犯罪行为

案件名称：徐某林、郭某等提供虚假证明文件案

审理法院：河北省秦皇岛市抚宁区人民法院（原河北省抚宁县人民法院）（经检索，未检索到该案二审判决）

案号：（2018）冀0306刑初37号

裁判理由：

公诉机关指控被告人有罪的证据，应当能够相互印证，形成完整的证据链。公诉机关对被告人徐某林犯提供虚假证明文件罪的指控，经查，公诉机关现有证据不能证明被告人徐某林提供的资产评估报告系虚假报告，亦不能证明被告人徐某林的行为给国家造成了损失。综上，公诉机关指控被告人徐某林构成提供虚假证明文件罪指控的事实不清，证据不足，本院不予支持。对**被告人徐某林及其辩护人无罪的辩解及辩护观点**，本院予以采纳。公诉机关对被告人郭某、孙某犯提供虚假证明文件罪的指控，经查，被告人郭某、

孙某对涉案的评估项目未参与且不知情，主观上没有犯罪的故意，客观上没有犯罪行为，故被告人郭某、**孙某**的行为不构成提供虚假证明文件罪。故公诉机关对被告人郭某、**孙某**犯提供虚假证明文件罪的指控，本院不予支持。**被告人郭某、孙某及辩护人的辩解及辩护观点**，予以采纳。

无罪裁判要旨二：事实不清，证据不足。认定被告人行为达到提供虚假证明文件罪追诉标准的证据不足；能否造成直接经济损失尚不能确定

案件名称：程某、崔某强诈骗、骗取贷款、票据承兑、金融票证、隐匿、故意销毁会计凭证、会计账簿、财务会计报告案

审理法院：安徽省高级人民法院

案号：（2018）皖刑终12号

裁判理由：

对抗诉意见、答辩意见、上诉理由、出庭意见的综合评析如下：

关于抗诉机关及二审检察院提出一审判决未认定崔某强构成提供虚假证明文件罪，属事实认定及法律适用错误的抗诉意见。经查：

首先，崔某强制作的估价报告中所选取的可比实例确实非实际成交案例，但根据当前房地产评估行业惯例，对房地产评估多采用向房产中介询价的方式确定可比实例的价格，因此涉案估价报告中选取的可比实例不能排除系崔某强通过中介询价获取的，认定系崔某强故意提供虚假案例的证据不足。

其次，涉案三份评估报告所对应的银行贷款均有抵押，案发时贷款均未到期，目前均在民事诉讼中，尚未终结；贷款时所适用的抵押限额都在六成左右，故能否造成银行直接经济损失尚不能确定。

最后，为证实崔某强提供的估价报告虚构数额情节严重，公诉机关提供了永正评估公司对相应标的物所作的三份估价报告，但其报告存在如下问题：（1）永正评估公司对聚鑫公司某1大厦六套房屋和金都酒店三至六层评估时，选取的可比实例相比评估对象都较为偏远；对金都酒店三至六层和七层的两次评估中，选取的可比实例，有的房屋类型并非商业用房（办公用房或其他），一处某大厦为司法拍卖房产，由于诸多因素，该房价格明显低于市场价。因此，永正评估公司选取的可比实例缺乏客观比对性。（2）永正评估公司在对金都酒店鉴定时，酒店装潢已经拆除，大厦的物业停止服务，评估师无法实地查看装潢和设备，故对金都酒店的装潢难以客观全面评价。

(3) 永正评估公司在涉案的几份评估报告中选取的房地产报酬率（与房地产价格成反比）均为7.5%，高于永正评估公司的其他评估案例（6%），这也部分降低了评估对象的价格。**由此可见**，永正评估公司的三份估价报告未能客观真实地反映涉案房产的价值，故公诉机关以永正评估公司的估价报告来认定崔某强所作的估价报告虚构数额在100万元且占实际数额30%以上的证据不足。

综上分析，公诉机关指控崔某强犯提供虚假证明文件罪的事实不清，证据不足，一审判决对此定性准确，适用法律正确，故对抗诉意见不予支持，对崔某强及其辩护人的答辩意见予以采纳。本院审判委员会讨论决定维持铜陵市中级人民法院（2016）皖07刑初6号刑事判决的第2项，即被告人崔某强无罪。

第七篇

侵犯财产篇

第十九章

诈骗罪（骗取财政补贴类）裁判要旨

导　言

诈骗罪是指以非法占有为目的，用虚构事实或隐瞒真相的方法，骗取数额较大的公私财物的行为。刑法规定本罪为自然人犯罪，犯罪主体不包括单位，企业不能被指控犯有本罪，因此涉企犯罪中诈骗罪的数量相对较少，骗取财政补贴型诈骗案件属于经常出现的涉企型诈骗犯罪。各类企业享有多种财政补贴政策，如成品油价格补贴、技改补贴等。企业经营中若出现企业主或管理人员通过虚构事实、夸大数量等手段骗取国家补贴的情形，即可能构成诈骗罪，直接负责的主管人员和其他直接责任人员有可能需要承担刑事责任。

截至2021年6月30日，笔者在中国裁判文书网和法信网共检索归纳出3条有罪裁判要旨和7条无罪裁判要旨。值得注意的是，骗取财政补贴型诈骗案件在非法占有目的的认定上与普通诈骗案件不同。若将通过虚构、隐瞒事实骗取的财政补贴实际用于企业经营或真实的项目运营，一般有争取无罪判决的辩护空间，仅作为行政违法处理。这一点在刑事审判参考（如下文《如何认定诈骗罪的非法占有目的》）、地方法规（如《河南省人民检察院关于规范办理套取国家专项资金案件的指导意见》）、相关无罪案例均有体现。

一、相关法律法规

《中华人民共和国刑法》

第二百六十六条　诈骗公私财物，数额较大的，处三年以下有期徒刑、拘役或者管制，并处或者单处罚金；数额巨大或者有其他严重情节的，处三年以上十年以下有期徒刑，并处罚金；数额特别巨大或者有其他特别严重情节的，处十年以上有期徒刑或者无期徒刑，并处罚金或者没收财产。本法另有规定的，依照规定。

《全国人民代表大会常务委员会关于〈中华人民共和国刑法〉第二百六十六条的解释》（2014年4月24日通过）

全国人民代表大会常务委员会根据司法实践中遇到的情况，讨论了刑法第二百六十六条的含义及骗取养老、医疗、工伤、失业、生育等社会保险金或者其他社会保障待遇的行为如何适用刑法有关规定的问题，解释如下：

以欺诈、伪造证明材料或者其他手段骗取养老、医疗、工伤、失业、生育等社会保险金或者其他社会保障待遇的，属于刑法第二百六十六条规定的诈骗公私财物的行为。

《最高人民法院、最高人民检察院关于办理诈骗刑事案件具体应用法律若干问题的解释》（法释〔2011〕7号，2011年4月8日起施行）

第一条 诈骗公私财物价值三千元至一万元以上、三万元至十万元以上、五十万元以上的，应当分别认定为刑法第二百六十六条规定的“数额较大”、“数额巨大”、“数额特别巨大”。

各省、自治区、直辖市高级人民法院、人民检察院可以结合本地区经济社会发展状况，在前款规定的数额幅度内，共同研究确定本地区执行的具体数额标准，报最高人民法院、最高人民检察院备案。

……

第三条 诈骗公私财物虽已达到本解释第一条规定的“数额较大”的标准，但具有下列情形之一，且行为人认罪、悔罪的，可以根据刑法第三十七条、刑事诉讼法第一百四十二条的规定不起诉或者免予刑事处罚：

（一）具有法定从宽处罚情节的；

（二）一审宣判前全部退赃、退赔的；

（三）没有参与分赃或者获赃较少且不是主犯的；

（四）被害人谅解的；

（五）其他情节轻微、危害不大的。

……

第五条　诈骗未遂，以数额巨大的财物为诈骗目标的，或者具有其他严重情节的，应当定罪处罚。

……

第六条　诈骗既有既遂，又有未遂，分别达到不同量刑幅度的，依照处罚较重的规定处罚；达到同一量刑幅度的，以诈骗罪既遂处罚。

《河南省人民检察院关于规范办理套取国家专项资金案件的指导意见》（豫检文〔2014〕73号）

为规范全省检察机关套取国家专项资金案件的侦查、审查逮捕、审查起诉工作，统一执法标准，确保案件质量，根据《中华人民共和国刑法》、司法解释及有关规定，结合司法实践，经与省法院沟通，制定本意见。

一、查办套取国家专项资金案件，应当坚持全面理解国家专项资金政策，统一正确适用法律；坚持准确划分责任，体现区别对待，贯彻宽严相济；坚持严格把握、慎重处理，重点惩治国家机关工作人员的严重失职渎职犯罪和重大诈骗犯罪。

二、套取国家专项资金的使用人不符合国家专项资金政策的基本条件，在申报过程中以非法占有为目的，严重弄虚作假，虚构并不存在的企业或项目，伪造关键性申报材料，符合诈骗罪构成要件的，应当对使用人以诈骗罪定罪处罚。

三、套取国家专项资金使用人的申报项目符合国家专项资金政策的基本条件，但在申报过程中夸大实际情况，伪造或提供了个别非关键性虚假申报材料，套取的国家专项资金部分被用于企业弥补损失，或者用于转产、更新设备、生产经营的，对使用人一般不宜按诈骗罪定罪处罚。

套取国家专项资金的使用人在申报过程中向国家机关工作人员行贿，伪造国家机关公文证件印章，情节严重的，应当对使用人分别以行贿罪、伪造国家机关公文证件印章罪定罪处罚。

符合国家专项资金政策的基本条件是指申报的项目真实合法存在，类别、性质、科目符合国家专项资金政策的基本要求，但在数量规模和时间等要求上存在有不完全真实的成分和情形。

四、在套取国家专项资金过程中负有直接审核职责的国家机关工作人员起主要作用，积极支持、参与帮助资金使用人弄虚作假，并对套取的国家专项资金进行私分，非法占为己有的，无论资金使用人是否构成犯罪，均以贪污罪追究相关国家机关工作人员刑事责任。

国家机关工作人员本人系资金直接使用人，符合贪污罪构成要件的按贪污罪定罪处罚。套取国家专项资金的使用人涉嫌诈骗等犯罪，国家机关工作人员在审核资金使用人提供的材料时明知或应当明知条件虚构，仍予以纵容、帮助或者不认真履行职责，严重不负责任没有审查出相关材料虚假而使国家专项资金被骗取的，应当分别以滥用职权罪、玩忽职守罪追究相关国家机关工作人员刑事责任。收受贿赂，构成受贿罪的数罪并罚。

五、在办理套取国家专项资金案件中要注意准确把握政策，正确划分责任，区别对待，注重效果。追究刑事责任要慎重，对于在审核工作中没有收受贿赂徇、私舞弊情节，没有造成特别严重后果的国家机关工作人员，可以移交纪检监察部门给予党政纪处理，对于套取国家专项资金的使用人由于政策规定不够明确对申报项目是否符合政策要求认识模糊，且所申报项目客观上符合国家专项资金政策部分条件的，一般不应追究其刑事责任。

六、对套取国家专项资金的使用人是否按犯罪处理，不影响套取国家专项资金行为的违法性，检察机关应当结合办案，综合运用行政、法律手段，运用检察建议等方式，积极建议和督促有关主管部门，促使企业和人员退交其所不当获得的国家专项资金，保护国家的经济利益。

二、司法观点

在从事农业经营开发中弄虚作假领取国家农业补贴能否认定为具有非法占有目的?

随着国家对“三农”支持力度的加大，不少地方出现了骗取国家农业补贴的案件。对这类案件的处理，应当准确把握政策精神，严格区分诈骗犯罪与农业补贴申报中不规范操作行为的界限，避免刑事打击扩大化。既要规范国家支持农业资金的管理和使用，又要保护农业经营开发企业的合法权益，真正把国家的支农、惠农政策落到实处。

笔者认为，司法实践中一般可按照以下标准掌握：（1）不从事农业经营开发，或者所从事的农业经营开发项目不属于享受国家农业补贴的项目，而采用伪造材料的方法骗取国家农业补贴，达到定罪数额标准的，可考虑认定诈骗罪。（2）从事可享受国家补贴的农业经营开发项目，但达不到政策规定的应享受补贴条件，而弄虚作假申领国家农业补贴，全部或主要用于农业经营开发的，属于农业补贴申报中的违规行为，不应当以诈骗罪定性。对违规获取的农业补贴，有关部门可予以收回，或责令经营者增加投人，达到享受补贴的条件。(3) 具备享受国家农业补贴的条件，但申报的材料中部分内容不实，获得国家农业补贴的，不构成诈骗罪。

在这类案件中，农业经营开发企业是否符合有关政策规定的享受补贴条件，应由执行政策的有关部门作出解释，不宜由司法机关自行解释。

三、有罪裁判要旨

裁判要旨一：家电销售商虚报冒领国家家电下乡补贴资金的行为不是贪污罪，而构成诈骗罪

案件名称：苗某诈骗案

案例来源：《刑事审判参考》第91集，第850号案例

裁判结果：

被告人苗某以诈骗罪被判处有期徒刑1年，缓刑2年，并处罚金人民币3万元。

基本案情：

2009年10月，受当地财政局委托，被告人苗某经营的“苗某五金经销总汇”成为太和当地家电下乡补贴代垫直补销售网点。2010年5月至2011年5月，苗某从高某某（另案处理）处购买家电下乡产品标识卡71张，利用家电下乡产品实行销售网点先行垫付补贴后由财政支付的政策，编造虚假的销售垫付信息，骗取国家家电下乡补贴资金人民币33,730.45元。案发后，苗某退出全部赃款。

裁判理由：

（一）被告人苗某不具备贪污罪的主体身份

按照刑法规定，贪污罪的主体是国家工作人员和受国家机关、国有公司、企业、事业单位、人民团体委托管理、经营国有财产的人员。被告人苗某不属于国家工作人员，但其是否属于受国家机关委托管理国有财产的人员存在争议。我们认为，虽然按照安徽省人民政府办公厅的相关规定，参与家电下乡销售的网点应当与各县乡财政部门签订授权委托书，但签订此种授权委托书并不意味着各销售网点受当地财政部门的委托管理国有财产。

首先，这种委托并不意味着财政部门将审核兑付家电下乡补贴资金的行

政管理职权委托给销售网点。国家虽然把前置性审核下放给家电销售商，但最终的审核确认权并没有下放。

其次，苗某不属于“受国家机关委托管理、经营国有财产的人员”。《刑法》之所以规定“受国家机关、国有公司、企业、事业单位、人民团体委托管理、经营国有财产的人员”可以构成贪污罪，是因为这类主体本身并不属于国家工作人员的范畴。但在实践中，这类主体实际掌握或者经营、管理国有财产，出于对国有财产保护的特殊需要而有必要将此类主体纳入贪污罪的主体范围。2003 年印发的《全国法院审理经济犯罪案件工作座谈会纪要》（以下简称《纪要》）对“受委托管理、经营国有财产”的外延进行了明确，即指“因承包、租赁、临时聘用等管理、经营国有财产”。也就是说，《刑法》此处规定的委托，是指国有单位就国有财产的管理、经营与被委托人达成协议，双方地位平等，本质上是一种民事委托。虽然受托者基于委托而取得一定的职务行为，即一定时期内对国有财产进行管理、经营，但这种管理经营主要是围绕国有财产的保值、增值而进行的动态的经济行为。而**在本案中，与财政部门签约的家电销售网点众多，而家电补贴款数额并不确定，财政部门也未就此一笔专门款项的收入、支出、保值、增值而与某一主体达成民事委托，对家电补贴款项的管理支出仍然是一项行政职能**。因此，家电经销网点的负责人不属于“受国家机关委托管理、经营国有财产的人员”。

最后，按照相关文件的规定，家电销售商不仅与财政部门签订委托书，在发放补贴资金时，还要与农民消费者签订《家电下乡补贴资金代垫直补申领委托书》，内容是农民消费者已从销售网点先行领取到补贴资金，现委托销售网点代理其到财政部门办理家电下乡补贴资金的申报与领取。从家电销售商同时接受财政部门和农民消费者双方委托的情况来看，更说明其不属于受国家机关委托管理、经营国有财产的人员。

基于上述分析，苗某作为家电经销商，既不属于国家工作人员，也不属于受国家机关委托管理国有财产的人员，其不具备构成贪污罪的主体身份要件。

（二）被告人苗某的行为没有利用职务便利

本案审理过程中，另一个具有争议的问题是被告人苗某所从事的代理审核并垫付家电下乡补贴资金行为的性质。我们认为，苗某所从事的是一种劳务行为，而非公务行为或者职务行为。《纪要》对“从事公务”的理解有比较明确的规定。根据《纪要》的规定，“从事公务，是指代表国家机关、国有公司、企业事业单位、人民团体等履行组织、领导、监督、管理等职责。公务主要表现为与职权相联系的公共事务以及监督、管理国有财产的职务活动。如国家机关工作人员依法履行职责，国有公司的董事、经理、监事、会计、出纳人员等管理、监督国有财产等活动，属于从事公务。那些不具备职权内容的劳务活动、技术服务工作，如售货员、售票员等所从事的工作，一般不认为是公务”。

本案中，苗某的家电销售网点所进行的审核仅是形式上的审核，在财政部规定的第三、四种方式中，销售网点也同样负有审核相关材料的职责。但这种审核更多的是起收集、汇总材料的作用，其先垫付后领取资金的行为也类似于一种经手，而不具备职权或者职务内容，本质上是一种单纯的劳务活动，不具有管理国有财产的性质，不属于职务上的便利。

综上，被告人苗某虽然受太和县财政局委托审核农户的身份信息及购买资料，并在农户购买家电下乡产品时把补贴资金垫付给符合购买条件的农户，但其不是基于财政部门的委托管理、经营国有财产。苗某在家电下乡产品销售过程中，以非法占有为目的，虚报冒领国家家电下乡补贴资金，数额较大，其行为符合诈骗罪的构成特征。

裁判要旨二：以适格农民名义低价购买农机出售而骗取国家农机购置补贴款的行为不构成非法经营罪或合同诈骗罪，而属于诈骗罪

案件名称：陈某某等合同诈骗案

案例来源：《刑事审判参考》第 102 集，第 1056 号案例

裁判结果：

各被告人均以诈骗罪被判处 3 年有期徒刑至 1 年 6 个月有期徒刑，缓刑 2 年的刑罚，并处罚金。

基本案情：

2010 年，被告人陈某某找到被告人胡某某，问胡某某是否能买到享受政府补贴的 A 品牌插秧机，其加价大量收购，并告知胡某某如何规避检查等。根据规定，购买政府补贴农机的必须是本地农户并且每人限购一台，2 年内不得转让。胡某某随即找到四名本地农户帮忙，并许诺给每人人民币 500 元好处费。胡某某通过该四人签订补贴协议，以每台 7000 元的价格购买了四台 A 品牌插秧机（该机市场价每台为 19,000 元，政府每台补贴 12,000 元）。之

后，胡某某以每台 9000 元的价格卖给了被告人陈某某，陈某某又以每台 13,500 元的价格倒卖至外地。

陈某某又以相同方式找到被告人彭某某，彭某某通过其他三人签订补贴协议，以每台 7000 元的价格购买了四台 A 品牌插秧机（其中一台是以彭某某自己的名义购买）。之后，彭某某以每台 10,500 元的价格卖给了陈某某，陈某某又以每台 13,500 元的价格倒卖至外地。

裁判理由：

（一）被告人陈某某的行为不构成非法经营罪

虽然财政部、农业部联合下发的《农业机械购置补贴专项资金使用管理暂行办法》规定，农户自购买享受补贴的农机具之日起，原则上 2 年内不得转卖或者转让，但是这一规定文件不属于《最高人民法院关于准确理解和适用刑法中“国家规定”的有关问题的通知》所说的“国家规定”。非法经营罪以行为人违反国家规定为前提，故陈某某、胡某某、彭某某的行为不构成非法经营罪。

（二）被告人陈某某、胡某某、彭某某的行为不构成合同诈骗罪

三被告人诈骗的对象不是购买合同一方当事人——农机销售商，也不是另一方当事人——农户，而是国家。我们认为，对合同诈骗中的“合同”，应当结合合同诈骗罪侵犯的客体和立法目的予以具体理解和把握。立法者将合同诈骗罪规定在刑法分则第三章“破坏社会主义市场经济秩序罪”的第八节“扰乱市场秩序罪”中，即合同诈骗罪侵犯的法益不仅是他人的财产所有权，而且侵犯了国家合同管理制度，破坏了社会主义市场经济秩序。因此，合同诈骗罪中的“合同”必须能够体现一定的市场秩序，与市场秩序无关以及主要不受市场调整的各种“合同”“协议”，通常情况下不应视为合同诈骗罪中的“合同”。被告人陈某某等人以农户名义与农机主管部门签订的购机补贴协议不受市场秩序制约，不属于合同诈骗罪中的“合同”。

（三）被告人陈某某、胡某某、彭某某的行为构成诈骗罪

首先，被告人陈某某、胡某某、彭某某主观上具有非法占有的目的。但是，陈某某、胡某某、彭某某以符合农机补贴条件的农民名义，与农机主管部门签订购机补贴协议，主观上就是为了低价购得农机具，从而骗取国家的农机购置补贴款。其次，被告人采取了欺骗的手段。相关政府部门受到了欺瞒，并不知道真正购买享受政府补贴农机的主体不是符合农机补贴条件的农

民，而是不符合农机补贴条件的被告人。再次，经过省级财政部门与农机销售商结算农机补贴款后，被告人已实质占有农机补贴款。最后，陈某某等人的行为具有应受刑罚惩罚性，不宜仅予行政处理。农户自购买享受政府补贴的农机之日起2年内转让的，属于违规行为；农户违规转让享受政府补贴的农机，他人受让的，行政机关可以使用行政手段进行规制。但是，本案中，真正购买享受政府补贴农机的主体并非符合农机补贴条件的农民，而是被告人。各被告人以欺骗手段倒卖农机多台，违法所得数额巨大或者较大，具有严重的社会危害性，司法机关对其行为追究刑事责任是适当的。

综上，被告人陈某某、胡某某、彭某某以非法占有为目的，采取欺骗手段，以符合农机补贴条件的农民名义，与农机主管部门签订购机补贴协议，以低价购得农机具并出售，骗取国家的农机购置补贴款，其行为构成诈骗罪。

裁判要旨三：假冒他人名义，利用专利代理机构申报虚假的专利，骗取巨额专利资助费的构成诈骗罪

案件名称：吴某某诈骗案

审理法院：上海市高级人民法院

案号：（2004）沪高刑终字第187号

案例来源：中国审判案例要览案例

裁判结果：

1. 被告人吴某某以诈骗罪判处有期徒刑7年，并处罚金人民币10,000元。

2. 赃款予以追缴，发还被害单位。

基本案情：

被告人吴某某为牟利，与三家专利代理机构联系约定，由其为专利代理机构联系专利申请人，并代为撰写专利申请请求书、说明书、摘要和权利请求书以及其他必要的文件，并装订成册，交由专利代理机构向国家知识产权局申报专利，专利代理机构则将专利申请人交付的专利代理费的50%以劳务费形式返还给吴某某。

自2002年7月起，吴某某利用上海市人民政府对专利申请人可给予专利代理费资助的规定，以免费申请专利为名，诱使十余家单位在多份空白的专利申请委托书、《上海市中国专利申请费资助申请表》上加盖单位印章，吴

某某再将其从互联网上下载的公开专利文献，通过多种非实质的改变，形成新的专利文件，以前述十余家单位为专利申请人，或以其个人名义注册成立但被吊销营业执照的上海某电器有限公司为专利申请人，通过三家专利代理机构向国家知识产权局申报了 206 件专利。吴某某在向专利代理机构支付申请专利的代理费用计 206,000 元，取得专利代理机构开具的专利代理费收据后，让韩某某等人向上海市知识产权局申领专利代理资助费计 206,000 元，以填补先前交付的专利代理费用。吴某某再按其与各专利代理机构的约定，实际获得赃款 86,000 元。

裁判理由：

被告人吴某某为图财，将他人已被国家知识产权局向全社会公开的专利文献经非实质性变动后，假冒他人名义，利用专利代理机构向国家知识产权局申报虚假的专利，从上海市知识产权局骗取了上海市人民政府下发的专利代理资助费，数额巨大，其行为构成诈骗罪，依法应予以处罚。

法院认为，诈骗罪的行为特征是行为人采用虚构事实或者隐瞒真相的方法，骗取数额较大的公私财物的行为。本案中，吴某某将网上下载的他人被国家知识产权局向全社会公开的专利文献，经改头换面后，以十余家单位为专利申请人，通过专利代理机构向国家知识产权局申报专利，吴某某向各专利代理机构支付专利代理费，并收取发票，在收取国家知识产权局受理专利申请的有关文书后，吴某某让他人到上海市知识产权局报销支付给各专利代理机构的专利代理费，骗得上海市人民政府下发的专利代理资助费。吴某某制作虚假专利骗取专利代理资助费的行为符合诈骗罪的构成要件。至于吴某某是否通过欺骗手段获得相关专利申请单位委托，以及专利事务所是否提供了相关专利母版，并不影响对吴犯诈骗罪的认定。况且吴某某提出其没有通过欺骗手段获得相关专利申请单位委托申请专利，相关专利事务所提供了相关专利母版，经查无事实依据。

四、无罪裁判要旨

无罪裁判要旨一：虽不符合申领条件，但将申领的农业补贴全部用于所申报的扩建项目，仅属于农业补贴申报中的违规行为，不是诈骗罪

案件名称：曾某甲诈骗案

审理法院：湖南省益阳市资阳区人民法院

案号：（2019）湘0902刑初20号（二审中检察院撤回抗诉）

裁判理由：

被告人曾某甲自2010年5月开始进行蛋鸡饲养，2011年9月成立A合作社，合作社法定代表人周某，合作社成员5人，曾某甲虽因其公职人员身份未注册成为合作社成员，但其本人在公安机关的供述及证人曾某1、周某等人的证言均能证实曾某甲参与了合作社的经营并全程负责了2014年益阳市资阳区A蛋鸡30万羽育雏养殖扩建项目的申报事宜。虽曾某甲在2013年10月申报扩建项目时，A合作社未达到《湖南省2014年国家农业综合开发产业化经营项目申报指南》中对农民合作社申报项目“2012年12月31日以前农户社员在50户以上”的要求，其以虚构的农户社员53人申领了70万元国家农业补贴，但依据现有的证据该扩建项目最终实际支出147.95万元（其中转账支付的为78.3万元），根据《刑事审判参考》总第114集登载的《如何认定诈骗罪的非法占有目的》一文中“从事可享受国家补贴的农业经营开发项目，但达不到政策规定的应享受补贴条件，而弄虚作假申领国家农业补贴，全部或主要用于农业经营开发的，属于农业补贴申报中的违规行为，不应当以诈骗罪定性”的解析，可以认定曾某甲将A合作社申领的农业补贴70万元全部用于了合作社所申报的扩建项目，曾某甲的行为仅属于农业补贴申报中的违规行为，不应当以诈骗罪定性。被告人曾某甲的行为不构成诈骗罪。

无罪裁判要旨二：虚构的事实与被告人取得涉案财产无因果关系，不成立诈骗罪

案件名称：韦某某诈骗案

审理法院：黑龙江省哈尔滨市呼兰区人民法院

案号：（2017）黑0111刑初313号［二审维持原判，案号（2018）黑01刑终129号］

裁判理由：

综合全案证据分析，如果是一揽子解决某豆制品厂的拆迁问题，韦某某在厂院内的7××号房产原址上翻建的房屋是否有产权证、产权是否真实对于拆迁数额没有任何影响。退一步讲，即使拆迁数额是经过验收后逐项评估测算所得，韦某某提交7××号的房产证诈骗补偿款的事实亦不能成立。理由是，按照韦某某的供述，7××号房产是2007年和其他无产权证的房屋一

并翻建的，证人张某1证明韦某某的场地没有突击建设的行为，按照呼兰区沿河带状公园房屋拆迁认定组成员张某1、于某、郝某、轩某于2011年2月16日出具的关于对某豆制品厂无照房屋的认定意见，某豆制品厂部分房屋虽没有房照，但建成时间较长，应认定为历史遗留问题，按照〔2010〕8号文规定补偿，可见7××号房屋即使没有产权证，也符合与其他无证房屋相同的补偿条件。结合房屋拆迁货币补偿协议书、房屋价格评估公示表、某豆制品厂拆迁补偿的情况说明记载某豆制品厂房屋全部面积1393.9米，不论是否有产权证均按照5000元每米予以补偿，产权证是否核销对于韦某某取得补偿款的数额没有任何影响。故公诉机关指控韦某某犯诈骗罪证据不足。

无罪裁判要旨三：申报项目符合国家专项资金政策的基本条件，但夸大实际情况，伪造或提供了个别非关键性虚假申报材料，套取国家专项资金部分被用于企业弥补损失，或者用于转产、更新设备、生产经营的，对使用人一般不宜按诈骗罪定罪处罚

案件名称：陈某甲、王某甲诈骗案

审理法院：河南省修武县人民法院

案号：（2017）豫0821刑初138号（河南省焦作市中级人民法院二审维持原判）

裁判理由：

本院认为，停产之中的某铜材能否申报淘汰计划及资金奖励问题，河南省淘汰落后产能领导小组办公室2013年9月有明确的书面解释，其中第4条规定："对于停产企业能否上报淘汰计划，财政部资金管理办法原规定是近三年处于正常生产状态，豫财建〔2011〕245规定近三年处于生产状态……对于生产年限的把握，工业和信息化部产业政策司（淘汰落后产能主管部门）口头解释为：企业虽然停产，但设备的生产能力还存在，市场形势好转的情况下可能恢复生产，申报淘汰计划就是要把这部分落后产能拆除，彻底淘汰，无论停产3年、5年甚至10年均可以上报，财政部与工业和信息化部解释一致"。因此某铜材具备申报财政奖励资金的资格。

其次，被告人陈某甲、王某甲虽然伪造了部分申报资料，但有半数设备存在，而且申报项目符合国家淘汰落后产能的基本政策，2008年有生产，2009年有纳税。至于企业名称由某铜材变更为元某铝业之后，仍按已经不存

在的某铜材申报的问题，当时某铜材客观上虽不存在，但仍是某铜材的壳子，况且此后又从元某铝业变回到某铜材。

第三，《河南省人民检察院关于规范办理套取国家专项资金案件的指导意见》（豫检文〔2014〕73号）第三条规定：套取国家专项资金使用人的申报项目符合国家专项资金政策的基本条件（申报项目真实、合法存在、类别、性质、科目符合国家专项资金政策的基本要求，但在数量、规模和时间等要求上存在有不完全真实的成分和情形），但在申报过程中夸大实际情况，伪造或提供了个别非关键性虚假申报材料，套取国家专项资金部分被用于企业弥补损失，或者用于转产、更新设备、生产经营的，对使用人一般不宜按诈骗罪定罪处罚。且二被告人于取得资金半年后的自查自纠时，即全额退还了525万元，如按诈骗犯罪处理，有违规定精神。

第四，**某铜材是否停产并非本案的关键所在，而在于某铜材在申报时是否存在落后产能，所申报淘汰的相关设备存在与否，如果已经被拆除，拆除后的设备去向何处**。二被告人参与伪造的是河南省人民检察院规定中的“非关键性虚假申报材料”还是“关键性虚假申报材料”。对于上述问题则无证据证实，这些拆除设备的有无、去向与本案定罪量刑有直接关系，并非可有可无。公诉机关提交的证据，只证明某铜材申报前三年处于停产状态，伪造相关资料和设备照片，套取国家奖励资金的事实。故因证据不足，公诉机关指控二被告人犯罪的事实不能得到有效证明，按照疑罪从无的刑法原则，也不应认定二被告人有罪，因此对公诉机关的指控不予支持。

无罪裁判要旨四：申领补贴时虽使用虚假证件，但渔船实际情况与证件登记情况一致，未夸大、虚构事实申报补贴的，不因使用虚假证件而认定为诈骗罪

案件名称：林某甲诈骗案

审理法院：福建省平潭县人民法院

案号：（2015）岚刑初字第233号（二审中检察院撤回抗诉）

裁判理由：

被告人林某甲购买的渔船能否与“闽平渔88531”号的船证一致，因证据之间存在矛盾，在案证据尚不足以证实被告人林某甲使用“闽平渔88531”号渔船证件套用在无证船只上非法领取国家油价补助款。本院认为，案发当

时民间买卖船舶及船舶证件而未登记的情形客观存在，日常生产、生活中也存在购买小型船舶拆解，将多艘小型船舶功率合并后制造大功率船舶的情形。被告人林某甲购买的渔船的尺寸、发动机功率与所购买的船舶证件登记情况相符，实质上与购买功率后再匹配相应船舶的情形无异。现有证据证实涉案的“闽平渔88531”号船舶证件只用于一艘渔船的油价补助的申领，现有证据不能证实被告人林某甲实施了“一证多船”冒领油价补助，以及以低功率船舶冒用高功率船舶申领油价补贴的情形。**农业部至地方渔政部门关于对机动渔船实施油价补助的渔船应是登记注册的渔船，只要没有拆解渔船、注销证件，而且符合渔业生产时间要求的渔船均可申领油价补助**。因此，公诉机关对被告人林某甲实施诈骗犯罪的指控不能成立。

无罪裁判要旨五：现有证据不能证明被告人应获得多少补偿款，事实不清

案件名称：霍某甲、王某某诈骗、非法持有、私藏枪支、弹药案

审理法院：黑龙江省哈尔滨市中级人民法院

案号：（2017）黑01刑初118号（二审中检察院撤回抗诉）

裁判理由：

首先，霍某甲在新镇村有实际经营的鱼池，无论是否有承包合同都应获得补偿……在发放补偿费时，霍某甲实际经营的面积不能由其自行确定，承包合同并非唯一的补偿根据。根据多人证实，测量指界土地面积时，曾提出争议的村民在场确认，测量的图纸已在村内公示，发放补偿费的根据是实际测量的面积。霍某甲有实际经营的鱼池，应该获得补偿。根据现有证据不能认定其虚构事实。

其次，霍某甲实际经营鱼池面积的事实不清，导致认定其是否超标准、超面积受偿的事实不清……由于霍某甲实际经营鱼池面积的事实不清，导致其应得土地补偿款是尚未足额发放还是已超额发放的事实不清。

综上，根据公诉机关提供的证据，认定霍某甲有多大经营面积、应获得多少补偿款的事实不清，公诉机关对霍某甲、王某某犯诈骗罪的指控不能成立。

无罪裁判要旨六：现有证据不能证明被告人申报补偿时提供了虚假的资

料，虚构了相关事实，足以造成政府工作人员在支付补偿款的时候产生错误的认知，从而导致错误支付

案件名称：刘某、刘某甲诈骗案

审理法院：湖南省城步苗族自治县人民法院

案号：（2019）湘0529刑初1号（未检索到二审裁判）

裁判理由：

诈骗罪是指以非法占有为目的，用虚构事实或隐瞒真相的方法骗取数额较大的公私财物的行为。认定被告人有罪的证据必须确实、充分，认定事实必须排除合理怀疑。公诉机关提供的证据不能证明刘某、刘某甲申报补偿时提供了虚假的资料，虚构了相关事实，足以造成指挥部的工作人员在支付补偿款的时候产生错误的认知，从而导致不该支付的停产停业补偿款错误支付。而且虽然刘某经营的新某公司被行政关停时获得了补偿款，但该笔补偿款是否包含了停产停业补偿，行政关停时所获得的补偿款和修建白云大道征收儒某老钢厂所获得的征收补偿款的范围是否一致，事实不清，证据不足。故公诉机关指控的犯罪不能成立，本院不予支持。

以相似理由判决无罪的案例还有：沈某某、安某某诈骗案

审理法院：黑龙江省绥化市中级人民法院

案号：（2020）黑12刑终216号

裁判理由：

本院认为，认定上诉人沈某某、一审被告人安某某实施诈骗犯罪的事实无原始凭证，证人证言和同案犯供述均自相矛盾，现有证据无法形成证据链条以证实沈某某、安某某是否对申报补贴的基础凭证造假的行为。

无罪裁判要旨七：现有证据不能证明被告人有诈骗罪的共同故意

案件名称：唐某康诈骗案

审理法院：湖南省临武县人民法院

案号：（2016）湘1025刑初153号（二审中检察院撤回抗诉）

裁判理由：

本院认为，被告人聂某友虽然向王某升提供了项目申报程序咨询和申报材料清单以及部分资料范本等，且在主观上是支持、帮助民营企业通过正当

途径获得国家专款资金的扶持，但其并没有与周某、王某升一起以申报项目为手段去骗取国家专项资金的犯罪故意，客观上也没有与他们一起共同实施、共同分赃的行为，且被告人聂某友从未到过聚某公司，其并不明知聚某公司的经营状况，也并不明知王某升等人利用其提供的咨询及部分资料是用于恶意骗取国家专项资金，同时在公诉机关提供的书面证据中，《专家审查综合意见》所依据和采纳的数据也是承用了《可研报告》的内容，《郴州市远程勘验笔录》则证实聂某友将材料发送给王某升的时间是在省发改委评审会通过评审之后，**以上证据均证实了聂某友对周某、王某升骗取国家资金并未提供实质性帮助**，公诉机关指控被告人聂某友与周某、王某升共同实施诈骗犯罪的证据不足，不能达到确实、充分的标准，故不能认定被告人聂某友有罪，公诉机关指控被告人聂某友犯诈骗罪不能成立。

无罪裁判要旨八：被告单位以真实企业名称申报补贴项目，没有隐瞒企业性质，也未使负责审批的主管部门产生错误认识，项目获批后未按计划实施系客观原因所致，且已异地实施。被告企业的行为只是属于违规行为，不应认定为非法占有补贴资金的诈骗行为

案件名称：张文中诈骗、单位行贿、挪用资金再审案

审理法院：最高人民法院

案号：（2018）最高法刑再3号

裁判理由：

（一）物美集团作为民营企业具有申报国债技改项目的资格，其以诚通公司下属企业名义申报，并未使负责审批的主管部门产生错误认识

1. 相关政策性文件并未禁止民营企业参与申报国债技改贴息项目，且身为民营企业的物美集团于2002年申报国债技改项目，符合国家当时的国债技改贴息政策。

2. 有证据证实，民营企业当时具有申报国债技改贴息项目的资格。

3. 物美集团通过诚通公司以真实企业名称申报国债技改项目，没有隐瞒其民营企业性质，也未使负责审批的主管部门产生错误认识。

（二）物美集团申报的物流项目和信息化项目并非虚构

1. 物流项目并非虚构，项目获批后未按计划实施及未能贷款系客观原因所致，且已异地实施。（1）物美集团申报的物流项目并非虚构。（2）物流项

目未能获得贷款和未按计划实施有其客观原因，且已异地实施。（3）物美集团报送的物流项目《可行性研究报告》虽有不实之处，但不能据此否定整个项目的可行性和真实性。

2. 原判认定物美集团申报虚假信息化项目，依据不足。经查，物美集团日常经营中在这些方面已有大量的资金投入。原判因物美集团将以信息化项目名义申请获得的贷款用于公司日常经营，即得出信息化项目完全没有实施的结论，依据不足。（2）物美集团虽然采用签订虚假合同等手段申请信息化项目贷款，但并不能据此认定信息化项目是虚假的。国家发放国债技改贴息的目的在于支持企业的技术改造项目，而物美集团申报的项目经相关部门审核属于政策支持范围。根据申报流程，物美集团申请银行贷款时，其国债技改贴息项目的申报已经获得审批通过。物美集团在此后采用签订虚假合同等手段申请信息化项目贷款，虽然违规，但并非是为骗取贴息资金而实施的诈骗行为，也不能据此得出信息化项目是虚构的结论。

（三）物美集团违规使用3190万元国债技改贴息资金不属于诈骗行为

物美集团在获得3190万元国债技改贴息资金后，将该款用于偿还公司其他贷款，但在财务账目上一直将其列为“应付人民政府款项”，并未采用欺骗手段予以隐瞒、侵吞，且物美集团具有随时归还该笔资金的能力。因此，物美集团的行为虽然违反了《国家重点技术改造项目国债专项资金管理办法》中关于国债专项资金应专款专用的规定，属于违规行为，但不应认定为非法占有贴息资金的诈骗行为。

综上，原审被告人张文中、张伟春及其辩护人所提物美集团作为民营企业有资格申报2002年国债技改贴息项目，张文中、张伟春没有实施骗取国债技改贴息资金行为，没有诈骗故意，不构成诈骗罪的辩解和辩护意见成立；最高人民检察院出庭检察员所提张文中、张伟春的行为不构成诈骗罪的意见成立，本院予以采纳。

第二十章

职务侵占罪裁判要旨

导　言

《刑法》第271条规定了职务侵占罪，该罪构成要件包含：(1) 犯罪客体：职务侵占罪侵犯的客体是公私财产的所有权，因为公司、企业或者其他单位，既可能是集体所有，也可能是私人所有。本罪的犯罪对象为本单位的合法财物，单位依法负有保管、运输等义务以及享有占有、使用等权利的非本单位的财物，应以本单位财物论。(2) 犯罪客观方面：职务侵占罪的客观方面表现为利用职务上的便利，将本单位财物非法占为己有，数额较大的行为。"利用职务上的便利"，是指行为人利用自己在本单位所具有的职务，并因为这种职务所产生的便利条件，如管理、经手财物的便利。对于不是利用职务上的便利，而是利用工作上的便利，侵占本单位财物的行为，不能认定为职务侵占罪。实践中，侵占财物的手段包括侵吞、盗窃、诈骗等非法手段。(3) 犯罪主体：职务侵占罪的犯罪主体为特殊主体，即公司、企业或者其他单位的工作人员。国有公司、企业或者其他国有单位中从事公务的人员和国有公司、企业或者其他国有单位委派到非国有公司、企业以及其他单位从事公务的人员，不能成为本罪的犯罪主体。(4) 犯罪主观方面：职务侵占罪的主观方面是故意，犯罪目的是非法占有本单位的财产。过失不构成本罪。

截至2021年6月30日，编者在威科先行法律信息库检索关键字"案由：职务侵占，裁判结果：无罪"发现，二审或再审认定为无罪的案例61件，并综合本罪在最高人民法院、最高人民检察院公报案例和指导案例、《刑事审判参考》等中的案例，归纳出有罪裁判要旨12条，有代表性的无罪裁判要旨15条。

值得注意的是，近些年，公司内部关于股权的争议日渐增多，其中不乏股东或其他相关人员侵占公司股权、侵占其他股东股权的现象，**公安部2005年6月24日的批复意见中答复，对于公司股东之间或者被委托人利用职务便利，非法占有公司管理中的股东股权的行为以职务侵占罪论处。全国人大常委会法制工作委员会2005年12月1日对关于公司人员利用职务上的便利采取欺骗等手段非法占有股东股权的行为如何定性处理的批复的意见中也提到，股份属于财产。采用各种非法手段侵吞、占有他人依法享有的股份，构成犯罪的，适用刑法有关非法侵犯他人财产的犯罪规定**。可见，股权可以成为侵犯财产罪的犯罪对象，已有相关批复意见予以认可，实践中基本形成共识，但涉及具体个案时，是否够罪，构成何罪仍存有争议。对此，我们也会在有罪、无罪裁判要旨中予以总结、提炼。

职务侵占行为往往对公司造成重大损失，且多为公司高管没有恪守道德和法律底线，公司应更多着力于事先预防。第一，完善公司财务制度且将制度印发在员工手册之中，员工手册应规定禁止虚假报销、肆意占用公司资金的行为，并明确相应的法律后果，起到警示作用。同时，用人单位可以要求员工每年就不存在任何不合规行为出具承诺书。第二，定期员工培训，确保让员工了解公司各项规章制度，并知悉违法相关规定的法律后果，必要时通报员工培训情况，留存培训记录表。

一、相关法律法规

《中华人民共和国刑法》 （修正前）	《中华人民共和国刑法修正案（十一）》 （2021年3月1日施行）
第二百七十一条　【职务侵占罪】公司、企业或者其他单位的人员，利用职务上的便利，将本单位财物非法占为己有，数额较大的，处五年以下有期徒刑或者拘役；数额巨大的，处五年以上有期徒刑，~~可以~~并处没收财产。 国有公司、企业或者其他国有单位中从事公务的人员和国有公司、企业或者其他国有单位委派到非国有公司、企业以及其他单位从事公务的人员有前款行为的，依照本法第三百八十二条、第三百八十三条的规定定罪处罚。	二十九、将刑法第二百七十一条第一款修改为："公司、企业或者其他单位的工作人员，利用职务上的便利，将本单位财物非法占为己有，**数额较大的**，处**三年**以下有期徒刑或者拘役，并处罚金；**数额巨大的**，处**三年**以上**十年以下**有期徒刑，**并处罚金；数额特别巨大的，处十年以上有期徒刑或者无期徒刑，并处罚金。**" 第二款无变化

《最高人民法院关于村民小组组长利用职务便利非法占有公共财物行为如何定性问题的批复》（法释字〔1999〕12号，1999年7月3日施行）

对村民小组组长利用职务上的便利，将村民小组集体财产非法占为己有，数额较大的行为，应当依照刑法第二百七十一条第一款的规定，以职务侵占罪定罪处罚。

《最高人民法院关于审理贪污、职务侵占案件如何认定共同犯罪几个问题的解释》（法释〔2000〕15号，2000年7月8日施行）

为依法审理贪污或者职务侵占犯罪案件，现就这类案件如何认定共同犯罪问题解释如下：

第一条 行为人与国家工作人员勾结，利用国家工作人员的职务便利，共同侵吞、窃取、骗取或者以其他手段非法占有公共财物的，以贪污罪共犯论处。

第二条 行为人与公司、企业或者其他单位的人员勾结，利用公司、企业或者其他单位人员的职务便利，共同将该单位财物非法占为己有，数额较大的，以职务侵占罪共犯论处。

第三条 公司、企业或者其他单位中，不具有国家工作人员身份的人与国家工作人员勾结，分别利用各自的职务便利，共同将本单位财物非法占为己有的，按照主犯的犯罪性质定罪。

《最高人民法院关于在国有资本控股、参股的股份有限公司中从事管理工作的人员利用职务便利非法占有本公司财物如何定罪问题的批复》（法释〔2001〕17号，2001年5月26日施行）

在国有资本控股、参股的股份有限公司中从事管理工作的人员，除受国家机关、国有公司、企业、事业单位委派从事公务的以外，不属于国家工作人员。对其利用职务上的便利，将本单位财物非法占为己有，数额较大的，应当依照刑法第二百七十一条第一款的规定，以职务侵占罪定罪处罚。

《公安部关于对非法占有他人股权是否构成职务侵占罪问题的工作意见》（2005年6月24日施行）

近日，最高人民法院刑事审判第二庭书面答复我局：对于公司股东之间或者被委托人利用职务便利，非法占有公司股东股权的行为，如果能够认定行为人主观上具有非法占有他人财物的目的，则可对其利用职务便利，非法占有公司管理中的股东股权的行为以职务侵占罪论处。

全国人民代表大会常务委员会法制工作委员会《对关于公司人员利用职务上的便利采取欺骗等手段非法占有股东股权的行为如何定性处理的批复的意见》（法工委发函〔2005〕105号，2005年12月1日）

最高人民检察院：

你院法律政策研究室2005年8月26日来函收悉。经研究，答复如下：

据刑法第九十二条的规定，股份属于财产。采用各种非法手段侵吞、占有他人依法享有的股份，构成犯罪的，适用刑法有关非法侵犯他人财产的犯罪规定。

《最高人民检察院、公安部关于公安机关管辖的刑事案件立案追诉标准的规定（二）》（公通字〔2010〕23号，2010年5月7日施行）

第八十四条　【职务侵占罪（刑法第二百七十一条第一款）】公司、企业或者其他单位的人员，利用职务上的便利，将本单位财物非法占为己有，数额在五千元至一万元以上的，应予立案追诉。

《最高人民法院、最高人民检察院关于办理国家出资企业中职务犯罪案件具体应用法律若干问题的意见》（法发〔2010〕49号，2010年11月26日施行）

一、关于国家出资企业工作人员在改制过程中隐匿公司、企业财产归个人持股的改制后公司、企业所有的行为的处理

国家工作人员或者受国家机关、国有公司、企业、事业单位、人民团体委托管理、经营国有财产的人员利用职务上的便利，在国家出资企业改制过程中故意通过低估资产、隐瞒债权、虚设债务、虚构产权交易等方式隐匿公司、企业财产，转为本人持有股份的改制后公司、企业所有，应当依法追究刑事责任的，依照刑法第三百八十二条、第三百八十三条的规定，以贪污罪定罪处罚。贪污数额一般应当以所隐匿财产全额计算；改制后公司、企业仍有国有股份的，按股份比例扣除归于国有的部分。

所隐匿财产在改制过程中已为行为人实际控制，或者国家出资企业改制已经完成的，以犯罪既遂处理。

第一款规定以外的人员实施该款行为的，依照刑法第二百七十一条的规定，以职务侵占罪定罪处罚；第一款规定以外的人员与第一款规定的人员共同实施该款行为的，以贪污罪的共犯论处。

《最高人民法院、最高人民检察院关于办理贪污贿赂刑事案件适用法律若干问题的解释》（法释〔2016〕9号，2016年4月18日施行）

第十一条 刑法第一百六十三条规定的非国家工作人员受贿罪、第二百七十一条规定的职务侵占罪中的"数额较大""数额巨大"的数额起点，按照本解释关于受贿罪、贪污罪相对应的数额标准规定的二倍、五倍执行。

第一款规定的非国家工作人员受贿罪、职务侵占罪的"数额较大""数额巨大"的认定，严格以受贿罪、贪污罪中的"数额较大""数额巨大"的数额标准为基准，而不得考虑其中"数额+情节"的情形，即"数额较大"为六万元（3万元×2）；"数额巨大"为一百万元（20万元×5）。[①]

针对《中华人民共和国刑法修正案（十一）》新修正的数额标准，司法机关尚未出台司法解释或文件。

二、有罪裁判要旨

裁判要旨一：既非国家工作人员也非集体企业工作人员的行为人，勾结国有企业工作人员及集体企业工作人员，利用职务之便，侵占公款，分别构成贪污罪、职务侵占罪

案件名称：唐某华等人贪污、职务侵占、受贿案

案例来源：最高人民法院公报案例2002年第2期

裁判结果：

被告人唐某华犯职务侵占罪，判处有期徒刑13年，剥夺政治权利3年，并处没收财产100万元。被告人邵某初犯职务侵占罪，判处有期徒刑10年，剥夺政治权利3年。被告人张某犯职务侵占罪，判处有期徒刑9年，剥夺政治权利2年。

基本案情：

1995年6月，被告人唐某华注册登记了宝强公司，与其妻共同经营。为使该公司盈利，唐某华利用与上海某称印包公司原总经理陆某信等人的熟识关系，对国有企业印包公司及其下属企业三印厂的有关人员施加影响。

---

① 参见江必新主编：《最高人民法院司法解释与指导性案例理解与适用》（第5卷），人民法院出版社2015年版。

被告人张某海当上三印厂常务副厂长以后，利用主管该厂全面工作和分管进货采购的职务便利，与被告人唐某华共同指使三印厂供应科的采购人员在采购电动机、变频控制器等配套件时，让供货方在继续直接向三印厂供货的同时，改向唐某华的宝强公司结算货款，再由唐某华加价后与三印厂结算，三印厂将货款直接付给宝强公司。依据上海市价格事务所的价格鉴定意见，唐某华转开发票加价 86.2 万余元，加价幅度平均超过原价 45%。扣除上述供货单位可能给的销售让利数额，唐某华和张某海利用转开发票，使三印厂多支出货款合计 77.7 万余元，该款由唐某华占为己有。1997 年 12 月间，被告人唐某华得知三印厂进行电机技术改造，即介绍华光公司副总经理兼工程师韩某海前去察看。自 1997 年 2 月至 1999 年 10 月中旬，精工厂张某海、刘某恺明知唐某华巧立名目要钱，仍利用职务上的便利，采用虚列支付宝强公司工程服务费、墙板加工费、技术咨询费等名义，先后八次从三印厂支出公款 24.55 万元给唐某华独吞。被告人唐某华为插手精工厂关于变频控制器和程序控制器等配件的采购工作，与被告人邵某初、张某共谋，利用上述相同手段转开发票使精工厂多支出货款合计 264.5 万余元，该款由唐某华占为己有。综上，被告人唐某华通过被告人张某海、刘某恺、邵某初、张某，共侵吞、侵占三印厂、精工厂的资金 366.7 万余元。

裁判理由：

三印厂是印包公司下属的国有企业，其企业财产是国有财产，被告人张某海、刘某恺是在该企业中工作的国家工作人员。精工厂是印包公司与外方合资企业下属的集体企业，其企业财产为集体所有，被告人邵某初、张某是该集体企业的工作人员。被告人唐某华不在受害单位三印厂、精工厂工作，既不是国家工作人员，也不是集体企业的工作人员，但其利用自己在印包公司的关系和影响，拉拢、指使张某海、刘某恺、邵某初、张某为其办事，利用他们职务上的便利，把这两个厂本来可以不支出的 366.7 万余元资金转移到自己设立的既无资金、又无经营资源和能力的私营公司，予以侵吞、侵占。依照相关法律和司法解释的规定，唐某华、张某海采用转手加价开具发票的手段侵吞三印厂国有财产 77.7 万余元，唐某华、张某海、刘某恺采用虚列支出的手段骗取三印厂国有财产 24.55 万余元，其行为构成贪污罪；唐某华和邵某初、张某采用转手加价开具发票的手段侵占精工厂财物 264.5 万余元，其行为构成职务侵占罪，均应依法惩处。

裁判要旨二：货运驾驶人在运输途中盗窃所运货物，属于利用职务便利将公司承运的货物非法占为己有，构成职务侵占罪，而非盗窃罪

案件名称：李某职务侵占罪

案例来源：最高人民法院公报案例2010年第6期

裁判结果：

李某犯职务侵占罪，判处有期徒刑6年，并处没收财产人民币16,000元。

基本案情：

某深航公司成立于2002年3月，公司类型为有限责任公司（国内合资）。被告人李某系该公司驾驶员，朱某戌、熊某文系搬运工。2008年1月12日下午，被告人李某与朱某戌、熊某文三人按照某深航公司的指令将一批货物从公司仓库运至上海浦东国际机场。李某负责驾驶车辆、清点货物、按单交接并办理空运托运手续，熊某文、朱某戌负责搬运货物。当日下午4时许，在运输途中，三人经合谋共同从李某驾驶的货车内取出一箱品名为“纪念品”的货物，从该封存箱内窃得30枚梅花鼠年纪念金币（价值共计人民币16万余元）予以瓜分。后在某深航公司的追问下，李某和朱某戌、熊某文将窃得的30枚梅花鼠年纪念金币退至某深航公司，由某深航公司退还给托运人。李某、朱某戌、熊某文三人陆续离开某深航公司。

裁判理由：

盗窃罪和职务侵占罪的区别在于行为人实施犯罪行为时是否利用了职务上的便利。因此，认定一审被告人李某的行为是否构成职务侵占罪，就需要判断李某在实施犯罪行为时是否利用了其自身职务上的便利。

第一，一审被告人李某在实施涉案犯罪行为时，具有职务上的便利。本案中，某深航公司依据运输合同合法占有、控制涉案货物。托运人虽然事先将货物用纸箱包装并以胶带封缄，但该封装措施的主要作用是防止货物散落、便于运输。根据一般生活常识，用胶带封装纸箱仅是用于对货物进行包装以防止货物散落，不可能达到封闭防盗的目的。检察机关认为托运人对货物的封存是宣示其仍享有控制权，但是当事人对动产是否享有控制权是客观状态，并不以当事人的主观心态而发生改变。托运人仅用胶带封缄纸箱不可能达到实际控制货物的目的，其将货物交付某深航公司后也未对某深航公司的运输行为进行监督。按照普通货物运输惯例，某深航公司在依据运输合同接收涉

案货物后，就取得了该货物的直接控制权，李某在具体负责该货物的运输过程中，亦实际合法取得了该货物的控制权。**托运人**未告知某深航公司箱内货物的品种、数量的事实，仅影响对运输费用及承运人违约责任的确定，不能由此否认某深航公司作为承运人实际控制货物的事实，也无法免除承运人保障货物安全的义务。某深航公司作为承运人，在履行合同过程中不仅负有将货物安全及时地送达目的地的义务，同时对该货物负有直接保管的职责。李某系某深航公司的驾驶员，在履行职务的过程中实际控制该货物并负有保管货物、将货物运至目的地并办理托运的职责。综上，李某在实施涉案犯罪行为时，具有职务上的便利。

第二，一审被告人李某在实施涉案犯罪行为时，利用了职务上的便利。虽然李某无权私自拆开涉案货物封箱，但如前所述，胶条封箱仅是包装的形式，并没有防盗密闭作用。李某正是利用自己运输、保管涉案货物的职务便利，伙同他人非法占有封箱内的物品。检察机关关于李某在犯罪中没有利用职务便利而是利用工作便利的意见不能成立。

第三，涉案货物系某深航公司运输、保管的财物，在运输过程中应视为该公司财物。公司保管、使用或者运输中的他人财产被公司员工侵占后，公司依法要对财产所有人承担民事责任，故公司员工的侵占行为，实际侵害的是所在公司的财产权利。因此，公司保管、使用或者运输中的他人财产也应视为公司财产。本案中，虽然**托运人**在办理托运手续时未对货物进行保险，未说明货物的品种和数量，依据运输合同，**托运人**无法获得全额赔偿，但某深航公司仍然需要对托运人在一定范围内承担相应的赔偿责任，并因此导致其财产权利实际受到侵害。因此，一审被告人李某非法占有的涉案货物应视为某深航公司的财产。

第四，《刑法》第253条第2款是专门针对具有特殊主体身份的邮政工作人员的立法，属于特别规定。根据罪刑法定的原则，对于定罪的法律条款不可进行类推解释。上述刑法条款只适用于邮政工作人员窃取财物的行为，而一审被告人李某并非邮政工作人员，不适用该规定。

综上，一审被告人李某身为公司工作人员，伙同他人利用职务便利，将公司承运的货物非法占为己有，数额巨大，其行为已构成职务侵占罪，依法应予以惩处。

裁判要旨三：单位临时工利用职务上的便利非法占有本单位财物的行为，构成职务侵占罪

案件名称：于某伟职务侵占罪

案例来源：《刑事审判参考》总第31集，第235号案例

裁判结果：

于某伟犯职务侵占罪，判处有期徒刑1年6个月。

基本案情：

2001年3月，北京市某运输公司海淀分公司聘用被告人于某伟为公司临时工，后根据其工作表现，任命为上站业务员，具体负责将货物从本单位签收后领出、掌管货票、持货票到火车站将领出的货物办理托运手续等发送业务。2001年9月21日，于某伟从单位领出货物后，与同事王某、林某江一同去北京站办理货物托运。在北京站，于某伟与林某江一起将所托运的货物搬入行李车间后，于某伟独自去办理货物托运手续。于某伟对北京站行李车间工作人员谎称，有4件货单位让其取回，不再托运了，并将这4件货物暂存在行李车间（内物品总计价值人民币2.152万元）。23日，于某伟持上述4件货物的货票将货物从北京站取出，将其中的20个软驱藏匿在北京市香山附近其女友的住处，其余物品寄往广州市于某飞处。当日，于某伟找来3个纸箱，充填上泡沫和砖头，到北京站用原货票将其发往吉林，又乘北京站工作人员不备将站内一箱待发运货物的标签撕下，贴上发往东营的标签。此后，于某伟将货物交接证交给北京市某运输公司海淀分公司。

裁判理由：

认定是否具有职务上的便利，不能以行为人是正式工、合同工还是临时工为划分标准，而应当从其所在的岗位和所担负的工作上看其有无主管、管理或者经手单位财物的职责。只要经公司、企业或者其他单位聘用，并赋予其主管、管理或者经手本单位财物的权力，无论是正式职工还是合同工或者临时工，都可以成为职务侵占罪的犯罪主体。所谓主管，一般是指对单位财物有调拨、安排、使用、决定的权力。所谓管理是指具有决定、办理、处置某一事务的权力并由此权力而对人事、财物产生制约和影响。所谓经手，是指因工作需要在一定时间内控制单位的财物，包括因工作需要合法持有单位财物的便利，而不包括因工作关系熟悉作案环境、容易接近单位财物等方便条件。本案中，被告人于某伟作为北京市联运公司海淀分公司的上站业务员，

依其岗位、职责，在负责办理货物托运工作中具有对相关货物的控制权。于某伟正是利用了单位委托其负责托运货物和掌管货票的职务便利，采取虚构事实、隐瞒真相的方法将临时经手的单位财物非法占为己有。其行为完全符合职务侵占罪的构成特征。

裁判要旨四：当名义职务与实际职务范围不一致时，应以实际职务范围为标准判断行为人是否利用了职务之便。只要行为人具有并利用其特定的职务将本单位财物非法占为己有，无论其职务是如何获得的，均不影响其构成职务侵占罪

案件名称：林某职务侵占罪

案例来源：《刑事审判参考》总第32集，第247号案例

裁判结果：

上诉人林某犯职务侵占罪，判处有期徒刑15年，并处没收财产人民币10万元，并继续追缴其全部非法所得。

基本案情：

2000年3月30日下午5时30分许，被告人林某和同事涂某雄等人从福州市晋安区鼓山农村信用社下属各营业网点押钞回信用社，将收回的70余万元人民币存进金库保险柜。其后，林某借故支开涂某雄，利用自己持有的金库及保险柜钥匙未上交之机，又返回打开金库大门及保险柜，盗走70万元人民币后潜逃。

裁判理由：

本案中林某的行为是盗窃罪还是职务侵占罪，涉及三方面的问题：（1）林某的身份；（2）林某在信用社中的职务范围；（3）林某窃取巨款是否利用了职务便利。现从该三个方面对本案分析如下：

1. 关于林某的主体身份问题。据鼓山信用社出具的证明，信用社性质是集体所有制，是金融机构中的一类，属营利性企业单位。林某是信用社聘用的合同工，身份应属企业单位人员，符合《刑法》第271条规定的职务侵占罪的主体特征，同时也可以排除林某构成贪污罪主体的可能。

2. 关于林某的职务范围问题。鼓山信用社是把押钞员与出纳的某些职责归于一人，这种做法是违反金融规章的。但该违章行为的责任在于信用社，林某作为受聘人员，只有遵从所在单位的工作任务分配。因此，在把握本案

的定性时，应认定林某受单位委托兼有出纳、负责现金出入库等项职责。

3. 关于林某窃取70万元巨款是否利用了职务便利的问题。从本案情况看，林某能够窃得巨款客观上利用了以下与其职务及身份有关的条件：首先，保管金库和保险柜钥匙的职务便利。本案中林某至少在实施窃取行为时正常地持有一把钥匙，这是因其职责而产生的事实，其再利用钥匙保管制度上的混乱获得了涂某雄的另一把钥匙，但此事实不足以否定其利用职务之便的行为性质。涂某雄的证言也表明，其之所以轻易地把另一把钥匙交给林某，是由于林某也具有保管保险柜钥匙这一工作职责。因此，从这个角度讲，林某能够获取另一把钥匙仍与其职责有关，可以说是利用职务便利的另一种形式。

其次，可以进出金库的职务便利。林某有现金进出库的职责，可以进出金库。林某窃取巨款得逞的另一必要条件是利用其可以进出金库的职务便利，同时也利用了信用社进出库管理制度上的混乱而单人出入库。同样，林某利用单人可以出入金库这一制度上的漏洞亦不能否认其在这一环节上利用职务便利的行为性质。对案发当时守库员高某宏而言，之所以轻易地让林某单人进出金库，根本原因还是林某日常就有出入金库这一职责。否则，即便是信用社内部的其他人员，无论是一人还是两人，当着守库员的面入库并提着包离开无疑是要被阻止的。

综上所述，被告人林某窃取信用社巨款得逞是利用了保管保险柜的钥匙以及能够进出金库这两条职务上的便利，尽管其行为同时也利用了信用社管理制度上的混乱和漏洞，但就其窃取钱款的行为本质而言仍然是一种利用职务便利的行为，符合《刑法》第271条关于职务侵占罪的犯罪构成要件，应定性为职务侵占罪。

裁判要旨五：利用职务便利盗卖单位游戏“武器装备”的行为构成职务侵占罪

案件名称：王某辉、金某、汤某职务侵占罪

案例来源：《刑事审判参考》第58集，第461号案例

裁判结果：

被告人王某辉犯职务侵占罪，判处有期徒刑5年。被告人金某犯职务侵占罪，判处有期徒刑3年，缓刑4年。被告人汤某犯职务侵占罪，判处有期徒刑2年6个月，缓刑3年。

基本案情：

被告人王某辉原系某网络公司游戏项目管理中心运维部副经理，主要负责对服务器、游戏软件进行维护和游戏环境内容的更新等。2004年8月月底，被告人王某辉与被告人金某通过网上聊天，预谋利用王某辉在某网络公司工作，有条件接触“热血传奇”游戏软件数据库的便利，复制游戏武器装备予以销售。2004年9月起，被告人王某辉、金某开始实施上述行为。由金某首先在“热血传奇”游戏中建立人物角色，然后将游戏角色的相关信息通过聊天记录发送给王某辉，王某辉在某网络公司内利用公司的电脑进入游戏系统，同时打开“热血传奇”服务器6000端口，通过增加、修改数据库Mir. DB文件中的数据，在金某创建的游戏人物身上增加或修改游戏“武器”及“装备”。然后由金某将游戏人物身上的武器及装备通过“www.5173.com”网站或私下交易出售给游戏玩家。2005年2月，汤某一起加入。一段时间后，由于王某辉认为上述操作方法比较麻烦，就让金某、汤某从网上下载了“热血传奇”私服游戏服务器端，并生成一个伪造的数据包，王某辉负责打开“热血传奇”游戏服务器6000端口，同时将服务器的IP地址告诉金某、汤某，由金某、汤某将每次修改后的数据包发送到服务器，王某辉在收到数据包后，提取数据信息再传送到数据库中，在游戏人物的身上增加或修改游戏“武器”及“装备”。至2005年7月三被告人共计非法获利人民币202万余元，其中王某辉非法获利122万余元，金某获利42万余元，汤某获利38万余元。

裁判理由：

被告人王某辉作为上海某网络公司游戏项目管理中心运维部副经理，负有维护服务器、游戏软件，更新游戏环境内容等职责，其拥有的数据修改权是其职务直接赋予的权利，因此王某辉的行为符合“利用职务上的便利”这一构成要件。某网络公司通过许可取得了“热血传奇”游戏在一定时间内的独家运营权，在此期间，某网络公司对游戏“武器、装备”享有所有权和处分权，因而王某辉非法侵占的游戏“武器、装备”属于某网络公司所有。这些游戏“武器、装备”本质上属于某网络公司通过购买获得的智力成果，虽然某网络公司没有单独出售“武器、装备”的业务内容，但玩家要获得有关不同级别的“武器、装备”一般只能通过不断投入时间、精力、上网费、点卡费等成本进行持续参与游戏才能获得，因此某网络公司作为独家运营商没有采取直接销售“武器、装备”的赢利方式正是看重了通过吸引玩家持续参与网络游戏来“无偿获取”这些“武器、装备”的赢利方式要比直接销售“武器、装备”的方式更能实现经济利益的最大化，因而某网络公司所合法拥有的这些游戏“武器、装备”是独家经营该网络游戏能够给其带来巨大经济收益的直接因素，如果这些游戏“武器、装备”被盗卖，某网络公司的财产权益必然会受到侵害，在此意义上，这些游戏“武器、装备”因具备了可以为某网络公司带来巨大经济收益的性质，与传统财产没有本质上的差别，可以视为某网络公司独有的虚拟财产，应当予以全方位的法律保护。

综上，被告人王某辉利用职务上的便利将所在单位的财产盗出后出售牟利的行为构成职务侵占罪。对于被告人金某、汤某，虽然不属于被害单位的工作人员，但其与被告人王某辉共同勾结、相互配合，共同利用王某辉的职务便利实施了侵占某网络公司财产的犯罪行为，符合2000年《最高人民法院关于审理贪污、职务侵占案件如何认定共同犯罪几个问题的解释》第2条的规定，三被告人属于共同犯罪，应当以职务侵占罪的共犯论处。

裁判要旨六：利用代理公司业务的职务之便将签订合同所得之财物占为己有的，应定职务侵占罪而非合同诈骗罪

案件名称：虞某强职务侵占罪

案例来源：《刑事审判参考》第61集，第484号案例

裁判结果：

虞某强犯职务侵占罪，判处有期徒刑9年，并处没收财产40万元。

基本案情：

被告人虞某强受金维公司所雇，担任金维公司副总经理，负责原材料供应。2004年7月后，浙江陈敏公司与金维公司合作经营，双方约定由陈敏公司提供场地、设备，金维公司提供资金，陈敏公司的生产经营活动由金维公司总经理张某峰负责。此后，由于陈敏公司生产资金不足，金维公司总经理张某峰要求虞某强寻找垫资单位为陈敏公司供应原料。虞某强先后找到衢州市三家单位，约定由三家单位垫资向陈敏公司供货，虞某强负责向陈敏公司销售货物和回收货款，所产生的利润由三单位与被告人虞某强平分。此后，三家单位通过虞某强先后向陈敏公司销售多种化工原料。2004年年底，因陈敏公司经营亏损，三家单位为陈敏公司所垫货款难以收回。三家单位为了追

索替陈敏公司所垫的款项多次要求被告人虞某强归还货款。

2005年1月，金维公司最后需购进3吨己内酰胺，被告人虞某强遂产生非法占有之念，便以金维公司名义于同年1月先后4次从某化锦纶厂购进价值757,000元的38吨己内酰胺。被告人虞某强将其中的3吨运至金维公司用于生产，收取50,000元货款后占为己有；同时将其余35吨卖给其他单位，在取得销售35吨己内酰胺702,000余元货款后，虞某强在某化锦纶厂多次追索货款的情况下，不仅未将己内酰胺的货款支付给巨化锦纶厂，反而在2005年1月月底至2月月初，用该货款中的305,440元支付给3家单位作为陈敏公司所欠的货款，并将其余的451,560元用于偿还个人债务及炒股。案发后，虞某强的亲友向公安机关退回赃款266,000元。

裁判理由：

被告人利用代理公司业务的职务之便将依据合法、有效的合同取得的单位财物占为已有的，应当认定为职务侵占罪。虞某强与锦纶厂签订的是有效合同，通过该有效合同从锦纶厂处取得的财产，已经成为金维公司的财产，而不再是锦纶厂的财产。锦纶厂对已交付的货物依合同享有要求金维公司支付对价的权利，金维公司也应当承担由此引起的合同义务，因而虞某强擅自支配35吨货物并占有其变现后的部分金钱侵害的是其所在单位金维公司的利益。从本案事实考察，被告人虞某强非法占有财物目的的实现是以其所担任的公司职务为保障的。在与合同相对方锦纶厂（口头合同）签订、履行合同环节，虞某强能轻易地以公司名义取得38吨货物，归于其作为负责原材料采购业务的副总经理职务之便。本案被告人虞秀强利用代理公司业务的职务便利，擅自超需购入原材料并变卖从而侵吞公司财产的行为应构成职务侵占罪。

裁判要旨七：用工合同到期后没有续签合同的情况下，原单位工作人员仍在实际行使管理职责，符合职务侵占罪的主体要件。这种情况下，原单位工作人员单独利用共同管理权窃取单位财物的应当认定为利用职务便利，成立职务侵占罪

案件名称：刘某职务侵占罪

案例来源：《刑事审判参考》第65集，第516号案例

裁判结果：

刘某犯职务侵占罪，判处有期徒刑2年9个月，并处没收财产人民币2

万元。

基本案情：

艾米公司是自然人控股的有限责任公司。2006 年 4 月被告人刘某进入艾米公司工作，2006 年 9 月被任命为车间代理主任。2007 年 7 月艾米公司与刘某签订的用工合同到期，因当时公司暂停生产，故未与刘某续签用工合同，艾米公司打算在恢复生产后与刘某续签合同。被告人刘某所工作的金加工车间大门及车间内的仓库大门均锁有两把挂锁，只有两把挂锁同时打开，才能开启大门。刘某和车工组组长刘某文分别保管每扇门上其中一把挂锁的钥匙。2007 年 7 月艾米公司与刘某签订的用工合同到期后，艾米公司未收回刘某保管的金加工车间及仓库大门上的两把钥匙。2007 年 9 月上旬，刘某乘公司停产车间无人、刘某文到其他厂家上班之机，将车间大门上由刘某文保管钥匙的挂锁撬开换上一把新锁。同月中旬，刘某用钥匙打开车间大门，再用自己保管的仓库大门钥匙打开仓库门上的一把挂锁，并撬开另一把挂锁，进入仓库，先后五次窃取财物，并租用微型面包车将赃物运离仓库。赃物价值共计人民币 56, 209. 2 元，刘某销赃得款人民币 3190 元。

裁判理由：

被告人刘某与他人共同负责保管车间和仓库大门的钥匙，且其系金加工车间的代理主任，显然对仓库财物负有保管职责。虽然刘某与艾米公司签订的用工合同已于 2007 年 7 月到期，但艾米公司负责人及刘某均证实，艾米公司打算在恢复生产后与刘某续签合同，且艾米公司也未收回刘某保管的钥匙，刘某对仓库财物保管的职责并未因此而中断，刘某实际仍在继续履行公司赋予的保管仓库财物的职责，双方事实劳动关系依然存在。因此，没有续签用工合同，并不影响刘某是艾米公司员工事实的成立，刘某仍然符合职务侵占罪主体的要求。

本案中，应当说刘某进入厂区打开车间仓库的挂锁进入仓库窃取财物的行为是主行为，车间仓库共有四把挂锁，在实施过程中，其利用自身负责保管的两把钥匙打开两把挂锁，又借助了类似于一般盗窃的撬锁方式最终进入仓库窃得财物，貌似撬锁行为也起了主要作用，但是从整个行为过程来分析，刘某能够顺利实现非法占有单位财物的目的关键还是利用了其作为车间主任对仓库财物直接负有保管职责的便利，换句话说，没有其职务便利，其犯罪不可能顺利得逞。因为本案发生在车间停产期间，由于车间大门紧锁，非本单位人员进出厂区是被门卫限制的，正是由于刘某担任金加工车间的代理主任，持有车间钥匙，又负有保管车间仓库财物的职责，才可以在车间停产期间多次驾车进出厂区并接近作案目标实施犯罪，这与盗窃罪中的行为人熟悉作案环境及在工作中容易接近单位财物的方便条件是有区别的。由此出发，刘某具有的职务便利才是其顺利实现犯罪得逞的本质特征，这一点决定了其与那些普通撬锁盗窃行为具有本质区别。需要指出的是，盗窃方法也是职务侵占罪的侵占行为方式之一，利用职务便利采取秘密窃取方法取得本公司财物，应当认定为职务侵占罪。

裁判要旨八：村干部并非在协助人民政府对土地征收补偿费用进行管理阶段侵吞土地补偿费的，构成职务侵占罪，非贪污罪

案件名称：曹某亮等五被告人职务侵占罪

案例来源：《刑事审判参考》第92集，第872号案例

裁判结果：

曹某亮1有期徒刑3年6个月；曹某民有期徒刑3年，缓刑4年；被告人曹某亮2有期徒刑3年，缓刑5年；被告人曹某林有期徒刑2年，缓刑3年；被告人曹某亮3有期徒刑2年，缓刑3年。

基本案情：

2005年因修筑福银高速公路，长武县曹公村部分土地被征用，其中征用村便道和公用地拨付的青苗补偿款为19,592元，2007年旱原地按水浇地补偿标准为村便道和公用地追加补偿款73,602元，以上两项补偿款均未计入村委会的账务。2007年3月10日，洪家镇政府向长武县民政局书面报告，建议曹公、沟北两村并为一村，但至2007年12月长武县民政局一直未予批复。2007年6月，五被告人在曹公村村委会开会，因两村准备合并，曹某民不再担任村出纳职务，村会计曹某亮2向村主任曹某亮1请示未入账的19,592元、73,602元如何处理。另外，经计算高速公路赔偿专用现金账账上还剩村便道和公用地征用补偿款104,426.60元。曹某亮1提出把款分了，其他四被告人均同意。后村出纳曹某民以现金、存折、票据抵顶的形式分发给各被告人39,500元。从2007年年初曹某亮3就陆续接管出纳工作，至2007年12月5日，曹某民将出纳手续全部交清。2009年，长武县纪委、长武县检察院检查曹公村账务时，曹某亮2用村里的其他已支出票据将有关账目平账。案

发后，五被告人于2010年5月27日各自向长武县人民检察院退赃39,500元。

裁判理由：

虽然本案涉案款项是土地征用补偿费，但是当村委会在协助乡镇政府给村民个人分发时才属于协助政府从事行政管理工作，该补偿费一旦分发到村民个人手中，即属于村民个人财产。当村委会从乡镇政府领取属于村集体的补偿费时，村委会属于收款人，与接收补偿费的村民个人属于同一性质，该补偿费一旦拨付到村委会，即属于村民集体财产。此时，村委会不具有协助政府从事行政管理工作的属性。五被告人利用职务上的便利，采取侵吞手段，将集体财产非法占为己有，数额较大，其行为构成职务侵占罪。

裁判要旨九：行为人事前与职务侵占罪的犯罪分子通谋，帮助掩饰、隐瞒犯罪所得的，以职务侵占罪的共犯论处，非掩饰、隐瞒犯罪所得罪

案件名称：孙某亮职务侵占罪

案例来源：《刑事审判参考》第104集，第1101号案例

裁判结果：

职务侵占罪判处被告人孙某亮有期徒刑3年，缓刑3年；非法所得人民币30,600元予以没收，上缴国库。

基本案情：

被告人孙某亮通过送油等业务往来结识了黎光石化厂员工孙某江（另案处理）。2011年8月的一天，孙某江向孙某亮提出要私下“卖”给孙某亮一批白油，双方约定事成后孙某亮以远低于市场价的价格付给孙某江货款。2011年8月13日凌晨零时许，孙某江让孙某亮将其送油的油罐车开至石化厂附近的红绿灯处。孙某江告知孙某亮他已经跟厂里的门卫、工人讲好了，命令门卫关掉监控，让孙某亮放心。其后，孙某江将孙某亮的油罐车开进石化厂，孙某亮留在孙某江的轿车内等候。不久，孙某亮又接到孙某江的电话称油罐车已经装好了，但停在石化厂门口的斜坡开不上来，让孙某亮过去帮忙，孙某亮遂进石化厂将油罐车开出。事后，孙某亮付给孙某江105,000元，并将油卖至无锡赚取人民币30,600元。

裁判理由：

第一，孙某江身为黎光石化厂的工作人员，利用职务便利买通门卫和工

人，用空油罐车私自运走石化厂的一批白油，卖给孙某亮获利，其行为属于监守自盗，已构成职务侵占罪。第二，根据现有证据足以证实孙某亮与犯职务侵占罪的犯罪分子孙某江事前有通谋行为：孙某亮之前因为送油而多次从黎光石化厂拉油，其知道正规买油、拉油的手续和过程，当孙某江向其提出私下以低价“卖”给其一批白油时，其明白该价格明显低于市场正常价格，应当知道孙某江所卖的白油是违法所得，在此情况下其同意购买这批白油，并提供了空的油罐车作为犯罪工具。在作案当晚动手之前，孙某江又告知孙某亮已经跟厂里的门卫、工人讲好了，命令门卫关掉监控，让孙某亮放心。孙某亮作为一个智力正常的成年人，应当知道“关掉监控”意味着什么，足以说明孙某亮在事前就知道孙某江是通过违法犯罪手段获取白油，而其仍在事先与孙某江商量相关事宜，表明二人有共同的意思联络。因此，孙某亮事前与职务侵占罪的犯罪分子通谋，并实施了掩饰、隐瞒犯罪所得的行为，应当以职务侵占罪的共犯论处。

《最高人民法院关于审理掩饰、隐瞒犯罪所得、犯罪所得收益刑事案件适用法律若干问题的解释》第5条的规定也体现了这一原则，即“事前与盗窃、抢劫、诈骗、抢夺等犯罪分子通谋，掩饰、隐瞒犯罪所得及其产生的收益的，以盗窃、抢劫、诈骗、抢夺等犯罪的共犯论处”。此外，根据前述理论，即使本案中孙某亮没有亲自驾驶油罐车到石化厂并在孙某江开不出来的时候帮助开出厂区的行为，由于孙某亮在孙某江实施职务侵占犯罪之前与其通谋，承诺帮助其销赃，只要孙某亮事后实施了销赃行为，仍然构成职务侵占罪的共犯。

裁判要旨十： 单位员工利用本单位业务合作方的收费系统漏洞，制造代收业务费用结算金额减少的假象，截留本单位受托收取的业务合作方现金费用的行为，数额较大，构成职务侵占罪

案件名称： 谭某豪职务侵占罪

案例来源：《刑事审判参考》第106集，第1137号案例

裁判结果：

谭某豪犯职务侵占罪，判处有期徒刑1年5个月。

基本案情：

2012年6月至2013年11月间，被告人谭某豪在美霖公司陵园西营业厅

担任营业员，负责代表美霖公司代收业务合作方中国电信广州公司的客户电信费用。谭某豪在工作中发现中国电信广州公司的电脑收费系统存在漏洞，即先查出曾因欠费而产生滞纳金、后补缴所有费用的客户号码，然后在系统上进行“返销账”操作，以上述客户错缴为由向系统申请退费，系统便将客户补缴的费用及滞纳金以账面数字（非真实钱款）形式退至操作人的系统账号；因补缴费用被退回，上述客户在系统里的状态便重新变回欠费状态，但此时系统仅显示上述客户欠缴费用，不再显示欠缴滞纳金，上述客户曾经缴纳的滞纳金就留在操作人的系统账户内。当新客户以现金形式缴纳费用时，谭某豪便把账户内的滞纳金当作新客户缴纳的费用缴入系统，从而截留新客户缴纳的现金费用占为己有。谭某豪通过上述操作方式，将代为收取的现金共计152,464.21元截留，占为己有。2014年1月10日，谭某豪的家属代其退还全部截留款。此后，美霖公司对谭某豪的行为予以谅解。

裁判理由：

首先，谭某豪与美霖公司之间存在劳动合同关系，不存在委托保管关系。谭某豪截留的电信费用是其依据工作职责收取的款项，不属于法律上规定的委托代为保管的他人财物，显然也不属于他人的遗忘物或埋藏物，故不符合侵占罪的构成要件。

其次，美霖公司与中国电信广州公司通过签订外包协议，约定美霖公司代理中国电信广州公司收取客户缴纳的电信费用。谭某豪作为美霖公司营业员，负责代收中国电信广州公司的客户电信费用并将其上交至中国电信广州公司的银行账户中。在2012年6月至2013年11月间，谭某豪利用中国电信广州公司MBOSS CRM收费系统漏洞，以“返销账”手段，将本应上交的电信费用现金截留占为己有。谭某豪在违规操作截留费用现金时，客户缴纳的电信费用现金并未被转交给中国电信广州公司，仍属于美霖公司管理、控制的财产。据此，谭某豪截留的电信费用现金并未处于中国电信广州公司占有之下，故不属于中国电信广州公司的财物，其行为依法不构成盗窃罪。

基于前述分析，被告人谭某豪截留的电信费用属于美霖公司管理、控制的财物。谭某豪在美霖公司任职期间，其工作职责包括利用工号通过MBOSS CRM收费系统代收客户缴纳给中国电信广州公司的电信费用。根据美霖公司与中国电信广州公司的外包协议及工号使用人承诺书，每个合作网点的员工都有对应的工号，并利用工号获得使用MBOSS CRM收费系统的权限。谭某豪利用中国电信广州公司的 MBOSS CRM 收费系统漏洞，将其经手控制的电信费代收款截留占为己有的行为，属于利用职务便利侵占本单位管理控制的财物的行为，符合职务侵占罪的构成要件。谭某豪归案后亦供认其出于贪念而将电信费用占为己有。综上，谭某豪的行为应当认定为职务侵占罪。

裁判要旨十一：在一人公司中，个人财产与公司财产容易发生混同。行为人将部分公司财产用于个人，主观上难以认定具有非法占有的故意，客观上并未侵犯到公司股东的权益，而针对公司外部债权人的权益，则可以通过适用公司法中的公司法人人格否认制度来予以救济，故对此类案件通常无需以犯罪论处。作为例外，当公司经营状况恶化时，行为人将公司财产转为个人财产的，则体现了非法占有意图，可以职务侵占罪来认定

案件名称：陶某弟、陶某飞职务侵占案

案例来源：《人民司法案例》2018 年第 14 期

案件结果：

以职务侵占罪判处被告人陶某弟有期徒刑 2 年 6 个月。

基本案情：

2004 年以来，伟海公司董事长即被告人陶某弟利用其经营管理公司的职务便利，与妻子陶某花、儿子即被告人陶某飞，侵占公司资金用于购买银河湾日苑 30 幢 A、B 两幢别墅，并将产权登记在陶某花及陶某飞名下。其中陶某弟及陶某花侵占公司资金 661 万余元，陶某飞侵占公司资金 113 万余元。2010 年，陶某弟、陶某飞及陶某花等人买得别墅后，共同侵占伟海公司和新厦公司 293 余万元资金用于装修别墅。2011 年 7 月，陶某花利用管理伟海公司经营部的职务便利，侵占 24 万余元的公司资金用于装修别墅。

2006 年 11 月份，陶某弟利用担任伟海公司董事长的职务便利，在金某云夫妻没有实际支付购房款的情况下，擅自将公司所有的现代名人花园 1 幢 6 单元 1601 室（价值 195 万元）登记在金某云夫妻名下，将该房产占为己有并供儿子陶某飞装潢后居住。陶某弟在重大资产申报时，将该处房产予以隐瞒。

2014 年 1 月，被告人陶某弟利用其担任新厦公司法定代表人负责管理公司的职务之便，擅自将公司名下价值 55 万元的浙 GHZ001 奔驰轿车，以新车牌浙 GZ1L17 变更登记到公司副总金某强名下，以金某强的名义将该奔驰轿

车占为己有。后陶某弟将该车借给他人使用，并在重大资产申报时予以隐瞒。

裁判理由：

关于公诉机关对陶某弟、陶某飞侵占公司资金，用于购买及装修银河湾别墅的行为构成职务侵占罪，及陶某弟将现代名人花园套房登记在金某云夫妻名下，将该房产占为己有的行为构成职务侵占罪的指控。经查，上述行为发生在2004年至2011年期间，陶某弟、陶某飞所经营的伟海公司生产经营状况正常，两被告人无非法占有公司财产的主观故意，上述行为依法不应认定为犯罪。对上述指控，法院不予支持。关于辩护人提出陶某弟职务侵占奔驰轿车行为不构成犯罪的意见。经查，陶某弟将奔驰轿车过户给金某强的行为发生在2014年1月其公司经营恶化面临托管之际，陶某弟利用职务之便，将公司财产非法转移至他人名下，实际占为己有，依法应以职务侵占罪定罪处罚。

裁判要旨十二：行为人利用公司法定代表人授权其管理经营公司业务的职务便利，采取伪造股东签名和相关股东大会记录，通过工商管理部门将公司其他股东所持有的股份变更于他人名下，将股份转让款非法占有，其行为构成职务侵占罪

案件名称：曹某军职务侵占案

审理法院：甘肃省兰州市人民法院

案号：（2017）甘01刑终5号

案件结果：

一审法院以被告人曹某军犯诈骗罪，判处有期徒刑14年，罚金2万元。二审法院改判曹某军犯职务侵占罪，判处有期徒刑6年，没收个人财产2万元。

基本案情：

2003年10月，被告人曹某军父亲曹某甲（已死亡）、母亲赵某甲在甘肃省工商行政管理局注册成立甘肃金呈矿业有限公司（以下简称金呈公司），曹某甲任法定代表人。曹某甲授权上诉人曹某军实际管理、经营该公司具体业务。2006年3月29日，公司将曹某甲名下的30%股份转让给豆某甲。2007年7月20日，曹某军在股东豆某甲不知情的情况下，伪造《甘肃金呈矿业有限公司股东会决议》和《股东出资转让协议》，骗取工商部门变更股

权登记，将该公司股东豆某甲所持公司30%的股份以2,433,333.33元转让给蒲某甲、童某甲持有，股权转让金由被告人曹某军非法占为己有。

裁判理由：

从主体方面分析，上诉人曹某军作为接受金呈公司法定代表人委托从事公司经理管理人员，具有一定职权，符合职务侵占罪的主体资格；从客体方面分析，股权表面上看是属于股东个人财产，侵占股权不会改变公司独立的法人财产权，但事实上股权的价值除了表决权、经营权等权利之外，更大的价值在与股权对应的属于公司管理支配下的财产。按照现代公司法理论和法律规定，股东将个人财产交给公司后，该与股东脱离，股东个人不再对该财产享有支配权，而公司作为具有虚拟人格的法人实体，对股权相对应的财产享有独立的支配权。**因此，股权应当属于公司的财产，属于我国刑法上“本单位财物”的范围，故股权可以作为职务侵占的犯罪对象；从主观方面分析，**上诉人曹某军明知其变更转让的股份中含有豆某甲持有的30%，仍通过伪造股东大会记录、协议书等方式故意侵占，其非法占有财物的目的明显；**从客观方面分析**，上诉人利用受委托管理公司的职务便利，伪造股东会议记录、股份转让协议书等材料，将豆某甲在公司持有的部分股权变更与他人名下，并到工商管理行政部门进行了登记，收取他人支付的股权转让金，完成了侵占行为。

综上，上诉人曹某军的行为符合职务侵占罪的构成要件。上诉人曹某军分别将金呈公司寺沟里的90%股份以430万元、将三沟金矿90%的股权以300万元的价格转让与他人，按照转让的价款，被害人豆某甲所持金呈公司30%股份对应的财产价值应为〔（430万元+300万元）÷90%）×30%＝243.3333万元，该数额亦即上诉人曹某军实际侵占金呈公司中被害人豆某甲所持股份的犯罪数额，原审判决认定上诉人侵占的数额准确。

综上，上诉人及辩护人所提本案为股权民事纠纷而非刑事诈骗犯罪、上诉人无非法占有的目的，没有欺骗对象，原判错误推定犯罪数额，应宣告上诉人无罪的上诉理由和辩护意见与事实和法律规定不符，不予支持。

本院认为，上诉人曹某军无视国法，利用金呈公司法定代表人授权其管理经营公司业务的职务便利，采取伪造股东签名和相关股东大会记录，通过工商管理部门将公司股东豆某甲所持有的股份变更于他人名下，将股份转让金非法占有，其行为已构成职务侵占罪。且侵占数额巨大，应依法予以惩处。

原审判决认定上诉人曹某军犯职务侵占的事实清楚、证据确实、充分，审判程序合法，但认定上诉人犯诈骗罪定性不准，适用法律不当，应予纠正。

裁判要旨十三： 行为人利用职务便利，伪造股东决定、股份转让协议书和公司章程等材料，将他人在公司的股权变更至其本人名下，并到工商部门进行了登记，客观上完成了侵占行为，符合职务侵占罪的构成要件

案件名称： 王某磊职务侵占案

审理法院： 河北省邱县人民法院

案号：（2018）冀0430刑初144号

案件结果：

被告人王某磊犯职务侵占罪，判处有期徒刑3年，缓刑3年。

基本案情：

邱县安某公司成立于2008年11月，法人代表为王某磊，股东为王某磊、刘某志。2013年1月6日邱县安某公司与万合集团公司签订转让协议，万合集团公司出资150万元收购邱县安某公司100%股权、客运路线经营权、营运手续、班线经营许可决定书及转让时所属车辆。并于2013年4月进行变更登记，邱县安某公司法人代表由王某磊变更为万合集团公司副总裁曹某1，股东也由王某磊、刘某志变更为曹某1，同时王某磊、刘某志等8名原邱县安某公司职工与万合集团公司于2014年5月1日签订了劳动合同，邱县安某公司日常工作仍由王某磊负责。2015年11月，被告人王某磊在万合集团公司和曹某1不知情的情况下，将邱县安某公司法人代表和股东由曹某1变更为王某磊。经邯郸市正大资产评估事务所价值评估：在评估基准日2015年11月1日，持续经营的前提下，经收益法评估，邱县安某公司股东全部权益的评估价值为730,722.43元。

裁判理由：

关于法人及股东变更侵占公司股权是否构成职务侵占罪的问题。首先，从主体方面，被告人王某磊是负责邱县安某公司日常管理的人员，具有一定职权，符合职务侵占罪的主体资格。其次，从客体方面分析，股权表面上看似属于股东的个人财产，侵占股权不会改变公司独立的法人财产权。但事实上股权是一种不具有自然形态的无形财产，股权的价值除了表决权、经营权等权利之外，更大的价值在于股权对应的属于公司管理支配下的财产。按现

代公司法理论及法律规定，股东个人将资产交给公司后，该财产与股东个人脱离，股东个人不再对该财产享有支配权，而公司作为具有虚拟人格的法人实体，对股权相对应的财产享有独立的支配权。因此，股权应当属于公司的财产，属于《刑法》上“本单位财物”的范围。故股权应作为职务侵占罪的犯罪对象。再次，从主观方面分析，被告人王某磊通过伪造股东决定、协议书、办理工商变更登记等方式故意侵占，其非法占有财物的目的明显。最后，从客观方面分析，被告人王某磊利用职务便利，伪造股东决定、股份转让协议书和公司章程等材料，将曹某1在公司的股权变更至其本人名下，并到工商部门进行了登记，客观上完成了侵占行为。综上，被告人王某磊的行为符合职务侵占罪的构成要件。

三、无罪裁判要旨：

无罪裁判要旨一：被害单位与被告人不存在事实上的雇佣关系，且被害人对被告人长期占用溢价销售款持默许态度，现有证据不能排除被告人将溢价销售款用于被害人日常经营支出，被告人不构成职务侵占罪

案件名称：冉某贤职务侵占罪再审刑事判决书

审理法院：广东省高级人民法院

案号：（2018）粤刑再26号

裁判理由：

1. 冉某贤不符合职务犯罪的主体要件。

职务侵占罪的犯罪主体为特殊主体，必须是非国有公司、企业或者其他单位的人员。本案中，虽然有数名证人称冉某贤为十年红公司员工，冉某贤名片显示其职务为十年红公司销售总经理，但是冉某贤与蔡某1、杨某容夫妇商谈、签订并履行经销合同的时间在2009年8月至2010年3月，现有证据不足以证实上述期间内冉某贤与十年红公司存在事实雇佣关系。（1）在案证据不能证实十年红公司与冉某贤及其广东办事处员工签订有劳动合同或缴纳个税、社保；（2）在案证据不能证实十年红公司持续向冉某贤支付工资、提成等劳动报酬。

2. 现有证据不足以认定冉某贤具有非法占有涉案款项的故意和行为。

职务侵占罪在客观方面表现为利用职务上的便利，侵占本单位财物，在主观方面必须具有非法占有的故意。从现有证据来看，认定冉某贤控制并支

配溢价销售款的行为构成职务侵占罪的证据不足。(1)十年红公司对于冉某贤占有溢价销售款的行为长期持默许态度;(2)在案证据足以证实冉某贤已支付144,769元进货款给董某1;(3)在案证据不能证实十年红公司支付广东办事处的经营费用;(4)不能排除冉某贤将溢价销售款用于广东办事处日常经营支出。

综上所述,现有证据不足以认定冉某贤具有非法占有涉案款项的故意和行为。鉴于广东办事处系独立核算、自负盈亏的经营主体,冉某贤从十年红公司低价进货后高价卖给杨某容夫妇的行为,是两个独立的购销关系,在交易过程中,冉某贤控制并支配溢价销售款,用于经营费用等支出,得到了十年红公司的默许,也符合交易习惯,即便冉某贤未足额向十年红公司支付提货款,其拖欠货款的行为亦不宜认定为构成职务侵占罪。

本院认为,根据现有证据证明的事实评判,冉某贤与十年红公司关于葡萄酒货款的纠纷未超出民事纠纷的范畴,冉某贤的行为不符合职务侵占罪的犯罪构成。原审裁判认定原审被告人冉某贤构成职务侵占罪的事实不清,证据不足。

无罪裁判要旨二:被告人在公司处于亏损阶段被动接手的股份,不具有主观故意,且用个人财产抵押贷款用于公司经营,未损害公司利益。股权转让的行为是民事法律行为,不构成刑事法律关系中的犯罪行为

案件名称:张某银、田某建职务侵占罪再审刑事判决书

审理法院:四川省高级人民法院

案号:(2018)川刑再14号

裁判理由:

本院再审认为,原审被告人张某银、田某建不构成职务侵占罪。理由如下:首先,本案中现有证据不能证实原审被告人张某银、田某建具有非法占有金田公司财产的主观故意。《刑法》第271条第1款规定的职务侵占罪,要求行为人具有非法占有的主观故意,且为直接故意。张某银、田某建接受谢某转让的股份,是在金田公司处于严重亏损且没有其他人接手的状态下,才被动接受了该部分股份。其次,原审被告人张某银、田某建的行为不符合职务侵占罪的客观要件。张某银、田某建在金田公司成立之时即为公司的股东,在谢某退股后成为了仅有的两名股东,为了金田公司的生产经营,二人以个

人名义借款且以个人财产抵押借款，为公司债务承担无限连带责任，在客观上没有损害公司财产利益的行为。最后，原审被告人张某银、田某建与谢某之间的股权转让行为系民事法律行为，不构成刑事法律关系中的犯罪行为。

无罪裁判要旨三： 虽然公司设立时的企业类型是有限责任公司，在外部运作上表现为由公司承担有限责任，但其内部又以个人合伙关系运营，生效裁判文书已经认定存在个人合伙关系，不符合职务侵占罪的主体资格

案件名称： 王某鹏、兴宁三建公司聚众扰乱社会秩序、职务侵占、骗取贷款、票据承兑、金融票证、虚假出资、抽逃出资、非法占用农用地、逃税再审刑事判决书

审理法院： 广东省中山市中级人民法院

案号：（2016）粤20刑再6号

裁判理由：

本案中，虽然兴宁三建公司设立时的企业类型是有限责任公司，在外部运作上表现为由公司承担有限责任，但其内部又以个人合伙关系运营，生效裁判文书已经认定石某与王某鹏之间存在个人合伙关系，故王某鹏不符合职务侵占罪的主体资格。因此，王某鹏的行为不构成职务侵占罪。

无罪裁判要旨四： 承包经营所形成的财产收益，在承包人依照承包合同足额上缴承包费的前提下，就应当归承包人所有，承包人不符合职务侵占罪的主体要件

案件名称： 周某职务侵占罪再审刑事判决书

审理法院： 江苏省泰州市中级人民法院

案号：（2014）泰中刑再初字第0001号

裁判理由：

2010年5月4日，江苏省人民检察院以苏检诉一刑抗字（2010）3号刑事抗诉书，向江苏省高级人民法院抗诉认为：

1. 原审裁定认定事实错误。虽然承包协议书约定承包形式为乙方（承包方）牵头人中标后，联合本企业其他管理人员以合股、合作或合伙经营方式组建承包体，实行集体经营、共负盈亏、利益共享、风险共担，但有充分证

据证实在合同实际履行过程中，承包人就是周某一个人，所谓的“承包体”实际并不存在。而且，本案的承包关系应当认定为“死”承包而非“活”承包，也不能简单地归结为“集团内部的经营责任制”。承包性质的确定，不仅要看承包合同的条文，更要看承包合同的实际履行情况。虽然从承包协议的约定及履行看，正太集团对交通工程公司有一定制约和监管职责，体现了部分内部经营责任制的特征，但承包合同中同时约定，周某每年定额上缴承包金，正太集团包赢不亏，不承担承包经营风险，由周某自行对外承接工程，自行承担企业的亏损，行使经营管理权，自主决定工资分配；此外，分公司有偿使用集团公司借款，除银行利息外，另多付5%管理费，该借款不能视为正太集团的投资；交通工程公司自行承担公司人员工资、奖金等。并且，正太集团多个负责人以及正太集团下属的与交通工程公司承包性质相同的其他分公司经理的证言，均证实当时正太集团采取的是“死”承包的经营形式。本案的承包关系符合“死”承包的两个核心要件：定额上缴，自负盈亏，所以应该认定为“死”承包。

2. 原审裁定适用法律不当。“死”承包虽然不是规范的法律概念，但是可以据此来判断承包经营形式下相关财产的利益归属。在这一法律关系下，原有的企业财产，所有权属于发包方。承包经营所形成的财产收益，在承包人依照承包合同足额上缴了承包费的前提下，就应当归承包人所有。承包人占有这部分财产，即使手段不合法，也只是侵害了发包方的知情权，没有侵害发包方的财产权益，不应当认定为犯罪。本案现有证据无法证实周某占有的财产是交通工程公司原有的企业财产，且周某已经足额上缴了承包金，因此，从事实存疑应采用有利于被告人的原则出发，应当认定其所占有的财产是承包经营过程中形成的收益。承包协议虽然约定“由正太集团经审计后方可进行年终利益分配”，但只是程序要件，不是实体要件，不能从根本上改变财产的归属。虽然周某在承包期未满、交通工程公司未经正太集团审计、承包盈亏不明情况下占有财产的行为不当，但不宜认定为犯罪。综上所述，原审裁定认定事实错误、适用法律不当，应当改判周某无罪。

本院认为，鉴于公诉机关在本案重审中认为原审被告人周某某的行为不构成犯罪，经本院审判委员会讨论决定，判决被告周某无罪。

无罪裁判要旨五：未经依法批准设立的公司不具备职务侵占罪的主体资格，不构成职务侵占罪

案件名称：贺某丽犯职务侵占罪再审刑事判决书

审理法院：贵州省独山县人民法院

案号：（2016）黔2726刑再1号

裁判理由：

本院（2016）黔2726刑初5号刑事判决关于“2011年至2015年5月，被告人贺某丽在‘立白集团独山分公司’经营部担任销售员期间，利用担任销售员的职务便利，在收取娄某、季某等人的订货款共计人民币37.3614万元后，仅上缴货款人民币10.9691万元，将余款人民币26.3923万元据为己有”数额认定的事实虽然清楚、证据确实充分，但是“立白集团”没有在贵州省独山县设立分公司，“广州立白企业集团有限公司独山分公司”系独山县经销商肖某某自行设立，公章系肖某某私刻、伪造，所以原审被告人贺某丽不具备职务侵占罪的主体资格。

无罪裁判要旨六：侵占行为经过集体研究决定的可能性不能排除的，不构成职务侵占罪

案件名称：欧阳某丽职务侵占罪再审刑事判决书

审理法院：海南省第一中级人民法院

案号：（2017）琼96刑再1号

裁判理由：

原一审判决、二审裁定认定原审被告人欧阳某丽利用职务之便，将北坡供销社开发的土地，在擅自补交完土地补偿等款项后，以北坡供销社和符某名义订立虚假的商住房协议，将该地分割成商品房铺面出让，侵占集体资金人民币4.2万元。但综观全案，北坡供销社商住房项目开发经过集体研究决定的可能性不能排除；欧阳某丽投入平整土地、修路、建围墙等的费用和出售土地所得金额以及其在商住房开发中是否获利的事实没有查清。原审认定欧阳某丽犯职务侵占罪的事实不清，证据不足，应予改判。

无罪裁判要旨七：被告人存在为公司垫付开支的情况，其主观无非法占有单位财务的故意。被告人提议虚列支出做变通处理的行为虽不妥当，但按此方式入账的决定权在于财务人员，且无证据证明被告人收到现金，不构成职务侵占罪

案件名称：张某职务侵占罪再审判决书

审理法院：黑龙江省绥化市中级人民法院

案号：（2018）黑12刑再2号

裁判理由：

本案中，第一，张某在主观上是否具有非法占有本单位财物的故意难以认定。因刘某等多名证人证实，张某确为拥军村垫付了部分吃请送的费用。

第二，张某是否实际取得案涉钱款事实不清，证据不足。因本案中上诉人张某授意记账员刘某虚列支出做变通处理的行为虽不妥当，但这只是报销申请人的要求，因“村财乡理”的规定，村级票据需经镇经管中心审核通过后方可入账，但“2001年修路用四轮车拉土车工款”票据并没有加盖镇经管站的审核章，可见该票据并未通过审核，不应入账。

村财务人员在该票据未加盖审核章的情况下将其入账的行为不能证明系张某授意，且该票据入账后，无证据证明张某收到13,770元现金。且在县经管总站发现该账目核销不合理时，张某按照经管总站的要求，以出具欠据的形式欲将该款冲出，虽然相关财务人员未将张某所出具欠据入拥军村现金账实际冲减，但因张某并非财务人员，故欠据未入账的后果，不应由其负责。综上，公诉机关指控上诉人张某构成职务侵占罪的证据不足，本院不予支持。

无罪裁判要旨八：行为人虽将公司资产汇入其个人账户，但其他股东知情，没有证据证明其有隐瞒和成公司已转让和逃避公司债权债务清算的行为，无法证明行为人具有非法侵占的主观目的的，不构成职务侵占罪

案件名称：宁某生职务侵占罪再审判决书

审理法院：宁夏回族自治区高级人民法院

案号：（2011）宁刑再终字第4号

裁判理由：

原审上诉人宁某生作为和成公司的股东，在参与和成公司资产转让时，

将和成公司转让款134万元打入其个人账户，并对部分转让款私自处分的事实存在。根据本案证人何某甲的证言、原审上诉人宁某生的供述、告知书及邮件等证据可以证实，原审上诉人宁某生在取得和成公司134万元转让款后，曾将该情况发函告知股东何某甲，并与其他股东在一起算过账，没有证据证明其有隐瞒和成公司已转让和逃避公司债权债务清算的行为，不能确认原审上诉人宁某生具有非法侵占和成公司转让款的主观故意，其行为不符合职务侵占罪的构成要件，不能认定原审上诉人宁某生的行为构成职务侵占罪。宁夏回族自治区人民检察院提出“石嘴山市中级人民法院判决认定事实错误，原审上诉人宁某生利用职务上的便利，将和成公司转让款134万元打入个人账户后，除14万元还款系和成公司经营使用外，余款120万元被原审上诉人宁某生侵占”的抗诉理由不能成立。原审上诉人宁某生及其辩护人提出“本案是一起民事纠纷而非刑事案件，原判认定原审上诉人宁某生犯职务侵占罪不能成立”的辩解及其辩护意见成立，本院予以采纳。

无罪裁判要旨九：行为人从A账户取现汇入B账户，将此笔款项计入公司账目，行为人并未非法占有此款项。又有证据证明A账户存在公私混用的情况，行为人将汇给B账户的15,000元记入公司账内并无明显不当，因此行为人既无非法占有目的，也未将单位财产非法占为己有，不构成职务侵占罪

案件名称：侯某职务侵占罪再审刑事判决书

审理法院：辽宁省营口市中级人民法院

案号：（2017）辽08刑再1号

裁判理由：

本院再审认为，一是依据营口鑫达司法鉴定所“营鑫达鉴字〔2012〕第003号司法鉴定意见书”：“2010年12月29日从王某杰个人中国工商银行卡卡内提取人民币15,000元，汇入尤某银行卡，即此15,000元的资金运动轨迹是：自王某杰的银行卡至尤某银行卡。而00306941号收款收据反映对汇给尤某15,000元的认可和确认。换句话说，王某杰的银行卡是资金的来龙，尤某银行卡是资金的去脉，00306941号收款收据反映王某杰认可汇给尤某的15,000元是从王某杰卡中取出的15,000元。”由此可以认定上诉人侯某并未实际占有公诉机关指控的这笔款项，而是按照王某杰的指示汇给了尤某，收款收据也表明尤某收到了该笔钱。

二是该鉴定还说明“此项业务属于个人业务，与鸿港公司不发生任何关系。”而王某杰2015年3月30日在营口市公安局站前分局所做的询问笔录中说明涉案银行卡是其个人使用，当公司资金周转不开时也给公司收运费和支付油费。再结合原审卷宗第17页《个人业务凭证》显示2010年2月29日取10,000元，第30页《现金日记账》中写明：2010年12月30日加油10,000元；侦查三卷第24页中王某杰提供《牡丹灵通卡账户历史明细单》显示：2010年11月10日存入100,000元。原审卷宗第26页《现金日记账》写明：2010年11月10日大地运费100,000元。因此，可以认定王某杰名下卡号为的中国工商银行卡，存在公私混用的情形，上诉人侯某将汇给尤某的15,000元记入公司账内并无明显不当。

三是根据我国《刑法》规定，职务侵占罪是指公司、企业或者其他单位的人员，利用职务上的便利，将本单位财物非法占为已有，数额较大的犯罪行为。而本案上诉人侯某既没有非法占有的目的，也没有实际占有公司钱款，不符合职务侵占罪的犯罪构成，应改判无罪。

无罪裁判要旨十：公司股东只有行为人和其妻子两人，行为人采取收入不上账的手段支配公司货款用来偿还借款，且其妻子认可的情况下，行为人的行为没有损害公司的根本利益，亦未损害其他股东的利益，行为人的行为不应认定为犯罪行为

案件名称：张某职务侵占罪再审刑事判决书

审理法院：湖北省高级人民法院

案号：（2017）鄂刑再4号

裁判理由：

本院审查认为，鸿威公司是由张某和其妻荀某以夫妻共同财产出资设立的，张某任公司法定代表人并由其实际经营和管理，股东只有张某和荀某夫妻二人，虽然关某与永顺公司曾与鸿威公司及张某之间有来往，但现有证据不能证实关某和永顺公司系鸿威公司股东。

基于张某与荀某的特殊关系，张某在鸿威公司的生产经营活动中，利用职务上的便利将公司的货款收回后未上账而予以支配，从形式上看其行为侵占了鸿威公司的财产，但张某是公司的法定代表人，有权对鸿威公司的财产进行处置，且张某将该款用于偿还成立鸿威公司时所借的欠款，亦经荀某认

可，故此行为本质上并没有损害鸿威公司的利益。

综上，本院再审认为，原判认定申诉人张某采取收入不上账的手段支配鸿威公司货款347,000元的事实清楚，证据充分，但张某的行为没有损害鸿威公司的根本利益，亦未损害其他股东的利益，张某的行为不应认定为犯罪行为。

无罪裁判要旨十一：涉案财产如何使用处于未确定状态，虽行为人有使用公司财产收购其他项目，但收购在前，涉案财产在后，没有证据证明收购项目使用了涉案财产，另有证据证明涉案财产用于他处，因此本案并无侵占公司财物的行为

案件名称：董某贤职务侵占罪再审刑事判决书

审理法院：北京高级人民法院

案号：（2016）京刑再1号

裁判理由：

本院认为，根据再审查明的事实和证据可以认定，因董某贤、赵某等人对“海浪花度假村”的投资和投入资金有分歧，所以一直未对拆迁补偿款进行具体分配。双方虽曾对使用拆迁款收购唐山碧海公司的股权和土地进行协商，但是因双方对拆迁款的分配没有达成一致意见，故对赵某的拆迁款份额如何使用处于未确定状态。在拆迁款到账之前，库伯尔公司已出资收购了唐山碧海公司，没有证据证明收购时使用了拆迁款，亦无证据证明赵某出资收购了唐山碧海公司。

董某贤的供述，证人潘某、马某1、杨某等人证言和拆迁款走账情况证明，拆迁补偿款到位后通过赵某等人持股的乐亭碧海公司参加了中心渔港的竞买，为此赵某持有中心渔港的股份。本案没有证据证明董某贤主观上具有非法占有唐山碧海公司财产的故意，客观上实施了利用职务上的便利，侵占公司财物的行为；亦无证据证明公司或个人的财产遭受了损失。董某贤与赵某对拆迁款的分配及投资争议，应属民事纠纷。综上，原判认定董国贤的行为构成职务侵占罪，事实不清，证据不足，适用法律有误。

无罪裁判要旨十二：公安部经侦局《工作意见》要求“对于公司股东之间或者被委托人利用职务便利，非法占有公司其他股东股权的行为以职务侵

占罪论处的"必须能够认定行为人主观上具有非法占有他人财物的目的。本案现有证据虽然能够证实行为人实施了利用职务便利非法占有公司股东股权的行为，但无法证实行为人主观上具有非法占有他人财物的目的，故认定职务侵占证据不足

案件名称： 艾某某职务侵占案

审理法院： 宁夏回族自治区石嘴山市中级人民法院

案号：（2018）宁02刑终54号

裁判理由：

本院认为，职务侵占罪是指公司、企业或者其他单位的人员，利用职务上的便利，将本单位财物非法占为已有，数额较大的行为。本案中，公诉机关、抗诉机关、二审出庭检察员分别以"被告人艾某某利用职务便利，侵占他人价值9,872,186.78元的股权；非法侵吞、占有浙宁公司股东股权；擅自将公司法定代表人变更为马某某，并将10%股份登记在马某某名下；主观上具有非法占有目的、客观上实施了侵占公司财产的行为"认定艾某某构成职务侵占罪，而职务侵占罪侵犯的对象是"本单位的财物"，并且是"非法占为已有"。

股东出资的财产虽然属于公司所有，但股东依据出资取得的股权属于股东所有，公司对所有股东的出资拥有法人财产权，股权与法人财产权是股东和公司各自享有的法定权利，且公安部经侦局《工作意见》要求"对于公司股东之间或者被委托人利用职务便利，非法占有公司其他股东股权的行为以职务侵占罪论处的"必须能够认定行为人主观上具有非法占有他人财物的目的。本案现有证据虽然能够证实艾某某实施了利用职务便利非法占有公司股东股权的行为，但无法证实艾某某主观上具有非法占有他人财物的目的，亦无法证实艾某某具有将浙宁公司财物非法据为己有的行为，故原判（认定公诉机关指控事实不清，证据不足，艾某某无罪）事实清楚，适用法律并无不当。

裁判要旨十三： 股东采取将公司收入不上账的手段支配公司货款，原则上构成职务侵占罪。但如果该股东实际持有公司100%的股权（或公司的其他全部股东均同意该等行为），且该笔款项最终用于公司经营，则该行为在本质上没有损害公司利益，不应当认定为犯罪行为

案件名称：张某职务侵占案

审理法院：湖北省高级人民法院

案号：（2017）鄂刑再4号

裁判理由：

（一）关于鸿威公司的股东问题

现有证据证明鸿威公司的股东只有张某和苟某二人，没有法律依据能认定关某1和永顺公司为鸿威公司的股东。

（二）关于347,000元货款的去向问题

本院审查认为，证人钱某、关某2、况兵、黄某的证言证实张某将该款用于偿还其个人为筹建设立鸿威公司所欠钱某、关某2等人的债务248,000元。原审判决亦予确认。

（三）关于申诉人张某的行为是否构成职务侵占罪的问题

鸿威公司是由张某和其妻苟某以夫妻共同财产出资设立的，张某任公司法定代表人并由其实际经营和管理，股东只有张某和苟某夫妻二人，虽然关某1与永顺公司曾与鸿威公司及张某之间有来往，但现有证据不能证实关某1和永顺公司系鸿威公司股东。基于张某与苟某的特殊关系，张某在鸿威公司的生产经营活动中，利用职务上的便利将公司的货款收回后未上账而予以支配，从形式上看其行为侵占了鸿威公司的财产，但张某是公司的法定代表人，有权对鸿威公司的财产进行处置，且张某将该款用于偿还成立鸿威公司时所借的欠款，亦经苟某认可，故此行为本质上并没有损害鸿威公司的利益。

裁判要旨十四：嫌疑人虽属于被害单位的法定代表人，但未实际参与公司运营，现有证据证明其不存在指挥、教唆他人侵占公司财物行为，不构成职务侵占罪

案件名称：薛某甲、薛某乙职务侵占案

审理法院：山西省吕梁市（地区）中级人民法院

案号：（2016）晋11刑终362号

裁判理由：

本院认为，上诉人薛某甲利用其担任盛瑞公司执行董事的职务便利，将该公司的兼并款24.5万元占为已有，数额较大，其行为构成职务侵占罪。现有证据无法证明原审被告人瑞盛公司法定代表人薛某乙在薛某甲侵占上述

24.5 万元的过程中有指使、帮助或直接实施等行为，不能证明原审被告人薛某乙的行为构成职务侵占罪。

裁判要旨十五：单位经营过程中产生的支出费用由被告人垫付，被告人截留单位财产以偿还单位对自己的债务，这种占有不属于“非法”占有，因此不构成职务侵占罪

案件名称：陈某燕职务侵占案

审理法院：浙江省义乌市人民法院、浙江省金华市中级人民法院

案号：（2017）浙 0782 刑初 1262 号、（2017）浙 07 刑终 1240 号

裁判理由：

自诉单位吉某 1 公司与聚力公司、吉某 2 公司、诚平公司、被告人陈某燕签订《补充合作协议书》，约定诚平公司自补充协议生效日起 2 年以内（2013 年 12 月 31 日以前）将诚平公司经营的产品代理权（包括但不限于约翰迪尔公司产品）全部转移给吉某 1 公司并在 2 年之内注销，同时承诺诚平公司约翰迪尔公司产品全部经营利润归吉某 1 公司所有，但双方当事人在补充合作协议中未明确约定诚平公司在 2013 年 12 月 31 日公司注销前，在销售约翰迪尔公司产品过程中产生的费用由谁负担，吉某 1 公司只是对诚平公司经营过程中产生的支出费用予以建账而未实际对该费用予以承担，导致诚平公司经营过程中产生的费用由被告人陈某燕个人垫付。鉴于诚平公司经营过程中的支出费用确实存在，而且 2013 年、2014 年的约翰迪尔公司返利实际由诚平公司使用、支配的情况下，指控被告人陈某燕非法占有返利，依据不足，自诉单位吉某 1 公司指控被告人陈某燕犯职务侵占罪，事实不清，证据不足，指控的犯罪不能成立。

第二十一章

挪用资金罪裁判要旨

导　言

挪用资金罪是高发罪名，不仅是公司、企业的工作人员，而且村委会、小区业主委员会工作人员也可能是本罪的主体。根据《刑法》第272条，构成挪用资金罪必须符合三个条件：第一，行为人必须是公司、企业或者其他单位的工作人员。国有公司、企业或者其他国有单位中从事公务的人员和国有公司、企业或者其他国有单位委派到非国有公司、企业以及其他单位的从事公务的人员不能构成本罪。第二，行为人实施了挪用本单位资金的行为。“挪用本单位资金”是指公司、企业或者其他单位的工作人员利用其经手、主管本单位资金的便利条件，私自将本单位的资金挪作自己使用或者借贷给他人使用的行为。第三，行为人主观上必须是故意。至于其出于何种动机，不影响本罪的成立。

该条款对挪用本单位资金行为规定了以下几种情况：（1）挪用本单位资金归个人使用或者借贷给他人，数额较大、超过3个月未还的。这里所说的“挪用本单位资金归个人使用或者借贷给他人”，是指挪用本单位资金归本人或者其他自然人使用，或者挪用人以个人名义将所挪用的资金借给其他自然人和单位。“超过3个月未还的”，是指挪用资金的时间已经超过3个月并且未归还。（2）挪用本单位资金归个人使用或者借贷给他人，数额较大、进行营利活动的。“进行营利活动”是指用所挪用的资金进行经营或者其他获取利润的行为，至于其是否实际获得利益不影响本罪的成立。（3）挪用本单位资金归个人使用或者借贷给他人，进行非法活动的。这里的“非法活动”是广义的，既包括一般的违法行为如赌博、嫖娼，也包括犯罪行为如走私、贩毒等。（4）挪用本单位资金数额巨大，或者数额较大不退还的。这里所称“不退还”，是指案发后仍未退还或者无法退还。

截至2021年6月30日，编者在威科先行法律信息库网站上检索关键字“案由：挪用资金罪、裁判结果：无罪”发现，无罪案例为56件，并结合本罪在最高法、最高人民检察院公报案例和指导案例、《刑事审判参考》等案例，归纳出有罪裁判要旨4条，无罪裁判要旨11条。

仔细研读案例后，需要提醒企业主注意的是，股东注册成立公司，投资款一旦注入公司账户（包含临时户），都视为《刑法》第272条规定的“本单位资金”。筹建公司的工作人员在公司登记注册前，利用职务上的便利，挪用准备设立的公司在银行开设的临时账户上的资金，归个人使用或者借贷给他人，数额较大、超过3个月未还的，或者虽未超过3个月，但数额较大、进行营利活动的，或者进行非法活动的，应当根据挪用资金罪的规定，追究刑事责任。

诸多有罪案例多是因经手、主管单位资金的工作人员认为股东具有支配公司资金使用权、收益权的天然权利，实质上否认了公司的独立人格。因此，股东、董事等公司高管应尽量避免财务混同，采用公对公账户交易方式，在公司经营业务时禁止使用个人账户接收单位资金。同时，重视公司的财务管理，制定并严格施行财务制度，建立财务倒查机制，从公司内部杜绝发生无故挪用拒不返还的现象。用款手续应符合我国《公司法》、公司章程等相关规定的要求，如对外借款由股东会、董事会决议通过，并得到妥善保管。

一、相关法律法规

《中华人民共和国刑法》 （修正前）	《中华人民共和国刑法修正案（十一）》 （2021年3月1日施行）
第二百七十二条 【挪用资金罪】公司、企业或者其他单位的工作人员，利用职务上的便利，挪用本单位资金归个人使用或者借贷给他人，数额较大、超过三个月未还的，或者虽未超过三个月，但数额	**第二百七十二条** 【挪用资金罪】公司、企业或者其他单位的工作人员，利用职务上的便利，挪用本单位资金归个人使用或者借贷给他人，数额较大、超过三个月未还的，或者虽未超过三个月，但数额

续表

《中华人民共和国刑法》 （修正前）	《中华人民共和国刑法修正案（十一）》 （2021年3月1日施行）
较大、进行营利活动的，或者进行非法活动的，处三年以下有期徒刑或者拘役；挪用本单位资金数额巨大的，~~或者数额较大不退还的，~~处三年以上~~十年~~以下有期徒刑。 【挪用公款罪】国有公司、企业或者其他国有单位中从事公务的人员和国有公司、企业或者其他国有单位委派到非国有公司、企业以及其他单位从事公务的人员有前款行为的，依照本法第三百八十四条的规定定罪处罚。	较大、进行营利活动的，或者进行非法活动的，处三年以下有期徒刑或者拘役；挪用本单位资金数额巨大的，处三年以上七年以下有期徒刑；数额特别巨大的，处七年以上有期徒刑。 【挪用公款罪】国有公司、企业或者其他国有单位中从事公务的人员和国有公司、企业或者其他国有单位委派到非国有公司、企业以及其他单位从事公务的人员有前款行为的，依照本法第三百八十四条的规定定罪处罚。 有第一款行为，在提起公诉前将挪用的资金退还的，可以从轻或者减轻处罚。其中，犯罪较轻的，可以减轻或者免除处罚。

《最高人民检察院、公安部关于公安机关管辖的刑事案件立案追诉标准的规定（二）》（公通字〔2010〕23号，2010年5月7日施行）

第八十五条　公司、企业或者其他单位的工作人员，利用职务上的便利，挪用本单位资金归个人使用或者借贷给他人，涉嫌下列情形之一的，应予立案追诉：

（一）挪用本单位资金数额在一万元至三万元以上，超过三个月未还的；

（二）挪用本单位资金数额在一万元至三万元以上，进行营利活动的；

（三）挪用本单位资金数额在五千元至二万元以上，进行非法活动的。

具有下列情形之一的，属于本条规定的“归个人使用”：

（一）将本单位资金供本人、亲友或者其他自然人使用的；

（二）以个人名义将本单位资金供其他单位使用的；

（三）个人决定以单位名义将本单位资金供其他单位使用，谋取个人利益的。

《最高人民法院、最高人民检察院关于办理国家出资企业中职务犯罪案件具体应用法律若干问题的意见》（法发〔2010〕49号，2010年11月26日施行）

三、关于国家出资企业工作人员使用改制公司、企业的资金担保个人贷款，用于购买改制公司、企业股份的行为的处理：

国家出资企业的工作人员在公司、企业改制过程中为购买公司、企业股份，利用职务上的便利，将公司、企业的资金或者金融凭证、有价证券等用于个人贷款担保的，依照刑法第二百七十二条或者第三百八十四条的规定，以挪用资金罪或者挪用公款罪定罪处罚。

行为人在改制前的国家出资企业持有股份的，不影响挪用数额的认定，但量刑时应当酌情考虑。

经有关主管部门批准或者按照有关政策规定，国家出资企业的工作人员为购买改制公司、企业股份实施前款行为的，可以视具体情况不作为犯罪处理。

《最高人民法院、最高人民检察院关于办理贪污贿赂刑事案件适用法律若干问题的解释》（法释〔2016〕9号，2016年4月18日施行）

第十一条第二款 刑法第二百七十二条规定的挪用资金罪中的“数额较大”、“数额巨大”以及“进行非法活动”情形的数额起点，按照本解释关于挪用公款罪“数额较大”“情节严重”以及“进行非法活动”的数额标准规定的二倍执行。

适用本条规定时需要注意：第2款规定的挪用资金罪第一个量刑档中的“数额较大”，以挪用公款罪中“数额较大”的数额标准为认定基准，即10万元（5万元×2）；挪用资金罪第二个量刑档中的“数额巨大”，以挪用公款罪第二个量刑档“情节严重”的数额标准为认定基准，即通常为400万元（200万元×2）；挪用资金罪第二个量刑档中“数额较大不退还”的“数额较大”，以挪用公款罪第二个量刑档“情节严重”中“不退还”的数额标准为认定基准，即200万元（100万元×2）。挪用资金进行非法活动的，第一个、第二个量刑档的数额标准分别以相对应的挪用公款罪第一个、第二个量刑档的数额标准的两倍执行，即入罪数额标准为6万元（3万元×2）；数额巨大的标准通常为200万元（100万元×2）；“数额较大不退还”中“数额较大”的标准为100万元（50万元×2）。[①] 但《刑法修正案（十一）》出台后，对于挪用资金罪从原来数额较大、数额巨大两个量刑档变为数额较大、

① 参见江必新主编：《最高人民法院司法解释与指导性案例理解与适用》（第5卷），人民法院出版社2017年版。

数额巨大、数额特别巨大三个量刑档，但《刑法修正案（十一）》出台后，对于三个量刑档具体如何把握和相应数额标准尚未出台新的司法解释。

二、有罪裁判要旨

裁判要旨一：村民委员会成员若非在协助人民政府开展工作过程中，利用职务上的便利，个人借用村集体资金或者将村集体资金借给他人使用的，以挪用资金罪追究刑事责任

案件名称：丁某宇挪用资金罪

案例来源：《刑事审判参考》第42集，第333号案例

裁判结果：

被告人丁某宇犯挪用资金罪，判处有期徒刑4年。丁某宇不服一审判决，提起上诉，二审驳回上诉，维持原判。

基本案情：1994～1996年，被告人丁某宇任潮安县某镇某管理区办事处副主任，负责财经工作。1995年下半年，被告人丁某宇擅自决定，将管理区的宅基地出让金7万元借给村民丁某树做生意，2万元借给村民丁某艺经营锯木厂；私自从管理区办事处出纳员处借用村提留款1.65万元，其中，1万元转手出借给村民丁某乾用于购车从事营运，4000元转手出借给管理区干部丁某琴，余款用于自己做生意。案发后，尚有8.764万元未能追回。

裁判理由：

1. 村民委员会成员不是刑法意义上的国家工作人员。

从村民委员会的职能来看，村委员会成员从事的村自治范围内的管理村公共事务和公益事业工作，虽然属于公务，但不同于以国家或者政府名义实施的组织、领导、监督、管理与人民群众利益及社会的发展相关的各种国家事务和公共事务，不属于《刑法》第93条第2款规定的“依照法律从事公务”。从村民委员会成员的组成看，是由村民直接选举产生，并且村民委员会组织法明确规定：“任何组织或者个人不得指定、委派或者撤换村民委员会成员。”再从村民委员会成员的身份来看，主要是农民，也不脱离生产，不享有国家工作人员的待遇，不具有国家工作人员的权利，犯罪后按国家工作人员处理，权利义务不对等。因此，**村民委员会成员不是刑法意义上的国家工作人员**。

2. 2000年4月29日第九届全国人民代表大会常务委员会第十五次会议

通过《全国人民代表大会常务委员会关于〈中华人民共和国刑法〉第九十三条第二款的解释》(2009 年 8 月 27 日，第十一届全国人民代表大会常务委员会第十次会议将该解释中“征用”修改为“征收、征用”）明确：**村民委员会等村基层组织人员在协助人民政府从事公务时，**利用职务上的便利，非法占有公共财物、挪用公款、索取他人财物或者非法收受他人财物，构成犯罪的，适用《刑法》第 382 条和第 383 条贪污罪、第 384 条挪用公款罪、第 385 条和第 386 条受贿罪的规定。本案中，被告人丁某宇利用职务上的便利，挪用的对象是村宅基地出让金和村提留款，不是国有土地出让金或者土地征用补偿费，也不是救灾、抢险、防汛、优抚、移民、救济资金、社会捐助款或者代征、代缴税款。**九七年《刑法》对挪用公款罪的犯罪主体进行了修正，即仅限于国家工作人员，依照九七年《刑法》第 12 条第 1 款的规定，对丁某宇的行为不能再以挪用公款罪追究刑事责任。**

3. **村民委员会属于《刑法》第 272 条第 1 款规定的“其他单位”，**村民委员会成员利用职务上的便利，挪用本单位资金归个人使用或者借贷给他人，构成犯罪的，应当适用《刑法》第 272 条第 1 款，以挪用资金罪追究刑事责任。

裁判要旨二：彩票销售人员作为受委托管理、经营国有财产的人员，利用承包经营福利彩票投注站、销售福利彩票的职务便利，不交纳投注金购买彩票的行为，与直接挪用福利彩票投注站的资金购买彩票，且事后无力偿付购买彩票款的行为，在性质上是相同的，可视为挪用本单位资金购买彩票

案件名称：刘某仲挪用资金罪

案例来源：《刑事审判参考》第 48 集，第 382 号案例

裁判结果：

被告人刘某仲犯挪用资金罪，判处有期徒刑 7 年。刘某仲不服一审判决，提起上诉，二审驳回上诉，维持原判。

基本案情：刘某仲经与其兄刘某正商议后，2003 年 12 月 1 日，从振东乡福利彩票投注站原销售员刘某祥手中转包了该站，并与滨募办签订了由其销售福利彩票的协议书，缴纳了由刘某正提供的投注机（电脑型）设备保证金 1 万元后，开始经营振东乡福利彩票投注站。

2003 年 12 月 21 日下午 5 时许，刘某仲采用不交纳投注金的手段，从其

经营的彩票机上一次性打出了每张3.7128万元、总金额55.692万元的15张福利彩票。当日晚，盐城市福利彩票发行中心发觉后，当即指令滨募办调查核实。刘某仲无法支付其投注的彩票款并企图逃匿，于同月24日中午在盐城市汽车停靠站被抓获。

裁判理由：

1. 刘某仲作为福利彩票投注站的承包经营人员，属于《刑法》第272条第1款规定的“其他单位的工作人员”，具有挪用资金罪的主体身份。

2. 彩票销售人员利用职务上的便利，不交纳投注金购买彩票，类似于证券、期货公司工作人员利用职务上的便利，挪用本单位资金或者客户资金用于炒股、购买期货等高风险投资，属于《刑法》第272条第1款规定的“挪用本单位资金归个人使用”，事后无力偿付购买彩票款是挪用后不退还的具体表现。虽然与典型的挪用手段相比，有一定程度的差异，但与挪用本单位资金购买彩票在性质上是相同的，仍具备了挪用资金罪的本质特征，不影响挪用资金罪的认定。

裁判要旨三：被告人所在单位既不属于国有独资企业，其职务也非国有公司委派或负有管理、监督国有资产职责的组织批准或者研究决定，则符合挪用资金罪主体身份构成要件，非挪用公款罪所规定的国家工作人员

案件名称：王某洋非国家工作人员受贿、挪用资金罪

案例来源：《刑事审判参考》第102集，第1055号案例

裁判结果：

济南市历下区人民法院判决被告人王某洋犯挪用公款罪，判处有期徒刑2年。王某洋不服一审判决，提起上诉，济南市中级人民法院改判，王某洋犯挪用资金罪，判处有期徒刑1年。

基本案情：2011年9月14日，中建八局第一公司会计张某将公款22万元转入王某洋个人农业银行账户，由王某洋保管。同年11月10日，王某洋利用保管该部分账外资金的职务便利，将其中147,850.65元用于个人购买农业银行理财产品，进行营利活动，同年12月12日归还，获利约700元。

裁判理由：

1. 被告人所属公司出资股东的性质决定了该公司的性质是非国有公司，由此被告人不是国有公司中从事公务的人员。

刑法意义上的国有公司仅指国家出资的国有独资公司，不包含国有资本控股公司、国有资本参股公司等其他类型的国家出资企业。对公司性质的认定，不能仅凭公司的工商注册登记或者公司自身所做的说明，而应当严格依照《最高人民法院、最高人民检察院关于办理国家出资企业中职务犯罪具体应用法律若干问题的意见》第 7 条的规定，**遵循“谁投资，谁拥有产权”的原则，从公司的实际出资情况进行认定**。结合本案，（1）中建八局公司原是国有公司中建总公司的全资子公司，2007 年 12 月，该公司的股东即出资人变更为中建股份公司，此时，中建股份公司仍是国有公司，故中建八局公司也是国有公司。（2）2009 年 7 月，中建股份公司在上海证券交易所上市，转变为国有控股公司，由此，中建八局公司因其股东不再是国有独资公司，其在性质上也就不再属于国有公司，而是转变为国有控股公司。相应地，中建八局第一公司的性质也应变为国有控股公司。基于上述分析，可以认定王某洋的身份不属于国有公司中从事公务的人员。

2. 从被告人的任职程序和实际履行的职责来看，被告人不属于《关于办理国家出资企业中职务犯罪具体应用法律若干问题的意见》规定的“国家工作人员”。

《关于办理国家出资企业中职务犯罪具体应用法律若干问题的意见》第 6 条将非国有独资的国家出资企业中的国家工作人员分为两种类型：第一种类型与《刑法》第 93 条第 2 款对应，属于“委派型”国家工作人员。本案中，被告人王某洋所在公司及上级公司均为国有控股公司，故不属于国有公司委派到非国有公司任职的情形。第二种类型即“间接委派型”或者“代表型”国家工作人员。《关于办理国家出资企业中职务犯罪具体应用法律若干问题的意见》第 6 条第 2 款定：“经国家出资企业中负有管理、监督国有资产职责的组织批准或者研究决定，代表其在国有控股、参股公司及其分支机构中从事组织、领导、监督、经营、管理工作的人员，应当认定为国家工作人员。”**根据该规定，对于国家出资企业中的工作人员是否属于“国家工作人员”，应当从以下两个方面进行认定：一是形式要件，即经国家出资企业中负有管理、监督国有资产职责的组织批准或者研究决定**。这里的“组织”主要是指上级或者本级国家出资企业内部的党委、党政联席会。**二是实质要件，即代表负有管理、监督国有资产职责的组织在国有控股、参股公司及其分支机构中从事组织、领导、监督、经营、管理工作，实质要件具有“代表性”**

和“公务性”两个特征。在判断层次上，对于形式要件、实质要件的判断分别属于形式判断和实质判断，首先要进行形式判断，形式判断是进行实质判断的重要前提和依据。本案中，被告人王某洋任职本公司西客站交通枢纽项目部商务经理是经本公司总经理办公会研究决定任命，并非经国家出资企业中负有管理、监督国有资产职责的组织批准或者研究决定任命。

综上，本案被告人王某洋不是国家工作人员，其利用职务之便，为他人谋取利益，收受他人贿赂的行为以及挪用本单位资金的行为，不构成受贿罪和挪用公款罪，应当以非国家工作人员受贿罪和挪用资金罪论处。

裁判要旨四：小区业主委员会向市场监督管理部门登记注册并取得组织机构代码证，符合同类职务犯罪司法解释所规定的“其他单位”的特征，属于作为被害单位的“其他单位”范畴的，业主委员会工作人员可以成为挪用资金罪的犯罪主体。业主委员会在银行开立基本存款账户，账户内资金属于全体业主共有，业主委员会具有属于自己的财产，业主委员会名下的银行账户内资金应视为“本单位资金”

案件名称：王某浩挪用资金罪

案例来源：最高人民法院公报案例 2020 年第 5 期

裁判结果：

被告人王某浩犯挪用资金罪，判处有期徒刑 9 个月。王某浩不服一审判决，提起上诉，二审驳回上诉，维持原判。

基本案情：被告人王某浩系深圳市南山区某小区第二届业主委员会主任。2015 年 12 月王某浩私自从业委会银行对公账户中转账 44 万元至自己的招商银行账户，其中 40 万元用于股权投资，4 万元借款转账给他人。2016 年 5 月，王某浩将 44 万元转入业委会银行账户。

裁判理由：

被告人王某浩作为业委会主任，利用职务上的便利，挪用业委会资金 44 万元归个人使用，用于营利活动或借贷给他人，数额较大，超过 3 个月未还，其行为已构成挪用资金罪。该小区业委会已获深圳市市场监督管理局颁发的组织机构代码证，应视为《刑法》第 272 条规定的“其他单位”，业委会工作人员可以成为挪用资金罪的犯罪主体。业委会在银行开立账户，账户内资金属全体业主的集体财产，应认定为《刑法》第 272 条规定的“本单位资金”。

王某浩未经业主大会讨论和表决通过，私自挪用小区业委会的中国银行对公账户中的人民币44万元的事实属客观事实。即使小区部分业主事后表示谅解，表示给予补充授权亦不能与业主大会事前的讨论和表决这一规定程序等同相待。因此，业主事后谅解或补充授权并无实质的阻却违法性判断的效力。

三、无罪裁判要旨

无罪裁判要旨一：在无法查明企业经济性质的情况下，对企业负责人将企业资金转移到个人账户进行股票交易的行为，不应按《刑法》第272条第1款的规定认定为挪用资金罪

案件名称：刘某平挪用资金罪

审理法院：山西晋中市中级人民法院

案例来源：《最高人民法院公报》案例2004年第8期

裁判理由：

关于福涌公司、三晋公司的隶属关系及企业性质。福涌公司隶属于三晋公司，三晋公司隶属于高校铸造厂。高校铸造厂申请注册时，虽然注册的场地是在晋中师专院内，注册的企业性质是集体所有制，但事实上该厂从未在晋中师专院内进行过生产经营活动，而是租赁榆次苗圃的场地和房屋建厂、安装设备后投入生产。检察机关虽然列举了晋中师专实习工厂向工商部门支付高校铸造厂企业登记费498元、向土地管理部门支付管理费用1万元的凭证，但同时也有高校铸造厂有关人员或部门出具的借据以及还款手续在案，证实这两笔款是晋中师专实习工厂与高校铸造厂两个企业之间的资金借贷往来，而非晋中师专实习工厂给高校铸造厂的投资。检察机关所举高校铸造厂从金融机构贷款的证据，只能证明该厂从1992年以来使用贷款的情况，不能证明该厂从1989年6月是利用贷款开办起来的，更不能证明这些贷款是开办单位对该厂的投资。故认定高校铸造厂、三晋公司、福涌公司以及晋中职中是公有制（包括集体所有制）经济性质的企业，证据不足。在公司经济性质不明的情况下，无法认定作为三晋公司董事、福涌公司法定代表人的原审被告人刘某平对公司资金享有什么权利。因此，尽管刘某平转款炒股的事实清楚、证据确实，但还不能构成《刑法》第272条第1款规定的挪用资金罪。

无罪裁判要旨二：追诉时效也应适用从旧兼从轻原则

案件名称：沈某挪用资金罪

案例来源：《刑事审判参考》总第25集，第174号案例

裁判理由：

根据九七年《刑法》第88条第2款规定，“被害人在追诉期限内提出控告，人民法院、人民检察院、公安机关应当立案而不予立案的，不受追诉期限的限制”。对此，《最高人民法院关于适用刑法时间效力规定若干问题的解释》第1条规定：“对于行为人1997年9月30日以前实施的犯罪行为，……被害人在追诉期限内提出控告，人民法院、人民检察院、公安机关应当立案而不予立案，超过追诉期限的，是否追究行为人的刑事责任，适用修订前的刑法第七十七条的规定。”这一规定明确排除了九七年《刑法》第88条第2款对本案的适用，而修订前的《刑法》第77条的规定是“在人民法院、人民检察院、公安机关采取强制措施以后，逃避侦查或者审判的，不受追诉期限的限制”。也就是说，在七九年《刑法》中，“不受追诉期限的限制”的情形仅限于“在人民法院、人民检察院、公安机关采取强制措施以后，逃避侦查或者审判”这一前提条件。本案中，由于公安机关没有立案，所以无从谈起采取强制措施，更谈不上沈某逃避侦查或者审判。因此，**对于被告人沈某在1997年9月30日前实施的挪用资金犯罪行为，被害人在追诉期限内提出控告，司法机关应当立案而没有立案的，仍然受到追诉期限的限制，但已超过追诉期限的，依法不得追究其刑事责任**。

无罪裁判要旨三：涉案资金均系在单位之间流转，反映的是单位之间的资金往来，无充分证据证实归个人使用，也无充分证据证实挪用资金为个人谋利，因此认定事实和适用法律错误

1. **案件名称：**张某中诈骗、单位行贿、挪用资金罪再审刑事判决书

审理法院：最高人民法院

案号：（2018）最高法刑再3号

裁判理由：

原判认定张某中伙同他人共谋挪用泰康公司4000万元资金申购新股谋利，后又用5000万元过账还款予以掩盖的事实清楚，证据确实。但认定张某

中伙同陈某1、田某1挪用泰康公司资金归个人使用、为个人谋利的事实不清、证据不足。

（一）在案书证显示，涉案资金均系在单位之间流转，反映的是单位之间的资金往来，无充分证据证实归个人使用

1. 相关转账支票、进账单、存取款凭单、记账凭证、资金往来发票等书证证实：涉案4000万元资金于1997年3月27日由泰康公司划转至卡斯特投资咨询中心在北京证券交易中心开设的账户，后转至国泰证券公司北京方庄营业部卡斯特投资咨询中心股票交易账户。同年8月19日，涉案4000万元资金又由国泰证券公司北京方庄营业部卡斯特投资咨询中心股票交易账户，通过北京证券登记有限公司、卡斯特投资咨询中心转回泰康公司。涉案资金始终在单位之间的账上流转。

2. 在案的委托投资国债协议、抵押合同，也系泰康公司与卡斯特投资咨询中心两个单位之间签订，客观上成为泰康公司将4000万元借给卡斯特投资咨询中心的凭据。中国人民银行对泰康公司进行检查，发现该笔4000万元资金违规后，要求泰康公司尽快终止合同。泰康公司经总裁室研究决定，向卡斯特投资咨询中心出具了《关于终止委托国债投资协议致卡斯特投资咨询中心的函》，该行为亦是单位之间的行为。

3. 为掩盖4000万元资金的违规行为，泰康公司又转出5000万元资金，经河南国投公司过账，用以归还先前挪用的4000万元。该笔资金仍是在单位之间流转。

（二）无充分证据证实挪用资金为个人谋利

1. 原审被告人张某中及证人陈某、田某虽在侦查阶段承认，挪用资金申购新股的盈利由三人按比例分配，但张某中在审查起诉阶段、陈某在一审阶段均推翻原供证，称申购新股是为了各自公司的利益，并非为个人谋利。供证前后不一。

2. 原判认定张某中等人挪用泰康公司的4000万元资金申购新股共盈利1000余万元与在案书证不符。国泰证券公司北京方庄营业部客户存取款凭单显示，卡斯特投资咨询中心于1997年8月19日支取第一笔4000万元时，余额为9335元，同年9月3日支取第二笔4000万元时，余额为423万余元。由于缺乏卡斯特投资咨询中心股票账户交易记录等证据，上述余额是否为申购新股所得盈利不清，且即便是盈利，也与原判认定的盈利数额存在较大

出入。

3. 因无卡斯特投资咨询中心股票账户交易记录等证据在案，该账户上的具体交易情况及资金流向均不清楚，无证据证实张某中等人占有了申购新股所得盈利。

张某中与陈某、田某共谋，并利用陈某职务上的便利，将陈某所在泰康公司 4000 万元资金转至卡斯特投资咨询中心股票交易账户进行营利活动的事实清楚，证据确实。但原判认定张某中挪用资金归个人使用、为个人谋利的事实不清、证据不足。故原判认定张某中的行为构成挪用资金罪，属于认定事实和适用法律错误，应当依法予以纠正。

2. **案件名称：**杜某东虚假出资、挪用资金、职务侵占罪再审刑事判决书

审理法院：广西壮族自治区高级人民法院

案号：（2007）桂刑再字第 12 号

裁判理由：

虽然杜某东曾同时是深圳锐博公司的法定代表人及深圳银湾公司的总经理，但公诉机关指控杜某东挪用的 360, 570 元均不是由杜某东签批，都是由深圳银湾公司的总经理助理崔某签批的，而认定是杜某东指使崔某这么做的证据不足。用深圳银湾公司的资金支付深圳锐博公司的退货款及审计费，实为深圳银湾公司的企业行为，而非崔某的个人行为，该行为使深圳银湾公司与深圳锐博公司之间产生民事法律关系，不属于刑法调整的范围。杜某东没有挪用资金的主观故意，也没有实施挪用资金的行为，公诉机关指控杜某东犯挪用资金罪不成立，本院不予支持。

无罪裁判要旨四：一人控股公司，有证据证明挪用行为是典型的股东个人资产与公司资产混同的情况下，其挪用公司资金并不涉及损害其他股东利益的问题，应承担的是民事连带责任，而不是刑事责任

案件名称：韩某彪挪用资金罪一审刑事判决书

审理法院：陕西省清涧县人民法院

案号：（2019）陕 0830 刑初 55 号（经检索，未检索到该案二审判决）

裁判理由：

起诉书指控被告人韩某彪挪用布袋壕公司 1979. 8903 万元的事实，经查，

公诉机关向法庭提交的布袋壕公司的登记情况、股权转让协议、证人韩某甲、杜某乙、白某某、李某乙、李某甲等人的证言、神木县审计局委托会计师事务所制作的《神木县布袋壕炭窑渠综合治理项目专项审计报告》、布袋壕公司出具的《情况说明》可以证实布袋壕公司是韩某彪实际控制的一人公司。起诉书在认定韩某彪挪用布袋壕公司资金 1978.8903 万元共计 29 笔的开支款项，均由韩某丙的三个银行账号支出。韩某丙的银行账号与布袋壕公司的银行账户有资金往来，韩某丙银行账户有自己的转入转出资金往来流水，该账户的支出不能完全视同为布袋壕公司的支出。《公司法》第 20 条第 3 款规定“公司股东滥用公司法人独立地位和股东有限责任，逃避债务，严重损害公司债权人利益的，应当对公司债务承担连带责任”。《公司法》第 63 条规定“一人有限责任公司的股东不能证明公司财产独立于股东自己的财产的，应当对公司债务承担连带责任”。本案中韩某彪实际持有布袋壕公司的全部股权，韩某彪的这种挪用行为是典型的股东个人资产与公司资产混同，根据上述《公司法》的相关规定，韩某彪应对公司债务承担民事连带责任，而不是刑事责任。

被告人韩某彪实际控制的布袋壕公司名为股份有限公司实为一人控股公司，其对布袋壕公司的资金具有完全的支配权，其挪用公司资金并不涉及损害其他股东利益的问题，亦无其他社会危害性，故不能认定被告人有罪。指控其挪用煤矿资金的犯罪事实，该资金系韩某彪股权转让对价，韩某彪有完全的支配权，且公司已注销，不具备该罪的犯罪构成要件。因此，尽管韩某彪转款他用的事实清楚，但还不能构成《刑法》第 272 条规定的挪用资金罪，公诉机关指控被告人韩某彪构成挪用资金罪缺乏法律依据，本院不予支持。

无罪裁判要旨五：被告与单位是承包关系，按照合同约定有权支配应得的收入，且无充分证据证实被告取得应得收入后实施了侵犯受害单位资金使用权的行为，主客观均不符合挪用资金罪的构成要件，因此不构成犯罪

案件名称：贾某挪用资金罪二审刑事裁定书

审理法院：宁夏回族自治区银川市中级人民法院

案号：（2020）宁 01 刑终 62 号

裁判理由：

1. 根据《银川市设计院与分院经济责任合同》《关于院（公司）执行建筑分院管理办法（暂行）》的约定和规定，按合同收费的80%资金归分院所有，其中对于应支付的各项经营成本有明确约定，包括分院员工的固定工资、效益工资、奖金，其中的效益工资总院制定了计算标准，由分院院长核算，而奖金则由分院院长自主决定。同时，根据《关于院（公司）执行建筑分院管理办法》的规定，“总院鼓励分院创收，分院年终完成当年计划涉及收入后，按分院超额部分的5%作为超额奖金，由分院院长支配”，而原审被告人贾某的供述、证人辛某、解某、徐某、李某等人的证言，以及分院的经营方式，也均能证实80%的资金在支付相应的经营成本后，应当由原审被告人贾某予以支配。

2. 收集在卷的《经济责任合同》显示各分院与总院在2014年之前系以此确定各自的权利义务，未明确原审被告人贾某是否承包人的问题。而辩护人提交的甲方银川设计院与乙方贾某签订的《内部承包经营合同》（自2015年1月1日至12月31日止）约定：分院是隶属院（公司）的生产经营机构，实行分院院长个人承包负责制。分院实行“比例上缴，自负盈亏，独立核算，自主经营”的经营方式。甲方同意乙方自愿承包建筑二分院。合同还约定了分院在承包期内经济指标，总院与分院的分配比例，同时明确约定“乙方设计费收入总额的80%由乙方自行支配，甲方给予积极配合”。该份证据与原审被告人贾某的供述、证人辛某、解某、徐某、李某、詹某等人的证言能够相互印证，证实2014年之前，虽然总院与分院签订《经济责任合同》，但实质上是原审被告人贾某个人承包了二分院，其有权按照合同约定取得应得的收入进行支配。

3. 《关于院（公司）执行建筑分院管理办法》规定：“分院院长的收入不得高于本分院工程师以上人员平均奖的2.5倍，分院年终完成当年计划设计收入后，按分院超额部分的5%作为超额奖金，由分院院长支配”。《分院院长岗位责任》规定：“分院院长年收入标准按分院年人均计划收入标准的1.5倍分月计算发放，每半年考核一次，分院实际财务收入达到院（公司）下达的经济责任目标，可按分院年人均收入的2倍予以补齐，对分院完成或者超额完成院（公司）下达的全年经济责任目标，可从分院税后盈余中提取3%～5%作为奖励，对分院院长自己主持完成的勘察、设计项目，按院（公司）对单项工程机件工资的有关规定执行，不计入个人年收入标准。”同时，在卷的书证、证人证言、原审被告人贾某的供述均能证实，贾某在支付与工程相关的款项、员工旅游费用时均有个人支付的记录，足以说明其与辩护人提出的抗辩意见是客观存在的事实，而检方没有确实、充分的证据证实原审被告人在按照上述规定足额取得其应得收入后实施了侵犯本单位资金使用权的行为，仅以原审被告人贾某使用虚假合同套取资金违反财务管理规定认定其行为构成挪用资金罪，显属事实不清，证据不足。

裁判要旨六：同一股东投资的两家公司间款项流转，若不能证明股东与公司财产混同，则无法认定为归个人使用。即便股东未经其他股东同意擅自转款的行为违反了股东间的约定，也是民事法律调整的对象，其社会危害性达不到追究刑事责任的程度

案件名称：张某磊挪用资金罪二审刑事判决书

审理法院：广东省惠州市中级人民法院

案号：（2018）粤13刑终227号

裁判理由：

1. 被告人张某磊系代表顿成公司向顿成鑫公司投资54万元，且投资项目真实存在，该54万元从顿成公司转入顿成鑫公司后，因顿成鑫公司与卓某、周某之间的合作开发协议没有实际履行，该54万元也没有被使用，后张某磊又于2014年10月11日将54万元转回顿成公司。因此本案中的54万元资金是在公司之间流转，且顿成惠州分公司与顿成鑫公司之间签订有投资协议，现有证据不能证明上诉人张某磊有挪用本单位资金归其本人或者其他自然人使用，或者以其个人名义将所挪用的资金借给其他自然人和单位的主观故意和行为。

2. 在案证据不能证明张某磊个人与顿成鑫公司存在财产混同的情况，不能将划入上诉人张某磊个人独资的顿成鑫公司的资金认定为归张某磊个人使用。

3. 张某磊代表顿成惠州分公司与其自己经营的顿成鑫公司签订投资协议的行为虽然违反了其与顿成公司另一股东罗某之间的约定，但该约定只是公司内部股东之间的约定，上诉人签订投资协议的行为只是一种内部违约行为，案发后，上诉人也与罗某达成了协议，解决了股东之间的纠纷。该违约行为

应属于民事法律调整的范围，其社会危害性达不到追究刑事责任的程度。

综上所述，原公诉机关指控及原审判决认定上诉人张某磊犯挪用资金罪的证据不足，指控的犯罪不能成立。

无罪裁判要旨七：属于村民自治范畴的征地补偿费分配问题，由村民小组讨论决定，如方案侵害了村民的合法权益，可依据《村民委员会组织法》之规定采取相应的救济，非刑法调整范围

案件名称：曾某亮职务侵占、挪用资金罪一审刑事判决书

审理法院：河北省宽城满族自治县人民法院

案号：（2017）冀0827刑初78号（本案系经二审法院撤销原判后，发回重审的一审判决。经检索，未发现二审判决）

裁判理由：

本案中的涉案补偿费被山后村第三居民组领取后分配方案应由村民小组讨论决定。本案中涉及的征地补偿费分配，属于村民自治范畴，曾某亮组织召开村民会议后，决定了分配方案并分配。如果该方案侵害了村民的合法权益，《村民委员会组织法》第36条规定了相应的救济途径，“村民委员会或者村民委员会成员作出的决定侵害村民合法权益的，受侵害的村民可以申请人民法院予以撤销，责任人依法承担法定责任。村民委员会不依照法律、法规的规定履行法定义务的，由乡、民族乡、镇的人民政府责令改正”。被告人曾某亮制定分配方案并将补偿费分配的行为不属于刑法调整范围，故其行为不构成犯罪。

无罪裁判要旨八：公司股东、法定代表人与公司存在多笔借款，未经公司集体决策转账给自己，系违规运转资金，未给公司造成实际损害，不宜以犯罪处理

1. **案件名称：**刘某玲挪用资金罪二审刑事判决书

审理法院：新疆维吾尔自治区克孜勒苏柯尔克孜自治州中级人民法院

案号：（2019）新30刑终107号

裁判理由：

本院分析认为，前后矛盾的证人证言和一张无法证明关联性的借款单不

能证实上诉人刘某玲私自出售了公司的房屋，占有挪用了售房款，也不能证实涉案的25万元资金的真实流向，故在案证据无法证明上诉人实施了挪用25万元售房款资金的犯罪行为。对原审法院认定新疆维吾尔自治区阿图什市人民检察院指控被告人刘某玲挪用公司资金150万元、指控被告人刘某玲侵占公司资金共计79万元，系被告人刘某玲与公司之间形成的债权债务关系，挪用公司资金及职务侵占罪不能成立的判决内容，符合客观事实及法律规定，本院予以确认。综上，原审法院认定刘晓玲犯挪用资金罪，事实不清、证据不足。

2. **案件名称：**张某锋挪用资金罪二审刑事判决书

审理法院：四川省乐山市中级人民法院

案号：（2016）川11刑终139号

裁判理由：

上诉人（原审被告人）张某锋作为宝新公司执行董事、法定代表人，将宝新公司购货款1600万元挪做他用，未给宝新公司造成实际损害，张某锋的行为应认定为企业违规运转资金，不宜以犯罪处理。宝新公司的财务人员李某证实，宝新公司的注册资本为1500万元，但宝新公司的股东除股本金外还向公司有个人借款。张某锋于2011年5月至2013年3月，陆续借款给宝新公司，共计借款1亿余元，2011年7月至2013年7月，宝新公司不间断地向张某锋还款共计9000余万元，现在宝新公司仍差张某锋2000余万元。虽然张某锋、谢某、李某均证实，张某锋、谢某约定公司盈利后，个人对公司的借款，公司要以2%的利息支付给股东个人，但宝新公司未开始盈利，实际上未支付任何利息给张某锋。原判认定张某锋2012年挪用资金1600万元的行为，仅仅是这三年来张某锋与宝新公司资金往来的一小部分。张某锋将宝新公司1600万元转出是客观事实，宝新公司尚差张某锋2000余万元，在转出1600万元后，张某锋从正丰公司转账5250万元到宝新公司。张某锋的行为并未给宝新公司造成实际损害。由于宝新公司各股东之间未进行财务结算，该转出款应认定为企业的违规运转资金，不宜以犯罪处理。

3. **案件名称：**麦某新职务侵占、挪用资金罪再审刑事裁定书

审理法院：广东省高级人民法院

案号：（2015）粤高法审监刑再字第7号

裁判理由：

（1）从东亚公司的投资主体来看，该公司由麦某新和长新公司提供注册资金和经营资金。没有证据证明麦某新有挪用东亚公司资金用于长新公司的主观意图。（2）从资金的来源来看，涉案资金是以东亚公司名义向银行借贷的借款。该银行借款由麦某新、陈某个人资产作为担保，该借款实际得到了陈某的授权和认可。（3）从资金的用途来看，该借款主要用于长新公司的经营活动，没有证据证明用于个人。长新公司和东亚公司的经济往来未经审计，两个公司之间债权债务情况不清。有证据证明长新公司曾向东亚公司注入过大量资金，没有证据证明涉案行为损害了东亚公司的财产权。

综上所述，现有证据可以证明东亚公司的股东陈某、苏某未能提供东亚公司的注册资金，不能证明陈某、苏某在东亚公司的经营过程中投入资金。现有证据不足以证明原审被告人麦某新的行为构成职务侵占罪和挪用资金罪。广东省人民检察院关于原审被告人麦某新的行为构成职务侵占罪和挪用资金罪的抗诉意见不能成立，本院不予采纳。

裁判要旨九： 挪用资金罪侵犯的法益是本单位资金的占有权、使用权和收益权，刑事法律打击的是侵犯公司权益，谋取个人利益的行为，认定是否谋求个人利益，应将是否有利于企业发展作为一个重要的衡量标准，而不应仅仅局限于从企业和股东个人之间的关系来考量，股东将公司的资金挪至关联公司使用，是否必然影响到股东利益，答案并非是肯定的，故资金的调配与公司的利益盈亏亦非具有直接的必然的因果关系，将资金调配行为认定为挪用资金，谋取个人利益，证据不足

案件名称： 周某崑、黄某敏挪用资金罪二审刑事裁定书

审理法院： 山东省威海市中级人民法院

案号：（2018）鲁10刑终172号

裁判理由：

本案争议的焦点在于原审被告人周某崑将东方模具的500万元调配至新东方实业使用，是否属于个人决定将单位资金借给其他单位使用，谋求个人利益的情形。首先从本案查明的事实看，东方模具是新东方钟表和职业学院合作建立的，东方模具在法律上属于独立法人，东方模具公司章程规定公司股东会是公司的权力机构，对公司资产的出借、抵押、担保必须经2/3以上

表决权的股东通过作出决议。被告人周某崑决定将东方模具的500万元调配至新东方钟表未经过上述程序，违反了公司章程的规定，属于“个人决定将单位资金借给其他单位使用”，但违反了公司章程的行为是否必然构成犯罪，涉案500万元资金进入新东方钟表账户，之后转入新东方实业账户，该款无论是用于还贷还是购买土地，均属于新东方实业使用资金的表现形式，认定二原审被告人构成犯罪还需符合谋取个人利益这一法定构成要件。被告人周某崑辩解东方模具在成立初期即按照新东方钟表的管理模式运行，新东方实业的副总练某证明商谈成立企业时，双方协商按照新东方钟表的管理方式运营，职业学院的刘某主任证实东方模具的财务由新东方实业代管，副院长秦某证明学院方面人员安排都是挂名，没有实质性参与，均可以证明东方模具在建立之初期就没有独立的财务机构，接受新东方钟表财务统一管理，且在该种管理模式下运行了近十年。作为董事长周某崑，始终将东方模具与其他关联企业一样进行管理运作，其认为调用东方模具的500万元是为企业的经营需要，是为了集团企业的整体利益，在此前提下认定周某崑具有挪用东方模具的资金，为个人谋取利益的主观故意证据不足。

其次，本案事实及证据表明，新东方钟表动用500万元资金之前，新东方实业便将用于验资的584,441.94元资金继续留在东方模具作为流动资金使用，此后新东方钟表还陆续为东方模具支付设备款、装修款、缴纳职工社会保险共计485,019.08元。上述款项共计106,946,102元，可以说明新东方钟表对东方模具的管理上与其他关联企业无异，二企业之间存在资金调配使用的关系，资金的拆借和调动更多的是为了企业的正常运转和经营发展需要。从调配500万元受益角度看，一方面新东方钟表无实际生产经营项目，属于一种所谓的“管理机构”，其员工工资及股东股份分红的资金来源于新东方实业拥有所有权的房地产向外出租的收入及向其下属企业所收管理费，无证据证明被告人周某崑、黄某敏在新东方钟表领取工资和股份分红与东方模具的500万元资金的转入有直接的因果关系；另一方面离开了东方模具的500万元是否必然导致新东方钟表、新东方实业利益受损，是否必然影响到股东利益，答案并非是肯定的，因为新东方钟表下属有很多企业，不排除可以通过从其他企业调剂资金解决的可能，故500万元的调配与新东方实业的利益盈亏亦非具有直接的必然的因果关系，将500万元资金调配认定为挪用资金，谋取个人利益，证据不足。

原审法院判决二原审被告人无罪正确，应予维持。抗诉机关抗诉意见不成立，本院不予支持。

无罪裁判要旨十： 挪用资金罪中的“归个人使用”的认定，根据有关规定，“以个人名义将本单位资金供其他单位使用的；个人决定以单位名义将本单位资金供其他单位使用，谋取个人利益的”，属于“归个人使用”。被告以个人（单位）名义借款，但无法证明被告谋取个人利益，不宜以犯罪处理

1. **案件名称：** 简某光挪用资金罪一审刑事判决书

审理法院： 辽宁省大连市金州区人民法院

案号：（2018）辽0213刑初414号（辽宁省大连市金州区人民检察院提出抗诉又撤回抗诉）

裁判理由：

被告人简某光从大连某公司借款没有用于个人营利活动，其借款是为上海某公司的增持计划筹资，以及偿还上海某公司上市融资借款产生的利息，被告人简某光仅是作为上海某公司的股东履行职责，借款行为均基于大连某公司的股东上海某公司的利益，而上海某公司作为大连某公司的最大股东，其利益与大连某公司是息息相关的。被告人简某光借款后在很短的时间内予以偿还，亦未进行非法活动，其行为社会危害性较小，属情节显著轻微危害不大的情形，不应认定为犯罪。

2. **案件名称：** 朱某挪用资金罪二审刑事判决书

审理法院： 内蒙古自治区通辽市中级人民法院

案号：（2017）内05刑终52号

裁判理由：

本案中，涉案资金通过利群公司的1941账户转入东北六药账户，又由东北六药公司转至利群公司225万元，用于支付利群公司的货款，有东北六药为利群公司出具的借据、银行间的转账凭证等证据证明，资金流向明确，朱某并未以个人名义出借、使用，应认定以单位名义出借、使用资金。上诉人朱某虽有“个人决定以单位名义将本单位资金供其他单位使用”的情形，但认定为“归个人使用”，还应具备“谋取个人利益”的条件。依据现有证据

不足以认定其谋取了个人利益。上诉人朱某挪用资金的行为不符合挪用资金罪的法定构成要件，故证据不足，不能认定其有罪。

无罪裁判要旨十一：外来款项直接汇入股东个人账户，有证据证明该款项是个人股权转让款，非公司收入，因此不构成挪用资金罪

案件名称：袁某甲、蔡某虚假出资、抽逃出资、挪用资金罪二审刑事判决书

审理法院：福建省福州市中级人民法院

案号：（2015）榕刑终字第 1458 号

裁判理由：

本院认为，本案控辩双方争议的焦点问题是熊某汇入的人民币 508 万元款项性质问题。原公诉机关虽然提供了 2009 年 12 月 2 日某公司出具的内容为“投资款”的收款收据等证据用以说明该款项的性质是属于公司款项，二上诉人挪用公司款项属于挪用资金罪。但辩方提供的在案证据证明上诉人蔡某与熊某于 2009 年 10 月 3 日签订有《投资合作协议》，该协议约定蔡某将某公司个人占有的股权 10% 转让给熊某，熊某也先后三次将人民币 508 万元按蔡某要求转入袁某甲个人账户，双方并办理了工商股权变更手续，熊某受让取得蔡某 10% 股权成为某公司的股东。对此在案书证股东会议决议、清算单也印证了蔡某个人转让股权给熊某的事实，故辩方认为涉案款项属蔡某个人股权转让款不构成挪用资金罪。本院认为，本案中被告人和被害人各方对该款项性质从各自的陈述看并不清晰，在各方都有证据支持其观点的前提下，宜从有利于被告人的原则出发认定蔡某收取的 508 万元涉案款项属于其个人股权转让款，上诉人袁某甲、蔡某及其辩护人诉辩称不构成挪用资金罪的理由成立，予以采纳。原判认定上诉人袁某甲、蔡某构成挪用资金罪证据不足，应予纠正。

第八篇

破坏环境资源保护篇

第二十二章

污染环境罪裁判要旨

导　言

纵观我国污染环境罪发展历程，从2011年《刑法修正案（八）》修立“污染环境罪”，到2013年《最高人民法院、最高人民检察院关于办理环境污染刑事案件适用法律若干问题的解释》（法释〔2013〕15号）颁布，加强污染环境罪案件办理的实践可操作性，到2016年《最高人民法院、最高人民检察院关于办理环境污染刑事案件适用法律若干问题的解释》（法释〔2016〕29号），进一步细化和修正相关规定，直至2021年3月1日起实施的《刑法修正案（十一）》，将污染环境罪最高刑期由原先7年以下有期徒刑并处罚金，修改为7年以上有期徒刑并处罚金，可见我国对环境保护重视程度越来越高，逐渐进入“重典”治污时代，众多因污染环境被追究刑责的案例给污染型企业敲响警钟，相关企业面临的环保刑事风险与日俱增。截至2021年6月30日，笔者通过检索《刑事审判参考》《最高人民法院公报》《最高人民法院指导案例》《最高人民检察院公报》，共检索污染环境罪相关案例5件；检索裁判文书网、威科先行法律信息库共检索到11件污染环境无罪案例，通过罪名分析及对上述案件的总结，笔者发现涉污企业在生产、经营过程中主要存在以下风险：（1）相关企业在未通过环境影响评价、未使用验收合格的防治污染设施、未取得排污许可证等的情况下，排放、倾倒、处置含有毒害性、放射性、传染病病原体等物质的污染物，尤其是向医院、学校、居民区等人口集中地区，饮用水水源一级保护区，自然保护区核心区等重点区域，实施上述排污行为；（2）相关企业向他人提供或者委托他人收集、贮存、利用、处置危险废物的，未核实他人是否具有危险废物处置资质（危险废物经营许可证），而成为污染环境犯罪的共犯。企业一旦触犯本罪，在承担刑事责任的同时，还需在生态环境造成损害范围内承担恢复原状，赔偿应急处置费、赔偿生态环境修复费、鉴定费用等巨额民事赔偿及在相关媒体上公开赔礼道歉的风险。因此相关企业，在生产、经营过程中，应防范上述风险，避免触碰红线。

一、相关法律法规

《中华人民共和国刑法》第二百三十八条：

我国《刑法》经第11次修正后的前后条文对比：

《中华人民共和国刑法》 （修正前）	《刑法修正案（十一）》 （2021年3月1日施行）
第三百三十八条　【污染环境罪】违反国家规定，排放、倾倒或者处置有放射性的废物、含传染病病原体的废物、有毒物质或者其他有害物质，严重污染环境的，处三年以下有期徒刑或者拘役，并处或者单处罚金；后果特别严重的，处三年以上七年以下有期徒刑，并处罚金。	**第三百三十八条**　【污染环境罪】违反国家规定，排放、倾倒或者处置有放射性的废物、含传染病病原体的废物、有毒物质或者其他有害物质，严重污染环境的，处三年以下有期徒刑或者拘役，并处或者单处罚金；**情节严重的，处三年以上七年以下有期徒刑，并处罚金；有下列情形之一的，处七年以上有期徒刑，并处罚金：** （一）在饮用水水源保护区、自然保护地核心保护区等依法确定的重点保护区域排放、倾倒、处置有放射性的废物、含传染病病原体的废物、有毒物质，情节特别严重的； （二）向国家确定的重要江河、湖泊水域排放、倾倒、处置有放射性的废物、含传染病病原体的废物、有毒物质，情节特别严重的； （三）致使大量永久基本农田基本功能丧失或者遭受永久性破坏的； （四）致使多人重伤、严重疾病，或者致人严重残疾、死亡的。 有前款行为，同时构成其他犯罪的，依照处罚较重的规定定罪处罚。

《最高人民法院、最高人民检察院关于办理环境污染刑事案件适用法律若干问题的解释》（法释〔2016〕29号，2017年1月1日施行）：

第一条　实施刑法第三百三十八条规定的行为，具有下列情形之一的，应当认定为“严重污染环境”：

（一）在饮用水水源一级保护区、自然保护区核心区排放、倾倒、处置有放射性的废物、含传染病病原体的废物、有毒物质的；

（二）非法排放、倾倒、处置危险废物三吨以上的；

（三）排放、倾倒、处置含铅、汞、镉、铬、砷、铊、锑的污染物，超过国家或者地方污染物排放标准三倍以上的；

（四）排放、倾倒、处置含镍、铜、锌、银、钒、锰、钴的污染物，超过国家或者地方污染物排放标准十倍以上的；

（五）通过暗管、渗井、渗坑、裂隙、溶洞、灌注等逃避监管的方式排放、倾倒、处置有放射性的废物、含传染病病原体的废物、有毒物质的；

（六）二年内曾因违反国家规定，排放、倾倒、处置有放射性的废物、含传染病病原体的废物、有毒物质受过两次以上行政处罚，又实施前列行为的；

（七）重点排污单位篡改、伪造自动监测数据或者干扰自动监测设施，排放化学需氧量、氨氮、二氧化硫、氮氧化物等污染物的；

（八）违法减少防治污染设施运行支出一百万元以上的；

（九）违法所得或者致使公私财产损失三十万元以上的；

（十）造成生态环境严重损害的；

（十一）致使乡镇以上集中式饮用水水源取水中断十二小时以上的；

（十二）致使基本农田、防护林地、特种用途林地五亩以上，其他农用地十亩以上，其他土地二十亩以上基本功能丧失或者遭受永久性破坏的；

（十三）致使森林或者其他林木死亡五十立方米以上，或者幼树死亡二千五百株以上的；

（十四）致使疏散、转移群众五千人以上的；

（十五）致使三十人以上中毒的；

（十六）致使三人以上轻伤、轻度残疾或者器官组织损伤导致一般功能障碍的；

（十七）致使一人以上重伤、中度残疾或者器官组织损伤导致严重功能障碍的；

（十八）其他严重污染环境的情形。

第二条 实施刑法第三百三十九条、第四百零八条规定的行为，致使公私财产损失三十万元以上，或者具有本解释第一条第十项至第十七项规定情形之一的，应当认定为“致使公私财产遭受重大损失或者严重危害人体健康”或者“致使公私财产遭受重大损失或者造成人身伤亡的严重后果”。

第三条 实施刑法第三百三十八条、第三百三十九条规定的行为，具有下列情形之一的，应当认定为“后果特别严重”：

（一）致使县级以上城区集中式饮用水水源取水中断十二小时以上的；

（二）非法排放、倾倒、处置危险废物一百吨以上的；

（三）致使基本农田、防护林地、特种用途林地十五亩以上，其他农用地三十亩以上，其他土地六十亩以上基本功能丧失或者遭受永久性破坏的；

（四）致使森林或者其他林木死亡一百五十立方米以上，或者幼树死亡七千五百株以上的；

（五）致使公私财产损失一百万元以上的；

（六）造成生态环境特别严重损害的；

（七）致使疏散、转移群众一万五千人以上的；

（八）致使一百人以上中毒的；

（九）致使十人以上轻伤、轻度残疾或者器官组织损伤导致一般功能障碍的；

（十）致使三人以上重伤、中度残疾或者器官组织损伤导致严重功能障碍的；

（十一）致使一人以上重伤、中度残疾或者器官组织损伤导致严重功能障碍，并致使五人以上轻伤、轻度残疾或者器官组织损伤导致一般功能障碍的；

（十二）致使一人以上死亡或者重度残疾的；

（十三）其他后果特别严重的情形。

第四条 实施刑法第三百三十八条、第三百三十九条规定的犯罪行为，具有下列情形之一的，应当从重处罚：

（一）阻挠环境监督检查或者突发环境事件调查，尚不构成妨害公务等犯罪的；

（二）在医院、学校、居民区等人口集中地区及其附近，违反国家规定排放、倾倒、处置有放射性的废物、含传染病病原体的废物、有毒物质或者其他有害物质的；

（三）在重污染天气预警期间、突发环境事件处置期间或者被责令限期整改期间，违反国家规定排放、倾倒、处置有放射性的废物、含传染病病原体的废物、有毒物质或者其他有害物质的；

（四）具有危险废物经营许可证的企业违反国家规定排放、倾倒、处置有放射性的废物、含传染病病原体的废物、有毒物质或者其他有害物质的。

第五条　实施刑法第三百三十八条、第三百三十九条规定的行为，刚达到应当追究刑事责任的标准，但行为人及时采取措施，防止损失扩大、消除污染，全部赔偿损失，积极修复生态环境，且系初犯，确有悔罪表现的，可以认定为情节轻微，不起诉或者免予刑事处罚；确有必要判处刑罚的，应当从宽处罚。

第六条　无危险废物经营许可证从事收集、贮存、利用、处置危险废物经营活动，严重污染环境的，按照污染环境罪定罪处罚；同时构成非法经营罪的，依照处罚较重的规定定罪处罚。

实施前款规定的行为，不具有超标排放污染物、非法倾倒污染物或者其他违法造成环境污染的情形的，可以认定为非法经营情节显著轻微危害不大，不认为是犯罪；构成生产、销售伪劣产品等其他犯罪的，以其他犯罪论处。

第七条　明知他人无危险废物经营许可证，向其提供或者委托其收集、贮存、利用、处置危险废物，严重污染环境的，以共同犯罪论处。

第八条　违反国家规定，排放、倾倒、处置含有毒害性、放射性、传染病病原体等物质的污染物，同时构成污染环境罪、非法处置进口的固体废物罪、投放危险物质罪等犯罪的，依照处罚较重的规定定罪处罚。

第九条　环境影响评价机构或其人员，故意提供虚假环境影响评价文件，情节严重的，或者严重不负责任，出具的环境影响评价文件存在重大失实，造成严重后果的，应当依照刑法第二百二十九条、第二百三十一条的规定，以提供虚假证明文件罪或者出具证明文件重大失实罪定罪处罚。

第十条　违反国家规定，针对环境质量监测系统实施下列行为，或者强令、指使、授意他人实施下列行为的，应当依照刑法第二百八十六条的规定，以破坏计算机信息系统罪论处：

（一）修改参数或者监测数据的；

（二）干扰采样，致使监测数据严重失真的；

（三）其他破坏环境质量监测系统的行为。

重点排污单位篡改、伪造自动监测数据或者干扰自动监测设施，排放化学需氧量、氨氮、二氧化硫、氮氧化物等污染物，同时构成污染环境罪和破坏计算机信息系统罪的，依照处罚较重的规定定罪处罚。

从事环境监测设施维护、运营的人员实施或者参与实施篡改、伪造自动监测数据、干扰自动监测设施、破坏环境质量监测系统等行为的，应当从重处罚。

第十一条 单位实施本解释规定的犯罪的，依照本解释规定的定罪量刑标准，对直接负责的主管人员和其他直接责任人员定罪处罚，并对单位判处罚金。

第十二条 环境保护主管部门及其所属监测机构在行政执法过程中收集的监测数据，在刑事诉讼中可以作为证据使用。

公安机关单独或者会同环境保护主管部门，提取污染物样品进行检测获取的数据，在刑事诉讼中可以作为证据使用。

第十三条 对国家危险废物名录所列的废物，可以依据涉案物质的来源、产生过程、被告人供述、证人证言以及经批准或者备案的环境影响评价文件等证据，结合环境保护主管部门、公安机关等出具的书面意见作出认定。

对于危险废物的数量，可以综合被告人供述，涉案企业的生产工艺、物耗、能耗情况，以及经批准或者备案的环境影响评价文件等证据作出认定。

第十四条 对案件所涉的环境污染专门性问题难以确定的，依据司法鉴定机构出具的鉴定意见，或者国务院环境保护主管部门、公安部门指定的机构出具的报告，结合其他证据作出认定。

第十五条 下列物质应当认定为刑法第三百三十八条规定的“有毒物质”：

（一）危险废物，是指列入国家危险废物名录，或者根据国家规定的危险废物鉴别标准和鉴别方法认定的，具有危险特性的废物；

（二）《关于持久性有机污染物的斯德哥尔摩公约》附件所列物质；

（三）含重金属的污染物；

（四）其他具有毒性，可能污染环境的物质。

第十六条　无危险废物经营许可证，以营利为目的，从危险废物中提取物质作为原材料或者燃料，并具有超标排放污染物、非法倾倒污染物或者其他违法造成环境污染的情形的行为，应当认定为“非法处置危险废物”。

第十七条　本解释所称“二年内”，以第一次违法行为受到行政处罚的生效之日与又实施相应行为之日的时间间隔计算确定。

本解释所称“重点排污单位”，是指设区的市级以上人民政府环境保护主管部门依法确定的应当安装、使用污染物排放自动监测设备的重点监控企业及其他单位。

本解释所称“违法所得”，是指实施刑法第三百三十八条、第三百三十九条规定的行为所得和可得的全部违法收入。

本解释所称“公私财产损失”，包括实施刑法第三百三十八条、第三百三十九条规定的行为直接造成财产损毁、减少的实际价值，为防止污染扩大、消除污染而采取必要合理措施所产生的费用，以及处置突发环境事件的应急监测费用。

本解释所称“生态环境损害”，包括生态环境修复费用，生态环境修复期间服务功能的损失和生态环境功能永久性损害造成的损失，以及其他必要合理费用。

本解释所称“无危险废物经营许可证”，是指未取得危险废物经营许可证，或者超出危险废物经营许可证的经营范围。

二、有罪裁判要旨

裁判要旨一：污染环境不以造成重大环境事故为构成犯罪的必要条件，在被告人的行为属于其他严重污染环境的情形下，正确适用兜底条款以污染环境罪定罪量刑是弥补法律、司法解释条文规定周延性不足的重要途径

案件名称：梁某污染环境案

案例来源：2014年《刑事审判参考》第97集，第967号案例

裁判结果：

被告人梁某犯污染环境罪，判处有期徒刑1年6个月，并处罚金人民币5万元。

基本案情：

2013年9月9日23时许，被告人梁某到台州市路桥区金清镇泗水村老人

协会东边荒地上，明知焚烧工业垃圾会产生有害物质，仍违反国家规定，点火焚烧近20吨工业垃圾，导致垃圾燃烧持续近两天两夜，向空气排放大量苯并［a］芘、氯化氢、二噁英等气体污染物，严重污染周边空气，并使附近群众感到明显不适。案发后经检测，现场遗留的两堆工业垃圾燃烧残渣的苯并［a］芘含量分别为12.6μg/kg、78.4μg/kg。

裁判理由：

1. **污染环境不以造成重大环境事故为构成犯罪的必要条件。**

《刑法修正案（八）》将1997年《刑法》第338条规定的“造成重大环境污染事故，致使公私财产遭受重大损失或者人身伤亡的严重后果”修改为“严重污染环境”，修改后，罪名由原来的重大环境污染事故罪调整为污染环境罪，降低了破坏环境犯罪的入罪标准。实践中，大部分环境污染后果一般均由量变到质变，逐渐显现，具有滞后性，故以实际发生环境污染后果定罪的案件偏少，而以行为情节来推定严重污染环境结果发生的案件为主。《最高人民法院、最高人民检察院关于办理环境污染刑事案件适用法律若干问题的解释》（笔者注：法释〔2013〕15号，2013年6月19日施行，已失效，本案下同）第1条第1项至第5项列举了几种具体的行为类型，以此指导司法人员认定是否严重污染环境，从《最高人民法院、最高人民检察院关于办理环境污染刑事案件适用法律若干问题的解释》的规定来看，造成实害结果不是构成污染环境罪必须具备的条件。

2. **被告人的行为符合《最高人民法院、最高人民检察院关于办理环境污染刑事案件适用法律若干问题的解释》第1条第14项规定的其他严重污染环境的情形。**

对于本案的审理，一方面因为被告人梁某的行为从表面上看符合《最高人民法院、最高人民检察院关于办理环境污染刑事案件适用法律若干问题的解释》第1条第2项或者第3项的规定，可能导致因适用该两项的规定而造成法律适用错误的不当裁判：另一方面也可能因认为不属于《最高人民法院、最高人民检察院关于办理环境污染刑事案件适用法律若干问题的解释》第1条第1项至第13项规定的情形，而错误认为梁某无罪。造成前一个问题的原因主要是对法律规定的理解不够透彻，而造成后一个问题的原因则主要是兜底条款具有内容不够明确、往往需要法官自由裁量的特点，如果法官对兜底条款不能准确把握，则可能导致其不敢适用兜底条款进行裁判。

被告人梁某违法焚烧20余吨工业垃圾，向大气排放大量有毒有害物质的行为，显然已经造成严重污染环境的后果，符合《最高人民法院、最高人民检察院关于办理环境污染刑事案件适用法律若干问题的解释》第1条第14项规定的其他严重污染环境的情形，应当适用《最高人民法院、最高人民检察院关于办理环境污染刑事案件适用法律若干问题的解释》的该项规定进行裁判。具体理由：

（1）认定梁某的行为已严重污染环境符合基本生活常识。本案中，梁某的行为虽然与《最高人民法院、最高人民检察院关于办理环境污染刑事案件适用法律若干问题的解释》第1条第1项至第13项规定的情形不相符，但梁某在村庄、工厂聚集的人口稠密区焚烧20余吨工业垃圾，垃圾焚烧时间持续近两天两夜，因此造成方圆两公里内的居民因烟气散发的剧烈刺激性恶臭而不敢开窗呼吸，显然已经严重污染了大气环境，只要具有正常生活常识的人都会认为梁某严重污染了环境。

（2）本案犯罪对象的特殊性决定了难以根据实际产生的污染后果来定罪。我们认为，土壤、水体因为在物理性状上具有相对稳定性，相对容易测定特定土壤、水体受污染的程度，并可据此判定犯罪行为的危害程度。而大气因为容易飘散、稀释，在物理性状上并不稳定，难以将一定环境下、一定范围内的大气特定化，故实践中较难测定特定空气的受污染程度。这也是《最高人民法院、最高人民检察院关于办理环境污染刑事案件适用法律若干问题的解释》第1条第6项至第8项只对水源、土地、林木等造成严重污染后果的情形进行了规定，而没有规定大气被严重污染情形的一个重要原因。同时，正是由于前述原因，当特定范围的土壤、水体因为被严重污染，还有必要疏散被污染地区的周边群众，而当特定范围的大气被严重污染时，进行紧急疏散的情况就没有土壤、水体受污染时那么多。这也是本案案发后当地政府有关部门没有紧急疏散周边群众的部分原因。上述原因，决定了本案一方面无法适用类似《最高人民法院、最高人民检察院关于办理环境污染刑事案件适用法律若干问题的解释》第1条第6项至第8项污染水源、土地、林木数量等类似的规定：另一方面也无法适用《最高人民法院、最高人民检察院关于办理环境污染刑事案件适用法律若干问题的解释》第1条第10项关于疏散群众数量的规定。

（3）侦查实验数据及相关证据可以从侧面证实被告人的行为对环境污染

的严重性。因为本案案发现场没有相应的检测性设备，环保部门和公安机关只检测了现场遗留的工业垃圾燃烧残渣的苯并［a］芘含量（两堆焚烧残渣分别为12.6μg/kg、78.4μg/kg），而没有提取现场污染物排放的相关数据。因此，环保部门和公安机关专门进行了侦查实验。从实验获取的数据来看，燃烧相似工业垃圾，向大气排放的氯化氢含量在上风向平均为0.108mg/m^3（3个频次中第一频次为0.228mg/m^3），在3个下风向平均分别为1.57 mg/m^3、5.50mg/m^3、2.03mg/m^3，其中3个下风向排放的数值均大大超过国家《大气污染物综合排放标准》规定的0.20mg/m^3限值：向大气排放的苯并［a］芘含量在上风向为0.0004μg/kg，在3个下风向分别为0.206μg/kg、0.064μg/kg、0.015μg/kg，其中3个下风向排放的数值均超过国家《大气污染物综合排放标准》规定的0.008μg/kg限值。同时，橡胶、塑料等物质燃烧，产生含有二噁英等的废气和残渣、灰尘，其中，二噁英是强致癌物质，具有类似于12大危害物（指一组被称为持久性有机污染物的危险化学物质）的特性，其毒性是氰化物的130倍、砒霜的900倍。二噁英和燃烧产生的残渣、灰尘分别属于《国家危险废物名录》中的HW44、HW18废物。因此，被告人梁某的行为可以说间接排放了危险废物，但排放的危险废物数量无法测定，无法适用《最高人民法院、最高人民检察院关于办理环境污染刑事案件适用法律若干问题的解释》第1条第2项的规定，而侦查实验数据和在案证据可以从侧面证实梁某的行为对环境污染的严重性。

（4）正确适用兜底条款是弥补法律、司法解释条文列规定周延性不足的重要途径。对于法律、司法解释的兜底条款，固然不能过多适用，以免因过度扩张法官的自由裁量权而造成兜底条款喧宾夺主，违背立法、司法解释的本意，从而在一定程度上违反罪刑法定基本原则。但是，也不能虚化兜底条款的存在，使兜底条款成为法律、司法解释的摆设性规定。合理适用兜底条款，可以使法律、司法解释的明确性规定与兜底条款的包容性互为补充，相得益彰。就本案被告人梁某焚烧的工业垃圾数量、工业垃圾燃烧持续的时长、气体污染物排放的超量数值及当前惩治污染环境行为的形势而言，适用司法解释的兜底性条款，是必要的。

综上，在本案中，台州市路桥区人民法院援引《刑法》第338条和《最高人民法院、最高人民检察院关于办理环境污染刑事案件适用法律若干问题的解释》第1条第14项的规定，认定被告人梁某的行为属于其他严重污染环境的情形，对其以污染环境罪定罪量刑是正确的。

裁判要旨二：被告人非法倾倒有毒物质，超过司法解释规定标准的，以污染环境罪定罪处罚

案件名称：王某、马某污染环境案

案例来源：《刑事审判参考》第97集，第968号案例

裁判结果：

被告人王某、马某犯污染环境罪，分别被判处有期徒刑1年9个月，并处罚金3万元；有期徒刑9个月，缓刑1年，并处罚金1万元。

基本案情：

2012年9月间，被告人王某对在江阴市周庄镇华宏村江阴市G公司内租用油罐做煤焦油生意的刁某谎称其在污水处理厂有关系，可以帮刁某处理煤焦油分离废液。同年12月25日，刁某委托王某处理油罐内的煤焦油分离废液，约定每吨处理费用180元。次日下午，王某租用马某驾驶的槽罐车，至刁某处装载了煤焦油分离废液30.24吨。随后，王某指使马某将槽罐车开至其事先踩点确定的倾倒地点江阴市徐霞客镇峭岐皋岸村江阴市Z公司东侧的冯泾河北支浜岸边。当晚21时许，王某、马某趁无人之际，将30.24吨煤焦油分离废液倒入江阴市冯泾河北支浜内，致使冯泾河北支浜及相连的冯泾河河水大面积被污染。

江阴市环保局为防止污染扩大、消除污染，根据江苏省环境科学研究院、江苏省环科院环境科技有限责任公司设计的应急处置方案，对该污染事件进行了筑坝拦截、调水稀释、活性炭吸附、污水处理、污泥清淤、干化焚烧等相应处置，处置费用共计60万余元。案发后，王某的家属自愿代为赔偿1万元，马某自愿赔偿5万元。江苏省环境科学研究院、江苏省环科院环境科技有限责任公司组织的专家论证分析认为，煤焦油分离废液中含有大量的挥发酚和油类物质，还有大量的氨氮、硫氰化物、氰化物、各种单环或者多环芳香族化合物和杂环有机化合物。属于较难处理的工业废水。由于流入冯泾河的废液较多，该次污染事件除应急处置费用外，还对流域局部的水环境、饮水安全、农业浇灌等产生较大负面影响，造成了不可估量的间接损失，全面消除这些影响所需费用远高于应急处置费用。

裁判理由：

1. **煤焦油分离液属于有毒物质**。

本案中，所涉煤焦油分离废液，含有大量的挥发酚和油类物质，以及大量的氨氮、硫氰化物、氰化物、各种单环或者多环芳香族化合物和杂环有机化合物，属于较难处理的工业废水，系《国家危险废物名录》中 HW11 精（蒸）馏残渣一类，即属于有毒物质。关于环境污染专门性问题的确定，《最高人民法院、最高人民检察院关于办理环境污染刑事案件适用法律若干问题的解释》第 11 条第 2 款规定：县级以上环境保护部门及其所属监测机构出具的数据，经省级以上环境保护部门认可的，可以作为证据使用。本案中，为确定污染物的成分与含量，江阴市环境监测站出具了相应的监测报告。该报告得到了江苏省环保厅的认可，是江苏省环境科学研究院、江苏省环科院环境科技有限责任公司专家论证的依据，可以作为诉讼证据使用。

2. **本案二被告人倾倒煤焦油分离液造成的后果属于严重污染环境**。

本案中，二被告人将煤焦油分离废液共计 30.24 吨倾倒入河中，致使水体大面积被污染，远超过倾倒危险废物 3 吨以上的入罪标准。同时，江阴市环保局为防止污染扩大、消除污染，根据江苏省环境科学研究院、江苏省环科院环境科技有限责任公司设计的应急处置方案，对该污染事件进行了筑坝拦截、调水稀释、活性炭吸附、污水处理、污泥清淤、干化焚烧等相应处置，处置费用共计 60 万余元。该费用均应当计入污染行为造成的公私财产损失，故本案造成的财产损失也超过了 30 万元以上的数额要求。当然，就本案而言，二被告人倾倒煤焦油分离液的行为即使未造成损失，或者造成的损失短时间内无法计算，或者难以证明损害结果与污染行为之间的因果联系，仅根据二被告人倾倒煤焦油分离液的数量，也可认定其行为构成污染环境罪。

裁判要旨三：人民检察院就污染环境罪提起刑事公诉时，可以向人民法院一并提起附带民事公益诉讼，由人民法院同一审判组织按照普通程序，由人民陪审员和法官组成七人合议庭进行审理。环境损害赔偿数额，可根据有专门知识的人估算环境损害费用予以确定

案件名称：张某污染环境案

案例来源：2019 年《刑事审判参考》第 117 集，第 1289 号案例

裁判结果：

1. 被告人张某犯污染环境罪，判处有期徒刑7个月，缓刑1年4个月，并处罚金人民币1万元；

2. 被告人张某于判决生效之日起10日内赔偿生态环境损失人民币44,546元；

3. 被告人张某于判决生效之日起10日内向德清县人民检察院支付评估费用人民币7000元；

4. 禁止被告人张某在缓刑考验期间从事与排放、倾倒、处置危险废物有关的职业及活动。

基本案情：

2018年5月4日至5月8日间，被告人张某在浙江省德清县阜溪街道曲园北路1232号厂房内，私自设立加工作坊，加工中岛架、展柜等不锈钢产品，使用化学试剂进行清洗，后将未经处理的重金属废水经沉淀后直接排放至雨水管网，污水排放量约为600公斤。2018年5月11日，经德清县环境保护监测站检测，排污口废水重金属铜含量为4.1mg/L，超过《污水综合排放标准》（GB 8978－1996）规定的一级标准限值（0.5mg/L）48.2倍。

2018年6月25日，德清县环境保护局将被告人张某涉嫌污染环境罪一案移送德清县公安局，德清县公安局于次日立案侦查。2018年7月6日，张某投案自首，并如实供述了犯罪行为。

由杭州市环境保护科学研究院、煤科集团杭州环保研究院有限公司、浙江清雨环保工程有限公司三名环境影响评价工程师组成的专家组，出具了环境污染损害评估意见，认为本案环境损害费用适用虚拟成本法进行估算，所涉及的地表水体环境功能区类型为Ⅲ类，环境损害赔偿额在44,546元至59,394.66元。德清县人民检察院支付了评估费用人民币7000元。

2018年11月13日，被告人张某向德清县人民检察院预交了环境损害赔偿金及评估费用共计51,546元。

裁判理由：

（一）关于本案审判组织的确定

《最高人民法院关于审理环境民事公益诉讼案件适用法律若干问题的解释》（法释〔2015〕1号）第6条规定，第一审环境民事公益诉讼案件原则上应由中级以上人民法院管辖。中级人民法院认为确有必要的，可以在报请高级人民法院批准后，裁定将案件交由基层人民法院审理。但随着公益诉讼制度的不断推进与完善，刑事附带民事公益诉讼作为一种便捷的特殊公益诉讼形式，逐渐成为检察机关参与公益诉讼的主要途径。对于此类案件的管辖，《最高人民法院、最高人民检察院关于检察公益诉讼案件适用法律若干问题的解释》（法释〔2018〕6号）第20条规定，人民检察院对破坏生态环境和资源保护、食品药品安全领域侵害众多消费者合法权益等损害社会公共利益的犯罪行为提起刑事公诉时，可以向人民法院一并提起附带民事公益诉讼，由人民法院同一审判组织审理。根据该解释，对于检察机关提起的第一审刑事附带民事公益诉讼，基层人民法院无须层报高级人民法院批准即可直接受理。司法实践中，基层人民法院直接受理的第一审刑事附带民事公益诉讼案件成为目前公益诉讼的重要组成部分。

本案应该转为普通程序并组成7人合议庭审理。根据《刑事诉讼法》第183条规定，基层人民法院审判第一审案件，应当由审判员3人或者由审判员和人民陪审员共3人或者7人组成合议庭进行，但是基层人民法院适用简易程序、速裁程序的案件可以由审判员1人独任审判。该法第215条规定，有重大社会影响的案件，不适用简易程序审理。本案应该转为普通程序审理，并适用《人民陪审员法》的规定，由人民陪审员和法官组成7人合议庭进行审理。

（二）关于本案环境损害赔偿数额的确定

德清县人民检察院委托杭州市环境保护科学研究院煤科集团杭州环保研究院有限公司、浙江清雨环保工程有限公司三名环境影响评价工程师组成专家组，就本案环境污染损害出具了评估意见，适用虚拟成本法估算环境损害费用，认为所涉及的地表水体环境功能区类型为Ⅲ类，计算出环境损害赔偿额在44,546元至59,394.66元之间。据此，德清县人民检察院主张被告人张某赔偿环境污染损害44,546元，并申请其中一名专家组成员出庭提出意见。煤科集团杭州环保研究院有限公司的环境影响评价工程师张迎喜出庭发表意见，认为涉案污水直接排入雨水管网，最终流入阜溪，对生态环境造成损害。评估意见采用虚拟成本法进行估算，将企业单位污染物治理平均成本（含固定资产折旧）乘以根据受污染影响区域的环境功能敏感程度而确定的一定倍数，作为环境损害数额的上下限值，本案估算的环境损害赔偿额为44,546元至59,394.66元。

司法实践中对专家意见在裁判中的作用素有争论，但不能据此否认专家意见在法院裁判中的辅助作用，特别是其在证据认定、裁量刑罚等方面，有重要的参考价值。本案的附带民事公益诉讼，实为因被告人张某的犯罪行为侵犯公共环境权益而提起的侵权之诉。《最高人民法院关于审理环境侵权责任纠纷案件适用法律若干问题的解释》第9条规定："当事人申请通知一至两名具有专门知识的人出庭，就鉴定意见或者污染物认定、损害结果因果关系等专业问题提出意见的，人民法院可以准许。当事人未申请，人民法院认为有必要的可以进行释明。具有专门知识的人在法庭上提出的意见，经当事人质证，可以作为认定案件事实的根据。"该规定为法院采信专家意见提供了明确的依据。本案中，被告人张某将加工不锈钢产生的污水通过雨水管网排入阜溪开放性水域，客观上对阜溪水体环境造成损害及生态风险，本案三名环境影响评价工程师接受委托，通过实地走访及调查论证，并根据环境影响评价的相关规定，采用虚拟成本法，结合损害地的环境状况，给出了需赔偿的数额区间，并当庭提出意见且作了详细说明。根据上述意见，德清县人民检察院选择损害赔偿区间的最低值作为诉讼主张，经被告人张某及其委托代理人质证无异议，并当庭表示愿意赔偿。上述专家意见，经本案合议庭审查后认为科学、公正，可以作为损害赔偿数额确定的根据，为本案合议庭运用自由裁量权作出裁判提供了重要参照。

裁判要旨四：被告人非法排放重金属超过司法解释规定的定罪量刑标准，其行为构成污染环境罪

案件名称：宁夏M公司、廉某污染环境案

案例来源：2019年《刑事审判参考》第119集案例

基本案情：

2007年以来，被告单位宁夏M公司在废水处理措施未经环境影响评估，未经申报登记、验收的情况下，擅自在厂区外东侧腾格里沙漠采用"石灰中和法"处置工业废水。2009年6月18日，被告人廉某任宁夏M公司法定代表人，负责公司的全面工作并决定继续使用"石灰中和法"处置工业废水。经廉某同意由朱生余（另案处理）安排工人处置工业废水。宁夏M公司于2011年5月11日取得排放污染物许可证，有限期限至2014年4月30日。该公司在排放污染物许可证到期后，仍继续非法排污。至2014年9月被责令关

闭停产时，该公司厂区外东侧腾格里沙漠渗坑内存有大量工业废水。经宁夏环境监测中心站对现场废水取样检测认定，废水中多项监测因子超过国家排放标准。

案发后，被告单位宁夏M公司、被告人廉某为防止污染扩大，及时采取措施，消除污染，由被告单位宁夏M公司支付因采取合理必要措施所产生的费用626,640元。

裁判结果：

被告单位宁夏M公司犯污染环境罪，判处罚金人民币500万元；被告人廉某犯污染环境罪，判处有期徒刑1年6个月，缓刑2年，并处罚金人民币5万元。

裁判理由：

本案被告单位宁夏M公司位于腾格里沙漠边缘，作为国内印染业还原物最大的生产厂家，该公司为节约成本，追求利益最大化，违反国家规定，在排放污染物许可证到期后持续非法排污，将大量工业废水存放在公司厂区东侧腾格里沙漠渗坑内，经宁夏环境监测中心站对现场废水取样检测：重金属铬超过〈污水综合排放标准〉（GB 8978－1996）中第一类污染物最高允许排放浓度，超标倍数为0.07倍，pH为0.5，属强酸性废水，具有强腐蚀性，超过《污水综合排放标准》（GB 8978－1996）中二级标准限值；重金属锰，色度、氨氮、化学需氧量、挥发酚硝基苯类超过《污水综合排放标准）（GB 8978－1996）中二级标准限值、超标倍数分别为重金属锰7.3倍、硝基苯类0.7倍、挥发酚5.6倍、氨氮7.8倍、色度24倍、化学需氧量118倍，对腾格里沙漠的生态环境造成了极大破坏。被告单位的行为符合2013年6月施行的《最高人民法院、最高人民检察院关于办理环境污染刑事案件适用法律若干问题的解释》（已失效）第1条第3项关于“非法排放含重金属、持久性有机污染物等严重危害环境、损害人体健康的污染物超过国家污染物排放标准或者省、自治区、直辖市人民政府根据法律授权指定的污染物排放标准三倍以上的”的情形，应当认定为严重污染环境。法院遂依照《刑法修正案（八）》和《最高人民法院、最高人民检察院关于办理环境污染刑事案件适用法律若干问题的解释》作出相关判决。虽然法律及相关司法解释对污染环境罪作了较为明确的规定，但法院在本案审理过程中仍发现一些亟待解决的问题。如对重金属污染环境的人罪标准不够细化，未按照重金属种类及危害性程度进行区分；未将生态环境损害因素纳入严重污染环境的考量范围；未明确单位实施污染环境相关犯罪的定罪量刑标准；未明确污染环境犯罪竞合的处理原则等。

裁判要旨五：污染环境罪不要求行为人对发生重大环境污染事故有认识，只要行为人认识到其行为会使环境受到严重污染或破坏即可

裁判要旨六：明知他人无危险废物经营许可证，向其提供或者委托其收集贮存、利用、处置危险废物，严重污染环境的，以共同犯罪论处

裁判要旨七：被告人除承担刑事责任外，还应当在生态环境造成损害的范围内承担恢复原状，承担赔偿应急处置费用、赔偿生态环境修复费用、鉴定费用等费用，同时因被告人的行为侵害社会公众享有美好生态环境精神利益，还应在一定范围新闻媒体上进行公开道歉

案件名称：B 公司等污染环境暨附带民事公益诉讼案

案例来源：2019 年《刑事审判参考》第 119 集案例

基本案情：

被告人黄某在被告单位 B 公司创建时为公司高管，2008 年任 B 公司副总经理，负责公司日常经营管理，同时担任 B 公司环保管理工作领导小组组长，对 B 公司环境保护和危险废物污染防治工作负全面领导责任。被告人姜某 2004 年任职 B 公司，自 2016 年 4 月起负责 B 公司酸洗污泥的处置工作。2016 年 7 月 27 日至 2017 年 5 月 22 日，被告单位 B 公司以及被告人黄某、姜某违反国家有关规定，在未开具危险废物转移联单的情况下，将酸洗污泥交由无危险废物处置资质的被告人李某、涂某、刘某进行处置。李某、涂某、刘某明知自已无危险废物处置资质，通过伪造江苏省阜宁县环境保护局、阜宁县工商行政管理局、江苏 L 公司等国家机关、公司的印章，制作虚假的公文、证件，非法处置酸洗污泥。在处置过程中，李某、涂某、刘某三人各有分工，李某负责与 B 公司负责酸洗污泥处置的姜某联系业务，刘某负责联系接收方处置酸洗污泥，涂某负责联系无锡市 S 公司虚开增值税发票结算处置费用。非法处置污泥的获利由李某、涂某、刘某、姜某四人共同分配。危险废物酸洗污泥最终在江苏省淮安市、扬州市、苏州市、安徽省铜陵市非法处置共计 1071.61 吨。具体犯罪事实如下：

1. 2016 年 7 月 27 日至 2016 年 12 月 30 日，被告单位 B 公司及被告人黄

某、姜某委托被告人李某、涂某、刘某、通过司机王某成等人（均另案处理）采取汽车运输的方式，将 B 公司生产产生的 523.56 吨危险废物酸洗污泥运输至建设砖瓦厂码头堆放，与码头堆放的其他印染污泥混合后，再由他人安排船舶运输中转至江苏省淮安市、扬州市等地非法处置。2016 年 12 月 30 日至 2017 年 5 月 6 日，B 公司及黄某、姜某委托李某、涂某，刘某，通过司机李某生、赵某东等人（均另案处理），采取汽车运输的方式，将 B 公司生产产生的 485.17 吨危险废物酸洗污泥运输至江苏省苏州市吴江区七都镇填埋场非法倾倒。B 公司支付李某、涂某、刘某处置费用共计 271,050 元。经环境保护部南京环境科学研究所鉴定，非法处置的 1008.73 吨危险废物酸洗污泥产生的环境损害赔偿修复费用为 5,118,800 元。

2. 2017 年 4 月，被告单位 B 公司在嘉善县环境保护局的检查督促下，于 2017 年 4 月 28 日与具有危险废物处置资质的杭州 F 公司签订了危险废物酸洗污泥处置合同。2017 年 5 月，被告单位 B 公司以及被告人黄某、姜某仍继续委托无危险废物经营许可证的被告人李某、涂某处置危险废物酸洗污泥。李某、涂某为了寻找倾倒地点，赴安徽省铜陵市进行实地查看，并与被告人汪某 2、汪某 1 以及翟某（另案处理）进行商议，确定了处置方式和价格。汪某 2、汪某 1 又与被告人吴某朱某 1、查某商定了倾倒地点。2017 年 5 月 21 日，被告人张某、朱某 2 通过货运 APP 平台承接运输业务，分别驾驶车牌号为皖 CXX、皖 PAXX 的货车，在姜某、李某、涂某的指挥下，从 B 公司酸洗污泥堆场装运了 34.59 吨和 28.29 吨危险废物酸洗污泥。2017 年 5 月 22 日凌晨 3 时左右，张某、朱某 2 按照事先指定的时间，将货车开至铜陵市经开区建立村长江堤坝边，由汪某 1、吴某、朱某 1、查某在现场指挥，通过挖掘机将两车共计 62.88 吨危险废物酸洗污泥倾倒在长江堤坝内。被告单位 B 公司支付被告人李某、涂某非法处置费用 72,312 元。涂某支付被告人汪某 1、汪某 2 非法处置费用 6800 元，支付被告人张某运输费用约 3800 元，支付被告人朱某 2 运输费用约 3000 元。汪某 1 支付被告人吴某、朱某 1、查某非法处置费用 2100 余元。经环境保护部南京环境科学研究所鉴定，涉案 62.88 吨酸洗污泥系具有毒性特征的危险废物；现场共清理出 787.18 吨固体废物，其中包括被倾倒的 62.88 吨危险废物酸洗污泥和沾染危险废物的土壤等。倾倒区域的土壤和地下水环境介质均受到了损害，造成公私财产损失主要包括应急监测、应急清运和应急处置等费用，共计产生费用 392,675.15 元，生态环境修复费用经估算约为553, 040元，鉴定费用为450, 000元。

非法处置有毒、有害固体废物的事实。

1. 2017年10月中下旬，董某生、张某滨、张某松等人（均另案处理）在无固体废物处置资质的情况下，将苏州Z公司、桐乡市M厂等九家企业生产产生的2500余吨工业污泥收集后，交由黄某刚（另案处理）进行非法处置。被告人吴某、朱某1、查某通过与黄某刚事先商议、确定了倾倒方式和价格，后由黄某刚联系“皖利辛货××”船“皖名仕××”船、“兴达××”船将2500余吨工业污泥跨省运输至安徽省铜陵市江滨村长江水城。2017年11月上旬，朱某1、查某、吴某伙同黄某刚等人指挥“皖利辛货××”船、“皖名仕××”船驶入铜陵市江滨村长江堤坝附近水城，通过浮吊将船载污泥倾倒于铜陵市江滨村江滩边。2017年11月中旬，朱某3、查某、吴某伙同黄某刚等人指挥“兴达××”船驶人铜陵市江滨村长江堤坝附近水域，通过浮吊将船载污泥倾倒于铜陵市江滨村江滩边。黄某刚支付吴某、朱某1、查某非法处置费用9万余元。朱某1支付潘某吊装费用15, 000元，支付林某三费用10, 000元。

另查明，2017年日本D公司委托附带民事诉讼被告单位P公司处置生产产生的废胶木。2017年5月月底，P公司将废胶木交涂某处置。2017年6月4日，被告人李某、涂某、汪某2、汪某1、吴某、朱某1、查某通过船舶运输方式将313余吨废胶木运至铜陵市江滨村江滩边倾倒。

经环境保护部南京环境科学研究所鉴定，倾倒的污泥等固体废物中含有重金属石油溶剂等有害污染物，倾倒的污泥及其渗滤液、废胶木可认定为有毒物质；现场共清运出177. 08吨固体废物，其中包括被倾倒的2525. 89吨污泥和313余吨废胶木以及沾染倾倒污泥的土壤及池塘底泥等。倾倒区城的地表水、土壤和地下水环境介质均受到了不同程度的损害，造成公私财产损失主要包括应急监测、应急清运和应急处置等费用，共计产生费用7, 943, 924. 14元，生态环境修复费用经估算约为3, 176, 145元。

2. 2017年11月月初，李闯董某生、张某松、张某滨等人在无固体废物处置资质的情况下，将苏州J有限公司、桐乡市M厂等九家印染企业的1600余吨工业污泥收集后，转包给黄某刚进行非法处置。黄某刚遂安排联系“安运××”船、“龙威××”船进行承运，同时从他处又接收“中航××”船运载的来源于无锡H公司祝塘分公司的水处理污泥约800吨，后指挥上述三艘船舶共同将工业污泥跨省运输至安徽省铜陵市江滨村长江水域，准备再次伙同被告人吴某，朱某 1、查某实施倾倒。上述三艘船舶停泊在长江铜陵水城待卸，2017 年 11 月 21 日被长江航运公安局芜湖分局现场查获。朱某 1 此次收到黄某刚支付的非法处置费用 6 万余元，后因未处置返还 3 万余元，剩余 3 万元用于修建通往倾倒点的道路。

经环境保护部南京环境科学研究所鉴定，三艘船只运载污泥中均含有重金属、石油溶剂等有害污染物，可认定为有害物质。根据该研究所应急处置工作方案认定。“安运××”船、“龙威××”船两艘船只运载污泥应急清理和处置费用约为 524, 590. 94 元；“中航××”船上运载的污泥已由无锡 H 公司祝塘分公司根据江阴市环境保护局的要求进行合法处置。

本案审理阶段，P 公司支付生态环境修复费用 143, 335. 22 元；B 公司支付生态环境修复费用 6, 514, 515. 15 元。

裁判结果：

被告单位 B 公司犯污染环境罪，判处罚金人民币 1000 万元，黄某等 12 被告人犯污染环境罪，被判处有期徒刑六年，并处罚金人民币 20 万元至拘役四个月，并处罚金人民币 1 万元；各被告人违法所得予以追缴；被告单位 B 公司，附带民事诉讼被告人连带赔偿因非法处置危险废物产生的生态环境修复费用、鉴定评估费用；被告单位 B 公司，被告人于本判决生效之日起 10 日内就污染环境行为在安徽省省级新闻媒体上向社会公开赔礼道歉，赔礼道歉的内容及媒体、版面、字体须经法院审核，如未履行上述义务，则由法院选择媒体刊登判决主要内容，所需费用由上述被告单位、被告人、附带民事诉讼被告单位、附带民事诉讼被告人连带负担。

裁判理由：

1. 本案中，被告人汪某 2、汪某 1 参与非法倾倒危险废物 62. 88 吨；被告人张某参与非法倾倒危险废物 34. 59 吨；被告人朱某 2 参与非法倾倒危险废物 28. 29 吨，非法倾倒危险废物均在 3 吨以上，均属严重污染环境，构成污染环境罪。被告单位 B 公司和被告人黄某、姜某、李某、涂某非法处置危险废物 1071. 63 吨；刘某参与非法处置危险废物 1008. 73 吨；吴某、朱某 1、查某参与非法倾倒危险废物 62. 88 吨，伙同他人非法倾倒有毒、有害固体废物造成公私财产损失 7, 943, 924. 14 元，均已构成污染环境罪，且属后果特别严重。

2. 污染环境罪主观要件的认定。污染环境罪系《刑法修正案（八）》在《刑法》第338条规定的重大环境污染事故罪的基础上修改而来，考虑到重大环境污染事故罪以实际危害后果发生为犯罪构成要件，造成对污染环境犯罪的打击不力，且污染行为与危害后果之间的因果关系难以确定等实际问题，为了加大对污染环境犯罪的惩处力度，《刑法修正案（八）》对此条进行了修改。其中最重要的修改就是将本罪构成要件由原来的“造成重大环境污染事故，致使公私财产遭受重大损失或者人身伤亡的严重后果”修改为“严重污染环境”，降低了犯罪构成的门槛。从修正前重大环境污染事故罪的条文分析，其主观构成要件是过失，即行为人对违反国家规定，排放、倾倒、处置行为是故意为之，但对造成重大环境污染事故是持过失的心态。但修正后的法条显然对被告人主观认识因素提出了不同要求。污染环境罪中包括虽未造成重大环境污染事故，但长期违反国家规定，超标准排放、倾倒、处置有害物质，已使环境受到严重污染或破坏的情形；换言之，污染环境罪不要求行为人对发生重大环境污染事故有认识，只要行为人认识到其行为会使环境受到严重污染或破坏即可。

本案中，根据被告单位B公司委托他人编制的环境影响报告书、自行编制的危险废物管理计划表、嘉善县环保局的批复等证据，结合《国家危险废物名录》施行的时间，足以证明B公司明知涉案酸洗污泥为危险废物，其为了降低公司成本，委托不具有处置资质的人员处置危险废物，主观方面具有污染环境的故意；被告人黄某作为公司经营活动的总负责人，同时系B公司环保管理工作领导小组组长，负责B公司的全部事宜，其明知酸洗污泥属于危险废物仍非法处置，主观方面亦具有污染环境的故意；被告人姜某从2016年4月左右就开始负责B公司酸洗污泥的处置工作，其供述2016年就联系了有处置危险废物资质的公司处置酸洗污泥，因为处置价格过高作罢，后委托没有危险废物处置资质的李某等人处置酸洗污泥，显属故意犯罪；被告人李某、涂某、刘某三人均无处置危险废物资质，且在实际经营过程中还存在伪造文书、印章虚开增值税发票的行为，系故意犯罪；被告人汪某2、汪某1、吴某、朱某1、查某作为处置危险废物酸洗污泥的二次中间商及接收方，无合法经营实体，无危险废物处置资质，四处寻找地点对危险废物进行夜间倾倒，系故意犯罪；被告人张某、朱某2作为危险废物酸洗污泥的运输者虽然不知道污泥具体危险成分。但是结合二人工作经验。通过装货货场的警示标牌、货物与约定不符、无故加盖雨布、凌晨到达等疑点可以推断出二人明知该批货物存在问题且无法进行合法运输，但二人仍选择继续运输，放任危害结果的发生，属于间接故意犯罪。

3. 环境污染共同犯罪的处理规则。实践中，一些单位和个人非法排放、倾倒、处置危险废物或者有毒、有害物质，以降低生产成本或谋取不法利益。行为人分工明确，相互配合、量现出明显的产业化迹象，甚至形成专门的“一条龙”产业链。为了更好地打击犯罪，切断利益链条，既要依法严惩直接污染环境的行为人，又要打击污染源头以及幕后操控者。《最高人民法院、最高人民检察院关于办理环境污染刑事案件适用法律若干问题的解释》第7条规定，明知他人无危险废物经营许可证，向其提供或者委托其收集贮存、利用、处置危险废物，严重污染环境的，以共同犯罪论处。本案中，被告单位B公司是危险废物产生的源头企业，为了降低成本，委托没有危险废物处置资质的个人非法处置。被告人李某、涂某、刘某共同合作非法处置危险废物，被告人汪某2、汪某1作为中间人联系上下游非法处置危险废物，被告人吴某、朱某1、查某也共同合作非法处置危险废物，形成处置危险废物的产业链最终导致污染环境的危害结果发生，应当以共同犯罪论处。

4. 环境侵权民事责任的承担方式。最高人民法院2015年1月公布的《关于审理环境民事公益诉讼案件适用法律若干问题的解释》第18条至第22条对环境侵权民事责任的承担方式作了具体规定。本案中，芜湖市镜湖区人民检察院在提起公诉的同时，对已经损害社会公共利益的污染环境、破坏生态的行为提起刑事附带民事公益诉讼，于法有据。芜湖市镜湖区人民法院经审理后认为，各附带民事诉讼被告单位及被告人非法处置危险废物、非法倾倒固体废胶木污染环境，损害了社会公共利益，除依法追究刑事责任外，还应承担侵权民事责任。各被告在各自对生态环境造成损害的范围内承担恢复原状，赔偿应急处置费用、赔偿生态环境修复费用、鉴定费用。各被告侵权行为，造成的环境损害还包括社会公众享有美好生态环境精神利益的损失，应通过在安徽省省级新闻媒体上公开认错、表示歉意、承认侵害行为的不法性，取得社会公众的谅解，同时对环境侵害者起到一定的震慑和警示作用。

三、无罪裁判要旨

无罪裁判要旨一：检测机构取样程序违法，致使样品被污染，公诉机关

亦未能提供其他证据证明送检材料的合法性，不能作为定案依据

案例一：

案件名称：杨某、朱某、何某污染环境案

审理法院：绵阳市中级人民法院

案号：（2018）川07刑终303号

裁判理由：

公诉机关用以证实本案排放污水中锌的超标程度的绵阳市环境监测中心站2017年第113号监测报告及说明等证据，因污水样本未严格按照《污水综合排放标准》GB 8978－1996所要求的在排污口采样，存在样品被污染的事实，且公诉机关未能提供确实充分的证据证明其送检材料的合法性，故不能作为本案定案的根据；公诉机关用以证实本案污水排入三级水域的《绵阳市涪城区环境保护局关于绵阳市珠扬化工有限公司所在水域功能区划的说明》等证据，与审理查明的本案绵阳市Z公司污水排放处不属于水域的事实不符，本院不予采信。故抗诉机关指控被告人杨某、朱某、何某犯污染环境罪的证据不足，本院不予支持。原审被告人杨某及其辩护人、原审被告人朱某、何某提出不构成污染环境罪的辩护意见成立，本院予以采纳。

案例二：

案件名称：赵某某污染环境罪案

审理法院：石家庄市栾城区人民法院

案号：（2015）栾刑初字第90号（经检索，未检索到该案二审判决）

裁判理由：

本案存在的问题：（1）赵某某工厂生产过程会不会产生废水，没有专业机构的监测说明，而被告人供述生产中不产生废水，是冲洗锅炉和日常生活排出的废水。证人证言中多数证明不产生废水，少数称有少量废水流入厂子东边土坑。究竟是否产生废水现有证据无法证实。（2）渗坑内的水是废水本身总铬含量超标还是原有土壤被污染所导致？赵某某的工厂原是窦妪工业区铬盐厂的一个车间，据辩护人称曾去铬盐厂附近查看情况时发现铬盐厂周边土地普遍发黄已被污染，本案是否能排除渗坑所在的土地已经被污染的事实？（3）环保人员直接从水坑里提取水样，按污水水质监测标准第一类污染物应在排放口取样。环保局工作人员采集的样本不纯粹，如排除不了渗坑周围土

壤已被污染的事实，那么水样的监测结果不能直接证实赵某某工厂产生的废水是否超标的事实。本院针对上述无法查实部分出具补充侦查函，但侦查机关先后出具两份书证，一份为《关于总铬的情况说明》，另一份为《石家庄市栾城区环境保护局监察大队关于对利用渗坑排放废水的说明》，两份书证均无法对需补充侦查部分做出明确答复。

无罪裁判要旨二：鉴定意见有瑕疵且现有证据不能确定被告人处置危险废物的数量，无法认定是否属于“严重污染环境”的情形，不能认定被告人有罪

案件名称：被告人黄某污染环境罪案

审理法院：河北省深州市人民法院

案号：（2019）冀1182刑初403号（经检索，未检索到该案二审判决）

裁判理由：

违法国家规定，排放、倾倒或者处置有放射性的废物、含传染病病原体的废物、有毒物质或者其他有害物质，严重污染环境的，构成污染环境罪。本案根据沧州科技事务鉴定中心出具的鉴定意见“对大气造成影响”，该鉴定意见过于宽泛，不能确定被告人黄某的行为是否对大气造成严重污染。根据《关于办理环境污染刑事案件适用法律若干问题的解释》第1条第2项的规定，非法、排放、倾倒、处置危险废物3吨以上的，应当认定为“严重污染环境”。本案根据现有证据不能确定被告人黄某用作燃料的液体粗品赛克的数量，不能确定处置危险废物的数量达到定罪标准。

无罪裁判要旨三：被告人所在的工厂证照齐全，施工程序、内容符合环保部门要求，虽然被告人的行为严重污染环境，但不是出于故意或者过失，系不能预见的原因引起，属意外事件

案件名称：被告人格某甲、格某乙污染环境罪案

审理法院：石家庄市栾城区人民法院

案号：（2015）栾刑初字第95号（经检索，未检索到该案二审判决）

裁判理由：

被告人格某甲、格某乙所在的工厂证照齐全，工厂生产时产生废水，而

且安装管道收集雨水是按照环保部门要求所为，管道上有掩盖物，导致管道破裂未能被及时发现，且现场照片证实管道破裂处植被未被破坏，虽然有含重金属铬严重超标的污水外泄，但是不是出于二被告人故意或者过失，而是不能预见的原因引起，属意外事件，不应按犯罪对待。

无罪裁判要旨四：被告人将危险废物销售给具有危险废物处置资质的公司，非法律规定的处置、排放、倾倒行为，不构成污染环境罪。但被告人未向相关部门申请领取经营许可证，从事危险废物的收集、买卖等经营活动，情节严重，其行为构成非法经营罪

案件名称：被告人闫某甲、朱某甲、闫某乙污染环境罪案

审理法院：保定市徐水区人民法院

案号：（2015）徐刑初字第125号（经检索，未检索到该案二审判决）

裁判理由：

被告人闫某甲、朱某甲、闫某乙违反《固体废物污染环境防治法》的规定，未向县级以上人民政府环境保护行政主管部门申请领取经营许可证，从事危险废物的收集、买卖等经营活动，情节严重，其行为侵犯了国家限制买卖物品和经营许可证的市场管理制度，已构成非法经营罪。关于公诉机关就三被告人构成污染环境罪的指控，经查，根据《国家危险废物名录》HW49类的规定，经拆散、破碎、砸碎后分类收集的铅酸蓄电池属于危险废物，而完整的废旧铅酸蓄电池则不属于危险废物。三被告人通过将回收的废旧铅酸蓄电池拆解，倒出酸液后分类收集，使废旧铅酸蓄电池成为危险废物。根据《最高人民法院、最高人民检察院关于办理环境污染刑事案件适用法律若干问题的解释》（法释〔2013〕15号）第1条第2项的规定，非法排放、倾倒、处置危险废物3吨以上的，应当认定为严重污染环境。该解释规定的对危险废物的处置，是指危险废物的经营单位将危险废物焚烧、煅烧、裂解、中和、消毒、沉淀、过滤、拆解以及用其他破坏危险废物物理、化学、生物特性的方法，达到减少危险废物数量，缩小危险废物体积，减少或消除危险废物成分的活动，或者将危险废物最终置于符合环境保护规定要求的场所或者设施并不再回取的活动。但被告人并未对该危险废物排放、倾倒，其将危险废物销售给具有危险废物处置资质的港安公司的行为显然亦不属于该司法解释规定的处置行为，三被告人的行为不属于严重污染环境，不构成污染环境罪。

无罪裁判要旨五：被告人收集、运输、存储、销售危险废物，但未使危险废物进入环境并且不再取回，不是法律规定的处置、排放、倾倒行为

无罪裁判要旨六：被告人实施了无危险废物经营许可证从事收集、贮存、利用、处置危险废物经营活动的行为，但不具有超标排放污染物、非法倾倒污染物或者其他违法造成环境污染情形，可以认定为非法经营情节显著轻微、危害不大，不认为是犯罪

案件名称：被告人项某伪造公司印章罪、污染环境罪案

审理法院：江苏省泰州市姜堰区人民法院

案号：（2016）苏1204刑初120号（经检索，未检索到该案二审判决）

裁判理由：

关于公诉机关指控被告人项某犯污染环境罪一节，依据审理查明的事实，本院认为，依照《最高人法院、最高人民检察院关于办理环境污染刑事案件适用法律若干问题的解释》（法释〔2016〕29号）的规定，无危险废物经营许可证从事收集、贮存、利用、处置危险废物经营活动，严重污染环境的，按照污染环境罪定罪处罚；同时构成非法经营罪的，依照处罚较重的规定定罪处罚。实施了无危险废物经营许可证从事收集、贮存、利用、处置危险废物经营活动的行为，但不具有超标排放污染物、非法倾倒污染物或者其他违法造成环境污染的情形的，可以认定为非法经营情节显著轻微、危害不大，不认为是犯罪。具体到本案中，被告人项某收集、运输、存储、销售危险废物，但未使危险废物进入环境并且不再取回的行为，不是《刑法》第338条规定的排放、倾倒、处置行为，也未造成严重污染环境的后果，故不构成污染环境罪，亦不构成非法经营罪。

无罪裁判要旨七：第二被告人与第一被告人主观上没有共同处置危险废物的犯意，客观上没有共同参与实施污染环境的行为，其不构成污染环境罪

案件名称：被告人高某、张某污染环境罪二审判决书

审理法院：河北省衡水市中级人民法院

案号：（2018）冀11刑终505号

裁判理由：

原审被告人高某在没有危险化学品及危险废物经营资质的情况下，非法

售卖醇基燃料，在明知 2017 年 9 月份以后所购进的燃料颜色、味道不正常，存在问题的情况下，通过掺入合格醇基燃料的手段，向他人贩卖，利用非法购买并存储的问题燃料非法获利，实施了非法处置危险废物 3 吨以上的行为，达到了“两高”关于污染环境犯罪司法解释的严重污染环境程度，已经构成污染环境罪，应予刑罚。对于上诉人（原审被告人）张某及其辩护人辩称无罪的意见，经查，张某承包武某中学的锅炉后，从多处购买过醇基燃料，为了节约成本，经学校介绍认识了锅炉的安装者高某，并从当年 8 月份开始从高某处购买醇基燃料，其不仅从高某处购买了没有问题的醇基燃料，也从高某处购买了高某私下掺入危险废物的醇基燃料，没有证据证明高某的掺入行为张某是明知的，特别是因为不能在锅炉中燃烧，当年 10 月 19 日，张某退回了含有危险废物的醇基燃料 14.43 吨，从上述行为看，很难推定张某与高某有共同处置危险废物的犯意且系共犯。依照“两高三部”关于涉大气污染环境犯罪的纪要精神：对重污染天气预警期间，违反国家规定，超标排放二氧化硫、氮氧化物，受过行政处罚后，又实施上述行为或者具有其他严重情节的，可以适用《最高人民法院、最高人民检察院关于办理环境污染刑事案件适用法律若干问题的解释》第 1 条第 18 项规定的“其他严重污染环境的情形”追究刑事责任。显然本案不属于此类情况。综上，无论从主观上还是客观方面，张某之行为，均未达到污染环境罪的犯罪构成，张某及其辩护人无罪的意见成立，应当采纳。衡水市人民检察院的意见不成立。原判决程序合法，认定高某的犯罪事实清楚，证据确实充分，量刑适当，唯对张某认定事实和适用法律错误。

无罪裁判要旨八：证据不足，不能够排除合理怀疑，不能认定被告人有罪

案件名称：被告人高某、苏某犯环境污染罪一审刑事判决书

审理法院：河北省邢台市桥西区人民法院

案号：（2018）冀 0503 刑初 90 号（高某上诉，二审驳回上诉，维持原判。）

裁判理由：

被告人高某 1 经营的企业在使用橡胶输液瓶盖作为原料生产再生橡胶制品中，发现原料中存在医疗废物，该物品属于国家列入危险废物名录的废物，高某 1 应当预见到不当处置会造成环境污染，但其违反国家关于环境保护的

规定，指令工人随意露天堆放，经称重危险废物达八吨以上，根据《最高人民法院关于办理环境污染刑事案件适用法律若干问题的解释》第1条2规定，应认定为严重污染环境，被告人高某1行为构成污染环境罪。被告人高某1供认所查获的医疗废物系被告人苏某所在企业供应的橡胶输液瓶塞中夹带，但不能提供证据佐证；被告人苏某承认三次向被告人高某1企业供货，但称均为碎橡胶输液瓶盖，没有夹带医疗废物。通过分析被告人高某1供述，其在苏某供货时间、数量、付款时间等方面不确定一致；其经营的企业对于所购原料无书面记载，企业员工也不能证明医疗废物来源。通过分析被告人苏某供述，三次向高某1企业供货的情况与其所在公司账目记载及相关证人证言证明一致，其供述的所在公司回收、加工、销售环节等情况与公司员工证言相符，无证据证明苏某从该公司运出医疗废物。公诉机关指控苏某犯罪仅有同案被告人高某1供述，高某1经营的企业存放的医疗废物是否苏某运送，并不具有排他性，即不能排除医疗废物有其他来源的可能，故合议庭认为证据不足，不能认定苏某有罪。

第二十三章

非法占用农用地罪裁判要旨

导 言

非法占用农用地罪，是指违反土地管理法规，非法占用耕地、林地等农用地，改变被占用土地用途，数量较大，造成耕地、林地等农用地大量毁坏的行为。

首先，本罪要求“违反土地管理法规”。本罪法益是国家土地管理制度。根据2001年8月31日第九届全国人民代表大会常务委员会第二十三次会议通过的《关于〈中华人民共和国刑法〉第二百二十八条、第三百四十二条、第四百一十条的解释》的规定，是指违反土地管理法、森林法、草原法等法律以及有关行政法规中关于土地管理的规定。

其次，“非法占用农用地”，表现为未经国家土地管理部门批准而擅自占用耕地、林地等农用地，采取欺骗的方式骗取批准而占用耕地、林地等农用地或超过批准的权限和数量占用耕地、林地等农用地。

再次，“改变被占用土地用途”，是指行为人擅自将土地管理部门批准专用的土地改变用途。

最后，构成本罪要求情节严重，即占用的耕地、林地等农用地数量较大或造成被占用的耕地、林地大量毁坏的。非法占用耕地“数量较大”，是指非法占用基本农田5亩以上或非法占用基本农田以外的耕地10亩以上；非法占用耕地“造成耕地大量毁坏”，是指行为人非法占用耕地建窑、建坟、建房、挖沙、采石、采矿、取土、堆放固体废弃物或进行其他非农业建设，造成基本农田5亩以上或基本农田以外的耕地10亩以上种植条件严重毁坏或严重污染。

截至2021年6月30日，编者在中国裁判文书网、威科先行、法信等网站上检索到无罪案例，并综合本罪在最高人民法院、最高人民检察院指导案例和公报案例、《刑事审判参考》《人民司法·案例》等中的案例，归纳出有罪裁判要旨9条，无罪裁判要旨19条。

非法占用农用地罪法律风险点提示：

1. 要注意占用行为是否违反《土地管理法》的相关规定。例如，无罪案例八“经过水利厅、水务局核发的河道采砂许可证许可”、无罪案例十二“得到镇政府的批准、同意后使用”、无罪案例十四“基于合同内容及对产权人、基层组织的信赖认为已经不属于农用地”，均是在得到了一定的审批或者许可之后进行的占用行为。这说明一些地方政府的政策可能与《土地管理法》规定存在冲突，一些地方政府为了招商引资往往会采取开具临时许可、前期审核通过即可使用等手段允许非农建设。这往往会导致被认定为非法占用农用地的行为，因此需要在进行投资之前了解《土地管理法》的相关规定，妥善处理好与当地政策之间的关系，在投资前预判相应的法律风险。

2. 占用农用地是否属于耕地、林地等农用地性质。一些土地可能在外观上属于非农用地，例如，无罪裁判要旨五，当地村委会和国土部门都未公布涉事土地的性质，被告人在被侦查机关讯问之后才知道所涉用地为农用地。另外一些土地可能一开始是非农用地，行政机关后将相关土地转为农用地。相反，一些土地一开始为农用地，后经行政机关批准转为非农用地。而非法占用行为往往发生在这变更过程中，此时应结合行政机关变更合理性、行为人占用行为是否得到批准、相关手续是否齐全、当事人主观是否对涉案土地性质有所认识等方面进行充分的考虑。

3. 占用农用地的数量是否达到了起刑标准。目前司法解释的标准是非法占用基本农田5亩或非基本农田10亩。此标准对于是否入罪具有关键性的作用，一旦对使用土地是否涉罪不确定时，应当增加对所使用土地的面积的敏感度，严格控制10亩红线。

一、相关法律法规

《中华人民共和国刑法》

第三百四十二条 违反土地管理法规，非法占用耕地、林地等农用地，改变被占用土地用途，数量较大，造成耕地、林地等农用地大量毁坏的，处五年以下有期徒刑或者拘役，并处或者单处罚金。

《全国人民代表大会常务委员会关于〈中华人民共和国刑法〉第二百二十八条、第三百四十二条、第四百一十条的解释》（2001 年 8 月 31 日通过）

刑法第三百四十二条所称的“违反土地管理法规”是指法律和行政法规，包括土地管理法、森林法、草原法等法律及有关土地管理规定的行政法规。

《中国人民共和国土地管理法》（2019 年 8 月 26 日第三次修正，2020 年 1 月 1 日施行）

第三条　十分珍惜、合理利用土地和切实保护耕地是我国的基本国策。各级人民政府应当采取措施，全面规划，严格管理，保护、开发土地资源，制止非法占用土地的行为。

第三十七条　非农业建设必须节约使用土地，可以利用荒地的，不得占用耕地；可以利用劣地的，不得占用好地。

禁止占用耕地建窑、建坟或者擅自在耕地上建房、挖砂、采石、采矿、取土等。

禁止占用永久基本农田发展林果业和挖塘养鱼。

第四十四条　建设占用土地，涉及农用地转为建设用地的，应当办理农用地转用审批手续。

永久基本农田转为建设用地的，由国务院批准。

在土地利用总体规划确定的城市和村庄、集镇建设用地规模范围内，为实施该规划而将永久基本农田以外的农用地转为建设用地的，按土地利用年度计划分批次按照国务院规定由原批准土地利用总体规划的机关或者其授权的机关批准。在已批准的农用地转用范围内，具体建设项目用地可以由市、县人民政府批准。

在土地利用总体规划确定的城市和村庄、集镇建设用地规模范围外，将永久基本农田以外的农用地转为建设用地的，由国务院或者国务院授权的省、自治区、直辖市人民政府批准。

第七十五条　违反本法规定，占用耕地建窑、建坟或者擅自在耕地上建房、挖砂、采石、采矿、取土等，破坏种植条件的，或者因开发土地造成土地荒漠化、盐渍化的，由县级以上人民政府自然资源主管部门、农业农村主管部门等按照职责责令限期改正或者治理，可以并处罚款；构成犯罪的，依法追究刑事责任。

第七十六条 违反本法规定，拒不履行土地复垦义务的，由县级以上人民政府自然资源主管部门责令限期改正；逾期不改正的，责令缴纳复垦费，专项用于土地复垦，可以处以罚款。

第七十七条 未经批准或者采取欺骗手段骗取批准，非法占用土地的，由县级以上人民政府自然资源主管部门责令退还非法占用的土地，对违反土地利用总体规划擅自将农用地改为建设用地的，限期拆除在非法占用的土地上新建的建筑物和其他设施，恢复土地原状，对符合土地利用总体规划的，没收在非法占用的土地上新建的建筑物和其他设施，可以并处罚款；对非法占用土地单位的直接负责的主管人员和其他直接责任人员，依法给予处分；构成犯罪的，依法追究刑事责任。

超过批准的数量占用土地，多占的土地以非法占用土地论处。

第七十八条 农村村民未经批准或者采取欺骗手段骗取批准，非法占用土地建住宅的，由县级以上人民政府农业农村主管部门责令退还非法占用的土地，限期拆除在非法占用的土地上新建的房屋。

超过省、自治区、直辖市规定的标准，多占的土地以非法占用土地论处。

第七十九条 无权批准征收、使用土地的单位或者个人非法批准占用土地的，超越批准权限非法批准占用土地的，不按照土地利用总体规划确定的用途批准用地的，或者违反法律规定的程序批准占用、征收土地的，其批准文件无效，对非法批准征收、使用土地的直接负责的主管人员和其他直接责任人员，依法给予处分；构成犯罪的，依法追究刑事责任。非法批准、使用的土地应当收回，有关当事人拒不归还的，以非法占用土地论处。

非法批准征收、使用土地，对当事人造成损失的，依法应当承担赔偿责任。

《最高人民检察院、公安部关于公安机关管辖的刑事案件立案追诉标准的规定（一）》（公通字〔2008〕36号，2008年6月25日施行）

第六十七条 违反土地管理法规，非法占用耕地、林地等农用地，改变被占用土地用途，**造成耕地、林地等农用地大量毁坏**，涉嫌下列情形之一的，应予**立案追诉**：

（一）非法占用**基本农田五亩以上**或者**基本农田以外的耕地十亩以上的**；

（二）非法占用**防护林地或者特种用途林地数量单种或者合计五亩以上的**；

（三）非法占用**其他林地十亩以上的**；

（四）非法占用本款第（二）项、第（三）项规定的林地，其中一项数量达到相应规定的数量标准的百分之五十以上，且两项数量合计达到该项规定的数量标准的；

（五）非法占用其他农用地数量较大的情形。

违反土地管理法规，非法占用耕地建窑、建坟、建房、挖沙、采石、采矿、取土、堆放固体废弃物或者进行其他非农业建设，**造成耕地种植条件严重毁坏或者严重污染**，被毁坏耕地数量达到以上规定的，属于本条规定的“**造成耕地大量毁坏**”。

违反土地管理法规，非法占用林地，改变被占用林地用途，在非法占用的林地上实施建窑、建坟、建房、挖沙、采石、采矿、取土、种植农作物、堆放或者排泄废弃物等行为或者进行其他非林业生产、建设，**造成林地的原有植被或者林业种植条件严重毁坏或者严重污染**，被毁坏林地数量达到以上规定的，属于本条规定的“**造成林地大量毁坏**”。

《最高人民法院关于审理破坏土地资源刑事案件具体应用法律若干问题的解释》（法释〔2000〕14号，2000年6月22日起施行）

第三条 违反土地管理法规，非法占用耕地改作他用，数量较大，造成耕地大量毁坏的，依照刑法第三百四十二条的规定，以非法占用耕地罪定罪处罚：

（一）非法占用耕地“数量较大”，是指非法占用基本农田五亩以上或者非法占用基本农田以外的耕地十亩以上。

（二）非法占用耕地“造成耕地大量毁坏”，是指行为人非法占用耕地建窑、建坟、建房、挖沙、采石、采矿、取土、堆放固体废弃物或者进行其他非农业建设，造成基本农田五亩以上或者基本农田以外的耕地十亩以上种植条件严重毁坏或者严重污染。

第八条 单位犯非法转让、倒卖土地使用权罪、非法占有耕地罪的定罪量刑标准，依照本解释第一条、第二条、第三条的规定执行。

第九条 多次实施本解释规定的行为依法应当追诉的，或者一年内多次实施本解释规定的行为未经处理的，按照累计的数量、数额处罚。

《最高人民法院关于审理破坏林地资源刑事案件具体应用法律若干问题的解释》（法释〔2005〕15号，2005年12月30日起施行）

第一条 违反土地管理法规，非法占用林地，改变被占用林地用途，在非法占用的林地上实施建窑、建坟、建房、挖沙、采石、采矿、取土、种植农作物、堆放或排泄废弃物等行为或者进行其他非林业生产、建设，造成林地的原有植被或林业种植条件严重毁坏或者严重污染，并具有下列情形之一的，属于《刑法第三百四十二条规定的犯罪行为，应当以非法占用农用地罪判处五年以下有期徒刑或者拘役，并处或者单处罚金：

（一）非法占用并毁坏防护林地、特种用途林地数量分别或者合计达到五亩以上；

（二）非法占用并毁坏其他林地数量达到十亩以上；

（三）非法占用并毁坏本条第（一）项、第（二）项规定的林地，数量分别达到相应规定的数量标准的百分之五十以上；

（四）非法占用并毁坏本条第（一）项、第（二）项规定的林地，其中一项数量达到相应规定的数量标准的百分之五十以上，且两项数量合计达到该项规定的数量标准。

第六条 单位实施破坏林地资源犯罪的，依照本解释规定的相关定罪量刑标准执行。

第七条 多次实施本解释规定的行为依法应当追诉且未经处理的，应当按照累计的数量、数额处罚。

《最高人民法院关于审理破坏草原资源刑事案件应用法律若干问题的解释》（法释〔2012〕15号，2012年11月22日起施行）

第一条 违反草原法等土地管理法规，非法占用草原，改变被占用草原用途，数量较大，造成草原大量毁坏的，依照刑法第三百四十二条的规定，以非法占用农用地罪定罪处罚。

第二条 非法占用草原，改变被占用草原用途，数量在二十亩以上的，或者曾因非法占用草原受过行政处罚，在三年内又非法占用草原，改变被占用草原用途，数量在十亩以上的，应当认定为刑法第三百四十二条规定的“数量较大”。

非法占用草原，改变被占用草原用途，数量较大，具有下列情形之一的，应当认定为刑法第三百四十二条规定的“造成耕地、林地等农用地大量毁坏”：

（一）开垦草原种植粮食作物、经济作物、林木的；

（二）在草原上建窑、建房、修路、挖砂、采石、采矿、取土、剥取草皮的；

（三）在草原上堆放或者排放废弃物，造成草原的原有植被严重毁坏或者严重污染的；

（四）违反草原保护、建设、利用规划种植牧草和饲料作物，造成草原沙化或者水土严重流失的；

（五）其他造成草原严重毁坏的情形。

第五条　单位实施刑法第三百四十二条规定的行为，对单位判处罚金，并对其直接负责的主管人员和其他直接责任人员，依照本解释规定的定罪量刑标准定罪处罚。

第六条　多次实施破坏草原资源的违法犯罪行为，未经处理，应当依法追究刑事责任的，按照累计的数量、数额定罪处罚。

第七条　本解释所称“草原”，是指天然草原和人工草地，天然草原包括草地、草山和草坡，人工草地包括改良草地和退耕还草地，不包括城镇草地。

《国土资源部、最高人民检察院、公安部关于国土资源行政主管部门移送涉嫌国土资源犯罪案件的若干意见》（国土资发〔2008〕203 号，2008 年 9 月 8 日公布）

（三）……需要对耕地破坏程度进行鉴定的，由市（地）级或者省级国土资源行政主管部门出具鉴定结论。

（四）国土资源行政主管部门在查处国土资源违法行为过程中，应当收集并妥善保存下列有关证据资料：

1. 国土资源违法行为调查报告；
2. 调查记录或询问笔录；
3. 有关鉴定结论；
4. 现场调查时的勘测和音像资料；
5. 其他可以保存的实物证据和资料。

二、有罪裁判要旨

裁判要旨一：在基本农田上建设“大棚房”予以出租出售，违反《土地管理法》，属于破坏耕地或者非法占地的违法行为。非法占用耕地数量较大或者造成耕地大量毁坏的，应当以非法占用农用地罪追究实际建设者、经营者的刑事责任

案件名称：刘某非法占用农用地案

案例来源：最高人民检察院指导性案例（检例第60号）

裁判结果：

非法占用农用地罪判处被告人刘某有期徒刑1年6个月，并处罚金人民币5万元。

基本案情：

2016年3月，被告人刘某经人介绍以人民币1000万元的价格与北京某合作社的法定代表人池某商定，受让合作社某村东北蔬菜大棚377亩集体土地使用权。刘某指使其司机刘某岐与池某签订转让意向书，约定将合作社土地使用权及地上物转让给刘某岐。同年10月21日，合作社的法定代表人变更为刘某岐。其间，刘某未经国土资源部门批准，以合作社的名义组织人员对蔬菜大棚园区进行非农建设改造，并将园区命名为“某庄园”。截至案发，刘某组织人员共建设“大棚房”260余套，并对外出租。经北京市国土资源局延庆分局组织测绘鉴定，该项目占用耕地28.75亩，其中含永久基本农田22.84亩，造成耕地种植条件被破坏。截至2017年4月，北京市规划和国土资源管理委员会、延庆区延庆镇人民政府先后对该项目下达《行政处罚决定书》《责令停止建设通知书》《限期拆除决定书》，均未得到执行。2017年5月，延庆区延庆镇人民政府组织有关部门将上述违法建设强制拆除。

指导意义：

近年来，随着传统农业向产业化、规模化的现代农业转变，以温室大棚为代表的设施农业快速发展。一些地区出现了假借发展设施农业之名，擅自或者变相改变农业用途，在耕地甚至永久基本农田上建设“大棚房”“生态园”“休闲农庄”等现象，造成土地资源被大量非法占用和毁坏，严重侵害农民权益和农业农村的可持续发展，在社会上造成恶劣影响。2018年，自然资源部和农业农村部在全国开展了“大棚房”问题专项整治行动，推进落实

永久基本农田保护制度和最严格的耕地保护政策。**在基本农田上建设“大棚房”予以出租出售，违反《土地管理法》，属于破坏耕地或者非法占地的违法行为。非法占用耕地数量较大或者造成耕地大量毁坏的，应当以非法占用农用地罪追究实际建设者、经营者的刑事责任**。该类案件中，实际建设者、经营者为逃避法律责任，经常隐藏于幕后。对此，检察机关可以通过引导公安机关查询非农建设项目涉及的相关账户交易信息、资金走向等，辅以相关证人证言，形成严密证据体系，查清证实实际建设者、经营者的法律责任。对于非法占用农用地面积这一关键问题，可由专业机构出具测量技术报告，必要时可申请测量人员出庭作证。

裁判要旨二：违反土地管理和城乡规划法规，非法占用农用地，造成农用地大量的，构成非法占用农用地罪

案件名称：江阴市某丰机械安装有限公司、章某非法占用农用地案

案例来源：最高人民法院典型案例（2017年）

裁判结果：

以非法占用农用地罪分别判处江阴市某丰机械安装有限公司罚金人民币2万元；章某拘役3个月，缓刑5个月。

基本案情：

江阴市某丰机械安装有限公司在被告人章某担任法定代表人期间，从2003年开始，陆续向江阴市临港街道某村村民及村委会租用集体土地共计22.79亩，用于建设厂房、宿舍、食堂及堆场等。经鉴定，造成原有耕作层种植功能丧失且难以复原，耕地已被严重破坏。案发后，该公司对部分厂房进行了拆除并复耕，对堆场部分进行了复耕。

法院评论：

江阴市某丰机械安装有限公司违反土地管理和城乡规划法规，造成农用地大量毁坏。章某系该公司直接负责的主管人员，在归案后能如实供述罪行，当庭自愿认罪，积极对被占用农用地进行复耕，且无再犯罪危险，适用缓刑对所在社区无重大不良影响，故可判处缓刑。近年来，在广大农村地区，违反规划非法占用耕地、改变耕地用途进行违法建设，造成土地沙化、土壤肥力消失等问题比较严重。此类违法行为无视国家土地管理和城乡规划法规，造成农用地大量毁坏，生态环境破坏。本案中江阴市某丰机械安装有限公司

及其法定代表人章某，违反土地管理和城乡规划法规，非法占用农用地，改变被占用土地用途，社会影响十分恶劣。人民法院依法以非法占用农用地罪依法追究其刑事责任，对于遏制此类犯罪行为具有重要现实意义。

裁判要旨三：非法占用园地，擅自改变土地用途，数量较大的构成非法占用农用地罪。“改变被占用土地用途”并非仅指非法将农用地改为建设用地等非农用地，而且还包括农用地之间的非法改变用途的行为

案件名称：廖某良等非法占用农用地、非法转让土地使用权案

案例来源：《刑事审判参考》第56集，第445号案例

裁判结果：

被告人廖某良犯非法占用农用地罪，判处有期徒刑8个月，并处罚金人民币3万元。被告人张某泉犯非法占用农用地罪，判处有期徒刑6个月，并处罚金人民币3万元。

基本案情：

2002年，被告人廖某良、张某泉想合伙在衢州市某村园背上（地名）的农用地上承包采砂，向时任该村村支部书记兼村经济合作社社长的被告人张某渭提出了承包采砂的要求。被告人张某渭于2002年10月29日、10月30日主持召开村党员、干部会议，讨论并决定将村园背上、光湖边（地名）的72亩农用地（园地）承包给被告人廖某良、张某泉采砂。2002年11月8日，被告单位衢州市衢江区某村经济合作社作为发包方与被告人廖某良、张某泉签订了承包合同，被告人张某渭作为村经济合作社代表在合同上签名。此后，被告单位衢州市衢江区某村经济合作社以在上述农用地上开发水产养殖为名向有关行政管理部门审批，但国土部门并未给予批准。2003年10月1日，被告人廖某良、张某泉在没有办理土地使用审批手续的情况下，擅自在园背上开工采砂，破坏农用地表层8.07亩，当日，衢州市国土资源局衢江分局接到举报前往制止，并作出了相应的处罚和告知。2004年7月左右，被告人廖某良、张某泉为了收回成本，在明知未取得采砂审批手续的情况下，继续采砂并予以销售，从中获取利润，直至2005年1月6日被衢州市国土资源局衢江分局再次查获。经衢州市衢江区土地勘测队勘测，实际毁坏园地面积共计23.71亩，取砂平均深度3.563米。

裁判理由：

非法占用农用地不仅仅指耕地、林地，也包括草地、园地、养殖水面等其他农用地。《刑法修正案（二）》中所说的“改变被占用土地用途”并非仅指非法将农用地改为建设用地等非农用地，还包括农用地之间的非法改变用途的行为。非法占用园地等农用地的“数量较大”认定标准应参照2000年最高人民法院的有关司法解释执行。被告人廖某良、张某泉违反土地管理法规，结伙非法占用农用地，改变被占用土地用途，数量较大，造成农用地大量毁坏，其行为均构成非法占用农用地罪。

裁判要旨四：未经审批擅自占用林地堆放矿石渣土，对农用地用途及其周边生态环境造成破坏，构成非法占用农用地罪

案件名称：被告单位某顺公司、被告人黄某游非法占用农用地案

案例来源：2019年度人民法院环境资源典型案例（最高人民法院2020年5月8日发布）

裁判结果：

以非法占用农用地罪判处被告单位某顺公司罚金40万元，判处被告人黄某游有期徒刑2年9个月，缓刑4年，并处罚金20万元；责令被告人黄某游在闽江湿地公园的闽江水资源生态保护司法示范点进行异地公益修复种植指定规格的特色苗木150棵。

基本案情：

2012年、2013年及2017年4月、5月间，被告单位某顺公司、被告人黄某游未经林业主管部门审批，擅自在闽侯县某山场占用林地138.51亩，用作超范围采矿、石料加工区等。案发后，某顺公司根据司法机关的要求向闽侯县南屿镇政府缴交生态修复款62.33万元，聘请专家编制了环境恢复治理方案，并开展修复工作。同时，黄某游自愿承诺进行异地特色苗木公益修复，种植指定树木150棵，承诺管护1年，确保成活。被害方闽侯县某村村民委员会及某农场出具谅解书。

典型意义：

本案系非法占用农用地的刑事案件。林地、耕地等农用地是重要的土地资源。本案中，某顺公司及其法定代表人黄某游未经审批擅自占用林地堆放矿石渣土，对农用地用途及其周边生态环境造成破坏。人民法院在审理中，

注重惩治犯罪和生态环境治理修复的有机结合，将生态环境修复义务的履行纳入量刑情节，有效融合了生态司法的警示教育、环境治理和法治宣传等诸多功能，取得了良好的法律效果和社会效果。

裁判要旨五：*在养殖水面堆放建筑渣土行为，可构成非法占用农用地罪*

案件名称：陈某贵等非法占用农用地案

案例来源：《人民法院案例选》2013 年第 3 期

案号：（2012）鄂三峡刑初字第 052 号

裁判结果：

陈某贵犯非法占用农用地罪，判处有期徒刑 1 年，缓刑 2 年，并处罚金人民币 5 万元。王某犯非法占用农用地罪，判处有期徒刑 10 个月，缓刑 2 年，并处罚金人民币 5 万元。

基本案情：

宜昌市三峡坝区人民检察院指控：2008 年 4 月至 2009 年 3 月期间，被告人陈某贵、王某伙同宋某军（另案处理）合伙出资 9 万元采取私下征用西陵区石板村十组农民土地给予补偿费的方式，未经批准私自开办建筑渣土倒场，收取倒土费谋取非法利益，该期间陈某贵等人共收取倒土费 61.46 万余元，非法获利 15 万余元，三人各分得 5 万余元。

裁判理由：

检察机关指控被告人陈某贵、王某犯非法经营罪，而非法经营罪中对侵犯国家特许经营管理制度是其共性特征，同类规则应从侵犯国家特许经营管理制度的角度出发来理解“其他非法经营行为”的含义，在集体土地上非法倾倒建筑渣土显然不属于国家特许经营行为之列，故被告人陈某贵、王某的行为不构成非法经营罪。二被告人违反土地管理法规，**未经批准非法占用鱼塘、藕地等农用地十余亩，擅自在农用地上倾倒建筑渣土，改变被占用土地的用途，数量较大，造成鱼塘、藕地等农用地大量毁坏，无法恢复，犯罪事实清楚，证据确实充分，应当以非法占用农用地罪追究二被告人的刑事责任**。被告人陈某贵、王某到案后均能如实供述犯罪事实，依法可从轻处罚。根据被告人陈某贵、王某的犯罪情节及悔罪表现，对其适用缓刑不致再危害社会。

裁判要旨六：单位及其直接负责的主管人员违反土地管理法规，擅自改变林道位置图设计路线的位置和走向，超范围使用林地修建林道，构成非法占用农用地罪

案件名称：休宁县某林场、董某某非法占用农用地案

案例来源：黄山法院发布生态环境保护典型案例（法信网检索）

基本案情：

被告人董某某于2008年注册了个人独资企业休宁县某林场。2012年12月30日董某某以个人名义取得了休宁县五城镇西田村某山水家坑、某林权，该两片山场的林种为防护林。2015年1月10日，休宁县某林场取得了休宁县五城镇西田村两山场林权，该两片山场的林种为一般用材林。2013年下半年，休宁县某林场向休宁县林业局提出《关于要求低产毛竹林改造和修建林中作业道的报告》。休宁县林业局于2013年11月20日批复同意休宁县某林场在休宁县五城镇西田村集体林地内修建长5.6公里、宽3.5米的林区道路，占用该组集体林地1.943公顷，附有林道占用林地位置图，要求不得超范围、超面积使用林地。2015年8月25日，休宁县某林场在上述批复范围之外再次向休宁县林业局提交了《林业作业道修建申请》，但未获得审批。2014年至2017年，董某某先后雇人在山场开挖4条林道。其中1条是在批复范围内开设林道，但该林道后一段部分擅自改变林道位置图的走向，占用省级公益林林地面积7.38亩。另3条林道未经林业主管部门批准情况下开设，占用林地面积16.28亩，被占用的林地原有植被已被严重毁坏。

典型意义：

被告单位休宁县某林场及其直接负责的主管人员董某某违反土地管理法规，擅自改变林道位置图设计路线的位置和走向，超范围使用林地修建林道，及未经林业主管部门许可擅自修建林道，非法占用林地，改变被占用林地的用途，数量较大，造成林地大量毁坏，其行为均构成非法占用农用地罪。占用林地修建林道，应当向有关行政主管部门提出申请，并在审批许可范围内施工。未经许可或者超出许可范围修建林道，构成非法占用农用地罪的，依法将受到刑事处罚。该案中，被告单位休宁县某林场、被告人董某某违反土地管理法规，非法占用林地，造成林地大量毁坏，社会影响恶劣，人民法院以非法占用农用地罪追究其刑事责任，对遏制此类犯罪行为具有重要的现实意义。

裁判要旨七：“非法占用耕地改作他用”并不是指行为人在非法占用耕地后又把耕地改作他用，而是说无论行为人是否合法占有耕地，只要是其没有经过土地行政管理部门审批而擅自改作他用的，就是一种非法占用行为。造成耕地肥力下降的行为系造成耕地损毁

案件名称：王某非法占用农用地案

案例来源：法信网检索出版案例

基本案情：

某市近郊农民王某，1985 年与村民委员会签订土地承包合同，承包本村耕地 40 亩。十几年间王某一直在其承包的土地上种植农作物，收入比较微薄，看着周围的人搞其他的副业都富了起来，他也非常着急。2000 年，他看市区在不断地向郊区扩展，便想利用自己承包的土地，建房屋来出售赚钱。于是他到处借钱，于 6 月雇佣某私营建筑公司将其承包的 40 亩地捣毁，并在耕地上灌注混凝土修筑地基，准备建造别墅商品房。后于施工中被他人举报而被查获。经调查鉴定，其行为导致 40 亩耕地土壤板结，肥力下降，严重地影响了农作物的生长。

裁判理由：

对于本案争议的焦点关键在于对“非法占用耕地改作他用”这句话的理解。“非法占用耕地改作他用”，是指行为人违反土地利用总体规划或者计划，未经批准或者骗取批准，擅自将耕地改为建设用地或者改作其他用途的情况。**可见，“非法占用耕地改作他用”并不是指行为人在非法占用耕地后又把耕地改作他用，而是说无论行为人是否合法占有耕地，只要是其没有经过土地行政管理部门审批而擅自改作他用的，就是一种非法占用行为。**

裁判要旨八：违反土地管理法规，虽依法取得采矿证，但在未经国家林业主管部门审批的情况下，非法占用林地，改变被占林地用途，数量较大，造成林地大量毁坏的，应认定为非法占用农用地罪

案例来源：法信网检索出版案例

裁判结果：

苏某犯非法占用农用地罪，被判处有期徒刑 3 年，缓刑 3 年 6 个月，并处罚金人民币 5 万元。对同案的其他四名被告人各判处有期徒刑 1 年 5 个月，缓刑 1 年 6 个月，并处罚金人民币 2 万元。责令被告人 3 倍“补植复绿”，计

划造林总面积658亩。

基本案情：

2004年7月起，苏某、吴某、陈某、李某虽依法取得采矿证，但在未经国家林业主管部门审批的情况下，各自在厦门市翔安区某村非法占用林地从事采石采矿经营作业。2008年起杨某加入吴某处，与其合伙经营采矿区。经鉴定，苏某非法占用林地的面积为100余亩，其余四人占用林地面积均为30余亩，被毁林地数量合计达到213.3亩，原有植被及林业种植条件已遭受严重毁坏。

裁判理由：

违反土地管理法规，**虽依法取得采矿证，但在未经国家林业主管部门审批的情况下，非法占用林地，改变被占林地用途，数量较大，造成林地大量毁坏的，应认定为非法占用农用地罪**。被告人苏某、吴某、杨某、陈某、李某分别违反土地管理法规，非法占用林地，改变被占林地用途，数量较大，造成林地大量毁坏，其行为已构成非法占用农用地罪。被告人苏某等五人犯罪主观恶性较小，案发后自愿筹划补植复绿，与被害人签订生态修复协议，取得谅解，委托监理机构对补植复绿项目进行监理，缴纳履约保证金，具有积极修复受损生态环境的实际行动，可酌情从轻处罚。

裁判要旨九：占地“数量较大”且“造成农用地大量毁坏”的，才构成非法占用农用地罪

案件名称：李某非法占用农用地案

案例来源：上海市第二中级人民法院（2007）沪二中刑终字第786号

裁判结果：

判处被告人李某有期徒刑1年6个月，并处罚金人民币15,000元。

基本案情：

被告人李某于2003年7月与上海市青浦区某村民委员会签订土地租赁协议，租赁位于该村李东生产队的土地30.15亩用于建办木材加工厂。后李某在未办理任何审批手续的情况下，在该农用地上非法建造工业厂房、办公楼等非农用建筑物。2004年5月及2005年3月，在上海市青浦区房屋土地管理局依法两次责令李某停止建房的情况下，李某仍继续其非法建房行为。经上海市农业保护监测站检验，李某占用基本农田总面积19,780.78平方米

(29.67 亩)，其中 12,002.52 平方米（18 亩）基本农田已遭严重毁坏，不能进行耕种。

法院评论：

《刑法修正案（二)》中“占用数量较大”与“造成农用地大量毁坏”是递进关系，如果行为人没有“造成农用地大量毁坏”后果的，不宜定罪。首先，《刑法修正案（二)》虽然在“占用数量较大”与“造成农用地大量毁坏”两个结果情节之间没有明确逻辑关系，但根据事物发生的顺序，“占用数量较大”是“造成农用地大量毁坏”的前提，实践中“造成农用地大量毁坏”必须依附于“占用数量较大”，“造成农用地大量毁坏”是“占用数量较大”的递进情形，两者是递进关系。也就是说，非法占用农用地必须达到“造成农用地大量毁坏”的结果方能定罪。

其次，虽然《最高人民法院关于审理破坏土地资源刑事案件具体应用法律若干问题的解释》分别对“占用数量较大”和“造成农用地大量毁坏”的标准进行了规定，但如果单独将“占用数量较大”作为定罪的条件，根据“造成农用地大量毁坏”是“占用数量较大”的延伸后果，“造成农用地大量毁坏”必定成为“占用数量较大”的结果加重情节。就法律条文的排列来看，《刑法修正案（二)》显然不是将“造成农用地大量毁坏”作为结果加重情节进行规定的。

最后，就“占用数量较大”和“造成农用地大量毁坏”的内涵分析，“占用数量较大”是量化结果，“造成农用地大量毁坏”是状态结果，量化结果必须达到状态结果后才能定罪。也就是说，我们应当把一般的结果同刑法意义中的危害结果加以区分。从《刑法修正案（二)》规定非法占用农用地罪的立法本意以及现实状况来看，有些行为人虽然具备了量化结果，但可能只是改变农用地的用途或土地权属，不一定对农用地造成破坏，所以这种情况下刑法不宜介入。

综上，被告人李某违反土地管理法规，非法占用农用地，在基本农田上非法进行非农业建设，致使 12,002.52 平方米（18 亩）基本农田遭严重毁坏，其行为构成非法占用农用地罪。一审、二审法院对被告人李某定罪科刑是正确的。

三、无罪裁判要旨

除一些案件因鉴定意见不合法或相互矛盾、相关书证过于笼统等证据问题判决无罪外，实体上的无罪理由概括如下：

1. 主观方面行为人缺乏犯罪故意。行为人对被破坏的土地属于农用地缺乏认知，或对属于特定种类的农用地缺乏认知，或不具有对违法性认知的可能性（如国土部门批准了用地申请同时未告知需林业部门的批准或村集体签订的合同上记载为“已征用未开发”）。

2. 犯罪主体不符。被指控人不属于被告单位的负责人，或不属于应申办土地报批手续的主体。

3. 客观方面。取得手段并非非法；未改变土地用途（如建设养鸡场的配套设施仍为农牧用途）；破坏的特定种类土地未达到入罪要求（如不同种林地的入罪面积不同）；虽有占用但可以相对容易地恢复或已经恢复原农业用地用途，并未造成永久性破坏。

无罪裁判要旨一：被告人转租承包地时对种植要求进行了约定，案发时并非实际耕种人，不符合犯罪主体条件

案件名称：韩某仁非法占用农用地罪案

审理法院：内蒙古自治区兴安盟中级人民法院

案号：（2018）内22刑终153号

裁判理由：

本案中，中心林场将土地承包给韩某仁经营管理，并允许林粮间作，韩某仁将承包地转租他人使用时对种植要求进行了约定，案发时韩某仁并非实际耕种人。在案证据中，构成犯罪的客观方面要件缺失，原审法院认定韩某仁具有犯罪故意，实施了犯罪行为，构成非法占用农用罪的证据不足。

无罪裁判要旨二：有关部门未将林地划办界定为生态公益林的情况告知被告人，不能认定被告人有非法占用的主观故意

案件名称：柯某甲非法占用农用地案

审理法院：福建省莆田市中级人民法院

案号：（2015）莆刑终字第250号

裁判理由：

上诉人柯某甲于1999年4月与灵川镇柯朱村签订《灵川镇柯朱村逍遥山上林场下山地承包造果合同书》后，未经审批在该林地上建造管理房、饲料房、猪舍、沼气池、仓库、蓄水池、温棚等，非法占用林地面积3887.27平方米（折合5.8309亩）。根据《最高人民法院关于审理破坏林地资源刑事案件具体应用法律若干问题的解释》第1条第1项、第2项之规定，非法占用并毁坏防护林地、特种用途林地数量分别或者合计达到5亩以上，非法占用并毁坏其他林地数量达10亩以上的，应以非法占用农用地罪判处5年以下有期徒刑或者拘役，并处或者单处罚金。由于上诉人柯某甲承包逍遥山3大班6小班林地造果时，该林地为其他林地，直至案发前，有关部门并未将该林地区划办界定为生态公益林的情况告知上诉人柯某甲。现有证据也无法认定上诉人柯某甲知道其承包的涉案林地被区划界定为生态公益林。故上诉人柯某甲非法占用林地行为，既不符合非法占用并毁坏防护林地、特种用途林地的主观故意构成要件，也不符合非法占用并毁坏其他林地的客观构成要件，不构成非法占用农用地罪。**原判以上诉人柯某甲应当知道涉案林地被区划界定为生态公益林为由认定其具有非法占有特殊用途林地的主观故意，从而判决其构成非法占用农用地罪，缺乏依据**。故对柯某甲定罪不当。

无罪裁判要旨三：未进行合法的环境污染损害毁坏司法鉴定，无法认定造成涉案地块毁坏

案件名称：李某相非法占用农用地案

审理法院：辽宁省凤城市人民法院

案号：（2018）辽0682刑再2号

裁判理由：

本案中指控原审被告人李某相犯非法占用农用地罪关于面积指控的现场勘验笔录、测量记录、航拍照片等一组证据均存有诸多瑕疵，在公诉机关不能作出合理解释或补证前依法不能作为定案证据。而本案最大的硬伤是根本没有合法的环境污染损害、毁损的司法鉴定。镁粉、废弃矿渣堆放在涉案地块的事实存在，但究竟镁粉、废弃矿渣是否会改变、毁坏土地性质、程度如何，现有指控证据为零，故依据《最高人民法院关于适用〈中华人民共和国

刑事诉讼法〉的解释》第389条“再审案件经过重新审理后，应当按照下列情形分别处理：……事实仍无法查清，证据不足，不能认定原审被告人有罪的，应当撤销原判决、裁定，判决宣告原审被告人无罪”的规定，应对原审被告人李某相作出无罪判决。

无罪裁判要旨四：被告人在不知道需办理占用林地审批手续的情况下，按照采矿许可证核定的范围采石，主观上没有非法占用林地的故意，客观上也没有实施非法占用耕地、林地等农用地采矿的行为

案件名称：李某刚、万某非法占用农用地案

审理法院：广西壮族自治区百色市（地区）中级人民法院

案号：（2017）桂10刑终16号

裁判理由：

本院认为，对于上诉人李某刚、某银是否构成非法占用农用地罪的问题，第一，根据查明的事实，李某刚、某银合伙开办的弯勇采石场，系在国土部门办理采矿许可证后，方才开始采石作业，在李某刚申请采矿许可证时，新设采矿权许可证的审批材料中，并不包含占用林地审批手续。第二，《森林法》第18条第1款规定：“进行勘查、开采矿藏和各项建设工程，应当不占或者少占林地；必须占用或者征用林地的，经县级以上人民政府林业主管部门审核同意后，依照有关土地管理的法律、行政法规办理建设用地审批手续，并由用地单位依照国务院有关规定缴纳森林植被恢复费。”从该法律规定可见，对于采矿用地需占用林地的，应在获得林业主管部门审核同意后，才能办理项目用地审批手续，作为采矿许可证审批单位的国土部门，对该法律规定应当知晓，且应当在受理采矿权许可申请时告知申请人，**本案现有证据，未证实国土部门已向李某刚、某银告知应办理占用林地审批手续，且国土部门已实际核发了采矿许可证，此外，隆林各族自治县国土资源局还与李某刚签订了土地复垦合同书，其中明确了弯勇石灰岩矿用地坐落、四至及面积，据此确定复垦面积。土地复垦合同书中载明林地复垦面积为1.5080公顷以及复垦标准，李某刚依照规定缴纳了矿山地质环境恢复保证金、矿山临时用地复垦保证金等费用，表明了积极履行复垦义务的意思。基于对行政许可审批部门的信赖，足以使李某刚、某银产生能够按照采矿许可证核定的范围开采石场的认识。**在案证据不能证实李某刚、某银明知需办理占用林地手续而未

办理。李某刚、某银在不知道需办理占用林地审批手续的情况下，按照采矿许可证核定的范围采石，主观上没有非法占用林地的故意，客观上也没有实施非法占用耕地、林地等农用地采矿的行为。综上所述，上诉人李某刚、某银不构成非法占用农用地罪。

无罪裁判要旨五：被告人承包荒地价款远低于耕地承包价款，承包后未收到耕地补偿款的，不能认定具有占用耕地的故意。国土部门未公布过涉案土地的地类性质，村委会的地籍簿也未公布过该地块的地类性质，同样不能认定具有占用耕地的故意

案件名称：王某来非法占用农用地案

审理法院：河北省高级人民法院

案号：（2016）冀刑再2号

裁判理由：

原判认定王某来具有非法占用农用地的主观故意证据不充分。本罪的主观方面表现为故意。即明知占用耕地改作它用的行为是违反土地管理法规的，而且对于占用耕地等农用地改作它用会造成大量耕地等农用地被毁坏的结果也是明知的。本院经审理认为，（1）根据王某来与村委会签订的承包合同、相关证人证言及关于该荒山承包经营权纠纷所作出的三级法院民事裁判文书载明，该地块为四荒地。承包合同中约定将该涉案土地拍卖给原审被告人王某来，期限50年，总价款为3200元，该承包价款与耕地承包价款相差较大。且王某来承包该土地后，并未收到耕地补助等相关补助费用。（2）国土部门未公布过涉案土地的地类性质，村委会的地籍簿也未公布过该地块的地类性质。（3）王某来在侦查机关的数次供述均称“我没有非法占用耕地。你们把我抓了后，我才知道是非法占用农用地”。综上，原判认定王某来具有非法占用农用地的主观故意证据不充分。

原判认定王某来占用农用地的行为造成耕地大量毁坏的证据不充分。……保定市国土局《国土资源违法案件鉴定书》系认定原审被告人王某来犯非法占用农用地罪的关键证据。但从以上分析看，王某来堆放石料、石渣的行为并不符合非法占用农用地的法定行为方式。《国土资源违法案件鉴定书》的实体内容与之后的《耕地破坏鉴定不予受理通知书》存在矛盾。原判据此认为王某来占用农用地的行为造成耕地大量毁坏的证据不充分。

本院认为，原判认定王某来主观上具有非法占用农用地罪的犯罪故意、客观上造成耕地大量毁坏的事实不清、证据不足，其不构成非法占用农用地罪。

无罪裁判要旨六：所涉土地已获批转为建设用地，虽尚未办妥农用地专用审批手续，不属于非法占用农用地

案件名称：王某鹏、广东省三建公司聚众扰乱社会秩序、职务侵占、骗取贷款、票据承兑、金融票证、虚假出资、抽逃出资、非法占用农用地、逃税案

审理法院：广东省中山市中级人民法院

案号：（2016）粤20刑再6号

裁判理由：

本案中，虽然五里香茶艺馆所涉土地仍然为农用地，尚未办妥农用地转用审批手续，但三建公司和王某鹏建设五里香茶艺馆时得到相关政府部门的许可，建设手续完备，广东省国土资源厅也批复同意将涉案土地转为建设用地，三建公司和王某鹏在涉案土地上的建设行为也符合兴宁市土地利用总体规划，因此，不能仅仅以涉案土地尚未办理好非农的土地使用权证而认为王某鹏与三建公司的行为属于非法占有农用地，故王某鹏和三建公司不构成非法占用农用地罪。

无罪裁判要旨七：被告人签订的《荒地造林协议》均约定土地属原生产队时的集体土地，并未明确土地性质是草原，被告人缺乏犯罪故意

案件名称：陈某峰二审案

审理法院：内蒙古自治区兴安盟中级人民法院

案号：（2018）内22刑终171号

裁判理由：

经查，陈某峰与三个嘎查签订的《荒地造林协议》均约定土地属原生产队时的集体土地，所有权归嘎查。并未明确土地性质是草原。《荒地造林协议》约定土地用途是绿化造林，允许林田兼种。上述协议被扎赉特旗人民法院生效判决确认为有效。陈某峰在其承包地内植树时被扎赉特旗草原监理站

以破坏草原为由移交公安机关侦查。扎赉特旗草原监理站在现场勘查笔录中注明“地类待定”；扎赉特旗草原监理站《关于陈某峰等人非法占用农用地案件的说明》中称，确定天然草原的依据，是将涉嫌地块卫星坐标向扎赉特旗国土资源局提供，将其数据输入国土资源局数据库，国土资源局出具《地类性质说明》涉案土地属为草原。但扎赉特旗国土资源局出具的《地类情况说明》与其此后出具的《说明》相矛盾，《地类情况说明》不能作为定案依据。**公诉机关指控陈某峰明知涉案土地是草原，而非法占用草原，改变草原用途的相关证据未能形成完整证据链条。在案证据，构成犯罪的主观方面、客观要件缺失**。原审法院认定陈某峰具有非法占用农用地的犯罪故意，构成非法占用农用罪的证据不足。

无罪裁判要旨八：对于被告人在采砂证范围内的采挖行为，经过水利厅、水务局核发的河道采砂许可证许可，不具有犯罪的主观故意，该行为不构成犯罪

案件名称：王某甲、高某丁、高某戊、李某甲非法占用农用地案

审理法院：河北省承德市中级人民法院

案号：（2016）冀08刑终323号

裁判理由：

高某丁犯非法采矿罪，其非法采矿的行为发生在2011年3月份。《刑法修正案（八）》于2011年5月1日实施，《刑法修正案（八）》中修订删除了1997年《刑法》关于非法采矿罪中“经责令停止开采拒不停止开采”的规定。根据刑法“从旧兼从轻”原则，高某丁的行为发生在《刑法修正案（八）》实施以前，公诉机关未提供证据证明高某丁存在“经责令停止开采拒不停止开采”的行为。对于新法实施以前的行为，如果当时的法律不认为是犯罪的，应当适用当时的法律。

公诉机关提供的河北林业司法鉴定中心司法鉴定意见书可以看出，水务管理部门批准的采砂证范围均在林地及宜林地范围内，可见水务管理部门与林业管理部门对于涉案地块的土地性质存有争议。对于采砂证范围内的采挖行为，经过河北省水利厅、承德市水务局核发的河道采砂许可证许可，不具有犯罪的主观故意，该行为不构成犯罪。

本院已查明西营砂场共有股东六人，超范围采挖行为发生在王某甲负责

期间，这期间的生产管理由高某丁、李某甲负责，高某戊和其他三名股东不参与砂场生产管理，不应该对非法行为负责。

无罪裁判要旨九：被告人经协议取得的土地，虽尚未办理土地用地审批手续的不得认定为非法占用土地。为农牧业生产建造必要的建筑，并未改变土地的农牧用途

案件名称：徐某雷非法占用农用地案

审理法院：河南省许昌市中级人民法院

案号：（2018）豫10刑终382号

裁判理由：

上诉人（原审被告人）徐某雷与许昌市某村汪庄七组签订土地承包协议，汪庄七组自愿将村东头、东西路以北的洼地承包给徐某雷，徐某雷占用该块土地是经协议取得，并且该协议明确约定由罗庄村汪庄七组办理相关用地手续，**虽然涉案土地未办理土地用地审批手续，但不能认定徐某雷占用土地为非法取得**。在双方的协议上，徐某雷在承包的土地上建养鸡场，**进行必要的建筑、路面硬化、挖池塘都是基于为养鸡场服务。后在该承包土地上建纸业公司，也是基于为养鸡场的鸡蛋出售做包装，为进行养鸡业的延续发展，并未改变土地的农牧用途**。原判用以认定上诉人徐某雷构成非法占用农用地罪的证据不足，本院依法予以改判。

无罪裁判要旨十：涉案土地裸岩石砾地不是土地管理法法律意义上的农用地，其他草地和旱地在面积上没有达到数额较大（10亩）

案件名称：何某征、钟某财、肖某云非法占用农用地罪案

审理法院：湖南省江华瑶族自治县人民法院

案号：（2018）湘1129刑初148号（未检索到二审裁判）

裁判理由：

本案争执的焦点是三被告人开办采石场占用的土地类别和属性是不是土地管理法意义上的农用地。国务院法制办公室对《关于如何理解〈中华人民共和国森林法实施条例〉有关规定的请示》的答复第1条：根据《土地管理法》第11条第4款和《土地管理法实施条例》第3条第4款“确认林地的

所有权或者使用权依照森林法的有关规定办理”的规定，按照土地利用总体规划确定为林地的，其管理应当适用《森林法》及其实施条例的有关规定，在林地转为非林地前由林业主管部门实施管理。土地利用总体规划是国土部门主管职能，林地的划分和类别的确定应当是国土部门的职能和权利，本案占用的土地类别属性应当采信国土部门和鉴定机构的意见。本案三被告人开办采石场占用的土地根据国土部门和鉴定机构的鉴别和计算，包括采矿区占用裸岩石砾地 13, 374. 19 平方米，工业广场占用裸岩石砾地 1628. 78 平方米、其他草地 1136. 40 平方米，堆土场占用裸岩石砾地 1644. 91 平方米、旱地 3041. 13 平方米，无论是占用土地的类别还是占用土地的面积均未到达定罪入刑的标准。因为，裸岩石砾地不是土地管理法法律意义上的农用地，其他草地和旱地，在面积上没有达到数额较大（10 亩）。

无罪裁判要旨十一：被告人以流转的方式取得涉案林地的使用权，不属于非法占地。被告人虽未取得林业部门批准而在公益林地种植经济林木，但由于占用的土地原来已被破坏，种植经济林木的行为一定程度上恢复了植被

案件名称：李某生非法占用农用地案

审理法院：湖南省泸溪县人民法院、湖南省湘西土家族苗族自治州中级人民法院

案号：（2018）湘 3122 刑初 14 号、（2018）湘 31 刑终 167 号

裁判理由：

本案一审和二审法院均认为被告人无罪，但理由不同，具体如下：

一审法院裁判理由：

被告人李某有没有非法占地，侵犯国家对土地的管理制度。根据查明的事实可以确认，涉案林地属于集体所有。被告人李某的公司的经营范围为油茶开发种植；家禽、牲畜、水产养殖及销售；花卉、苗木、水果种植及销售等，具有一定的林业经营能力。被告人李某开垦涉案林地前，在当地村委会的协调下，以租赁的方式与承包农户签订了土地流转合同。林地承包经营权是土地承包经营权的一种，根据《农村土地承包法》第 32 条“通过家庭承包取得的土地承包经营权可以依法采取转包、出租、互换、转让或者其他方式流转”、第 34 条“土地承包经营权流转的主体是承包方，承包方有权依法自主决定土地决定土地承包经营权是否转和流转的方式”规定，通过家庭承

包取得的土地承包经营权可以流转，承包方有权自主决定土地承包经营权是否流转和流转的方式；根据《农村土地经营权流转管理办法》第9条“农村土地承包经营权流转的受让方可以是生产经营的组织和个人。在同等条件下、本集体经济组织成员有优先权。受让方应当具有农业经营能力”的规定，农村土地承包经营权可以流转给本集体以外有农业经营能力的组织和个人；根据《国家林业局关于规范集体林权流转市场运行的意见》第1条关于区划界定为公益林的林地、林木暂不进行转让，允许以转包、出租、入股等方式流转的规定，公益林林地也可以流转。结合以上事实和相关法律法规的规定可以看出，被告人李某以流转的方式取得涉案林地的使用权，符合规定，其没有非法占地。虽然被告人李某和承包农户在签订土地流转合同后，没有依照《农村土地承包法》第37条“采取转包、出租、互换或者其他方式流转的应当报发包方备案”的规定，就土地流转的事项向发包方备案，但从《最高人民法院关于审理涉及农村土地承包纠纷案件适用法律问题的解释》第14条“承包方依法转包、出租、互换或者其他方式流转土地承包经营权，发包方仅以该土地承包经营权流转合同未报其备案为由，请求确认合同无效的，不予支持”的规定可以看出，备案只是政府对土地流转管理的需要，是否备案并不影响土地流转合同的效力。

二审法院裁判理由：

本院认为，原审被告人李某未经林业部门批准，在公益林地上种植猕猴桃、油茶、柑桔，属违法行为，但李某种植油茶林和经济林的土地一部分为国土整理后的烟草地，一部分为火烧迹地，公诉机关无充分证据证实李某毁坏公益林的行为达到犯罪程度，且李某在国土整理后的烟草地和火烧迹地上种植油茶林和经济林，在一定程度上恢复了烟草地和火烧迹地上的林木，故检察机关指控和抗诉提出李某构成非法占用农用地罪证据不足，本院不予采纳。公益林必须依法予以保护，国家禁止任何非法砍伐公益林的行为。一审认为李某没有非法占地，没有改变涉案林地用途的理由不能成立，本院予以纠正。但原审认定李某没有大量毁坏林地，不应受刑事追究的理由成立，本院予以支持。

无罪裁判要旨十二：本案所用地四被告人是通过正常的途经申报，并得到镇政府的批准、同意后使用，本案所产生的法律后果不应当由四被告人承

担，不应追究四被告人的刑事责任

案件名称：胡某旗、黄某桓等非法占用农用地案

审理法院：湖南省澧县人民法院

案号：（2017）湘0723刑初203号（二审发回重审后检察院撤诉）

裁判理由：

本院认为：被告人胡某旗、黄某桓、黄某、王某军违反土地管理法规，在未取得林地占用许可证的情况下改变林地用途，造成林地毁坏数量较大，公诉机关指控本案基本事实成立；但指控四被告人构成非法占用农用地罪罪名不成立。其理由是本案公诉机关虽然多次补充证据，但仍然没有提供证实四被告人明知养殖场所用地是林地而非法占用的证据，因此四被告人不具有非法占用林地的主观故意，不符合非法占用农用地罪的犯罪主观构成要件；且本案所用地四被告人是通过正常的途经申报，并得到镇政府的批准、同意后使用，本案所产生的法律后果不应当由四被告人承担，不应追究四被告人的刑事责任。

1. 被告人李某以流转的方式取得涉案林地的使用权，符合规定，其没有非法占地。

2. 涉案土地由四部分组成，分别为国土整治后的宜林荒山荒地、因2014年森林火灾火烧迹地、经济林地、灌木林地。被告人李某将涉案土地坡改梯后，在土地上种植的是油茶和猕猴桃。……森林包括经济林。被告人李某将涉案土地坡改梯后种植油茶、猕猴桃，既非建窑、采石、取土、种植农作物等，亦非进行其他非林业生产、建设，并使林业种植条件严重毁坏。虽然从现场的现状来看，还有部分土壤裸露，但林业生产、建设有其特点，比如周期长、见效慢等。“十年树木”，荒山变森林需要较长时间。没有改变涉案林地的用途，并造成林地大量毁坏。

无罪裁判要旨十三：被告人为争取薪资为他人在草原上植树造林，且被告知有合法手续，不具破坏草原的主观目的

案件名称：陈某峰、周某辉非法占用农用地案

审理法院：湖南省泸溪县人民法院

案号：（2016）内2223刑初433号（二审法院发回重审后检察院对被告

人周某辉、孙某峰、潘某强撤诉)

裁判理由：

经查，被告人周某辉、孙某峰、潘某强系被告人陈某峰为植树造林雇佣的工人，被告人周某辉、孙某峰、潘某强客观上与被告人陈某峰共同实施了破坏草原的行为，但被告人周某辉、孙某峰、潘某强的主观目的是挣取工资，而被告人陈某峰的主观目的是在草原上植树造林，获取利益，且被告人陈某峰已明确告知周某辉、孙某峰、潘某强其有合法手续。**故被告人周某辉、孙某峰、潘某强与被告人陈某峰没有共同的犯意联络**。公诉机关对被告人周某辉、孙某峰、潘某强与被告人陈某峰系共同犯罪的指控不能成立。

无罪裁判要旨十四：潘某城作为村委会外部的中介人员，其基于合同内容及对产权人、基层组织的信赖，认为涉案地块已不属农用地，具有合理性，因此不具有非法占用的目的

案件名称：潘某城非法占用农用地案

审理法院：广东省中山市第一人民法院

案号：（2016）粤2071刑初1304号［二审（2017）粤20刑终18号维持原判］

裁判理由：

1. 主观方面要件的证据不足。本罪在主观方面表现为故意，即明知是农用地仍违法改作他用，并知道会造成土地大量毁坏，仍然希望或放任这种结果的发生。本案中，由裕洲村委会起草提供的租地合同及出具给潘某城的押金收据，均载明涉案地块是“已征用未开发”土地。而根据我国土地管理法，依法被征收或者征用的土地属于国家所有。潘某城作为裕洲村委会外部的中介人员，其基于合同内容及对产权人、基层组织的信赖，认为涉案地块已不属农用地，具有合理性。

2. 客观要件的证据不足。本案中，虽然现场勘测笔录记载，裕洲村南队地段处用地面积为14,470.5平方米，但现场照片、卫星图片证实，涉案地块并非全部作了水泥硬底化处理和搭建建筑物。之后中山市国土资源局出具了用地规划证明资料、行政处罚决定书，亦未列明作硬底化处理、搭建建筑物的占地面积。最后由该局国土执法监察支队出具情况说明，笼统说明该用地已经建成多座简易建构建筑物及水泥硬底化场地，已不适合耕作。经本院依

法调取证据，公诉机关未能提供进一步证据证明涉案地块硬底化的具体面积，及地块是否已造成农用地种植条件严重毁坏或者严重污染，现该部分事实存疑。此外，涉案地块的实际使用人为合租用户，有关改变土地用途的具体行为并非主要由潘某城实施。从涉案地块的租赁流转过程来看，租户是通过佳成公司联系上潘某城。潘某城在其与陈某1、刘某1经法律服务所见证签订的协议书中，属于中介方、代刘某平与裕洲村委会签约和处理一般事务的代理人。故根据现有证据，难以认定潘某城非法占用农用地，达到数量较大，并造成农用地大量毁坏的后果。

无罪裁判要旨十五：被告人接受公司安排负责公路现场管理，按月领取工资。未负责办理修路占用农用地的手续，且既不是公路的所有人，也不是修建公路的投资人和受益人，因此被告人田某甲不是本案非法占用农用地的责任主体，其行为不构成犯罪

案件名称：田某甲非法占用农用地案

审理法院：湖北省长阳土家族自治县人民法院

案号：（2014）鄂长阳刑初字第00096号（二审湖北省宜昌市中级人民法院维持原判）

裁判理由：

被告人田某甲接受本县招商企业长阳公司的安排，为公司和资丘镇陈家坪村七组十四农户共同修建的公路进行现场管理，公司按月给付工资，公司并没有安排被告人田某甲负责办理修路占用农用地的手续，且被告人田某甲既不是公路的所有人，也不是修建公路的投资人和受益人，因此被告人田某甲不是本案非法占用农用地的责任主体，其行为不构成犯罪。

无罪裁判要旨十六：被告人栽种柳树是为了优化涉案土地的生态环境，对涉案土地沙化现象进行治理，并无非法占用的犯罪故意

案件名称：科尔沁右翼中旗人民检察院与许某、白某非法占用农用地案

审理法院：内蒙古自治区兴安盟中级人民法院

案号：（2020）内22刑终127号

裁判理由：

本院认为，上诉人许某与原审被告人白某以治沙造林为由，翻耙土地栽种柳树的事实存在。但是其为了优化涉案土地的生态环境，对涉案土地沙化现象进行治理，并无非法占用的犯罪故意。内蒙古自治区草原勘察规划院出具的《关于许某占用农用地性质的鉴定报告》明确认定，涉案土地在许某、白某栽种柳树后并无生态遭到破坏的后果，栽种柳树起到了防风固沙、涵养水源的作用，没有造成土地毁坏的结果。上诉人许某与原审被告人白某的行为不符合非法占用农用地的犯罪构成要件。

无罪裁判要旨十七：非法占用农用地行为发生在被告单位转让涉案矿权之后，行为人并非被告单位的主要管理人员或者其他负责人，且在案证据不能证实本案中非法占用农用地的行为有被告单位的意志或者利益体现，故被告按单位不构成犯罪

案件名称：秦某、某扬公司非法占用农用地案

审理法院：四川省天全县人民法院

案号：（2019）川 1825 刑初 49 号（未检索到二审裁判）

裁判理由：

被告人秦某的行为构成非法占用农用地罪。但公诉机关关于被告单位天全县某扬物流有限公司犯非法占用农用地罪，被告人秦某系直接负责的主管人员的指控不当，经查，被告单位天全县某扬物流有限公司已于 2016 年 10 月将涉案矿权转让给朱某某，后朱某某又将该采矿权转让给被告人秦某，而本案中非法占用农用地的行为发生在被告人秦某系矿山实际经营管理者期间，其并非被告单位主管人员或其他负责人，且在案证据不能证实本案中实施非法占用农用地的行为有被告单位的意志或利益体现，故本案应认定为被告人秦某个人犯罪，而非被告单位天全县某扬物流有限公司犯罪。

无罪裁判要旨十八：瓷厂不具有法人资格，不能成为犯罪主体，故公诉机关指控被告单位瓷厂犯非法占用农用地罪主体不适格

案件名称：夹江县某城瓷厂、黄某非法占用农用地罪案

审理法院：四川省夹江县人民法院

案号：（2019）川 1126 刑初 134 号（未检索到二审裁判）

裁判理由：

被告人黄某的行为构成非法占用农用地罪，但被告单位夹江县某城瓷厂于 1996 年 6 月 7 依法登记成立，投资人为黄某，企业类型为个人独资企业，后变更投资人为吴某玉。该企业属于合法成立、有一定的组织机构和财产，但又不具有法人资格的个人独资企业，根据《最高人民法院关于审理单位犯罪案件具体应用法律有关问题的解释》（法释〔1999〕14 号）第 1 条的规定，《刑法》第 30 条规定的"公司、企业、事业单位"。既包括国有、集体所有的公司、企业、事业单位，也包括依法设立的合资经营、合作经营企业和具有法人资格的独资、私营等公司、企业、事业单位。这样，是否具有法人资格，便成了认定一个"私营企业"构成单位犯罪与否的基本条件，也就是说，只能将具有法人资格的私营企业作为单位犯罪的主体，而本案中，夹江县某城瓷厂不具有法人资格，不能成为犯罪主体，故公诉机关指控被告单位夹江县某城瓷厂犯非法占用农用地罪主体不适格。

无罪裁判要旨十九：耕地毁坏程度鉴定报告存在瑕疵，鉴定方法不符合法律规定，不能作为定案根据。现有证据不能证实被告人非法占用农用地的具体数量，故事实不清证据不足，不构成犯罪

案件名称：辽宁某集团有限公司、高某非法占用农用地案

审理法院：广东省广宁县人民法院

案号：（2016）粤 1223 刑初 152 号（二审中检察院撤回抗诉）

裁判理由：

1. 肇庆市国土资源局、肇庆市农业局作出的《关于广宁县宾亨镇某村委会某村耕地毁坏程度鉴定报告》（以下简称鉴定报告）程序存在瑕疵、鉴定方法不符合法律规定，不能作为定案依据。

该鉴定报告没有肇庆农业局的鉴定人员签名，后虽补充了现场签到表，但不能证实参与鉴定的人员具备测绘资格等相关资质、技术职称及农业土壤专业技术或职称。根据《最高人民法院关于适用〈中华人民共和国刑事诉讼法〉的解释》第 85 条的规定，鉴定人不具备法定资质，不具有相关专业技术或者职称的，鉴定意见不能作为证据使用。据此，该鉴定报告不能作为定案依据。

根据《最高人民检察院、公安部、国土资源部关于国土资源行政主管部门移送涉嫌国土资源犯罪案件的若干意见》的规定，对耕地破坏程度进行的鉴定，由市（地）级或者省级国土资源行政主管部门出具鉴定意见。肇庆市国土资源局、肇庆市农业局虽对涉案耕地出具鉴定报告，并附有土地利用现状图、土地利用总体规划图、现场照片等材料，但上述材料均由广宁县国土资源局收集。在案证据不能证实肇庆市国土资源局、肇庆市农业局对涉案耕地进行现场测绘、现场勘查并形成相关材料，其对涉案耕地的鉴定缺乏亲历性，鉴定方法存在瑕疵，该鉴定意见不能作为定案依据。

2. 现有证据不足以证实被告人非法占用农用地的具体数量。现有证据不能具体区分十六标项目经理部堆放弃土的范围，不能具体确定其堆放的数量。同时，现有证据不能证实十六标项目经理部与三十标项目部对涉案耕地堆放弃土具有意思联络，不能证实二者具有非法占用农用地的共同犯罪故意。据此，十六标项目经理部与三十标项目部主观上没有共同的犯罪故意，且二者在涉案耕地堆放弃土的客观行为亦存在时间先后的差异，故现有证据不能认定十六标项目经理部与三十标项目部构成非法占用农用地的共犯，不能对涉案耕地的全部数量认定为十六标项目经理部非法占用农用地的犯罪数量，公诉机关就涉案耕地全部数量指控被告单位辽宁某集团有限公司、被告人高某缺乏证据。

综上所述，公诉机关指控被告单位辽宁某集团有限公司、被告人高某非法占用农用地，造成农用地大量毁坏的证据不足。

第九篇

商业贿赂篇

第二十四章

非国家工作人员受贿罪裁判要旨

导　言

非国家工作人员受贿罪是对公司、企业或者其他单位（与国家机关、国有独资、控股、参股等无关）的工作人员，利用职务上的便利，索取他人财物或者非法收受他人财物，为他人谋取利益行为的禁止性规定。因本罪是数额犯，入罪标准和提高量刑档的标准远低于受贿罪的认定，而非国家工作人员受贿罪和受贿罪的唯一区别就是主体身份不同。因此，当被告人在国有独资（控股、参股）企业、基层村民自治组织、供销社、信用社等单位任职，其主体身份是属于受贿罪中“国有公司、企业或者其他国有单位委派到非国有公司、企业以及其他单位从事公务的人员”“其他依照法律从事公务的人员”还是属于本罪规定的“公司、企业或者其他单位的工作人员”，并据此认定被告人是构成受贿罪还是非国家工作人员受贿罪，成为本罪最大的争议焦点。

截至2021年6月30日，笔者通过检索《刑事审判参考》、《最高人民法院公报》案例、《最高人民法院指导案例》、《最高人民检察院公报》案例等，共检索到非国家工作人员受贿罪典型的有罪案例6件，通过在中国裁判文书网、威科先行法律信息库共检索到非国家工作人员受贿罪无罪案例4件，无罪理由相对单一，主要是公诉机关指控被告人犯罪证据未达到确实充分的证明标准，法院以证据不足为由判决被告人无罪和被告人收受他人财物未达到入罪标准且及时退回，不具有受贿故意，法院判决被告人无罪。

一、相关法律法规

《中华人民共和国刑法》第一百六十三条

我国《刑法》经第11次修正后的前后条文对比：

《中华人民共和国刑法》 （修正前）	《中华人民共和国刑法修正案（十一）》 （2021年3月1日施行）
第一百六十三条　【非国家工作人员受贿罪】公司、企业或者其他单位的工作人员利用职务上的便利，索取他人财物或者非法收受他人财物，为他人谋取利益，数额较大的，处五年以下有期徒刑或者拘役；数额巨大的，处五年以上有期徒刑，可以并处没收财产。 公司、企业或者其他单位的工作人员在经济往来中，利用职务上的便利，违反国家规定，收受各种名义的回扣、手续费，归个人所有的，依照前款的规定处罚。 国有公司、企业或者其他国有单位中从事公务的人员和国有公司、企业或者其他国有单位委派到非国有公司、企业以及其他单位从事公务的人员有前两款行为的，依照本法第三百八十五条、第三百八十六条的规定定罪处罚。	**第一百六十三条**　【非国家工作人员受贿罪】公司、企业或者其他单位的工作人员，利用职务上的便利，索取他人财物或者非法收受他人财物，为他人谋取利益，数额较大的，处三年以下有期徒刑或者拘役，并处罚金；数额巨大或者有其他严重情节的，处三年以上十年以下有期徒刑，并处罚金；**数额特别巨大或者有其他特别严重情节的，处十年以上有期徒刑或者无期徒刑，并处罚金**。 公司、企业或者其他单位的工作人员在经济往来中，利用职务上的便利，违反国家规定，收受各种名义的回扣、手续费，归个人所有的，依照前款的规定处罚。 国有公司、企业或者其他国有单位中从事公务的人员和国有公司、企业或者其他国有单位委派到非国有公司、企业以及其他单位从事公务的人员有前两款行为的，依照本法第三百八十五条、第三百八十六条的规定定罪处罚。

《最高人民法院、最高人民检察院关于办理贪污贿赂刑事案件适用法律若干问题的解释》（法释〔2016〕9号，2016年4月18日实施）

第十一条第一款　刑法第一百六十三条规定的非国家工作人员受贿罪、第二百七十一条规定的职务侵占罪中的“数额较大”“数额巨大”的数额起点，按照本解释关于受贿罪、贪污罪相对应的数额标准规定的二倍、五倍执行。（笔者注：该数额应该严格以受贿罪、贪污罪中的“数额较大”“数额巨大”的数额标准为基准，而不得考虑其中“数额＋情节”的情形，故非国家工作人员受贿罪的“数额较大”为六万元（3 万元×2）；“数额巨大”为 100 万元（20 万元×5），数额特别巨大。关于“数额特别巨大或者有其他特别严重情节”因系《刑法修正案（十一）》新修改内容，目前尚无规定。）

二、有罪裁判要旨

裁判要旨一：被告人分别在国有独资公司委派到国有参股公司、国有参股公司改制为非国家出资企业任职，期间收受贿赂的行为，应当按照受贿罪、非国家工作人员受贿罪定罪处罚，并数罪并罚

案件名称：杨某受贿、非国家工作人员受贿案

案例来源：2013 年《刑事审判参考》第 92 集，第 855 号案例

裁判结果：

杨某犯受贿罪，判处有期徒刑 2 年；犯非国家工作人员受贿罪，判处有期徒刑 1 年，决定执行有期徒刑 2 年 6 个月。

一审宣判后，被告人杨某没有提出上诉，检察机关没有抗诉，判决已发生法律效力。

基本案情：

1999 年 6 月 15 日，尤溪县 Y 公司成立，系国有参股公司。股东为尤溪县 D 公司（国有独资公司）、尤溪县 D 公司工会委员会。其中尤溪县 D 公司出资 105 万元，占 34%；工会职工个人集资 205 万元，占 66%。2001 年 1 月 21 日，杨某被 D 公司任命为 Y 公司经理，履行组织、领导、监督、管理职责。2003 年 3 月，Y 公司召开公司股东会作出决议，同意解散 Y 公司，撤回尤溪县 D 公司注入 Y 公司的资本金及由此形成的收益资金，直接由职工出资组建新的公司，公司名称由原来的 Y 公司变更为 L 公司，L 公司由尤溪县 D 公司 37 名职工共同发起组建，公司注册资本 233 万元，其中杨某个人出资 6.3 万元。2003 年 4 月 9 日，经全体股东会研究决定由杨某担任 L 公司经理。

2001 年 1 月至 2002 年年底杨某在担任 Y 公司经理期间，利用职务上的便利，在办理电器电工配件采购与货款结算、电力线路架设、变压器安装工程等过程中，共收受王某龙贿赂 15,000 元、苏某标贿赂 15,000 元；2003 年 4 月至 2004 年年底在担任 L 公司经理期间，利用职务上的便利，在安排电器电工配件采购与货款结算、电力线路架设、变压器安装工程等过程中共收受王某龙贿赂 20,000 元、苏某标贿赂 10,000 元。2012 年 6 月 5 日，杨某被尤

溪县人民检察院传唤到案，到案后退出全部赃款。

裁判理由：

1. 杨某担任Y公司经理的身份属于委派型国家工作人员

《刑法》第93条第2款规定："国有公司、企业、事业单位、人民团体中从事公务的人员和国家机关、国有公司、企业、事业单位委派到非国有公司、企业、事业单位、社会团体从事公务的人员，以及其他依照法律从事公务的人员，以国家工作人员论。"该条规定的国有公司、企业仅限于国有独资公司、企业。本案中尤溪县D公司系国有独资公司，也就是刑法意义上的国有公司。根据最高人民法院2003年发布的《全国法院审理经济犯罪案件工作座谈会纪要》）以下简称《纪要》）规定"所谓委派，即委任、派遣，其形式多种多样，如任命、指派、提名、批准等"。Y公司系尤溪县D公司的参股公司，虽然国有股份占34%，不具有国有控股地位，但其经营的业务范围属于特种行业，在很大程度上受尤溪县D公司的监督管理，因此，尤溪县D公司有权向Y公司委派工作人员参与经营管理。根据《纪要》相关规定，被告人杨某作为国有公司尤溪县D公司的职工，接受尤溪县D公司任命，代表国有公司在国有参股公司Y公司出任经理职务，从事组织、领导、监督、管理等工作，应当以国家工作人员论。杨某作为国家工作人员在Y公司从事的管理行为系监督、管理国有财产的职务活动，根据《纪要》的相关规定，应当认定为"从事公务"。因此，杨某在Y公司任职期间，具备国家工作人员身份，进行的管理活动是从事公务行为，其利用担任经理的职务便利，在办理电器电工配件采购与货款结算、电力线路架设、变压器安装工程等过程中收受他人贿赂30,000元，构成受贿罪。

2. 杨某担任L公司经理的身份不属于国家工作人员

最高人民法院、最高人民检察院2010年联合发布《关于办理国家出资企业中职务犯罪案件具体应用法律若干问题的意见》（以下简称《意见》）的规定，被告人的身份是否属于国家工作人员，主要从三个方面予以认定：一是被告人所在公司本身的性质：二是被告人职务任命的形式：三是被告人从事的工作性质。

（1）杨某所在的L公司不属于国家出资企业。根据《意见》规定，"国家出资企业"包括国家出资的国有独资公司、国有独资企业，以及国有资本控股公司、国有资本参股公司。Y公司进行了改制，国有股份全部撤出，改制后成立的L公司系尤溪县D公司职工个人出资，杨某个人亦出资6.3万元，该公司没有国有股份，不属于国家出资企业。

（2）杨某担任L公司经理是该公司全体股东大会研究决定的。改制后的L公司与尤溪县D公司已经没有任何隶属或者控制关系，杨某担任L公司经理，是经该公司全体股东大会研究决定的，而不是由尤溪县D公司委派任命。L公司股东大会任命杨某为公司经理，主要基于其经营管理公司的业务能力与水平，与其个人的尤溪县电为公司职工身份以及与尤溪县D公司本身没有任何关联。

（3）杨某行使的职权不具有公务的性质。根据《纪要》规定，从事公务，是指代表国家机关、国有公司、企业事业单位、人民团体等履行组织、领导、监督、管理等职责。公务主要表现为与职权相联系的公共事务以及监督、管理国有财产的职务活动。如国家机关工作人员依法履行职责，国有公司的董事、经理、监事、会计、出纳人员等管理、监督国有财产等活动，属于从事公务。杨某在L公司行使经理职权，管理D公司职工个人出资的资金，其行为不具有公务性质。杨某利用担任L公司经理的职务便利，收受他人贿赂30,000元，为他人牟利，其行为构成非国家工作人员受贿罪。

3. 杨某在改制前后身份发生变化的犯罪应当数罪并罚

根据《意见》关于改制前后主体身份发生变化的犯罪的处理规定，“国家工作人员在国家出资企业改制前后利用职务上的便利实施犯罪，在其不具有国家工作人员身份后又实施同种行为，依法构成不同犯罪的，应当分别定罪，实行数罪并罚”。杨某在Y公司任职期间系国家工作人员，在L公司任职期间不具有国家工作人员身份，其在改制前后接受贿赂的行为，因身份发生变化，分别构成受贿罪和非国家工作人员受贿罪，应当数罪并罚。

裁判要旨二：国有控股企业工作人员身份认定，应该从任命主体及是否具有管理、监督国有资产职责等方面认定。被告人职务并未经负有管理、监督国有资产职责的组织批准或者研究决定，其所从事的工作也并非代表上述组织在国家出资企业中从事公务，因此不能认定其为国家工作人员

案件名称：宋某非国家工作人员受贿案

案例来源：《刑事审判参考》第97集，第957号案例

裁判结果：

被告人宋某犯非国家工作人员受贿罪，判处有期徒刑 3 年，缓刑 4 年，并处没收财产人民币 3 万元；退缴的赃款予以没收。

一审宣判后，被告人宋某未提起上诉，检察机关亦未抗诉，该判决已发生法律效力。

基本案情：

2009 年年底至 2012 年 8 月，被告人宋某在担任 S 集团生产业务部生产调度室副经理、经理期间，利用负责 S 集团下属港区码头货物装卸、船舶到港、浮吊作业计划、分配、调度和管理等职务便利，先后多次收受上海 Q 负责人丁某给予的价值 1.5 万元的联华 OK 消费积点卡及 LV 皮包 1 只，收受上海 D 公司负责人陈某军给予的现金 20 余万元。上述收受的消费积点卡、贿赂款共计价值 21.5 万余元，均被宋某用于个人消费。2012 年 10 月 30 日，宋某在 S 集团监管部门找其谈话期间，主动供述收受联华 OK 消费积点卡及 LV 包的事实。后在检察机关调查期间，又主动供述收受 20 余万元现金的事实。在法院审判阶段，宋某在家属的帮助下退缴了全部赃款。

S 集团于 2005 年改制为国有控股、中外合资的股份有限公司，并于 2006 年 10 月在上海市证券交易所上市。S 集团的高层领导，列入上级领导部门管理范围；集团总部部门领导的任命，由集团人事组织部根据相关规定，向集团领导部门提出任用人选，经集团领导部门扩大会议讨论同意，然后发文任命。同时，按照 S 集团的公司章程，公司员工的聘用和解聘，由公司总裁决定。宋某在 S 集团生产业务部下设的生产调度室从主管到担任副经理、经理的职务变动，均由其上级部门领导个人提出聘任意见，由人事组织部审核后，由公司总裁在总部机关职工岗位变动审批表上签署同意意见即成，无须经过人事组织部提名、领导部门扩大会议讨论决定的程序。

裁判理由：

本案中，S 集团前身为全国有公司，后经改制为国有控股公司。被告人利用在 S 集团担任相应职务的便利，非法收受他人财物，为他人谋取利益，数额巨大，是构成受贿罪还是构成非国家工作人员受贿罪，关键在于其是否具有国家工作人员的身份。

最高人民法院、最高人民检察院 2010 年 11 月联合出台的《关于办理国家出资企业中职务犯罪案件具体应用法律若干问题的意见》（以下简称《意见》）除了对传统委派内容和形式进行了细化规定以及对双重身份人员进行解释之外，首次将“代表人员”纳入国家工作人员范畴。根据《意见》第6条第2款的规定，经国家出资企业中负有管理、监督国有资产职责的组织批准或者研究决定，代表其在国有控股、参股公司及其分支机构中从事组织、领导、监督、经营、管理工作的人员，应当认定为国家工作人员。据此，判断宋某是否具有国家工作人员身份，可以从以下两个方面展开分析：

1. **形式要件：经国家出资企业中负有管理、监督国有资产职责的组织批准或者研究决定。**

根据《意见》第6条的规定，除受国家机关、国有公司、企业、事业单位委派外，在国有控股、参股公司等国家出资企业中，国家工作人员的认定，需具备负有管理、监督国有资产职责的组织批准或者研究决定的形式要件。对这里的“组织”如何理解，实践中存在不同认识。有观点认为，这里的“组织”不仅包括国家出资企业中的领导部门与联席会，还包括公司股东会、董事会、监事会。这种观点值得商榷。国有控股、参股公司的股东会、董事会、监事会是整个公司的管理、决策和执行机构，代表了包括非国有资产在内的全公司的利益，而非单纯的管理、监督国有资产的组织。《意见》第6条已对刑法的规定有了突破，对其理解应当从严把握，否则将导致国家工作人员认定的宽泛化。我们认为，“负有管理、监督国有资产职责的组织”一般是指上级或者本级国家出资企业领导部门和联席会议。根据有关组织原则，改制后的国家出资企业一般仍设有领导部门，并由本级或者上级领导部门决定人事任免。由其任命并代表其从事公务的人员，应当认定为国家工作人员。而国家出资公司的股东会、董事会、监事会，包括公司的人事组织部门，均不是适格的任命主体。

S集团中，集团总部部门领导的任命，由集团组织人事部根据相关规定，向集团领导部门提出任用人选，经集团领导部门联席会扩大会议讨论同意，然后发文任命。简言之，该集团中国家工作人员的任命具有人事组织部门提名、领导部门联席会讨论同意这一重要形式。而被告人宋某在S集团生产业务部下设的生产调度室从主管到担任副经理、经理的变动，均由其上级部门领导提出聘任意见，由公司人事组织部审核后，由总裁最终批准和决定，而无须经过人事组织部提名、领导部门联席会扩大会议讨论决定的程序。前述股东会、董事会、监事会等都不是负有管理、监督国有资产职责的组织，总裁更不能认定为上述组织，其对宋某的任命是基于其代表股份公司行使的总裁职权，而非代表负有管理、监督国有资产职责的组织行使职权。因此，就宋某而言，其职务的任命并不具有“经国家出资企业中负有管理、监督国有资产职责的组织批准或者研究决定”的形式要件。

2. **实质要件：代表负有管理、监督国有资产职责的组织在国有控股、参股公司及其分支机构中从事组织、领导、监督、经营、管理工作。**

在对国有控股、参股公司中国家工作人员身份进行认定时，除了需要审查行为人的任命程序，还需要着重核实其所从事的工作性质，看其是否“代表负有管理、监督国有资产职责的组织”，从事“组织、领导、监督、经营、管理工作”。可见，从实质层面而言，将国家出资企业中的“代表人员”认定为国家工作人员，还要求其所从事的工作同时具备以下两大特征：（1）代表性。作为授权方的负有管理、监督国有资产职责的组织，与作为被授权方的国家工作人员，通过批准、研究决定等方式，产生一种委托法律关系。换言之，在国家出资企业中，国家工作人员系代表国有资产的监督、管理组织从事工作，这种代表性是认定国家工作人员身份的首要特征。（2）公务性。在实践认定中，要注意考察公务与职权的关联性。公务首先是管理性的事务，而不是一般的技术性、业务性的活动，与劳务相比其具有明显的管理属性。值得注意的是，在国家出资企业中，公务有公司性的公务和国家性的公务之分，前者是代表公司整体利益的行为，而后者仅是代表国有资产的监督、管理组织进行管理的行为。

实践中，一般做法是，行为人的身份如果符合形式要件，即经国家出资企业中负有管理、监督国有资产职责的组织批准或者研究决定，即使从事的是公司性的公务，也应以国家工作人员从事公务论。因为在国家出资企业中，国家性的公务必然包含在公司性的公务中。比较难处理的是，如果行为人的身份不符合形式要件，但从事本质上属于国家性的公务，是否以国家工作人员从事公务论。我们认为，这种情况较少，如果出现，原则上也应以国家工作人员从事公务论。刑事实体法，对犯罪概念的界定更强调实质原则。强调这一原则的主要考虑是为了防止行为人规避法律。如果行为人实质从事国有资产的监督、管理，仅因为缺少形式要件或者故意使形式要件不成就，就不以国家工作人员从事公务论，则必然助长国家出资企业中的犯罪之风，不利于国有资产的保护。本案中，被告人宋某的任职，由公司总裁批准任命，但公司总裁行使的批准权，主要体现其代表股份公司行使职权，而非代表国有资产监督、管理部门行使管理职权。因此，宋某不符合国家工作人员身份认定的一般形式要件特征。宋某负责S集团下属港区码头货物装卸、船舶到港、浮吊作业计划、分配、调度和管理，系经股份公司授权代表股份公司利益从事相关活动，具有一定管理属性的工作岗位，属于公司性的公务活动，但不属于专门从事国有资产监督、管理的活动，即不属于国家性的公务。

综上，宋某其职权的变动并未经负有管理、监督国有资产职责的组织批准或者研究决定，其所从事的工作也并非代表上述组织在国家出资企业中从事公务，因此不能认定其为国家工作人员。宋某利用其负责S集团下属港区码头货物装卸、船舶到港、浮吊作业计划、分配、调度和管理等职务之便，为他人谋取利益，收受他人贿赂的行为，应当以非国家工作人员受贿罪论处。

裁判要旨三：从事村民自治范围经营、管理活动的村民委员会人员，不属于其他依照法律从事公务的人员，其利用上述便利条件，非法收受他人财物，为他人谋取利益构成犯罪的，应当以非国家工作人员受贿罪追究刑事责任

案件名称：高某非国家工作人员受贿案

案例来源：《刑事审判参考》第97集，第958号案例

裁判结果：

被告人高某犯非国家工作人员受贿罪，判处有期徒刑1年2个月。宣判后，被告人高某未提起上诉，检察机关亦未抗诉，该判决已发生法律效力。

基本案情：

2007年12月，綦江县公路建设指挥部规定村级公路建设项目由镇政府组织实施，后又明确村级公路可由村民委员会在镇政府监督指导下自建，县财政对每公里补贴人民币30万元，不足部分由镇、村自筹。2009年3月，綦江县永新镇镇政府规定，新改建村级公路由各村组织施工，镇政府每公里追加补贴4万元。镇政府为此成立领导小组，负责组织全镇公路建设项目的申报、规划、招投标和组织实施，同时要求各村成立相应领导机构，由村党支部书记任组长、村委会主任任副组长，负责本村公路建设管理协调和公路筹资投劳等工作。

2009年5月，重庆市綦江县永新镇某村村民委员会召集村民代表会议，

决定通过自筹资金、社会募捐和政府补贴，硬化该村“柑木”公路。同年6月5日，时任某村村民委员会主任的被告人高某以村民委员会的名义，书面承诺将该工程交给兰某仕承包，兰某仕遂向冯某、王某收取项目转让费20余万元，并于次日给予高某好处费6万元。同月12日，高某以某村村民委员会的名义，与冯某、王某挂靠的重庆B公司签订施工合同。但镇政府认为该合同违反签订程序，遂将该工程交给吴某承包。后高某等人与吴某协商，吴某将工程转让给冯某、王某等。一审期间，高某退回赃款6万元。

裁判理由：

该工程系在村农民集体土地上进行的公共建设项目，县、镇政府虽然有经费补贴，但该工程建设仍属村民自治范畴的行为，而非政府行为。高某组织实施“柑木”公路硬化工程，是具体履行村民委员会对村集体事务的自我管理、自我服务职责，不属于“其他依照法律从事公务的人员”。

（一）经村民代表会议决定，在村集体土地上自行修建道路，属于村民自治范围内的事务

“柑木”公路硬化工程所占土地的性质为农民集体所有土地，而非国有土地。根据《土地管理法》第11条的规定，“农民集体所有的土地依法属于村农民集体所有的，由村集体经济组织或者村民委员会经营、管理”。第8条第2款规定，“农村和城市郊区的土地，除由法律规定属于国家所有的以外，属于农民集体所有”。而国土资源部对在集体所有的土地上修建并管理的道路的权属则作了进一步明确。国土资源部印发的《确定土地所有权和使用权的若干规定》第22条规定：“乡（镇）或村在集体所有的土地上修建并管理的道路、水利设施用地，分别属于乡（镇）或村农民集体所有。”据此，各级政府在农民集体土地上修建道路等公共设施，只有经法定程序，将农民集体土地转为建设用地，并按标准给予补偿后，才能把农民集体土地转为国有建设用地。本案中，綦江县建设乡村道路，并不是将农村集体土地转为国有建设用地后由有关政府部门组织建设，而是由政府补贴部分资金，在不改变土地性质的前提下，由各村自行修建并负责给予农户相应补偿。所以，綦江县、永新镇两级政府虽然给予了相应的资金补贴，并规定镇政府负责工程的组织实施，以及镇政府或者镇政府指导下的村民委员会为道路建设的责任主体，但均未改变“柑木”公路所占土地的性质为村集体土地。

“柑木”公路硬化工程属于某村村民自治范围内的事务，建设主体为某村及村民委员会。关于村民委员会的主体性质、工作职能，《村民委员会组织法》作了十分明确的规定。《村民委员会组织法》第2条规定："村民委员会是村民自我管理、自我教育、自我服务的基层群众性自治组织，实行民主选举、民主决策、民主管理、民主监督。村民委员会办理本村的公共事务和公益事业，调解民间纠纷，协助维护社会治安，向人民政府反映村民的意见、要求和提出建议。"第8条第2款规定："村民委员会依照法律规定，管理本村属于村农民集体所有的土地和其他财产，引导村民合理利用自然资源，保护和改善生态环境。"本案中，"柑木"公路硬化工程，系在村农民集体土地上建设的公共项目，系村民自治范围内的事务，永新镇政府赋予镇公路建设领导小组对全镇公路建设项目的申报、规划、招投标和组织实施的权力不及于"柑木"公路硬化工程。某村村民代表会议依法有权决定硬化"柑木"公路，村民委员会具体执行村民代表会议的决定，是合法的修路主体。

（二）被告人高某不属于"其他依照法律从事公务的人员，以国家工作人员论"的情形

从立法沿革和相关规范性文件的规定来看，村民委员会等村基层组织人员从事村民自治范围内的活动不属于"其他依照法律从事公务的人员"。(1) 全国人大常委会法制工作委员会向全国人大常委会所作的《关于〈中华人民共和国刑法〉第九十三条第二款的解释（草案）》的说明中，建议全国人大常委会把《刑法》第93条第2款解释为"农村村民委员会等基层组织依法……从事村公共事务的管理工作属于依法从事公务，应以国家工作人员论"。但全国人大常委会最终删除了"从事村公共事务的管理工作"，改为"协助人民政府从事下列行政管理工作"。(2)《最高人民检察院关于贯彻执行全国人民代表大会常务委员会关于《中华人民共和国刑法》第九十三条第二款的解释的通知》明确指出："对村民委员会等村基层组织人员从事属于村民自治范围的经营、管理活动不能适用《解释》的规定。"根据上述法律及文件规定，高某组织、实施"柑木"公路硬化工程建设，属于从事村民自治范围内的事务，不能"以国家工作人员论"。

同时，依据綦江县、永新镇两级政府的相关规定，虽然高某有协助政府从事指导工程建设及监管政府补贴资金等行政管理工作的责任，但是高某未利用这种便利，而是利用其代表某村村民委员会组织、实施"柑木"公路硬化工程建设具有的便利条件收受贿赂，被告人实施犯罪与协助政府工作无关。

综上，只有依法把村农民集体土地转为国有土地，在该土地上修建道路等公共设施才属于公务活动，系“政府工程”。反之，相关建设活动仍然属于村民自治范围内的事务，建设主体为村集体经济组织或者村民委员会。从事村民自治范围经营、管理活动的村民委员会人员，不属于其他依照法律从事公务的人员。如果该类人员利用上述便利条件，非法收受他人财物，为他人谋取利益构成犯罪的，应当以非国家工作人员受贿罪追究刑事责任。

裁判要旨四：在国有控股公司企业中，被告人职务并非经国家出资企业中负有管理、监督国有资产职责的组织批准或者研究决定任命，不能认定为国家工作人员，其利用职务之便，为他人谋取利益，收受他人贿赂的行为构成非国家工作人员受贿罪

案件名称：王某非国家工作人员受贿、挪用资金案

案例来源：《刑事审判参考》第102集，第1055号案例

裁判结果：

济南市历下区人民法院判决如下：

被告人王某犯受贿罪，判处有期徒刑10年6个月；犯挪用公款罪，判处有期徒刑2年；决定执行有期徒刑11年。扣押在案的赃款人民币276,000元予以没收，上缴国库。

一审宣判后，被告人王某不服，向济南市中级人民法院提起上诉。

济南市中级人民法院改判如下：上诉人王某犯非国家工作人员受贿罪，判处有期徒刑6年；犯挪用资金罪，判处有期徒刑1年；决定执行有期徒刑6年6个月。

基本案情：

（一）非国家工作人员受贿事实

中建某局第X公司系国有企业，被告人王某在任该公司西客站交通枢纽项目部商务经理期间，利用负责项目工程预、决算签发、审核的职务便利，为分包施工队谋取利益，分别于2011年9月、2012年4月、2013年2月三次收受施工队负责人李某阳、郭某好处费共计人民币（以下币种同）27.6万元，据为己有。

（二）挪用公款事实（略）

裁判理由：

本案被告人王某的身份是否属于国家工作人员，应当综合以下两个问题进行分析认定：一是王某所在单位是否属于刑法意义上的国有公司；二是如果其单位不属于国有公司，王某是否属于《最高人民法院、最高人民检察院关于办理国家出资企业中职务犯罪具体应用法律若干问题的意见》（以下简称《国家出资企业意见》）第 6 条第 2 款所规定的国家工作人员类型。二审法院在查明有关事实的基础上，遵循上述思路，认定王某不具有国家工作人员主体身份，并据此改判。具体理由如下：

1. **被告人所属公司出资股东的性质决定了该公司的性质是非国有公司，由此被告人不是国有公司中从事公务的人员**。

刑法意义上的国有公司仅指国家出资的国有独资公司，不包含国有资本控股公司、国有资本参股公司等其他类型的国家出资企业。《刑法》条文中含有“国有公司”“非国有公司”的表述，但《刑法》条文没有对“国有公司”“非国有公司”的内涵和外延作出明确规定，对其界定只能依据最高司法机关出台的规范性指导文件。从最高人民法院 2001 年发布的《关于在国有资本控股、参股的股份有限公司中从事管理工作的人员利用职务便利非法占有本公司财物如何定罪问题的批复》、2003 年发布的《全国法院审理经济犯罪案件工作座谈会纪要》、2005 年出台的《关于如何认定国有控股、参股股份有限公司中的国有公司、企业人员的解释》等规定来看，刑法意义上的国有公司仅限于国有独资公司，这也是长期刑事司法实践中一贯掌握的标准。最高人民法院、最高人民检察院 2010 年联合出台的《关于办理国家出资企业中职务犯罪案件具体应用法律若干问题的意见》（本案简称《国家出资企业意见》）与上述规定一脉相承，在坚持国有公司、企业既定外延的基础上，仅对国家出资企业中“以国家工作人员论”的范围有所突破和扩大。

本案一审之所以认定被告人王某所在的中建某局第 X 公司是国有公司，王某的身份是国家工作人员，主要是基于该公司在诉讼阶段出具了一份证明：2010 年前该公司的国有法人股占 51%，社会法人股占 10%，职工股占 39%，2010 年经上级同意改为国有企业，社会股和职工股资金全部退出。然而问题的关键是，能否仅凭该证明认定中建某局第 X 公司属于国有公司。我们认为，对公司性质的认定，不能仅凭公司的工商注册登记或者公司自身所做的说明，而应当严格依照《国家出资企业意见》第 7 条的规定，遵循“谁投资，谁拥有产权”的原则，从公司的实际出资情况进行认定。具体联系本案，从相关文件来看，2011 年 3 月，中建某局第 X 公司变更为中建某局公司的全资子公司，中建某局公司是中建某局第 X 公司的唯一股东，因此中建某局公司的国有性质决定了中建某局第 X 公司的国有性质。然而，从股东实际出资情况来看，中建某局公司后改制为国有控股公司，即非国有公司，从而决定了中建某局第 X 公司属于国家出资企业，而不属于国有公司。这一过程大致可以划分为两个阶段：（1）中建某局公司原是国有公司中建总公司的全资子公司，2007 年 12 月，该公司的股东即出资人变更为中建股份公司，此时，中建股份公司仍是国有公司，故中建某局公司也是国有公司。（2）2009 年 7 月，中建股份公司在上海证券交易所上市，转变为国有控股公司，由此，中建某局公司因其股东不再是国有独资公司，其在性质上也就不再属于国有公司，而是转变为国有控股公司。相应地，中建某局第 X 公司的性质也应变为国有控股公司。基于上述分析，可以认定王某的身份不属于国有公司中从事公务的人员。

2. **从被告人的任职程序和实际履行的职责来看，被告人不属于《国家出资企业意见》规定的“国家工作人员”**。

《出资企业意见》第 6 条将非国有独资的国家出资企业中的国家工作人员分为两种类型：第一种类型与《刑法》第 93 条第 2 款对应，属于“委派型”国家工作人员。本案中，被告人王某所在公司及上级公司均为国有控股公司，故不属于国有公司委派到非国有公司任职的情形。第二种类型即“间接委派型”或者“代表型”国家工作人员。《国家出资企业意见》第 6 条第 2 款规定：“经国家出资企业中负有管理、监督国有资产职责的组织批准或者研究决定，代表其在国有控股、参股公司及其分支机构中从事组织、领导、监督、经营、管理工作的人员，应当认定为国家工作人员。”根据该规定，对于国家出资企业中的工作人员是否属于“国家工作人员”，应当从以下两个方面进行认定：一是形式要件，即经国家出资企业中负有管理、监督国有资产职责的组织批准或者研究决定。这里的“组织”主要是指上级或者本级国家出资企业内部的党委、党政联席会。二是实质要件，即代表负有管理、监督国有资产职责的组织在国有控股、参股公司及其分支机构中从事组织、领导、监督、经营、管理工作，实质要件具有“代表性”和“公务性”两个特征。在判断层次上，对于形式要件、实质要件的判断分别属于形式判断和实质判断，首先要进行形式判断，形式判断是进行实质判断的重要前提和依据。

本案中，被告人王某任职本公司西客站交通枢纽项目部商务经理是经本公司总经理办公会研究决定任命，并非经国家出资企业中负有管理、监督国有资产职责的组织批准或者研究决定任命。

综上，本案被告人王某不是国家工作人员，其利用职务之便，为他人谋取利益，收受他人贿赂的行为以及挪用本单位资金的行为，不构成受贿罪和挪用公款罪，应当以非国家工作人员受贿罪和挪用资金罪论处。

裁判要旨五：受国家机关委托行使行政管理职权的公司将相关职权再次委托给其他人员，相关人员的滥用职权行为和收受财物行为，因其不属于国家机关工作人员，其不构成滥用职权罪、受贿罪，因其不是国有公司、企业的工作人员，也不构成国有公司、企业人员滥用职权罪，其行为构成非国家工作人员受贿罪

案件名称：周某、朱某非国家工作人员受贿案

案例来源：《刑事审判参考》第1207号案例

裁判结果：

上海市黄浦区人民法院以滥用职权罪、受贿罪判处被告人周某、朱某不同刑罚，违法所得予以追缴。

一审判决后，被告人周某、朱某均不服，向上海市第二中级人民法院提出上诉。

上海市第二中级人民法院以非国家工作人员受贿罪，分别改判周某、朱某有期徒刑1年6个月。

基本案情：

上海Q公司系国有公司。2007年8月至2008年1月间，Q公司受上海市市政工程管理处委托，负责上海市西藏路道路改建工程2期一标段所涉周边房屋拆迁工作。周某、朱某分别受Q公司委托，担任该标段动迁项目总经理和经理。期间，周某、朱某二人在明知西藏南路265弄1号底层后客堂、西藏南路265弄1号底层中客堂、西藏南路277弄9号底层灶间及桃源路65号底层前客堂均处于空户状态，动迁安置补偿款应归上海N集团所有的情况下，接受上海B物业公司总经理陈某德、办公室负责人丁某虹（均已另案处

理）的请托，共同利用审批审核动迁安置费用等职务便利，按照陈某德、丁某虹提供的涉案房屋虚假用户材料，违规审批内容虚假的拆迁安置签报、居民动迁安置用款申请表等相关材料，使陈某德、丁某虹等人冒领涉案房屋的拆迁补偿款得以成功，导致国家财产计人民币 1,384,130 元（以下币种均为人民币）遭受损失。

周某、朱某利用上述职务便利，在违规审批之前分别收受陈某德、丁某虹给予的“好处费”各 10,000 元。事成之后，陈某德、丁某虹又将 198,000 元按周某要求，转入朱某个人账户，其中 28,000 元被朱某花用。

裁判理由：

（一）周某、朱某不属于国家机关工作人员，其行为不构成滥用职权罪

关于滥用职权罪，《刑法》第 397 条规定犯罪主体为国家机关工作人员。同时，2002 年《全国人民代表大会常务委员会关于〈中华人民共和国刑法〉第九章渎职罪主体适用问题的解释》规定：“在依照法律、法规规定行使国家行政管理职权的组织中从事公务的人员，或者在受国家机关委托代表国家机关行使职权的组织中从事公务的人员，或者虽未列入国家机关人员编制但在国家机关中从事公务的人员，在代表国家机关行使职权时，有渎职行为，构成犯罪的，依照刑法关于渎职罪的规定追究刑事责任。”2012 年《最高人民法院、最高人民检察院关于办理渎职刑事案件适用法律若干问题的解释（一）》第 7 条规定：“依法或者受委托行使国家行政管理职权的公司、企业、事业单位的工作人员，在行使行政管理职权时滥用职权或者玩忽职守，构成犯罪的，应当依照《全国人民代表大会常务委员会关于〈中华人民共和国刑法〉第九章渎职罪主体适用问题的解释》的规定，适用渎职罪的规定追究刑事责任。”虽然根据《最高人民法院、最高人民检察院关于办理渎职刑事案件适用法律若干问题的解释（一）》的规定，依法或者受委托行使国家行政管理职权的公司、企业、事业单位的工作人员可以构成渎职犯罪，但从司法解释文意来看，主体身份的认定要回归到 2002 年的立法解释，对于公司、企业工作人员而言，构成滥用职权罪的前提应是依法或受国家机关委托代表国家机关行使行政管理职权，所从事的公务需与国家机关职权内容紧密联系。

在本案中，上海市市政工程管理处将房屋拆迁相关工作委托给 Q 公司，Q 公司属于受国家机关委托代表国家机关行使职权的国有公司，市政工程管理处并未将相关职权直接委托给更强公司，更强公司系受 Q 公司转委托而行使管理职权。周某、朱某二人工作职能的依据系Q公司与更强公司之间的委托协议之规定及Q公司管理人员的口头委托，并非依法或受国家机关委托进行工作。故周某、朱某二人的职权资格并非直接来源于国家机关，不符合滥用职权罪主体身份的要求，其在履职中造成公共财产重大损失的行为，不构成滥用职权罪。

（二）周某、朱某不属于国家工作人员，其行为不构成受贿罪

1. 国家工作人员的范围界定

根据刑法理论通说，受贿罪的保护法益是国家工作人员职务行为的不可收买性，也可以说是国家工作人员职务行为与财物行为的不可交换性。因此，受贿罪是身份犯，行为主体为国家工作人员，其范围应根据《刑法》第93条的规定确定。《刑法》第93条规定："本法所称国家工作人员，是指国家机关中从事公务的人员。国有公司、企业、事业单位、人民团体中从事公务的人员和国家机关、国有公司、企业、事业单位委派到非国有公司、企业、事业单位、社会团体从事公务的人员，以及其他依照法律从事公务的人员，以国家工作人员论。"

《全国人民代表大会常务委员会关于〈中华人民共和国刑法〉第九十三条第二款的解释》规定：村民委员会等村基层组织人员协助人民政府从事下列行政管理工作时，属于《刑法》第93条第2款规定的"其他依照法律从事公务的人员"：（1）救灾、抢险、防汛、优抚、扶贫、移民、救济款物的管理；（2）社会捐助公益事业款物的管理；（3）国有土地的经营和管理；（4）土地征用补偿费用的管理；（5）代征、代缴税款；（6）有关计划生育、户籍、征兵工作；（7）协助人民政府从事的其他行政管理工作。

2003年11月13日最高人民法院发布的《全国法院审理经济犯罪案件工作座谈会纪要》（以下简称《纪要》）就贪污贿赂犯罪和渎职犯罪的主体中"其他依照法律从事公务的人员"的认定作了界定，认为《刑法》第93条第2款规定的"其他依照法律从事公务的人员"应当具有两个特征：一是在特定条件下行使国家管理职能；二是依照法律规定从事公务。具体包括：（1）依法履行职责的各级人民代表大会代表；（2）依法履行审判职责的人民陪审员；（3）协助乡镇人民政府、街道办事处从事行政管理工作的村民委员会、居民委员会等农村和城市基层组织人员；（4）其他由法律授权从事公务的人员。

可以看出，尽管全国人大常委会对《刑法》第 93 条规定的“其他依照法律从事公务的人员”作出了立法解释，但也只是对村民委员会等村基层组织人员协助政府从事项行政管理工作时，明确其属于“其他依照法律从事公务的人员”。2003 年最高人民法院《纪要》也只列出了四种情形，而且表述上仍都使用了“其他……”字样，表明其范围并没有穷尽。司法实践中应注意参照《纪要》的精神准确认定“其他依照法律从事公务的人员”。

所谓从事公务，是指组织、领导、监督、管理社会公共事务和国家事务。根据我国现行刑法的规定，我国的公务活动包括以下几种：（1）各级国家权力、行政、司法机关以及军队中的事务，即单纯的国家事务；（2）国有事业单位、人民团体的事务，即国家参与管理的一部分社会性事务；（3）国有企业、公司等经营管理国有财产的事务。**判断立法解释和《纪要》之外的主体是否属于国家工作人员时，最重要的是要看其是否是依照法律，在法律的授权下对包括国家事务、社会事务等在内的公共事务进行管理，如果管理的权限不是源于法律的规定而是来源于其他的行为（如委托），则行为人不能认定为国家工作人员。**

2. **本案中周、朱二人不是国家工作人员**

本案中，周某、朱某分别受 Q 公司委托，担任该标段动迁项目总经理和经理，没有直接接受国家机关的委托。因此，周某、朱某二人不是国家工作人员，不构成受贿罪。具体说，（1）更强公司非国家机关，故二人不属于国家机关中从事公务的人员；（2）更强公司不具备国有性质，故二人不属于国有公司、企业中从事公务的人员；（3）周某、朱某二人也不是国有公司、企业委派到非国有公司、企业从事公务的人员。

需要指出的是，委托并不等同于委派。根据《纪要》的规定，“所谓委派，即委任、派遣，其形式多种多样，如任命、指派、提名、批准等”。“委派”要具有刑法效力，必须同时具备“有效性、法定性、隶属性和内容特定性”四个条件。所谓有效性，就是做出委派意思表示的主体必须是国家机关、国有公司、企业、事业单位而非私人委派，且其意思表示必须明确。同时，受委派人也必须做出明确的接受委派的意思表示。所谓法定性，就是委派单位必须在其法定的权限范围内做出委派的意思表示，不能越权委派。所谓隶属性，是指受被委派人必须接受委派单位的领导、管理和监督，被委派人与委派单位之间的关系属于行政隶属关系而非平等委托关系。所谓内容特定性，即受委派的人到被委派单位从事的工作限于领导、管理、监督的公务行为，而非诸如生产、服务等一般的劳务活动。

本案中，Q 公司属于国有公司，《委托实施拆迁劳务协议》等书证证实更强公司是挂靠在 Q 公司拆迁管理部下，周某、朱某二人也只是接受了 Q 公司负责人的口头委托，这里的“挂靠”“口头委托”并不等于“委派”，故周某、朱某二人也非国有公司、企业委派到非国有公司、企业从事公务的人员；（4）周某、朱某二人工作职能的依据系 Q 公司与更强公司之间的委托协议之规定及相关口头委托，并非依照法律从事公务。综上，周某、朱某二人不是刑法规定的国家工作人员。

3. 受贿罪的主体不包括受委托管理、经营国有财产的人员

根据《刑法》第 382 条第 2 款的规定，受国家机关、国有公司、企业、事业单位、人民团体委托管理、经营国有财产的人员，利用职务上的便利，侵吞、窃取、骗取或者以其他手段非法占有国有财物的，以贪污论。据此，肯定观点认为受国家机关等国有单位委托管理、经营国有财产的人员，实际上属于“其他依照法律从事公务的人员”，因而应以国家工作人员论，因此这类人员受贿的也应当按照受贿罪论处。否定观点认为，《刑法》第 382 条规定是国有单位委托他人管理、经营国有财产，主要形式是承包、租赁等方式，这些人本身不是国家工作人员，只是说他们受委托管理、经营国有财产，有义务保证国有资产的安全，如果利用职务之便以各种手段占有国有资产的，应构成贪污罪；而受贿罪的主体是国家工作人员，不包括上述人员。这种争议的本质上是第 382 条第 2 款究竟是法律拟制还是注意规定的问题。

我们认为，《刑法》第 382 条规定属于法律拟制，只能在贪污罪中适用，将受贿罪的主体范围等同于贪污罪的主体范围是不正确的。法律拟制具有相当性，只有拟制情形与被拟制情形在社会危害程度上是否具有相当性且能够建立起等值关系时，才能进行法律拟制。受委托管理、经营国有财产的人员之所以能构成贪污罪，是因为此类人员的贪污行为侵犯的客体与国家工作人员的贪污行为侵犯的客体具有等值关系，二者的社会危害具有相当性。此外，从刑法条文的前后设置上看，此规定也只能属于法律拟制。如果此规定属于注意规定，受委托管理、经营国有财产的人员本来就属于《刑法》第 93 条第 2 款规定的应当以国家工作人员论的其他依照法律从事公务的人员，那么《刑法》第 382 条第 1 款中的“国家工作人员”自然就包含了这类主体，第 2

款关于这类主体利用职务上的便利非法占有国有财物以贪污论的专门规定就显得多此一举了。显然，《刑法》第 382 条第 2 款的规定表明，**“受委托管理、经营国有财物的人员”并不包括在国家工作人员范围之内，这一款的规定自然也就不能类推适用于受贿罪的认定。**

（三）周某、朱某不构成国有公司、企业人员滥用职权罪

我国《刑法》第三章第三节规定了妨害对公司、企业的管理秩序罪。根据《刑法》第 168 条第 1 款规定，国有公司、企业的工作人员滥用职权，造成国有公司、企业破产或者严重损失，致使国家利益遭受重大损失的构成国有公司、企业人员滥用职权罪。本罪的犯罪主体为特殊主体，即国有公司、企业工作人员。

在本案中，周某、朱某分别受 Q 公司委托，担任动迁项目总经理和经理，更强公司是依照平等主体间签订的委托合同的规定，以 Q 公司名义从事拆迁工作。双方委托关系仅存续于拆迁项目的运作中，在从事拆迁工作期间，周某、朱某仍然系更强公司的人员，而非 Q 公司的人员，因此二人不是国有公司、企业的工作人员，不构成国有公司、企业人员滥用职权罪。

（四）周某、朱某构成非国家工作人员受贿罪

我们认为，周某、朱某二人不符合滥用职权罪和受贿罪的主体要求，其行为均应以非国家工作人员受贿罪论处。《刑法》第 163 条第 1 款规定，公司、企业或者其他单位的工作人员利用职务上的便利，索取他人财物或者非法收受他人财物，为他人谋取利益，数额较大的，处 3 年以下有期徒刑或者拘役，并处罚金；数额巨大的，处 3 年以上 10 年以下有期徒刑，并处罚金。本案中，周某、朱某二人作为更强公司的工作人员，利用职务上的便利，非法收受他人财物，为他人谋取利益，数额较大，符合非国家工作人员受贿罪的犯罪构成。

至于是否与行贿人构成贪污罪的共同犯罪，根据在案证据，周某、朱某二人虽帮助行贿人违规取得拆迁款，但认定二人系贪污共犯的证据不足。故对周某、朱某二人，仅能以非国家工作人员受贿罪一罪论处。

综上，滥用职权罪的主体是国家机关工作人员，受贿罪的主体是国家工作人员，二者的范围都应当严格根据法律规定来界定，恪守罪刑法定的原则。《最高人民法院、最高人民检察院关于办理渎职刑事案件适用法律若干问题的解释（一）》规定的受委托情形，应当是根据法律规定的直接委托，而不包括转委托。本案中，受国有公司的委托管理相关事务的主体因为并非直接接受国家机关的委托而不属于国家机关工作人员和国家工作人员的范畴，不属于滥用职权罪和受贿罪的适格主体，故对被告人应以非国家工作人员受贿罪定罪处罚。

裁判要旨六：农村信用社因其不属于国有企业或国家出资企业，信用社主任等职位不具有“从事公务”性质，因而不属国家工作人员，非《刑法》规定的“国家机关、国有公司、企业、事业单位委派到非国有公司、企业、事业单位、社会团体从事公务的人员”，其利用职权收受他人贿赂的行为，构成非国家工作人员受贿罪

案件名称：朱某非国家工作人员受贿案

案例来源：2018 年《刑事审判参考》第 1233 号，第 112 集案例

裁判结果：

松滋市人民法院判决：朱某犯受贿罪，判处有期徒刑 11 年，并处没收个人财产人民币 100 万元。

一审宣判后，被告人朱某提出上诉。

湖北省荆州市中级人民法院撤销原审判决；以朱某犯非国家工作人员受贿罪，判处其有期徒刑 9 年，并处没收财产人民币 100 万元。

基本案情：

2006 年，湖北省政府根据中央要求对农村信用社管理体制进行改革，全省农村信用社的管理由省人民政府负责，具体方式为组建湖北省农村信用社联合社（以下简称省联社），履行省政府对全省农村信用社的管理、指导、协调和服务职能。经湖北省银监局批准，2007 年 2 月，湖北省 T 市农村信用合作社联合社改制为股份合作制的社区性地方金融机构，即 T 市信用合作联社（以下简称 T 联社），由自然人股本金 21,106 万元和法人股本金 352 万元构成注册资本，由社员代表大会选举理事组成理事会，由理事会聘任联社主任。根据中共湖北省委组织部、省联社党委相关文件，各市县联社理事长、副理事长、主任、副主任、监事长、党委书记、副书记、纪委书记、党委委员属省联社党委管理的干部，由省联社党委进行考察和任免。2009 年 12 月，省联社党委明确被告人朱某为 T 联社党委委员，提名主任人选。2010 年 1 月，T 联社理事会聘任朱某为联社主任。2010 年 11 月，省银监局核准朱某 T

联社主任的任职资格。

2010 年 7 月至 2011 年 1 月，朱某在担任 T 联社主任、贷款审查委员会主任委员期间，利用职务上的便利，为天门 S 公司申请贷款提供帮助，伙同黄某（时与朱某同居，另案处理）先后三次收受该公司法定代表人罗某某及其妻林某某所送人民币 130 万元及价值人民币 1.14 万元路易威登品牌女包一个。

裁判理由：

（一）T 联社和湖北省联社均不属国有企业或国家出资企业

对于 T 联社不属国有企业或国家出资企业，两审法院和控辩双方意见一致，因为 T 联社注册资本中确实没有国有资产，联社股本由自然人股和法人股组成，其中自然人股本金人民币 21,106 万元，法人股人民币 352 万元，其决策、经营机构的产生方式是由社员代表大会选举理事，组成理事会，由理事会聘任主任。

湖北省联社注册资金全部由湖北省内的 90 家市县区农村信用社共同认购，共同以出资额为限对省联社承担责任，不具有任何国有性质。

理由：从省联社现有股权结构看，其不是国有企业或国家出资企业，而是自主经营、自负盈亏的独立法人，对全省农村信用社提供有偿服务的收入和按规定收取的管理费作为省联社的费用来源，自担风险，自我约束。从省联社职能看，受计划经济影响，地方政府及相关主管部门对农村信用社负有一定管理职责，如同政府对商业银行的管理职责和信用担保一样，但不能由此改变企业所有制性质，故公诉机关和一审法院以所谓“国有资金随时可能介入”否定该企业非国有性质的观点，不能成立。

（二）省联社党委不具有“委派”主体资格

1.《最高人民法院、最高人民检察院关于办理国家出资企业中职务犯罪案件具体应用法律若干问题的意见》对于如何认定“国家机关、国有公司、企业、事业单位委派到非国有公司、企业、事业单位、社会团体从事公务”（以下简称“受委派从事公务”）规定：“经国家出资企业中负有管理、监督国有资产职责的组织批准或者研究决定，代表其在国有控股、参股公司及其分支机构中从事组织、领导、监督、经营、管理工作的人员，应当认定为国家工作人员”。据此，委派的主体应限于两类组织：一是刑法明确规定的“国家机关、国有公司、企业、事业单位”；二是上述《最高人民法院、最高人民检察院关于办理国家出资企业中职务犯罪案件具体应用法律若干问题的意见》中规定的“国家出资企业中负有管理、监督国有资产职责的组织”。从形式上看，湖北省联社不属于《刑法》规定的上述单位中的任何一种；省联社党委也不属于国家出资企业中组织，本案并不具备认定“委派”的前提条件。

2. 根据国务院、湖北省改革方案和湖北省联社章程，省联社的主要职能是对成员社提供协调关系、资金调剂、信息支持、风险处置等方面的有偿服务。省联社管理职责限于规范经营和防范风险等宏观方面，并不对全省众多成员社的经营管理负责，这有别于总公司对分公司的管理职能，而类似于人民银行对商业银行和其他金融机构的监督、管理。因而，省联社的管理权不应包括对高级管理人员实质意义上的任免权。朱某任职之所以由省联社提名，一方面是基于银行业的特殊管理需要，另一方面是基于历史传统的习惯性延续。那种认为独立自主经营各县市信用社管理人员必须由政府主导任命的观点，也与国务院、湖北省政府的改革方案、省联社章程以及给企业经营自主权的改革方向相悖。因而，本案没有充分事实依据表明省联社对朱某T联社主任职务的任命具有主导权。

3. 省联社是受国家机关委托对辖区内信用社进行管理的组织，由于省政府的委托授权，省联社代为行使了省政府的部分行政职权。然而，受国家机关委托代表国家行使职权的组织本身不能视为国家机关，也并不因为这种授权委托而改变其自身的法律性质。值得注意的是，省联社的工作人员如果在代为行使行政管理职权的过程中有职务犯罪行为，应当将其视为国家工作人员，但并不因此改变省联社作为企业法人的性质。正如村民委员会等基层组织人员在受政府委托协助政府从事救灾、抢险、防汛、优抚、扶贫、移民、救济款物的管理等工作时，以国家工作人员论，但并不因此改变村委会作为基层群众自治性组织的法律性质。

（三）被告人朱某的行为不属于“从事公务”

1. 所谓“从事公务”，是指代表国家机关、国有公司、企事业单位、人民团体等履行组织、领导、监督、管理等职责。公务主要表现为与职权相联系的公共事务以及监督、管理国有财产的职务活动。“从事公务”是认定国家工作人员的本质特征。公务具有国家代表性、职能性和管理性，三者缺一不可。对于受国家机关委派从事公务的，主要表现为管理公共事务或者经营管理国有资产；对于受国家出资企业委派的，主要是代表国有投资主体对国有资产行使监督管理权，使其保值增值，体现国有投资主体的意志。一般来说，委派主体属于国家机关或者具有国有资本出资，是受委派者从事经营管理国有资产的前提，本案并不满足这一前提条件。

2. 国家代表性是公务的本质特征，被告人朱某的管理职位不具有国家意志性，因为朱某并非代表国家机关、国有企业行使职责。农村信用社是独立经营、自负盈亏的以盈利为宗旨的股份制企业，服务“三农”、防止金融风险等只是附带责任。任何企业在追求利润的同时都担负一定的社会责任，但不能将这种社会责任一律视为“与职权相联系的公共事务”。依照我国目前的金融管理体制，任何商业银行金融风险的防控和应急处置，最终均由人民银行、银监会等政府部门负责，都是国家信誉担保，但显然不能基于这种国家信誉担保一概认定这些金融机构的管理人员都在从事公务。

3. 从产权结构和历史背景看，省联社的资本构成是由作为发起人的 90 家市县信用社共同出资认购的，不存在国有资本成分，而 T 联社与湖北省其他市县联社一样，都是由集体所有制改制而成的股份制金融企业，同样不存在国有资本成分，因此认定朱某代表国家担负经营、监督、管理国有资产，使其保值、增值的职责并无依据。从《刑法》第 93 条第 2 款的立法目的看，“受委派从事公务”人员作为国家工作人员认定主要是保护国有资产。受委派人员是否属于从事公务，与接受委派的公司是否包含国有资产具有直接关联。国有资产所在，即受委派人员的公务所在。一般情况下，只有非国有公司中有国有资产，才存在委派；若无国有资产，既无委派必要，亦无委派可能。

综上，湖北省农村信用社联合社、T 市信用合作联社均不属国有企业或国家出资企业；湖北省农村信用社联合社党委不构成法定的“委派”主体；被告人朱某的职位不具有“从事公务”性质。因而朱某不属国家工作人员，也不属《刑法》规定的“国家机关、国有公司、企业、事业单位委派到非国有公司、企业、事业单位、社会团体从事公务的人员”。

三、无罪裁判要旨

无罪裁判要旨一：公诉机关指控被告人犯罪的证据未达到确实充分的证明标准，法院以证据不足为由判决被告人无罪

案例一：

案件名称：霍某非国家工作人员受贿案

审理法院：北京市密云区人民法院

案号：（2017）京0118刑初108号（宣判后北京市密云区人民检察院提出抗诉，北京市人民检察院第三分院经审查认为抗诉不当，撤回抗诉，该判决已经发生法律效力。）

裁判理由：

被告人霍某出资与伊某共同经营山场，存在经济纠纷。被告人霍某是建设中心主管，负责基站选址工作，建议引入、延用代谈公司，是其职责范围。在案证据不能认定伊某、张某1及华厦恒德安公司通过银行所转款项是被告人霍某索贿。公诉机关指控被告人霍某犯非国家工作人员受贿罪的证据不足，不能认定被告人霍某有罪，应当宣告无罪。

案例二：

案件名称：叶某非国家工作人员受贿罪案

审理法院：东莞市第二人民法院

案号：（2014）东二法刑初字第1914号（经检索，未检索到该案二审判决）

裁判理由：

公诉机关指控被告人叶某某收受他人财物主要依据行贿人一方的证言，缺乏其他证据相印证，而且上述每宗犯罪的作案时间、地点及行贿人均不同，每宗犯罪中的行贿人并非他宗犯罪中的见证人，是各自独立的，不能相互印证。因行贿人承包了X公司的出租车，与X公司存在利益关系，行贿人证言的真实性、可信度较低，在没有其他证据相互印证的情况下，仅凭行贿人的证言，证据不够确实、充分。另外，本案没有证据证实被告人叶某某如何利用职务上的便利为他人谋利益。因此，指控被告人叶某某利用职务之便，非法收取他人财物，为他人谋取利益的犯罪事实不清，证据不足。

本院认为，公诉机关指控被告人叶某某犯非国家工作人员受贿罪，事实不清，证据不足，罪名不成立。被告人及辩护人提出被告人不构成犯罪的辩解、辩护意见，本院予以采纳。

无罪裁判要旨二：被告人以领取收取对方金钱数额未达到数额较大标准，且其当天即退回，其主观上没有受贿故意，其行为不构成非国家工作人员受贿罪

案件名称：游某犯非国家工作人员受贿罪案

审理法院：四川省眉山市中级人民法院

案号：（2015）眉刑提字第1号（经检索，未检索到该案二审判决）

裁判理由：

原审被告人游某甲于2008年6月27日以领取工资的形式收取S公司现金6000元，收受金额未达到数额较大，且其当天即退回深圳龙辉跃实业有限公司，其主观上没有受贿故意，故游某甲的行为不构成非国家工作人员受贿罪。

第二十五章

单位行贿罪裁判要旨

导　言

根据《刑法》第393条，单位行贿罪是指单位为谋取不正当利益而行贿，或者违反国家规定，给予国家工作人员以回扣、手续费，情节严重的行为。本罪分为两种行为模型：一是为谋取不正当利益而行贿；二是违反国家规定，给予国家工作人员以回扣、手续费。此两种模型均要求达到“情节严重”的程度。

根据北京师范大学中国企业家犯罪预防研究中心于2019年8月发布的《企业家刑事风险分析报告（2014－2018）》内容来看，单位行贿罪无疑是企业家触犯频次较高的罪名，且在全部企业家触犯罪名中占比靠前。2014年至2018年期间，企业家触犯“单位行贿罪508次，占比5.91%”,[①] 在企业家39个犯罪罪名中位列第六位，其中绝大多数由民营企业家触犯。2014年至2018年期间，民营企业家触犯“单位行贿罪488次，占比6.44%”,[②] 在全部36个民营企业家犯罪罪名中位列第五位。此外，单位行贿罪不仅会为企业家造成严重负面影响，还会导致涉案单位因刑事处罚而丧失相应经营资质或相关项目的投标资质，进而导致企业陷入经营困境，甚至是破产。

鉴于此，为了厘清司法实务部门对“单位行贿罪”所涉及的关键问题的

---

① 张远煌教授主持：《企业家刑事风险分析报告（2014－2018）》，载《河南警察学院学报》2019年第4期。

② 张远煌教授主持：《企业家刑事风险分析报告（2014－2018）》，载《河南警察学院学报》2019年第4期。

理解和适用，进一步为相应辩护工作提供依据或参考，笔者通过最高人民法院、最高人民检察院公布的指导案例，最高人民法院公布的典型案例、公报案例、《刑事审判参考》以及中国裁判文书网，对具有参考价值的案件进行了检索。截至2021年6月30日，共检索到具有参考价值的案例共27件。其中，有罪案例1件，来源于《刑事审判参考》；无罪案例26件，来源于最高人民法院公布的典型案例共1件，来源于中国裁判文书网的其他无罪案例共25件。但未能检索到相关的指导案例、公报案例。

一、相关法律法规

《中华人民共和国刑法》

第三百九十三条 单位为谋取不正当利益而行贿，或者违反国家规定，给予国家工作人员以回扣、手续费，情节严重的，对单位判处罚金，并对其直接负责的主管人员和其他直接责任人员，处五年以下有期徒刑或者拘役，并处罚金。因行贿取得的违法所得归个人所有的，依照本法第三百八十九条、第三百九十条的规定定罪处罚。

第三百八十九条第三款 因被勒索给予国家工作人员以财物，没有获得不正当利益的，不是行贿。

《最高人民检察院关于行贿罪立案标准的规定》（2000年12月22日施行）

第三条第二款 涉嫌下列情形之一的，应予立案：1. 单位行贿数额在二十万元以上的；2. 单位为谋取不正当利益而行贿，数额在十万元以上不满二十万元，但具有下列情形之一的：（1）**为谋取非法利益而行贿的**；（2）**向三人以上行贿的**；（3）**向党政领导、司法工作人员、行政执法人员行贿的**；（4）**致使国家或者社会利益遭受重大损失的**。

《最高人民法院、最高人民检察院关于办理行贿刑事案件具体应用法律若干问题的解释》（法释〔2012〕22号，2013年1月1日施行）

第七条 因行贿人在被追诉前主动交待行贿行为而破获相关受贿案件的，对行贿人不适用刑法第六十八条关于立功的规定，依照刑法第三百九十条第二款的规定，可以减轻或者免除处罚。

单位行贿的，在被追诉前，单位集体决定或者单位负责人决定主动交待单位行贿行为的，依照刑法第三百九十条第二款的规定，对单位及相关责任人员可以减轻处罚或者免除处罚；受委托直接办理单位行贿事项的直接责任人员在被追诉前主动交待自己知道的单位行贿行为的，对该直接责任人员可以依照刑法第三百九十条第二款的规定减轻处罚或者免除处罚。

第九条　行贿人揭发受贿人与其行贿无关的其他犯罪行为，查证属实的，依照刑法第六十八条关于立功的规定，可以从轻、减轻或者免除处罚。

第十二条　行贿犯罪中的“谋取不正当利益”，是指行贿人谋取的利益违反法律、法规、规章、政策规定，或者要求国家工作人员违反法律、法规、规章、政策、行业规范的规定，为自己提供帮助或者方便条件。

违背公平、公正原则，在经济、组织人事管理等活动中，谋取竞争优势的，应当认定为“谋取不正当利益”。

应当注意的是，本罪名中对自然人“并处罚金”之规定，系《刑法修正案（九）》第49条增设，修订时间为2015年8月29日，因而在财产刑适用方面存在“从旧兼从轻”的空间。

二、有罪裁判要旨

裁判要旨一：无论被告单位产品本身是否具有实际竞争优势，只要属于为了通过行贿而获取更多竞争优势的，就应当认定为“谋取不正当利益”

裁判要旨二：行贿单位在案件已具备立案条件且受贿人交代相关犯罪事实后，主动交代行贿事实的，不应当认定为“在被追诉前主动交代行贿行为”

案件名称：被告单位成都主导公司、被告人王某单位行贿案

案例来源：《刑事审判参考》第115集，第1282号案例

判决结果：

（1）被告单位成都主导公司犯单位行贿罪，判处罚金人民币500万；（2）被告人王某犯单位行贿罪，判处有期徒刑3年。

基本案情：

2005年年初，被告人王某为确保成都主导公司轮对故障动态检测系统设备在铁路第六次大提速中得到推广使用，并感谢时任铁道部某处副处长刘某扬帮助其公司成为该产品的唯一供应商，自2005年年初至2009年年底，多次以劳务费等名义从公司提款，陆续给予刘某扬人民币、欧元，共计价值

217.059 万元。刘某扬利用其职务之便使成都主导公司的轮对故障动态检测系统设备以 800 万元的单价进入高铁市场。

另查明郑州铁路运输检察院在收到上级检察机关指定管辖决定书后，被告人王某依法询问并如实供述其行贿犯罪事实，郑州铁路运输检察院当日立案。立案后，王某主动揭发北京铁路局某指挥部副指挥长戴某跃受贿行为。经侦查查明，戴某跃涉嫌受贿金额 150 余万元。

裁判理由：

1. 被告单位成都主导公司及被告人王某构成单位行贿罪。主要理由：

第一，本案符合单位行贿罪主体和对象特征。（1）主体适格。被告单位成都主导公司系依法有限责任公司，合同的签订均以被告单位名义并且开具发票列人单位；成都主导公司 2000 年设立，成立以来向铁路部门供应多种产品，不属于“个人为进行违法活动而设立公司实施犯罪和设立公司后以实施犯罪为主要活动”的情形。（2）符合单位行贿犯罪对象的身份特征。在案证据证明刘某扬具有国家工作人员身份。

第二，本案符合单位行贿罪的主、客观特征。（1）王某作为被告单位法定代表人主观上系为单位谋取利益而实施行贿行为。（2）王某向刘某扬行贿，目的通过行贿获取更多竞争优势，就应当认定为“谋取不正当利益”。（3）本案签订合同、收取货款、开具发票等活动均是以被告单位名义王某没有绕开单位私自经。

2. 王某不属于“在被追诉前主动交待行贿行为”，主要理由：（1）据被告人王某的供述，当时其知道有关部门在调查刘某扬却没有主动投案，等到检察机关找其谈话时才供述，是被动接受调查而交代不具有主动性。（2）尽管从侦破经过来看，检察机关系在询问王某后立案，但是检察院在接到上级检察机关指定管辖决定书后，就已具备立案条件，而不以犯罪嫌疑人是否到案作为立案的条件。（3）在王某交代之前，刘某扬已供述了收受王某贿赂的事实，检察机关已经掌握了刘某扬受贿和王某代表单位实施行贿的犯罪事实。此种情况下若将其认定为“在被追诉前主动交待行贿行为”，对行贿人从宽处罚有违立法本意。

3. 能否对被告人王某适用缓刑也是本案讨论的重点之一。我们认为本案不宜对王某判处缓刑。理由如下：（1）王某不具有法定减轻处罚情节，仅有从轻处罚情节的情况下对其适用缓刑依据不足。（2）公诉机关指控的行贿数额明显少于实际数额，前后行贿的情形和性质类似，公诉机关以未牟取不正当利益作为不追诉的理由不够充分。（3）在当前反腐败斗争形势依然严峻的情况下，为遏制腐败源头，深入贯彻打击行受贿并重的政策精神，在严厉打击受贿犯罪的同时，有必要加大对行贿犯罪的打击力度。本案行贿数额达数百万元，如果判处缓刑社会效果不好。

三、无罪裁判要旨

无罪裁判要旨一：即便存在“违反国家规定，给予国家工作人员以回扣、手续费”的情形，但若客观上不存在排斥其他买家、取得竞争优势，单位无谋取不正当利益目的，转让方并未受到损害，收取财物人员仅发挥沟通联络作用而没有谋取不正当利益的情形时，不应认定为“情节严重”

无罪裁判要旨二：被告单位在未获得任何不当利益的情况下，经中间人索要被动支付款项，且被行贿对象拒绝收款的，不具有“为谋取不正当利益而行贿的主观故意”

案件名称：张某中诈骗单位行贿挪用资金再审案

案号：（2018）最高法刑再3号

案例来源：最高人民法院司法案例研究院发布的“依法平等保护民营企业家人身财产安全十大典型案例”（2019年5月19日）

基本案情：

2002年，原审被告人张某中获悉中旅总社欲转让所持有的5000万股泰康公司股份，即通过中旅总社总经理办公室主任赵某（另案处理）向中旅总社负责人明确表达了原审被告单位物美集团收购该股份的意向。张某中请赵某提供帮助，并表示事成后不会亏待赵某。物美集团与中旅总社经多次谈判就收购股份达成一致。2002年6月26日，物美集团以其关联公司和康友联公司的名义与中旅总社签订了股权转让协议。根据张某中的安排，2003年1月至2004年2月间，张某1通过物美集团的关联公司卡斯特经济评价中心以报销费用的方式分三次向赵某支付了30万元。

2002年，粤财公司为缓解经营困难，决定转让所持有的5000万股泰康公司股份。泰康公司董事长陈某1将这一信息告知原审被告人张某中并建议其收购，张某中表示同意。为促成股权转让，陈某1向粤财公司总经理梁某提出，股权转让后给梁某500万元好处费，并向张某中提出此要求，张某中表示接受。梁某的校友李某3（广州市华艺广告有限公司和广州市华艺文化有限公司董事长）应陈某1、张某中要求，为帮助原审被告单位物美集团收购股份，也找梁某做工作。之后，物美集团提出以每股1.35元的价格受让粤财公司持有的泰康公司股份，梁某没有同意。经梁某提议，粤财公司按规定委托广州产权交易所挂牌转让，挂牌价为每股1.45元。在无人摘牌的情况下，粤财公司与物美集团经多次谈判，最终以每股1.4元的价格达成一致。2003年3月20日，物美集团以其关联公司华美公司的名义与粤财公司签订了股权转让协议。数月后，李某3在梁某不知情的情况下，通过陈某1向张某中索要500万元。张某中应陈某1的要求，安排张某1将500万元汇至李某3的公司账户。梁某事后得知，明确表示与其无关，并拒绝接受该笔款项，该款一直被李某3的公司占有。

裁判理由：

1. 物美集团支付给赵某30万元好处费的行为，依法不构成单位行贿罪。

根据《刑法》第393条规定，单位为谋取不正当利益而行贿，或者违反国家规定，给予国家工作人员以回扣、手续费，情节严重的，构成单位行贿罪。物美集团给予赵某30万元好处费，属于违反国家规定，在经济活动中账外给予国家工作人员手续费的情形。但根据中旅总社转让所持泰康公司股权情况、会议纪要、股权转让分析报告、股权转让协议等书证，证人赵某、李某7等人的证言以及原审被告人张某中的供述等证据，本起事实具有以下情节：（1）其间没有第三方参与股权收购，不存在排斥其他买家、取得竞争优势的情形，双方的交易没有违背公平原则。（2）在没有第三方参与、双方自愿达成收购意向的情况下，物美集团承诺给予好处费并非为谋取不正当利益。（3）股份转让以及具体的转让价格等，均系中旅总社党政领导班子联席会议多次讨论研究决定，最终成交价格也在中旅总社预先确定的范围内，物美集团没有获得不正当利益，中旅总社的利益亦未受到损害。（4）赵某作为中旅总社总经理办公室主任，其在股权交易过程中仅起到沟通联络作用，没有为物美集团谋取不正当利益。综合考虑上述情况，可以认定物美集团的行为尚不属于情节严重，依法不构成单位行贿罪。

2. 物美集团向李某3公司支付500万元的行为，依法不构成单位行贿罪。

（1）在粤财公司意欲转让股份的情况下，陈某1向梁某提出由物美集团收购，并让张某中给梁500万元好处费，后又向张某中提出该要求。因此，股权转让前，给梁某好处费系陈某1提出，张某中只是被动接受了陈某1的要求。

（2）在案证据证实，梁某并没有同意物美集团提出的受让价格，且提议按高于该价格挂牌转让；物美集团与粤财公司最终的股权交易价格，是在粤财公司挂牌转让未果的情况下，经多次谈判而确定的，且高于物美集团提出的受让价格。因此，梁某在股权转让过程中没有为物美集团提供帮助，物美集团也没有因此获取任何不正当利益。

（3）在案证据证实，签订股权转让协议后，物美集团并没有向梁某支付500万元好处费，梁某也未提及此事。直至数月后，在梁某并不知情的情况下，李某3通过陈某1向张某中索要该500万元，张某中才安排张某1将款汇至李某3公司的账户。梁某事后得知，明确表示与其无关，并拒绝接受该笔款项。该款一直被李某3的公司占有。因此，股权转让后，物美集团支付500万元系被李某3索要，并没有为谋取不正当利益而行贿的主观故意。

无罪裁判要旨三：由同一被告人兼任负责人的两个被告单位涉嫌同一起单位行贿，因其中一家单位缺乏谋取不正当利益动机，而合同义务、行贿资金和不正当利益均由另一家单位负责或享有，如果对该两家公司均定罪处罚的，则该被告人将接受两次刑事处罚，违背了“同一行为禁止重复评价”的原则

案件名称：郴州湘南施工图审查咨询有限公司、郴州市施工图审查中心单位行贿对单位行贿案

审理法院：湖南省郴州市中级人民法院

案号：（2018）湘10刑终236号

裁判理由：

上诉单位施工图审查中心及其辩护人提出“施工图审查中心没有实施对单位行贿和单位行贿的行为，行贿资金均来源于审查公司，一审对审查公司和审查中心均定罪处罚违背了刑法‘禁止重复评价’原则，审查中心不构成对单位行贿罪和单位行贿罪”的上诉理由及辩护意见。经查，审查中心系事业单位，没有审图资质，也没有收费资质，不存在谋取不正当利益的动机。行贿带来的业务量增加所得利益亦归属于审查公司，支付给各县市住建局及

卢某的行贿资金均来自审查公司。虽然蒋某锋等人是以审查中心的名义与各县（市）建设局签订《施工图审查合作协议》，但实际履行协议的系审查公司。如果对审查公司和审查中心均定罪处罚，则身兼两个单位负责人双重身份的蒋某锋要接受两次刑事处罚，违背了“同一行为禁止重复评价”的原则。故审查中心不构成对单位行贿罪及单位行贿罪，审查中心的上诉理由及其辩护人的辩护意见成立，本院予以采纳。

无罪裁判要旨四：在案证据不足以证实请托事项的不正当性，以及该请托事项与“行贿”对象间的职务关联性的，不足以证实被告单位具有谋取不正当利益的目的，原判决认定被告单位构成单位行贿罪的事实不清，证据不足

案件名称：广南县隆基房地产开发有限公司林某单位行贿案

审理法院：云南省文山壮族苗族自治州中级人民法院

案号：（2018）云26刑终162号

裁判理由：

经查，林某代表隆基公司送价值15.11万元的宗地给张某1时，张某祥任职为广某县人大副主任，在案证据无法证实该桩事实发生时，隆基公司及其所承建的广某县校场路综合农贸市场征地拆迁安置项目与张某祥的职务存在关联性。且现有证据亦不能证实隆某公司在广某县较场路综合农贸市场征地拆迁安置项目中谋取了不正当利益或者竞争优势。故证实林某和隆基公司谋取不正当利益的证据不足，故前述上诉理由及辩护意见成立，本院予以采纳。

无罪裁判要旨五：无法认定两被告人具有意思联络的，不能认定是共犯，而在此情况下对行贿金额分别计算后发现未达到追诉标准，被告人无需承担刑事责任

案件名称：惠州市金属回收公司、文某单位行贿案

审理法院：广东省惠州市中级人民法院

案号：（2016）粤13刑终580号

裁判理由：

对于上诉人谭某雄及其辩护人辩称，其行为未达到单位行贿罪立案标准不构成犯罪的意见。经查，林某顺和谭某雄虽同为公司员工，接受单位领导工作安排实施行贿行为，但基本行贿事实均在各自任职期间内，2009 年 4 月谭某雄离开报废办后虽仍有继续行贿刘某 1 事实，但尚无证据能够确认同期林某顺经手行贿时与其有意思联络，因此不能认定两人是共同犯罪，两人应对各自直接经手的行贿金额承担法律责任。尽管公诉机关指控谭某雄直接行贿金额达 120, 500 元，但经一审审理后，根据“疑点利于被告人”的原则，最终仅确认行贿 77, 500 元。如果仅就此部分事实作法律判断，尚未达到追究其所在单位刑事责任的数额标准，也就失去了追究谭某雄个人刑事责任的法律基础。据此应当以证据不足为由，宣告上诉人谭某雄无罪，上诉人谭某雄及其辩护人提出的无罪意见，于法有据，予以采纳。

无罪裁判要旨六：被告人挂靠在企业名下，借用该企业资质对外承揽工程项目，独立核算、自负盈亏的，其实施的“为谋取不正当利益而行贿”的行为，无法体现被挂靠企业的单位意志，该企业不构成犯罪

案件名称：陕西有色建设有限公司吉林分公司、李某燃单位行贿罪案

审理法院：吉林省东辽县人民法院

案号：（2019）吉 0422 刑初 45 号（未检索到二审判决）

裁判理由：

本院认为，公诉机关指控被告人李某燃承揽吉林省某公司办公楼装修工程，卷宗没有该工程的合同协议等相关材料。李某燃于 2009 年 5 月 20 日挂靠浙江某公司，利用浙江某公司资质与吉林省某公司长安收费站签订了长清线桦甸至红石段长安收费站土建工程，该工程项目与陕西 × × 建设有限公司吉林分公司没有任何关联。被告人李某燃通过陕西有色建设有限公司吉林分公司经理同意，借用陕西 × × 建设有限公司的资质对外承揽了吉林省某实业发展有限公司发包的“天旗凤凰城”新建工程，独立核算、自负盈亏，为谋取不正当利益，给予国家工作人员以财物共计人民币 146. 8018 万元，属情节严重，其行为已构成行贿罪，应依法惩处。被告单位陕西 × × 建设有限公司吉林分公司的行为不构成单位行贿罪。

以相同理由裁判无罪的案件还有：茂名市建筑集团有限公司、杨 2 单位

行贿一审刑事判决书“（2018）沪0115刑初142号”，以及江苏某监理公司、季某单位行贿一审刑事判决书“（2015）庆西刑初字第644号”。（未检索到该两案二审判决）

裁判理由分别如下：

裁判理由	
（2018）沪0115刑初142号	（2015）庆西刑初字第644号
本院认为，单位行贿罪的主观方面由故意构成，即经单位决策机关授权和同意，直接负责的主管人员和其他直接责任人员是在单位整体意志支配下以故意行贿的方式表现出来，并且必须具有为单位谋取不正当利益的目的，这是成立单位行贿罪的前提条件。本案查明的事实和证据表明，第一，被告人杨2供述1996年开始至案发期间，与××公司签订个人承包合同，根据约定杨2每年向××公司缴纳管理费，具体项目由杨2个人自主经营、自负盈亏，具体费用、杨2个人工资及下属员工的工资由杨2个人承担。第二，本案中杨2在向庄某某、巫某某等人行贿前后并未向××公司的上级领导请示或汇报，完全由杨2个人自行决定。第三，与行贿相关的工程所获得的工程款、收益等进入××公司账户后，××公司扣除约定的管理费用后，剩余钱款由杨2自主支配。第四，本案中的行贿款由杨2以工人工资等名义从公司账目申请后支出，公司对相关款项的真实用途并不清楚。由此观之，杨2的行贿行为并不能够体现单位意志，所谋取的不正当利益亦归属于杨2个人，××公司不具有行贿的主观故意和客观行为，辩护人认为××公司不构成单位行贿罪的意见理由成立，予以支持。	经审理查明，单位犯罪必须是为本单位谋取不正当利益，且必须是经单位集体决定或是由负责人决定，即单位犯罪必须是在单位意志支配下实施的。本案被告人季某在侦查阶段供述其用江苏某监理公司的资质承包监理工程，给公司交管理费，实质上是一种挂靠关系，中标后的工程盈亏与被告单位江苏某监理公司无关；上述事实与证人丁某、王某甲、李某某等人的证言及会计账务凭证、交易明细等证据相互印证。故本案无证据证实被告单位江苏某监理公司明确授意或指使被告人季某在工程招投标活动中通过行贿获得中标资格，亦无证据证实违法所得归被告单位江苏某监理公司所有，所指控犯罪均是被告人季某以项目监理部或甘肃分公司的名义而实施。被告单位的行为不符合单位行贿犯罪的构成要件。公诉机关关于被告单位江苏某监理公司的行为构成单位行贿罪的指控事实不清，证据不足，指控不能成立。

无罪裁判要旨七：原判决认定犯罪金额不准确，且据以定罪量刑的证据来源不合法，因此原审认定被告人的行为构成单位行贿罪的犯罪事实不清，证据不足

案件名称：高某强、安某彪单位行贿再审案

审理法院：吉林省东辽县人民法院

案号：（2017）冀0982刑再4号（未检索到二审判决）

裁判理由：

从三原审被告人是否符合单位行贿罪的主体分析，安某彪、李某辉对原审认定其在公交服务处的任职时间没有异议，原审认定安某彪、李某辉系公交服务处直接责任人员没有错误；高某强认为其主管公交服务处的时间应为2009年1月至2011年9月。根据高某强、李某辉的供述和任丘市建设局的党组会议记录记载的内容，2008年12月以前该公交服务处不是高某强主管，而是由其他人分管，且任丘市建设局2006年以前的党组会议记录没有提供，依有利于被告人的原则，应认定高某强从2008年12月至2011年9月份主管该服务处的工作。从主观方面看，三被告人在公交服务处任职期间，该服务处无论向交警送礼是否公开进行，都是为了让交警照顾车主，以达到公交服务处顺利收费的目的，应认定具有行贿的主观故意。但原判决认定犯罪金额不准确，且据以定罪量刑的证据（交款统计表）来源不合法，该证据不是侦查机关直接向证人取得，车队长和部分车主证实登记表所记载的金额不准确，部分车主的签名或指纹不是本人所为。原审认定高某强、安某彪、李某辉的行为构成单位行贿罪的犯罪事实不清，证据不足，公诉机关指控的犯罪不能成立。

无罪裁判要旨八：原判决认定犯罪金额不准确，且据以定罪量刑的证据来源不合法，因此原审认定被告人的行为构成单位行贿罪的犯罪事实不清，证据不足

案件名称：嘉峪关市聚鑫达实业有限公司、孙某单位行贿案

审理法院：甘肃省成县人民法院

案号：（2018）甘1221刑初117号（未检索到二审判决）

裁判理由：

本院认为，聚鑫达公司及被告人孙某因被勒索而给予国家工作人员186.9992万元，但并未获得任何不正当利益，其行为不是行贿，不构成单位行贿罪。

无罪裁判要旨九：被告单位系个体工商户，不符合单位犯罪的主体资格，故公诉机关指控被告单位构成单位行贿罪不成立

案件名称：佛山市禅城区新基抛光砖总汇、伍某初单位行贿

审理法院：广东省佛山市禅城区人民法院

案号：（2018）粤 0604 刑初 88 号（未检索到二审判决）

裁判理由：

经查，抛光砖总汇是个体工商户，由被告人伍某初个人经营，指控的行贿行为也是由被告人伍某初个人决定和以个人名义具体实施的，收益归被告人伍某初个人所有，其行为不符合单位犯罪的特征，且被告单位亦不符合单位犯罪的主体资格，故公诉机关指控被告单位抛光砖总汇构成单位行贿罪不成立，指控被告人伍某初构成单位行贿罪定性不当，应予纠正。

无罪裁判要旨十：依据在案证据无法排除被告人给予款项系偿还欠款之可能性的，属于证据不足，指控的犯罪不能成立

案件名称：罗某忠、沙河市公共汽车有限公司玩忽职守受贿单位行贿案

审理法院：河北省沙河市人民法院

案号：（2017）冀 0582 刑初 20 号（未检索到二审判决）

裁判理由：

依据现有证据，不能排除姚某平交给罗某忠的 10 万元系姚某平偿还罗某忠垫款的可能性。沙河市人民检察院指控罗某忠犯受贿罪、沙河公共汽车公司及姚某平犯单位行贿罪，证据不足，指控的犯罪不能成立。

无罪裁判要旨十一：被告单位构成单位行贿罪的，因其具有独立的诉讼地位，其法律责任依法不能由其（法人）股东承担

案件名称：内蒙古某矿业集团有限责任公司、乌海市某煤焦有限责任公司等单位行贿案

审理法院：内蒙古自治区科尔沁左翼后旗人民法院

案号：（2017）内 0522 刑初 347 号（未检索到二审判决）

裁判理由：

本院认为，乌海市某煤焦有限责任公司为办理灭火工程延期手续，采取

不正当手段，向时任乌海市市长侯某行贿，要求其提供帮助，情节严重，依法已构成单位行贿罪。被告人张某1作为直接负责的主管人员，应承担刑事责任。内蒙古某矿业集团有限责任公司是乌海市某煤焦有限责任公司的股东，法人具有独立的诉讼地位，其法律责任依法不能由其股东承担，公诉机关认定内蒙古某矿业集团有限公司犯单位行贿罪，证据不足，不予支持。

无罪裁判要旨十二：被告人与被行贿人之间具有如师生关系等特殊人际关系，且经济往来早于请托行为发生时间的，其往来金额不易全部认定为行贿金额，在此情况下本案涉案金额未达追诉标准

案件名称：深圳市特科物业集团有限公司、陈某成单位行贿案

审理法院：广东省深圳市宝安区人民法院

案号：（2016）粤0306刑初21号（检察院二审撤回抗诉）

裁判理由：

本院认为，根据在案证据显示，陈某1与吕某为师生关系，早在2012年4月月底二职校就承租了陈某1的物业作为宿舍和仓库，将食堂承包给陈某1，同年年初吕某就开始在陈某1的画布西餐厅签名挂账，二人在特科公司2013年继续中标前早已开始经济往来，2013年年中陈某1又通过吕某的安排，成功分包到特科公司中标的部分物业（特科公司收取二职校管理费每月3.17元/平方米，分包给鑫某公司却支付管理费每月4.86元/平方米），物管利润为382,912.64元。根据以上情况，陈某1极有可能回馈吕某一定的利益和好处，而事实上陈某1也确实在自己开办的画布西餐厅允许吕某长期挂账消费，因此有理由怀疑吕某在画布西餐厅抵扣的挂账消费金额至少有一部分为陈某1回馈给其的利益，故将本案吕某抵扣的消费金额20余万元全部认定为被告单位特科公司的行贿数额不妥。

无罪裁判要旨十三：被告人违反公司禁止行贿的管理规定，以个人收入进行行贿的，应以行贿罪追究其刑事责任，公司不构成单位行贿罪

案件名称：被告人邓某甲犯行贿罪案

审理法院：四川省南部县人民法院

案号：（2016）川1321刑初166号（未检索到二审判决）

裁判理由：

经查，被告单位南部县药业有限责任公司系四川省基本药物集中采购服务中心确定的药物供销中标单位，其药品销售价格均由省药物采购服务中心定价，南部县药业公司按照市场经济营销管理模式制定了营销纲要。该营销纲要明文规定禁止药品销售人员有任何形式送礼及行贿等商业行为，一经发现公司将终止劳动合同，责任由销售人员自己承担。被告人邓某甲违反公司营销管理规定，以个人药品销售提成的劳务报酬向邓某乙、杨某某、范某进行商业行贿行为，既不是由公司领导决定，也不是由公司提供资金而为该公司获取非法商业利益，据此，公诉机关指控被告单位南部县药业有限责任公司犯单位行贿罪的事实及罪名不能成立，本院不予支持。

无罪裁判要旨十四：被告单位未开展请托事项相关业务的，相应行贿行为不是公司行为，且相应行贿资金和不当利益归属与单位无关，应视为个人所为

案件名称：天津市某某公司、马某某单位行贿案

审理法院：天津市西青区人民法院

案号：（2016）津 0111 刑初 93 号（未检索到二审判决）

裁判理由：

经查，天津市某某公司的经营范围为再生物资回收，与被告人马某某因被索贿而获取的工程承揽并无业务关联。另外，从本案查明的事实来看，从工程的承揽到工程款的领取及对王某 1 的行贿均是被告人马某某的个人行为，本案证据显示不出被告人马某某系为天津市某某公司行事。另外，本案亦无相关证据证实被告人马某某因工程承揽所获利益及行贿所用支出归于或出自天津市某某公司的资金。被告人马某某的行为符合《刑法》所规定的行贿罪的犯罪构成要件，应以行贿罪追究刑事责任。

无罪裁判要旨十五：被告单位及被告人因被勒索而给予国家工作人员钱款，但并未获得不正当利益，其行为不是行贿，不构成单位行贿罪

案件名称：某公司、付某某介绍贿赂一审刑事判决书

审理法院：山西省阳泉市矿区人民法院

案号：（2016）晋0303刑初21号（未检索到二审判决）

裁判理由：

对于公诉机关指控的单位行贿罪，因刘某某有索贿情节，根据法律规定被勒索给予国家工作人员以财物，没有获得不正当利益的，不是行贿。

无罪裁判要旨十六：被告人行贿是为了使法院对其本人和其他人员从轻处罚，谋取的系个人不当利益，与被告单位无关，被告单位不构成犯罪

案件名称：某公司、被告人赵某行贿罪案

审理法院：霍林郭勒市人民法院

案号：（2014）霍刑初字第81号（未检索到二审判决）

裁判理由：

因被告人赵某甲对杨某乙行贿的目的是让杨某乙从中协调，以使法院对自己和公司会计韩某某犯有虚开用于抵扣税款发票罪从轻处罚，谋取的是个人的不正当利益，与被告单位某公司无关，故应以行贿罪追究被告人赵某甲的刑事责任，被告单位某公司不构成犯罪。

第十篇

单位犯罪篇

第二十六章

区分单位犯罪和个人犯罪裁判要旨①

导 言

《刑法》第30条规定："公司、企业、事业单位、机关、团体实施的危害社会的行为，法律规定为单位犯罪的，应当负刑事责任。"据此，刑法分则对一些犯罪行为具体规定了单位犯罪及对单位犯罪的处罚。这些规定对遏制单位犯罪发挥了积极作用。但《刑法》规定的犯罪中，有些没有规定为单位犯罪，在实际生活中，存在着由公司、企业等单位实施这些危害社会行为的情形。对于这种情况除了对单位依法追究相应的民事行政等责任外，是否还要追究刑事责任，如何适用刑法有关规定的问题，《全国人民代表大会常务委员会关于〈中华人民共和国刑法〉第三十条的解释》（2014年4月24日通过）解释如下：公司、企业、事业单位、机关、团体等单位实施刑法规定的危害社会的行为，刑法分则和其他法律未规定追究单位的刑事责任的，对组织、策划、实施该危害社会行为的人依法追究刑事责任。

应当指出，我国单位犯罪是基于个人犯罪的条件下所拟制的结果。所以单位成员的行为既可能属于代表单位意志的单位行为也可能属于代表个人意志的个人行为，如何进行区分成为问题的关键。尤其按照我国《刑法》规定，行为人犯单位犯罪所受刑罚处罚要普遍低于行为人犯自然人犯罪，在司法实践当中行为人往往会竭力促使司法机关将行为认定为单位犯罪，这对于企业自身的发展产生诸多的问题。

① 中国政法大学研究生梅阳同学进行协助整理、归纳，亦对本章有贡献。

司法实践当中区分个人犯罪和单位犯罪的主要标准来源于《全国法院审理金融犯罪案件工作座谈会纪要》（法〔2001〕8号，2001年1月21日施行），**以单位名义实施犯罪，违法所得归单位所有的，是单位犯罪**。这一标准得到了司法实践的普遍的认可。在考察“单位名义”和“违法所得归单位所有”两个标准谁更重要的问题上，“违法所得归单位所有”的标准更加重要，如本书中刑事审判参考案例有罪裁判要旨中马某方等贷款诈骗、违法发放贷款、挪用资金案（刑事审判参考305号），马某方作为单位负责人，冒用了多家公司的名义，但最终违法所得归单位所有，被认定构成单位犯罪。同样的，在其他参考案例有罪裁判的裁判要旨中（上海市高级人民法院（2017）沪刑终79号）以单位名义实施犯罪，即便犯罪所得存入以个人名义开立的账户，但实质上大部分都用于单位发展的，仍然属于单位犯罪。因此，这一判断当中“违法所得的归属问题”更加重要。

截至2021年6月30日，编者在裁判文书网检索区分单位和个人犯罪的案例，并综合本罪在最高人民法院、最高人民检察院指导案例和公报案例、《刑事审判参考》《人民司法·案例》等中的案例，归纳出有罪裁判要旨17条，无罪裁判要旨20条。综合各裁判案例，可以发现，区分单位犯罪和个人犯罪，主要是从单位性质、单位意志、单位名义、利益归属、排除情形等方面进行考察。单位性质上，被撤销注销吊销营业执照的单位、宣告破产的单位、一人单位以及以犯罪为目的成立的单位或者成立之后主要从事犯罪的单位等类型的认定，不能作为单位犯罪，已在司法实践层面得以明确。单位意志方面，一般而言，只有少数单位决策人员或者决策机构可以代表单位意志，但是非上述主体的人员存在代表单位意志的可能，其认定标准仍较为模糊性。以单位名义实际上是证明单位意志的前提，正如前文所述，这一前提对案件的判断仅是形式上的辅助功能，最终依然需要通过对其他要件的判断实现其价值。利益归属是基于形式判断还是实质判断存在一定争议，个人与单位财产混同并不必然属于单位犯罪。

一、相关法律法规

《中国人民共和国刑法》

第三十条　【单位负刑事责任的范围】公司、企业、事业单位、机关、团体实施的危害社会的行为，法律规定为单位犯罪的，应当负刑事责任。

第三十一条　【单位犯罪的处罚原则】单位犯罪的，对单位判处罚金，并对其直接负责的主管人员和其他直接责任人员判处刑罚。本法分则和其他法律另有规定的，依照规定。

《最高人民法院研究室关于企业犯罪后被合并应当如何追究刑事责任问题的答复》（1998 年 11 月 18 日）

人民检察院起诉时该犯罪企业已被合并到一个新企业的，仍应依法追究原犯罪企业及其直接负责的主管人员和其他直接人员的刑事责任。人民法院审判时，对被告单位应列原犯罪企业名称，但注明已被并入新的企业，对被告单位所判处的罚金数额以其并入新的企业的财产及收益为限。

《最高人民法院关于审理单位犯罪案件具体应用法律有关问题的解释》（法释〔1999〕14 号，1999 年 7 月 3 日起施行）

第一条 刑法第三十条规定的公司、企业、事业单位，既包括国有、集体所有的公司、企业、事业单位，也包括依法设立的合资经营、合作经营企业和具有法人资格的独资、私营等公司、企业、事业单位。

第二条 个人为进行违法犯罪活动而设立的公司、企业、事业单位实施犯罪的，或者公司、企业、事业单位设立后，以实施犯罪为主要活动的，不以单位犯罪论处。

第三条 盗用单位名义实施犯罪，违法所得由实施犯罪的个人私分的，依照刑法有关自然人犯罪的规定定罪处罚。

《最高人民法院关于审理单位犯罪案件对其直接负责的主管人员和其他直接责任人员是否区分主犯、从犯问题的批复》（法释〔2000〕31 号，2000 年 10 月 10 日起施行）

湖北省高级人民法院：

你院鄂高法〔1999〕374 号《关于单位犯信用证诈骗罪案件中对其“直接负责的主管人员”和“其他直接责任人员”是否划分主从犯问题的请示》收悉。经研究，答复如下：

在审理单位故意犯罪案件时，对其直接负责的主管人员和其他直接责任人员，可不区分主犯、从犯，按照其在单位犯罪中所起的作用判处刑罚。

此复。

《最高人民法院全国法院审理金融犯罪案件工作座谈会纪要》［（法〔2001〕8 号），2001 年 1 月 21 日发布］

二、座谈会重点研究讨论了……，并形成了一致意见：

（一）关于单位犯罪问题

根据刑法和《最高人民法院关于审理单位犯罪案件具体应用法律有关问题的解释》规定，**以单位名义实施犯罪，违法所得归单位所有的，是单位犯罪**。

1. 单位的分支机构或者内设机构、部门实施犯罪行为的处理。以单位的分支机构或者内设机构、部门的名义实施犯罪，违法所得亦归分支机构或者内设机构、部门所有的，应认定为单位犯罪。不能因为单位的分支机构或者内设机构、部门没有可供执行罚金的财产，就不将其认定为单位犯罪，而按照个人犯罪处理。

2. 单位犯罪直接负责的主管人员和其他直接责任人员的认定。直接负责的主管人员，是在单位实施的犯罪中起决定、批准、授意、纵容、指挥等作用的人员，一般是单位的主管负责人，包括法定代表人。其他直接责任人员，是在单位犯罪中具体实施犯罪并起较大作用的人员，既可以是单位的经营管理人员，也可以是单位的职工，包括聘任、雇佣的人员。应当注意的是，在单位犯罪中，对于受单位领导指派或奉命而参与实施了一定犯罪行为的人员，一般不宜作为直接责任人员追究刑事责任。对单位犯罪中的直接负责的主管人员和其他直接责任人员，应根据其在单位犯罪中的地位、作用和犯罪情节，分别处以相应的刑罚，主管人员与直接责任人员，在个案中，不是当然的主、从犯关系，有的案件，主管人员与直接责任人员在实施犯罪行为的主从关系不明显的，可不分主、从犯。但具体案件可以分清主、从犯，且不分清主、从犯，在同一法定刑档次、幅度内量刑无法做到罪刑相适应的，应当分清主、从犯，依法处罚。

3. 对未作为单位犯罪起诉的单位犯罪案件的处理。对于应当认定为单位犯罪的案件，检察机关只作为自然人犯罪案件起诉的，人民法院应及时与检察机关协商，建议检察机关对犯罪单位补充起诉。如检察机关不补充起诉的，人民法院仍应依法审理，对被起诉的自然人根据指控的犯罪事实、证据及庭审查明的事实，依法按单位犯罪中的直接负责的主管人员或者其他直接责任人员追究刑事责任，并应引用刑罚分则关于单位犯罪追究直接负责的主管人员和其他直接责任人员刑事责任的有关条款。

4. 单位共同犯罪的处理。两个以上单位以共同故意实施的犯罪，应根据各单位在共同犯罪中的地位、作用大小，确定犯罪单位的主、从犯。

《最高人民检察院关于涉嫌犯罪单位被撤销、注销、吊销营业执照或者宣告破产的应如何进行追诉问题的批复》（高检发释字〔2002〕4号，2002年7月15日起施行）

四川省人民检察院：

你院《关于对已注销的单位原犯罪行为是否应当追诉的请示》（川检发研〔2001〕25号）收悉。经研究，批复如下：

涉嫌犯罪的单位被撤销、注销、吊销营业执照或者宣告破产的，应当根据刑法关于单位犯罪的相关规定，对实施犯罪行为的该单位直接负责的主管人员和其他直接责任人员追究刑事责任，对该单位不再追诉。

此复。

《关于外国公司、企业、事业单位在我国领域内犯罪如何适用法律问题的答复》（最高人民法院研究室2003年10月15日，法研〔2003〕153号）

符合我国法人资格条件的外国公司、企业、事业单位，在我国领域内实施危害社会的行为，符合我国《刑法》构成犯罪的，应当依照我国《刑法》关于单位犯罪的规定追究刑事责任。

个人我国领域内进行违法犯罪活动而设立的外国公司、企业、事业单位实施犯罪的，或者外国公司、企业、事业单位设立后在我国领域内以实施违法犯罪为主要活动的，不以单位犯罪论处。

《关于国有单位的内设机构能否构成单位受贿罪主体问题的答复》（最高人民检察院法律政策研究室2006年9月12日，〔2006〕高检研发8号）

陕西省人民检察院法律政策研究室：

你室《关于国家机关、国有公司、企业、事业单位、人民团体的内设机构能否构成单位受贿罪主体的请示》（陕检研发〔2005〕13号）收悉。经研究，答复如下：

国有单位的内设机构利用其行使职权的便利，索取、非法收受他人财物并归该内设机构所有或者支配，为他人谋取利益，情节严重的，依照刑法第三百八十七条的规定以单位受贿罪追究刑事责任。

上述内设机构在经济往来中，在账外暗中收受各种名义的回扣、手续费的，以受贿论。

《关于村民委员会可否构成单位犯罪主体问题的批复》（公复字〔2007〕1号，公安部2007年3月1日）

内蒙古自治区公安厅：

你厅《关于村支书、村主任以村委会的名义实施犯罪可否构成单位犯罪的请示》（内公字〔2006〕164号）收悉。现批复如下：

根据《刑法》第三十条的规定，单位犯罪主体包括公司、企业、事业单位、机关、团体。按照《村民委员会组织法》第二条的规定，村民委员会是村民自我管理、自我教育、自我服务的基层群众性自治组织，不属于《刑法》第三十条列举的范围。因此，对以村民委员会名义实施犯罪的，不应以单位犯罪论，可以依法追究直接负责的主管人员和其他直接责任人员的刑事责任。

《关于〈中华人民共和国刑法〉第三十条的解释》（2014年4月24日第十二届全国人民代表大会常务委员会第八次会议通过）

全国人民代表大会常务委员会根据司法实践中遇到的情况，讨论了刑法第三十条的含义及公司、企业、事业单位、机关、团体等单位实施刑法规定的危害社会的行为，法律未规定追究单位的刑事责任的，如何适用刑法有关规定的问题，解释如下：

公司、企业、事业单位、机关、团体等单位实施刑法规定的危害社会的行为，刑法分则和其他法律未规定追究单位的刑事责任的，对组织、策划、实施该危害社会行为的人依法追究刑事责任。

现予公告。

《最高人民法院、最高人民检察院、公安部关于办理非法集资刑事案件若干问题的意见》（2019年1月30日发布实施，高检会〔2019〕2号）

二、关于单位犯罪的认定问题

单位实施非法集资犯罪活动，全部或者大部分违法所得归单位所有的，应当认定为单位犯罪。

个人为进行非法集资犯罪活动而设立的单位实施犯罪的，或者单位设立后，以实施非法集资犯罪活动为主要活动的，不以单位犯罪论处，对单位中组织、策划、实施非法集资犯罪活动的人员应当以自然人犯罪依法追究刑事责任。

判断单位是否以实施非法集资犯罪活动为主要活动，应当根据单位实施非法集资的次数、频度、持续时间、资金规模、资金流向、投入人力物力情况、单位进行正当经营的状况以及犯罪活动的影响、后果等因素综合考虑认定。

三、关于涉案下属单位的处理问题

办理非法集资刑事案件中，人民法院、人民检察院、公安机关应当全面查清涉案单位，包括上级单位（总公司、母公司）和下属单位（分公司、子公司）的主体资格、层级、关系、地位、作用、资金流向等，区分情况依法作出处理。

上级单位已被认定为单位犯罪，下属单位实施非法集资犯罪活动，且全部或者大部分违法所得归下属单位所有的，对该下属单位也应当认定为单位犯罪。上级单位和下属单位构成共同犯罪的，应当根据犯罪单位的地位、作用，确定犯罪单位的刑事责任。

上级单位已被认定为单位犯罪，下属单位实施非法集资犯罪活动，但全部或者大部分违法所得归上级单位所有的，对下属单位不单独认定为单位犯罪。下属单位中涉嫌犯罪的人员，可以作为上级单位的其他直接责任人员依法追究刑事责任。

上级单位未被认定为单位犯罪，下属单位被认定为单位犯罪的，对上级单位中组织、策划、实施非法集资犯罪的人员，一般可以与下属单位按照自然人与单位共同犯罪处理。

上级单位与下属单位均未被认定为单位犯罪的，一般以上级单位与下属单位中承担组织、领导、管理、协调职责的主管人员和发挥主要作用的人员作为主犯，以其他积极参加非法集资犯罪的人员作为从犯，按照自然人共同犯罪处理。

《最高人民法院、最高人民检察院、公安部、司法部、生态环境部关于办理环境污染刑事案件有关问题座谈会纪要》（2019年2月20日发布）

为了单位利益，实施环境污染行为，并具有下列情形之一的，应当认定为单位犯罪：（1）经单位决策机构按照决策程序决定的；（2）经单位实际控制人、主要负责人或者授权的分管负责人决定、同意的；（3）单位实际控制人、主要负责人或者授权的分管负责人得知单位成员个人实施环境污染犯罪行为，并未加以制止或者及时采取措施，而是予以追认、纵容或者默许的；

(4) 使用单位营业执照、合同书、公章、印鉴等对外开展活动，并调用单位车辆、船舶、生产设备、原辅材料等实施环境污染犯罪行为的。

单位犯罪中的“直接负责的主管人员”，一般是指对单位犯罪起决定、批准、组织、策划、指挥、授意、纵容等作用的主管人员，包括单位实际控制人、主要负责人或者授权的分管负责人、高级管理人员等；“其他直接责任人员”，一般是指在直接负责的主管人员的指挥、授意下积极参与实施单位犯罪或者对具体实施单位犯罪起较大作用的人员。

对于应当认定为单位犯罪的环境污染犯罪案件，公安机关未作为单位犯罪移送审查起诉的，人民检察院应当退回公安机关补充侦查。对于应当认定为单位犯罪的环境污染犯罪案件，人民检察院只作为自然人犯罪起诉的，人民法院应当建议人民检察院对犯罪单位补充起诉。

《最高人民法院关于适用〈中华人民共和国刑事诉讼法〉的解释》（法释〔2020〕1号，2021年3月1日起施行）

第三百四十条 对应当认定为单位犯罪的案件，人民检察院只作为自然人犯罪起诉的，人民法院应当建议人民检察院对犯罪单位追加起诉。人民检察院仍以自然人犯罪起诉的，人民法院应当依法审理，按照单位犯罪直接负责的主管人员或者其他直接责任人员追究刑事责任，并援引刑法分则关于追究单位犯罪中直接负责的主管人员和其他直接责任人员刑事责任的条款。

二、单位有罪裁判要旨

裁判要旨一：以公司的名义，代表单位意志为单位谋取不正当利益的行为属于单位犯罪

案件名称：周某华虚报注册资本案

案例来源：《刑事审判参考》第16集，第99号案例

裁判理由：

本案被告人周某华作为某泰公司副董事长兼总经理，在我国台湾侨资联合开发有限公司为某泰公司注册登记过程中，伙同台湾地区某侨资公司董事长刘嘉泰、总经理刘某麟故意隐瞒事实真相、虚报注册资本，使某泰公司骗取登记，并通过企业年检，其行为系单位犯罪行为。第一，被告人周某华隐瞒事实真相、虚报注册资本的目的是欺骗公司登记管理部门，使某泰公司取

得登记，并通过企业年检，也就是说，周某华的行为是为某泰公司谋取不正当利益，而非为周某华个人；第二，被告人周某华作为某泰公司的总经理，其决定并实施的虚报注册资本的行为，是以某泰公司的名义实施的，代表的是某泰公司的意志；第三，根据《刑法》第 158 条的规定，个人犯虚报注册资本罪要求犯罪主体是特殊主体，即行为人必须是申请公司登记的个人。而根据《公司法》的规定，有限责任公司“申请公司登记的人”是由全体股东指定的代表或者共同委托的代理人；股份有限公司“申请公司设立的人”是董事长。本案中，某泰公司是有限责任公司，其申请设立人是台湾侨资公司，而周某华不是出资人，不是股东，也不是股东指定的代表，也就是说，从自然人犯虚报注册资本罪的要求看，周某华不符合特殊主体的要求。综上，周某华作为侨资公司聘用的某泰公司高级管理人员，其虚报注册资本的行为，就是某泰公司的行为。

裁判要旨二：单位犯罪案件，因单位被注销或宣告破产，检察机关只起诉指控有关责任人员的，人民法院认为被告人的行为已构成犯罪，且系单位犯罪的责任人员的，应以单位犯罪的有关规定，追究其相应的刑事责任

案件名称：河南省某星实业公司集资诈骗案

案例来源：《刑事审判参考》第 10 集，第 72 号案例

裁判结果：

对被告人李某法等人以集资诈骗罪判处有期徒刑 12 年至无期徒刑不等的刑罚。

裁判理由：

某星公司作为企业法人，已于 1998 年 8 月 6 日被河南省工商行政管理局吊销企业法人营业执照，其作为法人的资格已经终止，行为能力和权利能力均已丧失，依照《刑事诉讼法》第 15 条第 5 项的规定，不能再追究某星公司的刑事责任。因此，检察机关没有将某星公司作为被告单位向人民法院提起公诉，符合法律规定。依照《最高人民法院关于执行〈中华人民共和国刑事诉讼法〉若干问题的解释》第 215 条“人民法院审理单位犯罪案件，被告单位被注销或宣告破产，但单位犯罪直接负责主管人员和其他直接责任人员应当负刑事责任的，应当继续审理”的规定，司法机关应当依法追究对某星公司集资诈骗犯罪行为负有直接责任的主管人员和其他人员的刑事责任。即

单位犯罪案件，因单位被注销或宣告破产，检察机关只起诉指控有关责任人员的，人民法院认为被告人的行为已构成犯罪，且系单位犯罪的责任人员的，应以单位犯罪的有关规定，追究其相应的刑事责任。被告人李某法作为公司法定代表人，在某星公司集资诈骗犯罪过程中，是集资诈骗的主要领导者、组织者、指挥者，即直接负责的主管人员，应对本案的全部诈骗数额承担刑事责任；被告人冼建国、杨某某、刘某某、潘某某身为公司的负责人或部门主要负责人，直接参与了集资诈骗活动，其中被告人冼某某、刘某某、潘某某还参与了实为集资诈骗的“弹性营销”经营章程的研究、制定，系本案的直接责任人员，应对其参与的全部犯罪数额承担刑事责任。因此，一审、二审法院对李某法等人以集资诈骗罪定罪量刑是正确的。

裁判要旨三：“单位”不能机械地理解为本单位的全体或者大多数职工。他们也可以是一个单位内部某一层次的所有人或者大多数人。在私分国有财产罪案件中，只要其行为符合犯罪的构成特征，即使私分的范围是单位全体职工中的相对少数人，亦应以私分国有资产罪追究刑事责任

案件名称： 刘某伟私分国有资产案

案例来源：《刑事审判参考》第 19 集，第 122 号案例

裁判结果：

刘某伟犯受贿罪和私分国有资产罪，数罪并罚决定执行有期徒刑 12 年，并处罚金 1 万元，没收财产 1 万元。

裁判理由：

本案中，惠山农药厂实行“公有民营”的经营体制，根据“公有民营”合同，承租集团成员的奖金只能从经出租方核准后的经营性收入税后利润中的 30% 部分支出，但是，被告人刘某伟等人违反国家规定，将在账外另设的小金库资金、非法套取的现金计 44.11 万元，以预发“承租集团奖金”名义分发给承租集团所有成员。虽然分发的范围只限于承租集团成员，但由于决定分发是按照惠山农药厂的决策程序进行的，占有该笔资金的不是决策层内的少数人，而是分发给承租集团的全体成员，因此，对惠山农药厂直接负责的主管人员被告人刘某伟应当以私分国有资产罪追究刑事责任。

裁判要旨四： 对于单位实施的贷款诈骗行为，符合合同诈骗罪构成要件

的，应以合同诈骗罪定罪，对单位及直接负责的主管人员和其他直接责任人员实行双罚制

案件名称：俞某合同诈骗案

案例来源：《刑事审判参考》第25集，第169号案例

裁判结果：

俞某犯合同诈骗罪，判处有期徒刑12年，并处没收其个人财产人民币2万元。

裁判理由：

单位犯罪毕竟不同于自然人犯罪，对于单位实施的贷款诈骗行为按照自然人犯罪处罚，违背了罪刑法定原则。同时对于罪刑法定原则应全面理解，单位实施贷款诈骗行为，不构成贷款诈骗罪，但只要其行为符合《刑法》规定的其他犯罪的构成要件，具有社会危害性、刑事违法性和应受刑罚处罚性，就应按相应的犯罪定罪处罚。

本案被告人俞某以“实业公司”“某经营部”的名义，采用签订虚假合同等方式诈骗银行贷款1760万元，非法所得归单位所有。根据《刑法》第224条、第231条的规定，“实业公司”“某经营部”已构成合同诈骗罪，对被告人俞某应按单位合同诈骗犯罪中负直接责任的主管人员追究刑事责任，可处10年以上有期徒刑、无期徒刑，并处罚金或者没收财产。

除此之外，对于《刑法》修订后审理的实施于《刑法》修订前的单位贷款诈骗犯罪案件，由于新旧法律对单位是否构成犯罪的评价不同，因此应全面考察单位及其直接负责的主管人员和其他直接责任人员的刑事责任，然后根据“从旧兼从轻”原则来选择适用的法律。对于单位，由于七九年《刑法》不认为是犯罪，而根据九七年《刑法》可以构成合同诈骗罪，故对单位不能以犯罪论处。对于单位中的有关自然人，根据七九年《刑法》应构成普通诈骗罪，而按照九七年《刑法》可以构成单位合同诈骗罪。在单位行为符合《刑法》第224条合同诈骗罪的构成要件的情况下，新旧法律有关自然人犯本罪的法定刑相比，显然是九七年《刑法》的有关规定更轻。因为虽然两者所规定的法定最高刑主刑相同，但后者规定的附加刑轻，前者规定的法定最低刑主刑为管制，后者为单处罚金。因此，对构成犯罪的自然人可依照九七年《刑法》的规定，以单位合同诈骗罪的直接负责的主管人员和其他直接责任人员论处。

裁判要旨五：单位存在的真实与否及单位行为的认定，与单位的所有权性质、经营形式无关，同时不得以出资未到位而将之简单地认定为违法设立的单位。作为法定实体的真实存在与否，司法认定当中应当将关注点放在单位设立的意图、有无具体经营行为及主要经营行为合法与否的判别上

案件名称：黄某某等合同诈骗案

案例来源：《刑事审判参考》第35集，第271号案例

裁判结果：

黄某奋犯合同诈骗罪，判处有期徒刑10年。

裁判理由：

根据《最高人民法院关于审理单位犯罪案件具体应用法律有关问题的解释》第1条、第2条规定，**单位存在的真实与否及单位行为的认定，与单位的所有权性质、经营形式无关，同时不得以出资未到位而将之简单地认定为违法设立的单位**。作为**法定实体的真实存在与否，司法认定当中应当将关注点放在单位设立的意图、有无具体经营行为及主要经营行为合法与否的判别上**。本案中的某企划所，不管是集体企业还是个人挂靠企业，因经工商合法注册登记，手续齐全，具有健全的财务制度及组织机构，具体的经营期货等行为亦无不合法之处，理当认定某企划所作为法定实体存在的真实性，故二审法院将被告人黄某某代表某企划所的经营行为认定为单位行为是正确的。

裁判要旨六：单位负责人为单位利益实施的犯罪行为，犯罪所得为单位所用的，应认定为单位犯罪

案件名称：马某方等贷款诈骗、违法发放贷款、挪用资金案

案例来源：《刑事审判参考》第39集，第305号案例

裁判结果：

被告人马某方犯合同诈骗罪，判处无期徒刑，剥夺政治权利终身，并处没收个人全部财产；犯挪用资金罪，判处有期徒刑7年，决定执行无期徒刑，剥夺政治权利终身，并处没收个人全部财产。

裁判理由：

本案中，被告人马某方身为某华公司的法定代表人兼总经理，为某华公司的利益分别指使某华公司财务负责人徐某，冒用多家公司的名义，采用伪

造、使用虚假的贷款证明文件的手段与银行签订贷款合同，骗取银行贷款，从其身份和主观目的出发，其行为应视为能够代表单位意志的职务行为，且所骗贷款大部分均被其任职的某华公司使用，所以二被告人共同实施的诈骗银行贷款的行为应认定为为了单位利益而实施的单位犯罪。由于本案中公诉机关并未起诉某华公司，致使法院不能直接判决某华公司承担单位犯罪的刑事责任，但是这并不妨碍法院对本案作单位犯罪的认定，而且，对公诉机关指控的马某方、徐某二被告人，也应以单位犯罪中的有关“直接负责的主管人员和其他直接责任人员”来追究刑事责任。

裁判要旨七：没有充分证据证明犯罪所得被个人私分的，基于存疑有利于被告的原则，应认定为了单位的利益，属于单位犯罪

案件名称：王某梅、王某斌、陈某平走私普通货物、虚开增值税专用发票案

案例来源：《刑事审判参考》第 43 集，第 336 号案例

裁判结果：

王某梅犯走私普通货物罪，判处有期徒刑 15 年，剥夺政治权利 3 年；犯虚开增值税专用发票罪，判处有期徒刑 15 年，剥夺政治权利 2 年。决定执行有期徒刑 20 年，剥夺政治权利 5 年；王某斌犯走私普通货物罪，判处有期徒刑 10 年。

裁判理由：

根据刑事犯罪事实认定的基本规则，在没有确实、充分的证据证明通某公司走私移动电信设备等货物的违法所得为王某梅、王某斌等行为人个人私分的情况下，就应作出有利于被告人的事实认定，即王某梅、王某斌等个人并没有私分通某公司的走私犯罪所得，从而不能认定本案行为是为了王某梅、王某斌等个人的私利，而应认定是为了通某公司的利益，因而应当认定本案行为属于通某公司单位犯罪，而非王某梅、王某斌等个人犯罪。故被告人王某梅和王某斌只分别应承担单位犯罪中直接负责的主管人员和其他直接责任人员的刑事责任。

裁判要旨八：单位犯罪案件，因检察机关只起诉指控有关责任人员的，人民法院认为被告人的行为已构成犯罪，且系单位犯罪的责任人员的，应以

单位犯罪的有关规定，追究其相应的刑事责任

案件名称：沈某某合同诈骗案

案例来源：《刑事审判参考》第70集，第578号案例

裁判结果：

被告人沈某焕犯合同诈骗罪，判处有期徒刑5年，并处罚金人民币10万元，驱逐出境。

裁判理由：

本案审理中，一审法院及时与检察机关进行了协商，建议检察机关对犯罪单位补充起诉。在检察机关未补充起诉的情况下。一审法院仍对本案进行了审理，对被起诉的被告人沈某某根据其实施的犯罪行为，依法按单位犯罪中的直接负责的主管人员追究刑事责任，并引用了《刑法》第231条关于单位犯罪追究直接负责的主管人员的条款是完全正确的。

裁判要旨九：依法注册并依照章程程序正常运转的一人有限公司属于单位犯罪适格主体

案件名称：周某合同诈骗案

案例来源：《刑事审判参考》第82集，第726号案例

裁判结果：

周某犯合同诈骗罪，判处有期徒刑3年，宣告缓刑5年，并处罚金46万元；犯罪所得予以追缴并发还被害单位。

裁判理由：

在本案中，某超公司、一丰某公司经合法注册成立，被告人周某是该公司唯一股东和法定代表人。公司依照法律规定的条件和程序登记注册成立，成立之后依照章程规定的营利宗旨进行运转，公司在经营中具有相对独立的名义，具备公司法要求的治理结构，被告人周某作为法定代表人为了公司利益实施合同诈骗行为，应当被视为公司的独立意志。同时，根据法院查明的情况，周某依照法律程序办理手续实际出资，某超公司、一丰某公司具有独立的财务状况，可以与周某的个人财产明确区分，虽然进行了合同诈骗行为，但是现有证据不足以证明周某在收取货款后系用于其个人开支。因此，公司具备独立的法人人格，具有承担刑事责任的能力。周某作为公司法定代表人

为了公司利益而进行合同诈骗活动，应当被视为公司的行为，构成单位犯罪。

裁判要旨十：区分单位犯罪和个人犯罪，主要从单位性质、单位意志、单位名义、利益归属、排除情形等方面考察。从利益的归属看，骗取的款项用于公司采购及支付工资事宜及归还公司经营借款，无其他证据证实系被上诉人个人占有或者私分。根据有利于上诉人的原则，可以认定为主要利益归属于单位

案件名称：孟某博合同诈骗案

终审法院：江苏省常州市中级人民法院

案号：（2021）苏04刑终7号

裁判结果：

被告单位南京德某科物流仓储设备有限公司犯合同诈骗罪，判处罚金人民币20万元。孟某博犯合同诈骗罪，判处有期徒刑5年，并处罚金人民币10万元。责令继续退赔被害单位人民币1,729,000元。

裁判理由：

江苏省常州市中级人民法院认为，关于检察机关及上诉人孟某博所提德某科公司构成合同诈骗罪，本案系单位犯罪的抗诉意见和上诉理由，经查，根据《刑法》第30条、《最高人民法院关于审理单位犯罪案件具体应用法律若干问题的解释》及相关规定，以单位名义实施犯罪，违法所得归单位所有的，是单位犯罪。**区分单位犯罪和个人犯罪，主要从单位性质、单位意志、单位名义、利益归属、排除情形等方面考察。**

本案中，从单位性质和意志看，德某科公司系依法设立的、具有法人资格的有限责任公司。上诉人孟某博作为德某科公司的实际控制人，是单位的主管负责人，实际决定德某科公司的生产经营事宜。上诉人孟某博与新某公司、平安公司签订合同系在德某科公司业务范围之内，符合公司利益，体现单位意志。从单位名义看，合同签订、函件的出具、钱款的往来均是以德某科公司的名义进行。从利益的归属看，骗取的款项中有115万余元有证据证实用于德某科公司采购及支付工资事宜。剩余的大部分款项上诉人供述用于归还公司经营借款，无其他证据证实系被上诉人个人占有或者私分。根据有利于上诉人的原则，可以认定为主要利益归属于单位。从排除情形看，德某科公司成立后正常开展业务，不是为了犯罪而成立的公司，成立后也不以犯

罪为主要活动。综上，本案应认定为单位犯罪。

裁判要旨十一：单位直接负责的主管人员基于职务实施的行为，实际为单位谋取了利益，体现了单位意志，属于单位犯罪

案件名称：刘某波走私普通货物案

终审法院：江苏省高级人民法院

案号：（2018）苏刑终27号

裁判结果：

被告单位凌飞公司犯走私普通货物罪，判处罚金人民币550万元。被告人刘某波犯走私普通货物罪，判处有期徒刑2年6个月；犯非国家工作人员受贿罪，判处有期徒刑1年；决定执行有期徒刑3年，缓刑5年；被告人瞿某犯走私普通货物罪，判处有期徒刑3年，并处罚金人民币22万元；犯对非国家工作人员行贿罪，判处拘役6个月；决定执行有期徒刑3年，缓刑3年，并处罚金人民币22万元；扣押在案的被告单位及被告人违法所得予以追缴，上缴国库。

裁判理由：

关于第三点上诉理由和辩护意见所提本案走私行为并非体现泰兴某飞公司单位意志。经查，原审被告人刘某波系江苏某飞公司副总经理及泰兴某飞公司副总经理、总经理，在负责泰兴某飞公司进口某特公司的壬烯过程中，明知其他单位进口同产地壬烯被海关查扣处罚的情况下，仍指使原审被告人瞿某提供与货物实际原产地不符的原产地证书，由本单位员工具体操作通过报关公司向海关伪报货物原产地，偷逃应缴关税。**刘某波作为本单位直接负责的主管人员实施的上述行为应认定为以单位名义实施的行为，非个人行为。偷逃的应缴关税本应由单位支出，刘某波等人的行为实际为单位谋取了非法利益，其行为符合单位走私普通货物犯罪特征，体现了泰兴某飞公司单位意志。**该理由与意见与法律规定不符，不能成立，不予采纳。

裁判要旨十二：以单位名义实施犯罪，虽然将犯罪所得存入以个人名义开立的账户，但大部分用于单位的，属于单位犯罪

案件名称：何某龙走私普通货物案

终审法院：上海市高级人民法院

案号：（2017）沪刑终 79 号

裁判结果：

被告单位龙恒公司犯走私普通货物罪，判处罚金人民币 368 万元。宏溢公司犯走私普通货物罪，判处罚金人民币 87 万元。三名被告人均以走私普通货物罪被判处 2 年到 3 年不等有期徒刑并缓刑。违法所得予以追缴，其他涉案物品等予以没收。

裁判理由：

关于第二节事实何某龙是个人犯罪还是单位犯罪的问题，经查：（1）此节事实，上诉人何某龙作为某恒、某溢两家进出口公司等涉案公司的实际控制人和负责人，决定以伪报边民互市方式从广西口岸进口冻海产品，委托王某某在当地找到许某某、谢某某以及代理公司越南河成公司清关，总经理黄乙、贸易部经理游某某、职员李某某、财务人员吴某某等单位人员核对加拿大和香港关联企业发来的境外供应商货款以及许某某、谢某某、越南河成公司清关费、王某某运费清单，之后按公司业务流程规定，制作请款单，由管理层六人中的三人签字后，方通过以黄乙等个人名义开立、主要单位使用的账户支付清关费、运费、从地下钱庄支付境外货款或通过香港关联企业代付货款，货物进口后运至福清何某龙负责的包括上述 2 家进出口公司及伟龙和宏益食品公司在内的几家公司所在地的仓库，仓储入库单均记“宏益食品”，贸易部、财务部有进口货物支付货款、清关费、运费明细账，财务部制作的“伟龙报表”中有香港代付货款的明细；因走私次数多、时间长、金额大，进口货物销售所得货款大部分用于公司循环进口和扩大经营等，黄乙等上述个人名义账户均有对应支付货款、清关费、运费记录。（2）此节事实与第一节事实相较，除了走私口岸、走私方式不同外，其他诸如单位运作主体、单位负责人、单位参与人员、仓储地点和清单、差额货款或货款等费用审核流程、支付渠道、差额货款或货款等记账方式、销售所得使用等情况基本相同。王某某的供述及指认笔录、何某龙的供述等证据表明，**何某龙是代表单位委托王某某实施上述行为**。境外供应商开具的发票显示的进口方因系瞒关进口，只是形式，且经查也不存在进口方为何个人的发票，实际仍是何某龙负责的某恒进出口公司、某溢进出口公司等涉案公司走私进口。本院认为，何某龙以单位名义为了单位利益实施犯罪，违法所得大部分用于单位，符合单位犯罪特征。此节事实，应对何某龙以某恒进出口公司、某溢进出口公司等涉案公司单位走私普通货物犯罪直接负责的主管人员追究其刑事责任，走私偷逃税款达4078万余元，数额特别巨大，依法应予惩处。

裁判要旨十三：单位主要管理人员，虽然未经董事长或公司集体研究决定实施的犯罪行为，属于以单位名义实施的犯罪

案件名称：吴某权虚开增值税专用发票罪案

终理法院：山东省烟台市中级人民法院

案号：（2019）鲁06刑终376号

裁判结果：

以虚开增值税专用发票罪判处被告单位某环保设备有限公司罚金人民币10万元；以虚开增值税专用发票罪判处被告单位某虎钢铁销售有限公司罚金人民币10万元；以虚开增值税专用发票罪判处被告人吴永权有期徒刑1年6个月，缓刑2年；以虚开增值税专用发票罪判处被告人张金虎有期徒刑1年8个月，缓刑2年。

裁判理由：

对于上诉单位某环保设备有限公司及其辩护人上诉理由和辩护意见，经查，原审被告人吴某权虽然未经董事长同意或公司集体研究决定，但以总经理的身份，通过李某介绍，联系原审被告单位烟台某虎钢铁销售有限公司负责人即原审被告人张某虎购买增值税专用发票，并安排本公司财务人员张某以某环保设备有限公司名义，具体实施了虚开增值税专用发票的行为，应当属于“以单位名义实施犯罪”；并且所套取的资金被作为公司的小金库资金，大部分用于公司对外支付回扣等费用，虚开的增值税专用发票也由公司实际抵扣税款，应当属于“违法所得归单位所有”。根据相关司法解释规定，以单位名义实施犯罪，违法所得归单位所有的，是单位犯罪。因此，上诉单位某环保设备有限公司的行为构成单位犯罪。

裁判要旨十四：单位主管人员基于授权实施的犯罪行为体现单位的意志，属于以单位名义实施的犯罪

案件名称：刘某涛、安阳某鼎公司虚开增值税专用发票案

终审法院：河南省安阳市中级人民法院

案号：（2019）豫05刑终122号

裁判结果：

被告单位犯虚开增值税专用发票罪，判处罚金人民币10万元；被告人刘某涛、王某杰犯虚开增值税专用发票罪，均被判处有期徒刑1年8个月。

裁判理由：

关于上诉人安阳某鼎公司、刘某涛、王某杰及各辩护人所提上诉人不构成虚开增值税专用发票罪、认定事实不清的意见，经查，在安阳建工（集团）预制构件有限责任公司和对方公司没有发生真实货物交易的情况下，刘某涛伙同王某杰让他人为被告单位虚开了增值税专用发票，后这些增值税专用发票经过税务部门认证，并抵扣了税款276,004.41元。**刘某涛作为被告单位的董事长、法定代表人，负责公司的全面工作，并分管材料科和财务科，王某杰作为被告单位的财务科长并负责财务科工作，其意见能够代表被告单位的意志，被告单位也将虚开的增值税发票在税务机关抵扣税款共计276,004.41元，利益归属于被告单位，能够认定具有骗取税款的目的。**被告人刘某涛、王某杰供述、证人赵某2、赵某1、胡某等人证言、书证虚开的增值税专用发票、税务机关出具的证明等证据之间相互印证，形成完整证据链条，能够认定上述犯罪事实。安阳某鼎公司构成虚开增值税专用发票罪，刘某涛、王某杰作为被告单位的直接负责的主管人员和其他直接责任人员亦应该承担虚开增值税专用发票罪的刑事责任。故上诉人及各辩护人的该上诉理由及辩护意见均不能成立。

裁判要旨十五：工商登记股东与实际股东不一致的，隐名股东通过董事会等形式所做的犯罪决定，认定为单位意志。违法所得通过私人银行卡收取但实际由单位控制的，属于违法所得归单位所有

案件名称：某众公司非法吸收公共存款案

终审法院：四川省成都市中级人民法院

案号：（2020）川01刑终719号

裁判结果：

被告单位众和联公司犯非法吸收公众存款罪，判处罚金人民币50万元；被告人田某、袁某犯非法吸收公众存款罪，分别判处有期徒刑3年，缓刑五

年和有期徒刑3年6个月，并处罚金。

裁判理由：

关于上诉人袁某及其辩护人所提某众公司不构成单位犯罪的上诉理由及辩护意见。经查，第一，某众公司成立后，虽然工商登记的股东显示为田某、况某，但该公司吸纳袁某、李某等人作为隐名股东，且该公司的决定都由田某及袁某等隐名股东通过举行董事会、监事会的形式作出，**体现出公司意志**；第二，公司成立后，获取了隐名股东投入的资金，同时吸收公众存款，共同进入资金池，并进行对外投资，并非以实施犯罪为主要活动；第三，**该公司获取的收益，虽然以私人银行卡收取，但是银行卡均由公司控制，资金为公司所有，并以股东分红的方式进行分配，可以反映出违法所得系归单位所有**。因此某众公司以单位名义实施犯罪，违法所得归单位所有，应当认定为单位犯罪，袁某及其辩护人的上诉理由及辩护意见不能成立，本院不予采纳。

裁判要旨十六：行为人同时涉及单位犯罪和个人犯罪的，对行为人以单位犯罪和个人犯罪数罪并罚

案件名称：李某林虚开增值税专用发票案

审理法院：北京市高级人民法院

案号：（2019）京刑终133号

裁判结果：

各被告人均以虚开增值税专用发票罪被判处有期徒刑7年至无期徒刑不等刑罚，其中李某林犯虚开增值税专用发票罪（单位），判处有期徒刑15年；犯虚开增值税专用发票罪（个人），判处有期徒刑10年，并处罚金人民币20万元；决定执行有期徒刑20年，并处罚金人民币20万元。

裁判理由：

李某林让某博公司、某恒公司为某豪公司虚开增值税专用发票的行为，属于“让他人为自己虚开”，系单位犯罪；李某林介绍某恒公司为京亿丰公司虚开增值税专用发票的行为，属于“介绍他人虚开”，系个人犯罪。李某林按单位意志，以单位名义实施让他人为自己虚开增值税专用发票的行为，应构成单位犯罪；李某林又以个人名义，介绍他人虚开增值税专用发票，此时犯罪主体为个人，属于自然人犯罪。综上，李某林实施了两种行为，前后两行为虽然罪名相同，但从犯罪的构成要件上看，前者为单位犯罪，后者为

个人犯罪，属于异种犯罪，应按照数罪并罚处理。

裁判要旨十七：村民委员会属于单位犯罪的适格主体

案件名称：刘某荣、刘某杰、刘某辉诈骗案

案例来源：《刑事审判参考》第128集，第1420号案例

裁判结果：

检察院未起诉涉案村委会，故法院仅判处三自然人被告承担刑事责任，但认为本案为单位犯罪，并追缴涉案村民委员会所获赃款人民币277,200元，上缴国库。

裁判理由：

一般认为，刑法意义上的“单位”，是指经依法成立，拥有独立的财产和经费，能以自己的名义承担法律责任的组织。村民委员会是经依法成立的基层群众性自治组织，有自己的名称、组织机构、住所、财产和经费，符合单位的构成要件。

虽然《刑法》第30条只列举了公司、企业、事业单位、机关、团体等5种单位类型，但该条规定的是单位负刑事责任的范围，是对单位犯罪的追诉对象作出明确规定，即何种类型的单位在实施犯罪行为以后可以予以追诉。所以，《刑法》第30条既不是对单位犯罪下定义，也不是对单位犯罪的适格主体作出限定，我们不能因为《刑法》第30条没有将村民委员会列为单位犯罪的追诉对象，就认定村民委员会不是单位犯罪的适格主体。若只将单位犯罪的适格主体局限公司、企业、事业单位、机关、团体这五种类型，就有可能出现将实质上属于单位犯罪性质的案件定性为自然人犯罪，这既不符合案件的客观事实，也不符合罪责刑相适应原则，无法对被告人作出适当的判罚。

2001年1月21日《全国法院审理金融犯罪案件工作座谈会纪要》中明确，根据刑法和《最高人民法院关于审理单位犯罪案件具体应用法律有关问题的解释》的规定，以单位名义实施犯罪，违法所得归单位所有的，是单位犯罪。与自然人犯罪相比，单位犯罪除了有上述2个特征外，还有着单位行为处处体现决策者集体意志的特点。村民委员会作为基层群众性自治组织，依法有权办理本村的公共事务，管理本村属于村农民集体所有的土地和其他财产。2008年11月20日《最高人民法院、最高人民检察院关于办理商业贿

赂刑事案件适用法律若干问题的意见》第2条规定，《刑法》第163条、第164条规定的“其他单位”，既包括事业单位、社会团体、村民委员会、居民委员会、村民小组等常设性的组织，也包括为组织体育赛事、文艺演出或者其他正当活动而成立的组委会、筹委会、工程承包队等非常设性的组织。该司法解释性文件明确了村民委员会属于刑法规定中的“单位”范畴。因此，村民委员会符合“单位”的构成要件和法律特征，将村民委员会认定为“单位”的类型之一，既符合法律规定，也符合我国存在多种单位组织类型的客观现状。

故村民委员会符合“单位”的构成要件和法律特征，属于单位犯罪的适格主体。以村民委员会为主体实施的危害社会的行为，应当认定为单位犯罪。但由于《刑法》第30条没有规定村民委员会可以作为追诉对象承担刑事责任，且《刑法》第266条未规定以诈骗罪追究单位的刑事责任，本着对罪刑法定原则的严格遵守，无法对村民委员会进行追诉，只能在认定为单位犯罪的情况下，依照《全国人民代表大会常务委员会关于〈中华人民共和国刑法〉第三十条的解释》，对组织、策划、实施该危害社会行为的人依法追究刑事责任，但对于村民委员会的违法所得，则可以依照《刑法》第64条的规定进行追缴。

三、单位无罪裁判要旨

无罪裁判要旨一：民营企业违规经营触犯刑法情节较轻，认罪认罚的，对单位和直接责任人员依法能不捕的不捕，能不诉的不诉。检察机关应当督促认罪认罚的民营企业合法规范经营。拟对企业作出不起诉处理的，可以通过公开听证听取意见。对被不起诉人（单位）需要给予行政处罚、处分或者需要没收其违法所得的，应当依法提出检察意见，移送有关主管机关处理

案件名称：无锡F警用器材公司虚开增值税专用发票案

案例来源：最高人民检察院指导案例22批，检例第81号

基本案情：

被不起诉单位，无锡F警用器材新技术有限公司（以下简称F警用器材公司），住所地江苏省无锡市。

被不起诉人乌某某，男，F警用器材公司董事长。

被不起诉人陈某某，女，F警用器材公司总监。

被不起诉人倪某，男，F警用器材公司采购员。

被不起诉人杜某某，女，无锡B科技有限公司法定代表人。

2015年12月间，乌某某、陈某某为了F警用器材公司少缴税款，商议在没有货物实际交易的情况下，从其他公司虚开增值税专用发票抵扣税款，并指使倪某通过公司供应商杜某某等人介绍，采用伪造合同、虚构交易、支付开票费等手段，从王某某（另案处理）实际控制的商贸公司、电子科技公司虚开增值税专用发票24份，税额计人民币377,344.79元，后F警用器材公司从税务机关抵扣了税款。

乌某某、陈某某、倪某、杜某某分别于2018年11月22日、23日至公安机关投案，均如实供述犯罪事实。11月23日，公安机关对乌某某等四人依法取保候审。案发后，F警用器材公司补缴全部税款并缴纳滞纳金。2019年11月8日，无锡市公安局新吴分局以F警用器材公司及乌某某等人涉嫌虚开增值税专用发票罪移送检察机关审查起诉。

检察机关经审查，综合案件情况拟作出不起诉处理，举行了公开听证。该公司及乌某某等人均自愿认罪认罚，在律师的见证下签署了《认罪认罚具结书》。2020年3月6日，无锡市新吴区人民检察院依据《刑事诉讼法》第177条第2款规定，对该公司及乌某某等四人作出不起诉决定，就没收被不起诉人违法所得及对被不起诉单位予以行政处罚向公安机关和税务机关分别提出检察意见。后公安机关对倪某、杜某某没收违法所得共计人民币45,503元，税务机关对该公司处以行政罚款人民币466,131.8元。

指导意义：

1. **对犯罪情节较轻且认罪认罚的涉罪民营企业及其有关责任人员，应当依法从宽处理**。检察机关办理涉罪民营企业刑事案件，应当充分考虑促进经济发展，促进职工就业，维护国家和社会公共利益的需要，积极做好涉罪企业及其有关责任人员的认罪认罚工作，促使涉罪企业退缴违法所得、赔偿损失、修复损害、挽回影响，从而将犯罪所造成的危害降到最低。**对犯罪情节较轻且认罪认罚、积极整改的企业及其相关责任人员，符合不捕、不诉条件的，坚持能不捕的不捕，能不诉的不诉，符合判处缓刑条件的要提出适用缓刑的建议**。

2. 把建章立制落实合法规范经营要求，作为悔罪表现和从宽处罚的考量因素。检察机关在办理企业涉罪案件过程中，通过对自愿认罪认罚的民营企业进行走访、调查，查明企业犯罪的诱发因素、制度漏洞、刑事风险等，提出检察建议。企业通过主动整改、建章立制落实合法规范经营要求体现悔罪表现。检察机关可以协助和督促企业执行，帮助企业增强风险意识，规范经营行为，有效预防犯罪并据此作为从宽处罚的考量因素。

3. 依法做好刑事不起诉与行政处罚、处分有效衔接。检察机关依法作出不起诉决定的案件，要执行好《刑事诉讼法》第 177 条第 3 款的规定，对被不起诉人需要给予行政处罚、处分或者需要没收其违法所得的，应当提出检察意见，移送有关主管机关处理。有关主管机关应当将处理结果及时通知人民检察院。有关主管机关未及时通知处理结果的，人民检察院应当依法予以督促。

无罪裁判要旨二：个人为进行违法犯罪活动而设立的公司、企业、事业单位实施犯罪的，或者公司、企业、事业单位设立后，以实施犯罪为主要活动的，不以单位犯罪论处

案件名称：宁波某百代投资咨询有限公司、陈某纬、王某泽、郑某中非法经营案

案例来源：最高人民法院第 33 号公报案例

裁判理由：

本案不属于单位犯罪。根据本案事实，被告人陈某纬、王某泽、郑某中为非法从事非上市股份有限公司股票代理销售业务，注册设立被告单位某百代公司。某百代公司成立后，除从事涉案非法经营犯罪行为外，再无其他任何经营行为。根据《最高人民法院关于审理单位犯罪案件具体应用法律有关问题的解释》第 2 条的规定，个人为进行违法犯罪活动而设立的公司、企业、事业单位实施犯罪的，或者公司、企业、事业单位设立后，以实施犯罪为主要活动的，不以单位犯罪论处。因此，三被告人为非法经营证券业务而设立某百代公司，且某百代公司成立后以非法经营证券业务为主要活动，故本案不能以单位犯罪论处，应当认定为自然人犯罪。

无罪裁判要旨三：有限公司总经理以个人名义实施的，将违法所得使用于公益事业的，属于个人犯罪

案件名称：曹某莎金融凭证诈骗案

案例来源：《刑事审判参考》第1集，第4号案例

裁判理由：

单位犯罪是指公司、企业、事业单位、机关、团体实施的危害社会的行为。“公司”，包括财产为国有、集体所有的公司，也包括具有法人资格的私营公司。本案被告人曹某莎虽然是海州实业有限公司经理，但进行金融凭证诈骗活动是以其个人名义实施的；从其变造存单、填写资金转让内容、私刻他人名章等犯罪行为看，均与海州实业有限公司没有关系，属个人行为；被告人曹某莎诈骗来的钱款一部分用于支付存款单位息差、中间人的好处费。一部分用于归还海州实业有限公司的银行贷款和支付公司的经营开支、购买汽车等。曹某莎将部分赃款用于海州实业有限公司，应视为个人诈骗犯罪违法所得的使用。即使用于公益事业，只要是以个人名义，也是为个人谋名、谋利。所以，本案不具备单位犯罪的特征，属个人犯罪。

无罪裁判要旨四：以不具有法人资格的单位的名义实施的犯罪，即便将大部分赃款用于归还单位的贷款，不属单位犯罪

案件名称：朱某芳等金融凭证诈骗、贷款诈骗案

案例来源：《刑事审判参考》第5集，第33号案例

裁判理由：

从犯罪主体看，被告人朱某芳与同案被告人孙某荣成立的长虹电器厂系不具备法人资格的私营企业，根据《公司法》的规定，不属于有限责任公司或股份有限公司。其诈骗犯罪虽然是以长虹电器厂的名义实施的，且将大部分赃款用于归还长虹电器厂的贷款，但实质上是为个人牟利，不属单位犯罪。根据《最高人民法院关于审理单位犯罪案件具体应用法律有关问题的解释》第1条的规定，对本案应按个人犯罪，依法追究投资者个人朱某芳、孙某荣的刑事责任。

无罪裁判要旨五：骗购外汇为个人牟利的，不属于单位犯罪。个人为进行违法犯罪活动而设立的公司、企业、事业单位实施犯罪的，不以单位犯罪论处

案件名称：王某军等非法经营案

案例来源：《刑事审判参考》第5集，第34号案例

裁判理由：

本案中，被告人王某军以自己注册的天津鸿恩国际贸易有限公司的名义，承包了人福中心，并以人福中心的名义进行骗购外汇。然而，王某军等人骗购外汇并非是为了该中心的利益，而是为个人牟取暴利。同时，获取的非法利益也没有归该中心所有，而是由王某军将骗汇所得赃款除上交承包费以外，大部分被其用于筹备设立个人公司及挥霍。王某军、石某军等人的犯罪活动与人福中心的经营活动没有关系。一审法院根据《刑法》的有关规定，结合王某军等人犯罪的事实，认定王某军、石某军等人是个人犯罪，是正确的。本案在二审审理期间，《最高人民法院关于审理单位犯罪案件具体应用法律有关问题的解释》发布。根据这一司法解释，二审法院认为，王某军等人在承包人福中心后，以实施骗购外汇为主要犯罪活动，且由此结成共同犯罪的团体，进行的犯罪活动是个人行为，一审判决对王某军、石某军等人骗购国家外汇的行为认定是个人犯罪，符合最高人民法院在上述司法解释中关于“个人为进行违法犯罪活动而设立的公司、企业、事业单位实施犯罪的，不以单位犯罪论处”的规定，因此，辩护人关于王某军的行为属单位犯罪的辩护意见不能成立。

无罪裁判要旨六：*虚开增值税专用发票一般都是以单位名义实施的，但以单位名义虚开增值税发票，违法所得归个人所有的，属于个人犯罪*

案件名称：张某练虚开增值税专用发票案

案例来源：《刑事审判参考》第13集，第86号案例

裁判理由：

本案中，张某练不论是以停业的湛江市贸易开发公司办理营业执照年检和税务登记证，还是向税务主管部门领购增值税专用发票，虚开增值税专用发票等都是以单位名义实施的，但这些只是表面现象，因为虚开增值税专用发票犯罪的特殊性决定了此类犯罪不以单位名义将难以实施。除此之外，更重要的是张某练虚开增值税专用发票的违法所得并没有归单位所有，而是绝大部分都被张某练用于个人经商和挥霍。

无罪裁判要旨七：虽经单位领导集体决定，但实际为了领导个人谋取私利的，属于个人犯罪

案件名称：黄某某合同诈骗案

案例来源：《刑事审判参考》第27集，第195号案例

裁判理由：

作为本案争议的焦点，收受回扣究竟是单位行为还是个人行为，对于本案的定性、量刑均有着至关重要的意义，是本案审理过程中首先应予解决的一个前提性问题。如认定收受回扣属于单位行为，左某、邓某超等被告人收受回扣、继而私分，将不仅需承担单位受贿的刑事责任，同时还将构成贪污罪。确定是否属于单位行为、**构成单位犯罪，应从两方面来把握，一是以单位名义实施犯罪，即由单位集体研究决定，或者由单位的负责人或者被授权的其他人员决定、同意；二是为单位谋取利益或者违法所得大部分归单位所有**。在本案，由左某在购进生猪业务中收取回扣款，系经单位领导研究决定的，并无争议。但左某在根据公司决定收取回扣款后，未如实向单位汇报，而是私自分给被告人邓某超46,000元，自己占有81,600元、分给总经理30,000元，剩下的6万余元也是由公司的八名中层以上领导人员以每人8000元瓜分了事，因此，该贿赂款并未归单位所有。综上分析，本案收受回扣款虽经单位领导集体研究决定，但主观方面不是为了单位利益，而是名为单位、实为单位领导个人谋取私利，故不应认定为单位受贿，应对单位具体参与的人员以个人受贿罪定罪处罚。

无罪裁判要旨八：单位被依法撤销的，不能再作为诉讼主体追究刑事责任。但该单位的主管人员和其他直接责任人员仍应引用关于单位犯罪追究直接负责的主管人员和其他直接责任人员刑事责任的有关条依法追究刑事责任

案件名称：普宁市某沙经济发展公司等单位虚开增值税专用发票案

案例来源：《刑事审判参考》第31集，第232号案例

裁判理由：

本案中，普宁市流沙镇政府作为机关法人，已于2000年12月5日经广东省民政厅批准，被揭阳市人民政府撤销，因此依照《刑事诉讼法》第15条第5项的规定，不能再追究其刑事责任。因此，检察机关将原普宁市流沙

镇政府作为被告单位提起公诉，属适用法律错误，一审法院依法对原普宁市流沙镇政府终止审理，并根据检察机关的指控，以单位犯罪追究原单位直接负责的主管人员和直接责任人员即被告人黄某壮、何某洪、黄某宜的刑事责任。

无罪裁判要旨九：以虚假登记的公司进行犯罪活动，且获利归个人所有、支配的，应认定为个人犯罪

案件名称：湛江特大走私系列案

案例来源：《刑事审判参考》第118辑

裁判理由：

本案中，被告人林某华以其本人出资并实际控制的某威公司、以虚假资料骗取工商登记的新某新公司、某泽公司和虚构的公司名义进行走私成品油活动，犯罪所得由林某华个人占有、支配，属于以公司形式为掩护的个人走私犯罪的情况。

无罪裁判要旨十：未经单位决策，也未将盈利进行分红的，不符合单位决策程序性特征，不属于单位犯罪

案件名称：尤某与蔡某雁、李某坤等虚开增值税专用发票、用于骗取出口退税、抵扣税款发票罪案

审理法院：新疆维吾尔自治区昌吉回族自治州中级人民法院

案号：（2020）新23刑初13号

裁判理由：

关于蔡某雁、某丰辩护人提出本案即使构成犯罪也应属单位犯罪的意见，根据《刑法》和《最高人民法院关于审理单位犯罪案件具体应用法律有关问题的解释》的规定，以单位名义实施犯罪，违法所得归单位所得的，是单位犯罪。单位犯罪必须符合单位决策程序性特征，本案中，结合大量证人证言和被告人供述来看，涉案的蔡某雁金赐公司以及某丰、汪某超的冠吉、嘉新等六家公司均带有明显的个人占有和控制的特点，工商注册登记上的法定代表人和投资人要么只是挂名，要么未参与公司实际经营。**本案中某丰、汪某超是新疆六家公司的实际控制人，公司的经营也都由他们自己负责，公司工作人员证**

言显示，他们仅仅是受蔡某雁、某丰、汪某超指使，并不知道其所从事的违法犯罪行为，骗取的税款也都由蔡某雁、某丰、汪某超占有和支配，公司其他人包括股东、法定代表人都不知情，也从未获得任何经营盈利的分红，不符合单位决策程序性特征，故不构成单位犯罪。对辩护人该辩护意见不予支持。

无罪裁判要旨十一：*单位与个人存在法律人格混同，违法所得归个人所有的，属于个人行为*

案件名称：郝某朝驳回申诉通知书

审理法院：湖北省高级人民法院

案号：（2018）鄂刑申 235 号

裁判理由：

郝某朝系某安公司的法定代表人，而且系某安公司的独资股东，郝某朝虽然以公司的名义与被害人段某东代表的随州市某兴建筑工程有限公司签订了建设工程合同，但段某东在按照约定支付工程保证金时，有向郝某朝个人账户转款的行为，郝某朝收到相关款项后未用于项目的开支，而是用于个人开支，郝某朝与某安公司存在法律人格混同，郝某朝在投资的轿车零部件项目上实施的收取工程保证金的行为从本质上应属于个人行为，况且，原公诉机关亦只对郝某朝提起公诉，原判根据原公诉机关的指控的犯罪事实依法认定郝某朝个人犯罪并无不当。

无罪裁判要旨十二：*未经单位程序决议通过以单位名义实施，实际收益归个人所有的，认定为个人犯罪*

案件名称：林某杰、叶某诈骗案

审理法院：广东省高级人民法院

案号：（2016）粤刑终 1342 号

裁判理由：

本案中，虽以某点公司或某梦公司名义开展骗取被害人投资款的活动，但公司重大经营事项、决策均未经股东会或董事会集体决议通过或决定，且已查明涉案的被害人资金实际流入个人账户，即本案虽以单位名义实施，但犯罪行为系公司负责人个人意志，犯罪收益为个人获取，不符合单位犯罪的要件要求，依法认定为个人犯罪。据此，上诉人叶某所提本案系单位犯罪的意见不成立，不予采纳。

无罪裁判要旨十三：盗用单位名义实施犯罪，违法所得由实施犯罪的个人私分的，认定为个人犯罪

案件名称：孟某豫合同诈骗案

审理法院：广东省高级人民法院

案号：（2019）粤刑终1432号

裁判理由：

如前所述，丰某公司只是一家空壳公司，不具备向京某公司投资的实力，朱某光、孟某豫假借丰某公司之名与京某公司签订《投资合作协议》，骗取京某公司支付开票费用，并实际占有涉案款项，其行为属于个人犯罪。同时，虽然京某公司按《投资合作协议》的约定向朱某光、孟某豫支付所谓开票费用，但该协议并未约定开票费的数额及支付期限等经济合同所应具备的要素，实际上，如吴某进所述，京某公司之所以签订涉案协议并支付多笔款项是基于其对孟东豫所虚构身份的信任，据此，朱某光、孟某豫虚构事实，骗取京某公司财物的行为构成诈骗罪。孟某豫上诉提出本案构成合同诈骗罪并应按单位犯罪处理的意见不成立。

无罪裁判要旨十四：个人与单位财产混同，以公司名义实施犯罪，利益归个人所有的，认定为个人犯罪

案件名称：屠某兴、袁某芬等合同诈骗案

终审法院：上海市高级人民法院

案号：（2018）沪刑终90号

裁判理由：

本院认为，某赛公司、某邦公司、某邦2公司实际由屠某兴、袁某芬控制，上述公司的法人资产与屠某兴、袁某芬的个人资产混同，无法独立区分。屠某兴、袁某芬以某赛公司名义实施犯罪，最终违法利益由屠某兴、袁某芬个人支配，应认定为个人犯罪。

无罪裁判要旨十五：非单位雇佣员工，仅受雇参与犯罪的，不属于单位犯罪责任人员

案件名称：李某山、蔡某巧走私普通货物、物品案

审理法院：广东省高级人民法院

案号：（2017）粤刑终1526号

裁判理由：

关于是否单位犯罪的问题。虽然根据现有证据可以认定上诉人李某山受他人雇请作为“莲港防污8”船的船长后在纠合蔡某巧并通过蔡某巧雇请了其他上诉人、同案人参与本案走私活动，李某山还提供其与珠海某源公司的《承担责任合同》证实存在雇请关系，但是无论某源公司以及其他人员是否属于单位犯罪，李某山等上诉人都不属于某一单位雇佣的员工，只是个人受雇参与犯罪，不符合单位犯罪责任人员的条件，原判对他们按照个人犯罪追究刑事责任没有不当。

无罪裁判要旨十六：违法所得与公司资金之间存在来往，并不必然表示违法所得归单位所有

案件名称：赖某红、赖某华非法吸收公众存款案

审理法院：江西省赣州市中级人民法院

案号：（2019）赣07刑终654号

裁判理由：

关于本案是否为单位犯罪问题。首先，在江西某宏典当有限公司，参与本案非法吸收公众存款的仅有被告人赖某红、赖某华，其他股东甚至其他工作人员均没有参与；其次，现有证据不足以认定被告人赖某红、赖某华对外非法吸收资金体现的是公司意志。被告人赖某红、赖某华供述对外非法吸收资金其他股东知情，但其他股东均否认知道被告人赖某红、赖某华以单位的名义在对外吸收资金。股东会议记录虽有“对外融资”等内容，但该内容并不能得出股东一致决议公司要向社会不特定对象吸收资金这一结论；最后，吸收的资金进入的是被告人赖某华、赖某红用个人账户存放的“资金池”，并未进入公司账户，资金也是由被告人赖某华、赖某红进行控制和使用，公司并未使用该资金。即使公司资金与非吸资金存在往来情况，但这也只是被

告人赖某华、赖某红借管理、控制公司之便实施的个人行为，并不代表非吸资金归公司所有，非吸资金由公司所用。综上，本案对外非法吸收公众存款系被告人赖某华、赖某红盗用单位名义实施，违法所得也是由被告人赖某华、赖某红控制并使用，应当认定为个人犯罪，对于公诉机关指控本案为单位犯罪及赖某红辩护人提出的相同意见，不予支持，对被告单位诉讼代表人及辩护人提出的被告人单位不构成犯罪的意见，予以采纳。

无罪裁判要旨十七：在案证据不能证实该高利转贷行为是经单位董事会或者股东大会决议而实施的单位行为，获取高利转贷违法所得的是个人而非某极公司，因此无极公司不构成单位犯罪

案件名称：潘某芳、某极公司高利转贷案

审理法院：湖北省孝感市中级人民法院

案号：（2018）鄂09刑终227号

裁判理由：

经查，潘某芳系某极公司法定代表人，占95%的股份，具有通过无极公司账户向某公司高利转贷的身份便利，但在案证据不能证实该高利转贷行为是经某极公司董事会或者股东大会决议而实施的单位行为；另查明，在案证据证实潘某芳以虚假的方式制造的某光公司与潘某芳之间的银行资金走账流水，其300万元借款本息1012.1831万元（其中包括高利转贷违法所得数额）转账到潘某芳个人账户，而不是某极公司账户，表明获取高利转贷违法所得的是潘某芳个人而非无极公司。因此，本案的高利转贷行为应认定为潘某芳个人行为，对其应以高利转贷罪定罪处罚；无极公司不构成单位犯罪。

无罪裁判要旨十八：未经高层讨论决定，所得利益不归单位所有的，不属于单位犯罪

案件名称：陈某诈骗案

审理法院：海南省第一中级人民法院

案号：（2019）琼96刑初210号

裁判理由：

本院认为，无论是某湾公司还是某江公司，法定代表人和管理人员均为陈某及其近亲属，均属于陈某实际控制、一手运作的家族企业。无论是采用诈骗手段骗取案涉土地使用权，还是骗取中根公司 2.5 亿元巨款，均没有经过公司高层讨论决定，不是公司的意志体现，所得利益也不归公司所有，故不应认定为单位犯罪。本案系陈某个人以公司名义策划实施，体现了陈某的个人意志，所得利益也归陈某所有、支配，故应认定为陈某个人犯罪。

无罪裁判要旨十九： 单位内部人员没有得到单位犯罪的授权，而是基于自己的意志，即使"以单位名义"和"为了单位的利益"而进行的犯罪，除非这种犯罪行为或犯罪活动得到单位负责人的追认，它就只能是属于单位内部人员的个人犯罪

案件名称： 上海钢志实业有限公司、卞某甲犯生产、销售伪劣产品罪、假冒注册商标案

审理法院： 江苏省泰州市中级人民法院

案号： （2014）泰中知刑初字第 00013 号

裁判理由：

单位犯罪是指公司、企业、事业单位、机关、团体为本单位谋取不正当利益，由单位集体决定或者由负责人决定实施的犯罪，而单位犯罪一个重要的法律特征就是单位直接负责的主管人员、其他直接责任人员在单位的整体意志支配下所实施的犯罪，而体现单位整体意志犯罪的具体形式应当是由单位集体决定或者是单位负责人员决定该两种形式。**如果单位内部人员没有得到单位犯罪的授权，而是基于自己的意志，即使"以单位名义"和"为了单位的利益"而进行的犯罪，除非这种犯罪行为或犯罪活动得到单位负责人的追认，它就只能是属于单位内部人员的个人犯罪而非单位犯罪。** 本案现有证据中，无论是某志公司负责人孙某的证言、被告人卞某甲的供述还是某志公司其他员工的证言等，均不能证明被告人卞某甲涉案犯罪行为的实施系由单位的决策机构按照单位的决策程序决定或者系由职权负责人决定，因此，被告人卞某甲私自决定以次充好销售伪劣产品以及假冒注册商标商品的行为，不能体现单位的整体意志，依法应属其个人犯罪。

无罪裁判要旨二十：单位建立了有效的合规制度，已尽到合规管理的义务，具有规避、防范合规风险的意识，并进行了合规培训，因此个人违反了公司的合规管理规定实施的犯罪行为为其个人行为，而非单位行为

案件名称：雀巢员工侵犯公民个人信息案

审理法院：兰州市中级人民法院

案号：（2017）甘 01 刑终 89 号

基本案情：

2011 年至 2013 年 9 月，被告人郑某、杨某分别担任雀巢（中国）有限公司西北区婴儿营养部市务经理、兰州分公司婴儿营养部甘肃区域经理期间，为了抢占市场份额，推销雀巢奶粉，授意该公司员工被告人杨某某、李某某、杜某某、孙某通过拉关系、支付好处费等手段，多次从兰州大学第一附属医院、兰州军区总医院、兰州兰石医院等多家医院医务人员手中非法获取公民个人信息。其中，被告人郑某非法获取公民个人信息 40, 507 条；被告人杨某非法获取公民个人信息 45, 659 条；被告人杨某某非法获取公民个人信息 20, 085 条，被告人李某某非法获取公民个人信息 14, 163 条，被告人杜某某非法获取公民个人信息 10, 448 条，被告人孙某非法获取公民个人信息 963 条。期间，被告人王某某利用其担任兰州大学第一附属医院妇产科护师的便利，将其在工作中收集的公民个人信息 2074 条非法提供给被告人杨某某、孙某，收取好处费 13, 610 元。被告人丁某某利用其担任兰州军区总医院妇产科护师的便利，将其在工作中收集的公民个人信息 996 条非法提供给被告人李某某，收取好处费 4250 元。被告人杨某利用其担任兰州兰石医院妇产科护师的便利将其在工作中收集的公民个人信息 724 条非法提供给被告人杜某某，收取好处费 6995 元。

裁判理由：

（1）上诉人郑某、杨某、杨某某、李某某、杜某某、原审被告人孙某违反国家有关规定，非法获取公民个人信息，情节严重的犯罪事实及上诉人王某某、丁某某、杨某甲作为医疗单位的工作人员，违反国家规定，将本单位在履行职责或者提供服务过程中获得的公民个人信息，出售或非法提供给他人的犯罪事实，不仅有案件来源及视频资料，且有证人证言，书证账户明细、合同等证实，各上诉人对其犯罪事实亦供认不讳，上述证据间能够形成完整的证据链，足以认定。（2）单位犯罪是为本单位谋取非法利益之目的，在客观上实施了由本单位集体决定或者由负责人决定的行为。雀巢公司政策、员工行

为规范等证据证实，雀巢公司禁止员工从事侵犯公民个人信息的违法犯罪行为，各上诉人违反公司管理规定，为提升个人业绩而实施犯罪为个人行为。

案例简评[①]：

从终审裁定中可以看到，法院充分认可雀巢公司所制定和实施的含有个人信息保护合规内容的《员工行为规范》等公司政策，案件审理中重点审查了雀巢公司的公司指示（复印于雀巢公司员工培训教材）、雀巢（中国）有限公司情况说明及雀巢公司DR的概念、目标任务、与DR相关的信息获取方式等情况，均证实雀巢公司从不允许员工以非法方式收集消费者个人信息，并且从不为此向员工、医务人员提供资金。雀巢公司在《雀巢指示》以及《关于与保健系统关系的图文指引》等文件中明确规定，“对医务专业人员不得进行金钱、物质引诱”。对于这些规定和要求，雀巢公司要求所有营养专员接受培训并签署承诺函。因雀巢公司已建立了有效的合规制度，已尽到合规管理的义务，具有规避、防范合规风险的意识，并进行了合规培训，由此认定多被告人的行为违反了公司的合规管理规定，为其个人行为，而非单位行为。

上述案件中，雀巢公司通过其建立起的有效合规制度，将单位责任和员工的个人责任进行切割，并援引公司合规作为其无罪抗辩的充足证据，成功地规避了相应的刑事责任，避免公司陷入“单位犯罪”的不利境地。该案表明，一套行之有效的合规制度对于企业避免和降低“单位犯罪”的风险具有重要实践意义。

---

① 陈瑞华：《合规无罪抗辩第一案》，载《中国律师》2020年第5期。